Collection Revue générale du droit

www.revuegeneraledudroit.eu

Série Manuels

Collection dirigée par Philippe Cossalter

Agrégé des facultés de droit

Chaire de droit public français de l'Université de la Sarre

http://lfoer.cjfa.eu

Pierre Tifine

Droit administratif français - Tome I

Les institutions administratives - Le principe de légalité - La justice administrative Sixième édition

Editions juridiques franco-allemandes

Imprint

Any brand names and product names mentioned in this book are subject to trademark, brand or patent protection and are trademarks or registered trademarks of their respective holders. The use of brand names, product names, common names, trade names, product descriptions etc. even without a particular marking in this work is in no way to be construed to mean that such names may be regarded as unrestricted in respect of trademark and brand protection legislation and could thus be used by anyone.

Cover image: www.ingimage.com

Publisher:
Editions juridiques franco-allemandes
is a trademark of
Dodo Books Indian Ocean Ltd., member of the OmniScriptum S.R.L Publishing group
str. A.Russo 15, of. 61, Chisinau-2068, Republic of Moldova Europe
Printed at: see last page
ISBN: 978-620-2-48454-1

Parus chez le même éditeur
Im gleichen Verlag erschienen

Dans la collection / in der Schriftenreihe *Revue générale du droit*

Série « Colloques » / Serie „Kolloquien“

- COSSALTER Ph. (dir.), *Die grenzüberschreitende Zusammenarbeit in der Großregion / La coopération transfrontalière dans la Grande Région*, 2016.
- N'DIAYE F. (dir.), *Le crowdfunding ou financement participatif : état des lieux en Europe*, 2016.

Série « Manuels » / Serie „Handbücher“

- CAILLE P., *Contentieux administratif*, 3ème édition, 2018 (1ère édition, 2016 ; 2ème édition, 2017).
- HLAWON M. et JAILLET L., *Staatsrecht I – Droit constitutionnel allemand I*, 2de édition, 2017.
- MANCOSU G., *La transparence publique à l'ère de l'Open Data,* 2019.
- de NANTOIS Ch., *Approche empirique de la science politique*, 2ème édition 2019 (1ère édition, 2016).
- TIFINE P., *Droit administratif français,* 5ème édition, 2020 (1ère édition, 2014 ; 2ème édition, 2015 ; 3ème édition, 2016 ; 4ème édition, 2018).

Dans la collection / in der Schriftenreihe BIJUS

Série « Manuels » / Serie „Handbücher“

- HLAWON M., *Droit international privé allemand et européen du patrimoine - Guide pour la pratique notariale franco-allemande*, 2018.

Série « Thèses » / Serie „Dissertation“

- KORDEVA M., *Le principe de séparation des pouvoirs en droit allemand : étude doctrinale et jurisprudentielle,* 2019.

L'ensemble des œuvres publiées dans les collections « Revue générale du droit » et « BIJUS » est également consultable gratuitement sur www.revuegeneraledudroit.eu_et www.bijus.eu

Alle Veröffentlichungen der Schriftenreihen „Revue générale du droit“ und „BIJUS“ sind auf www.revuegeneraledudroit.com bzw. www.bijus.eu kostenlos abrufbar

Dans la collection / in der Schriftenreihe *Études et Documents du CJFA* (EDCJFA)

- EDCJFA n°1 : AUTEXIER Ch., FLAUSS J.-F., FROMONT M., GREWE C., KOENIG P., RIEG A., *Le Glossaire de la Loi fondamentale allemande*, 1987.
- EDCJFA n°2 : AUTEXIER Ch., *La Loi relative à la Cour constitutionnelle fédérale*, 1987.
- EDCJFA n°3 : AUTEXIER Ch., *La Loi fondamentale*, 1996.
- EDCJFA n°4 : AUTEXIER Ch., *Constitution du 4 octobre 1958*, 7ème éd., 2009.
- EDCJFA n°5 : AUTEXIER Ch., *Traité d'Union*, 1991.
- EDCJFA n°6 : AUTEXIER Ch., *Gemeinsame lothringisch-saarländische administrative Einrichtungen und Verfahrensweisen – Rechtsgutachten*, 1993.
- EDCJFA n°7 : AUTEXIER Ch., CATHALY A., *Loi sur la juridiction administrative*, 1995.
- EDCJFA n°8 : FRIED K., QUECKENSCHEID D., HOSER A., KUDER A., WOLF M., *Etudes comparatives : droit d'asile, le statut constitutionnel du juge en France, la condition juridique de la femme mariée, l'acquisition de la nationalité en France et en Allemagne*, 1995.
- EDCJFA n°9 : AUTEXIER Ch., *La Constitution du* Land *de Sarre*, 1995.
- EDCJFA n°10 : AUTEXIER Ch., CATHALY-STELKENS A., *Loi sur la procedure administrative non contentieuse*, 1996.
- EDCJFA n°11 : LANGE C., *Le Statut constitutionnel de l'enseignement privé en France, éléments de comparaison avec le droit allemand*, 1997.
- EDCJFA n°12 : AUTEXIER Ch., GLAAB K., *Einführung in das französische Verfassungsrecht*, 1998.
- EDCJFA n°13 : GROSSHANS R., WERNET M., *Le droit au travail – son développement et sa portée actuelle en France et en Allemagne*, 2000.
- EDCJA n°14 : HLAWON M., JAILLET L., *Deutsches Staatsrecht / Droit constitutionnel allemand I*, 2nde éd., 2017 (1ère édition, 2015).

L'ensemble des EDCJFA est consultable gratuitement sur www.bijus.eu.

Alle Veröffentlichungen der EDCJFA sind auf www.bijus.eu kostenlos abrufbar.

Dans la collection / in der Schriftenreihe *Cahiers juridiques franco-allemands*

- WITZ Cl., *La coopération commerciale dans la convention ACP – CEE du 31 octobre 1979 de Lomé I à Lomé II,* 1979.
- HUET-WEILLER D., *Bilan de 10 ans d'application de la réforme de la filiation, conférence du 15 mai 1983 dans le cadre du "Dialogue franco-allemand"*, 1983.
- PRADEL J., *Le médecin devant la loi pénale, conférence du 18 novembre 1983 dans le cadre du "Dialogue franco-allemand"*, 1984.
- AUTEXIER Ch., *L'action extérieure des régions*, 1984.
- ROUDAUT R., *Les relations commerciales et industrielles franco-allemandes, conférence du 25 avril 1984 au Centre d'Études Juridiques Françaises de l'Université de la Sarre dans le cadre du "Dialogue franco-allemand"*, 1984.
- JUNG H., *Le système des sanctions dans le droit pénal des mineurs en R.F.A., conference du 30 septembre 1983 à la* Richterakademie *de Trèves à l'occasion d'un session de formation continue sur le système des sanctions*, traduction : HAUPTMANN J.-M., 1985.
- BRIGOULEIX B., *L'opinion publique française et l'Allemagne dans la perspective européenne*, résumé de la conférence prononcée le 22 novembre 1984 à l'Université de la Sarre, 1985.
- FERRETTI R., *La nouvelle décentralisation et les finances locales*, 1985.
- VITU A., *Les traits caractéristiques de la procédure pénale française, conférence du 10 mai 1985 à l'Université de la Sarre dans le cadre du "Dialogue franco-allemand"*, 1985.
- MENUDIER H., *L'Allemagne à la télévision française*, 1985.
- VARII AUCTORES, *Le trentenaire du Centre d'Études Juridiques Françaises (15–25 novembre 1985)*, 1985.
- FLAUSS J.-F., *Le règlement amiable devant la CEDH*, 1986.
- BRUNET A., *Le sort des créanciers dans le nouveau droit français de la faillite*, 1987.
- PRADEL J., *Trente ans de politique pénitentiaire française*, 1987.
- AVRIL P., *L'influence des institutions sur les partis politiques - Der Einfluß der*
- *Verfassungsordnung auf die politischen Parteien*, 1988.
- ROBERT J., *Terrorisme et libertés publiques - Terrorismus und Freiheitsrechte*, 1988.
- TUNC A., *La loi Badinter après cinq ans d'application*, 1991.
- FROMONT M., *Asylrecht in Frankreich*, 1993.
- LUCHAIRE F., *L'Europe et la souveraineté des États*, 1994.

Les Cahiers juridiques franco-allemands sont consultables gratuitement sur www.bijus.eu.

Die Cahiers juridiques franco-allemand sind auf www.bijus.eu kostenlos abrufbar.

INTRODUCTION

1.-Droit public et droit administratif.- Le droit administratif constitue une branche du système juridique français, et plus particulièrement du droit public. Il désigne l'ensemble des règles qui s'appliquent à l'administration dans le cadre de son fonctionnement et dans ses rapports avec les particuliers. Ces règles tiennent leur originalité de leur caractère dérogatoire du droit privé et du fait qu'elles émanent essentiellement de la jurisprudence.

Le droit administratif se caractérise donc principalement par son objet et par les règles particulières qui le constituent.

CHAPITRE I – L'ADMINISTRATION

2.- Caractère polysémique de la notion d'administration.- La notion d'administration peut désigner deux choses. Il s'agit, d'une part, de l'action d'administrer et on parle alors d'administration fonction. Il s'agit, d'autre part, des organes chargés d'administrer et on se réfère alors à l'administration en tant que système d'organes. Ces définitions ne rendent toutefois qu'imparfaitement compte de ce qu'est l'administration, ce qui doit conduire à privilégier une définition moderne de l'administration.

Section I – L'administration fonction

3.- Difficultés.- Si elle peut être assez aisément définie, la notion d'administration fonction demeure assez délicate à appréhender en raison du caractère évolutif des missions dévolues aux autorités administratives.

§I – Définition de l'administration fonction

4.- Rattachement de l'administration au pouvoir exécutif.- Le terme administration vient du latin administrare qui désigne l'action de gérer ses affaires. Si au XI° siècle, ce terme désigne exclusivement l'action de gérer ses affaires privées, à partir du XVIII° siècle, avec le développement des théories de l'Etat, l'administration va s'étendre à la gestion des affaires publiques en général. Puis, avec l'apparition de la théorie de la séparation des pouvoirs, ce terme va connaître une nouvelle restriction. En effet, la fonction d'administrer va être rattachée à l'un des trois pouvoirs désignés par Montesquieu, le pouvoir exécutif.

C'est cette notion d'administration qui prévaut encore de nos jours. Toutefois, si l'administration se rattache au pouvoir exécutif, le pouvoir exécutif ne se réduit pas à la fonction d'administrer. En effet, le titulaire du pouvoir exécutif exerce, en plus de la fonction administrative, la fonction gouvernementale. Ces deux fonctions sont d'ailleurs hiérarchisées. La fonction gouvernementale a un rôle d'impulsion, de définition de la politique à appliquer, alors que la fonction administrative recouvre un rôle d'exécution de cette politique.

Cette vision hiérarchisée est notamment confirmée par l'article 20 de la Constitution de 1958 selon lequel « le Gouvernement détermine et conduit la politique de la Nation. Il dispose de l'administration ».

On retrouve également cette hiérarchie dans la jurisprudence administrative où il est opéré une distinction entre deux catégories d'actes émanant des titulaires du pouvoir exécutif : les actes administratifs et les actes de gouvernement qui échappent au contrôle du juge administratif et plus généralement à tout contrôle juridictionnel (V. infra Quatrième partie, Chapitre Un, Section une).

Finalement, selon cette première approche, on peut définir l'administration comme une fonction consistant à assurer le fonctionnement des services publics, dans le respect des normes juridiques qui s'imposent à elle et selon les directives du gouvernement.

§II – Evolution de la fonction administrative

5.-Une notion difficile à appréhender.- La fonction administrative n'est pas la même, aujourd'hui, que celle qui existait au début du XX° siècle et elle certainement différente de celle qui existera dans dix, cinquante ou cent ans. Pour en rester à une présentation simple, et nécessairement réductrice, l'évolution de la fonction administrative est liée à la transformation de l'Etat gendarme en Etat providence.

Dans un premier stade, la fonction administrative est limitée au maintien de l'ordre, et plus généralement à ce que l'on appelle les activités régaliennes de l'Etat (justice, police, défense, relations internationales…). Elle nécessite l'emploi de prérogatives de puissance publique, c'est-à-dire de pouvoirs exorbitants du droit commun. En outre, la fonction administrative est strictement exercée dans le cadre de l'application des lois. Les actes administratifs réglementaires - on entend par là ceux qui ont un caractère général et impersonnel - se bornent à préciser le contenu des lois.

Dans un second stade, l'administration intervient dans des domaines de plus en plus nombreux, l'éducation et la santé notamment. Les actes administratifs ne se bornent plus à l'exécution des lois, mais ils interviennent parfois de façon autonome. En outre la fonction administrative n'est plus exclusivement dévolue à des personnes publiques. Par exemple, les cliniques privées à but non lucratif, certains organismes de certification, participent à la fonction administrative.

Parallèlement, en partie sous l'influence du droit de l'Union européenne, des pans entiers de l'activité administrative relèvent aujourd'hui du droit privé : soit par la soumission de personnes publiques à des règles de droit privé, soit par la privatisation de personnes publiques.

Ce caractère évolutif, qui a conduit à une interpénétration du secteur public et du secteur privé, rend difficilement opérationnelle la notion d'administration fonction.

Section II – L'administration système d'organes

6.- Organes administratifs et organes gouvernementaux.- Le terme d'administration désigne ici les différentes personnes, autorités et agents, chargés d'assurer les fonctions administratives. On observe ici la même dualité qu'au niveau des fonctions : certains organes assurent la fonction gouvernementale, d'autres organes assurent la fonction administrative. Cependant, cette distinction est toute relative. Par ailleurs, l'administration publique inclut aujourd'hui, en plus des personnes morales de droit public, des personnes morales de droit privé.

§I – La distinction classique opérée entre les organes administratifs et les organes gouvernementaux

7.- Une distinction ancienne consacrée par la Constitution.- Cette distinction remonte au XIX° siècle et elle est consacrée par l'article 20 de la Constitution du 4 octobre 1958. Elle emporte trois séries de conséquences.

Tout d'abord, il s'agit de la subordination de l'administration au gouvernement.

Ensuite, on observe que les personnels chargés du gouvernement et ceux qui sont chargés de l'administration disposent généralement de compétences différentes. Les premiers sont des politiciens élus, les seconds des fonctionnaires, techniquement compétents et recrutés par concours.

Enfin il existe, en général, une différence de stabilité entre les structures gouvernementales et les structures administratives. Les premières sont amenées à être renouvelées, par le moyen des élections, alors que les secondes sont censées assurer la continuité de l'Etat.

§II – La relativité de la distinction classique entre organes administratifs et organes gouvernementaux

8.- Relativité de la distinction entre la structure gouvernementale et la structure administrative.- Une même autorité peut disposer à la fois d'une fonction administrative et d'une fonction gouvernementale. La séparation entre la structure gouvernementale et la structure administrative n'existe d'ailleurs pas au sommet de l'Etat. Tel est le cas, notamment, pour le Président de la République et surtout pour le Premier ministre qui est le véritable chef de l'administration en plus d'être le chef du gouvernement. De la même façon, les ministres sont situés à la tête d'une administration.

Au niveau inférieur, il n'existe pas non plus de séparation absolue du politique et de l'administratif. Ainsi, certaines autorités administratives ont des organes élus et fortement politisés. C'est par exemple le cas, au niveau de la commune, du maire et du conseil municipal. De même, si le préfet est le représentant du gouvernement dans les régions et les départements (Constitution, art. 72) et s'il dirige à ce titre les services administratifs de l'Etat dans la région et le département une alternance politique va généralement entraîner son remplacement.

Ainsi, la distinction entre ce qui relève du politique et ce qui relève de l'administration est beaucoup plus fonctionnelle qu'organique sachant, comme on l'a vu, que l'approche fonctionnelle est également critiquable.

§III – La participation de personnes morales de droit privé

9.- Une participation ancienne.- La participation de personnes morales de droit privé aux activités administratives ne constitue pas, à proprement parler, une nouveauté. Dès le début du XIX° siècle, en effet, l'Etat a eu recours à la technique du contrat de concession qui consiste à confier à un opérateur privé, agissant sous son contrôle, la construction d'un ouvrage public que celui-ci est ensuite chargé normalement d'exploiter. C'est par exemple au moyen de cette technique contractuelle que la France s'est dotée d'un réseau de chemin de fer dès le premier tiers du XIX° siècle (V. G. Numa, Théorie de l'agence et concessions de chemins de fer français au XIXème siècle : Rev. économie industrielle 2009, p. 105).

Depuis lors, les techniques contractuelles se sont diversifiées et dans l'arrêt d'Assemblée du 13 mai 1938 Caisse primaire Aide et protection (requête numéro 57302 : D. 1939, III, p.65, concl. Latournerie, note Pépy) le Conseil d'Etat a admis pour la première fois qu'une mission de service public pouvait être confiée à une personne morale de droit privé en dehors de tout contrat. Il est même de plus en plus fréquent que les personnes publiques « camouflent » leur intervention en recourant à des personnes morales de droit privé qui constituent, en réalité, de véritables démembrements de l'administration : c'est le cas, notamment, des associations transparentes, des sociétés d'économie mixtes, des sociétés publiques locales ou encore des sociétés anonymes à capitaux majoritairement publics.

10.- Emergence de la notion d'entreprise publique.- Cet enchevêtrement des activités publiques et privées transparaît également à travers la notion d'entreprise publique, qui vise « toute entité sur laquelle les pouvoirs publics peuvent exercer directement ou indirectement une influence dominante du fait de la propriété, de la participation financière ou des règles qui la régissent » (Comm. CE, dir. n° 80/723, 25 juin 1980 modifiée par Comm. CE, dir. n° 85/413, 24 juill. 1985). Cette notion désigne indistinctement des entités publiques (comme France télévisions) ou privées (comme aujourd'hui EDF et la SNCF) gérant ou non des activités de service public. C'est le cas, par exemple, pour la SNCF et EDF. En revanche, ce n'est pas le cas, par exemple, pour Naval Group –anciennement DCNS - qui est une entreprise de construction navale de défense au capital détenu par l'Etat à 62,49%. Toutes ces entreprises se voient appliquer essentiellement un régime juridique de droit privé.

Relevons également que la plupart des établissements publics et des entreprises partiellement ou totalement détenues par l'Etat - 88 en 2019 - relèvent du champ de compétence de l'Agence des participations de l'Etat dont la mission consiste à représenter l'Etat actionnaire.

11.- Importance des considérations organiques.- Si cette évolution relativise la portée du critère organique, celui-ci conserve néanmoins une importance réelle. C'est le cas, par exemple, en matière de détermination de la nature publique ou privée d'un contrat. De même, seule une personne morale de droit public peut être investie de pouvoirs de police administrative générale ou être propriétaire d'un domaine public, alors que les voies d'exécution ne peuvent être exercées contre elles et qu'elles ne peuvent recourir à l'arbitrage sauf disposition législative expresse ou stipulations de conventions internationales régulièrement incorporées dans l'ordre juridique interne (CE, 23 décembre 2015, requête numéro 376018, Territoire des îles de Wallis-et-Futuna : Rec. p. 484 ; AJDA 2016, p. 1182, note Gras ; BJCP 2016, p. 205, concl. Bourgeois-Machureau).

Section III – La notion moderne d'administration

12.- Définition large de la notion d'administration.- L'opposition artificielle entre domaines politique et administratif, entre personnes publiques et personnes privées, est souvent dépassée et c'est pourquoi les auteurs actuels privilégient désormais, pour la plupart, une définition très large de l'administration.

Selon J. Waline il s'agit de « l'activité par laquelle les autorités publiques, et parfois privées, pourvoient, en utilisant le cas échéant les prérogatives de puissance publique, à la satisfaction de l'intérêt général » (Droit administratif, Dalloz, 28ème éd. 2020, p.6). Pour Ch. Debbasch l'administration est « l'appareil de gestion des affaires publiques. Elle est constituée par l'ensemble des services dont la bonne marche permet la réalisation des objectifs définis par le pouvoir politique » (Science administrative, Dalloz 1980, p.1). MM. Frier et Petit donnent quant à eux deux définitions complémentaires de l'administration (Droit administratif, LGDJ, 8ème éd. 2013, p.22). Dans une approche matérielle, l'administration publique est « l'activité instrumentale des personnes morales de droit public ou de droit privé étroitement liées à celles-là, qui remplissent une mission de service public, hors des fonctions législatives et juridictionnelles ». Dans un sens organique elle concerne « l'ensemble des organes assurant la fonction administrative, qui, au sein des personnes publiques, relèvent du pouvoir exécutif, soit par un lien de subordination directe dans le cadre étatique, soit par la soumission à son contrôle ».

Comme on le voit la notion d'administration renvoie à des activités exercées dans un but d'intérêt général qui peuvent, le cas échéant, être prises en charge par des personnes privées.

Au final on peut donc avancer que l'administration est constituée par l'ensemble des structures publiques, et parfois privées, qui ont pour mission de prendre en charge des activités d'intérêt général.

Cette particularité de l'action administrative, son caractère essentiellement désintéressé, permet de la distinguer des activités privées qui sont fondées sur la recherche d'un intérêt personnel généralement d'ordre pécuniaire, même si ce n'est pas toujours nécessairement le cas si l'on pense notamment aux associations. Elle constitue la raison principale de l'existence du droit administratif, c'est-à-dire d'un ensemble de règles qui définissent un régime juridique spécifique appliqué à l'administration.

CHAPITRE DEUX – LE DROIT ADMINISTRATIF

13.- Importance du principe de séparation des autorités administrative et judiciaire.- En France, c'est le principe de séparation des autorités administrative et judiciaire qui est à l'origine directe de tribunaux spécialisés chargés de résoudre le contentieux administratif et qui ont à cette fin dégagé des règles dérogatoires du droit privé.

Section I – La règle de séparation des autorités administrative et judiciaire

14.- Une interdiction à l'adresse des juridictions judiciaires.- Cette règle interdit tout simplement au juge judiciaire de trancher les litiges mettant en cause l'administration. Il faudra rechercher les justifications de cette règle avant d'en analyser plus précisément le contenu.

§I – Justifications de la règle de séparation

15.- A la recherche d'une justification.- Les justifications d'ordre juridique de la règle de séparation des autorités administrative et judiciaire n'étant pas satisfaisantes, seules des justifications d'ordre politique peuvent être avancées.

I – Justifications d'ordre juridique

16.- La séparation des pouvoirs n'implique pas la séparation des autorités administrative et judiciaire.- La règle de séparation des autorités administrative et judiciaire pourrait être comprise comme une conséquence du principe de séparation des pouvoirs. L'idée serait que l'administration relevant du pouvoir exécutif, le pouvoir judiciaire ne serait pas autorisé à empiéter sur son domaine.

Toutefois, tous les régimes qui se sont inspirés de la théorie de la séparation des pouvoirs n'ont pas appliqué de règle de séparation entre les autorités administrative et judiciaire. Aux Etats-Unis, par exemple, il existe une confusion dans la fonction juridictionnelle entre le contentieux de droit commun et le contentieux de l'administration. A l'inverse, certains régimes de confusion des pouvoirs connaissent - ou ont connu - une séparation des autorités administrative et judiciaire. C'est le cas, dans une certaine mesure, sous l'Ancien Régime durant lequel les affaires de l'administration échappaient en principe au pouvoir des parlements, c'est-à-dire des juridictions ordinaires.

17.- La séparation des autorités administrative et judiciaire, traduction possible du principe de séparation des pouvoirs.- Au mieux l'existence en

France d'un principe de séparation des autorités administrative et judiciaire peut-il être regardé, ainsi que le Conseil constitutionnel l'a mentionné dans sa décision Conseil de la concurrence du 23 janvier 1987, comme une traduction de « la conception française de séparation des pouvoirs » (CC, 23 janvier 1987, numéro 86-224 DC : AJDA 1987, p. 345, note Chevallier ; D. 1988, p. 117, note Luchaire ; JCP G 1987, II, comm. 20854, note Sestier ; Rev. adm. 1988, p. 29, note Sorel ; RDP 1987, p. 1341, note Gaudemet ; RFDA 1987, p. 301, note Favoreu). En d'autres termes, si ce principe n'est pas une conséquence nécessaire de la séparation des pouvoirs, il en constitue une traduction possible.

II – Justifications d'ordre politique

18.- Un privilège de juridiction qui trouve ses racines dans l'Ancien régime.- En réalité, la seule justification de la séparation des autorités administrative et judiciaire est politique. L'idée était d'accorder un privilège de juridiction à l'administration, tel que ce privilège existait déjà sous l'Ancien Régime. En effet, l'administration royale s'était dotée progressivement de moyens de juger elle-même les litiges relatifs à son fonctionnement. Elle voulait ainsi échapper aux parlements, c'est-à-dire aux cours de justice locales dont relevaient en principe l'ensemble des justiciables.

Cette spécificité existait déjà au XIV° siècle. L'ordonnance de Vivier en Brie de 1319 avait en effet créé une Chambre des comptes. Cette juridiction - qui est l'ancêtre de l'actuelle Cour des comptes- était compétente pour connaître des affaires financières du royaume. Plus tard, une ordonnance de 1390 a porté création de la Cour des aides à Paris qui était compétente pour tous les contentieux relatifs aux impositions.

Pour conforter le privilège de juridiction dont bénéficiait l'administration, l'édit de Saint-Germain de 1641 a interdit formellement aux parlements de connaître des litiges concernant « Etat, administration et gouvernement … ». Ces dispositions vont être reprises, de façon plus impérative encore, par les révolutionnaires.

§II – Textes instituant la séparation

19.- Une loi et un décret révolutionnaires.- La loi des 16 et 24 août 1790, confirmée par le décret du 16 fructidor an III, témoigne de la méfiance des révolutionnaires vis-à-vis des tribunaux de droit commun et de leur volonté de protéger l'administration. Cette méfiance était d'autant plus grande que les parlements étaient composés de membres de la noblesse.

20.-Deux interdictions à l'encontre du pouvoir judiciaire.- La loi présente comme caractéristique majeure d'être exclusivement rédigée sous une forme négative. En effet, elle se borne à poser deux grandes interdictions à l'encontre des parlements. Dans ce contexte, on comprend très bien la formule célèbre de Prosper

Weil selon laquelle « l'existence même du droit administratif relève du miracle » (P. Weil, D. Pouyaud, Le droit administratif, PUF, 25ème éd. 2017, p.5).

La première interdiction vise à protéger le pouvoir législatif du pouvoir judiciaire. L'article 10 de la loi de 1790 précise que « les tribunaux ne pourront prendre directement ou indirectement aucune part à l'exercice du pouvoir législatif … » et selon l'article 12 « …ils ne pourront point faire de règlements ». Par conséquent, cette première prohibition interdit aux tribunaux judiciaires de s'immiscer dans l'exercice de l'activité législative. Ceci implique notamment l'interdiction des arrêts de règlement, c'est-à-dire des décisions de justice posant des règles de portée générale, interdiction qui figure également à l'article 5 du Code civil.

La seconde interdiction vise à protéger le pouvoir exécutif du pouvoir judiciaire. L'article 13 de la loi de 1790 prévoit que « les fonctions judiciaires sont distinctes et demeureront toujours séparées des fonctions administratives. Les juges ne pourront, à peine de forfaiture, troubler, de quelque manière que ce soit, les opérations des corps administratifs, ni citer devant eux les administrateurs pour raison de leurs fonctions ». Cette règle sera rappelée avec vigueur par le décret du 16 fructidor an III selon lequel « défenses itératives sont faites aux tribunaux de connaître des actes d'administration, de quelque manière que ce soit, aux peines de droit ».

Cette seconde interdiction concerne donc l'activité administrative dans laquelle les tribunaux ordinaires n'ont pas le droit de s'immiscer. Mais si le législateur dénie la compétence du juge judiciaire, il ne précise pas devant quelle instance devront être portés les litiges mettant en cause l'administration et quel droit devra être appliqué. Ces questions ne seront résolues qu'ultérieurement.

Section II – Les effets de la règle de séparation des autorités administrative et judiciaire

21.- Conséquences du principe de séparation.- La règle de séparation des autorités administrative et judiciaire va entraîner deux phénomènes concomitants : la naissance des juridictions administratives et la naissance du droit administratif.

§I – Naissance des juridictions administratives

22.- L'administration doit pouvoir être jugée.- Le privilège donné à l'administration par les textes instituant la séparation des autorités administrative et judiciaire pouvait difficilement être compris comme lui conférant une immunité totale.

S'il résulte de ces textes que l'administration doit échapper à la compétence du juge judiciaire, elle a été soumise au contrôle d'autres autorités : un contrôle exercé par l'administration elle-même, puis un contrôle réalisé par des juridictions spécialisées.

I – Système de l'administrateur juge

23.- L'administration se juge elle-même.- Le système de l'administrateur juge découle à la fois de l'interdiction faite au juge judiciaire de connaître des affaires mettant en cause l'administration et, dans un premier stade, de l'inexistence de juridictions spécialisées qui auraient pu connaître du contentieux administratif. Dans ce système, c'est donc l'administration active elle-même qui règle les litiges occasionnés par son fonctionnement.

La loi des 6, 7 et 11 septembre 1790, attribue ainsi aux comités de directoire de département et de district - donc à des autorités administratives locales - le contentieux des contributions directes, celui des marchés de travaux publics et celui des dommages de travaux publics. La loi des 7 et 14 octobre 1790 a quant à elle confié au Roi, chef de l'administration générale « les réclamations d'incompétence à l'égard des corps administratifs ».

24.- Caractère inéquitable de ce système.- En droit, ce système est conforme au principe de séparation des pouvoirs de l'Esprit des lois. En effet, pour Montesquieu, le pouvoir judiciaire consiste à régler les différends entre particuliers et à juger les poursuites pénales intentées contre eux. L'administration n'est donc pas concernée. Ainsi, il est tout à fait possible, dans ce système, de ne pas dissocier l'administration de son juge. En équité, en revanche, le système est bien sûr choquant, puisque l'administration est à la fois juge et partie.

II – Création d'une administration juridictionnelle

25.- Les grands textes de l'an VIII.- La Constitution du 22 frimaire an VIII a porté création, dans son article 52, du Conseil d'Etat. Puis la loi du 28 pluviôse an VIII a institué dans chaque département des conseils de préfecture.

Trois précisions importantes doivent être faites sur ce point.

26.- Des organes qui relèvent de l'administration active.- Tout d'abord, ces institutions ne pouvaient être considérées comme des juridictions indépendantes de l'administration active, ni même comme les juges de droit commun du contentieux administratif. En effet, le Conseil d'Etat, comme les conseils de préfecture, relèvent de l'administration active, et ils sont chargés d'une double fonction : consultative et contentieuse. Cette confusion est essentiellement due au fait, comme l'exprimait en 1827 Henrion de Pansey, que l'on considère à l'époque que « juger l'administration c'est encore administrer » (De l'autorité judiciaire en France, Barrois, 1818).

27.- Un système de justice retenue.- Ensuite, les conseils de préfecture et le Conseil d'Etat ne sont que des organes administratifs parmi d'autres. Il ne s'agit pas de juridictions indépendantes. En effet, ils ne sont chargés que de rendre des avis. C'est le préfet au niveau des conseils de préfecture, et le chef de l'Etat au niveau du Conseil d'Etat qui rendent la décision et qui sont libres de suivre ou de ne pas suivre l'avis formulé. Ce système est appelé système de justice retenue.

28.- Persistance du système de l'administrateur juge.- Enfin, la création d'une administration juridictionnelle n'a pas mis fin au système de l'administrateur juge. Les ministres demeurent juges de droit commun de l'administration en premier ressort. En effet, la loi du 28 pluviôse an VIII n'a attribué qu'une compétence d'attribution aux conseils de préfecture qui recouvre principalement deux domaines : le contentieux des travaux publics et celui des contributions directes. Dans ce système, le Conseil d'Etat est juge d'appel des décisions rendues par les conseils de préfecture en premier ressort, mais également -et surtout- de celles rendues par les ministres.

Par conséquent, le système est encore imparfait et il demeure marqué par le poids de l'administration active dans le déroulement des procès devant le juge administratif.

III – Séparation progressive de l'administration active et de l'administration juridictionnelle

29.- Une séparation progressive.- Cette séparation s'est faite en trois étapes. Elle a d'abord donné lieu à une transformation des organes consultatifs en organes de décision. Ensuite, le Conseil d'Etat a vu ses compétences juridictionnelles s'étendre. Enfin, la juridiction administrative s'est progressivement renforcée.

A – Transformation des organes consultatifs en organes de décision

30.- Théorie et pratique.- Il faut d'abord relever que dans la pratique, le chef de l'Etat, et certainement les préfets, ont très vite pris l'habitude de suivre les avis contentieux du Conseil d'Etat ou des conseils de préfecture. Cela aurait été très clairement exposé par Napoléon Ier dans les termes suivants : « on me fait signer aveuglément des décisions délibérées dans le Conseil d'Etat sur des matières contentieuses ; je ne suis pour cela qu'une griffe » (Opinions de Napoléon sur divers sujets de politique et d'administration, éd. Firmin Didiot, 1833, p.192).

31.- Institution éphémère de la justice déléguée sous la Seconde République.- Sous la Seconde République, la loi du 3 mars 1849 a abandonné le système de justice retenue. On a alors considéré que le Conseil d'Etat rend directement la justice au nom du peuple français qui lui a délégué cette compétence. On est donc passé d'un système de justice retenue à un système de justice déléguée.

Cependant, le coup d'Etat de Louis-Napoléon Bonaparte a marqué un retour en arrière vers la justice retenue.

32.- Enracinement de la justice déléguée à partir de la Troisième République.- Il a fallu ensuite attendre la Troisième République, et plus précisément la loi du 24 mai 1872, pour voir rétablie la justice déléguée pour le Conseil d'Etat. Ce système ne sera dès lors plus jamais remis en cause.

B – Extension des compétences juridictionnelles du Conseil d'Etat

33.- Le Conseil d'Etat juge de droit commun du contentieux administratif.- Le Conseil d'Etat est passé du statut de juge d'attribution à celui de juge de droit commun du contentieux administratif. Cette évolution a résulté non pas d'un texte mais de la propre jurisprudence du Conseil d'Etat qui a abandonné la théorie de l'administrateur juge à l'occasion de l'arrêt Cadot du 13 décembre 1889 (Rec. p.1148, concl. Jagerschmidt). Le Conseil d'Etat a considéré, en l'espèce, que c'est à bon droit que le ministre de l'Intérieur s'était abstenu de statuer sur un litige mettant en cause l'administration. De façon implicite la juridiction administrative suprême abandonnait ainsi la théorie de l'administrateur juge. Comme on l'a vu, en effet, cette théorie n'avait pas été établie par un texte. Il s'agissait d'une pratique née de la règle de séparation des autorités administrative et judiciaire et de l'absence, jusqu'à l'an VIII, de juridictions administratives. Le Conseil d'Etat pouvait donc mettre un terme lui-même à cette pratique devenue inutile.

A partir de l'arrêt Cadot, les conseils de préfecture demeurent juges d'attribution en premier ressort pour les matières visées par la loi du 28 pluviôse an VIII. Le Conseil d'Etat est juge d'appel de leurs décisions, mais surtout juge en premier et dernier ressort de droit commun du contentieux administratif.

C – Renforcement de la juridiction administrative

34.- Spécialisation du personnel du Conseil d'Etat.- Ce renforcement s'est d'abord manifesté par la spécialisation du personnel du Conseil d'Etat et des conseils de préfecture. A l'origine, il n'existait pas de distinction entre les fonctions administratives et juridictionnelles de ces institutions, puis une dissociation progressive s'est opérée.

Déjà, un décret du 11 juin 1806 avait créé au sein du Conseil d'Etat une « commission des contentieux » qui était chargée spécifiquement d'instruire les litiges. Cette commission, qui deviendra avec la loi du 3 mars 1849 la section du contentieux, s'oppose aux sections administratives qui composent également le Conseil d'Etat et dont le rôle n'est pas de juger mais de conseiller l'exécutif.

35.- Institution des commissaires du gouvernement.- Par la suite, des ordonnances des 2 février et du 12 mars 1831 ont créé au sein du Conseil d'Etat des commissaires du gouvernement. A l'origine, il s'agit de membres du Conseil d'Etat qui sont chargés de représenter le gouvernement et de proposer dans leurs conclusions une solution au litige à la formation de jugement. Mais très vite, les commissaires du gouvernement se sont considérés comme indépendants vis-à-vis du pouvoir exécutif et ils ont pris l'habitude de rendre leurs conclusions en leur propre nom, ce qui a largement contribué à mieux identifier et à structurer les règles du droit administratif. Depuis le décret n°2009-14 du 7 janvier 2009, l'appellation de commissaire du gouvernement a été remplacée par celle de rapporteur public.

Le schéma de l'organisation de la justice administrative a également évolué.

36.- Réformes des conseils de préfecture et création des tribunaux administratifs.- Les conseils de préfecture sont devenus des juridictions interdépartementales à partir de décrets-lois des 6 et 26 septembre 1926. Il est à noter, toutefois, que cette organisation existait déjà en Alsace-Lorraine depuis un décret du 26 novembre 1919 créant le tribunal administratif d'Alsace-Lorraine qui deviendra en 1953 le tribunal administratif de Strasbourg. En conséquence, à partir de 1926, les conseils de préfecture ne sont plus dirigés par les préfets.

Ils ont également fait l'objet de différentes réformes qui ont visé à accroître leurs compétences de juges en premier ressort du contentieux administratif. Ainsi, notamment, une loi du 21 mars 1831 a reconnu leur compétence en matière d'opérations électorales et un décret du 5 mai 1934 leur attribue la quasi-totalité du contentieux local.

Mais surtout, le décret-loi du 30 septembre 1953 a remplacé les conseils de préfecture par des tribunaux administratifs qui sont devenus juges en premier ressort de droit commun du contentieux administratif. Cette réforme a modifié en profondeur l'organisation de la juridiction administrative, le Conseil d'Etat passant du statut de juge en premier et dernier ressort de droit commun à celui de juge d'appel de droit commun.

37.- Création des cours administratives d'appel.- L'évolution a ensuite été achevée par la loi n°87-1127 du 31 décembre 1987 qui a porté création des cours administratives d'appel.

Désormais, l'organisation de la justice administrative ressemble donc à celle de la justice judiciaire. Il existe ainsi deux degrés de juridiction : les tribunaux administratifs et les cours administratives d'appel qui exercent, à leur niveau, une compétence de droit commun. Au-dessus de ces deux degrés de juridiction, le Conseil d'Etat fait figure de juge de cassation de droit commun -alors même qu'il conserve des compétences en premier et dernier ressort et à hauteur d'appel- tout en conservant une mission de conseiller du gouvernement.

Ce perfectionnement progressif de la juridiction administrative, qui n'est que la conséquence du principe de séparation des autorités administrative et judiciaire, a permis de la doter d'un statut constitutionnel.

IV – Constitutionnalisation de la justice administrative

38.- Silence des textes constitutionnels.- La Constitution de 1958, pas plus que les Constitutions antérieures, ne consacre de dispositions à la justice administrative. En revanche, pratiquement toutes ces Constitutions ont offert un statut constitutionnel à l'autorité judiciaire (c'est le cas notamment de la Constitution du 1958 qui consacre son Titre VIII à « l'autorité judiciaire »).

39.- Recours à la technique des principes fondamentaux reconnus par les lois de la République.- Finalement, c'est le Conseil constitutionnel qui a reconnu ce statut dans deux décisions en ayant recours à la technique des principes fondamentaux reconnus par les lois de la république.

Dans la décision numéro 80-119 DC du 22 juillet 1980, Lois de validation (JO 24 juillet 1980, p.1868 ; Rec. CC, p.46 ; AJDA 1982, p.602, note Carcassonne ; JCP G 181, II, comm. 19603, note Nguyen Quoc Dinh ; RDP 1908, p.1658, note Favoreu), le Conseil constitutionnel a consacré en tant que principe fondamental reconnu par les lois de la République le principe d'indépendance de la juridiction administrative. Ce principe trouve sa source dans la loi du 24 mai 1872 qui a conféré la justice déléguée au Conseil d'Etat.

Dans la décision numéro 86-224 DC du 23 janvier 1987, Conseil de la concurrence (préc.) il a ensuite précisé que « conformément à la conception française de la séparation des pouvoirs » figure le principe selon lequel « l'annulation et la réformation des décisions prises dans l'exercice des prérogatives de puissance publique » par les différentes autorités administratives relève de la compétence de la juridiction administrative. Par conséquent, en reconnaissant un domaine de compétence exclusif à la juridiction administrative qui est garanti constitutionnellement, c'est l'existence même de cette juridiction qui se trouve garantie par le Conseil constitutionnel.

§II – Naissance et essor du droit administratif

40.- Apparition d'un droit autonome par rapport au droit privé.- L'administration, puis le juge administratif, en tranchant eux-mêmes des litiges, ont créé des solutions originales et donné naissance à un véritable droit administratif, distinct du droit applicable aux personnes privées. Le droit administratif est aujourd'hui encore fortement autonome par rapport au droit privé et il est essentiellement d'origine jurisprudentielle. A l'origine très inégalitaire, ce droit a tendu de plus en plus vers une protection accrue des administrés.

I – Un droit à l'origine inégalitaire

41.- Manifestations du caractère inégalitaire du droit administratif.- Très longtemps, le juge administratif a peu censuré l'activité de l'administration. Dans la plupart des cas, la notion d'intérêt général permettait de justifier le caractère exorbitant des solutions adoptées. Ce caractère exorbitant existe toujours de nos jours, mais le caractère inégalitaire du droit administratif s'est en grande partie résorbé.

En matière de responsabilité administrative, par exemple, jusqu'à l'arrêt Tomaso Grecco du 10 février 1905 (requête numéro 10365 : Rec. p.139, concl. Romieu ; D. 1906, p.381, concl. Romieu ; S. 1905, III, p.113, note Hauriou), le Conseil d'Etat écartait toute mise en jeu de la responsabilité pour faute de l'Etat. Il fallait certainement voir dans les solutions antérieures à cet arrêt les vestiges de l'adage de l'Ancien Régime qui voulait que « le souverain ne peut mal faire ».

De même, toute une série d'actes émanant des autorités administratives étaient considérés comme étant insusceptibles de recours contentieux. Ces catégories d'actes – qu'il s'agisse d'actes de gouvernement ou encore de mesures d'ordre intérieur – existent toujours mais leur contenu s'est progressivement vidé d'une partie de leur substance.

Enfin, pour citer un dernier exemple, jusqu'à un décret du 2 novembre 1864, le silence gardé par l'administration ne valait pas décision, ce qui fait que dans le cadre de la théorie de l'administrateur juge, dans l'hypothèse où le ministre ne statuait pas, le recours au Conseil d'Etat était impossible. A partir du décret susvisé le silence gardé par l'administration à l'issue d'un délai de quatre mois vaut décision de rejet, attaquable devant les juridictions administratives. Cette règle sera généralisée par une loi du 7 juillet 1900. Par la suite, ce délai sera raccourci à deux mois par l'article 21 de la loi n°2000-321 du 12 avril 2000. Le principe sera finalement renversé par la loi n°2013-1005 du 12 novembre 2013. Désormais le silence gardé par l'administration à l'expiration d'un délai de deux mois vaut acceptation, sauf dans le cadre des nombreuses exceptions prévues par ce texte et par ses décrets d'application.

II – Une protection accrue des administrés

42.- Un subtil équilibre entre la prise en compte des intérêts de l'administration et ceux des administrés.- De nos jours, l'édifice jurisprudentiel est devenu extrêmement complexe et subtil, et il tend à permettre la conciliation entre les intérêts des administrés et ceux de l'administration.

L'administration est plus étroitement soumise au droit. Elle est de plus en plus contrainte, dans le cadre de son activité, à respecter le principe de légalité. Les sources de la légalité administrative se sont elles-mêmes multipliées avec notamment la soumission des actes administratifs aux principes de valeur constitutionnelle et avec l'influence grandissante du droit de l'Union européenne et de la Convention européenne des droits de l'homme. Le principe de légalité est plus efficacement sanctionné par une conception élargie de l'intérêt à agir et par le développement du recours pour excès de pouvoir qui permet l'annulation des décisions qui sont jugées illégales.

L'administration est également soumise à des règles de responsabilité qui se sont progressivement assouplies. Les conditions d'engagement de la responsabilité pour faute de l'administration sont moins rigoureuses que par le passé et les régimes de responsabilité sans faute se sont multipliés. Elle est donc, d'une façon générale, plus souvent sanctionnée dans le cadre de ses activités.

PLAN

L'étude du droit administratif s'articulera autour de six parties :

Les institutions administratives

Le principe de légalité de l'action administrative

La justice administrative

Les actes administratifs

Les activités administratives

La responsabilité administrative

Pour aller plus loin :

-Bénoit (F.-P.), Les fondements de la justice administrative : Mélanges Waline, LGDJ, 1974, t. II, p. 283.

- Chevallier (J.), Du principe de séparation au principe de dualité : Mélanges Chapus, Montchrestien 1992, p.135.

- De Laubadère (A.), Réflexions sur la crise du droit administratif français : D. 1952, chron. p. 5.

- Hauriou (M.), la formation du droit administratif depuis l'an VIII, RGA 1892, t. 2, p.385 et t. 3, p.15.

- Hauriou (M.), Le développement de la jurisprudence administrative depuis 1870, BSLC, 1922, p.236.

- Mestre (J.L.), Administration, justice et droit administratif, Ann. Historiques Révolution française, avr. juin 2002, p.61.

- Rivero (J.), Le problème de l'influence des droits internes sur la Cour de justice de la CECA : AFDI 1958, p. 295.

- Stirn (B.), Le Conseil d'Etat et le droit communautaire. De l'application à l'élaboration : AJDA 1993, p. 244.

- Vedel (G.), La loi des 16-24 août 1790. Texte ? Prétexte ? Contexte ? : RFDA 1990, p.698.

PREMIERE PARTIE – LES INSTITUTIONS ADMINISTRATIVES

43.- Les grands principes et leur mise en œuvre.- Il est nécessaire, dans un premier temps, d'évoquer quels sont les grands principes qui peuvent être utilisés, dans le cadre d'un Etat unitaire, pour structurer l'organisation administrative. Dans le schéma actuel de l'organisation administrative française, on distinguera l'administration d'Etat de l'administration décentralisée.

CHAPITRE UN – LES DIFFERENTES MODALITES D'ORGANISATION ADMINISTRATIVE

44.- Centralisation, déconcentration et décentralisation.- Dans le cadre d'un Etat unitaire, et même si on peut observer de nombreuses variantes d'une Etat à l'autre, il existe trois grands principes d'organisation administrative : la centralisation, la déconcentration, la décentralisation. Dans la pratique, ces différentes modalités d'organisation peuvent être combinées au sein d'un même Etat. Ainsi, en France, une partie de l'administration est centralisée, une autre est déconcentrée et une autre est décentralisée.

Section I – La centralisation

45.- Définition.- La centralisation « c'est le système dans lequel l'ensemble des décisions administratives relève des organes centraux de l'Etat » (J.-M Bécet, Les institutions administratives, Economica, 4ème éd. 1997).

Si l'on applique ce système à la France moderne, cela signifierait que toutes les décisions administratives seraient prises au niveau des services centraux des ministères, ce qui exclurait donc toute prise de décision à l'échelon local.

46.- Centralisation et aménagement du territoire.- Cependant, la centralisation n'exclut pas une division administrative du territoire, par exemple en communes, en départements et en régions. Mais dans ce cadre, les différentes autorités qui vont représenter ces entités seront dépourvues de pouvoir de décision. Elles n'auront qu'un pouvoir d'information et de sollicitation de l'autorité centrale. Il n'y a donc pas nécessairement d'antinomie entre la centralisation et l'aménagement du territoire.

47.- Centralisation et délocalisation.- De la même façon, des services centraux peuvent être délocalisés en dehors de la capitale. C'est le cas, par exemple, de certains services centraux de l'INSEE qui ont été délocalisés à Metz ou de l'ENA qui a été délocalisée à Strasbourg. De même, en octobre 2019, la Direction générale des finances publiques a lancé un appel à candidatures auprès des communes désireuses d'accueillir des services en vue de leur délocalisation hors de l'Île-de-France et également hors des grandes métropoles, dans les territoires ruraux et péri-urbains. Sont en cause des services qui sont différents des services de proximité des finances publiques qui sont déjà organisés localement. Il s'agit en effet de services de soutien, par exemple de centres d'appel ou de pôles de contrôle à distance des dossiers fiscaux.

48.- Inconvénients de la centralisation.- Il n'en demeure pas moins qu'un système centralisé présente deux défauts majeurs. D'une part, il est extrêmement lourd à gérer. En effet, l'autorité centrale qui prend toutes les décisions administratives risque d'être rapidement débordée. Les décisions seront alors prises avec retard. D'autre part, l'autorité centrale se situe loin des préoccupations locales. Pour ne donner qu'un exemple, il est évident qu'un maire est plus apte à règlementer la circulation ou le stationnement dans sa commune qu'un ministre.

Pour cette raison, un système administratif exclusivement centralisé n'est guère concevable de nos jours.

49.- Importance de la centralisation dans la constitution des Etats modernes.- La notion de centralisation a toutefois joué un rôle très important dans la constitution des Etats modernes. De fait, comme l'expose M. Prélot « en principe, selon la logique interne et, souvent aussi dans le concept historique, la centralisation accroît, complète et couronne l'unification politique » (Institutions politiques et droit constitutionnel, Précis Dalloz, 5ème éd. 1972). Mais dans le cadre des Etats modernes, la centralisation n'est concevable que dans les micros Etats. En effet, on ne retrouve pas, dans ce cadre, les deux inconvénients attachés à l'idée de centralisation. D'une part, compte tenu de l'exiguïté du territoire national et de la faible densité de la population, le pouvoir central est nécessairement proche des préoccupations locales. D'autre part, pour les mêmes raisons, il est concevable que les autorités centrales aient la capacité de prendre rapidement les décisions administratives nécessaires au bon fonctionnement de la société.

50.- Centralisation et déconcentration.- Hors cette hypothèse, un système administratif totalement centralisé est irréaliste, et c'est justement l'impossibilité de gérer l'ensemble des tâches au niveau national qui justifie la déconcentration.

Section II – La déconcentration

51.- Délocalisation du pouvoir de décision de l'Etat.- Le système de la déconcentration constitue un moyen pour l'Etat de délocaliser son pouvoir de décision. Toutefois, dans ce système, les organes déconcentrés demeurent subordonnés, par le lien hiérarchique, aux services centraux.

§I – Notion de déconcentration

52.- Définition.- La déconcentration, « c'est une modalité de la centralisation. Elle consiste à accorder à des organes non centraux un pouvoir de décision limité, étant donné que les agents sont soumis au pouvoir hiérarchique d'une autorité centrale compétente » (J-M Bécet, Les institutions administratives, préc.). L'article 1er du décret n°2015-510 du 7 mai 2015 portant charte de la déconcentration précise quant à lui que « la déconcentration consiste à confier aux échelons territoriaux des administrations civiles de l'Etat le pouvoir, les moyens et la capacité d'initiative pour animer, coordonner et mettre en œuvre les politiques publiques définies au niveau national et européen, dans un objectif d'efficience, de modernisation, de simplification, d'équité des territoires et de proximité avec les usagers et les acteurs locaux ».

53.- Subordination des organes déconcentrés aux organes centraux.- Ainsi, on peut observer que l'organisation déconcentrée suppose l'existence de deux éléments : des organes centraux également appelés administrations centrales ; des organes déconcentrés également appelés organes extérieurs.

Les organes déconcentrés sont étroitement subordonnés aux organes centraux qu'ils représentent au niveau local. Tel est le cas, par exemple, du préfet qui représente l'autorité centrale dans les départements et les régions. Selon l'expression célèbre d'Odilon Barrot, « c'est toujours le même marteau qui frappe, mais on en a raccourci le manche ».

C'est le Premier ministre, titulaire du pouvoir règlementaire de droit commun, et non pas le législateur, qui est compétent pour opérer la distinction entre les administrations centrales et les services déconcentrés (CC, 21 janvier 1997, décision numéro 97-180 DC, Nature juridique de l'article 2 de la loi d'orientation n° 92-125 du 6 février 1992 relative à l'administration territoriale de la République). Cette compétence découle en effet de l'article 20 de la Constitution.

54.- Déconcentration et délocalisation.- Il faut enfin se garder de confondre les notions de déconcentration et celle de délocalisation qui se caractérise, comme on l'a vu, par le fait de transférer géographiquement des services centraux en dehors de Paris.

§II – Le pouvoir hiérarchique

55.- Pouvoir de décision et subordination des agents déconcentrés.- Dans le cadre de la déconcentration, les agents locaux disposent d'un pouvoir de décision propre qui leur permet de trancher eux-mêmes certaines affaires, sans remonter l'ensemble de ces affaires au niveau central. Cependant, dans le cadre de ce pouvoir, tous ces agents sont soumis au pouvoir hiérarchique de leur supérieur. Ce pouvoir existe de plein droit, en vertu d'un principe général du droit (CE Sect.,

30 juin 1950, requête numéro 98882, Quéralt : Rec. p. 413 ; JCP G 1950, II, comm. 5909, note B.H. ; S. 1951, III, p.85, note Auby).

Le pouvoir hiérarchique se manifeste par l'existence d'un pouvoir d'instruction, d'un pouvoir d'annulation et de réformation et d'un pouvoir exercé sur les personnes.

I – Pouvoir d'instruction

56.- Un pouvoir de direction.- Le supérieur hiérarchique - et notamment le ministre qui se situe au sommet de la pyramide ministérielle - peut indiquer à ses agents subordonnés certaines modalités d'action avant même la prise de décision. On peut donc assimiler ce pouvoir d'instruction à un véritable pouvoir de direction qui va consister, par exemple, à s'assurer qu'un texte de loi ou de décret s'appliquant au ministère concerné sera interprété de la même façon par tous les agents du ministère.

Ce pouvoir d'instruction se concrétise notamment par des circulaires ministérielles ou des notes de service. Ces textes sont extrêmement nombreux puisqu'il en est édicté plusieurs milliers chaque année dans tous les domaines.

57.- Devoir d'obéissance.- Les agents sont quant à eux tenus d'un devoir d'obéissance à l'égard de leur supérieur hiérarchique. Dans un arrêt Giraud du 5 mai 1911 le Conseil d'Etat a ainsi considéré que l'obéissance est imposée « à tout agent public » (requête numéro 40541 : Rec. p. 525). L'article 28 du titre I du statut général de la fonction publique énonce quant à lui que « tout fonctionnaire ... doit se conformer aux instructions de son supérieur hiérarchique ... ».

Si le pouvoir d'instruction a un champ extrêmement vaste, il connaît néanmoins trois limites.

58.- Obligation de désobéissance.- Dans certains cas, tout d'abord, le subordonné a l'obligation de désobéir à l'ordre de son supérieur. Pour que cela soit le cas, pour les agents soumis au titre I du statut général de la fonction publique, deux conditions doivent être réunies : l'ordre doit être manifestement illégal et il doit compromettre gravement un intérêt public. Cette règle, d'origine jurisprudentielle, a été consacrée par l'article 28 du titre I du statut général.

> Exemple :
> - CE, 10 novembre 1944, requête numéro 71856, Langneur (Rec. p.248 ; D. 1945, p. 89, concl. Chénot ; JCP 1945, I, comm. 2852, obs. Chavanon) : les juges estiment que le fait, pour un fonctionnaire, d'exécuter un ordre donné par un maire d'inscrire des habitants d'une commune comme chômeurs pour qu'ils perçoivent des indemnités alors qu'ils ne l'étaient pas, justifie que ce fonctionnaire fasse l'objet de poursuites sur le plan disciplinaire et sur le plan pénal.

Les deux conditions visées par l'article 28 susvisé sont cumulatives. Ainsi, le fonctionnaire qui refuse d'obéir à un ordre illégal commet une faute disciplinaire dans le cas où cet ordre n'était pas de nature à compromettre gravement un intérêt public.

Exemple :
- CE, 29 novembre 2004, n°242384, Tibère (Rec. tables, p. 876) : un fonctionnaire refuse de rejoindre le poste qui lui a été assigné par une décision illégale. Cependant, cet ordre n'étant pas de nature à compromettre un intérêt public, le principe d'obéissance lui imposait de rejoindre cette affectation. Si cette faute ne pouvait légalement fonder une décision de radiation pour abandon de poste, les autres conditions n'étant pas remplies, elle conduit à atténuer la responsabilité de l'employeur public mis en cause du fait de cette radiation illégale.

Les juges tendent par ailleurs à interpréter de façon restrictive cette obligation de désobéissance.

Exemple :
- TC, 19 octobre 1998, requête numéro 3131, Préfet du Tarn c. CA Toulouse (JCP G 1999, II, comm. 10225, concl. Sainte-Rose, note du Cheyron) : après que le conseil municipal a décidé la mise en application anticipée d'un plan d'occupation des sols en cours de révision, un agent a modifié, à la demande du maire, le plan de zonage annexé à la délibération, de façon à réduire l'emprise d'un espace boisé classé. Les juges estiment que la faute ainsi commise par l'intéressé qui n'était animé par aucun intérêt personnel, l'a été dans l'exercice de ses fonctions et avec les moyens du service et elle ne constitue pas une faute détachable du service. Pourtant, l'illégalité flagrante de l'ordre donné par le maire ne pouvait échapper à ce fonctionnaire, en raison de sa connaissance étendue du droit de l'urbanisme.

59.- Droit de retrait.- Il existe également des cas où la désobéissance n'est pas obligatoire, mais où elle est possible. Tel est le cas lorsque des subordonnés exercent le droit de retrait qui leur est reconnu en cas de danger grave et imminent (décret n°82-453 du 28 mai 1982, art. 5-5 s.). Il a été jugé sur ce point que des agissements qui pourraient être considérés comme constitutifs de harcèlement moral ne caractérisent pas une situation de danger grave et imminent rendant possible l'exercice du droit de retrait (CE, 16 décembre 2009, requête numéro 320840, Touati : AJDA 2010, p. 506, concl. Boulouis ; JCP A 2010, comm. 1075, note Jean-Pierre).

60.- Harcèlement sexuel.- De même, l'article 6 ter du titre I du statut général de la fonction publique donne aux agents un droit à la désobéissance dans le cas où ils reçoivent un ordre qui aurait pour but l'obtention de faveurs sexuelles au profit d'un supérieur hiérarchique ou d'un tiers. Le Conseil d'Etat a récemment précisé que la répétition des comportements n'était pas une condition nécessaire pour emporter la qualification de harcèlement sexuel (CE, 15 janvier 2014, requête numéro 362495, La Poste SA : AJFP mars-avril 2014, 95, note Fitte-Duval ; JCPA 2014, act. 95, obs. Touzeil-Divina et comm. 2093, note Jean-Pierre).

61.- Harcèlement moral.- Dans le même ordre d'idées, l'article 6 quinquies du statut général prévoit que « aucun fonctionnaire ne doit subir les agissements répétés de harcèlement moral qui ont pour objet ou pour effet une dégradation des conditions de travail susceptible de porter atteinte à ses droits et à sa dignité, d'altérer sa santé physique ou mentale ou de compromettre son avenir professionnel ».

Exemples :
- CE, 24 novembre 2006, requête numéro 256313, Baillet c. Office national de la chasse (JCPA 2007, comm. 2003, note Jean-Pierre ; AJDA 2007, p.428, note Planchet) : sont caractéristiques d'un harcèlement moral exercé sur un agent contractuel différentes pratiques mises en œuvre par un chef de service, caractérisées notamment par l'envoi d'instructions par courrier recommandé avec demande d'avis de réception, par la multiplication de consignes inutilement tatillonnes et par un dénigrement systématique.
-CE, 3 octobre 2018, requête numéro 414156 : une solution contraire est adoptée dans une affaire ou les juges relèvent qu'aucun message à caractère injurieux n'avait été adressé à l'agent par sa hiérarchie. Par ailleurs, ni la diffusion malencontreuse aux autres membres du personnel par son chef de service d'un courrier à son attention ni l'organisation d'un entretien après une garde de nuit n'étaient destinés à lui nuire. Enfin, le changement d'affectation de l'intéressé ne résultait que d'une nécessité de service.

Même si c'est très souvent le cas, il ne s'agit pas ici uniquement de rapports hiérarchiques. Ainsi, la circonstance que les agissements visés par les dispositions de l'article 6 quinquies émanent d'un agent placé sous l'autorité du fonctionnaire en cause est sans incidence sur les garanties qu'elles assurent à celui-ci (CE, 28 juin 2019, requête numéro 415863 : AJCT 2019, p. 523, obs. Derridj ; AJDA 2019, p. 1367).

Si le comportement de la victime doit être pris en compte pour établir le harcèlement moral, la faute de la victime n'est toutefois plus considérée comme une cause exonératoire de responsabilité pour l'administration (CE Sect., 11 juillet 2011, requête numéro 321225, Montaut : Rec. p. 349, concl. Guyomar ; AJDA 2011, p. 2072, concl. Guyomar ; AJFP janv.-févr. 2012, p. 41, note Fontier ; AJCT 2011, p. 474, obs. Derridj ; Dr. adm. 2011, comm. 88, note Melleray ; JCP A, act. 531, obs. Sorbara ; JCP G 2011, comm. 1466, chron. Eveillard.- V. aussi CE, 3 octobre 2018, requête numéro 414156 : AJDA 2018, p.1932), contrairement à ce qui résultait de la jurisprudence antérieure (CE, 24 novembre 2006, requête numéro 256313, B. : JCP A 2007, comm. 2003, note Jean-Pierre ; AJDA 2007, p. 428, note Planchet). De son côté, le juge de cassation opère un contrôle de qualification juridique des faits soumis à l'appréciation des juges du fond (CE, 31 octobre 2014, requête numéro 372042, X.).

Le Conseil d'Etat a également précisé qu'il appartient à l'agent public qui soutient avoir été victime de faits constitutifs de harcèlement moral, lorsqu'il entend contester le refus opposé par l'administration dont il relève à une demande de protection fonctionnelle fondée sur de tels faits, de soumettre au juge des éléments de fait susceptibles d'en faire présumer l'existence. Il incombe à l'administration de produire, en sens contraire, une argumentation de nature à démontrer que les agissements en cause sont justifiés par des considérations étrangères à tout harcèlement. La conviction du juge, à qui il revient d'apprécier si les agissements de harcèlement sont ou non établis, se détermine au vu de ces échanges contradictoires, qu'il peut compléter, en cas de doute, en ordonnant toute mesure d'instruction utile (CE, 23 décembre 2014, requête numéro 358340, Bilal).

62.- Un pouvoir de substitution encadré.- Enfin, en principe, le pouvoir d'instruction ne peut pas autoriser la substitution du supérieur hiérarchique à son subordonné. Cette substitution n'est possible que dans certains cas prévus par les textes, et elle doit faire l'objet de démarches préalables de la part du supérieur hiérarchique.

Exemple :
- Le maire est en principe responsable de la préservation de l'ordre public dans sa commune. Il doit donc prendre toutes les mesures préventives nécessaires au maintien, principalement, de la sécurité publique, de la salubrité publique et de la tranquillité publique. L'article L. 2215-1 1° du Code général des collectivités territoriales prévoit cependant que le préfet peut prendre « pour toutes les communes du département ou plusieurs d'entre elles, et dans tous les cas où il n'y aurait pas été pourvu par les autorités municipales, toutes mesures relatives au maintien de la salubrité, de la sûreté et de la tranquillité publiques ». Cependant, ce droit ne peut être exercé par le préfet dans le département à l'égard d'une seule commune qu'après une mise en demeure au maire restée sans résultat.

II – Pouvoir de réformation et d'annulation

63.- Conditions de mise en œuvre et limites.- Ce pouvoir peut être exercé en principe à tout moment, pour des raisons d'illégalité ou d'opportunité. Cependant, comme on le verra, des conditions sont posées lorsque l'acte porte atteinte aux droits de son bénéficiaire. La décision par laquelle l'autorité supérieure retire ou abroge l'acte créateur de droits d'un subordonné ne peut en effet intervenir, en principe, que dans un délai de quatre mois à compter de la date à laquelle il est intervenu et seulement pour des motifs touchant à son illégalité, dès lors que cet acte est créateur de droits. Ces règles qui résultaient à l'origine de la jurisprudence du Conseil d'Etat (V. pour le retrait CE Ass. 26 octobre 2001, requête numéro 197018, Ternon : Rec. p.497, concl. Seners ; RFDA 2002, p. 77, concl. Seners et note Delvolvé ; Dr. adm. 2001, comm. 253, obs. Michallet ; Dr. adm. déc. 2001, repère p. 3, obs. Auby ; BJDU 5/2001, p. 353 ; AJDA 2001, p. 1034, chron. Guyomar et Collin.- V. pour l'abrogation CE Sect., 6 mars 2009, requête numéro 306084, Coulibaly : Dr. adm. 2009, comm. 64, note Melleray ; RFDA 2009, p. 215, concl. de Salins, p. 439, note Eveillard ; AJDA 2009, p. 817, note Liéber et Botteghi ; RLCT 2009/47, p. 50, note Sudres) sont aujourd'hui codifiées à l'article L. 242-1 du Code des relations entre le public et l'administration.

III – Pouvoir exercé sur les personnes

64.- Un pouvoir multiforme.- Le supérieur hiérarchique a notamment le droit de déterminer l'affectation des fonctionnaires, de procéder à leur notation annuelle, ou encore de prendre des sanctions à leur encontre en cas de manquement à leurs obligations de service.

Section III – La décentralisation

65.- Définition.- Comme le précise le rapport le Garrec sur l'organisation décentralisée de la République : « la décentralisation consiste dans le transfert d'attributions de l'Etat à des collectivités ou institutions différentes de lui et bénéficiant, sous sa surveillance, d'une certaine autonomie de gestion ».

66.- Un mode d'organisation de l'Etat unitaire.- Ce modèle ne va toutefois pas jusqu'à remettre en cause les fondements de l'Etat unitaire, les institutions décentralisées ne disposant que d'une compétence d'attribution définie par la loi. Elle implique seulement un nouvel équilibre dans la répartition des pouvoirs.

67.- Etat unitaire et Etat fédéral.- Il faut bien ici distinguer la décentralisation du fédéralisme. La décentralisation constitue une modalité de l'organisation de l'Etat unitaire dans lequel les compétences sont transférées par le législateur. Dans un Etat fédéral, la dévolution des compétences est opérée et garantie par la Constitution et les Etats fédérés disposent de compétences en matière législative et constitutionnelle, ce qui n'est pas le cas pour une entité décentralisée. La distinction entre ces deux modèles n'est toutefois pas évidente : une décentralisation très poussée comme en Espagne, par exemple, peut aboutir à un fonctionnement proche de celui d'une fédération.

68.- Principe de libre administration des collectivités territoriales.- La décentralisation est fondée sur une idée de liberté qui se traduit, en France, par le principe de libre administration des collectivités territoriales qui est consacré par l'article 72 de la Constitution du 4 octobre 1958. Cependant, cette liberté est une liberté surveillée puisque les organes décentralisés voient leurs activités contrôlées par l'Etat.

En particulier, les actes les plus importants des institutions locales doivent être transmis au préfet qui, s'il estime qu'ils sont illégaux, les déférera au tribunal administratif compétent en vue de leur éventuelle annulation.

69.- Décentralisation technique et décentralisation territoriale.- Il existe deux types de décentralisation : la décentralisation technique et la décentralisation territoriale.

La décentralisation technique est également appelée décentralisation fonctionnelle ou encore décentralisation par services. Elle passe par un transfert de compétences de l'Etat vers une autre personne morale de droit public, spécialisée, qui est en général un établissement public. Il peut s'agir, par exemple, d'un établissement public de santé, d'un établissement public à caractère scientifique, culturel et professionnel (les universités, par exemple), ou encore d'un établissement public de coopération culturelle.

La décentralisation territoriale consiste quant à elle en un transfert de compétences de l'Etat vers des collectivités territoriales, qui sont des personnes morales de droit public distinctes de l'Etat. Elle doit être clairement distinguée de la déconcentration. En effet, concernant les autorités déconcentrées, il ne s'agit en aucun cas de transférer des compétences de l'Etat vers une personne morale de droit public distincte de lui, mais d'aménager l'organisation de l'Etat par la création d'organes qui sont étroitement subordonnés aux organes centraux.

70.- Approfondissement de la décentralisation.- Ce mode d'administration s'est réellement développé, en France, à partir de la loi n°82-213 du 2 mars 1982 (loi Defferre), relative aux droits et libertés des communes, des départements et des régions. La loi constitutionnelle n°2003-276 du 28 mars 2003 relative à l'organisation décentralisée de la République a voulu approfondir ce mouvement. Rompant avec la tradition jacobine centralisatrice, ce texte modifie en effet des dispositions essentielles de la Constitution et proclame que la France est un Etat unitaire décentralisé. La Constitution, dans son article 72 alinéa 2, précise désormais que « les collectivités territoriales ont vocation à prendre les décisions pour l'ensemble des compétences qui peuvent le mieux être mises en œuvre à leur échelon ». Dans la logique de ce texte, de nombreuses compétences de l'Etat ont été transférées aux collectivités territoriales par la loi n°2004-809 du 13 août 2004 relative aux libertés locales.

Par la suite, dans un souci de simplification de l'organisation administrative et de clarification des compétences des collectivités territoriales, est intervenue la loi n°2010-1563 du 16 décembre 2010 de réforme des collectivités territoriales. Toutefois, certaines dispositions essentielles de cette loi – suppression de la clause générale de compétence pour les départements et les régions, suppression des conseillers régionaux et des conseillers généraux remplacés par des conseillers territoriaux siégeant à la fois dans les départements et les régions – ne sont pas entrées en vigueur.

Ce texte était néanmoins inspiré par le même objectif affiché d'économie des deniers publics et de rationalisation de la répartition des compétences entre collectivités territoriales que l'on retrouve dans la loi n° 2014-58 du 27 janvier 2014 de modernisation de l'action publique territoriale et d'affirmation des métropoles (loi MAPTAM), dans la loi n° 2015-29 du 16 janvier 2015 relative à la délimitation des régions, aux élections régionales et départementales et modifiant le calendrier électoral et dans la loi n°2015-991 du 7 août 2015 portant nouvelle organisation territoriale de la République (loi NOTRe). La loi NOTRe a notamment repris le principe d'une suppression de la clause générale de compétence pour les départements et pour les régions. Cette suppression a été jugée conforme au principe de libre administration des collectivités territoriales par le Conseil constitutionnel (CC, 16 septembre 2016, numéro 2016-565 QPC, Association des départements de France : AJDA 2016, p. 2438, note Faure).

71.- Limites de la décentralisation.- Au final, en dépit des ambitions initiales, il apparaît clairement que la révision constitutionnelle du 28 mars 2003 et les textes qui l'ont suivie n'ont pas abouti à une transformation fondamentale du modèle français. En effet, si le texte constitutionnel a défini de nouveaux principes et créé de nouveaux instruments au bénéfice des collectivités territoriales, ceux-ci ne remettent nullement en cause la prééminence, voire même l'omniprésence du niveau central qui demeure, selon la formule employée par M. Brisson « le relais nécessaire de toutes les politiques territoriales et la clef de voûte de l'équilibre territorial des pouvoirs » (Les transferts de compétences de l'Etat aux collectivités locales : Dr. adm. 2008, Etude 8). C'est dans ce sens qu'il faut comprendre les nouveaux transferts de compétence, le développement de la démocratie directe locale ou encore les possibilités d'expérimentation reconnues aux collectivités territoriales. Si le principe de subsidiarité est élevé à un rang constitutionnel, son efficacité est toute aussi contingente que celle du principe de libre administration des collectivités territoriales, puisque c'est aux autorités étatiques qu'il appartient de le mettre en œuvre. Ainsi, c'est au législateur, et à lui seul, qu'il appartient de transférer de nouvelles compétences à l'échelon local ou encore d'autoriser une collectivité territoriale à pratiquer une expérimentation. De même si la révision du 28 mars 2003 a reconnu l'existence d'un pouvoir réglementaire au bénéfice de ces collectivités - et en aucun cas un pouvoir législatif - ce pouvoir demeure très limité et fortement encadré. Au final, la révision du 28 mars 2003 ainsi que les textes qui l'on suivie jusqu'à maintenant, doit être d'abord comprise comme un moyen non pas de transformer l'Etat unitaire décentralisé, mais d'améliorer avec plus ou moins de succès son fonctionnement.

72.- Relance de la décentralisation.- Le Président Macron a voulu donner un nouveau souffle à la décentralisation en proposant au congrès réuni à Versailles début juillet 2017 un nouveau « Pacte girondin ». Dans un discours prononcé à Quimper le 21 juin 2018 il a énoncé une ambition consistant à « adapter notre organisation collective entre l'Etat et les Régions, rompre avec une vision jacobine ». Il a pu ajouter que « Tous les territoires n'ont pas les mêmes atouts. Nous devons penser une nouvelle étape de la décentralisation ».

Cette volonté a ensuite été entravée par un climat de défiance qui s'est installé entre le pouvoir exécutif et les élus locaux. Toutefois, à l'issue de la crise des gilets jaunes, lors de la clôture du grand débat national, en avril 2019, le président a promis un « nouvel acte de décentralisation ». Il a alors confié à la ministre chargée des collectivités locales le soin de relancer les consultations suspendues sur le projet de loi dit 3D (décentralisation, différenciation, déconcentration). Enrayée par la crise sanitaire, cette dynamique a été reprise à partir du juin 2020 et le projet initial est devenu le projet de loi dit 4 D (décentralisation, différenciation, déconcentration).

Cette logique de différenciation territoriale, on l'a vu, s'applique également en matière de déconcentration avec la faculté reconnue aux préfets par le décret n° 2020-412 du 8 avril 2020 de déroger aux normes arrêtées par l'administration de l'Etat pour un motif d'intérêt général.

Dans le sens d'un approfondissement de la décentralisation, la loi organique n°2021-467 du 19 avril 2021 a voulu assouplir les conditions de mise en œuvre de l'expérimentation normative prévue par l'article 72 de la Constitution. Cette expérimentation permet aux collectivités territoriales ou à leurs groupements de déroger, lorsque la loi ou le règlement l'a prévu, à titre expérimental et pour un objet et une durée limités, aux dispositions législatives ou réglementaires qui régissent l'exercice de leurs compétences. Désormais, toute collectivité entrant dans le champ d'application de l'expérimentation peut décider par délibération motivée d'y participer, sous le contrôle du préfet. Ce texte prévoit aussi de nouvelles issues au terme des expérimentations locales en dehors de la généralisation ou de l'abandon. D'une part, elle peut aboutir au maintien des mesures prises à titre expérimental dans les collectivités territoriales ayant participé à l'expérimentation, ou dans certaines d'entre elles, et à leur extension à d'autres collectivités territoriales ; d'autre part, la loi peut modifier les dispositions régissant l'exercice de la compétence ayant fait l'objet de l'expérimentation.

On notera aussi que le projet de loi constitutionnelle présenté en conseil des ministres le 28 août 2019, qui fait également suite au grand débat national, a voulu approfondir la décentralisation en autorisant une plus grande différenciation entre les territoires. Il entend modifier l'article 72 de la Constitution sur deux points pour introduire un droit à la différenciation entre collectivités territoriales.

Il s'agit, tout d'abord, de permettre que certaines collectivités territoriales exercent des compétences – en nombre limité – dont ne disposent pas l'ensemble des collectivités de la même catégorie. Cette possibilité serait ouverte par la loi, dans des conditions définies par une loi organique, sans que les conditions essentielles d'exercice d'une liberté publique ou d'un droit constitutionnellement garanti puissent être mises en cause. De la sorte, une commune, un département ou une région pourraient intervenir dans un domaine dont les autres communes, départements ou régions ne pourront pas connaître, afin qu'il puisse être tenu compte des spécificités de cette collectivité territoriale et des enjeux qui lui sont propres.

Dans le même temps, le projet de révision ouvre aussi la possibilité pour les collectivités territoriales et leurs groupements de déroger, lorsque la loi ou le règlement l'ont prévu, aux dispositions législatives ou réglementaires qui régissent l'exercice de leurs compétences. Cette dérogation pourrait intervenir, le cas échéant, après une phase d'expérimentation que permet déjà aujourd'hui l'article 72 de la Constitution, mais qui pourra désormais conduire, non à une généralisation de la mesure, mais à une différenciation pérenne. C'est bien ce qui a été finalement prévu par la loi organique du 19 avril 2021.

Si ces projets permettent un véritable approfondissement de la décentralisation, aucun d'entre eux n'a encore été adopté et on peut penser qu'à défaut de réforme constitutionnelle autorisant expressément la différenciation entre les territoires, la marge de manœuvre du législateur en la matière demeurera réduite.

73.- Plan.- Compte tenu de ces éléments il convient d'étudier : l'administration d'Etat, qui comprend des organes centraux et des organes déconcentrés puis l'administration locale qui renvoie aux collectivités territoriales dont la caractéristique essentielle est qu'elles sont distinctes de l'Etat.

Pour aller plus loin :

- **Brisson (J.-F)**, La loi du 16 décembre 2010 portant réforme territoriale ou le droit des collectivités territoriales en miettes : Dr. adm. 2011, étude 5.

- **Brisson (J.-F)**, Les transferts de compétences de l'Etat aux collectivités locales : Dr. adm. 2008, étude 8.

- **Bigot (G.)**, Collectivités territoriales de l'Etat : les enseignements de l'histoire : JCP A 2011, comm. 2128.

- **Dyens (S.)**, La « clarification » des compétences dans la loi MAPAM : coordonner avant d'imposer ? : AJCT 2014, p. 291.

- **Janicot (L.)**, La loi de réforme des collectivités territoriales, une loi efficace ? : RLCT 2011/1, p. 72.

- **Marcou (G.)**, Le bilan en demi-teinte de l'Acte II. Décentraliser plus ou décentraliser mieux ? : RFDA 2008, p. 295.

- **Marcou (G.)**, La réforme territoriale. Ambition et défaut de perspective : RFDA 2010, p. 357.

- **Marcovici (V.)**, L'acte 5 de la déconcentration ou la nécessaire métropolisation de l'action de l'Etat dans les territoires : JCP A 2015, comm. 2020.

- **Pauliat (H.)**, H. Pauliat, Projet de loi 4D : quels enjeux pour quelle politique ? : JCP A 2021, act. 170.

CHAPITRE DEUX – L'ADMINISTRATION D'ETAT

74.- Organisation de l'appareil administratif de l'Etat.- L'Etat est une personne morale de droit public qui comprend des organes centraux et déconcentrés reliés entre eux par le pouvoir hiérarchique.

Section I – L'administration centrale

75.- Typologie des organes centraux.- Les organes de l'administration centrale peuvent être classés en trois grandes catégories :

- Les organes de l'administration active qui ont en charge la prise de décision.

- Les organes de l'administration consultative qui sont associés à la préparation des décisions.

- Les organes de l'administration de contrôle qui assurent le contrôle des décisions.

Il convient également d'évoquer une catégorie d'organes centraux qui ne relèvent pas du pouvoir hiérarchique, celle des autorités administratives indépendantes et des autorités publiques indépendantes.

§I – L'administration active

76.- Dispositions constitutionnelles.- Selon la Constitution du 4 octobre 1958, deux organes sont investis de compétences administratives. Il s'agit du Président de la République et du Premier ministre. Cependant, cette compétence est en partie déléguée, au niveau central, aux différents membres du gouvernement.

I – Le Président de la République et le Premier ministre

77.- Pratique constitutionnelle et pratique administrative.- Les rapports entre le chef de l'Etat et le Premier ministre doivent être distingués, selon que l'on se situe sur le plan constitutionnel et politique, ou sur le plan administratif.

Du point de vue du droit constitutionnel, les rapports entre ces deux institutions ont été profondément altérés par la révision du 6 novembre 1962. Avant 1962, le Président de la République, qui est élu au suffrage universel indirect, est conçu comme la clé de voûte des institutions, il est une sorte d'arbitre au-dessus des parties. En 1962, selon l'expression de M. Massot, « l'arbitre devient capitaine » (L'arbitre et le capitaine, Flammarion 1987). En dehors des périodes de cohabitation il domine l'exécutif.

Du point de vue des institutions administratives, en revanche, la situation est différente. En effet, comme l'exprime M. Gohin, même si le Président est devenu un « géant politique », il demeure un « nain administratif » dont les compétences sont limitées (O. Gohin, Institutions administratives, LGDJ, 4ème éd. 2002).

A – Président de la République

78.- Attributions et services.- On décrira les attributions du Président de la République puis les services qui sont placés sous son autorité.

1° Attributions

79.- Fondement constitutionnel des pouvoirs du Président de la République.- Selon l'article 13 de la Constitution « le Président de la République signe les ordonnances et les décrets délibérés en Conseil des ministres ». Il dispose à la fois d'un pouvoir règlementaire et d'un pouvoir de nomination. Il peut également mettre en œuvre des compétences exceptionnelles qui lui sont spécifiquement attribuées dans les périodes de crise.

a- Pouvoir réglementaire

80.- Décrets et ordonnances.- Dans le cadre de l'exercice de son pouvoir règlementaire, le chef de l'Etat peut prendre des décrets et des ordonnances.

α- Décrets

81.- Objet et autorité compétente pour prendre des décrets.- Tous les décrets ne relèvent pas de l'exercice du pouvoir réglementaire, puisqu'on verra également qu'il existe des décrets de nomination. De même, tous les décrets ne sont pas l'œuvre du Président de la République. En effet, certains décrets peuvent également être pris par le Premier ministre. Pour les distinguer, on désigne les décrets du Président de la République par l'expression « décrets en Conseil des ministres ». Cette formule s'explique par le fait que c'est le chef de l'Etat qui préside le Conseil des ministres, et que toutes les mesures dont il est discuté dans ce cadre sont signées par lui. Il existe toutefois également des décrets du Président de la République qui ne sont pas soumis au Conseil des ministres. Il peut s'agir, par exemple, de décrets relatifs au domaine de la défense ou des affaires étrangères, mais cette liste n'est pas exhaustive le chef de l'Etat disposant, en la matière, d'une compétence discrétionnaire.

Dans certains cas, c'est une loi qui précise la nature de l'autorité qui doit prendre ses propres décrets d'application.

Dans les autres hypothèses, en revanche, il n'existe aucun moyen de déterminer à l'avance qu'elle est l'autorité compétente pour prendre un décret. Tout est alors question de rapports de forces politiques. En période de concordance des majorités, c'est le Président de la République qui fixe librement l'ordre du jour du Conseil des ministres. Par conséquent, il lui est possible d'attirer dans son champ de compétence toutes les matières dont il souhaite connaître au détriment du Premier ministre. Toutefois, la pratique démontre que cette faculté a été très peu utilisée. De fait, il existe dans le droit positif beaucoup plus de décrets du Premier ministre que de décrets pris en Conseil des ministres. Ceci étant, dès lors qu'un décret a été pris en Conseil des ministres, il ne peut plus être modifié ou abrogé que par un autre décret en Conseil des ministres (CE Ass., 10 septembre 1992, requête numéro 140376, Meyet : Rec. p. 327, concl. Kessler ; AJDA 1992, p. 643, chron. Maugüé et Schwartz ; D. 1993, jurispr. p. 293, note Gohin ; JCP G 1993, I, comm. 3645, chron. Picard ; RDP 1992, p. 1799, concl. Kessler et p. 1822, note Le Bos-Le-Pourhiet).

82.- Décrets pris sur avis du Conseil d'Etat.- Il existe également des décrets pris sur avis du Conseil d'Etat. Dans ce cas, il peut s'agir soit de décrets relevant de la compétence du Premier ministre, ce qui est le cas le plus fréquent, soit de décrets en Conseil des ministres après avis du Conseil d'Etat. Les articles 38 et 39 alinéa 2 de la Constitution, ainsi que l'article L. 112-1 du Code de justice administrative, précisent que la consultation du Conseil d'Etat est obligatoire avant que les projets de lois et d'ordonnances n'aient été délibérés en Conseil des ministres. S'agissant des projets de lois, les documents relatifs à leur étude d'impact sont également transmis au Conseil d'Etat (Loi organique n°2009-403 du 15 avril 2009, art. 8).

En revanche, cette consultation est en principe facultative pour les décrets (on parle alors de décrets sur avis du Conseil d'Etat) sauf, d'une part, dans le cas où la saisine du Conseil d'Etat est rendue obligatoire par un texte et pour la modification des décrets pris dans le cadre de cette procédure (CE Ass., 3 juillet 1998, requête numéro 177248, requête numéro 177320, requête numéro 177387, Syndicat national de l'environnement CFDT : Rec. p.272 ; AJDA 1998, p. 780, chron. Raynaud et Fombeur ; JCP G 1999, I, comm. 128, chron. Petit ; RFDA 1998, p. 1059 ; LPA 12 janvier 1999, n° 8, note Moniolle) et, d'autre part, lorsque le gouvernement a recours à la procédure de délégalisation de l'article 37 al. 2 de la Constitution lorsque la loi en cause a été adoptée avant l'entrée en vigueur de la Constitution du 4 octobre 1958.

Dans toutes ces hypothèses, les autorités exécutives ont l'obligation de saisir le Conseil d'Etat. L'absence de consultation du Conseil d'Etat, dans les cas où celle-ci est obligatoire, constitue un vice de procédure qui doit être soulevé d'office par le juge en cas de litige, c'est-à-dire même si ce moyen n'a pas été soulevé par le requérant (CE, 11 octobre 2010, requête numéro 312284, Syndicat unitaire travail emploi formation insertion : Rec. p. 611.- CE, 17 juillet 2013, requête numéro 358109, Syndicat national des professionnels de santé au travail : AJDA 2013, p.733, chron. Domino et Bretonneau ; JCP A 2013, comm. 2373, note Le Bot). En revanche, les autorités exécutives ne sont pas tenues de suivre l'avis qui a été formulé, mais dans ce cas elles s'exposent ultérieurement à une éventuelle annulation de l'acte réglementaire par le juge de l'excès de pouvoir ou à une invalidation de la loi par le Conseil constitutionnel. Quoiqu'il en soit, le gouvernement peut décider de maintenir son texte dans sa rédaction initiale malgré un avis négatif du Conseil d'Etat, comme il peut l'abandonner ou renoncer à son projet. Il peut également retenir, sur certains points, la rédaction initiale du texte, et sur d'autres faire siennes les modifications suggérées par le Conseil d'Etat (CE, 16 octobre 1968, requête numéro 69186, requête numéro 69206, requête numéro 70749, Union nationale des grandes pharmacies de France : Rec. p. 488). En revanche, il n'a pas la possibilité de retenir une nouvelle rédaction du texte qui constituerait alors un nouveau projet nécessitant une nouvelle saisine du Conseil d'Etat (CE, 9 février 1994, requête numéro 129243, Préfet de Seine-et-Marne : Rec. p.60.- CE, 3 juin 2009, requête numéro 321841, CIMADE et a.).

Sur cette question, le Conseil constitutionnel a toutefois une position plus nuancée concernant les projets de lois puisqu'il estime que « l'ensemble des questions posées par le texte adopté par le Conseil des ministres doivent avoir été soumises au Conseil d'Etat lors de sa consultation » (CC, 3 avril 2003, Loi relative à l'élection des conseillers régionaux et des représentants au Parlement européen ainsi qu'à l'aide publique aux partis politiques, numéro 2003-468 DC : JO 2 avril 2003, p. 6493 ; Rec. CC 2003, p. 325 ; Collectivités-Intercommunalité 2003, 5 et 6). Il en résulte que si le Conseil d'Etat doit être consulté sur toutes les questions soulevées par le texte, toute modification de celui-ci postérieure à la consultation n'est pas interdite (CC, 30 mars 2006, Loi pour l'égalité des chances, numéro 2006-535 DC : JO 2 avril 2006, p. 4964 ; LPA, 5 avril 2006, n°68 p. 3 et 6 avril 2006, n°69 p.3, note Schoettl ; RDP 2006, p.769, note Camby ; AJDA 2006, p.1961, note Geslot). Par ailleurs, rien n'interdit la modification d'un projet de loi, postérieurement à son examen par le Conseil d'État, par la voie d'amendements parlementaires.

S'agissant de la procédure, le projet est d'abord soumis à la section administrative compétente en vue de son instruction, telle que cette compétence est déterminée par l'arrêté conjoint du Premier ministre et du garde des sceaux du 28 juillet 2019 portant répartition des affaires entre les sections administratives du Conseil d'Etat. Ce rôle consultatif ne concerne toutefois que les sections de l'intérieur, des finances, des travaux publics, de l'administration ainsi que la section sociale. La section du rapport et des études joue un autre rôle puisqu'elle a pour principale mission d'attirer l'attention de l'exécutif sur des questions de portée générale, et suggérer des réformes dans son rapport annuel. Elle peut également procéder à des études à la demande du Premier ministre et elle joue un rôle important en matière d'exécution des décisions de justice.

Une fois l'instruction terminée, l'avis est rendu par la section ou par l'assemblée générale ordinaire qui comprend notamment le vice-président du Conseil d'Etat et les différents présidents de sections. Cette dernière instance est compétente en principe dans le cadre de la procédure de délégalisation visée par l'article 37 alinéa 2 de la Constitution. Elle peut également être saisie dans d'autres hypothèses en cas de difficultés importantes (CJA, art. R. 123-20). Par ailleurs, l'assemblée générale ordinaire peut toujours décider le renvoi d'une affaire à l'assemblée générale plénière qui est une formation plus solennelle du Conseil d'Etat.

β- Ordonnances

83.- Catégories d'ordonnances.- Depuis la loi constitutionnelle n°95-880 du 4 août 1995, qui a supprimé le titre XVII de la Constitution, la catégorie des ordonnances de l'article 92 n'existe plus. En réalité, cependant, les ordonnances qui relevaient de cette catégorie étaient depuis longtemps tombées en désuétude puisqu'elles avaient pour objet la mise en place des institutions de la V° République.

Exemple :
- L'ordonnance n°59-2 du 2 janvier 1959 portant loi organique relative aux lois de finances définissait les règles particulières d'adoption du budget de l'Etat.

84.- Ordonnances de l'article 74-1.- En revanche, la loi constitutionnelle n°2003-276 du 28 mars 2003 (JO 28 mars 2003) a créé une nouvelle catégorie d'ordonnances visée par le nouvel article 74-1 de la Constitution. Cet article autorise le gouvernement à agir de façon permanente afin d'étendre, par ordonnance, les lois en vigueur en métropole aux collectivités d'outre-mer et à la Nouvelle-Calédonie. Il a été jugé qu'une loi d'habilitation ne saurait par elle-même, sans disposition expresse en ce sens, autoriser le gouvernement à procéder à une telle extension. Cet oubli peut toutefois être corrigé. Ainsi, même si les ordonnances prévues par l'article 38 de la Constitution et celles prévues par son article 74-1 sont prises sur le fondement d'habilitations différentes et n'obéissent pas aux mêmes règles de ratification, cette circonstance ne fait pas, par elle-même, obstacle à ce qu'une même ordonnance puisse comporter des dispositions prises en vertu d'une loi d'habilitation adoptée sur le fondement de l'article 38 et des dispositions prises, après avis des assemblées délibérantes intéressées, en vertu de l'habilitation donnée au gouvernement par l'article 74-1 (CE, 15 juillet 2020, requête numéro 436155 , Polynésie française : AJDA 2020, p. 2501, note Verpeaux).

85.- Ordonnances prises sur habilitation référendaire.- Il existe également une catégorie dégagée par la pratique : celle des ordonnances prises sur habilitation référendaire en application de l'article 11 de la Constitution (CE Ass., 19 octobre 1962, requête numéro 58502, Canal, Robin, Godot : AJDA 1962, p. 612, obs. de Laubadère ; Rev. adm. 1962, p. 623, note Liet-Veaux ; JCP G 1963, II, comm. 13068, note Debbasch.- V. également TA Montpellier, 4 décembre 1966, Douaita : Rec. tables, p. 773).

Si l'on s'en tient au texte de la Constitution, dans sa rédaction actuelle, il faut distinguer quatre autres catégories d'ordonnances.

86.- Ordonnances de l'article 16.- Il s'agit tout d'abord des ordonnances de l'article 16 qui permettent au chef de l'Etat de prendre des mesures rapides en cas de situation de crise grave. Leur régime est tout à fait particulier et fera l'objet de développements ultérieurs.

87.- Ordonnances de l'article 47, al. 3.- Doivent ensuite entre mentionnées les ordonnances de l'article 47 alinéa 3 qui touchent au domaine de l'adoption de la loi de finances. Selon ce texte « si le Parlement ne s'est pas prononcé dans un délai de soixante-dix jours, les dispositions du projet (de loi de finances) peuvent être mises en vigueur par ordonnance. ». La possibilité ouverte par cet article n'a toutefois jamais été utilisée.

88.- Ordonnances de l'article 47-1.- Dans le même ordre d'idée, les ordonnances de l'article 47-1 ont été introduites dans la Constitution par la loi constitutionnelle n°96-138 du 22 février 1996. Ces ordonnances concernent l'adoption de la loi de financement de la sécurité sociale. Selon cet article « si le Parlement ne s'est pas prononcé dans un délai de cinquante jours, les dispositions du projet (de loi de financement de la sécurité sociale) peuvent être mises en œuvre par ordonnance ».

89.- Ordonnances de l'article 38.- Enfin, la principale catégorie d'ordonnances est celle visée par l'article 38 de la Constitution. Ces ordonnances succèdent aux décrets-lois des troisième et quatrième Républiques. Les décrets-lois, comme les ordonnances, constituent une entorse à la répartition des compétences entre le législateur et le pouvoir règlementaire. Leur intervention est fréquente même si, d'un gouvernement à l'autre, la pratique en la matière est très variable.

En application de l'article 38, le Parlement va adopter une loi autorisant le gouvernement à prendre par ordonnances des mesures qui relèvent normalement de sa compétence. Ceci signifie que les détenteurs du pouvoir règlementaire vont pouvoir prendre des mesures relevant normalement de l'article 34 de la Constitution.

Plus précisément, le Parlement est amené à intervenir deux fois.

En premier lieu, il adopte une loi d'habilitation qui doit impérativement préciser trois éléments.

Il s'agit, d'abord, des domaines dans lesquels le gouvernement est habilité à intervenir, c'est-à-dire nécessairement l'une des matières visées par l'article 34 de la Constitution.

La loi doit également mentionner la durée de l'habilitation. A l'issue du délai d'habilitation, qui est généralement compris entre 3 mois et un an, le gouvernement ne peut plus prendre d'ordonnances. Si tel était le cas, la mesure prise serait illégale en raison de l'incompétence de son auteur. En outre, à l'issue de ce délai, les ordonnances prises ne peuvent plus être modifiées que par le législateur.

Enfin, la loi d'habilitation doit mentionner une date avant laquelle le gouvernement doit déposer un projet de loi de ratification. Si le gouvernement ne respecte pas cette obligation, les ordonnances deviennent caduques (CE, 2 avril 2003, requête numéro 246748, Conseil régional de Guadeloupe : Rec. p. 162 ; Dr. adm. 2003, comm. 163, note Maugüé). Ceci signifie qu'elles disparaissent de l'ordonnancement juridique, comme dans l'hypothèse où le Parlement refuse de ratifier les ordonnances en rejetant le projet de loi de ratification.

La loi d'habilitation doit respecter les principes constitutionnels (CC, 5 janvier 1982, numéro 81-134 DC, Loi d'orientation autorisant le gouvernement par application de l'article 38 de la Constitution, à prendre des mesures d'ordre social). Le projet de loi doit indiquer de façon précise la finalité des mesures et leur domaine d'intervention (CC, 26 juin 1986, numéro 86-207 DC, Loi autorisant le gouvernement à prendre diverses mesures d'ordre économique et social), mais ces indications peuvent également être données lors du dépôt du projet de loi ou des débats parlementaires (même décision). Cependant, il n'est pas exigé du gouvernement qu'il fasse connaître au Parlement la teneur exacte des ordonnances qu'il entend prendre (même décision).

La loi d'habilitation produit effet jusqu'au terme qu'elle prévoit « sans qu'y fasse obstacle la circonstance que le gouvernement en fonction à la date de l'entrée en vigueur de la loi d'habilitation diffère de celui en fonction à la date de signature d'une ordonnance » (CE Sect., 5 mai 2006, requête numéro 282352, Schmitt : AJDA 2006, p. 1362, chron. Landais et Lenica ; RFDA 2006, p. 678, concl. Kessler).

En second lieu, le Parlement adopte une loi de ratification.

La jurisprudence admettait à l'origine que cette ratification puisse être seulement implicite. Comme l'a précisé le Conseil constitutionnel dans sa décision numéro 72-73 DC du 29 février 1972 (Nature juridique de certaines dispositions des articles 5 et 16 de l'ordonnance, modifiée, du 17 août 1967 relative à la participation des salariés aux fruits de l'expansion des entreprises) cette ratification devait résulter d'une volonté « implicite, mais clairement exprimée ». De même, dans sa décision numéro 86-224 DC du 23 janvier 1987 (Loi transférant à la juridiction judiciaire le contentieux des décisions du Conseil de la concurrence, préc.), le Conseil constitutionnel avait admis que la ratification pouvait procéder d'une loi « qui, sans avoir cette ratification pour objet direct, l'implique nécessairement ».

Cette solution n'est toutefois plus d'actualité depuis la révision constitutionnelle du 23 juillet 2008. En effet, l'article 38 de la Constitution précise désormais que les ordonnances « ne peuvent être ratifiées que de manière expresse ». Il en résulte qu'une loi qui modifie une disposition introduite par voie d'ordonnance n'entraîne plus sa ratification (CC, 5 juillet 2013, numéro 2013-331 QPC, Numéricâble).

Tant que la loi de ratification n'a pas été adoptée les mesures prises par ordonnance ont valeur réglementaire (CE Ass., 24 novembre 1961, requête numéro 52262, Fédération nationale des syndicats de police : Rec. p. 658). En revanche, la loi de ratification confère rétroactivement valeur législative aux ordonnances, ce qui a pour effet de rendre sans objet une requête en annulation (CE, 23 octobre 2002, requête numéro 232945, Laboratoire Juva-Santé : Rec. p.881 ; AJDA 2003, p. 27, note Costa ; Dr. adm. 2003, 5).

Cette position a toutefois été nuancée par le Conseil d'Etat qui a admis que la légalité d'une ordonnance pouvait être contestée si la loi de ratification est incompatible avec une convention internationale, ou, dans un domaine entrant dans le champ d'application de l'article 6 de la Convention européenne de sauvegarde des droits de l'homme et des libertés fondamentales, avec les stipulations de cet article (CE, 17 mai 2002, requête numéro 232359, Hoffer : Rec. p. 584 ; AJDA 2000, p. 985, chron. Guyomar et Collin ; RFDA 2002, p. 917, concl. Maugüé).

Surtout, le Conseil constitutionnel considère désormais qu'une fois expiré le délai d'habilitation, l'ordonnance constitue une « disposition législative » au sens de l'article 61-1 de la Constitution. Elle est en conséquence susceptible de faire l'objet d'une question prioritaire de constitutionnalité (CC, 28 mai 2020, numéro 2020-843 QPC, Association Force 5 : Dr. adm. 2020, comm. 48, note Eveillard ; D. 2020, p. 1390, note Perroud ; JCP G 2020, comm. 779, obs. Levade ;.– CC, 3 juillet 2020, numéro 2020-851/852 QPC, Aït Oufella et Herif : JCP G 2020, comm. 915, obs. Levade ; JCP G 2020, doctr. 1267, étude Avril. ; JCP A 2020, act. 350, Libres-propos Verpeaux; RFDA 2020, p. 887, note Barthélemy ; RTD civ. 2020, p. 596, note Deumier). Ceci ne signifie pas pour autant que l'ordonnance non ratifiée dispose d'une valeur législative, mais seulement qu'elle rentre dans le champ du contrôle du juge constitutionnel, ce qui apparaît logique dès lors qu'après l'expiration du délai d'habilitation, malgré sa valeur juridique inchangée, l'ordonnance ne peut plus être modifiées ou abrogée que par le législateur ou sur le fondement d'une nouvelle habilitation qui serait donnée au gouvernement (CE Ass., 11 décembre 2006, requête numéro 279517, Conseil national de l'ordre des médecins : Rec. p. 510 ; AJDA 2007, p. 133, chron. Landais et Lenica). Cette évolution de la jurisprudence constitutionnelle a conduit le Conseil d'Etat à adapter sa propre jurisprudence, mais sans pour autant la bouleverser (CE, Ass., 16 décembre 2020, requête numéro 440258, CFDT-Finances et a. : Dr. adm. 2021, comm. 12, note Eveillard). Comme le précise dans ses conclusions le rapporteur public Guillaume Odinet, si les dispositions de l'ordonnance sont législatives son « enveloppe, quelle que soit la nature de son contenu, demeure administrative ». Ainsi, tant que l'ordonnance n'a pas été ratifiée, elle peut toujours être contestée devant le Conseil d'Etat. Mais lorsque le délai d'habilitation accordé par le Parlement est expiré, la contestation de l'ordonnance non ratifiée au regard des droits et libertés garantis par la Constitution peut désormais prendre la forme d'une question prioritaire de constitutionnalité. Dans ce cas si la question est « sérieuse ou nouvelle », le Conseil d'Etat devra la transmettre au Conseil constitutionnel (CC, 15 janvier 2021, numéro 2020-872 QPC). Cela n'empêchera toutefois pas le Conseil d'Etat de contrôler la conformité de l'ordonnance aux autres règles et principes de valeur constitutionnelle que celles invoquées dans le cadre du renvoi au Conseil constitutionnel, aux engagements internationaux de la France, aux limites fixées par le Parlement dans la loi d'habilitation et aux principes généraux du droit, ainsi qu'à des règles de compétence, de forme et de procédure. Il pourra ainsi annuler l'ordonnance illégale, indépendamment du sort réservé à la question prioritaire de constitutionnalité transmise pour un autre motif au Conseil constitutionnel.

Une ordonnance ratifiée peut elle aussi - bien évidemment - faire l'objet de la procédure de question prioritaire de constitutionnalité (CC, 17 mars 2011, numéro 2010-107 QPC, Syndicat mixte chargé de la gestion du contrat urbain de cohésion sociale de l'agglomération de Papeete).

Il est important de relever que s'il existe un délai pour le dépôt du projet de loi de ratification, il n'en existe aucun concernant la ratification elle-même par le Parlement. Dans ce cas, l'ordonnance ne sera pas pour autant frappée de caducité (CE Sect., 3 novembre 1961, Damiani : Rec. p. 607).

Tant que les ordonnances présentent ce caractère, elles peuvent faire l'objet d'un recours pour excès de pouvoir devant le Conseil d'Etat, dans le délai de recours contentieux, y compris celles qui sont prises sur une habilitation référendaire en application de l'article 11 de la Constitution (CE Ass., 19 octobre 1962, requête numéro 58502, Canal, Robin, Godot, préc.).

L'annulation de l'ordonnance sera prononcée si ses dispositions ne sont pas conformes à la loi d'habilitation, c'est-à-dire si le gouvernement empiète dans des matières de l'article 34 pour lesquelles il n'a pas reçu d'habilitation.

Enfin, dans le cas où le délai du recours pour excès de pouvoir est expiré, les requérants seront autorisés à exciper de l'illégalité de la mesure prise par voie d'ordonnance dans le cadre d'un recours dirigé contre un acte administratif pris en application d'une telle mesure.

Exemple :

- CE, 1er décembre 1997, requête numéro 176352, CPAM de la Sarthe : l'article 1er (3°) de la loi n°95-1348 du 30 décembre 1995 habilitait le gouvernement à prendre, par voie d'ordonnances dans le cadre de l'article 38 de la Constitution, toutes mesures relatives aux relations entre les organismes de sécurité sociale et les professions médicales et paramédicales en vue « d'améliorer la qualité des soins et la maîtrise des dépenses de santé ». Le gouvernement, en prévoyant que les litiges qui peuvent survenir à l'occasion de la décision d'une caisse primaire d'assurance maladie de placer un professionnel hors de l'une des conventions, qui relevaient de la compétence des tribunaux administratifs, relèveraient désormais de la compétence des tribunaux des affaires de la sécurité sociale, a, sans y avoir été autorisé, modifié les règles de répartition des compétences entre les juridictions administratives et judiciaires. L'article 28-I de l'ordonnance du 24 avril 1996 modifiant l'article L.162-34 du Code de la sécurité sociale est donc illégal. La décision de la commission nationale de conciliation de la convention médicale prise sur le fondement de ces dispositions est annulée.

b- Pouvoir de nomination

90.- Fondement constitutionnel.- L'article 13 alinéa 2 de la Constitution prévoit que « le Président de la République nomme aux emplois civils et militaires de l'Etat ».

91.- Décrets de nomination en conseil des ministres.- L'article 13 alinéa 3 énumère les emplois de la fonction publique dont la nomination est réservée au

Président de la République par décret en conseil des ministres. Ceci concerne : « les conseillers d'Etat, le grand chancelier de la Légion d'honneur, les ambassadeurs et envoyés extraordinaires, les conseillers maîtres à la Cour des Comptes, les préfets, les représentants de l'Etat dans les collectivités d'outre-mer régies par l'article 74 et en Nouvelle-Calédonie, les officiers généraux, les recteurs des académies, les directeurs des administrations centrales ».

Cette liste n'est cependant pas limitative puisque l'article 13 alinéa 4 précise qu'une « loi organique détermine les autres emplois auxquels il est pourvu en Conseil des ministres ainsi que les conditions dans lesquelles le pouvoir de nomination du Président de la République peut être par lui délégué pour être exercé en son nom ».

En application de ces dispositions, l'ordonnance n°58-1136 du 28 novembre 1958 portant loi organique concernant les nominations aux emplois civils et militaires de l'Etat a été adoptée. L'article 1er de ce texte prévoit que « outre les emplois visés à l'article 13 (§ 3) de la Constitution, il est pourvu en Conseil des ministres : à l'emploi de procureur général près la Cour des comptes ; aux emplois de direction dans les établissements publics, les entreprises publiques et les sociétés nationales quand leur importance justifie inscription sur une liste dressée par décret en conseil des ministres ; aux emplois pour lesquels cette procédure est actuellement prévue par une disposition législative ou réglementaire particulière ». Il est à noter que ce texte a été modifié par la loi n°2016-1090 du 8 août 2016 qui soustrait au pouvoir de nomination du Président de la République les emplois de procureur général près la Cour de cassation et de procureur général près une cour d'appel, et cela dans le but de renforcer l'indépendance des magistrats du parquet.

92.- Décrets simples de nomination.- Selon l'article 2 du même texte sont nommés par le Président de la République, mais par décret simple, c'est-à-dire en dehors du Conseil des ministres « les membres du Conseil d'Etat et de la Cour des comptes ; les magistrats de l'ordre judiciaire ; les professeurs de l'enseignement supérieur, les officiers des armées de terre, de mer et de l'air. Sont en outre nommés par décret du Président de la République, à leur entrée dans leurs corps respectifs, les membres des corps dont le recrutement est normalement assuré par l'Ecole Nationale d'Administration, les membres du corps préfectoral, les ingénieurs des corps techniques dont le recrutement est en partie assuré conformément au tableau de classement de sortie de l'Ecole Polytechnique ».

Ce texte n'est donc pas très bien rédigé puisqu'il vise par recoupement certains emplois déjà mentionnés par l'article 13 alinéa 3 de la Constitution. Par exemple, alors que cet article vise les « conseillers d'Etat » et les « conseillers maîtres à la Cour des comptes », ce qui correspond aux grades les plus élevés dans ces institutions, l'ordonnance du 28 novembre 1958 mentionne « les membres du Conseil d'Etat et de la Cour des comptes ».

L'article 1er de l'ordonnance du 28 novembre 1958 précise également que le pouvoir présidentiel de nomination s'étend « aux emplois pour lesquels cette procédure est actuellement prévue par une disposition législative ou règlementaire particulière ».

93.- Encadrement du pouvoir de nomination.- Enfin, en vue de mieux encadrer le pouvoir de nomination du Président de la République, la révision constitutionnelle du 23 juillet 2008 a complété l'article 13 de la Constitution par un alinéa 5 qui prévoit que « une loi organique détermine les emplois ou fonctions, autres que ceux mentionnés au troisième alinéa, pour lesquels, en raison de leur importance pour la garantie des droits et libertés ou la vie économique et sociale de la Nation, le pouvoir de nomination du Président de la République s'exerce après avis public de la commission permanente compétente de chaque assemblée » (V. sur ce point la loi organique n°2010-837, 23 juillet 2010). Selon les mêmes dispositions « le Président de la République ne peut procéder à une nomination lorsque l'addition des votes négatifs dans chaque commission représente au moins trois cinquièmes des suffrages exprimés au sein des deux commissions. La loi détermine les commissions permanentes compétentes selon les emplois ou fonctions concernés » (V. loi n°2010-838 du 23 juillet 2010 relative à l'application du cinquième alinéa de l'article 13 de la Constitution, modifiée par la loi n°2013-1028 du 15 novembre 2013, par la loi n°2015-990 du 6 août 2015, par la loi n°2017-1339 du 15 septembre 2017 et par la loi n° 2020-366 du 30 mars 2020).

Exemple :
- L'article 3 de la loi du 23 juillet 2010 prévoit que « dans chaque assemblée parlementaire, la commission permanente compétente pour émettre un avis sur les nominations des membres du Conseil constitutionnel, effectuées sur le fondement du premier alinéa de l'article 56 de la Constitution, est la commission chargée des lois constitutionnelles ».

La loi organique n°2009-257 du 5 mars 2009 (JO 7 Mars 2009) avait soumis à cette procédure la nomination des présidents des sociétés France Télévisions et Radio-France et de la société en charge de l'audiovisuel extérieur de la France. Toutefois ces dispositions ont été abrogées par la loi susvisée du 15 novembre 2013, qui revient au principe d'une nomination de ces autorités par le Conseil supérieur de l'audiovisuel.

La Constitution ne vise expressément, comme relevant de la procédure du dernier alinéa de l'article 13, que les fonctions de membres du Conseil constitutionnel, de personnalités qualifiées au Conseil supérieur de la magistrature et de Défenseur des droits (Constitution, art. 56, 65 et 71-1). Cette liste est complétée par une cinquantaine d'institutions énumérées par l'annexe de la loi organique du 23 juillet 2010 qui vise notamment les présidents de différentes autorités administratives indépendantes et autorités publiques indépendantes

Notons enfin qu'il a été jugé que le refus du président d'une assemblée de réunir la commission compétente pour se prononcer sur une nomination en application de l'article 13, alinéa 5, de la Constitution ne fait pas obstacle à ce que cette nomination soit prononcée par l'autorité compétente, dès lors que la commission a disposé d'un délai raisonnable pour émettre son avis (CE, 13 décembre 2017, requête numéro 411788, Président du Sénat : Dr. adm. 2018, comm. 19, note Eveillard).

c- Compétences exceptionnelles

94.- Ordonnances de l'article 16.- Il s'agit des compétences qui sont visées par l'article 16 de la Constitution selon lequel: « lorsque les institutions de la République, l'indépendance de la Nation, l'intégrité de son territoire ou l'exécution de ses engagements internationaux sont menacés d'une manière grave et immédiate et que le fonctionnement régulier des pouvoirs publics constitutionnels est interrompu, le Président de la République prend les mesures exigées par ces circonstances, après consultation officielle du Premier Ministre, des Présidents des assemblées ainsi que du Conseil Constitutionnel ».

Ces dispositions ont été complétées par un dernier alinéa suite à la révision constitutionnelle du 23 juillet 2008 qui tente de mieux encadrer le pouvoir présidentiel : « après trente jours d'exercice des pouvoirs exceptionnels, le Conseil constitutionnel peut être saisi par le Président de l'Assemblée nationale, le Président du Sénat, soixante députés ou soixante sénateurs, aux fins d'examiner si les conditions énoncées au premier alinéa demeurent réunies. Il se prononce dans les délais les plus brefs par un avis public. Il procède de plein droit à cet examen et se prononce dans les mêmes conditions au terme de soixante jours d'exercice des pouvoirs exceptionnels et à tout moment au-delà de cette durée ».

Les mesures prises dans ce cadre par le Président de la République sont des ordonnances. L'article 16 n'a été utilisé qu'une seule fois entre le 23 avril et le 29 septembre 1961, lors du « putsch des généraux » organisé par des militaires partisans de l'Algérie française.

En raison de la crise, le Président de la République peut intervenir à la fois dans le domaine règlementaire et dans le domaine législatif défini à l'article 34 de la Constitution. En revanche ces dispositions n'autorisent pas le chef de l'Etat à modifier la Constitution (CC, 15 mars 1999, numéro 99-410 DC, Loi organique relative à la Nouvelle-Calédonie).

Le statut des ordonnances de l'article 16 a été précisé par le Conseil d'Etat dans un arrêt d'Assemblée du 2 mars 1962, Rubin de Servens et a. (requête numéro 55049, requête numéro 55055 : Rec. p.143 ; AJDA 1962, p.214, note Galabert et Gentot ; D. 1962, p.109, note Morange ; JCP 1962, I, comm. 1711, note Lamarque ; JCP 1962, II, comm. 12613, concl. Henry ; RDP 1962, p.288, note Berlia ; S. 1962, p.147, note Bourdoncle). Il résulte de cet arrêt deux apports majeurs.

D'une part, la décision même de recourir à l'article 16 est insusceptible de recours contentieux. D'autre part, pour ce qui concerne les mesures prises en application de l'article 16, deux cas de figure doivent être envisagés. Si la mesure contestée relève du domaine de loi, en vertu de l'article 34 de la Constitution, le recours pour excès de pouvoir est irrecevable. En revanche, si cette mesure relève du domaine réservé au pouvoir règlementaire par l'article 37 de la Constitution, le recours pour excès de pouvoir est recevable.

2° Services

95.- Personnels.- Les services de l'Elysée regroupent environ 1000 personnes qui sont nommées de façon discrétionnaire par décret du Président de la République. Jusqu'à récemment, ces agents, lorsqu'ils sont fonctionnaires, étaient mis à disposition par leur administration d'origine qui assurait leur rémunération. A compter de 2008, l'intégralité des salaires de ces agents a été réintégré dans le budget global de la présidence.

96.- Cabinet.- Il n'existe aucun texte relatif à l'organisation des services de la présidence de la République. Le principal de ces services est le cabinet du Président de la République. On trouve à la tête de cette structure un secrétaire général assisté d'un ou de plusieurs secrétaires généraux adjoints. Le cabinet est également composé de conseillers techniques spécialisés et de conseillers adjoints qui ont pour mission de conseiller le Président de la République dans des domaines précis. Chaque conseiller est chargé de suivre l'actualité dans le domaine qui lui est affecté et il réunit toutes les informations utiles à la décision présidentielle. Sous la présidence Hollande, ces conseillers ont été répartis entre cinq pôles. Sous la présidence Macron, en 2021, ils sont répartis en 8 pôles : régalien ; diplomatique ; social et santé ; éducation nationale, enseignement supérieur, recherche et innovation, sports, culture ; économie ; territoires ; écologie, agriculture, énergie, transports, logement ; parlementaire ; communication.

Il existe, par ailleurs, des conseillers qui dépendent plus directement du Président. Ils constituent ce qu'il est coutume d'appeler « l'équipe rapprochée du Président ». C'est le cas par exemple, sous la présidence Macron, du conseiller « conseiller diplomatique, sherpa G20, sherpa G7 », du conseiller « mémoire » ou encore du « conseiller spécial » du Président de la République.

Le cabinet a également pour mission de préparer les conseils des ministres et d'assurer la liaison avec son homologue à Matignon, le secrétariat général du Premier ministre, ainsi qu'avec les différents ministères. Bien évidemment, le rôle de cet organe est prépondérant en période de concordance des majorités. En revanche, son rôle décroît, au bénéfice du secrétariat général du gouvernement, durant les périodes de cohabitation.

Il faut également souligner l'existence d'un directeur de cabinet lequel, contrairement au secrétaire général, a une fonction plus administrative que politique. Il est principalement chargé de coordonner les différents services de la présidence et d'établir le budget de la présidence. Le chef de cabinet a quant à lui pour principale mission l'organisation de la vie quotidienne du Président de la République. Il organise notamment son emploi du temps ainsi que ses voyages.

97.- Etat-major particulier du Président de la République.- Enfin, en dehors des services civils de l'Elysée, il faut également relever l'existence de l'Etat-major particulier du Président de la République qui est également rattaché au cabinet du Président de la République. D'après l'article 15 de la Constitution, en effet « le Président de la République est le chef des armées ». Il en résulte qu'il est compétent pour décider des actions extérieures, en ayant recours, le cas échéant, à l'engagement des forces nucléaires.

Ce service regroupe des officiers généraux des différents corps d'armée. Son rôle en matière militaire est équivalent à celui du secrétariat général en matière civile. Il a pour objet d'informer le Président de la République sur les questions de défense nationale et de l'aider dans la prise de décisions relevant de sa compétence : nomination d'officiers, préparation des conseils de défense. Cet organe travaille en liaison étroite avec l'Etat-major du Premier ministre et le ministère de la défense.

Le chef d'Etat-major particulier relève de l'autorité directe du Président de la République.

B – Premier ministre

98.- Attributions et services.- On étudiera les attributions du Premier ministre avant d'évoquer les services placés sous son autorité.

1° Attributions

99.- Une compétence étendue.- S'il ne dispose pas de pouvoirs exceptionnels, le Premier ministre exerce une compétence de droit commun en matière administrative. Le domaine très étendu de cette compétence est une conséquence logique de la combinaison des articles 20 et 21 de la Constitution. Selon l'article 20 : « le gouvernement détermine et conduit la politique de la nation. Il dispose de l'administration et de la force armée ». L'article 21 précise quant à lui que « le Premier ministre dirige l'action du gouvernement. Il est responsable de la défense nationale. Il assure l'exécution des lois. Sous réserve des dispositions de l'article 13, il exerce le pouvoir règlementaire et nomme aux emplois civils et militaires. ». Par ailleurs, dans la logique d'un régime parlementaire, le Premier ministre contresigne la majorité des actes édictés par le Président de la République.

a-Direction de l'action du gouvernement

100.- Une direction plus ou moins affirmée.- La direction effective de l'action gouvernementale dépend essentiellement du rapport de force existant entre le Premier ministre et le Président de la République. Si en période de cohabitation la primauté du Premier ministre est incontestable en la matière, elle l'est beaucoup moins en période de concordance des majorités.

Il faut noter, par ailleurs, que cette fonction de direction du gouvernement n'implique pas l'existence d'un lien hiérarchique entre le Premier ministre et les différents membres du gouvernement (CE, 12 novembre 1965, requête numéro 55315, Compagnie marchande de Tunisie : AJDA 1966, p. 167). En revanche, il existe une hiérarchie protocolaire ainsi qu'une hiérarchie politique qui est liée au choix discrétionnaire des ministres par le Président de la République sur proposition du Premier ministre. Au final, la mission du Premier ministre s'apparente toutefois davantage à une mission de coordination de l'action gouvernementale qu'à une mission de direction au sens hiérarchique du terme.

b- Exécution des lois

101.- Pouvoir réglementaire général.- La formulation employée par l'article 21 de la Constitution signifie que le Premier ministre est titulaire du pouvoir règlementaire général, ce qui n'était pas le cas sous les Troisième et Quatrième Républiques, durant lesquelles ce pouvoir appartenait au Président de la République. Il est donc compétent pour prendre des mesures règlementaires, y compris lorsque aucun texte ne lui confère expressément cette compétence (CE, 28 juin 1918, requête numéro 63412, Heyriès : Rec. p. 651 ; S. 1922, III, p. 49, note Hauriou.- CE, 8 août 1919, requête numéro 56377, Labonne : Rec. p.737).

Dans ce sens, le Conseil d'Etat a jugé qu'il résulte « des dispositions combinées des articles 13 et 21 de la Constitution qu'à l'exception des décrets délibérés en Conseil des ministres, le Président de la République n'exerce pas le pouvoir règlementaire » (CE, 27 avril 1962, requête numéro 50032, requête numéro 50052, requête numéro 50053, requête numéro 50065, requête numéro 50066, requête numéro 50067, requête numéro 52187, Sicard et a. : Rec. p. 279 ; AJDA 1962, p. 284, chron. Galabert et Gentot).

Le Premier ministre est donc compétent dès lors qu'un décret n'est pas délibéré en Conseil des ministres, et sous réserve qu'un texte n'ait pas attribué compétence à une autre autorité administrative.

c- Pouvoir de nomination

102.- Une compétence étendue.- Selon l'article 21 alinéa 2 de la Constitution « sous réserve des dispositions de l'article 13 (le Premier ministre) … nomme aux emplois civils et militaires ».

Cependant, le Premier ministre exerce assez largement la faculté qui lui est conférée par ce même article qui prévoit également « (qu'il) peut déléguer certains de ses pouvoirs aux ministres ». Il peut lui-même recevoir délégation du Président de la République pour certains emplois relevant de la compétence de celui-ci, ainsi que le prévoit l'article 13 alinéa 4 de la Constitution, qui renvoie lui-même à l'article 3 de l'ordonnance n°58-1136 du 28 novembre 1958.

d- Contreseing des actes pris par le Président de la République

103.- Une conséquence de la nature parlementaire de la Cinquième République.- L'article 19 de la Constitution précise que les actes du Président de la République «autres que ceux prévus aux articles 8 (1er alinéa), 11, 12, 16, 18, 54, 56 et 61 sont contresignés par le Premier ministre et, le cas échéant, par les ministres responsables ». Cette exigence concerne à la fois des actes réglementaires et des actes individuels (CE, 31 janvier 1986, requête numéro 62347, Legrand : Rec. p. 23).

L'exigence du contreseing est la contrepartie de la nature parlementaire de la Cinquième République. En effet, dans un régime parlementaire, le chef de l'Etat, contrairement au Premier ministre, est irresponsable politiquement. Sous la Cinquième République le Président de la République n'est responsable des actes pris dans le cadre de ses fonctions qu'en cas de haute trahison.

Ceci signifie que le Parlement ne peut pas renverser le chef de l'Etat en cas de désaccord politique. En contresignant les actes du Président de la République, le Premier ministre endosse la responsabilité politique de ses actes, ce qui peut permettre au Parlement de le renverser.

2° Services

104.- Cabinet et secrétariat général.- Les principaux services dont dispose le Premier ministre sont le cabinet et le secrétariat général.

a- Cabinet

105.- Un organe à la discrétion du Premier ministre.- Le cabinet du Premier ministre regroupe les collaborateurs les plus proches du Premier ministre qui l'assistent dans l'élaboration de la politique gouvernementale. Le cabinet joue également un rôle de liaison avec les différents ministères et les services de la présidence de la République. Il est également en contact avec les principaux acteurs de la vie politique et sociale : Parlement, partis politiques, syndicats, médias, etc.

Le nombre d'agents affectés au cabinet du Premier ministre est variable en fonction des gouvernements, puisque cela va d'une quinzaine à plus d'une soixantaine de membres.

L'organisation du cabinet est laissée à la discrétion du Premier ministre. Cependant, on observe une certaine constance dans les structures. Le cabinet a à sa tête un directeur, assisté d'un ou de plusieurs directeurs adjoints, qui vont coordonner l'activité des conseillers –parfois dénommés conseillers techniques- qui en font partie et qui sont répartis entre différents pôles correspondant aux différents champs de compétence gouvernementale. Il peut également exister des conseillers personnels du Premier ministre, qui échappent à l'autorité du directeur de cabinet. Il existe aussi un chef de cabinet dont le rôle consiste principalement à organiser l'agenda du Premier ministre.

106.- Cabinet militaire.- Relevons également l'existence d'un cabinet militaire. L'existence du cabinet militaire est une conséquence de l'article 21 de la Constitution qui précise que le Premier ministre « est responsable de la défense nationale ».

b- Secrétariat général du gouvernement

107.- Composition.- Cet organe, à la tête duquel est placé le secrétaire général du gouvernement assisté par un directeur, comprend environ entre 50 et 100 membres. Ce service comprend des chargés de missions ainsi que leurs adjoints.

108.- Missions.- Le secrétariat général du gouvernement assure quatre principales missions qui sont toutes d'ordre non pas politique mais technique.

Il est d'abord le conseiller juridique du gouvernement. Cette mission est assurée par le service législatif qui est notamment chargé de suivre la préparation des projets de lois, des mesures règlementaires et des décisions de nomination.

Il dirige ensuite les services qui relèvent directement du Premier ministre, comme par exemple la Direction de l'information légale et administrative (DILA), le Service d'information du Gouvernement (SIG), le Secrétariat général des affaires européennes (SGAE) ou encore le Secrétariat général de la défense et de la sécurité nationale (SGDSN). Plus généralement le secrétariat général permet au Premier ministre d'exercer concrètement sa mission de direction des services administratifs de l'Etat qui lui sont rattachés.

Il est aussi chargé de préparer le Conseil des ministres et les comités interministériels. A ce titre, le secrétaire général du gouvernement assiste au conseil des ministres dont il prépare l'ordre du jour.

Il joue enfin un rôle essentiel dans le cadre de la formation d'un nouveau gouvernement - par exemple en préparant les arrêtés de délégation qui vont définir le champ de compétence des différents membres de ce nouveau gouvernement - ce qui est rendu possible par le fait qu'il s'agit d'une structure pérenne.

II – Membres du gouvernement

109.- Présentation.- Il existe différentes catégories de membres du gouvernement, dotés de pouvoirs plus ou moins importants, et dont la plupart sont placés à la tête d'une structure administrative organisée de façon pyramidale.

A – Catégories de membres du Gouvernement

110.- Nombre de membres du gouvernement.- Le nombre de membres du gouvernement est très variable d'un gouvernement à l'autre. Cependant, ce nombre est généralement compris entre 25 et 30 membres.

111.- Ministres et autres membres du gouvernement.- Tous les membres du gouvernement n'ont pas le titre de ministre et parmi les ministres, tous n'ont pas les mêmes pouvoirs en fonction de la catégorie à laquelle ils appartiennent.

On notera également la quasi-disparition, depuis les débuts de la Cinquième République, de la catégorie des ministres sans portefeuille, c'est-à-dire des ministres sans affectation précise, ce qui est en revanche plus habituel s'agissant des secrétaires d'Etat et des ministres délégués. Le titre de ministre permettait avant 1958 de distinguer certaines personnalités sans pour autant leur attribuer de département ministériel. Cette catégorie est réapparue dans le gouvernement Philippe II dont la composition est fixée par un décret du 22 juin 2017 (jusqu'au 16 octobre 2018 Mme. Gouraud est ainsi ministre auprès du ministre d'Etat, ministre de l'Intérieur).

De nouvelles catégories sont également susceptibles d'apparaître, comme c'est le cas dans le gouvernement Fillon I (mai 2007 – juin 2008) qui a créé un haut-commissariat aux solidarités actives contre la pauvreté auprès du Premier ministre.

Ces particularités mises à part, il existe quatre grandes catégories de membres du gouvernement : les ministres d'Etat, les ministres, les ministres délégués et les secrétaires d'Etat.

1° Ministres d'Etat

112.- Un titre honorifique.- Le titre de ministre d'Etat présente un caractère honorifique et il n'a d'effet qu'en matière protocolaire. Pour le reste, les ministres d'Etat ont les mêmes pouvoirs que les autres ministres.

L'attribution du titre de ministre d'Etat, que l'on ne retrouve pas dans la totalité des gouvernements (il y en avait deux dans l'actuel gouvernement Philippe II nommé le 21 juin 2017, mais à la date du dernier ajustement survenu le 16 février 2020 il n'y en a plus aucun, comme dans l'actuel gouvernement Castex formé au mois de juillet 2020), peut être liée à trois types de motivations.

Il peut s'agir d'insister sur l'importance du ministère en cause.

Le but recherché peut également être de distinguer une ou plusieurs personnalités émanant des partis politiques composant une coalition gouvernementale.

Enfin, il peut s'agir de distinguer une personnalité - comme André Malraux en 1959- dont la notoriété n'est pas liée à l'activité politique.

2° Ministres

113.- Un titre répandu.- Il s'agit en principe, même s'il n'existe aucune obligation en la matière, du titre le plus répandu dans les gouvernements.

Il est à noter que même si l'hypothèse est rarissime, rien n'empêche le Premier ministre de proposer au chef de l'Etat sa nomination comme ministre. Cette hypothèse ne s'est rencontrée que deux fois sous la Cinquième République. En 1976, le Président Valery Giscard d'Estaing a nommé Raymond Barre Premier ministre, ministre de l'Economie et des Finances. De façon plus anecdotique, François Fillon, qui était déjà Premier ministre, a été nommé également ministre de l'Ecologie, du Développement durable, des Transports et du Logement à partir du 23 février 2012. Il s'agissait de permettre à l'ancienne titulaire de cette fonction, Mme. Kosciusko-Morizet, d'assurer la mission de porte-parole pour la campagne présidentielle de M. Sarkozy.

Notons enfin que rien n'interdit de placer un ministre auprès du Premier ministre ou d'un autre ministre, ce qui concerne trois membres de l'actuel gouvernement Philippe.

3° Ministres délégués

114.- Une présence variable dans les gouvernements.- Le titre de ministre délégué est assez répandu sous V° République. Toutefois, il n'y a pas eu de ministres délégués nommés dans les différents gouvernements qui se sont succédés depuis le gouvernement Ayrault II (18 juin 2012 – 31 mars 2014). Ce titre a en revanche été attribué à plusieurs membres du gouvernement Castex qui compte pas moins de 13 ministres délégués. En principe, ils sont rattachés, et en quelque sorte subordonnés, à un ou plusieurs membres du gouvernement, ou au Premier ministre.

115.- Les deux catégories de ministres délégués.- Certains d'entre eux se voient déléguer une mission précise, ce qui permet d'alléger les tâches assumées par leur ministre de rattachement. Ils ont un budget et des services administratifs qui leurs sont propres.

Ensuite, d'autres ministres délégués, contrairement aux premiers, ne se voient pas confier une mission permanente, mais seulement des missions ponctuelles qui leur sont attribuées par leur ministre de rattachement. Ils n'ont pas de budget propre ni de services administratifs. Par conséquent, lorsqu'une mission leur est confiée, ils utilisent les moyens financiers et humains du ministère de rattachement.

116.- Participation au conseil des ministres.- On soulignera enfin que depuis le gouvernement Fabius (1984-1986) les ministres délégués assistent en principe au Conseil des ministres. Avant 1984, ils ne participaient au Conseil des ministres que lorsqu'ils y étaient invités, c'est-à-dire lorsque y était traitée une affaire relevant de leur compétence.

4° Secrétaires d'Etat

117.- Les deux catégories de secrétaires d'Etat.- Cette catégorie de membres du gouvernement recouvre, comme celle des ministres délégués, deux sous-catégories.

118.- Secrétaires d'Etat délégués.- Il s'agit, d'une part, des secrétaires d'Etat délégués qui sont subordonnés aux ministres auxquels ils sont rattachés ou au Premier ministre. Ils ne disposent d'aucun budget propre ni de services administratifs, ce qui rapproche leur statut de celui des ministres délégués chargés de missions ponctuelles. Cependant, à la différence de ces derniers, le décret de composition du gouvernement peut prévoir qu'ils ne siègent au Conseil des ministres que s'ils y sont conviés. C'est le cas par exemple du décret du 26 août 2014 relatif à la composition du deuxième gouvernement Valls ou encore des décrets du 6 et du 26 juillet 2020 relatifs à la composition du gouvernement Castex. Le décret de composition du gouvernement peut aussi prévoir que seuls certains secrétaires d'Etat ont vocation à participer au conseil des ministres pour les affaires relevant de leurs attributions. Tel est le cas du gouvernement Fillon II (18 mai 2007 – 13 novembre 2010).

119.- Secrétaires d'Etat autonomes.- Sont concernés, d'autre part, les secrétaires d'Etat autonomes. Beaucoup plus rares, comme les ministres délégués chargés de missions permanentes ils sont dotés de services administratifs et d'un budget propre. Mais à l'opposé de ces derniers, ils n'assistent au Conseil des ministres que s'ils y sont conviés et surtout ils ne sont pas rattachés à un ministre.

120.- Conséquences de la distinction.- Il résulte de cette distinction qu'un secrétaire d'Etat « autonome » est compétent pour contresigner seul un décret du Premier ministre pris dans le domaine de ses attributions (CE, 21 janvier 1977, requête numéro 02910, requête numéro 03109, requête numéro 03128, Peron-Magnan : Rec. p. 30), ce qui n'est pas le cas en revanche pour un secrétaire d'Etat délégué (CE, 8 juillet 1988, requête numéro 48679, requête numéro 48841, requête numéro 48842, requête numéro 48843, requête numéro 48844, requête numéro 48931, requête numéro 48948, Union nationale syndicale de médecins des hôpitaux publics : Rec. p.281), ni d'ailleurs pour un ministre délégué (CE, 17 février 2007, requête numéro 290164, requête numéro 290217, requête numéro 290219, requête numéro 290331, requête numéro 290653, Société Les Laboratoires Jolly-Jatel).

B – Pouvoirs des différents membres du gouvernement

121.- Fonction politique et fonction administrative.- Comme le Président de la République et le Premier ministre, les différents membres du gouvernement ont en principe une double fonction politique et administrative. Cependant, cette fonction administrative est beaucoup plus réduite chez les secrétaires d'Etat délégués et chez les ministres délégués chargés de missions ponctuelles. En effet, ceux-ci ne disposent pas de services administratifs placés sous leur autorité.

Dans tous les autres cas, les membres du gouvernement sont les chefs de l'administration qui leur est confiée et ils sont donc situés au sommet de la structure pyramidale ministérielle. Toutefois, les ministres délégués chargés de missions permanentes relèvent, en théorie au moins, de l'autorité de leur ministre de rattachement, au nom duquel ils exercent la direction des services nécessaires à leur action.

122.- La question du pouvoir réglementaire des ministres.- Par ailleurs, à la différence du Président de la République et du Premier ministre, les différents membres du gouvernement ne disposent pas, en vertu de la Constitution, d'un pouvoir règlementaire général. De même, un ministre ou un secrétaire d'Etat délégué n'est investi d'aucune compétence propre (V. ainsi CE, 26 juillet 2011, requête numéro 342454, Syndicat national des pilotes de ligne France Alpa).

Cependant, il existe trois hypothèses dans lesquelles les ministres disposent d'un pouvoir réglementaire. Dans ces différentes hypothèses, toutefois, ils ne prennent pas des décrets mais des arrêtés.

Tout d'abord, le pouvoir règlementaire peut être délégué aux ministres par la loi.

Ensuite, ce pouvoir peut être également délégué par le Premier ministre, comme le prévoit l'article 21 alinéa 2 de la Constitution. Cette solution vaut également pour les actes individuels et elle est très largement utilisée.

Une troisième hypothèse résulte enfin de l'application de la jurisprudence issue de l'arrêt de Section Jamart du 7 février 1936 (requête numéro 43321 : Rec. p.172 ; S. 1937, III, p. 113, note Rivero). Cet arrêt reconnaît la compétence des ministres pour règlementer l'organisation de leurs services. Le ministre a en effet le droit « comme tout chef de service de prendre les mesures nécessaires au bon fonctionnement de l'administration placée sous son autorité ».

Exemple :
- Dans l'arrêt Jamart, le Conseil d'Etat admet la compétence d'un ministre, dans la mesure où l'exige l'intérêt du service, pour interdire l'accès des locaux qui y sont affectés aux personnes dont la présence serait susceptible de troubler le fonctionnement régulier dudit service. Il ne saurait cependant, sauf dans des conditions exceptionnelles, prononcer, par une décision nominative, une interdiction de cette nature contre les personnes qui sont appelées à pénétrer dans les locaux affectés au service pour l'exercice de leur profession.

123.- Contreseing ministériel.- Il existe également des hypothèses où le pouvoir règlementaire n'est pas délégué aux ministres, mais où ils sont associés à son exercice par le Président de la République ou par le Premier ministre. Cette association se matérialise par le contreseing ministériel qui est visé par deux dispositions de la Constitution.

Tout d'abord, l'article 19 précise que « les actes du Président de la République autres que ceux prévus aux articles 8 (1er alinéa), 11, 12, 16, 18, 54, 56 et 61 sont contresignés par le Premier Ministre et, le cas échéant, par les ministres responsables ».

Ensuite, l'article 22 prévoit que « les actes du Premier ministre sont contresignés, le cas échéant, par les ministres chargés de leur exécution ». Il ne s'agit pas ici, comme dans le cas précédent, de leur faire endosser la responsabilité politique de ces actes, mais d'indiquer que le ministre a bien connaissance de la décision prise par le Premier ministre et qu'il assurera sa mise en œuvre. Cette obligation de contreseing vaut à la fois pour les actes réglementaires et pour les actes individuels (CE Ass., 4 juin 1993, requête numéro 138952, Association des anciens élèves de l'ENA : Rec.

p. 468 ; JCP G 1993, comm. 22127, note Vandendriessche ; RFDA 1993, p. 657, concl. Schwartz).

Enfin, il est fréquent qu'un ministre sollicite le Premier ministre pour qu'il prenne un décret relevant du champ de sa compétence.

C – Structure des ministères

124.- Eléments de la structure.- Il faut ici distinguer le cabinet ministériel, qui est composé des plus proches collaborateurs du ministre, des services centraux également appelés administrations centrales.

1° Cabinet ministériel

125.- Nombre de membres.- L'organisation des cabinets ministériels est régie par le décret n°48-1233 du 28 juillet 1948 encore partiellement en vigueur portant règlement d'administration publique en ce qui concerne les cabinets ministériels.

Ce texte limite entre 10 et 12 le nombre de personnes qui peuvent faire partie d'un cabinet ministériel. Cependant, dans la pratique, cette limite n'était presque jamais respectée, pas plus que celle émanant de circulaires (par exemple la circulaire n°5223/SG du 18 mai 2007 indique que l'effectif du cabinet d'un ministre ne doit pas dépasser vingt personnes, et trois ou quatre pour les membres du gouvernement placés auprès d'un ministre). En effet, la plupart des cabinets des ministres étaient composés de 20 à 40 personnes et de 10 à 20 personnes pour les secrétaires d'Etat et les ministres délégués.

Finalement le décret n°2017-1063 du 18 mai 2017 relatif aux cabinets ministériels - qui curieusement n'a pas abrogé le décret du 28 juillet 1948 - a prévu que le cabinet d'un ministre ne peut comprendre plus de dix membres, celui d'un ministre délégué plus de huit membres et celui d'un secrétaire d'Etat plus de cinq membres. Il apparaît toutefois que ces limitations n'étaient pas plus respectées que celles prévues par le décret de 1948. Ainsi, à titre d'exemple, dans le gouvernement Philippe II, le cabinet du ministre de l'Intérieur comportait quatorze membres et celui du garde des sceaux onze membres (au 1er avril 2020).

Le décret du 18 mai 2017 a été modifié à de nombreuses reprises (pas moins de six fois en 2020), en dernier lieu par le décret n° 2020-1380 du 13 novembre 2020. En l'état actuel de la réglementation, le cabinet d'un ministre ne peut désormais comprendre plus de quinze membres mais, par dérogation, le cabinet du ministre chargé de la santé peut comprendre, en outre, un conseiller en charge du covid-19. Le cabinet d'un ministre délégué ne peut comprendre plus de treize membres et celui d'un secrétaire d'Etat plus de huit membres. Enfin, le cabinet du membre du gouvernement exerçant les attributions de porte-parole du gouvernement peut comprendre un membre supplémentaire. Ces dispositions ne sont toutefois toujours pas systématiquement respectées. Il en va ainsi, par exemple, du cabinet de ministre de l'Education nationale, de la Jeunesse et des Sports, qui comprend pas moins de vingt membres.

126.- Organisation.- Le cabinet a à sa tête un directeur de cabinet et un chef de cabinet. Le premier bénéficie généralement d'une délégation du ministre, ce qui lui permet de prendre des actes administratifs. Le second a un rôle davantage protocolaire. En général, le cabinet comporte également un nombre plus ou moins important de conseillers spéciaux, de conseillers techniques et de chargés de mission, un attaché de presse et un attaché parlementaire.

2° Services centraux

127.- Subdivisions des services administratifs des ministères.- Les services centraux –appelés également administrations centrales- correspondent aux subdivisions, en fonction de leurs spécialités, des services administratifs des ministères. A la différence du cabinet, qui joue un rôle en partie politique et qui n'est pas pérenne dans sa composition, les services centraux sont concentrés exclusivement sur les tâches administratives et ils permettent d'assurer la continuité de l'activité administrative.

128.- Missions des administrations centrales.- L'article 2 du décret n°92-604 du 1er juillet 1992 portant charte de la déconcentration prévoyait que « les administrations centrales assurent au niveau national un rôle de conception, d'animation, d'orientation, d'évaluation et de contrôle. A cette fin, elles participent à l'élaboration des projets de loi et de décret et préparent et mettent en œuvre les décisions du gouvernement et de chacun des ministres, notamment dans les domaines suivants :

1° La définition et le financement des politiques nationales, le contrôle de leur application, l'évaluation de leurs effets ;

2° L'organisation générale des services de l'Etat et la fixation des règles applicables en matière de gestion des personnels ;

3° La détermination des objectifs de l'action des services à compétence nationale et des services déconcentrés de l'Etat, l'appréciation des besoins de ces services et la répartition des moyens alloués pour leur fonctionnement, l'apport des concours techniques qui leur sont nécessaires, l'évaluation des résultats obtenus ».

Ces dispositions ont été reprises pratiquement à l'identique par le décret n°2015-510 du 7 mai 2015 portant charte de la déconcentration. S'agissant de ce troisième point, le décret de 2015 a précisé que les services à compétence nationale, les services déconcentrés mais également « les organismes publics rattachés à l'Etat » se voient fixer des « directives annuelles » (que l'on devrait plutôt appeler, comme on le verra plus loin, des lignes directrices au regard de l'évolution de la terminologie employée par le juge administratif). Ces directives sont déclinées au niveau des circonscriptions territoriales de l'Etat pour ce qui concerne les services déconcentrés.

Par ailleurs, le même décret du 7 mai 2015 a assigné un nouvel objectif aux administrations centrales :

« 4° L'apport des concours techniques qui sont nécessaires aux services déconcentrés et l'évaluation des résultats obtenus ».

Enfin, les services centraux peuvent se voir confier des missions opérationnelles qui présentent un caractère national.

129.- Une organisation pyramidale.- Dans les ministères la coordination des différents services centraux est confiée à un secrétariat général.

Les services centraux sont organisés de façon pyramidale. Leur structure est notamment rappelée par une circulaire du 9 mai 1997 relative aux règles d'organisation des administrations centrales et des services à compétence nationale et de délégation de signature des ministres. Doit également être mentionné le décret n°87-389 du 15 juin 1987 relatif à l'organisation des services de l'administration centrale dont l'article 2 précise que l'organisation de chaque ministère est définie par décret. Relevons ici que depuis l'entrée en vigueur du décret n° 2008-208 du 29 février 2008, l'avis du Conseil d'Etat n'est plus requis dans cette matière.

Chaque ministère est d'abord divisé en directions et en directions générales. Les directions sont plus nombreuses que les directions générales. Elles se situent généralement au même niveau hiérarchique, mais il arrive qu'une direction générale soit subdivisée en directions.

Cependant, on trouve généralement l'expression de direction générale dans trois hypothèses : lorsque le ministère a été réorganisé et plusieurs directions ont été fusionnées, lorsque la direction générale renvoie à des services déconcentrés ou plus généralement en raison de l'importance de ses missions et de ses effectifs.

Exemple :
- Le décret n°2009-707 du 16 juin 2009 (JO 18 juin 2009) fixe l'organisation des services déconcentrés de la direction générale des finances publiques. Il s'agit des directions régionales des finances publiques, des directions départementales des finances publiques, des directions spécialisées des finances publiques et des directions locales des finances publiques.

130.- Réformes.- Il faut aussi mentionner que l'organisation des services centraux a été profondément modifiée par la révision générale des politiques publiques (RGPP) mise en œuvre à partir de 2007. Cette révision a abouti, dans de nombreux ministères, dans un souci affiché de rationalisation, d'amélioration des services publics et - surtout d'économies - au regroupement d'anciennes directions dans de nouvelles directions générales.

Exemple :
- Au niveau du ministère de l'Economie et des Finances, la direction générale de la compétitivité, de l'industrie et des services a été créée en janvier 2009, par le regroupement de trois directions (direction générale des entreprises, direction du

tourisme et direction du commerce, de l'artisanat, des services et des professions libérales). Le but affiché était de mieux soutenir l'activité économique sur le territoire national et de créer un environnement favorable à la création et au développement des entreprises. Cette direction a ensuite été renommée direction générale des entreprises par le décret n°2014-1048 du 15 septembre 2014, sans que cela ait impacté de façon significative les missions qui lui sont dévolues.

A partir de 2012, ce mouvement a été poursuivi dans le cadre de la modernisation de l'administration publique (MAP), qui succède à la RGPP. La MAP poursuivait des objectifs en partie comparables à la RGPP mais elle insistait moins sur la nécessité de réduire de façon drastique le nombre de fonctionnaires. Cette politique se poursuit sous la présidence Macron sous la nouvelle appellation « Action publique 2022 ». L'objectif principal qui est poursuivi est de dématérialiser l'ensemble des démarches administratives, avec un objectif affiché de diminution des dépenses de l'Etat de 25 milliards d'euros et du nombre de fonctionnaires de 120 000.

On peut également trouver, à côté des directions et des directions générales, des délégations. Il peut aussi exister, dans l'organigramme des ministères, des pôles, des départements et des services.

En principe, toutefois, les directions ainsi que les directions générales sont divisées en sous directions qui sont elles-mêmes divisées en bureaux ce qui correspond au plus grand degré de spécialisation au niveau de l'administration centrale.

§II – L'administration consultative

131.- Multiplicité des organes consultatifs.- Les organes qui relèvent de l'administration consultative sont associés à l'élaboration des décisions. Le moins que l'on puisse dire, s'agissant de ces organes, c'est que la situation est extrêmement confuse. En effet, on dénombre, au niveau des différents ministères, et entre les différents ministères pour les structures interministérielles, plusieurs centaines de conseils, comités et autres commissions « théodule » - selon l'expression fameuse du général de Gaulle - dont les structures sont très diverses et l'efficacité souvent contestable. En effet la multiplication de ces organes aboutit à une certaine dilution de l'autorité et ils permettent trop fréquemment aux ministres de se délester de questions épineuses qui sont renvoyées à des commissions dont les avis vont souvent demeurer lettre morte.

132.- Réduction du nombre d'organes consultatifs.- Dans le cadre du premier comité interministériel de modernisation de l'action publique (CIMAP) qui s'est tenu le 18 décembre 2012, a été annoncée la suppression de 100 commissions consultatives dont « l'utilité n'est pas démontrée », ce qui représente 15 % des commissions rattachées aux ministères. De même, étaient prévues la fusion ou la réorganisation d'autres structures similaires avec l'objectif qu'avant le 13 juin 2013, le nombre de ces organismes aura diminué de 25 %.

Depuis la loi de finances pour 1996, le gouvernement a l'obligation de présenter au Parlement, en annexe au projet de loi finances, la liste des commissions et instances consultatives ou délibératives placées directement auprès du Premier ministre, des ministres ou de la Banque de France.

Une nouvelle vague de réduction du nombre de ces organismes a été entamée par le décret n°2019-1379 du 18 décembre 2019 portant suppression de commissions administratives à caractère consultatif, et poursuivie par la loi n° 2020-1525 du 7 décembre 2020 d'accélération et de simplification de l'action publique (ASAP) qui supprime différents organes consultatifs, comme par exemple le Comité central du lait, l'Observatoire de la récidive et de la désistance ou encore l'Observatoire national de la sécurité et de l'accessibilité des établissements d'enseignement.

Ces organismes demeurent toutefois nombreux puisque l'annexe au projet de loi de finances pour 2021 en dénombre pas moins de 340 - contre 394 en 2020 - et dans certains cas les recoupements paraissent difficilement évitables.

Exemple :
- Dans l'organigramme du ministère de la Culture apparaissent – en dehors des commissions qui peuvent être ponctuellement constituées par le ministre en vertu de ses pouvoirs de chef de service (CE Sect., 25 février 2005, requête numéro 265482, Syndicat de la magistrature : JCPA 2005, comm. 1129, note Jean-Pierre) – 13 commissions, conseils et autres instances consultatives.

133.- Conseil d'Etat, Cour des comptes et Conseil économique, social et environnemental.- Certains organes relevant de l'administration consultative ont néanmoins une importance cruciale. Tel est le cas du Conseil d'Etat, dans ses fonctions de conseil du gouvernement et de la Cour des comptes qui « assiste le Parlement et le gouvernement dans le contrôle de l'exécution des lois de finances et de l'application des lois de financement de la sécurité sociale ainsi que dans l'évaluation des politiques publiques » (Constitution, art. 47-2). Doit également être mentionné le Conseil économique, social et environnemental qui « saisi par le gouvernement, donne son avis sur les projets de loi, d'ordonnance ou de décret ainsi que sur les propositions de lois qui lui sont soumis » (Constitution, art. 69). Plus généralement il « peut être consulté par le gouvernement et le Parlement sur tout problème de caractère économique, social ou environnemental. Le gouvernement peut également le consulter sur les projets de loi de programmation définissant les orientations pluriannuelles des finances publiques. Tout plan ou tout projet de loi de programmation à caractère économique, social ou environnemental lui est soumis pour avis » (Constitution, art. 70).

§III – L'administration de contrôle

134.- Typologie.- Il faut ici distinguer deux catégories d'organes centraux de contrôle.

135.- Organes centraux de contrôle interne.- Il s'agit tout d'abord des organes centraux de contrôle interne qui constituent des services des ministères chargés de contrôler les autres services du même ministère. Certains, de plus en plus, ont une vocation interministérielle.

Exemple :
- Le décret n° 2019-1001 du 27 septembre 2019 a créé l'inspection générale de l'éducation, du sport et de la recherche (IGESR), qui regroupe les compétences jusqu'alors dévolues aux inspections générales des ministères chargés de l'Education, de l'enseignement supérieur et de la recherche, des sports et de la jeunesse et de la culture.
-Le décret n°2016-1675 du 5 décembre 2016 crée l'Inspection générale de la justice qui se substitue à l'inspection générale des services judiciaires, celle des services pénitentiaires et celle des services de la protection judiciaire de la jeunesse.

Le plus prestigieux de ces organismes de contrôle est l'Inspection générale des finances. Ce service a une vocation interministérielle puisqu'il exerce notamment un contrôle des agents des services extérieurs du ministère des Finances mais également des ordonnateurs secondaires des autres ministères.

Notons toutefois qu'au printemps 2021 le gouvernement travaille à la suppression de certains grands corps de l'Etat, notamment ceux rattachés à l'inspection, ce qui pourrait aboutir à la disparition à court terme de l'Inspection générale des Finances mais aussi d'autres organes prestigieux, comme l'Inspection générale de l'administration ou encore l'Inspection générale des affaires sociales. En revanche cette évolution ne concernera pas les corps rattachés à la Cour des comptes et aux Conseil d'Etat dont l'existence est garantie par le Constitution.

136.- Organes centraux de contrôle externe.- Il faut enfin mentionner l'existence d'organes centraux de contrôle externe. Ces organes ne sont pas rattachés aux ministères qui font l'objet de leur contrôle. Les principaux sont le Conseil d'Etat et la Cour des comptes dans l'exercice de leurs fonctions juridictionnelles.

§IV – Les autorités administratives indépendantes et les autorités publiques indépendantes

137. Des organismes récents.- Les autorités administratives indépendantes plus les autorités publiques indépendantes sont apparues assez récemment dans le paysage administratif français. Elles sont nombreuses, parfois dissemblables, et leur identification pose un certain nombre de difficultés.

I – Apparition des autorités administratives indépendantes et des autorités publiques indépendantes

138.- Des organes de l'administration d'Etat hors contrôle hiérarchique.- L'article 20 de la Constitution précise que le gouvernement « dispose de l'administration ». A cette fin, comme on l'a vu, la structure administrative de l'Etat, qu'elle soit centrale ou déconcentrée, est entièrement organisée autour du principe hiérarchique. Ce principe permet à l'autorité supérieure, et notamment au sommet de la hiérarchie aux ministres, de donner des instructions à des autorités subordonnées, d'annuler leurs actes, voire de sanctionner des agents.

A côté de l'Etat, il existe d'autres personnes morales qui échappent à cette hiérarchie : il s'agit des institutions décentralisées. Mais on le verra, en application de l'article 72 de la Constitution, ces personnes morales de droit public demeurent soumises à un contrôle de l'Etat.

Mais surtout, au sein même de l'administration de l'Etat, il existe certains organes qui échappent au contrôle hiérarchique. Comme l'a écrit Jacques Chevalier « il s'agit de structures placées hors hiérarchie, échappant à tout pouvoir d'instruction et de contrôle et disposant d'une liberté d'action juridiquement garantie » (Réflexions sur l'institution des autorités administratives indépendantes, JCP G, 1986, I, comm. 3254). Selon le rapport public du Conseil d'Etat de 2001 les autorités administratives indépendantes peuvent « être définies comme des organismes administratifs, qui agissent au nom de l'Etat et disposent d'un réel pouvoir, sans pour autant relever de l'autorité du gouvernement ».

139.- Modèles étrangers et apparition en France.- Elles existent dans des domaines variés et elles trouvent leur origine dans la pratique des commissions fédérales américaines et dans l'institution de l'ombudsman de certains pays d'Europe de nord et notamment de la Suède.

La première autorité administrative indépendante à être apparue est la Commission des opérations de bourse (COB) créée par une ordonnance du 28 septembre 1967. La COB a ensuite fusionné avec le Conseil des marchés financiers (CMF) pour devenir l'Autorité des marchés financiers (AMF) avec la loi n°2003-706 de sécurité financière du 1er août 2003. Doivent ensuite être mentionnées la Commission nationale du droit de réponse (décret n°75-341 du 13 mai 1975), la Commission des sondages (loi n°77-808 du 19 juillet 1977) et la Commission des infractions fiscales (loi n°77-453 du 29 décembre 1977).

Sont ensuite apparues les premières autorités publiques indépendantes lesquelles, contrairement aux autorités administratives indépendantes, sont dotées de la personnalité morale, ce qui implique notamment qu'elles ont un budget propre et qu'elles peuvent ester en justice. C'est l'Autorité des marchés qui a bénéficié en premier lieu de ce statut conformément à la loi n°2003-706 du 1er août 2003 (Code monétaire et financier, art. L. 621-1).

Cependant, si les différentes institutions créées dans les années 1960 et 1970 ont été généralement qualifiées d'autorités administratives indépendantes par la doctrine, cette expression n'avait pas été utilisée à l'origine par le législateur. D'ailleurs, certains auteurs contestaient vivement cette qualification en raison d'une apparente antinomie entre les notions mêmes d'administration et d'indépendance. En effet, comme a pu l'exposer le président Braibant « dans notre tradition législative, l'administration n'est pas indépendante, elle est subordonnée au gouvernement et à travers lui au Parlement » (Droit d'accès et droit à l'information, Mélanges Charlier 1981, p.703).

Ces critiques n'ont pourtant pas empêché le législateur de reprendre à son compte cette expression pour qualifier la Commission nationale informatique et liberté à l'occasion de la loi n°78-17 du 6 janvier 1978. Le Conseil d'Etat a fait de même dans son rapport de 1983, ainsi que le Conseil constitutionnel à l'occasion de sa décision numéro 84-173 DC du 26 juillet 1984 sur la Haute-Autorité de l'audiovisuel.

140.- Protection des libertés fondamentales et régulation économique.- Les autorités administratives indépendantes apparaissent aujourd'hui comme un rouage essentiel de l'administration d'Etat, principalement dans les domaines où les libertés fondamentales sont en cause et en matière de régulation économique. La notion d'autorité administrative indépendante a d'ailleurs été récemment confortée par l'arrêt de la Cour de justice de l'Union européenne du 9 mars 2010 (affaire numéro C-518/07) qui a condamné l'Allemagne pour ne pas avoir respecté ses obligations au titre de la directive n°95/46 CE relative à la protection des personnes physiques à l'égard du traitement des données à caractère personnel et à la libre circulation de ces données qui exige une « totale indépendance » des autorités chargées de garantir la protection des données.

Il faut aussi noter que l'article 72 de la loi de finances n°2011-1977 du 28 décembre 2001 oblige le gouvernement à présenter, en annexe générale au projet de loi de finances, un rapport sur les autorités publiques indépendantes et sur les autorités administratives indépendantes dont les effectifs ne sont pas inclus dans un plafond d'autorisation des emplois rémunérés par l'Etat.

141.- Critiques. En dépit de ce contexte favorable, un certain nombre de critiques ont été récemment formulées, notamment par le rapport de la commission d'enquête sénatoriale sur le bilan et le contrôle de la création, de l'organisation, de l'activité et de la gestion des autorités administratives indépendantes du 15 novembre 2015. Ce rapport pointe notamment la prolifération de ces organismes, les incertitudes concernant leur identification et le fait qu'ils alimenteraient un sentiment de défiance à l'égard des structures habituelles de l'Etat. L'insuffisance du contrôle parlementaire est également mentionnée ainsi que le mode de recrutement des membres de ces autorités qui favoriserait la « consanguinité » ou « l'endogamie » notamment en raison d'une surreprésentation des membres issus du Conseil d'Etat et du Conseil constitutionnel.

142.- Définition d'un statut général.- Ce sont ces critiques qui ont finalement conduit à l'adoption de la loi organique n°2017-54 du 20 janvier 2017 relative aux autorités administratives indépendantes et autorités publiques indépendantes et à la loi n°2017-55 du même jour portant statut général des autorités administratives indépendantes et des autorités publiques indépendantes. Désormais, la création de ces autorités doit résulter obligatoirement d'un texte de loi.

II – Identification des autorités administratives indépendantes et des autorités publiques indépendantes

143.- Etat des lieux.- Selon le rapport du Comité d'évaluation et de contrôle des politiques publiques publié en mai 2010 il n'existait pas moins de 43 autorités administratives indépendantes. Le chiffre récemment retenu plus récemment par la commission d'enquête sénatoriale de 2015 est de seulement 42, ce qui tend à démentir ce qui avait été pointé par les sénateurs comme une « prolifération » de ces organismes. Ceci étant c'est bien une réduction drastique du nombre de ces autorités qui a été opérée par la loi du 20 janvier 2017 qui désigne 26 entités soit 18 autorités administratives indépendantes et 8 autorités publiques indépendantes. Dans sa version actuelle, l'annexe à cette loi désigne seulement 25 entités. En effet, en application de la loi n°2019-1063 du 18 octobre 2019, la mission de régulation du secteur de la distribution de la presse, précédemment exercée par l'Autorité de régulation de la distribution de la presse (ARDP) et par le Conseil supérieur des messageries de presse (CSMP), est dorénavant confiée à l'ARCEP. L'ARCEP est devenue à cette occasion l'Autorité de régulation des communications électroniques, des postes et de la distribution de la presse (ARCEPP). Notons aussi que l'ordonnance n°2019-761 du 24 juillet 2019 a remplacé l'autorité de régulation des activités ferroviaires et routières par l'autorité de régulation des transports. Enfin, l'ordonnance n°2019-1015 du 2 octobre 2019 a remplacé l'autorité de régulation des jeux en ligne par l'autorité nationale des jeux.

De fait, le législateur a exclu de cette liste un certain nombre d'entités qui étaient qualifiées avant 2017 d'autorités administratives indépendantes. C'est le cas, par exemple, de la Commission des sondages qui était pourtant, on l'a vu, l'une des plus anciennes autorités administratives indépendantes. En revanche, la loi a procédé à trois nouvelles qualifications d'autorités administratives indépendantes concernant la Commission de régulation de l'énergie, l'Autorité de régulation des communications électroniques et des postes - ce qui rejoint dans les deux cas des qualifications jurisprudentielles - et le Contrôleur général des lieux de privation de liberté.

Il arrive aussi que des institutions qui n'étaient pas qualifiées d'autorités administratives indépendantes ou d'autorités publiques indépendantes lors de leur création ont été qualifiées comme telles par des lois modifiant ultérieurement leur statut. Il en va ainsi, par exemple, du Comité d'indemnisation des victimes des essais nucléaires (CIVEN) créé par la loi n° 2010-2 du 5 janvier 2010, dont le statut a été modifié dans ce sens par l'article 53 de la loi n° 2013-1168 du 18 décembre 2013 et qui figure dans la liste annexée à la loi du 20 janvier 2017.

144.- Critères d'identification.- Cette loi n'a en revanche pas précisé quels sont les critères d'identification de ces autorités ou, plus précisément, elle retient comme seul critère d'identification la qualification expresse opérée par elle. Ceci étant, si l'intervention du législateur devrait éviter à l'avenir toute qualification jurisprudentielle divergente, la liste annexée à cette loi vise des autorités qui répondent - presque toutes on le verra -aux trois critères qui permettaient, avant cette intervention, leur identification, ces critères renvoyant à la dénomination de l'institution.

A – Appartenance à l'administration d'Etat

145.- Des autorités administratives étatiques.- Le caractère administratif des autorités administratives indépendantes n'est plus contesté de nos jours. Cette qualification a des conséquences importantes puisque les actes pris par ces autorités sont des actes administratifs qui peuvent faire l'objet d'un recours devant le juge administratif voire, si la loi le prévoit expressément, devant le juge judiciaire.

Un problème s'est toutefois posé à propos du cas particulier du Médiateur de la République (aujourd'hui le Défenseur des droits depuis la révision constitutionnelle du 23 juillet 2008). Ce problème était lié au fait que la loi du 3 janvier 1973 qui l'instituait se bornait à le qualifier « d'autorité indépendante ». Pour certains auteurs, ceci signifiait clairement que le médiateur n'appartenait pas à l'administration et qu'il présentait un caractère sui generis.

Dans son arrêt d'Assemblée Retail du 10 juillet 1981 (requête numéro 05130 : Rec. p. 303 ; RDP 1981, p. 1441, concl. Franc et p. 1687, note Auby, p. 1687), le Conseil d'Etat est allé implicitement à l'encontre de cette analyse en décidant que les actes pris par le Médiateur de la République, auquel a succédé le Défenseur des droits, pouvaient faire l'objet d'un recours pour excès de pouvoir. Or, seuls les actes administratifs peuvent faire l'objet d'un tel recours, ce qui signifie bien que le Médiateur de la République était une autorité administrative indépendante. Il s'agissait d'ailleurs de la seule autorité administrative indépendante qui soit dotée d'un statut constitutionnel (c'est le cas également du Défenseur des droits en application de l'article 71-1 de la Constitution).

146.- Personnalité morale des autorités publiques indépendantes.- Une autre difficulté concerne la question de la personnalité morale. En effet, les autorités administratives indépendantes ne bénéficient pas de la personnalité morale. Ainsi, lorsque leur activité est à l'origine d'un préjudice, c'est la responsabilité de l'Etat qui est susceptible d'être engagée (CE, 22 juin 1984, requête numéro 183171, Société Pierre et Cristal : Rec. p. 731 ; D. 1986, inf. rap. p. 25, obs. Moderne et Bon).

Toutefois, des textes récents ont attribué la personnalité morale à des autorités indépendantes, qui ont alors été qualifiées « d'autorités publiques indépendantes dotées de la personnalité morale », ce qui implique bien évidemment toute une série de conséquences, notamment sur les questions de responsabilité et en terme de budget (CE Ass. gén., avis, 8 septembre 2005 : CJEG 2006, p. 359, note Labetoulle). Ce mouvement a été initié, comme on l'a vu, par la loi n°2003-706 du 1er août 2003 de sécurité financière, qui concerne l'Autorité des marchés financiers (Code monétaire et financier, art. L. 621-1). D'autres instances se sont ensuite vues attribuer cette qualification, une annexe au projet de loi de finances pour 2015 en dénombrant pas moins de neuf (Rapport sur les autorités publiques indépendantes, annexe au projet de loi de finances pour 2015), dont le Conseil supérieur de l'audiovisuel depuis l'entrée en vigueur de la loi n° 2013-1028 du 15 novembre 2013 relative à l'indépendance de l'audiovisuel public, modifiant l'article 3-1 de la loi n° 86-1067 du 30 septembre 1986 relative à la liberté de communication. En revanche, c'est une liste réduite à huit autorités publiques indépendantes qui a été retenue par la loi du 20 janvier 2017. En effet, ne relève plus de cette catégorie l'Autorité de contrôle prudentiel et de résolution.

B – Existence d'une autorité

147.- Notion d'autorité.- Avant l'entrée en vigueur de la loi organique et de la loi du 20 janvier 2017, le terme « d'autorité » ne se référait pas nécessairement à l'exercice d'un pouvoir de décision. En effet, certaines autorités qualifiées d'autorités administratives indépendantes n'étaient compétentes que pour émettre des recommandations, des propositions ou bien encore des avis et elles disposaient donc d'un simple pouvoir d'influence ou d'incitation.

Exemple :
- La Commission de sécurité des consommateurs créée par la loi n° 83-66 du 21 juillet 1983 était chargée d'émettre des avis et de proposer toute mesure de nature à améliorer la prévention des risques en matière de sécurité des produits ou des services. Elle recherchait et recensait les informations de toutes origines sur les dangers présentés par les produits et services (Code de la consommation, art. L. 534-5 ancien).

Ces différents actes relèvent de ce que l'on appelle communément le droit souple. En principe les recours dirigés contre ces actes sont irrecevables. Toutefois, le Conseil d'Etat a récemment admis que certains de ces actes émanant d'autorités de régulation sont désormais susceptibles de faire l'objet d'un recours pour excès de pouvoir, alors même qu'ils sont dépourvus d'effets juridiques (V. infra Quatrième partie, Chapitre I, Section I).

148.- Pouvoir d'influence.- Un certain nombre d'entités qui ne détiennent qu'un « pouvoir d'influence » ont été écartées de la liste des autorités administratives indépendantes. Désormais, relèvent normalement de cette catégorie que les seuls organes détenteurs d'un pouvoir de décision. Ainsi, par exemple, l'article 54 de la loi n° 2017-55 du 20 janvier 2017 a supprimé la Commission de sécurité des consommateurs dont le rôle, on l'a vu, consistait exclusivement à formuler des avis et des recommandations. Toutefois, l'ambition initiale du projet de loi qui était de faire sortir les simples instances consultatives ne disposant pas de pouvoir de contrainte sur des tiers de la catégorie des autorités administratives indépendantes n'a pas toujours été respectée. C'est particulièrement le cas concernant la Commission du secret de la défense nationale dont la mission consiste seulement « à donner un avis sur la déclassification et la communication d'informations ayant fait l'objet d'une classification » (Code de la défense, art. L. 2312-1).

149.- Pouvoir de décision.- Ceci étant la grande majorité des autorités administratives indépendantes visées par la loi du 20 janvier 2017 disposent d'un pouvoir de décision.

Tout d'abord, elles peuvent être compétentes pour prendre des décisions individuelles dans le cadre du pouvoir d'autorisation ou de nomination qui leur est reconnu.

Elles peuvent également exercer un pouvoir de sanction. C'est le cas, par exemple, de l'Autorité de la concurrence, de l'AMF ou du CSA. Dans le cadre de ce pouvoir, les autorités administratives indépendantes sont tenues de respecter les règles du procès équitable (CE Sect., 3 novembre 1999, requête numéro 207434, Didier : AJDA 2000, p. 172, chron. Guyomar et Collin ; Dr. adm. 2000, comm. 2 ; Bull. Joly bourse janvier-février 2000 ; RFDA 2000, p. 210 ; Rev. Adm. 2000, p. 42, étude Brière).

Plutôt que d'utiliser leur pouvoir de sanction, certaines autorités, peuvent faire usage d'un pouvoir transactionnel. Tel est le cas en particulier de l'AMF (Code monétaire et financier, art. L. 621-14-1.- V. CE Ass., 20 mars 2020, requête numéro 422186, Président de l'AMF et a. : AJDA 2020, p. 934, chron. Malverti et Beaufils ; Dr. sociétés 2020, comm. 82, note de Bailliencourt ; RD bancaire et fin. 2020, comm. 69, note Pailler ; RFDA 2020, p. 473, concl. Dutheillet de Lamothe).

Les autorités indépendantes peuvent aussi détenir un pouvoir règlementaire dans le secteur d'activité qui relève du champ de leur compétence. Cette question a été longuement débattue et le Conseil constitutionnel dans sa décision Commission nationale communication et libertés (CNCL) du 18 septembre 1986 (numéro 86-217 DC) a finalement considéré que l'article 21 de la Constitution ne fait pas obstacle à ce que la loi confie à une autorité de l'Etat autre que le Premier ministre « le soin de fixer, dans un domaine déterminé et dans le cadre défini par les lois et règlements des normes permettant de mettre en œuvre la loi ». Par conséquent, s'il est reconnu, le pouvoir règlementaire des autorités administratives indépendantes (ou des autorités publiques indépendantes) n'en a pas moins un champ réduit. La précision la plus importante est certainement celle qui vise la soumission aux règlements du pouvoir règlementaire de ces autorités. En particulier, dans la décision CNCL ceci a conduit le Conseil à censurer les dispositions du texte déféré qui subordonnait l'exercice du pouvoir de prendre des décrets en Conseil des ministres à des normes édictées par la CNCL. Cette jurisprudence a été confirmée et précisée par la décision Conseil supérieur de l'audiovisuel (CSA) du 17 janvier 1989 (numéro 88-247 DC). Dans cette décision, le Conseil constitutionnel précise que les autorités administratives indépendantes ne peuvent prendre que « des mesures règlementaires de portée limitée tant par leur champ d'application que par leur contenu ».

Exemple :

-L'article 34 VIII de la loi n°2010-476 du 12 mai 2010 relative à l'ouverture à la concurrence et à la régulation du secteur des jeux d'argent et de hasard en ligne précise que l'Autorité de régulation des jeux en ligne fixe les caractéristiques techniques des plates-formes et des logiciels de jeux et de paris en ligne des opérateurs soumis au régime d'agrément.

C – Indépendance de l'autorité

150.- Manifestation de l'indépendance.- L'indépendance se conçoit d'abord vis-à-vis du gouvernement : la principale caractéristique des autorités administratives indépendantes et des autorités publiques indépendantes c'est qu'elles sont soustraites au pouvoir hiérarchique des ministres.

Mais leur indépendance ne se limite à cette question puisqu'elle est aussi censée s'exercer vis-à-vis du monde politique en général et des groupes de pression.

Evidemment, une telle indépendance est très difficile à réaliser, notamment parce que les membres des autorités administratives indépendantes et des autorités publiques indépendantes sont nommés par le pouvoir politique et essentiellement par le Premier ministre. Pour beaucoup d'observateurs, ces autorités seraient donc marquées par ce que M. Gentot appelle « un péché originel » (Les autorités administratives indépendantes, Montchrestien 1991, p.12).

Cependant, une fois nommées, elles bénéficient d'une réelle indépendance qui se caractérise principalement par le fait que leurs décisions ne peuvent être annulées ou réformées par le gouvernement. Cette indépendance est d'ailleurs renforcée pour les autorités publiques indépendantes qui disposent de leur propre budget.

151.- Existence de contrôles.- En réalité, il existe plusieurs types de contrôles sur ces organismes. Tout d'abord, un contrôle en amont par le législateur qui décide de leur création ou de leur suppression, et par le pouvoir exécutif qui dispose en général du pouvoir de nomination des membres de l'autorité. Ensuite, un contrôle en aval par le juge administratif ou le juge judiciaire sur les actes et les décisions des autorités qui leur sont déférées. Un contrôle en aval est également opéré par le Parlement, le gouvernement devant, comme on l'a vu, assortir son projet de loi de finances d'un rapport concernant ces autorités. De même, chaque autorité a l'obligation d'adresser chaque année, avant le 1er juin, au gouvernement et au Parlement un rapport d'activité (L. n°2017-55, 20 janvier 2017, art. 21). A la demande d'une commission parlementaire, elle peut aussi être amenée à rendre compte annuellement de son activité devant elle (Ibid., art. 22). Enfin, l'avis d'une autorité administrative indépendante ou d'une autorité publique indépendante sur tout projet de loi est rendu public (Ibid.).

152.- AAI, API et agences.- L'indépendance est un élément qui permet de clairement distinguer ces autorités des agences. Souvent constituées sous la forme d'un établissement public administratif, mais également sous la forme d'un groupement d'intérêt public ou même d'une société privée, l'agence se caractérise en effet non pas par son indépendance, mais par son autonomie. De fait, « le pouvoir exécutif n'a pas vocation à intervenir dans sa gestion courante mais il lui revient de définir les orientations politiques que l'agence met en œuvre ». (Conseil d'Etat, rapp. annuel, T. II, Les agences, une nouvelle action publique ?, p.12).

Exemples :
- Créée par la loi n°90-688 du 6 juillet 1990, l'Agence pour l'enseignement français à l'étranger est un établissement public administratif rattaché au ministère des affaires étrangères qui a notamment pour mission « d'assurer, en faveur des enfants français établis hors de France, les missions de service public relatives à l'éducation » (Code de l'éducation, art. L. 452-2).
- L'agence française d'expertise technique internationale (expertise France), créée sous la forme d'un établissement public industriel et commercial par la loi n° 2014-773 du 7 juillet 2014, précisée par le décret n° 2014-1656 du 29 décembre 2014, a pour vocation de mettre à la disposition des gouvernements et des pouvoirs publics des pays partenaires les compétences des experts publics français.

Section II – L'administration déconcentrée

153.- Une administration d'Etat de plus en plus déconcentrée.- La loi d'orientation n°92-125 du 6 février 1992 a renversé l'ancien principe hérité de la Révolution française et de la tradition jacobine centralisatrice qui voulait que l'administration de l'Etat s'opère de façon principale au niveau central, et subsidiairement au niveau local, c'est-à-dire au niveau des services déconcentrés.

Ce texte a été complété par le décret n°92-604 du 1er juillet 1992 portant charte de la déconcentration dont l'article 1er énonce que « la déconcentration est la règle générale de répartition des attributions et des moyens entre les différents échelons des administrations civiles de l'Etat ». L'article 1-1 du même décret prévoit que « sont confiées aux administrations centrales et aux services à compétence nationale les seules missions qui présentent un caractère national ou dont l'exécution, en vertu de la loi, ne peut être déléguée à un échelon territorial ».

Cette réforme est une conséquence tardive, mais nécessaire, du mouvement de décentralisation initié par la loi n°82-213 du 2 mars 1982. Dans le cadre de la décentralisation, les collectivités territoriales ont en effet acquis une certaine autonomie vis-à-vis de l'Etat. Dès lors, il est apparu nécessaire, pour ces collectivités, d'avoir face à elles des interlocuteurs compétents qui disposent des moyens de faire face à leurs demandes.

Le décret du 1er juillet 1992 a été abrogé par le décret n°2015-510 du 7 mai 2015 portant charte de la déconcentration. Là encore ce texte est intimement lié aux évolutions récentes de la décentralisation, entre autres à la loi MAPTAM n°2014-58 du 27 janvier 2014 et à la loi n°2015-55 du 16 janvier 2015 redéfinissant la carte des régions. Comme on l'a vu, si ce texte a redéfini le rôle des administrations centrales, il a également vocation à rationaliser l'échelon déconcentré, dans le prolongement de la réforme de l'administration territoriale de l'Etat (REATE) entreprise à partir du 1er janvier 2010.

154.- Approches structurelle et fonctionnelle de la déconcentration.- La déconcentration peut s'apprécier de deux points de vue. Tout d'abord, d'un point de vue géographique ou structurel : la déconcentration aboutit à un découpage du territoire de l'Etat entre différentes circonscriptions administratives. Ensuite, d'un point de vue fonctionnel : la déconcentration confère un certain nombre de pouvoirs à des autorités locales représentant l'Etat.

§I – Déconcentration structurelle

155.- Circonscriptions ordinaires et circonscriptions dérogatoires.- Il existe deux catégories de circonscriptions administratives déconcentrées : les circonscriptions ordinaires qui ont vocation à couvrir l'ensemble du territoire national, et les circonscriptions dérogatoires.

I – Circonscriptions ordinaires

156.- Superposition de circonscriptions déconcentrées de l'Etat et de circonscriptions décentralisées.- S'agissant des circonscriptions ordinaires, une difficulté liminaire doit être résolue. En effet, deux des circonscriptions ordinaires déconcentrées de l'Etat coïncident avec le ressort géographique de certaines collectivités territoriales, c'est-à-dire d'institutions décentralisées. Il s'agit d'abord du département, qui est une collectivité territoriale représentée par le conseil départemental (dénommé conseil général avant les élections cantonales de 2015) et son président, mais qui est également une circonscription de l'administration d'Etat à la tête de laquelle se situe le préfet. Il s'agit ensuite de la région, circonscription dans laquelle se font face l'administration de la collectivité territoriale régionale, et l'administration de l'Etat dirigée par le préfet de région. En revanche, l'arrondissement, qui est également une circonscription ordinaire, est exclusivement une circonscription de l'administration déconcentrée de l'Etat. On envisagera successivement le département, la région et l'arrondissement.

A – Département

157.- Une création révolutionnaire.- Le principe de la division de la France en départements a été voté par l'Assemblée constituante le 22 décembre 1789.

A l'origine, cette nouvelle institution avait pour objet de mettre fin à la situation incohérente en terme d'organisation administrative de l'Etat sous l'Ancien Régime. L'idée est que « les départements ne sont que des sections d'un même tout », ce qui veut dire que l'ensemble du territoire est découpé en départements et que tous les départements sont soumis au même régime juridique.

158.- Evolutions de la carte départementale.- La carte départementale a assez peu évolué. On est toutefois passé de 83 départements en 1790 à 101 départements en 2011 avec l'accession de Mayotte au statut de département et région d'outre-mer.

Une évolution s'est produite avec la suppression, au 1er janvier 2018, en application de l'article 30 de la loi NOTRe du 7 août 2015, des deux collectivités territoriales départementales corses qui sont fondues dans la nouvelle collectivité de Corse. En revanche, les deux départements corses subsistent en tant qu'échelons de l'administration déconcentrée de l'Etat. Il faut aussi relever le cas spécifique de département du Rhône : si le département est toujours le siège d'une institution déconcentrée et d'une institution décentralisée, la métropole de Lyon créée par la loi MAPTAM du 27 janvier 2014 s'est substituée au conseil départemental sur son territoire. De même, depuis le 1er janvier 2019, le département et la Ville de Paris sont fusionnés en une collectivité à statut particulier, en application de la loi n° 2017-257 du 28 février 2017 relative au statut de Paris et à l'aménagement métropolitain. Enfin, si la loi n°2019-816 du 2 août 2019 a créé la Collectivité européenne d'Alsace, en fusionnant les deux départements alsaciens qui vont donc disparaître comme collectivités territoriales, leur fusion au niveau des services déconcentrés de l'Etat n'est pas prévue.

Suite à ces évolutions récentes, seuls 93 départements sur 101 sont le siège à la fois d'une circonscriptions administrative déconcentrée et d'une collectivité territoriale. Sur un temps plus long, les évolutions de la carte départementale sont liées à trois facteurs essentiels.

Il s'agit d'abord de l'extension ou de la réduction du territoire : ainsi, suite aux guerres napoléoniennes, l'Empire français a compté jusqu'à 130 départements. En revanche, les départements alsaciens et le département de la Moselle ont été cédés à l'Allemagne suite à la guerre de 1870 et après la défaite de 1940.

Il faut ensuite mentionner la prise en compte des spécificités locales qui a amené à la création des départements d'outre-mer par la loi du 19 mars 1946 et à la création des deux départements corses par la loi n°75-356 du 15 mai 1975 lesquels, comme on l'a vu, subsistent en tant que circonscriptions de l'administration déconcentrée de l'Etat après la réforme de 2015. C'est la même logique qui a été déclinée plus récemment en métropole avec la création de la Collectivité européenne d'Alsace.

Enfin, l'évolution démographique de Paris et surtout de la région parisienne a conduit la loi n°64-707 du 10 juillet 1964 à diviser les 3 anciens départements parisiens en 7 nouveaux départements. La Ville de Paris a quant à elle été transformée en commune et en département par la loi n°75-1331 du 31 décembre 1975 avant la création en 2019 d'une collectivité à statut particulier.

L'institution du département, qui est qualifiée dans l'exposé des motifs de la loi n°72-619 du 5 juillet 1972 portant création des régions « d'élément irremplaçable de notre organisation administrative », a survécu à tous les régimes politiques.

159.- Une institution menacée ?.- Pourtant, la suppression d'un ou plusieurs échelons de collectivités territoriales, la volonté de simplifier le « millefeuille administratif », a récemment remis en cause cette institution.

La Commission pour la libération de la croissance française, dite commission Attali a notamment recommandé la disparation en dix ans de l'échelon départemental dans son rapport de janvier 2008.

Cette proposition n'a cependant pas été retenue par le Comité pour la réforme des collectivités locales, dit comité Balladur, dans son rapport de février 2009. Plutôt que d'imposer des mesures autoritaires le rapport suggère de favoriser les regroupements volontaires de départements, de la même façon qu'il propose de favoriser les regroupements de régions. C'est cette solution qui a été retenue par les articles 26 à 29 de la loi n°2010-1563 du 16 décembre 2010 qui prévoit notamment la possibilité de regroupements de départements et la fusion de départements et d'une région.

C'est dans ce sens également que le Président François Hollande avait présenté après son élection les projets de réforme territoriale de l'exécutif, qui devaient être concrétisés par de nouvelles lois dans le courant de l'année 2014. Ces réformes n'ont toutefois pas remis en cause l'échelon départemental. Dans son discours de politique générale prononcé le 8 avril 2014, le Premier ministre avait quant à lui annoncé la suppression de l'échelon départemental à l'horizon 2021, mais seulement en tant que collectivité territoriale. En conséquence, les départements devaient subsister comme échelons de l'administration déconcentrée de l'Etat. Ces intentions sont toutefois restées lettre morte, l'ambition désormais affichée consistant plutôt à redéfinir les compétences des départements et supprimer la clause de compétence générale dont ils bénéficiaient jusqu'alors en tant que collectivités territoriales. Ces orientations ont été confirmées par la loi NOTRe du 7 août 2015. Elles devaient également se poursuivre sous la présidence Macron qui avait fait figurer dans son programme électoral la volonté de supprimer un quart des départements. Parmi les orientations d'une possible nouvelle réforme territoriale, esquissées par le Président la République en 2018, figure en effet l'ambition de fusionner à termes certaines métropoles et départements, cette fusion devant se faire au bénéfice des métropoles. Dans ce schéma également, le département subsisterait comme entité déconcentrée mais disparaîtrait en tant que collectivité territoriale.

B – Région

160.- Une institution récente.- La région est une institution beaucoup plus récente que le département. Elle trouve en effet son origine dans les politiques d'interventionnisme de l'Etat développées après la première guerre mondiale. Il s'agissait alors de définir des cadres géographiques spécifiques qui paraissaient mieux adaptés à cette politique que les départements.

Un arrêté du ministre de l'Economie et de l'Industrie du 5 avril 1919 institua des groupements économiques régionaux dits « régions Clémentel », qui regroupaient des chambres de commerce qui étaient libres d'adhérer à la région de leur choix et d'en changer librement.

La même idée a été reprise avec la création des « régions Gestin » en 1938 ainsi que par le régime de Vichy, ce qui a constitué par la suite un frein à l'émergence de l'échelon régional.

On retrouve ensuite trace des régions dans un décret-loi du 30 juin 1955 portant création des régions de programmes dans lesquelles étaient mis en œuvre des programmes de développement économique régionaux.

Le décret n°60-516 du 2 juin 1960 substitue ensuite les circonscriptions d'action régionale aux régions de programmes. Enfin, la loi n°72-619 du 5 juillet 1972 crée les régions qui sont alors qualifiées d'établissements publics régionaux.

A cette époque, la région, contrairement au département, est seulement le cadre de l'administration déconcentrée. Il existe à partie du décret n°70-19 du 9 janvier 1970 qui fait de la Corse une région 22 régions en France métropolitaine et 5 régions d'outremer qui ont également le statut de département.

161.- Regroupement des régions.- Il est à noter, enfin, que le comité Balladur avait suggéré la réduction du nombre de régions de 22 en métropole (en comptant la collectivité territoriale de Corse) à 15. Le rapport Attali recommandait quant à lui la suppression de l'échelon départemental au profit des régions. Ces recommandations sont toutefois demeurées sans effet, même si la loi n°2010-1563 organise une procédure de fusion de régions.

Le processus a finalement été relancé sous la présidence de François Hollande. L'objectif fixé au départ consistait à réduire de moitié le nombre de régions, dans le but affiché d'économiser les deniers publics, mais également dans celui de doter les régions françaises d'une taille critique leur permettant de rivaliser avec les collectivités comparables dans l'Union européenne en terme de superficie, de population et surtout de poids économique. Après des débats houleux, la loi n°2015-29 du 16 janvier 2015 a finalement réduit le nombre de régions en métropole de vingt-deux à treize, en comptant la Corse. On relèvera ici que la création par la loi n°2019-816 du 2 août 2019 de la collectivité européenne d'Alsace n'a pas eu d'incidence sur le découpage de la région Grand-est à laquelle appartiennent les deux départements alsaciens.

C – Arrondissement

162.- Une création révolutionnaire.- Comme le département, l'arrondissement est une création révolutionnaire qui est apparue avec la loi du 28 pluviôse an VIII. Il s'agit de la plus importante circonscription administrative au sein du département, qui compte en général trois ou quatre arrondissements. On trouve à sa tête un sous-préfet.

A l'heure de la dématérialisation, la question de la pertinence du réseau national des sous-préfectures a été soulevée à plusieurs reprises par la Cour des comptes, en particulier dans son rapport public annuel de 2015. Pour autant, alors que la carte régionale ou la carte judiciaire ont évolué, les différents gouvernements n'ont pas voulu remettre globalement en cause l'échelon de proximité que constituent les sous-préfectures. Toutefois, des ajustements ponctuels ont conduit à réduire le nombre d'arrondissements. C'est le cas particulièrement dans le département de la Moselle où le nombre d'arrondissements a été progressivement réduit de neuf à cinq en deux temps, en 2015 et en 2016.

II – Circonscriptions dérogatoires

163.- Des circonscriptions à différents niveaux territoriaux.- Les services de l'Etat sont organisés au niveau local avant tout dans les départements et les régions. Cependant, il existe également des circonscriptions interdépartementales, qui ne correspondent pas nécessairement au niveau régional et des circonscriptions infradépartementales qui ne coïncident pas toujours avec les arrondissements.

A – Circonscriptions administratives interdépartementales

164.- Une échelon habituel de l'administration d'Etat.- La plupart des ministères disposent de services déconcentrés interdépartementaux et trois situations peuvent alors se présenter.

Le cas le plus simple est celui de la coïncidence des ressorts des services déconcentrés interdépartementaux et des circonscriptions régionales (V. infra).

Une autre hypothèse est celle de l'organisation des services interdépartementaux à un niveau intermédiaire entre la région et le département.

Exemples :
- Les services interdépartementaux déconcentrés du ministère de l'Education nationale sont constitués par 30 académies. Depuis le 1er janvier 2017, elles sont également regroupées en académies régionales, qui sont au nombre de 18 depuis le premier janvier 2020. Il s'agit ici d'une conséquence de la fusion des régions opérée par la loi n°2015-29 du 16 janvier 2015 relative à la délimitation des régions.

Enfin, les services interdépartementaux peuvent être organisés au niveau interrégional.

Exemple :
- Il existe 12 directions interrégionales des douanes qui dépendent du Ministre chargé du Budget.
-Il existe 7 zones de défense et de sécurité en métropole. Leur objet est de permettre la gestion de calamités publiques ou de crises dépassant le cadre départemental. Elles permettent de coordonner l'action des autorités civiles et militaires, sous la direction d'un préfet de zone qui est le préfet du département où se trouve le chef-lieu de celle-ci.

Il est assisté par un préfet délégué pour la défense et la sécurité (Code de la défense, art. L. 1311-1 s. et R. 1311-1 s.).

B – Circonscriptions administratives infradépartementales

165.- Communes et cantons.- Ces circonscriptions sont de deux types différents. La première constitue à la fois le cadre de l'action déconcentrée de l'Etat, et de l'action d'une collectivité territoriale : il s'agit de la commune. La seconde constitue en revanche le seul cadre de l'activité des services déconcentrés de l'Etat : il s'agit du canton.

1° Commune

166.- Un héritage de la période médiévale.- A l'opposé des départements, ou des arrondissements, les communes ne sont pas une création révolutionnaire. En effet, l'apparition des communes remonte au Moyen-âge et plus exactement aux XII°-XIII° siècles.

A l'origine il s'agissait d'associations de bourgeois, de commerçants, qui avaient obtenu du Roi un certain nombre de privilèges. Le terme de commune coexiste alors avec d'autres expressions : bourgs, villes, paroisses... Il faut attendre la loi du 14 décembre 1789 relative à la constitution des municipalités pour voir généralisé l'emploi du terme de commune.

Un certain nombre de services de l'Etat sont aujourd'hui organisés dans ce cadre comme, par exemple, les services de l'état civil.

Au 1er mars 2021, le France compte 34965 communes, contre 36529 au 1er janvier 2015. La grande majorité d'entre elles comptent moins de 5000 habitants. Cet émiettement communal, qui n'a pas d'autres exemples dans l'Union européenne (environ 40% des communes des Etats membres de l'Union européenne sont françaises), est préjudiciable pour ces communes qui ne disposent pas de moyens d'action suffisants.

167. Tentatives de réduction du nombre de communes.- Jusqu'à récemment, les différentes procédures de fusion de communes se sont conclues par un échec global. Ce processus a été relancé par la loi n° 2010-1563 du 16 décembre 2010 de réforme des collectivités territoriales qui a prévu une nouvelle procédure selon laquelle les fusions de communes s'opèrent dans le cadre de la création d'une commune nouvelle (CGCT, art. L. 2113-5). Toutefois, cela n'a pas abouti à des résultats concluants jusqu'à l'entrée en vigueur de la loi n°2015-292 du 16 mars 2015 relative à l'amélioration du régime de la commune nouvelle, pour des communes fortes et vivantes. Cette loi a d'abord voulu renforcer l'identité des communes fusionnées, en prévoyant diverses améliorations institutionnelles assurant une meilleure représentation des anciennes communes. Surtout, l'"Etat s'est engagé à exonérer les communes qui s'engagent dans une procédure de fusion de la diminution de la dotation globale de fonctionnement pendant trois ans, avec un bonus de 5 % pour cette période. Dans un contexte de restrictions budgétaires, l'argument financier a semblé porter puisque les projets de fusions de communes se sont multipliés dès l'entrée en vigueur de la nouvelle loi. En effet, au 1er janvier 2021, la France compte 776 communes nouvelles, essentiellement dans des zones rurales. Elles regroupent plus de 2500 communes déléguées pour une population totale d'environ 2,5 millions d'habitants.

168.- Intercommunalité.- Notons enfin que les procédures de fusion de communes ne constituent pas le seul remède à l'émiettement communal. En effet, une autre solution, qui a largement été privilégiée ces dernières années, consiste à mutualiser les moyens par l'adhésion des communes à des établissements publics de coopération intercommunale (V. infra).

2° Canton

169.- Subdivision des arrondissements.- Les cantons sont des subdivisions des arrondissements. Ils ont été institués par l'Assemblée constituante le 22 décembre 1789, en même temps que les départements. Ils étaient à l'origine regroupés en districts puis, après la suppression des districts en 1800, en arrondissements.

Jusqu'à l'entrée en vigueur de loi n° 2013-403 du 17 mai 2003 et de ses décrets d'application le nombre de canton était légèrement supérieur à 4000. Il a été divisé par deux par cette loi, en raison du nouveau mode d'élection au conseil départemental qui consiste à désigner non plus un seul élu mais un binôme d'élus de sexe différent.

Le nombre de cantons est variable d'un département à l'autre, en fonction de son importance. Le département du Nord est ainsi divisé en 41 cantons, alors que le Territoire de Belfort n'en compte que 9. Par ailleurs, il peut y avoir plusieurs cantons dans le cadre d'une seule commune.

Les cantons ne font plus office aujourd'hui que de circonscription électorale pour l'élection des conseillers généraux, puis pour les conseillers départementaux à partir des élections de 2015, conformément à la loi organique n°2013-402 et à la loi n°2013-403 du 17 mai 2013.

§II – Déconcentration fonctionnelle

170.- Approche organique.- Il ne s'agit plus ici d'évoquer des ressorts géographiques dans lesquels va s'inscrire l'action des services déconcentrés de l'Etat et de leurs agents, mais les services et les agents qui les dirigent, lesquels se répartissent sur trois niveaux différents.

Si traditionnellement le préfet de département était le pivot de la déconcentration, on verra que sa prépondérance a eu tendance à s'atténuer à fur et à mesure que l'échelon régional a pris de l'importance. Cette évolution trouve son point culminant dans le décret n°2010-146 du 16 février 2010 qui affirme que le niveau régional est le « niveau de droit commun du pilotage des politiques publiques » (mission interministérielle de l'administration territoriale de l'Etat, communiqué du 15 mai 2009).

I – **Déconcentration fonctionnelle au niveau départemental**

171.- Préfet et autres représentants de l'Etat.- Au niveau départemental, le préfet est le représentant de droit commun de l'Etat. A titre secondaire, l'Etat est également représenté, dans ce cadre, par les chefs de certains services déconcentrés organisés dans ce cadre.

A – Préfet

172.- Une institution ancienne.- La fonction de préfet a été créée par la loi du 28 pluviôse an VIII. L'appellation est toujours en vigueur, même si en 1948 et du 10 mai 1982 au 29 février 1988, les préfets ont porté le titre de commissaire de la République. Les préfets bénéficient d'un statut très spécifique et de pouvoirs étendus pour l'exercice desquels ils peuvent prendre appui sur des collaborateurs.

Il est à noter que si la fonction a vocation à perdurer, le Premier ministre a annoncé en mai 2021 l'extinction du corps des préfets et des sous-préfets. Cette fonction devait devenir un simple emploi qui devrait à l'avenir accueillir des fonctionnaires en détachement.

1° Statut

173.- Emploi à la discrétion du gouvernement.- Les préfets font partie des fonctionnaires dont l'emploi est « à la discrétion (ou à la décision) du gouvernement ». Les concernant, l'article 13 alinéa 3 de la Constitution se contente de préciser que leur nomination et la cessation de leurs fonctions est prononcée par décret en Conseil des ministres, sans plus de formalités. Le décret n°64-805 du 29 juillet 1964, récemment modifié par le décret n°2015-547 du 19 mai 2015, qui régit le statut des préfets, précise que cette nomination est prononcée sur proposition du Premier ministre et du ministre de l'Intérieur.

174.- Recrutement.- Il s'agit en partie d'énarques (en tout cas avant la suppression de l'ENA), mais pas exclusivement. Dans ce sens, le décret n°2009-176 du 16 février 2009, modifiant le décret du 14 juillet 1964, a voulu élargir les possibilités de choix du gouvernement et « diversifier les origines et l'expérience professionnelle des membres du corps préfectoral ». Il prévoit que « des nominations peuvent également être prononcées, dans la limite de sept postes, sur des emplois supérieurs comportant une mission de service public relevant du gouvernement. Les intéressés sont alors placés sur un emploi de préfet hors cadre pour une durée maximale de trois ans qui peut être prolongée de deux ans ». Cette ouverture a ensuite été confirmée par le décret n°2011-1208 du 29 septembre 2011 qui porte la limite du nombre d'emplois pourvus selon cette procédure à dix postes. Toutefois, trois de ces postes sont réservés à des sous-préfets et administrateurs civils qui justifient de vingt-cinq années de services publics, dont trois années au moins en qualité de sous-préfet nommé sur un poste territorial ou en qualité de secrétaire général pour les affaires régionales.

175.- Suppression de la position hors cadre.- Notons également que depuis l'entrée en vigueur du décret n°2015-535 du 15 mai 2015, la position hors cadre a été supprimée, ce qui répond aux critiques formulées par la Cour des comptes dans un référé publié le 23 septembre 2014 dans lequel il apparaissait que les gouvernements successifs avaient nommé deux fois plus de préfets qu'il n'y a de postes territoriaux à pourvoir. Le même décret définit, en revanche, d'autres fonctions qui peuvent être confiées aux préfets : conseiller du gouvernement, membre du Conseil supérieur de l'administration territoriale de l'Etat, ou encore une affectation à l'administration centrale du ministère de l'intérieur et du ministère des outre-mer ou en cabinet ministériel.

176.- Des garanties de carrière limitées.- Les préfets ont peu de garanties de carrière. Leurs mutations sont laissées à la discrétion du gouvernement et à tout moment ils peuvent être placés en disponibilité dans l'intérêt du service avec traitement réduit. Dans ce cas, s'il n'est pas réintégré en position d'activité au bout de cinq ans, le préfet est placé d'office en retraite.

177.- Des libertés publiques limitées.- Les libertés publiques du préfet sont limitées. Plus précisément, le statut des préfets déroge à un certain nombre de libertés reconnues aux fonctionnaires par le statut général de la fonction publique. Ces limitations portent plus précisément sur trois points.

S'agissant de la liberté d'opinion, le dossier administratif du préfet mentionne ses opinions politiques religieuses et philosophiques. Ceci s'explique par le fait que, d'après la Constitution, le préfet n'est pas seulement l'agent du gouvernement. Il est aussi son représentant, et par conséquent il est tenu d'être loyal à son égard.

En outre, les préfets n'ont pas le droit de se syndiquer. Il existe seulement depuis 1917 une « association du corps préfectoral ».

Enfin, la liberté d'aller et de venir du préfet est limitée. Le préfet doit en effet obtenir l'autorisation du ministre de l'Intérieur s'il souhaite quitter momentanément le département.

2° Attributions

178.- Un relais de l'action étatique.- D'après l'article 72 alinéa 3 de la Constitution, le préfet est « le délégué du gouvernement » dans les départements. Il a « la charge des intérêts nationaux, du contrôle administratif et du respect des lois ».

Selon l'article 1er du décret n°2004-374 du 29 avril 2004 il est le « dépositaire de l'autorité de l'Etat dans le département » et il veille à « l'exécution des règlements et des décisions gouvernementales ».

Tel qu'il est conçu, le préfet est donc un relais de l'action étatique, et il doit permettre d'assurer une certaine uniformité de son action au niveau local. On notera toutefois que le décret n° 2020-412 du 8 avril 2020 pérennise, suite à une expérimentation, la faculté donnée aux préfets de région et de département, en métropole et outre-mer, de déroger dans certains domaines aux normes arrêtées par l'administration de l'Etat pour un motif d'intérêt général, afin de tenir compte, sous certaines conditions, des circonstances locales. Sont concernées des décisions individuelles relevant du champ de leur compétence, comme par exemple en matière de subventions, d'aménagement du territoire et de politique de la ville, d'environnement, ou encore de construction, de logement et d'urbanisme.

La tâche dévolue au préfet est donc particulièrement lourde, celui-ci étant le représentant attitré de l'Etat dans le département.

Traditionnellement, le préfet de département était l'outil principal de la déconcentration fonctionnelle. Il pouvait être présenté, selon l'expression de M. Bécet comme « le pivot de la déconcentration » (Les institutions administratives, Economica, 4ème éd. 1997, p.60). En d'autres termes, le préfet était le principal représentant local de l'Etat. Cependant cette prépondérance a tendance à s'atténuer au profit du préfet de région.

179.- Principales missions.- Dans ce cadre rénové le préfet, qui demeure dépositaire de l'autorité publique dans le département, est d'abord chargé d'une mission générale d'information du gouvernement. En dehors de cette mission, il exerce trois tâches essentielles : la direction des services déconcentrés des administrations civiles de l'Etat, l'exercice de pouvoirs de police et un pouvoir de tutelle sur les collectivités territoriales.

a- Direction des services déconcentrés

180.- Une emprise de plus en plus grande sur les services déconcentrés.- A l'origine, les services déconcentrés départementaux étaient assez largement indépendants vis-à-vis des préfets. Cependant, à partir des années 1960, pour des raisons d'efficacité, le gouvernement a confié aux préfets une mission de coordination de ces services à l'échelle départementale. Cette innovation s'est traduite dans le décret n°64-250 du 14 mars 1964 qui prévoit que les préfets sont les animateurs et les coordinateurs des services extérieurs civils de l'Etat au niveau du département.

Ce mouvement a été poursuivi beaucoup plus loin par le décret n°82-389 du 10 mai 1982 relatif aux pouvoirs des commissaires de la République et à l'action des services et organismes publics de l'Etat dans les départements. Ce texte, dans son article 1er, précise que sous l'autorité des ministres les préfets dirigent les services déconcentrés dont les chefs relèvent de leur autorité directe. Cette solution est confirmée par le décret n°2004-374 du 29 avril 2004 dont l'article 1er précise qu'ils « dirigent, sous l'autorité des ministres ... les services déconcentrés des administrations civiles de l'Etat ». Comme on le verra, cette règle comporte des exceptions. Cependant, elle constitue la règle générale en matière d'organisation des services déconcentrés de l'Etat au niveau départemental. Dans le cadre de cette mission, le préfet dispose d'attributions importantes. En particulier, il est l'ordonnateur secondaire des services déconcentrés de l'Etat dans le département, ce qui veut dire qu'il est l'autorité compétente pour émettre des mandats de paiements concernant les dépenses de ces services (décret n°2005-374 du 29 avril 2004, art. 20).

181.- Collège des chefs de service.- Pour permettre un dialogue le préfet préside le collège des chefs de service qui est composé notamment des sous-préfets, des chefs des services déconcentrés des administrations civiles de l'Etat placés sous son autorité, du directeur départemental des finances publiques, du directeur académique des services de l'éducation nationale, du commandant du groupement de gendarmerie départementale, du directeur départemental des services d'incendie et de secours et du responsable de la délégation territoriale de l'agence régionale de santé dans le département (décret n°2005-374 du 29 avril 2004, art. 40).

182.- Effets de la révision générale des politiques publiques.- Il est important de relever que la réforme de l'administration territoriale de l'Etat, issue de la révision générale des politiques publiques qui a été mise en œuvre à partir de 2007, a abouti au regroupement de plusieurs services déconcentrés départementaux, qui deviennent ainsi des services interministériels placés sous l'autorité du préfet de département avec le décret n°2009-1484 du 3 décembre 2009.

La Direction de l'équipement, celle de l'agriculture et de la forêt, ainsi que la cellule environnement de la préfecture ont ainsi fusionné pour former une nouvelle Direction départementale des territoires dénommée Direction départementale des territoires et de la mer dans les départements du littoral.

Il existe également une Direction départementale de la cohésion sociale et de la protection des populations. Toutefois il existe dans certains départements deux structures différentes : la Direction départementale de la cohésion sociale et la Direction départementale de la protection des populations.

183.- Modalités particulières d'organisation.- Il faut aussi relever que l'article 27 du décret du 29 avril 2004 organisait déjà une formule plus souple de collaboration entre les services déconcentrés départementaux de l'Etat. En application de ces dispositions, le préfet peut désigner un chef de projet chargé de coordonner l'action de ces différents services. Il doit alors préciser quels sont les objectifs à atteindre et la durée de la mission. Au terme de cette mission, il est tenu de procéder à son évaluation. Lorsque la nomination du chef de projet constitue une mesure insuffisante, le préfet peut décider d'institutionnaliser des organes qui auront alors vocation à régler certains dossiers concernant plusieurs services déconcentrés de différents ministères.

Dans le même sens, l'article 28 du décret prévoit que pour la conduite durable d'actions communes à plusieurs services déconcentrés de l'Etat dans la région ou le département, le préfet peut constituer un pôle de compétence dont il désigne le responsable. Pour la conduite de ces actions, le préfet peut créer, par arrêté, une délégation interservices.

b- Pouvoirs de police

184.- Autorité de police administrative générale.- Le préfet est « l'autorité de police générale dans le département ». Plus précisément, l'article L. 2215-1-1° du Code général des collectivités territoriales prévoit que « le représentant de l'Etat dans le département peut prendre, pour toutes les communes du département ou plusieurs d'entre elles, et dans tous les cas où il n'y aurait pas été pourvu par les autorités municipales, toutes mesures relatives au maintien de la salubrité, de la sûreté et de la tranquillité publiques » (V. sur ces questions infra, Partie V, Chapitre I, Section II). De même, l'article L. 2213-1 al. 1 du même code précise que c'est au préfet qu'il appartient de règlementer la circulation sur les routes à grande circulation situées hors agglomération.

185.- Autorité de police administrative spéciale.- Le préfet est également détenteur de pouvoirs de police administrative spéciale, qui lui confèrent des prérogatives dans certains domaines précis, qui ne correspondent pas forcément à des hypothèses de protection de l'ordre public.

Exemples :
- Le préfet est titulaire du pouvoir de police administrative spéciale dans le domaine de la chasse et de la pêche. Ceci signifie qu'il est compétent pour prendre les mesures règlementant ces activités.

186.- Particularités de la Corse et de Paris.- Dans le cadre de ses pouvoirs de police, le préfet peut être assisté, comme c'est le cas en Corse, d'un coordonnateur pour la sécurité (décret n°2004-374 du 29 avril 2004, art. 80 modifié par le décret n°2010-146 du 16 février 2010). Par ailleurs, concernant la Ville de Paris - qui rappelons-le est une collectivité territoriale à statut particulier dotée à la fois de compétences communales et départementales - les pouvoirs de police administrative sont partagés entre le maire de Paris et le préfet de police (CGCT, art. L. 2512-13). Enfin, dans le département des Bouches-du-Rhône, le préfet de police, qui a été institué par le décret n°2012-1151 du 12 octobre 2012, a la charge notamment du maintien de l'ordre public dans le département (V. décret n°2004-374 du 29 avril 2004, art. 78-1 et s.).

c- Contrôle des institutions décentralisées

187.- Contrôle de légalité.- Ce pouvoir de contrôle découle directement du dernier alinéa de l'article 72 de la Constitution. Selon ce texte, « Dans les collectivités territoriales de la République, le représentant de l'Etat, représentant de chacun des membres du gouvernement, a la charge des intérêts nationaux, du contrôle administratif et du respect des lois ». Ce contrôle se matérialise par la possibilité ouverte au préfet de déférer au tribunal administratif compétent les actes pris par les collectivités territoriales en vue d'en obtenir l'annulation.

188.- Relations entre l'Etat et les collectivités territoriales.- Par ailleurs, les relations entre l'Etat et les collectivités territoriales relèvent en principe du préfet qui est seul habilité à s'exprimer devant le conseil général au nom de l'Etat et à négocier et conclure pour le compte de celui-ci des conventions avec le département, les communes et leurs établissements publics (décret n°2004-374 du 29 avril 2004, art. 58 et 59).

189.- Relations entre les services centraux et les services déconcentrés de l'Etat.- Le préfet contrôle également les rapports entre les services et l'Etat puisqu'il est destinataire de toutes les correspondances, quelle qu'en soit la forme, que leur adressent les services centraux ou déconcentrés (décret n°2004-374 du 29 avril 2004, article 55). Enfin les conventions que les établissements, les organismes publics de l'Etat ou les entreprises nationales concluent avec le département ou des communes lui sont transmises pour information dès lors que leur objet ne relève pas du fonctionnement courant des services (décret numéro 2004-374 du 29 avril 2004, art. 60 alinéa 3).

3° Collaborateurs

190.- Catégories.- Les collaborateurs du préfet sont visés par l'article 13 du décret n°2004-374 du 29 avril 2004. Ces collaborateurs se répartissent en trois grandes catégories.

a- Collaborateurs au sein de la préfecture

191.- Secrétaire général de la préfecture.- Le préfet dispose d'un secrétariat général qui est placé à la tête des services administratifs de la préfecture. Il est également assisté par un directeur de cabinet qui est son collaborateur le plus proche. Il l'assiste notamment pour le règlement des dossiers confidentiels ainsi que pour ceux qui touchent à la sécurité publique. Généralement, le directeur de cabinet bénéficie d'une délégation de signature de la part du préfet. Il existe également, au sein de cet organe, un bureau qui a notamment la charge de l'organisation des visites et des déplacements ministériels dans le département. Depuis l'entrée en vigueur du décret n°2005-1621 du 22 décembre 2005, peut être nommé un préfet délégué pour l'égalité des chances. Cette situation concerne actuellement les six départements les plus concernés par les tensions urbaines (Essonne, Bouches du Rhône, Nord, Rhône, Seine Saint-Denis, Val d'Oise). Enfin, le préfet peut nommer des chargés de mission.

b- Collaborateurs au sein des services déconcentrés

192.- Catégories.- Sont concernés par cette collaboration quatre types d'agents :

- Les chefs des services déconcentrés des administrations civiles de l'Etat dans le département et la région et le commandant du groupement de gendarmerie départementale ;

- Les responsables des unités et délégations départementales des services déconcentrés des administrations civiles de l'Etat dans la région ;

- Le directeur départemental des services d'incendie et de secours ;

Le préfet est également assisté dans l'exercice de ses fonctions du directeur général de l'agence régionale de santé et du responsable de sa délégation départementale dans le département.

c- Collaborateurs au sein des arrondissements

193.- Sous-préfets.- Les collaborateurs du préfet dans les arrondissements sont les sous-préfets. Avant la loi n°82-213 du 2 mars 1982 qui approfondit la décentralisation, les sous-préfets avaient pour fonction essentielle d'assurer la tutelle des petites communes. Ceci impliquait notamment l'annulation, par le sous-préfet, des actes pris par le maire ou par le conseil municipal qu'il estimait illégaux ou inopportuns.

Depuis 1982, ce pouvoir a été retiré aux préfets et aux sous-préfets. Désormais, le sous-préfet se comporte moins comme un censeur que comme un conseil juridique, ce qui permet, dans une certaine mesure seulement, de pallier l'absence de services juridiques compétents dans ces petites communes.

Le sous-préfet est avant tout le collaborateur direct du préfet. Comme le prévoit l'article 14 du décret n°2004-374 du 29 avril 2004, le sous-préfet « assiste le préfet dans la représentation territoriale de l'Etat ».

Sous l'autorité du préfet :

- Il veille au respect des lois et règlements et concourt au maintien de l'ordre public et à la sécurité des populations ;

- Il anime et coordonne l'action, dans l'arrondissement, des services de l'Etat y compris pour les services de la gendarmerie nationale, dans les limites compatibles avec son statut militaire ;

- Il participe à l'exercice du contrôle administratif et au conseil aux collectivités territoriales.

Par ailleurs, le préfet peut confier au sous-préfet « des missions particulières, temporaires ou permanentes, le cas échéant hors de l'arrondissement ».

Le sous-préfet peut également être le collaborateur du préfet de région qui peut, avec l'accord du préfet de département, lui confier des missions particulières, temporaires ou permanentes, d'intérêt régional.

Comme le directeur de cabinet de la préfecture, les sous-préfets bénéficient généralement d'une délégation de signature de la part du préfet.

B – Chefs des services déconcentrés non soumis à l'autorité du préfet

194.- Exceptions au pouvoir de direction du préfet sur les services déconcentrés départementaux.- En principe, comme on l'a vu, c'est le préfet qui dirige les services déconcentrés départementaux. Cependant, il existe un certain nombre d'exceptions à cette règle.

Exemples :
- Les juridictions judiciaires sont dirigées non pas par le préfet, mais par le chef de juridiction. Ainsi, une Cour d'appel est présidée par son premier président. Cette solution se justifie, bien évidemment, par le principe de séparation des pouvoirs. On ne peut pas admettre, en effet, en application de ce principe, qu'un représentant du pouvoir exécutif assure la direction d'une autorité juridictionnelle.
- Les directions départementales des finances publiques, qui sont issues de la fusion des trésoreries générales et des directions des services fiscaux, ont à leur tête un administrateur des finances publiques (anciennement un trésorier payeur général). Cette compétence se justifie par la règle de séparation des ordonnateurs et des comptables selon laquelle l'autorité qui décide des dépenses doit être distincte de celle qui manipule les deniers publics. Le préfet étant l'ordonnateur des dépenses de l'Etat au niveau du département, il est logique que ce soit une autre autorité qui dirige l'ensemble des comptables publics du département.

II – Déconcentration fonctionnelle au niveau régional

195.- Préfet de région et chefs des services déconcentrés régionaux.- On assiste ici au même phénomène qu'au niveau départemental : le préfet de région est le principal représentant de l'Etat au niveau de la région mais, à titre dérogatoire, certains chefs de services déconcentrés représentent également l'Etat.

A – Préfet de région

196.- Montée en puissance de l'échelon régional.- La loi n°92-125 du 6 février 1992 relative à l'administration territoriale de la République marque un accroissement sensible de l'autorité du préfet de région vis-à-vis des préfets de département. Cette prépondérance trouve sa traduction dans les pouvoirs nouvellement reconnus au préfet de région qui se sont encore accrus dans le cadre de la révision générale des politiques publiques.

1° Prépondérance du préfet de région

197.- Préfet de région et préfets de département.- Il n'existe pas de corps préfectoral spécifique aux régions et le préfet de région n'est nul autre que le préfet du département du chef-lieu de la région.

Cette situation ne posait guère de problèmes à l'origine. En effet, la région est une institution administrative récente et les pouvoirs de l'administration préfectorale régionale étaient limités.

Tirant toutes les conséquences de la montée en puissance de l'échelon régional, la loi n°92-125 du 6 février 1992 a pour la première fois clairement prévu l'existence d'un échelon régional au sein de l'administration d'Etat.

L'article 5 de cette loi prévoyait, dans sa rédaction d'origine, que le préfet de région « met en œuvre les politiques nationales et communautaires concernant le développement économique et social et l'aménagement du territoire ... dans ces domaines, les représentants de l'Etat dans les départements compris dans la circonscription régionale prennent des décisions conformes aux orientations qu'il fixe et lui en rendent compte ».

Le décret n°2004-374 du 29 avril 2004 relatif aux pouvoirs des préfets, à l'organisation et à l'action des services de l'Etat dans les régions et départements a encore renforcé l'autorité des préfets de région. L'article 2 de ce décret, dans sa rédaction initiale, précise que « le préfet de région est le garant de la cohérence de l'action des services de l'Etat dans la région. A ce titre, il fixe des orientations générales qu'il élabore avec les préfets de département dans la région ». Selon l'article 3 du même texte « le préfet de région détermine les orientations nécessaires à la mise en œuvre dans la région des politiques nationales et communautaires de sa compétence. Il les notifie aux préfets de département qui s'y conforment dans leurs décisions et lui en rendent compte ».

Le décret du 29 avril 2004 a été modifié par le décret n°2010-146 du 16 février 2010 qui fait du préfet de région le véritable pivot de l'administration déconcentrée de l'Etat. L'article 2 du décret de 2004 précise en effet désormais que le préfet de région « est responsable de l'exécution des politiques de l'Etat dans la région, sous réserve des compétences de l'agence régionale de santé, ainsi que de l'exécution des politiques communautaires qui relèvent de la compétence de l'Etat ». Il a « autorité sur les préfets de département », cette autorité s'exprimant au moyen d'un pouvoir d'instruction et d'un éventuel droit d'évocation dans les matières qui justifient une coordination régionale renforcée.

2° Pouvoirs

198.- Compétences similaires à celles du préfet de département.- Dans l'ensemble, le préfet de région prend en charge, à son niveau, les missions qu'exerce le préfet de département, à l'exception notable des missions en matière de police. Ainsi, notamment, il représente l'Etat en justice et conclut en son nom des contrats. Par ailleurs, il assure le contrôle des actes pris par les institutions décentralisées régionales, et notamment le conseil régional et son président.

Il dispose du même pouvoir de dérogation à certaines normes réglementaires nationales, conformément au décret n° 2020-412 du 8 avril 2020.

Enfin, il dirige la plupart des services déconcentrés de l'Etat au niveau régional. Comme on niveau des départements, l'organisation de ces services a été profondément remaniée dans le cadre de la REATE (V. supra Chapitre II, Section II) qui a conduit à la création de directions interministérielles.

Exemple ;
- Les directions régionales de l'environnement, de l'aménagement et du logement (DREAL) sont des services déconcentrés du ministère de l'Ecologie, du Développement durable et de l'Energie et du ministère du Logement, de l'Egalité des Territoires et de la Ruralité.

Dans le contexte du nouveau découpage des régions défini par la loi n°2015-29 du 16 janvier 2015, le gouvernement a mis en œuvre ce qui est parfois présenté comme la « REATE II ». Dans les sept régions appelées à fusionner, des préfets préfigurateurs ont été nommés en vue de reconfigurer l'organisation des services régionaux de l'Etat. La nouvelle organisation des services de l'Etat dans les nouvelles régions est applicable depuis le 1er janvier 2016, date d'entrée en vigueur de la loi du 16 janvier 2015.

199.- Collaborateurs.- Le préfet de région est assisté dans l'exercice de ses fonctions d'un secrétaire général pour les affaires régionales (V. décret n°2009-587 du 25 mai 2009 modifié par le décret n°2015-1894 du 25 décembre 2015) et des chefs ou responsables des services déconcentrés des administrations civiles de l'Etat à compétence régionale.

200.- Des compétences renforcées dans certains domaines.- Plus spécifiquement, comme le rappelle l'article 5 du décret n°2015-510 du 8 mai 2015 portant charte de la déconcentration, la circonscription régionale est l'échelon territorial de « la mise en œuvre des politiques nationales et de l'Union européenne en matière d'emploi, d'innovation, de recherche, de culture, de statistiques publiques, de développement économique et social, et d'aménagement durable du territoire ».

Le décret n°64-251 du 14 mars 1964 relatif à l'organisation des services de l'Etat dans la circonscription régionale avait confié aux préfets de région la mission de mettre en œuvre la politique gouvernementale en matière de développement économique et d'aménagement du territoire. Toutefois, les prérogatives du préfet de région étaient alors limitées à une tâche d'animation et de coordination.

La loi n°92-125 du 6 février 1992, modifiant la loi n°72-619 du 5 juillet 1972, précisée par le décret n°92-604 du 1er juillet 1992, a voulu promouvoir l'échelon régional. Ce mouvement a été poursuivi et amplifié par le décret n°2015-510 du 7 mai 2015. C'est dans ce cadre que sont désormais opérées :

-L'animation et de la coordination des politiques de l'Etat (alors que le décret de 1992 cantonnait cette mission aux seuls domaines de la culture, de l'environnement, de la ville et de l'espace rural) ;

-La mise en œuvre des politiques nationales et de l'Union européenne en matière d'emploi, d'innovation, de recherche, de culture, de statistiques publiques, de développement économique et social, et d'aménagement durable du territoire ;

-La coordination des actions de toute nature intéressant plusieurs départements de la région ;

-La conduite d'actions de modernisation des services déconcentrés dans les domaines de la simplification de leur activité administrative et de l'amélioration de leurs relations avec les usagers ;

-La définition du cadre stratégique de la politique immobilière des services déconcentrés de l'Etat

C'est également au niveau de la région, à partir de ces textes, que sont opérées la programmation et la répartition des crédits d'investissement de l'Etat ainsi que la contractualisation des programmes pluriannuels conclus entre l'Etat et les collectivités territoriales.

Par ailleurs, le préfet de région arrête, après consultation du comité de l'administration régionale, le projet d'action stratégique de l'Etat dans la région (décret n°2004-374 du 29 avril 2004, art. 5).

B – Chefs des services déconcentrés non soumis à l'autorité du préfet

201.- Exceptions au pouvoir de direction du préfet sur les services déconcentrés régionaux.- Comme au niveau du département, il existe également un certain nombre d'exceptions à la compétence du préfet de région. Par exemple, les directions régionales des finances publiques, qui sont issues de la fusion des trésoreries générales et des directions des services fiscaux, ont à leur tête un administrateur des finances publiques

III – Déconcentration fonctionnelle au niveau infra-départemental

202.- Maire et sous-préfet.- Il fait distinguer les deux agents de l'Etat que sont le sous-préfet et le maire.

A – Sous-préfet

203.- Collaborateur du préfet dans l'arrondissement.- Comme on l'a vu, le sous-préfet, qui est nommé par décret en Conseil des ministres, est le collaborateur du préfet au niveau des arrondissements.

B – Maire

204.- Double fonction du maire.- La commune, comme le département et la région, a une double fonction : elle constitue à la fois le cadre de l'administration déconcentrée de l'Etat, et le cadre de l'action d'une collectivité territoriale. Cette dualité au plan géographique se retrouve au niveau institutionnel pour ce qui concerne les départements et les régions. La commune présente cette même ambivalence. Cependant, c'est ici la même institution, le maire, qui est la fois représentant de la commune et représentant de l'Etat.

205.- Compétences du maire en tant que représentant de l'Etat.- En tant que représentant de l'Etat, le maire exerce principalement les missions suivantes :

- La publication et exécution des lois et règlements (CGCT, art. L. 2122-27) ;

- L'exécution des mesures de sûreté générale (CGCT, art. L. 2122-27) ;

- Les fonctions spéciales qui lui sont attribuées par les lois (CGCT, art. L. 2122-27). Par exemple, la délivrance des autorisations d'urbanisme est de la compétence du maire qui agit au nom de l'Etat lorsque celle- ci n'est pas couverte par un plan local d'urbanisme ou un document d'urbanisme en tenant lieu (V. Code de l'urbanisme, art. L. 422-1, art. L. 422-2 et R. 422-1.- V. par ex. CE, 3 avril 2014, requête numéro 359272, Ministre de l'Ecologie, du Développement durable et de l'Energie) ;

- La légalisation des signatures (CGCT, art. L. 2122-30) ;

- L'organisation des élections et des recensements, la révision des listes électorales (CE, 1er mai 1914, Baerhez : Rec. p. 520 ; D. 1920, III, p. 31 ; S. 1921, III, p. 6) ;

Il est également officier d'état civil et à ce titre il célèbre notamment les mariages, il délivre les actes de naissance, etc. (CGCT, art. L. 2122-32) ;

Il est enfin officier de police judiciaire et à ce titre, il reçoit les plaintes, constate les infractions, dresse les contraventions (Code de procédure pénale, art. 16 ; CGCT, art. L. 2122-31).

Dans le cadre de ces différentes missions, comme tout agent de l'Etat, le maire est soumis au pouvoir hiérarchique du préfet et des ministres, sauf pour ce qui concerne ses missions d'officier d'état civil et d'officier de police judiciaire pour lesquelles il est soumis à l'autorité hiérarchique du procureur de la République.

Le supérieur hiérarchique du maire peut donc, comme cela est habituel dans une administration déconcentrée, lui donner des instructions, il peut lui-même réformer ou annuler ses actes. De même, le maire peut également être sanctionné.

Par ailleurs, lorsque le maire prend des actes au nom et pour le compte de l'Etat, c'est la responsabilité de l'Etat qu'il engage.

En revanche, et c'est également une solution classique, ce pouvoir hiérarchique n'existe pas lorsque le maire agit en tant que représentant de la commune.

Pour aller plus loin :

- **Boudon (J.)**, Propos malicieux sur les ordonnances de l'article 38 de la Constitution : AJDA 2019, p. 1492.

- **Bricault (J.-M.)**, Dévolution d'un droit de dérogation des préfets aux normes réglementaires : AJDA 2020, p. 1478.

- **Carrère (T.)**, Le contentieux des ordonnances de l'article 38 de la constitution à l'épreuve de la QPC : RDP 2018, p. 1107.

- **Cassia (P.)**, Le maire, agent de l'Etat : AJDA 2004, p. 245.

- **Chambon (M.)**, Rationaliser la rationalisation ? - . - Retour sur les lois du 20 janvier 2017 relatives aux autorités administratives indépendantes : Rev. Int. Compliance et éthique 2017, Etude 59.

- **B. Faure (B.)**, Le regroupement départements-région. Remède ou problème ? : AJDA 2011, p. 86.

- **Hamon (L)**, A propos de l'article 16, quelques questions juridiques : AJDA 1961, p. 663.

- **Jégouzo (Y.)**, À propos de la fonction consultative du Conseil d'Etat, in Mélanges Labetoulle : Dalloz, 2007, p. 505.

-**Labetoulle (D.)**, La place du décret en Conseil d'Etat dans l'exercice du pouvoir gouvernemental, in Mélanges Costa : Dalloz, 2011, p. 353.

-**Pauliat (H .)**, La déconcentration nouvelle est arrivée ! : JCP A 2015, comm. 2179.

-**Perroud (T.)**, Une nouvelle illustration de la légalité néolibérale : le pouvoir de dérogation des préfets : D. 2020, p. 2356.

-**Protière (G.)**, Autorités administratives (ou publiques) indépendantes : Dictionnaire d'administrative publique 2014, p. 45.

-**Sorbara (J.-G.)**, le nouveau statut des autorités administratives et publiques indépendantes : JCP A 2017, comm. 2064.

- **Vidal-Naquet (A.)**, Un Président de la République plus « encadré » : JCP G 2008, I, comm. 172.

CHAPITRE TROIS – L'ADMINISTRATION DECENTRALISEE

206- Décentralisation technique.- Il existe deux modalités particulières de décentralisation.

Il s'agit d'abord de la décentralisation technique, également appelée décentralisation fonctionnelle ou encore décentralisation par services, qui va consister à transférer des compétences de l'Etat vers une personne morale de droit public spécialisée.

Il s'agit ensuite de la décentralisation territoriale qui consiste en un transfert des compétences de l'Etat vers des collectivités territoriales.

207- Décentralisation territoriale.- La décentralisation territoriale trouve son fondement dans l'article 72 alinéa 3 de la Constitution selon lequel « dans les conditions prévues par la loi, (les) collectivités (territoriales) s'administrent librement par des conseils élus et disposent d'un pouvoir règlementaire pour l'exercice de leurs compétences ».

La révision constitutionnelle du 28 mars 2003 a voulu encore approfondir la décentralisation et désormais, selon le même article, « les collectivités territoriales ont vocation à prendre les décisions pour l'ensemble des compétences qui peuvent le mieux être mises en œuvre à leur échelon ». Ce principe bénéficie aux différentes collectivités territoriales ainsi qu'à leurs regroupements. Cependant, s'il existe un principe de libre administration des collectivités territoriales, le dernier alinéa de l'article 72 de la Constitution précise que « dans les collectivités territoriales de la République, le représentant de l'Etat, représentant de chacun des membres du gouvernement, a la charge des intérêts nationaux, du contrôle administratif et du respect des lois ».

Section I – Décentralisation technique

208.- Etablissements publics et autres personnes publiques spécialisées.- Dans la grande majorité des cas, la décentralisation technique va consister, pour l'Etat ou pour une collectivité territoriale, à confier la gestion d'un service public à un établissement public. De façon beaucoup plus rare, la gestion des services publics peut être confiée à un autre type de personne publique spécialisée.

§I – Etablissements publics

209.- Caractères généraux et organisation.- On évoquera quels sont les caractères généraux des établissements publics avant d'étudier leur organisation.

I – Caractères généraux

210.- Définition.- Selon la définition de Maurice Hauriou l'établissement public est « un service public spécial personnifié » (Précis de droit administratif et de droit public, 11e éd. 1927, p. 236). Dans le même ordre d'idées, selon Jean Romieu, il s'agit « (d') une personne morale administrative créée pour la gestion d'un service public » (conclusions sur CE, 22 mai 1903, Caisse des écoles du 6e arrondissement de Paris : Rec. p. 390 ; D. 1904, III, p. 1, concl. Romieu ; S. 1905, III, p. 33, note M. Hauriou),

Si elle correspond à une réalité pour la plupart des établissements publics, cette approche qui identifie service public et établissement public doit toutefois être nuancée, et cela pour plusieurs raisons.

D'une part, la nature de service public des activités prises en charge par certains établissements publics n'est pas toujours évidente. Il en va ainsi des associations syndicales de propriétaires dont l'objet est de défendre l'intérêt collectif - mais privé - des propriétaires dans le but de réaliser des travaux d'intérêt général, par exemple en vue de lutter contre les inondations ou les incendies (TC, 9 décembre 1899, requête numéro 00515, Association syndicale du canal de Gignac : Rec. p. 731 ; S. 1900, III, p.49, note Hauriou).

D'autre part, un établissement public peut accomplir à la fois des missions de service public et des missions de droit privé. Ainsi, si un centre hippique annexé à un lycée agricole est placé sous l'autorité directe du directeur du lycée et est géré par l'établissement « il exerce une activité distincte de celle de cet établissement (...) qui ne présente pas, par elle-même, eu égard à son objet, un caractère d'intérêt général suffisant pour lui conférer le caractère d'un service public » (TC, 27 février 1995, requête numéro 2941, Anglaret : Rec. p. 492 ; RFDA 1996, p. 148).

Enfin, une personne morale de droit privé peut elle-même être en charge d'une mission de service public et disposer, dans ce cadre, de prérogatives de puissance publique (V. sur ce point infra Troisième partie, Chapitre II, Section II).

211.- Caractères.- Les établissements publics se caractérisent par le fait qu'ils sont nécessairement rattachés soit à l'Etat soit à la collectivité territoriale qui a en charge l'activité déléguée.

A la différence de l'Etat et des collectivités territoriales, qui exercent à leur niveau une compétence qui s'étend à de nombreux domaines, les établissements publics doivent respecter un principe de spécialité (CE, 22 mai 1903, Caisse des écoles du 6ème arrondissement, préc.). Ceci signifie que l'établissement public doit s'en tenir à l'exercice des missions en vue de l'accomplissement desquelles il a été institué.

Exemple :

- CAA Marseille, ord. réf., 5 juillet 2004, requête numéro 04MA01109, Syndicat d'agglomération nouvelle Ouest Provence, (JCPA 2004, comm. 1640, note Deliancourt) : si un syndicat d'agglomération nouvelle - qui relevait de la catégorie des établissements publics de coopération intercommunale - peut procéder à des investissements en matière d'urbanisation, de logement, de transports, de réseaux, de voies nouvelles et de développement économique, et acquérir des équipements et matériels nécessaires à leur propre fonctionnement, il n'entre pas dans ses compétences d'acquérir des matériels de bureau affectés à l'usage des communes membres et il ne lui appartient pas de se constituer en centrale d'achats pour les fournitures et matériels de bureau des communes de son périmètre.

De même, si le Conseil d'Etat a admis que « aucun texte, ni aucun principe, n'interdit, en raison de sa nature, à une personne publique de se porter candidate à l'attribution d'un marché public ou d'une délégation de service public » (CE, avis, 8 novembre 2000, requête numéro 222208, Société Jean-Louis Bernard consultants : RFDA 2001, p. 112, concl. Bergeal ; AJDA 2000, p. 1066 et p. 987, chron. Collin et Guyomar ; Dr. adm. 2000, 249), les établissements publics doivent respecter le principe de spécialité (Rép. min. n° 08587 : JO Sénat Q 12 novembre 2009, p. 2647.- V. également CE Ass., 30 décembre 2014, requête numéro 355563, Société Armor SNC : AJCT 2015, p. 158, obs. Royer ; AJCT 2016, p. 139, étude Dreyfus ; AJDA 2015, p. 449, chron. Lessi et Dutheillet de Lamothe ; Contrats-Marchés publ. 2015, comm. 36, note de Fournoux ; JCP A 2015, comm. 2030, note Pauliat ; RFDA 2015, p. 57, concl. Dacosta ; RTD com. 2015, p. 245, chron. Orsoni ; RTD eur. 2015, p. 437, obs. Muller.- CAA Lyon, 5 mars 2015, requête numéro 13LY03059, Régie des eaux de Grenoble).

Les établissements publics peuvent toutefois prendre en charge d'autres missions à condition qu'elles soient connexes ou annexes à leur mission principale. Il est nécessaire, cependant, que ces missions « soient techniquement et commercialement le complément naturel de sa mission statutaire principale, d'autre part, que ces activités soient à la fois d'intérêt général et directement utiles à l'établissement public » (CE, Avis, 7 juillet 1994, EDF -GDF : EDCE 1994, p.409).

Exemple :
- CAA Bordeaux, 25 novembre 2003, requête numéro 99BX01374, Toussaint : l'activité de promotion et de vente de produits artisanaux locaux par l'intermédiaire d'une SARL, dont une chambre des métiers est le principal associé, entre directement dans le champ de compétence de cet établissement public. La vente de ces produits constitue en effet un complément commercial naturel de la mission de promotion assurée par la chambre et sert nécessairement l'intérêt général du secteur des métiers comme celui particulier de l'établissement.

II – Organisation

212.- Des régimes juridiques diversifiés.- Les établissements publics sont soumis à des régimes juridiques extrêmement diversifiés, ce qui tient au fait qu'il en existe de nombreuses catégories (établissements publics de coopération culturelle, établissements publics territoriaux, établissements publics à caractère scientifique et technologiques, etc.).

213.- Traits récurrents dans l'organisation des établissements publics.- Toutefois, dans tous les cas de figure, on retrouve, au niveau de ces établissements, un organe délibérant et un organe exécutif.

La dénomination de l'organe délibérant varie en fonction de l'établissement public envisagé. Il peut être qualifié, selon les cas, de conseil d'administration, de conseil d'exploitation ou encore de comité de direction. L'objet de cet organe est de prendre des délibérations en vue de mettre en œuvre les compétences de l'établissement public. Cependant, si cette compétence apparaît très générale, elle est en réalité fortement restreinte par la collectivité de rattachement. Comme pour l'organe délibérant, la dénomination de l'organe exécutif de l'établissement public varie, les termes de directeur et de président étant les plus employés. De même, le mode de nomination ainsi que les pouvoirs de l'organe exécutif ne sont pas les mêmes selon l'établissement public considéré. Ainsi, par exemple, les directeurs des établissements publics nationaux à caractère administratif sont nommés par décret, alors que les présidents d'université sont élus.

§II – Autres personnes publiques spécialisées

214.- Classification classique des personnes morales de droit public.- Très longtemps, il n'a existé que trois catégories de personnes morales de droit public en droit interne : l'Etat, les collectivités territoriales et les établissements publics.

215.- Identification des personnes morales de droit public.- Cela n'implique pas, pourtant, que l'identification des personnes publiques soit toujours évidente, notamment lorsqu'il s'agit de qualifier un organisme d'établissement public. En l'absence de texte, c'est au juge qu'il appartiendra de déterminer si un organisme est une personne morale de droit public ou une personne morale de droit privé et plus précisément un établissement d'utilité publique (TC, 9 décembre 1899, requête numéro 00515, Association syndicale du canal de Gignac, requête numéro 00515, préc.). Dans le silence de la loi, il utilisera un faisceau d'indices divers, dont l'utilisation n'est pas forcément empreinte de rigueur, prenant en compte notamment l'initiative de la création de l'organisme, l'existence de prérogatives de puissance publique, la nature de la mission exercée, les règles d'organisation et de fonctionnement, le degré de contrôle de l'administration.

Exemple :

-TC, 20 novembre 1961, requête numéro 24380, Centre régional de lutte contre le cancer Eugène Marquis (Rec. p. 879 ; AJDA 1962, p. 17, chron. Galabert et Gentot ; D. 1962, p. 389, note de Laubadère ; JCP G 1962, comm. 12572, note Auby ; RDP 1962, p. 1964, note Waline ; Rev. Adm. 1961, p. 621, note Liet-Veaux) : « si les centres régionaux de lutte contre le cancer assument une mission de service public et sont soumis par l'ordonnance du 1er octobre 1945 à un ensemble de règles d'organisation et de fonctionnement impliquant un contrôle étroit de l'administration sur divers aspects de leur activité, il résulte de l'ensemble des dispositions de cette ordonnance rapprochées des termes de l'exposé des motifs que le législateur a entendu conférer à ces centres le caractère d'établissements privés, qui était d'ailleurs celui de ce type d'établissements avant l'intervention des dispositions sus-rappelées ».

En outre, récemment, la jurisprudence a dégagé plusieurs nouveaux types de personnes publiques prenant en charge des activités de service public.

216.- Banque de France.- Il s'agit, tout d'abord, de la Banque de France. Dans un premier temps, le Tribunal des conflits a considéré, dans le silence de la loi, qu'il s'agissait d'une personne morale de droit public (TC, 16 juin 1997, requête numéro 03054, Société la Fontaine de Mars et a. c. Banque de France : Rec. p. 532 ; CJEG 1997, p. 363, concl. Arrighi de Casanova ; JCP 1998, I, comm. 125, chron. Petit ; RFDA 1997, p. 823, concl. Arrighi de Casanova). Puis le Conseil d'Etat a précisé qu'il ne s'agissait pas d'un établissement public, mais d'une personne publique sui generis (CE, 22 mars 2000, requête numéro 203854, requête numéro 203855, requête numéro 104029, Syndicat national autonome du personnel de la Banque de France c. Banque de France : AJDA 2000, p. 410, Guyomard et Collin ; Dr. adm. 2000, comm. 88.- V. dans le même sens : CE, 2 octobre 2002, requête numéro 240818, Banque de France et a. : AJDA 2002, p. 1345 ; RTD com. 2003, p. 282, Orsoni ; AJFP, n° 2, 2003, p. 7, obs. Lenica ; AJDA 2002, p. 1345, note Markus ; RFDA 2002, p. 1175, note Terneyre.- CE, 21 février 2003, requête numéro 237772, Fédération CFDT des syndicats de banques et sociétés financières : Dr. adm. 2003, 85, obs. G.L.C.- CE, 20 décembre 2006, requête numéro 292327, Comité central d'entreprise Banque de France.- CE, 11 mars 2011, requête numéro 316412, Banque de France). Cette solution se fonde principalement sur le fait que la Banque de France bénéficie d'une indépendance peu compatible avec le pouvoir de tutelle qui est exercé sur les établissements publics.

217.- Institut de France organismes similaires.- Ensuite en application de l'article 35 de la loi n°2006-450 du 18 avril 2006 de programme pour la recherche (JO 19 avril 2006) : « l'Institut de France ainsi que l'Académie française, l'Académie des inscriptions et belles-lettres, l'Académie des sciences, l'Académie des beaux-arts et l'Académie des sciences morales et politiques qui le composent sont des personnes morales de droit public à statut particulier placées sous la protection du Président de la République ».

218.- Groupements d'intérêt public.- Sont également concernés les groupements d'intérêt public, qui ont été créés par la loi n° 82-610 du 15 juillet 1982 et qui sont soumis à des régimes juridiques extrêmement diversifiés en fonction de la catégorie dont ils relèvent (il existe ainsi des groupements d'intérêt public dans les domaines de l'enseignement supérieur, des activités physiques et sportives, du mécénat, dans le secteur hospitalier, etc.). Plus précisément, ce sont des personnes morales de droit public regroupant à la fois des personnes publiques et privées et permettant de coordonner des actions d'intérêt général. Dans son arrêt du 14 février 2000, GIP habitat et interventions sociales pour les mal-logés et les sans-abris, le Tribunal des conflits a estimé que « le législateur a entendu faire des groupements d'intérêt public des personnes publiques soumises à un régime spécifique », qui sont donc clairement distinctes des établissements publics (requête numéro 03170 : Rec. p.748 ; AJDA 2000, p.465, chron. Guyomar et Colin ; JCP 2000, II, comm. 10301, note Eveno ; AJFP juillet-août 2001, p.13, note Mekhantar ; LPA 4 janvier 2001, note Gégout et 21 juillet 2001, note Demaye ; Rev. trim. dr. com. 2000, p.602, obs. Orsoni). Il est à noter que les règles applicables aux personnels des groupements d'intérêt public ont été précisées par le décret n°2013-292 du 5 avril 2013 auquel renvoie l'article 109 de la loi n°2011-525 du 17 mai 2011 de simplification et d'amélioration de la qualité du droit.

219.- Autorités publiques indépendantes.- Enfin, si les autorités administratives indépendantes ne bénéficient pas de la personnalité juridique, et ne sauraient par conséquent être considérées comme des personnes publiques sui generis, il en va autrement pour les autorités publiques indépendantes qui se singularisent au regard de la personnalité juridique qui leur est reconnue.

Section II – Décentralisation territoriale

220.- Collectivités territoriales.- Il existe différentes catégories de collectivités territoriales. Ces collectivités peuvent faire l'objet de groupements et elles sont soumises au contrôle de légalité opéré par le représentant de l'Etat.

§I – Les différents types de collectivités territoriales

221.- Typologie.- Une typologie précise des collectivités territoriales est fournie par l'article 72 alinéa 1 de la Constitution. Selon cet article : « les collectivités territoriales de la République sont les communes, les départements, les régions, les collectivités à statut particulier et les collectivités d'outre-mer régies par l'article 74 ». Cet article permet ainsi de distinguer les collectivités territoriales de droit commun, d'une part, des collectivités à statut particulier et des collectivités d'outre-mer, d'autre part.

I – Collectivités territoriales de droit commun

222.- Niveaux de collectivités territoriales.- Il existe trois niveaux de collectivités territoriales de droit commun : les communes, les départements et les régions.

A – Communes

223.- Eparpillement communal.- Au premier janvier 2021, il existe 34965 communes en France, ce qui est beaucoup plus que dans les autres Etats de l'Union européenne.

Cet éparpillement est dû à la fois à l'origine historique de l'institution qui remonte à la fin du XII° siècle et à l'échec global des différentes tentatives qui ont tenté de faciliter les procédures de fusion de communes même si, comme on l'a mentionné, ce processus a été relancé avec un certain succès par la loi n°2015-292 du 16 mars

2015 relative à l'amélioration du régime de la commune nouvelle, pour des communes fortes et vivantes.

224.- Textes.- La forme actuelle de l'institution communale remonte à la loi du 5 avril 1884 qui a généralisé le principe de l'élection du maire qui était auparavant désigné par le gouvernement. Les règles applicables aux communes sont visées par les articles L. 2111-1 s. et R. 2211-1 s. du Code général des collectivités territoriales. Leur administration est assurée par deux organes distincts : le conseil municipal, qui est l'organe délibérant de la commune, et le maire qui est son organe exécutif.

1° Conseil municipal

225.- Règles applicables.- On évoquera la question de la composition et de l'élection du conseil municipal avant d'étudier son fonctionnement et ses compétences.

a- Composition et élection

226.- Nature du suffrage et nombre de sièges à pourvoir.- Le conseil municipal est élu pour 6 ans au suffrage universel direct et le nombre de sièges à pourvoir varie en fonction de l'importance de la commune : cela va de 7 sièges pour les communes de moins de 100 habitants, à 69 pour les communes de plus de 300 000 habitants (CGCT, art. L. 2121-2).

227.- Limitation du cumul des mandats.- Des règles relatives à la limitation des cumuls des mandats ont été définies par la loi organique n°2000-294 du 5 avril 2000 et par la loi n°2000-295 du 5 avril 2000. En application de ce texte, une même personne ne peut exercer conjointement plus de deux mandats de membre d'une assemblée délibérante locale (V. Code électoral, art. L. 46-1). Par ailleurs, la loi n° 2014-126 du 14 février 2014 interdit le cumul de fonctions locales, à l'exception de celles de conseiller municipal dans les communes de moins de 1000 habitants, avec le mandat de représentant au Parlement européen (L. n° 77-729, 7 juillet 1977, relative à l'élection des représentants au Parlement européen, art. 6-3).

228.- Paris, Lyon, Marseille.- Enfin, le mode de scrutin varie selon la population des communes. On écartera ici le cas particulier de Paris, Lyon et Marseille, qui disposent d'un statut particulier, avec un scrutin par secteurs constitués chacun d'un arrondissement à Paris et à Lyon et de deux arrondissements à Marseille. Pour ces collectivités territoriales à statut particulier, c'est un scrutin de liste à deux tours avec représentation proportionnelle qui s'applique.

229.- Prise en compte du nombre d'habitants.- Pour les autres communes, les règles applicables ont été redéfinies par la loi organique n°2013-402 et par la loi n°2013-403 du 17 mai 2013. Ces textes établissent une distinction concernant le mode de scrutin applicable entre les communes de plus de 1000 habitants et les communes de moins de 1000 habitants, alors que la loi distinguait auparavant les communes de plus de 3500 habitants et celles de moins de 3500 habitants (avec une sous-distinction établie entre les communes de plus de 2500 habitants, et celles dont la population est comprise entre 2500 et 3500 habitants). Cette évolution a notamment pour effet d'imposer la parité hommes femmes des listes pour toutes les communes de plus de 1000 habitants (CGCT, art. L. 2122-7-2). Si ces dispositions rendent plus difficile la constitution des listes, le Conseil constitutionnel a considéré qu'elles ne portent pas atteinte au principe de pluralisme des courants d'idées et d'opinion (CC, 16 mai 2013, numéro 2013-667 DC : AJDA 2013, p. 1021 ; D. 2013, p. 1282 ; Constitutions 2013, p. 376, note Wulfman ; RDP 2014, p. 207, chron. Rousseau, Gahdoun et Bonnet). La loi n° 2019-1461 du 27 décembre 2019 relative à l'engagement dans la vie locale et à la proximité de l'action publique a complété l'article L. 2122-7-2 en précisant qu'en cas de vacance, s'il y a lieu de désigner un ou plusieurs adjoints, ceux-ci sont choisis parmi les conseillers de même sexe que ceux auxquels ils sont appelés à succéder.

230.- Communes de moins de 1000 habitants.- Pour les communes de moins de 1000 habitants, c'est un scrutin majoritaire plurinominal à deux tours qui s'applique (Code électoral, art. L. 252 s.). Les listes peuvent être incomplètes, c'est-à-dire qu'elles peuvent comporter moins de noms qu'il n'y a de sièges à pourvoir. Le vote peut être panaché et préférentiel, ce qui veut dire que les électeurs peuvent ne pas respecter l'ordre de présentation des listes et voter pour des candidats de listes différentes. En revanche, depuis l'entrée en vigueur de la loi du 17 mai 2013, il n'est plus possible de voter pour une personne qui ne s'est pas portée candidate. Les suffrages en faveur d'une personne qui n'a pas déclaré sa candidature sont désormais comptés nuls (Code électoral, art. L.257).

Il est important de relever que les suffrages sont décomptés individuellement par candidat et non par liste. Pour être élu au premier tour, le candidat doit recueillir la majorité absolue des suffrages exprimés - et non des votants (CE, 20 janvier 1984, requête numéro 50989, Elections municipales de Baron)- et un nombre de suffrages égal au quart de celui des électeurs inscrits. Un second tour est organisé pour le reste des sièges à pourvoir. Seuls peuvent se présenter les candidats présents au premier tour, sauf si le nombre de candidats au premier tour est inférieur au nombre de sièges à pourvoir (Code électoral, art. L. 255-3). Au second tour, la majorité relative suffit pour être élu. En cas d'égalité de suffrages, ce qui est une hypothèse plausible pour les plus petites communes, c'est le plus âgé des candidats qui est élu (Code électoral, art. L. 253.- V. par exemple CE, 29 octobre 2008, requête numéro 317868, Elections municipales de Plaine-Selve : AJDA 2009, p. 1311, chron. Liébert et Botteghi).

231.- Communes de plus de 1000 habitants.- Pour les communes de plus de 1000 habitants c'est un scrutin proportionnel de liste avec prime majoritaire qui s'applique. Les listes doivent être complètes (V. par exemple CE, 28 juillet 1999, requête numéro 203205, Elections municipales de La Celle-Saint-Cloud : Rec. p. 254 ; AJDA 2000, p. 249, concl. Maugüé ; RFDA 1999, p. 1117, obs. Terneyre) et elles sont bloquées, ce qui veut dire que le panachage et le vote préférentiel sont interdits. Au premier tour, si une liste obtient la majorité absolue, c'est-à-dire plus de 50 % des suffrages exprimés, elle se voit attribuer automatiquement 50 % des sièges. L'autre moitié est alors répartie entre l'ensemble des listes qui ont obtenu plus de 5 % à la représentation proportionnelle à la plus forte moyenne, y compris celle qui a obtenu la majorité absolue.

Lorsqu'aucune liste n'a atteint la majorité absolue un second tour est organisé. Pour qu'une liste puisse se présenter au second tour, elle doit avoir obtenu au premier tour un nombre de voix au moins égal à 10 % des suffrages exprimés. Les listes peuvent être modifiées en incluant des candidats qui ont figuré au premier tour sur d'autres listes, dès lors que celles-ci ne se présentent pas au second tour et qu'elles ont obtenu au premier tour au minimum 5 % des suffrages exprimés. L'ordre de présentation des candidats peut alors être modifié.

Au second tour, la liste qui obtient la majorité relative des suffrages exprimés se verra attribuer automatiquement la moitié des sièges à pourvoir. Les sièges restants sont répartis entre les listes qui ont obtenu 5 % des suffrages exprimés à la représentation proportionnelle à la plus forte moyenne. Les sièges sont attribués aux candidats dans l'ordre de présentation sur chaque liste.

En cas de contestation de l'élection, c'est le tribunal administratif qui est compétent en premier ressort et le Conseil d'Etat, non pas en cassation mais en appel. Le recours est ouvert à tout électeur dans un délai de cinq jours, ainsi qu'au préfet dans un délai de quinze jours. Il faut relever que le tribunal administratif dispose d'un délai de trois mois pour statuer en cas de renouvellement général, à défaut de quoi il est dessaisi. Les parties intéressées et le préfet disposent alors d'un délai d'un mois pour saisir le Conseil d'Etat qui statuera en premier et dernier ressort (Code électoral, art. R. 119).

b- Fonctionnement

232.- Convocation des réunions.- Le conseil municipal doit se réunir au moins une fois par trimestre. En conséquence, le maire peut réunir en séance le conseil municipal chaque fois qu'il le juge utile (CGCT, art. L. 2121-9), y compris pendant le mois d'août et alors même que les services de la mairie étaient fermés et que deux conseillers étaient absents pour cause de vacances (TA Amiens, 9 février 1988, Rec. tables, p. 195).

Le conseil municipal peut également être réuni suite à une demande motivée du préfet ou du tiers au moins des membres du conseil municipal en exercice dans les communes de 1000 habitants et plus et par la majorité des membres du conseil municipal dans les communes de moins de 1000 habitants. Dans ce cas, le maire a l'obligation de convoquer le conseil municipal dans un délai maximal de 30 jours sous peine d'illégalité (CE, 5 mars 2001, requête numéro 230045, Saez : Rec. p. 117 ; Collectivités-Intercommunalité 2001, étude 10, concl. Touvet ; Dr. adm. 2001, comm. 124).

233.- Lieu des réunions.- Si, normalement, le lieu de réunion du conseil est la mairie, il peut être dérogé, à titre exceptionnel, à ce principe. Tel est le cas, par exemple, lorsque la salle du conseil de la mairie ne peut être occupée que par un nombre limité de personnes pour cause de travaux (CE, 1er juillet 1998, requête numéro 187491, Préfet de l'Isère). Ces règles ont d'ailleurs été assouplies par la loi n°2007-1787 du 20 décembre 2007 relative à la simplification du droit qui a complété l'article L. 2121-7 du Code général des collectivités territoriales en précisant que le conseil municipal « peut également se réunir et délibérer, à titre définitif, dans un autre lieu situé sur le territoire de la commune, dès lors que ce lieu ne contrevient pas au principe de neutralité, qu'il offre les conditions d'accessibilité et de sécurité nécessaires et qu'il permet d'assurer la publicité des séances ».

Une délibération prise en dehors de toute réunion légale du conseil municipal est inexistante (CE, 28 février 1986, requête numéro 62206, Préfet des Landes : Rec. p.50).

234.- Caractère public des réunions et exception du huis clos.- Les séances sont en principe publiques et elles sont présidées par le maire. Toutefois, le conseil municipal peut siéger à huis clos, Le huis clos peut être décidé, sur la demande de trois membres du conseil municipal ou du maire, sans débat, à la majorité absolue des membres présents ou représentés (CGCT, art. L. 2121-18). L'assemblée délibérante dispose d'un pouvoir discrétionnaire en la matière. En cas de recours, le juge de l'excès de pouvoir exerce un contrôle de l'erreur manifeste d'appréciation de la décision de siéger à huis clos (CE, 19 mai 2004, requête numéro 248577, Commune de Vincly : Rec. p. 236 ; AJDA 2004, p. 1767, note Hul, p. 610 ; BJCL 2004, p. 610, note Goulard ; JCPA 2004, comm. 1418, note Moreau).

Le conseil municipal peut décider du huis clos pour toute question relevant de la compétence ou des attributions du conseil (CE, 17 octobre 1986, requête numéro 74694, Commune de Saint-Léger-en-Yvelines : Rec. p. 378) y compris pour l'élection du maire ou de ses adjoints (CE, 28 janvier 1972, requête numéro 83128, Election du maire et d'un adjoint de Castetner : Rec. p. 87). En revanche, l'exécutif local ne saurait décider lui-même du huis clos (CE, 4 mars 1994, requête numéro 91179, Regoin : Rec. tables, p. 824).

235.- Modalités de vote des délibérations.- L'article L. 2121-21 du Code général des collectivités territoriales prévoit par ailleurs la possibilité d'un vote à bulletins secrets lorsqu'un tiers des membres présents le réclame et lorsqu'il y a lieu de procéder à une nomination ou à une présentation. Sur cette question le Conseil constitutionnel a estimé qu'il n'existe pas un principe constitutionnel de publicité des séances et des votes lors des délibérations des assemblées locales (CC, 29 mai 2015, numéro 2015-471 QPC).

Les réunions du conseil municipal donnent lieu à l'adoption de délibérations votées à la majorité des suffrages exprimés. Les modalités de leur entrée en vigueur sont précisées par l'article L. 222-1 du Code des relations entre le public et l'administration.

236.- Règlement intérieur.- Le conseil municipal établit son règlement intérieur. Pour les communes de moins de 1000 habitants l'adoption d'un règlement intérieur n'est toutefois pas obligatoire. En revanche, l'assemblée délibérante doit nécessairement adopter un règlement intérieur pour les communes de 1000 habitants et plus dans les six mois qui suivent son installation (CGCT, art. L. 2121-8.- V. CE, 12 juillet 1995, requête numéro 155495, Commune de Simiane-Collongue). Depuis la loi n°92-108 du 3 février 1992, les règlements intérieurs des assemblées délibérantes des collectivités territoriales sont des actes administratifs faisant grief susceptibles d'être contestés devant le tribunal administratif (V. par ex. CE Sect., 10 février 1995, requête numéro 147378, Commune de Coudekerque-Branche : Rec. p. 67 ; AJDA 1995, p. 414, chron. Touvet et Stahl ; RFDA 1995, p. 343, concl. Savoie).

237.- Commissions.- Enfin, dans les communes d'une certaine importance, le conseil municipal crée des commissions auxquelles sont dévolues des tâches précises.

c- Compétences

238.- Clause générale de compétence.- Les conseils municipaux bénéficient d'une clause générale de compétence. En effet, d'après l'article L. 2121-29 du Code général des collectivités territoriales « le conseil municipal règle par ses délibérations les affaires de la commune ».

Le conseil municipal vote le budget et les taux d'imposition locale, il créée et organise les services publics locaux dans les limites prévues par la loi, il gère le domaine de la commune. Il peut également formuler des avis et émettre des vœux sur tous les objets d'intérêt local.

La commune exerce de nombreuses compétences même si, on le verra, certaines d'entre elles sont aujourd'hui transférées aux intercommunalités. Ces compétences concernent notamment l'urbanisme, la planification, le logement, l'action sociale ou encore l'éducation avec la création et l'entretien des écoles primaires et maternelles.

La loi n°2014-58 du 27 janvier 2014 a par ailleurs voulu faire des communes – ainsi que des établissements publics de coopération intercommunale en fonction des compétences qui leur ont été transférées- le chef de file dans quatre domaines : la mobilité durable, l'organisation des services de proximité, l'aménagement de l'espace et le développement local (CGCT, art. L. 1111-9, IV).

2° Maire

239.- Election et compétence.- On évoquera la question de l'élection du maire avant d'étudier ses compétences dans le cadre de ses fonctions d'agent de la commune.

a- Election

240.- Election par le conseil municipal.- Le maire est élu par le conseil municipal après les élections municipales, au scrutin majoritaire à trois tours, les deux premiers à la majorité absolue, le dernier à la majorité relative. En général, il est élu suite au renouvellement général du conseil municipal, au cours de la première réunion du conseil municipal qui se tient de plein droit au plus tôt le vendredi et au plus tard le dimanche suivant le tour de scrutin à l'issue duquel le conseil a été élu au complet (CGCT, art. L. 2121-7).

241.- Limitation au cumul des mandats.- La loi organique n°2000-294 du 5 avril 2000 et la loi n°2000-295 du 5 avril 2000 ont limité les possibilités de cumul des mandats électoraux. En application de ces textes, les fonctions de maire, de président d'un conseil départemental, de président d'un conseil régional sont incompatibles entre elles (CGCT, art. L. 2122-4). Par ailleurs, la loi organique n° 2014-125 du 14 février 2014 interdit le cumul de fonctions exécutives locales avec le mandat de député ou de sénateur (Code électoral, art. LO 141-1 et LO 297). La loi n° 2014-126 du 14 février 2014 prévoit également une interdiction du cumul concernant le mandat de député européen (L. n°77-729 du 7 juillet 1977, art. 6-3, II).

242.- Rôle prééminent du maire.- En principe, le maire est essentiellement l'exécutif du conseil municipal lequel joue donc, d'après les textes, un rôle prépondérant. Cependant, dans la pratique, on observe une prééminence du maire sur le conseil municipal qui s'explique pour trois raisons essentielles. Tout d'abord, en votant pour une liste, les électeurs ont le sentiment de voter davantage pour un maire - en tête de liste- que pour un conseil municipal. Ensuite, le mode de scrutin utilisé pour l'élection du conseil municipal favorise la liste arrivée en tête ce qui fait que dans la plupart des communes, l'opposition ne pourra pas efficacement s'opposer à la majorité. Enfin, il n'existe pas de responsabilité politique du maire devant son conseil municipal. En cas de désaccord, la seule solution consiste pour un tiers au moins des conseillers municipaux - la moitié à partir du 1er janvier de l'année qui précède le renouvellement général des conseils municipaux - à présenter leur démission (Code électoral, art. L. 258 et L. 270). Dans ce cas, de nouvelles élections municipales devront être organisées.

243.- Adjoints.- Le maire est assisté d'adjoints qui sont souvent affectés à des tâches précises (transport, urbanisme, finances, culture…). Ils sont élus au sein du conseil municipal et ils ne disposent que d'une délégation de signature. Ils sont également, comme le maire, des agents de l'Etat lorsqu'ils agissent comme officiers d'état civil ou comme officiers de police judiciaire.

b- Compétences

244.- Rôle d'organe exécutif de la commune.- Le maire est à la fois agent de l'Etat et agent de la commune, et dans le cadre de cette seconde fonction, il exerce quatre missions principales.

En tant qu'exécutif de la commune, il est chargé de préparer et d'exécuter les délibérations du conseil municipal. Il va également gérer le budget de la commune et exercer certaines compétences qui lui ont été déléguées par le conseil municipal, notamment en matière contractuelle et pour la réalisation des emprunts.

245.- Compétences propres.- Le maire exerce également des attributions propres, notamment en tant qu'autorité de police administrative dans le cadre de la commune. Notons également que depuis la loi n°2007-297 du 5 mars 2007, le maire est associé à la prévention de la délinquance. A ce titre, il anime, sur le territoire de la commune, la politique de prévention de la délinquance et en coordonne la mise en œuvre. Il peut aussi convenir avec l'Etat ou les autres personnes morales intéressées des modalités nécessaires à la mise en œuvre des actions de prévention de la délinquance (Code de la sécurité intérieure, art. L. 132-1 s.).

246.- Direction des services municipaux.- Il dirige les services municipaux et il est le chef du personnel communal.

247.- Compétences en matière d'urbanisme.- En matière d'urbanisme, il est notamment compétent pour délivrer les permis de construire au nom de la commune lorsque la commune est couverte par un plan local d'urbanisme ou un document d'urbanisme équivalent.

248.- Délégations.- Enfin, le maire peut déléguer une partie de ses attributions à ses adjoints.

B – Départements

249.- Textes.- Il existe actuellement 101 départements, mais actuellement seuls 93 d'entre eux ont le statut de collectivités territoriales. Ils sont régis à ce titre par les articles L. 3111-1 s. et R. 3111-1 s. du Code général des collectivités territoriales. Comme pour les communes, la gestion des départements est confiée à deux organes distincts : le conseil départemental, qui est l'organe délibérant du département, et le président du conseil départemental qui est son organe exécutif.

1° Conseil départemental

250.- Election et fonctionnement.- On évoquera d'abord les modalités d'élection et de fonctionnement du conseil départemental avant d'étudier ses attributions.

a- Election

251.- Du conseil général au conseil départemental.- L'ancienne appellation de conseil général s'expliquait par le fait que les conseils généraux étaient, avant l'apparition d'un échelon régional, la plus haute assemblée locale. C'est la loi du 28 pluviôse an VIII qui a désigné pour la première fois l'assemblée départementale par cette appellation. Elle a toutefois finalement été remplacée par l'appellation de conseil départemental par la loi n°2013-403 du 17 mai 2013.

252.- Evolution du mode de scrutin.- A l'origine, les conseillers généraux étaient élus au suffrage universel uninominal direct à deux tours, dans le cadre des cantons. Les mandats des conseillers généraux étaient de six ans, mais la moitié des sièges étaient renouvelés tous les trois ans.

La loi n°2010-1563 du 16 décembre 2010 de réforme des collectivités territoriales avait prévu de modifier les règles anciennement en vigueur en créant un nouveau type d'élu : aux élections d'avril 2014 les conseillers régionaux et les conseillers généraux devaient être remplacés par des conseillers territoriaux élus pour six ans pour siéger dans les conseils généraux et dans les conseils régionaux. Ils devaient être élus au scrutin uninominal majoritaire à deux tours dans le cadre des cantons. Le seuil nécessaire pour être présent au second tour était fixé à 12,5 % des électeurs inscrits.

Ces dispositions de la loi du 16 décembre 2010 ne sont toutefois jamais entrées en vigueur. Il a été prétendu que si elles permettaient de réduire le nombre de mandats locaux, elles risquaient de conduire les élus à privilégier leur territoire d'élection et à ne considérer la région que comme un guichet dispensateur de subventions. Ainsi, le mode d'élection défini par la loi du 16 décembre 2010 aurait pu constituer un frein à l'émergence de véritables identités régionales, ce qui est pour le moins incertain.

La loi n° 2013-403 du 17 mai 2013 a donc établi un nouveau mode de scrutin. Désormais, deux conseillers départementaux sont élus dans chaque canton au scrutin binominal à deux tours. Les candidats doivent obligatoirement se présenter en binôme composé d'une femme et d'un homme. Les conseillers départementaux sont toujours élus pour six ans mais ils sont désormais renouvelés en intégralité. Pour être élu au premier tour, un binôme doit recueillir à la fois la majorité absolue et le quart des électeurs inscrits. Si aucun des binômes ne l'emporte au premier tour, un second tour est organisé. Sont alors autorisés à se présenter les binômes ayant obtenu au moins 12,5% des voix des électeurs inscrits. Toutefois, le binôme qui a recueilli le plus de suffrages, après le binôme remplissant les conditions, peut se maintenir, ou les deux si aucun ne remplit les conditions requises. Au second tour, la majorité relative suffit pour être élu (Code électoral, art. L. 210-1).

b- Fonctionnement

253. Réunions et règlement intérieur.- Le conseil départemental se réunit au moins une fois tous les trois mois. Il établit son règlement intérieur.

254.- Commissions.- L'assemblée délibérante comprend également un certain nombre de commissions qui sont chargées de préparer les décisions. Même s'il existe de nombreuses variantes d'un département à un autre, le conseil départemental comprend fréquemment au moins quatre commissions dans les domaines des finances, de l'aménagement et du développement rural, de l'éducation et des affaires sociales.

255.- Commission permanente.- Il comprend également une commission permanente dont les membres sont élus à la représentation proportionnelle sur des listes composées alternativement de d'un candidat de chaque sexe, sans panachage ni vote préférentiel. Cette commission est composée de quatre à quinze vice-présidents, sous réserve que le nombre de ceux-ci ne soit pas supérieur à 30 % de l'effectif du conseil, et éventuellement d'un ou plusieurs autres membres (CGCT, art. L. 3122-4). A la différence des commissions spéciales, la commission permanente est un organe exécutif compétent pour délibérer dans les matières qui lui sont déléguées par l'assemblée délibérante locale. Son existence se justifie du point de vue de l'efficacité et du principe de continuité du service public. Elle a pour mission de trancher des questions qui relèvent de la compétence du conseil, à l'exception des questions budgétaires, ainsi que toute autre question que le conseil lui aura déléguée (CGCT, art. L. 3211-2.- sur l'étendue des délégations V. CE, mars 2010, requête numéro 325255, Réseau ferré de France : BJCL 2010, p. 262, concl. Bourgeois-Machureau).

256.- Bureau.- La loi n°82-213 du 2 mars 1982 avait également prévu la création d'un bureau qui exerçait les compétences de la commission permanente, avant l'institution de celle-ci par la loi n°92-125 du 6 février 1992. Aujourd'hui, le bureau subsiste mais il n'a plus de fonctions délibératives, celles-ci étant désormais exercées par la commission permanente. Toutefois l'expression est encore souvent utilisée pour désigner la réunion collégiale de l'exécutif départemental (comme d'ailleurs de l'exécutif régional).

257.- Adoption des délibérations.- Le conseil départemental prend des délibérations à la majorité des suffrages exprimés. Il peut s'agir soit de décisions unilatérales soit d'avis. Même si l'article L. 3211-1 du Code général des collectivités territoriales ne le prévoit pas expressément, le conseil départemental peut également émettre des vœux sur tous les objets d'intérêt local, sur des objets à caractère politique et sur des objets qui relèvent de la compétence d'autres personnes publiques.

Exemple :
-CE, 30 décembre 2009, requête numéro 308514, Département du Gers (AJDA 2010, p. 734, note Verpeaux) : est légale la délibération du conseil général du Gers exprimant l'opposition de l'assemblée départementale à la culture des organismes génétiquement modifiés.

c- Attributions

258.- Suppression de la clause générale de compétence.- Dans le but de rationaliser et de clarifier la répartition des compétences entre les collectivités territoriales, la loi n°2010-1563 du 16 décembre 2010, prévoyait que les conseils généraux - mais également les conseils régionaux - ne devaient plus bénéficier, à partir du 1er janvier 2015, d'une clause générale de compétence : ils ne devaient plus être compétents, en principe, que dans les matières qui leur étaient expressément dévolues par une loi. La clause générale de compétence devait en revanche être maintenue pour les communes.

Le Conseil constitutionnel, devant lequel la loi a été déférée, a pu préciser que la clause générale de compétence des départements ne constituait pas un principe fondamental reconnu par les lois de la République qui aurait pu trouver sa source dans la loi du 10 août 1871 relative aux conseils généraux (CC, 9 décembre 2010, numéro 2010-618 DC, Loi de réforme des collectivités territoriales : Rec. CC, p. 367 ; AJDA 2011, p.99). En revanche, il n'a pas pu se prononcer sur le cas des régions, dès lors qu'elles ont été créées après 1946, date de référence pour la création des principes fondamentaux reconnus par les lois de la République (sur ces principes V. infra, Partie deux, Chapitre Un, Section une). Ainsi, la suppression de la clause générale de compétence - au moins pour les départements et les régions - ne portait pas atteinte à des principes constitutionnellement reconnus.

Les effets de la disparition de la clause de compétence générale des conseils généraux devaient toutefois être relativisés. En effet, la loi prévoyait que le conseil général, comme le conseil régional, pouvait « par délibération spécialement motivée, se saisir de tout objet d'intérêt départemental (ou régional) pour lequel la loi n'a donné compétence à aucune autre personne publique ».

Si ce semi-abandon de la clause générale de compétence était assez largement critiqué, cette réforme n'est toutefois jamais entrée en vigueur, la loi n° 2014-58 du 27 janvier 2014 de modernisation de l'action publique territoriale et d'affirmation des métropoles rétablissant la clause générale de compétence pour les départements et pour les régions.

Mais à peine cette loi avait-t-elle été promulguée que le gouvernement a opéré un volte-face en lançant un nouveau projet de réforme dont l'un des objectifs consistait - une nouvelle fois - à supprimer la clause générale de compétence pour les départements et les régions. C'est cette réforme qui a été opérée par les articles 1 et 94 de la loi NOTRe du 9 août 2015.

L'abandon de la clause générale de compétence, et donc la spécialisation de ces compétences, a pour conséquence paradoxale de rapprocher les régions et les départements des établissements publics, lesquels sont régis par le principe de spécialité et n'exercent qu'une compétence d'attribution. Toutefois, la loi NOTRe, si elle retire certaines compétences aux départements, n'en a pas moins conféré de nouvelles attributions aux régions. De fait, l'abandon de la clause générale de compétence a contraint le législateur à définir plus précisément les compétences attribuées aux départements et aux régions, mais également, pour ces dernières, à les étoffer.

259. Département chef de file.- Relevons également que la loi MAPTAM n°2014-58 du 27 janvier 2014 a désigné le département comme « chef de file » en matière sociale, de contribution à la résorption de la précarité énergétique, en matière d'autonomie des personnes et de solidarité des territoires, ce qui conforte le rôle qui lui est traditionnellement accordé dans ces domaines (CGCT, art. L. 1111-9, III). Les départements consacrent ainsi plus de la moitié de leur budget à l'action sociale.

Mais dans le cadre de ses missions, le chef de file est seulement chargé « d'organiser les modalités de l'action commune ». En effet, il ne dispose pas de pouvoir de contrainte à l'égard des autres collectivités territoriales, ce qui serait contraire au principe énoncé par l'article 72 alinéa 5 de la Constitution qui prévoit que « aucune collectivité territoriale ne peut exercer une tutelle sur une autre ». L'intérêt du recours à cette notion paraît donc devoir être relativisé, et cela d'autant plus que les différents domaines visés par la loi du 27 janvier 2014 et relevant d'un chef de file sont formulés de façon assez vague et peuvent se recouper (c'est le cas par exemple pour la compétence d'aménagement et de développement durable dévolue à la région et celle d'aménagement de l'espace dévolue à la commune).

260.- Conférence territoriale de l'action publique.- Par ailleurs, la loi du 27 janvier 2014 a créé une conférence territoriale de l'action publique, présidée par le président du conseil régional qui est chargée de débattre « des modalités de l'action commune des collectivités territoriales et de leurs groupements pour l'exercice des compétences » relevant d'un chef de file (CGCT, art. L. 1111-9-1, V).

261.- Délégations.- L'article L. 1111-8 du Code général des collectivités territoriales, prévoit aussi qu'une « collectivité territoriale peut déléguer à une collectivité territoriale relevant d'une autre catégorie ou à un EPCI à fiscalité propre une compétence dont elle est attributaire ». Dans ce cas, les compétences déléguées sont exercées au nom et pour le compte de la collectivité territoriale délégante. Alors que selon le droit commun une délégation est un acte unilatéral, la délégation de compétence entre collectivités territoriales est régie par une convention qui en fixe la durée et qui définit les objectifs à atteindre ainsi que les modalités du contrôle de l'autorité délégante sur l'autorité délégataire. Pour les domaines où les compétences s'exercent conjointement, les délégations de compétence sont organisées dans le cadre d'une convention territoriale d'exercice (CGCT, article L. 1111-9-1).

262.- Resserrement des compétences du département autour des « solidarités ».- Conformément à la loi NOTRe n°2015-991 du 7 août 2015, certaines compétences ont été retirées aux départements. Ainsi, la plupart des interventions dans le domaine économique, ainsi que les compétences dans le domaine des transports non urbains et des déchets non dangereux relèvent désormais de la région.

Comme le précisait déjà un rapport sénatorial déposé le 25 mai 2010 (Un nouvel atout pour les collectivités territoriales : la mutualisation des moyens, rapport d'information numéro 495, 2009-2010), le département est d'abord conçu comme un échelon de la solidarité territoriale. Cette compétence s'exprime d'abord à l'égard des personnes en difficulté, par exemple par la prise en charge du revenu de solidarité active qui constitue aujourd'hui une part importante des dépenses des départements. Elles concernent également des actions en faveur des territoires ruraux. Dans ce domaine, si la loi NOTRe a spécialisé les compétences du département en matière d'aide au développement des territoires (par exemple en matière d'aide à l'équipement rural) elle a en revanche élargi ses compétences en matière d'assistance technique à destination des communes et des EPCI qui ne disposent pas de moyens techniques suffisants (CGCT, art. L. 3232-1-1). Il conserve également des compétences limitées en matière de grands équipements, voirie et transports, même si sur ce dernier point la loi NOTRe organise le transfert progressif à la région des services non urbains réguliers et à la demande de transports.

263.- Autres compétences.- Il faut aussi rappeler que la loi n°2004-809 du 13 août 2004 avait transféré 20 000 kilomètres de routes nationales aux départements, ce qui avait conduit au transfert d'une grande partie des personnels des directions départementales de l'équipement, c'est-à-dire des services déconcentrés du ministère du Transport et de l'Equipement. Si le projet de loi NOTRe prévoyait le transfert de la voirie départementale aux régions, ce point n'a finalement pas été adopté.

264.- Compétences en matière d'environnement.- Enfin, le département exerce des compétences en matière d'environnement, dans le domaine de la culture et de l'enseignement. Sur ce dernier point, le département est chargé de la construction et de l'entretien des collèges et depuis la loi susvisée du 13 août 2004, les personnels techniques, ouvriers et de service des collèges lui ont été transférés (V. sur ce point R. Allemand, P. Tifine, Le transfert aux collectivités territoriales des personnels techniques et ouvriers de service de l'éducation nationale : l'analyse des questions statutaires : AJDA 2006, p. 126).

2° Président du conseil départemental

265.- Incompatibilités.- Les fonctions de président du conseil départemental sont incompatibles avec un mandat de député ou de sénateur depuis l'entrée en vigueur de la loi organique n°2014-125 du 14 février 2014 (Code électoral, art. LO 141-1). De même, ces fonctions sont incompatibles avec l'exercice d'une autre fonction exécutive local : président d'un conseil régional, maire, président du conseil de la métropole de Lyon (CGCT, art. L. 3122-3). Notons, en revanche, que rien n'interdit à un président de conseil départemental d'être également président d'un EPCI à fiscalité propre ou bien conseiller communautaire

266.- Elections.- Le président du conseil départemental est élu par l'assemblée délibérante à la majorité absolue des suffrages exprimés aux deux premiers tours et à la majorité relative au troisième. Depuis les élections départementales de 2015 il est élu pour six ans lors de la réunion de droit qui suit chaque renouvellement général (CGCT, art. L. 3122-1). Il n'est donc plus question, comme auparavant, d'un renouvellement partiel tous les trois ans, ce qui conduisait à organiser à chacun de ces renouvellements l'élection du président du conseil général.

267.- Missions.- En tant qu'organe exécutif du département, le président du conseil départemental prépare et exécute les délibérations du conseil. Il est également l'ordonnateur des dépenses du département et, chaque année, il doit rendre compte au conseil de la situation du département.

Il est aussi le chef des services du département et il gère le domaine du département.

268.- Délégations.- Par souci d'efficacité, il peut déléguer l'exercice d'une partie de ses fonctions aux vice-présidents, mais lui-même peut bénéficier de délégations de la part de l'assemblée délibérante.

C – Régions

269.- Textes.- Depuis l'entrée en vigueur de la loi n°2015-29 du 16 janvier 2015, le nombre de régions en métropole est passé de vingt-deux à treize, en comptant la Corse. Leur statut est régi par les articles L. 4111-1 s. et R. 4111-1 s. du Code général des collectivités territoriales. Comme pour les communes et les départements la gestion des régions est confiée à deux organes distincts : le conseil régional, qui est l'organe délibérant de la région, et le président du conseil régional qui est son organe exécutif.

1° Conseil régional

270.- Règles applicables.- On évoquera successivement l'élection, le fonctionnement et les compétences du conseil régional.

a- Election

271.- Mode de scrutin.- Les conseillers régionaux sont élus tous les six ans dans le cadre de la circonscription régionale. Le mode de scrutin défini par la loi n°2003-327 du 11 avril 2003 combine les règles du scrutin majoritaire et de la représentation proportionnelle, en s'inspirant fortement du mode de scrutin de liste à deux tours de l'élection des conseillers municipaux dans les communes de plus de 1000 habitants. En effet, il s'agit d'un scrutin de liste à deux tours, avec représentation proportionnelle à la plus forte moyenne, sans panachage ni vote préférentiel, avec une prime majoritaire (Code électoral, art. L. 336 s.).

Dans le cadre de cette élection, qui permet aujourd'hui de dégager des majorités plus stables, la prime majoritaire attribuée à la liste ayant obtenu la majorité absolue des suffrages exprimés au premier tour ou la majorité relative au second est égale au quart du nombre des sièges à pourvoir. Par ailleurs, seules les listes ayant obtenu au moins 10% des suffrages exprimés peuvent se maintenir, et éventuellement fusionner avec les listes ayant obtenu au moins 5% des suffrages. En revanche, les listes qui n'ont pas obtenu au moins 5 % des suffrages exprimés ne sont pas admises à la répartition des sièges.

Comme on l'a évoqué plus haut, ces règles auraient dû évoluer avec l'élection de conseillers territoriaux représentant à la fois le département et la région, mais ce dispositif a finalement été abrogé par la loi n°2013-403 du 17 mai 2013.

272.- Représentation de tous les départements.- Les sièges attribués à chaque liste sont répartis entre les sections départementales qui la composent au prorata des voix obtenues par la liste dans chaque département. Une fois que cette attribution est opérée, les sièges restant à attribuer sont répartis entre les sections départementales selon la règle de la plus forte moyenne. Ces dispositions, qui figurent à l'article L. 338-1 du Code électoral, ont été complétées par la loi n°2015-29 du 16 janvier 2015. Le législateur a voulu s'assurer que le regroupement des régions n'ait pas pour conséquence une sous-représentation de certains départements les composant. Plusieurs correctifs ont donc été prévus, complétant les dispositions de l'article L. 338-1. Par exemple, si après la répartition des sièges un département dont la population est inférieure à 100 000 habitants ne compte pas au moins deux conseillers régionaux, un ou plusieurs sièges attribués à la liste arrivée en tête au niveau régional seront réattribués à la ou aux sections départementales de cette liste afin que chaque département dispose de deux sièges au moins.

b- Fonctionnement

273.- Similitudes avec les départements. Les conseils régionaux respectent globalement les mêmes règles de fonctionnement que les conseils généraux : réunions plénières au moins une fois par trimestre ; information des conseillers régionaux assurée par un rapport sur chacune des affaires à débattre adressée au moins douze jours avant la séance ; séances ouvertes au public, etc.

Le conseil régional établit son règlement intérieur, il désigne des commissions, mais également une commission permanente qui est une émanation du conseil régional et qui est composée du président et des vice-présidents (entre 4 et 15 dans la limite de 30 % de l'effectif) ainsi que d'un ou plusieurs autres membres.

Le président du conseil régional peut déléguer l'exercice de certaines de ses attributions aux membres de la commission permanente. Doit également être mentionné le bureau du conseil régional qui est formé du président, des vice-présidents et, le cas échéant, des membres de la commission permanente qui ont reçu une délégation.

c- Attributions

274.- Renforcement constant des compétences des régions.- Les champs d'intervention des conseils régionaux ont été définis par l'article 59 de la loi de décentralisation du 2 mars 1982 : « l'institution régionale a compétence pour promouvoir le développement économique et social, sanitaire, culturel et scientifique de son territoire et pour assurer la préservation de son identité, dans le respect de l'intégralité, de l'autonomie et des attributions des départements et des communes ».

Si les régions ne sont devenues des collectivités territoriales qu'à partir de la loi n°82-213, du 2 mars 1982, les réformes successives, jusqu'à la récente loi NOTRe n°2015-791 du 7 août 2015, ont renforcé considérablement leurs compétences, et cela en dépit de l'abandon de la clause générale de compétence dont elles disposaient avant l'entrée en vigueur de cette loi.

275.- Chef de file.- La loi n°2014-58 du 27 janvier 2014 avait déjà précisé que la région est chef de file dans un certain nombre de domaines. L'article L. 1111-9 du Code général des collectivités territoriales, modifié en dernier lieu par la loi n°2019-1428 du 24 décembre 2019, vise ainsi : l'aménagement et le développement durable du territoire ; la protection de la biodiversité ; le climat, la qualité de l'air et l'énergie ; la politique de la jeunesse ; l'intermodalité et à la complémentarité entre les modes de transports et notamment l'aménagement des gares ; le soutien à l'enseignement supérieur et à la recherche.

278.- Missions en matière économique.- La région joue principalement un rôle important en matière d'interventions économiques, mais les moyens considérables dont elle est dotée lui permettent également d'investir d'autres domaines. Avant l'entrée en vigueur de la loi NOTRe, elle était déjà compétente, en dehors des questions liées au développement économique, en matière d'aménagement du territoire, de formation professionnelle, de gestion des lycées et de transports. La loi MAPTAM du 27 janvier 2014 lui avait également confié l'aménagement numérique. Ces compétences ont été élargies et reformulées par la loi NOTRe qui a modifié les dispositions de l'article L. 4433-1 du Code général des collectivités territoriales.

Désormais, la région est compétente pour promouvoir le développement économique, social, sanitaire, culturel et scientifique de la région. Elle est également compétente pour soutenir l'accès au logement et à l'amélioration de l'habitat, la politique de la ville et la rénovation urbaine, les politiques d'éducation et l'aménagement de son territoire, ainsi que pour assurer la préservation de son identité et la promotion des langues régionales. Si ces compétences doivent être exercées « dans le respect de l'intégrité, de l'autonomie et des attributions des départements et des communes », et en dépit de la suppression de la clause générale de compétence, le choix d'une formulation large laisse un très grand champ d'action à la collectivité territoriale régionale.

En matière économique, la loi du 13 août 2004 prévoyait que la région « coordonne sur son territoire les actions de développement économique des collectivités territoriales et de leurs groupements » (CGCT, art. L. 1511-1). Désormais, depuis l'entrée en vigueur de la loi NOTRe, l'article L. 4251-12 du Code général des collectivités territoriales, précise que « la région est la collectivité territoriale responsable, sur son territoire, de la définition des orientations en matière de développement économique ». Cette primauté régionale s'affirme de plusieurs façons. Si la loi MAPTAM avait voulu faire de la région un chef de file en matière de développement économique, la loi NOTRe lui attribue une compétence quasi-exclusive dans ce domaine. Plus précisément la région est compétente en matière d'aides aux entreprises ainsi qu'en matière de coordination des activités économiques. Concernant ce second point, comme le précise, l'article L. 4521-13 du Code général des collectivités territoriales récemment complété par la loi n° 2020-105 du 10 février 2020 relative à la lutte contre le gaspillage et à l'économie circulaire, la région élabore un Schéma régional de développement économique d'innovation et d'internationalisation (SRDEII) qui a pour objet de définir « les orientations en matière d'aides aux entreprises, de soutien à l'internationalisation et d'aides à l'investissement immobilier et à l'innovation des entreprises, ainsi que les orientations relatives à l'attractivité du territoire régional ». Il vise également à organiser, sur le territoire régional, la complémentarité des actions menées par la région en matière d'aides aux entreprises avec les actions menées par les collectivités territoriales et leurs groupements.

La loi NOTRe a aussi voulu clarifier la répartition des compétences en matière d'aides aux entreprises. Le conseil régional est seul compétent pour définir les régimes d'aides et pour décider de l'octroi des aides aux entreprises dans la région en vue de la création ou de l'extension d'activités économiques. Dans le cadre d'une convention passée avec la région, la métropole de Lyon, les communes et leurs groupements peuvent toutefois participer au financement des aides et des régimes d'aides mis en place par la région. Ces aides revêtent la forme de prestations de services, de subventions, de bonifications d'intérêts, de prêts et d'avances remboursables, à taux nul ou à des conditions plus favorables que les conditions du marché (CGCT, art. L. 1511-2). Les communes et les EPCI à fiscalité propre sont seules compétentes pour définir les aides ou les régimes d'aides et décider de l'octroi de ces aides sur leur territoire en matière d'investissement immobilier des entreprises et de location de terrains ou d'immeubles. Ces aides revêtent la forme de subventions, de rabais sur le prix de vente, de location ou de location-vente de terrains nus ou aménagés ou de bâtiments neufs ou rénovés, de prêts, d'avances remboursables ou de crédit-bail à des conditions plus favorables que celles du marché. Rappelons également que le département n'exerce plus que des compétences résiduelles en matière économique mais qu'il existe des possibilités de délégation entre la région et le département ainsi qu'entre la région et le bloc communal.

279.- Missions en matière d'aménagement du territoire.- En matière d'aménagement du territoire et de planification, la région élabore un schéma régional et d'aménagement durable et d'égalité des territoires (SRADDET) dont l'objet est de fixer les orientations à moyen terme du développement durable du territoire régional (CGCT, art. L. 4251-1). Dans un souci de simplification, le SRADDET se substitue à plusieurs schémas préexistants qui intègrent des problématiques environnementales, notamment le schéma régional climat air énergie, le schéma régional de l'intermodalité le plan régional de prévention de gestion des déchets et, depuis l'ordonnance n°2016-1028 du 27 juillet 2016, le schéma de cohérence écologique.

280.- Contrats de plan.- La loi n°82-213 du 2 mars 1982 dont l'article 59, 5° est aujourd'hui codifié à l'article L. 4111-2 du Code général des collectivités territoriales précise par ailleurs que « la région peut passer des conventions avec l'Etat ou d'autres collectivités territoriales ou leurs groupements pour mener avec eux des actions de leurs compétences ». Plus précisément, l'article 11 de la loi n°82-653 du 29 juillet 1982 a prévu que « le contrat de plan conclu entre l'Etat et la région définit les actions que l'Etat et la région s'engagent à mener conjointement par voie contractuelle ». Les contrats de projets Etat-régions (CPER) avaient remplacé les contrats de plan pour la période 2007-2013, ce qui paraissait une conséquence logique de la disparition de la planification nationale. Pourtant, de façon assez inexplicable, pour la période 2014-2020 et pour la période 2021-2027, c'est à nouveau la dénomination de contrat de plan Etat-régions qui a été choisie. Les nouveaux contrats de la tranche 2021-2027 devaient porter initialement sur trois objectifs : les transitions écologiques (décarbonation de l'économie, plan massif de rénovation énergétique, renforcer la souveraineté économique, protéger la biodiversité…) ; la recherche, l'innovation et l'enseignement supérieur (campus durables, transition numérique, santé…), la cohésion sociale et territoriale (réduction des inégalités territoriales, revitalisation des centralités, services publics, coopérations villes-campagnes, mobilités douces, lutte contre l'artificialisation des sols…). La crise du covid-19 a conduit à adjoindre cinq nouveaux objectifs à ces trois objectifs initiaux : la santé (accélération du déploiement des maisons de santé, installation de médecins dans les déserts médicaux, télémédecine…) ; la formation professionnelle et le développement économique ; l'inclusion numérique (lutte contre l'illectronisme, développement des tiers-lieux, des fabriques du territoire…) ; les infrastructures de mobilité (développement des infrastructures de transport, relance de la maintenance, fret ferroviaire, moyens logistiques propres, couverture du territoire en bornes de recharges électriques…) ; la culture et le patrimoine, le tourisme et le sport.

Concrètement, les contrats de plan formalisent les engagements de l'Etat vis-à-vis des collectivités territoriales pour les objectifs qui ont été arrêtés. Il est à noter que si le Conseil d'Etat a considéré que ces contrats sont des contrats administratifs (CE Ass., 8 janvier 1988, requête numéro 74361, Ministre chargé du plan et de l'Aménagement du territoire c/ Communauté urbaine de Strasbourg : Rec. p.3 ; AJDA 1988, p. 137, chron. Azibert et de Boisdeffre ; JCP G 1988, II, comm. 21084, note Drago : Rev. adm. 1988, p.146, 146, note Terneyre ; RFDA 1988, p. 25, concl. Daël) il a toutefois estimé qu'il « n'emporte, par lui-même, aucune conséquence directe quant à la réalisation effective des actions ou opérations qu'il prévoit » (CE, 25 octobre 1996, requête numéro 169557, Association Estuaire – Ecologie : Rec. p. 415 ; RFDA 1997, p. 339, concl. Stahl, note Madiot).

281.- Education, formation professionnelle et culture.- En matière d'éducation, de formation professionnelle et de culture, la région a la charge de nombreuses missions. En particulier elle assure la construction, l'entretien, l'équipement et le fonctionnement des lycées. Depuis la loi du 13 août 2004, la région a la possibilité de devenir propriétaire des locaux et elle est responsable du recrutement et de la gestion des personnels non enseignants de ces établissements. Notons également que la loi NOTRe n°2015-991 du 7 août 2015 a organisé le transfert, à compter de la rentrée scolaire 2017, de la compétence en matière de transports scolaires des départements vers la région. Par ailleurs, depuis l'entrée en vigueur de la loi n°2014-288 du 5 mars 2014, la région a la responsabilité de la politique de formation professionnelle de tous les publics, ce qui exclut seulement la formation professionnelle initiale, compétence de l'Etat, et celle des salariés dont la responsabilité de la formation relève des partenaires sociaux.

282.- Gestion des déchets non dangereux.- Parmi les nombreuses autres compétences exercées par les régions, on peut enfin mentionner celle qu'elle exerce désormais, depuis l'entrée en vigueur de la loi NOTRe, en matière de gestion des déchets non dangereux.

283.- Coordination de l'action des collectivités territoriales.- La région joue également un rôle important en matière de coordination de l'action des collectivités territoriales. La loi du 16 décembre 2010 de réforme des collectivités territoriales avait créé un nouvel article L. 1111-9-I du Code général des collectivités territoriales qui permettait au président du conseil régional et aux présidents des conseils généraux des départements de la région d'élaborer conjointement, afin de faciliter la clarification des interventions publiques sur le territoire de la région et de rationaliser l'organisation des services, un projet de schéma d'organisation des compétences et de mutualisation des services. Ce schéma devait notamment fixer les délégations de compétences de la région aux départements et des départements à la région. Dans tous les cas, les compétences déléguées étaient exercées au nom et pour le compte des collectivités territoriales délégantes.

La loi du 27 janvier 2014 est allée plus loin dans cette volonté de coordination. Elle créée une conférence territoriale de l'action publique qui « est chargée de favoriser un exercice concerté des compétences des collectivités territoriales, de leurs groupements et de leurs établissements publics » (CGCT, art. L. 1111-9-1-I). Elle aboutit, comme on l'a déjà évoqué, à la conclusion de « conventions territoriales d'exercice concerté d'une compétence » qui fixent les objectifs de rationalisation et les modalités de l'action commune pour chacune des compétences concernées (CGCT, art. L. 1111-9-1-V).

2° Président du conseil régional

284.- Incompatibilités.- Les fonctions de président du conseil régional sont incompatibles avec un mandat de député ou de sénateur depuis l'entrée en vigueur de la loi organique n°2014-125 du 14 février 2014 (Code électoral, art. LO 141-1). De même, ces fonctions sont incompatibles avec l'exercice d'une autre fonction exécutive locale : président d'un conseil départemental, maire, président du conseil de la métropole de Lyon (CGCT, art. L. 4133-3).

285.- Election.- Le conseil régional élit son président lors de la réunion de droit qui suit chaque renouvellement (CGCT, art. L. 4133-1). La première réunion du conseil régional se tient de plein droit le premier vendredi qui suit son élection (CGCT, art. L. 4132-7). Comme les conseillers régionaux, le président du conseil régional est donc élu pour six ans, au scrutin majoritaire à trois tours, à la majorité absolue aux deux premiers tours, à la majorité absolue au troisième.

286.- Compétences.- Il exerce à son niveau des compétences qui sont similaires à celles exercés dans le département par le président du Conseil départemental.

II – Collectivités à statut particulier et collectivités d'outre-mer

287.- Caractéristiques.- Les collectivités territoriales à statut particulier s'opposent aux collectivités territoriales de droit commun que constituent les communes, les départements et les régions. Elles se caractérisent par les spécificités plus ou moins marquées qu'elles présentent, du point de vue organisationnel, des compétences exercées, ou encore du mode d'élection des élus qui les représentent.

288.- Collectivités territoriales à statut particulier en métropole.- En France métropolitaine, la situation est relativement simple et l'existence de statuts particuliers s'explique davantage par le poids démographique de certaines collectivités plutôt que par leurs spécificités culturelles. C'est en effet ce facteur démographique qui explique les statuts particuliers de Paris, Lyon, Marseille ou encore de la région Ile-de-France, voire même de la métropole de Lyon. On rappellera ici que depuis le 1er janvier 2019, le département et la Ville de Paris sont fusionnés en une collectivité à statut particulier, en application de la loi n° 2017-257 du 28 février 2017 relative au statut de Paris et à l'aménagement métropolitain. Doit être mis à part, cependant, la collectivité territoriale de Corse, dont le statut particulier s'explique en raison de spécificités linguistiques principalement. Le cas particulier de l'Alsace-Moselle, qui est lié à des circonstances historiques précises, doit être également mentionné. On rappellera également le cas particulier de la communauté européenne d'Alsace, qui a vu le jour le 1er janvier 2021 par la fusion des départements du Haut-Rhin et du Bas-Rhin, conformément à la loi n°2019-816 du 2 août 2019.

289.- Effets de la révision constitutionnelle de 2003.- La révision constitutionnelle de 2003 consacre expressément la catégorie des collectivités à statut particulier, ainsi que la nouvelle catégorie des collectivités d'outre-mer. Certes, dans ses versions antérieures, la Constitution avait reconnu l'existence de règles particulières applicables aux territoires d'outre-mer, aux départements d'outre-mer et à la Nouvelle-Calédonie, mais ces différentes entités n'étaient pas regroupées au sein de catégories clairement identifiées.

Pour autant, la prise en compte des spécificités de certaines collectivités territoriales n'est pas une nouveauté. En effet, dès 1991, le législateur avait défini un statut particulier pour la Corse, sans être censuré par le Conseil constitutionnel. Dans sa décision du 9 mai 1991, le Conseil a en effet reconnu que le législateur pouvait doter la Corse d'un statut particulier, dans le respect des règles et principes de valeur constitutionnelle, et notamment du principe de libre administration des collectivités territoriales et des prérogatives de l'Etat définies par l'article 72 de la

Constitution (CC, 9 mai 1991, numéro 91-290 DC, Loi portant statut de la collectivité territoriale de Corse : JO 14 mai 1991, Rec. CC, p.50 ; Rev. Adm. 1991, p.234, note Etien ; LPA 1991, n°74, p.15, note Houteer).

290.- Nouvelle-Calédonie.- Doit également être mentionné le statut très particulier de la Nouvelle-Calédonie, qui est visé par le titre XIII de la Constitution issue, dans sa nouvelle rédaction, de la révision constitutionnelle du 20 juillet 1998. Les pouvoirs très larges conférés à cette collectivité sui generis s'expliquent par des circonstances historiques précises et par le fait qu'est explicitement posée la question d'une éventuelle accession du territoire à la pleine souveraineté par l'article 77 de la Constitution. C'est cette question qui a donné lieu au referendum local organisé le 4 novembre 2018. Le non à l'indépendance l'a emporté avec 56,67 % des suffrages, dans un contexte de très forte participation. Mais si une victoire du oui aurait été irrévocable, telle n'est pas le cas dans cette hypothèse. En effet, conformément à l'article 217 de la loi organique n°99-209 du 19 mars 1999, le tiers des membres du Congrès de la Nouvelle-Calédonie pouvait, à compter du sixième mois suivant la consultation - soit le 5 mai 2019 - demander l'organisation d'une nouvelle consultation. Une deuxième consultation, initialement fixée au 6 septembre 2020, a été repoussée au 4 octobre 2020 à la suite de la crise sanitaire liée à la COVID-19. Elle a été organisée selon des règles en grande partie identiques à celles mises en place pour la consultation du 4 novembre 2018. La question soumise aux suffrages était identique à celle posée en 2018, mais cette fois-ci le non à l'indépendance ne l'a emporté qu'à 53,26 %. Il était probable qu'une troisième consultation sera organisée, mais une demande dans ce sens du Congrès de la Nouvelle-Calédonie ne pouvait toutefois intervenir qu'à partir du 4 avril 2021. Cette demande a été faite le 8 avril 2021 et cette troisième consultation devrait probablement être organisée en septembre 2022. Si le non devait l'emporter une troisième fois, il est probable qu'un nouveau statut serait adopté.

291.- TAAF et Clipperton.- Bénéficient également d'un régime spécifique, pour des questions de revendication territoriale, les Terres australes et antarctiques françaises et, depuis la révision constitutionnelle du 23 juillet 2008, Clipperton (qui ne constitue pas une collectivité territoriale) : l'organisation de ces territoires qui sont dépourvus de population permanente est déterminée par le législateur (Constitution, art. 72-3).

292.- Prise en compte des particularismes locaux.- Le cas de la Nouvelle-Calédonie mis à part, la prise en compte des particularismes locaux a longtemps été fortement encadré. Ainsi, lors de l'examen en 2002 du nouveau statut de la Corse, le Conseil constitutionnel a censuré les dispositions du texte déféré qui avaient pour effet d'autoriser la collectivité territoriale à prendre des mesures relevant du domaine de loi, alors même que cette compétence devait être exercée à titre « expérimental, dérogatoire et limité dans le temps » (CC, 17 janvier 2002, numéro 2001-454 DC, Loi relative à la Corse : JO 23 janvier 2002, Rec. CC, p.70 ; AJDA 2002, p.100, note Schoettl ; Dr. Adm. 2002, repère 2, note Auby ; RDP 2002, p.895, note Luchaire ; RFDA 2002, p.459, note Verpeaux).

La révision du 28 mars 2003 autorise, dans une certaine mesure, ce qui avait été interdit par le Conseil constitutionnel, pour la Corse, dans sa décision du 17 janvier 2002, c'est-à-dire, ni plus moins, une possibilité de délégation du pouvoir législatif aux assemblées délibérantes des collectivités territoriales concernées.

293.- Distinction entre les DROM et les COM.- S'agissant plus spécialement de l'outre-mer, le nouveau texte constitutionnel distingue, avec une clarté seulement apparente, qui dissimule une assez extraordinaire complexité, les collectivités soumises au principe d'identité - ou d'assimilation - législative et celles soumises au principe de spécialité législative. L'appartenance à l'une ou l'autre de ces catégories n'est pas figée, mais un changement de statut ne peut avoir lieu sans qu'ait été organisé un référendum local (Constitution, art. 72-4).

294.- DROM.- D'une part, l'article 73 de la Constitution fixe le statut constitutionnel des départements et des régions d'outre-mer qui sont régis par le principe d'assimilation législative et règlementaire, ce qui veut dire que les lois et les règlements nationaux ont vocation à s'appliquer, en principe, dans ces territoires. Sont concernées à la fois les régions et les départements d'outre-mer ainsi que les collectivités qui peuvent s'y substituer. Ces dispositions ont été précisées par l'article 1er de la loi n°2007-223 du 21 février 2007 portant dispositions statutaires et institutionnelles relatives à l'outre-mer (JO 22 février 2008). Elles concernent la Guadeloupe, la Guyane, la Martinique, la Réunion, toutes quatre à la fois départements et régions d'outre-mer.

Il faut relever que suite à un referendum organisé le 7 décembre 2003, les îles de Saint-Barthélemy et de Saint-Martin ne sont plus des communes de la Guadeloupe, mais deux collectivités d'outre-mer relevant de l'article 74 de la Constitution. Le statut particulier de ces territoires est défini par la loi organique n°2007-223 et par la loi n°2007-224 du 21 janvier 2007.

En outre, suite au référendum du 29 mars 2009, les électeurs ont approuvé la départementalisation de Mayotte. Mayotte n'est plus « une collectivité départementale » régie par l'article 74 de la Constitution, mais un département d'outre-mer – le 101ème département français – à compter des élections de mars 2011, en application des dispositions de la loi organique n°2009-969 du 3 août 2009.

Une autre évolution possible est visée par le dernier alinéa de l'article 73 de la Constitution. Elle concerne spécifiquement les départements et régions d'outre-mer. Il est possible, en effet, pour le législateur, de créer une collectivité territoriale unique se substituant au département et à la région d'outre-mer ou de mettre en place une assemblée unique pour les deux collectivités. Dans cette hypothèse une consultation doit être organisée selon les modalités prévues par l'article 72-4 al. 2 de la Constitution. C'est en faveur de cette évolution que se sont prononcées les populations de la Martinique et de la Guyane, suite à un référendum organisé le 24 janvier 2010, faisant suite à un autre référendum organisé le 10 janvier 2010 et rejetant le changement de statut en un régime de plus large autonomie prévu par l'article 74 de la Constitution. Ces collectivités uniques ont été instituées par la loi n°2011-884 du 27 juillet 2011 mais elles n'ont succédé aux départements et régions éponymes qu'après les élections territoriales de décembre 2015, au 1er janvier 2016.

Dans le cas particulier de Mayotte, la question s'est posée de savoir s'il était nécessaire ou non d'organiser deux consultations, l'une sur le passage du statut de collectivité territoriale d'outre-mer vers celui de département et région d'outre-mer (Constitution, art. 72-4), l'autre sur la création d'une collectivité unique exerçant les compétences d'un département d'outre-mer et d'une région d'outre-mer (Constitution art. 73, dernier alinéa renvoyant au même article 72-4). Privilégiant une solution pratique, le Conseil d'Etat a considéré qu'une consultation unique pouvait être organisée (CE, Ass. gén., avis numéro 382327, 8 janvier 2009 : Rapp. public 2010, p. 409).

Si ces collectivités sont en principe régies par les lois et règlements nationaux, elles peuvent néanmoins « adapter » - désormais elles-mêmes - ces textes aux « caractéristiques et contraintes particulières de ces collectivités » (sur cette notion V. CE, Ass. gén., avis numéro 383887, 20 mai 2010, Départementalisation de Mayotte : Rapp. public 2011, p. 375.- CE, 5 juillet 2012, requête numéro 358266, Bahire : Rec. tables, p. 873 ; BJCL 2012, p. 683, concl. Von Coester.- CC, 22 mai 2013, décision numéro 2013-313 QPC, Chambre de commerce et de l'industrie de région des îles de Guadeloupe et autres : Constitutions 2013, p. 441, note Le Bot ; Rev. Union européenne 2014, p. 64, note Canton-Fourrat). Mais surtout, selon le même article « les collectivités ... peuvent être habilitées par la loi à fixer elles-mêmes les règles applicables sur leur territoire, dans un nombre limité de matières pouvant relever du domaine de la loi ». Cette possibilité est néanmoins exclue pour la Réunion. Par ailleurs, l'alinéa 4 de l'article 73 prévoit que « ces règles ne peuvent porter sur la nationalité, les droits civiques, les garanties des libertés publiques, l'état et la capacité des personnes, l'organisation de la justice, le droit pénal, la procédure pénale, la politique étrangère, la défense, la sécurité et l'ordre publics, la monnaie, le crédit et les changes, ainsi que le droit électoral ». Enfin, cette énumération est susceptible d'être complétée, voire modulée en fonction des collectivités concernées, par une loi organique.

295.-COM.- D'autre part, l'article 74 de la Constitution définit le statut des collectivités d'outre-mer, qui constituent une nouvelle catégorie qui se substitue à celle des territoires d'outre-mer, en réunissant dans un même cadre constitutionnel les collectivités régies totalement ou partiellement par le principe de spécialité législative et règlementaire, c'est-à-dire pour lesquelles une loi ou un règlement national n'est applicable qu'à la condition que ces textes le précisent expressément. Relèvent de cette catégorie : Saint-Pierre-et-Miquelon, Wallis-et-Futuna, la Polynésie française, Saint-Barthélemy et Saint-Martin.

Ces dispositions prévoient qu'une loi organique définit le statut particulier de chaque collectivité soumise à ce régime « qui tient compte des intérêts propres de chacune d'elles au sein de la République ». Ont ainsi été adoptées la loi organique n°2004-192 du 27 février 2004 portant statut d'autonomie de la Polynésie française, la loi organique n°2007-223 du 21 février 2007 applicable aux territoires de Saint-Martin, Saint-Barthélemy et Saint-Pierre et Miquelon. Les îles de Wallis-et-Futuna relèvent toujours, quant à elles, de la loi n°61-814 du 29 juillet 1961.

La loi organique va notamment définir « les conditions dans lesquelles les lois et règlements y sont applicables ». Ainsi, deux situations peuvent se présenter : la collectivité d'outre-mer peut être régie par des règles spéciales, mais le statut peut également prévoir que les lois et règlements nationaux sont applicables de plein droit, sont réserve, le cas échéant, d'un pouvoir d'adaptation reconnu à la collectivité. C'est le cas concernant Saint-Pierre-et Miquelon, Saint-Barthélemy et Saint-Martin qui se voient appliquer un principe de quasi-identité législative et réglementaire, ce qui implique que les lois et règlements nationaux sont normalement applicables dans ces territoires.

D'autres collectivités d'outre-mer sont en revanche soumises à un véritable principe de spécialité législative et réglementaire. C'est le cas pour la Polynésie française et Wallis-et-Futuna.

De façon assez paradoxale, il apparaît que l'application du principe de spécialité n'est pas nécessairement favorable aux libertés locales. Un exemple de ce paradoxe peut être trouvé dans l'arrêt du Conseil d'Etat du 18 novembre 2015, Commune de Fa'aa (requête numéro 373336). En l'espèce, les juges considèrent que l'article 28 de la loi n°2004-809 du 13 août 2004 qui a prévu le transfert, dans les conditions qu'il fixe, aux collectivités territoriales ou à leurs groupements, de « la propriété, l'aménagement, l'entretien et la gestion des aérodromes civils appartenant à l'Etat » ne s'applique pas à la Polynésie française, en l'absence de mention expresse dans la loi. Ainsi, ces dispositions ne sauraient avoir eu pour effet de transférer de l'Etat à une commune tahitienne la propriété d'un aéroport ni, en tout état de cause, la compétence pour son exploitation. Comme on peut le voir, à travers cet exemple, certaines compétences des collectivités d'outre-mer sont plus limitées que celles des collectivités territoriales métropolitaines.

La très grande diversité que présentent les collectivités territoriales à statut particulier ainsi que les collectivités d'outre-mer débouche donc sur des règles très différenciées qui permettent d'adapter au mieux les normes étatiques appliquées en métropole, mais seulement parce que cette compétence leur a été consentie au niveau central, et dans le respect des compétences régaliennes de l'Etat. A l'opposé, les collectivités territoriales de droit commun sont soumises de façon beaucoup plus étroite aux règles émises par les autorités étatiques, la seule façon d'y déroger consistant à recourir à l'expérimentation normative (Constitution, art. 72 al.4).

§II – Regroupements de collectivités territoriales

296.- Promotion de l'intercommunalité.- Compte tenu de l'émiettement communal en France, le législateur entend principalement promouvoir l'intercommunalité en prévoyant la possibilité, et de plus en plus l'obligation, pour les communes, de se regrouper dans des établissements publics de coopération intercommunale (EPCI). Si les regroupements concernent principalement les communes, des modalités spécifiques de coopération existent aux niveaux départemental et régional, et ainsi qu'entre collectivités territoriales de différents niveaux et EPCI.

I – Etablissements publics de coopération intercommunale

297.- Caractéristiques des EPCI.- Les EPCI sont des établissements publics administratifs régis par les principes de spécialité et d'exclusivité.

En effet, alors que les communes bénéficient, à leur niveau, d'une compétence de droit commun, le champ d'action des EPCI est doublement limité dans le cadre des seules compétences qui leur ont été transférées (principe de spécialité fonctionnelle) et dans les limites du périmètre qui leur est affecté (principe de spécialité territoriale).

En revanche, en application du principe d'exclusivité, la création de l'EPCI emporte dessaisissement immédiat et total des communes pour les compétences transférées.

Il existe plusieurs catégories d'EPCI et il faudra également évoquer la refonte de la carte intercommunale initiée par la loi du 16 décembre 2010 et relancée par la loi NOTRe du 9 août 2015.

A – Les différentes formes d'intercommunalité

298.- Syndicats de communes et EPCI à fiscalité propre.- Il faut distinguer deux types d'EPCI, que l'on peut classer en fonction de leur mode de financement : les syndicats de communes qui sont financés par les communes adhérentes, et les EPCI « à fiscalité propre » qui bénéficient de leurs propres recettes fiscales.

1° Syndicats de communes

299.- Définition.- Un syndicat de communes est un établissement public de coopération intercommunale associant des communes, qui ne sont pas nécessairement limitrophes, en vue d'œuvres ou de services d'intérêt intercommunal (CGCT, art. L. 5212-1).

300.- Catégories.- Il existe trois catégories de syndicats de communes dont le champ et la nature des compétences transférées sont définis par des statuts approuvés par les conseils municipaux des communes concernées :

- Les syndicats à vocation unique (SIVU), qui ne permettent l'exercice en commun que d'une compétence d'intérêt communautaire ;

- Les syndicats à vocation multiple (SIVOM), qui permettent l'exercice de plusieurs compétences d'intérêt intercommunal ;

- Les syndicats à la carte auxquels les communes peuvent adhérer pour une partie des compétences exercées par le syndicat.

Il est à noter, cependant, que l'existence d'un syndicat à la carte ne peut pas résulter d'une décision unilatérale d'une commune membre de se retirer d'une compétence attribuée à un SIVOM. Cette possibilité ne peut être exercée qu'à condition que les statuts du SIVOM soient au préalable modifiés (CAA Lyon, 12 juillet 2007, requête numéro 03LY00412, Commune de Charvieu-Chavagneu).

301.- Disparition des SAN et réduction du nombre de syndicats de communes.- Plus spécifiquement il a longtemps existé des syndicats d'agglomération nouvelle (SAN), qui ont été créés dans le périmètre des villes nouvelles (CGCT, art. L. 5333-1 s.). Dans son article 44, La loi NOTRe du 9 août 2015 a supprimé cette catégorie de structures intercommunales à compter du 1er janvier 2017. Ce mouvement, qui avait déjà été initié avant même le vote de la loi NOTRe, a été anticipé par les collectivités territoriales et EPCI concernés puisqu'au 1er janvier 2016 tous les SAN avaient déjà disparu. Concrètement, les SAN encore existants ont été absorbés par d'autres structures à fiscalité propre

En dehors de la suppression des SAN, de la révision de la carte de l'intercommunalité et de l'extension des compétences des EPCI à fiscalité propre (V. infra), la loi NOTRe comprend plusieurs mesures qui ont vocation à entraîner la disparition de nombreux syndicats de communes et syndicats mixtes. Par exemple, cette loi limite le versement d'indemnités de fonctions pour les seuls présidents et vice-présidents des syndicats intercommunaux et mixtes fermés dont le périmètre est supérieur à celui d'un EPCI à fiscalité propre et elle pose le principe du bénévolat pour les fonctions de délégués à compter du 1er mars 2020 (CGCT, art. L. 5217-7).

2° EPCI à fiscalité propre

302.- Absence de statut de collectivité territoriale.- Les EPCI à fiscalité propre ont vu leurs catégories évoluer et leurs compétences s'étoffer au gré des réformes successives, et cela au détriment des communes membres. Si le législateur n'a pas voulu leur reconnaître la qualité de collectivité territoriale, leur légitimité démocratique s'est renforcée avec loi du 16 décembre 2010, précisée sur ce point par la loi n°2013-403 du 17 mai 2013. Avant l'entrée en vigueur de cette loi, l'organe délibérant des EPCI à fiscalité propre était composé de délégués élus par les conseils municipaux parmi leurs membres. A partir des élections municipales de 2014, pour les communes de 1000 habitants et plus, l'élection des conseillers intercommunaux a lieu en même temps que le scrutin municipal et par un système de fléchage. Ainsi, les électeurs sont désormais appelés à désigner, avec un même bulletin, les conseillers municipaux et les conseillers communautaires, ce qui a pour effet de renforcer la démocratie locale. Notons toutefois que le principe d'une élection sans fléchage, qui désolidariserait le choix par les électeurs des conseillers municipaux et des conseillers communautaires a été écarté dans le cadre des débats sur la loi NOTRe de 2015. Une telle évolution aurait pourtant contribué à rapprocher les citoyens de structures intercommunales encore méconnues mais de plus en plus présentes dans leur vie quotidienne.

303. – Difficultés liées aux transferts de compétence vers les EPCI à fiscalité propre.- Des réformes successives ont en effet élargi les compétences des EPCI à fiscalité propre, étant précisé que dans certains cas, la répartition des compétences entre l'EPCI et les communes membres n'est pas évidente.

Cette difficulté s'explique, d'abord, par le fait que pour chaque catégorie d'EPCI à fiscalité propre, il faut distinguer les compétences obligatoires, des compétences optionnelles et des compétences facultatives, ce qui donne lieu, pour les deux premières séries de compétences, à une énumération particulièrement fastidieuse par les textes. On notera toutefois que la loi n° 2019-1461 du 27 décembre 2019, dite a voulu simplifier le statut des EPCI en supprimant la distinction entre compétences optionnelles et facultatives.

Ensuite, dans certains cas, la compétence de l'EPCI est subordonnée à la reconnaissance par celui-ci de son « intérêt communautaire ». Par exemple, en matière de voirie, pour les communautés de communes et les communautés d'agglomération exclusivement, cette notion - qui n'est pas définie par les textes - permet de distinguer les voies expressément qualifiées d'intérêt communautaire de celles relevant de la compétence des communes membres, c'est-à-dire les voies non expressément définies d'intérêt communautaire (pour une illustration des difficultés que peut susciter une telle distinction V. CAA Nancy, 17 janvier 2013, requête numéro 11NC01146, Commune de Lons-le-Saulnier : JCP A 2013, comm. 2348, note Daugé et Rostu).

304.- Catégories.- En l'état actuel de la législation, relèvent de la catégorie des EPCI à fiscalité propre les communautés de communes, les communautés urbaines, les communautés d'agglomération et les métropoles.

a- Communautés de communes

305.- Définition.- Les communautés de communes sont visées par les articles L. 5214-1 s. du Code général des collectivités territoriales. Selon ce texte, une communauté de communes « a pour objet d'associer des communes au sein d'un espace de solidarité, en vue de l'élaboration d'un projet commun de développement et d'aménagement de l'espace ».

306.- Instauration d'un seuil démographique.- Cette formule d'intercommunalité a connu un succès notable ce qui est en grande partie lié au fait que sa création n'était assujettie, à l'origine, à aucune exigence de seuil démographique. La situation a toutefois évolué avec la loi NOTRe du 7 août 2015 qui pose le principe d'un seuil de 15 000 habitants au moins pour les EPCI à fiscalité propre (CGCT, art. L. 5210-1-1, III, 1°). Même si elle prévoit plusieurs dérogations, elle a néanmoins conduit à la disparition de nombreuses communautés de communes, qui ont été contraintes de fusionner avec d'autres EPCI limitrophes dans le cadre de la mise en œuvre des schémas départementaux de coopération intercommunale.

307.- Compétences.- La mise en œuvre par la communauté de communes d'un « projet commun de développement et d'aménagement de l'espace » suppose que lui soient conférées des compétences correspondant à ce projet.

A l'origine, le législateur avait défini deux groupes de compétences obligatoires et six groupes de compétences optionnelles en mentionnant exclusivement leurs intitulés (CGCT, art. L. 5214-16). Il s'agit de l'aménagement de l'espace et des actions de développement économique. Ces deux premiers chefs de compétence figurent toujours au 1° et 2° de l'article L. 5214-6, avec un contenu plus détaillé.

La loi MAPTAM du 27 janvier 2014 a voulu renforcer la cohésion des communautés de communes qui étaient jusqu'alors caractérisées par la grande marge de manœuvre laissée aux communes membres dans le choix des compétences transférées. Ce mouvement a été poursuivi par la loi NOTRe du 7 août 2015.

Tout d'abord, l'article L. 5214-16 du Code général des collectivités territoriales ajoute une troisième compétence obligatoire pour les communautés de communes : la gestion des milieux aquatiques s'ajoute aux compétences relatives au développement économique et à l'aménagement de l'espace. Cette nouvelle compétence, qui devait être attribuée aux communautés de communes au 1er janvier 2016 a finalement été reportée au 1er janvier 2018 par la loi NOTRe.

La loi NOTRe a ajouté deux autres compétences obligatoires pour les communautés de communes : pour l'aménagement, l'entretien et la gestion des aires d'accueil des gens du voyage ; pour la collecte et le traitement des déchets des ménages et déchets assimilés ;

Etaient également prévues, au 1er janvier 2020, les compétences en matière d'assainissement et d'eau, ce qui aurait dû entraîner mécaniquement la disparition de nombreux syndicats de communes et de syndicats mixtes exerçant jusqu'alors ces compétences.

La loi n° 2018-702 du 3 août 2018, si elle a maintenu cette échéance et le principe d'un transfert de compétences eaux et assainissement des eaux usées obligatoire, a prévu un assouplissement pour les communautés de communes qui n'exercent pas déjà à la date de publication de cette loi, soit toute ou partie de la compétence eau, soit toute ou partie des missions relatives au service public de l'assainissement collectif. Pour elles, le transfert obligatoire peut être reporté au 1er janvier 2026 si au moins 25 % des communes membres de la communauté de communes représentant au moins 20 % de la population totale de cette communauté délibèrent avant le 1er juillet 2019, pour s'opposer au transfert de l'une ou l'autre de ces compétences.

Les conditions de report du transfert de la compétence eau et assainissement ont été assouplies pour les communes membres de communautés de communes par la loi n°2019-1461 du 27 décembre 2019. Tout d'abord, la date du 1er juillet 2019 pour demander le report du transfert à 2026 a été repoussée au 1er janvier 2020. Surtout, la faculté de s'opposer au transfert obligatoire et de le reporter à 2026 est étendue aux communes membres d'une communauté de communes « qui exercent en partie seulement, sur tout ou partie du territoire de ces communes, l'une ou l'autre des compétences eau ou assainissement », et non plus seulement aux EPCI qui n'exerçaient pas du tout l'une ou l'autre de ces compétences.

La compétence obligatoire - en 2020 ou au plus tard en 2026 - des communautés de communes en matière d'assainissement est désormais expressément limitée aux missions relatives au service public de l'assainissement des eaux usées, la gestion des eaux pluviales urbaines demeurant une compétence des communes transférable à titre facultatif à la communauté de communes.

La loi n°2019-1461 du 27 décembre 2019 prévoit désormais que les communautés de communes et d'agglomération peuvent déléguer par convention tout ou partie des compétences « eau », « assainissement des eaux usées » et « gestion des eaux pluviales urbaines » à une commune ou à un syndicat infracommunautaire existant au 1er janvier 2019, quand ils sont inclus en totalité dans le périmètre de l'EPCI concerné, lequel demeure responsable de la compétence déléguée.

Le législateur ne s'est pas contenté de renforcer le socle de compétences obligatoires des communautés de communes. Il a également renforcé leurs compétences optionnelles.

Avant l'entrée en vigueur de la loi MAPTAM, le législateur contraignait les communautés de communes à choisir une compétence obligatoire parmi six groupes de compétences optionnelles. Au premier janvier 2018, elles devaient choisir des compétences relevant d'au moins trois des neuf groupes définis par l'article L. 5214-16 du Code général des collectivités territoriales

Comme on l'a vu, la loi n°2019-1461 du 27 décembre 2019 a voulu simplifier le statut des EPCI en supprimant la distinction entre compétences optionnelles et facultatives. Concrètement toutes les compétences optionnelles deviennent facultatives.

Compte tenu de l'extension de compétences obligatoires des communautés de communes, et l'abandon de la distinction entre compétences optionnelles et compétences facultatives, celles-ci peuvent désormais choisir d'exercer en lieu et place des communes, pour la conduite d'actions d'intérêt communautaire, les compétences relevant des groupes suivants : Protection et mise en valeur de l'environnement ; Politique du logement et du cadre de vie ; Politique de la ville ; Création, aménagement et entretien de la voirie ; Construction, entretien et fonctionnement d'équipements culturels et sportifs d'intérêt communautaire et d'équipements de l'enseignement préélémentaire et élémentaire d'intérêt communautaire ; Action sociale d'intérêt communautaire ; Création et gestion de maisons de services au public et définition des obligations de service public y afférentes.

b- Communautés d'agglomération

308.- Apparition.- Les communautés d'agglomération sont une création de la loi n°99-586 du 12 juillet 1999. Elles se sont substituées aux anciennes communautés de ville qui avaient été créées par la loi n°92-125 du 6 février 1992 - et qui n'avaient connu qu'un succès médiocre - dès lors qu'elles répondaient au seuil démographique défini par le législateur (à défaut les communautés de ville ont été transformées en communautés de communes). Les communautés d'agglomération avaient également vocation à se substituer aux communautés urbaines à l'exception de celles qui correspondaient aux plus grandes agglomérations.

Cette formule a rencontré un véritable succès, ce qui s'explique en partie par l'incitation faite aux communes par l'attribution d'une dotation globale de fonctionnement calculée sur des bases particulièrement favorables. Toutefois, elle a été concurrencée - en tout cas jusqu'à l'entrée en vigueur de la loi NOTRe- par la formule de la communauté de communes, dont l'essor a été favorisé par l'absence de seuil démographique ainsi que par le caractère plus modulable des compétences qui lui sont attribuées.

309.- Seuil démographique.- La communauté d'agglomération a pour objet de regrouper des communes en milieu urbain autour d'une commune centre. C'est pour cette raison que leur création est soumise à un double seuil démographique ce qui doit permettre de constituer des EPCI d'une taille suffisante.

La communauté d'agglomération doit ainsi regrouper « plusieurs communes formant, à la date de sa création, un ensemble de plus de 50 000 habitants d'un seul tenant et sans enclave, autour d'une ou plusieurs communes centre de plus de 15 000 habitants ». Trois dérogations sont toutefois prévues. Tout d'abord, lorsque la communauté d'agglomération comprend le chef-lieu du département, le seuil de 15 000 habitants n'est pas requis. Il en va de même, depuis l'entrée en vigueur de la loi NOTRe, lorsque la commune la plus peuplée est la commune centre d'une unité urbaine de plus de 15 000 habitants. Ensuite, le seuil démographique de 50 000 habitants est réduit à 30 000 habitants lorsque la communauté d'agglomération comprend le chef-lieu du département (CGCT, art. L. 5216-1)

Plus récemment, le législateur a décidé de mettre en œuvre deux séries d'expérimentations dans le but de favoriser la création de communautés d'agglomération, dans un but de renforcement de l'intercommunalité.

Tout d'abord, la loi n°2013-403 du 17 mai 2013 prévoit que pendant une durée maximale de trois ans, l'Etat peut autoriser la constitution d'une communauté d'agglomération lorsque celle-ci forme un ensemble d'au moins 30 000 habitants et comprend la commune la plus peuplée du département.

Ensuite, la loi MAPTAM du 27 janvier 2014 a prévu que pendant une durée maximale de dix-huit mois, l'Etat peut autoriser la constitution d'une communauté d'agglomération, lorsque celle-ci forme un ensemble d'au moins 25 000 habitants autour d'une commune centre de plus de 15 000 habitants et que la majorité des communes membres, dont la commune centre, sont des communes littorales. Ces dispositions doivent permettre de créer des communautés d'agglomération dans les zones littorales, ce qui est pratiquement impossible en application des seuils de droit commun.

310.- Compétences.- A l'image des communautés urbaines, les communautés d'agglomération bénéficient de larges transferts de compétences de la part des communes membres qui ont été encore renforcés par la loi MAPTAM du 27 janvier 2014 et par la loi NOTRe du 7 août 2015 (CGCT, art. L. 5216-5).

Elles bénéficient d'abord de six blocs de compétences obligatoires : le développement économique ; l'aménagement de l'espace communautaire ; l'équilibre social de l'habitat ; la politique de la ville ; l'aménagement, l'entretien et la gestion des aires d'accueil des gens du voyage ; la gestion des milieux aquatiques et prévention des inondations (depuis le 1er janvier 2018) ; la collecte et traitement des déchets des ménages et déchets assimilés

La loi NOTRe avait organisé, à partir du 1er janvier 2020 le transfert obligatoire des compétences « eau » et « assainissement » qui étaient des compétences optionnelles jusqu'à cette date. Contrairement à ce qu'on a vu pour les communautés de communes, la loi n° 2018-702 du 3 août 2018 n'a pas rendue possible le report de ces transferts de compétence jusqu'en 2026. Elle a surtout ajouté aux compétences obligatoires des communautés d'agglomération à compter du 1er janvier 2020 la « gestion des eaux pluviales urbaines ». Cette précision a permis de valider l'interprétation exprimée par la Direction générale des collectives locales dans des notes d'information du 13 juillet 2016 et du 18 septembre 2017 qui intégrait automatiquement dans la compétence « assainissement » les eaux usées et les eaux pluviales, mais sans pour autant imposer l'exercice immédiat de cette compétence pour les communautés actuellement compétentes pour le seul assainissement des eaux usées.

En application de la loi n°2019-1461 du 27 décembre 2019, la communauté d'agglomération peut déléguer, par convention, tout ou partie des compétences eau et gestion des eaux pluviales urbaines à l'une de ses communes membres.

Si la loi MAPTAM n'a pas eu d'effets sur les compétences optionnelles des communautés d'agglomération, il en va autrement pour la loi NOTRe.

Si au 1er janvier 2016, les communautés d'agglomération devaient exercer en lieu et place des communes au moins trois compétences parmi une liste de sept elles peuvent désormais opérer un choix entre les compétences suivantes : Création ou aménagement et entretien de voirie d'intérêt communautaire et création ou aménagement et gestion de parcs de stationnement d'intérêt communautaire ; protection et de mise en valeur de l'environnement et du cadre de vie (lutte contre la pollution de l'air, lutte contre les nuisances sonores, soutien aux actions de maîtrise de la demande d'énergie); Construction, aménagement, entretien et gestion d'équipements culturels et sportifs d'intérêt communautaire ; Action sociale d'intérêt communautaire ; Création et gestion de maisons de services au public et définition des obligations de service au public y afférentes.

c- Communautés urbaines

311.- Création.- Les communautés urbaines constituent la plus ancienne catégorie d'EPCI à fiscalité propre. Les premières communautés urbaines ont en effet été instituées par la loi n°66-1069 du 31 décembre 1966. Cette loi avait créé de façon autoritaire quatre communautés urbaines : Bordeaux, Lille, Lyon, Strasbourg. Par la suite douze autres communautés urbaines se sont constituées sur la base d'initiatives locales.

Avant l'apparition des métropoles, les communautés urbaines apparaissaient comme la forme la plus aboutie d'intégration des communes au sein d'un EPCI, notamment parce qu'elles perçoivent leurs propres recettes fiscales et parce que les compétences qui leur sont transférées sont étendues.

312.- Seuil démographique.- La constitution des communautés urbaines est soumise à un seuil minimum de population qui a évolué suite à l'apparition d'autres catégories d'EPCI à fiscalité propre (CGCT, art. L. 5215-1). Initialement, la loi du 31 décembre 1966 avait prévu un seuil de 50 000 habitants qui avait été abaissé à 20000 par la loi n°92-125 du 6 février 1992. Ce seuil avait ensuite été relevé de façon significative à 500 000 habitants par la loi n°99-586 du 12 juillet 1999, puis il a été ajusté à 450 000 habitants par la loi n°2010-1563 du 16 décembre 2010, en vue de le différencier du seuil de création des nouvelles métropoles. Finalement, pour éviter toute concurrence entre les métropoles et les communautés urbaines, la loi MAPTAM du 27 janvier 2014 a abaissé le seuil démographique de création des communautés urbaines de 450 000 habitants à 250 000 habitants.

313.- Compétences.- Les communautés urbaines exercent obligatoirement sept grandes catégories de compétences visées par l'article L. 5215-20 du Code général des collectivités territoriales : le développement et l'aménagement économique, social et culturel ; l'aménagement de l'espace communautaire ; l'équilibre social de l'habitat ; la politique de la ville ; la gestion de services d'intérêt collectif ; la protection et la mise en valeur de l'environnement et la politique du cadre de vie ; l'aménagement, l'entretien et la gestion des aires d'accueil des gens du voyage (depuis l'entrée en vigueur de la loi MAPTAM).

d- Les métropoles

314.- Création.- Les métropoles ont été créées par la loi n°2010-1563 du 16 décembre 2010 qui prévoyait que les agglomérations de plus de 500 000 habitants pouvaient constituer une métropole, ce qui leur permettait de bénéficier de transferts et de délégations de compétence visées par l'article L. 5217-2 du Code général des collectivités territoriales.

Cette nouvelle institution n'a pas eu le succès espéré puisqu'une seule métropole a été créée en application de la loi du 16 décembre 2010. Il s'agissait de la métropole

Nice Côte d'Azur qui fusionnait la communauté urbaine de Nice avec trois communautés de communes.

315.- Relance de la métropolisation.- La loi n°2014-173 du 27 janvier 2014 de modernisation de l'action publique territoriale et d'affirmation des métropoles a voulu imposer ce nouvel échelon d'administration territoriale en prévoyant la transformation par décret, au 1er janvier 2015 des EPCI de plus de 400 000 habitants au sein d'une aire urbaine de plus de 650 000 habitants (CGCT, art. L. 5217-1). Sont concernées les agglomérations de Toulouse, Nantes, Rouen, Bordeaux, Strasbourg, Lille, Rennes, Montpellier, Brest et Grenoble. Par ailleurs, la même loi MAPTAM a prévu la création au 1er janvier 2016 de la métropole d'Aix-Marseille-Provence et de la métropole du grand Paris qui répondent à un statut particulier, alors que la métropole de Lyon présente la caractéristique surprenante de ne pas être un EPCI à fiscalité propre mais une collectivité territoriale à statut particulier dotée de compétences communales et départementales. Toutefois le lancement de la métropole d'Aix-Marseille-Provence a été retardé en raison de deux QPC posées successivement par le Conseil d'Etat concernant les modalités de répartition des sièges au sein du conseil de la métropole (CE, 27 novembre 2015, requête numéro 394016, Commune d'Aix-en-Provence.- CE, 18 décembre 2015, requête numéro 394218, Commune de Pertuis).

316.- Conditions de création de nouvelles métropoles.- Cette métropolisation autoritaire ne fait toutefois pas obstacle à la création de nouvelles métropoles, dans le respect des critères définis par l'article L. 5217-1 du Code général des collectivités territoriales. Ces critères ont été élargis par la loi n°2017-257 du 28 février 2017 relative au statut de Paris et à l'aménagement métropolitain.

Désormais la métropolisation est possible pour :

-Les EPCI à fiscalité propre qui forment, à la date de la création de la métropole, un ensemble de plus de 400 000 habitants ;

-Les autres EPCI, centres d'une zone d'emplois de plus de 400 000 habitants et qui exercent en lieu et place des communes, les compétences des métropoles à la date de l'entrée en vigueur de la loi MAPTAM ;

-Les EPCI à fiscalité propre centres d'une zone d'emplois de plus de 400 000 habitants comprenant dans leur périmètre le chef-lieu de région ;

- Les EPCI à fiscalité propre de plus de 250 000 habitants ou comprenant dans leur périmètre, au 31 décembre 2015, le chef-lieu de région, centres d'une zone d'emplois de plus de 500 000 habitants.

Dans ces différentes hypothèses, la création par décret de la métropole, à la demande des EPCI concernés, se fait sous réserve d'un accord exprimé par deux tiers au moins des conseils municipaux des communes intéressées représentant plus de la moitié de la population totale de celles-ci ou par la moitié au moins des conseils municipaux des communes représentant les deux tiers de la population.

C'est en application de ces dispositions que la nouvelle métropole du grand Nancy a été créée à partir du 1er juillet 2016.

Par la suite ont été créées sept nouvelles métropoles au 1er janvier 2018 : Clermont-Auvergne, Dijon, Metz, Orléans, Saint-Etienne, Toulon-Provence-Méditerranée, Tours-Val-de-Loire.

Il existe donc à cette date 19 métropoles de droit commun et deux métropoles à statut particulier relevant de la catégorie des EPCI à fiscalité propre.

317.- Compétences.- Selon l'article L. 5217-1 du Code général des collectivités territoriales, les métropoles ont pour mission « d'élaborer et conduire ensemble un projet d'aménagement et de développement économique, écologique, éducatif, culturel et social de leur territoire afin d'en améliorer la cohésion et la compétitivité et de concourir à un développement durable et solidaire du territoire régional ». Il est également prévu que la métropole « valorise les fonctions économiques métropolitaines, ses réseaux de transport et ses ressources universitaires, de recherche et d'innovation, dans un esprit de coopération régionale et interrégionale et avec le souci d'un développement territorial équilibré ».

C'est donc un champ très large qui est couvert par les métropoles, ce qui explique qu'elles ont été dotées de compétences particulièrement étendues. Ces compétences résultent non seulement de transferts des communes membres, mais également du département, de la région et de l'Etat.

Tout d'abord, la métropole exerce de plein droit, en lieu et place des communes membres, des compétences en matière de développement et d'aménagement économique, social et culturel ; en matière d'aménagement de l'espace métropolitain ; en matière de politique locale de l'habitat ; en matière de politique de la ville ; en matière de gestion des services d'intérêt collectif ; en matière de protection et de mise en valeur de l'environnement et de politique du cadre de vie (CGCT, art. L. 5217-2, I). Chacun de ces blocs de compétences sont détaillés de façon précise. On notera en particulier que les métropoles, comme les autres EPCI, sont compétentes en matière de documents de planification de l'urbanisme.

Lorsque l'exercice de ces compétences est subordonné à la reconnaissance de leur intérêt métropolitain - ce qui concerne par exemple les équipements culturels, socio-éducatifs et sportifs - celui-ci doit être déterminé à la majorité des deux tiers du conseil de la métropole. Il est défini au plus tard deux ans après l'entrée en vigueur du décret prononçant la création de la métropole. A défaut, la métropole exerce l'intégralité des compétences transférées.

Ensuite, par convention passée avec le département et la région, la métropole peut exercer un nombre important de compétences supplémentaires, notamment en matière de voirie départementale, en matière d'action sociale, de construction, de reconstruction, d'aménagement, d'entretien et de fonctionnement des lycées ou encore en matière de développement économique (CGCT, art. L. 5217-2, IV et V).

Enfin, plusieurs compétences en matière de logement social peuvent être déléguées par l'Etat aux métropoles, dès lors qu'elles disposent d'un programme local de l'habitat exécutoire (CGCT, art. L. 5217-2, II et III). L'Etat peut aussi transférer à la métropole certaines compétences, notamment en matière d'aménagement, d'entretien et de gestion de grands équipements et infrastructures (CGCT, art. L. 5217-2, VII).

La métropole apparaît ainsi comme la forme la plus intégrée d'EPCI. Le champ très large des compétences qu'elle peut exercer limite de façon singulière les compétences que peuvent exercer les communes, mais également les autres collectivités territoriales.

318.- Métropoles à statut dérogatoire.- La métropole de Lyon (CGCT, art. L. 3611-1 s.) constitue avec la métropole du grand Paris (CGCT, art. L. 5219-1 s.) et la métropole de Marseille Provence (CGCT, art. L. 5218-1 s.) une métropole à statut dérogatoire. Toutefois, comme on l'a évoqué plus haut, la métropole de Lyon se substitue non seulement à l'ancienne communauté urbaine de Lyon mais également, dans les limites territoriales précédemment reconnues à celle-ci, au département du Rhône. Pour ce qui la concerne, l'intégration est telle qu'elle est sortie de la catégorie des EPCI pour intégrer celle des collectivités territoriales à statut particulier (CGCT, art. L. 3611-1).

B – Les deux vagues de refonte de la carte intercommunale

319.- Première vague de refonte.- La refonte de la carte intercommunale constitue l'une des mesures essentielles de la loi n°2010-1563 du 16 décembre 2010. Si le développement de l'intercommunalité a constitué l'un des faits majeurs de l'évolution territoriale de ces dernières années, il apparaissait encore perfectible. Ainsi, certains établissements publics de coopération intercommunale (EPCI) à fiscalité propre avaient été constitués sur des périmètres discutables. De même, 61 % des communes étaient encore membres de 4 syndicats ou davantage et 1 100 communes étaient membres de plus de 9 syndicats dont le nombre total était encore de 15378 avant la mise en œuvre de la loi du 16 décembre 2010. En outre, 1 908 communes étaient toujours isolées.

La loi visait un triple objectif.

Il s'agissait, tout d'abord, d'achever la carte intercommunale par le rattachement des dernières communes isolées à des EPCI à fiscalité propre. Sur ce point précis, cependant, la procédure de rattachement d'office d'une commune à un EPCI à fiscalité propre visée par l'article L. 5210-1-2 du Code général des collectivités territoriales a été jugée inconstitutionnelle parce que contraire au principe de libre administration des collectivités territoriales (CC, 25 avril 2014, numéro 2014-391 QPC, Commune de Thonon-les-Bains et a. : AJDA 2014, p. 887, note Pastor ; JCPA 2014, comm. 2206, note Gardère). En effet, , cet article « ne prévoit (…) aucune prise en compte du schéma départemental de coopération intercommunale préalablement établi pour décider du rattachement d'une commune à un EPCI ». Ce n'est qu'en cas d'avis négatif de l'organe délibérant de l'EPCI qu'est imposé de suivre la proposition émise à la majorité qualifiée par la commission départementale de la coopération intercommunale. En outre, cette procédure offrait des garanties insuffisantes aux communes concernées dès lors qu'elles « ne prévoient aucune consultation des conseils municipaux des communes intéressées par ce rattachement et, en particulier, du conseil municipal de la commune dont le rattachement est envisagé ». La loi NOTRe du 7 août 2015 a ensuite rétabli dans le code, au même article L. 5210-1-2, une procédure de rattachement d'office des communes, conforme à la décision du Conseil constitutionnel du 25 avril 2014.

Il s'agissait ensuite de rationaliser le périmètre des EPCI à fiscalité propre existants.

La refonte devait enfin aboutir à simplifier l'organisation intercommunale par la suppression des syndicats devenus obsolètes.

Les préfets, en étroite concertation avec la commission départementale de coopération intercommunale, ont élaboré dans chaque département un schéma de coopération intercommunale qui a été aussitôt mis en œuvre. Ce processus a été achevé au 1er juin 2013, date à laquelle tout le territoire national était supposé être couvert par des intercommunalités plus cohérentes. Il est à noter qu'il avait été jugé que dès lors qu'il s'agit d'un document d'orientation et de programmation de l'organisation intercommunale, et qu'il ne comporte « aucun effet prescriptif directement et immédiatement opposable aux communes et aux EPCI », le schéma départemental de coopération intercommunale doit être assimilé à une mesure préparatoire qui ne peut faire l'objet d'un recours pour excès de pouvoir (CAA Nancy, 7 novembre 2013, requête numéro 12NC01926, Communauté de communes du Val-de-Meurthe.- V. également CAA Lyon, 24 septembre 2013, requête numéro 12LY02275, Commune de Saint-Martin-de-Belleville.- CAA Lyon, 10 décembre 2013, requête numéro 12LY03089, Communauté de communes des vallées du Valbonnais). Cette solution a toutefois été infirmée par le Conseil d'Etat qui a considéré que ces schémas sont des actes non réglementaires qui peuvent être directement contestés devant le juge de l'excès de pouvoir. Toutefois, leur légalité ne peut être contestée par voie d'exception que pour autant que ces actes ne sont pas devenus définitifs (CE, 21 octobre 2016, requête numéro 390052, Communauté de communes du Val-de-Drôme : Rec. tables, p. 603 ; AJCT 2007, p. 100, note Bonnefond).

Apparemment cette marche forcée vers l'intercommunalité a atteint une grande partie des objectifs fixés. Le bulletin statistique de la direction générale des collectivités locales laisse ainsi apparaître qu'au premier janvier 2014 il n'y avait plus que 49 communes isolées en France, hors Paris et Mayotte. La grande majorité de ces communes sont situées en Ile-de-France et elles avaient donc vocation à rejoindre la métropole du Grand Paris lors de sa constitution au 1er janvier 2016.

Par ailleurs, le nombre de syndicats intercommunaux a baissé de façon significative, tout comme le nombre d'EPCI à fiscalité propre dont la taille a en revanche augmenté.

320. Seconde vague de refonte.- Ce mouvement n'est d'ailleurs pas achevé et il a été relancé par la loi NOTRe. En effet, la fixation d'un seuil démographique en-deçà duquel une communauté de communes ne peut être constituée entraîne la disparition d'un nombre important de ces organismes qui ont généralement été absorbés par des EPCI à fiscalité propre plus importants. Ensuite, comme on l'a vu, de nombreuses mesures inscrites dans la loi NOTRe doivent conduire à la disparition de nombreux syndicats de communes et de syndicats mixtes.

La loi NOTRe prévoyait en conséquence l'établissement de nouveaux schémas de coopération intercommunale qui devaient être établis dans le courant de l'année 2016. L'évolution est majeure puisqu'elle a conduit à une diminution de 39 % des EPCI à fiscalité propre entre le 1er janvier 2016 et le 1er janvier 2017, soit 1263 EPCI à fiscalité propre à compter de cette date.

La plupart des schémas adoptés en 2016 prévoyaient que ce n'est qu'une fois que ce mouvement sera achevé que la question de la réduction du nombre de syndicats de communes sera traitée. Cette approche est logique. Elle permet dans un premier temps aux territoires de redéfinir le périmètre des communautés et leurs compétences avant de rationaliser la carte des syndicats dont certaines compétences - l'eau, l'assainissement, les déchets notamment- sont transférés aux communautés avec un décalage dans le temps, ce qui fait que certains syndicats se retrouvent vidés de leur substance.

II – Coopération interdépartementale

321.- Ententes.- Selon l'article L. 5411-1 du Code général des collectivités territoriales, les conseils départementaux de plusieurs départements ont la possibilité de constituer une entente sur des « objets d'utilité départementale compris dans leurs attributions et qui intéressent leurs départements respectifs ». Ils peuvent ainsi passer entre eux des conventions, à l'effet d'entreprendre ou de conserver à frais communs des ouvrages ou des institutions d'utilité commune. Il est à noter, cependant, que les décisions prises dans ce cadre n'auront un caractère exécutoire que si elles sont ratifiées par l'ensemble des conseils départementaux concernés.

322.- Conférences.- Il est possible aussi d'organiser des conférences interdépartementales. Il s'agit de permettre à des membres de chaque conseil départemental concerné de débattre de questions d'intérêt commun dans des conférences où chaque conseil départemental est représenté. Les décisions qui y sont prises ne sont exécutoires qu'après avoir été ratifiées par tous les conseils départementaux intéressés (CGCT, art. L. 5411-2).

323.- Etablissements publics interdépartementaux.- Une forme plus aboutie de coopération, visée par l'article L. 5421-1 du Code général des collectivités territoriales, permet de créer un établissement public de coopération interdépartementale qui sera constitué par deux ou plusieurs conseils départementaux de départements même non limitrophes et qui pourra également associer des conseils régionaux ou des conseils municipaux.

Les règles applicables à cette catégorie d'établissements publics sont assez lacunaires, ce qui peut poser un certain nombre de difficultés pratiques. Ainsi, contrairement à ce qui est possible pour des communes et des syndicats de communes, la loi n'autorise pas les établissements publics de coopération interdépartementale à créer des régies (CE, 1er octobre 1996, avis numéro 359409 : EDCE 1996, p. 305 s.). De même, il a été jugé qu'un établissement public relevant de cette catégorie, dont l'objet est de céder de l'eau potable à des communes ou groupements de communes moyennant le versement d'une redevance, ne peut prétendre être exonéré de la taxe foncière sur les propriétés bâties, dès lors qu'il n'entre pas dans le champ d'exonérations prévues par le 1° de l'article 1382 du Code général des impôts (CE, 29 octobre 1984, requête numéro 34791, Institution interdépartementale pour l'aménagement hydraulique de la Montagne Noire : Rec. p.563).

III – Agences départementales

324 .- Définition et compétences.- Le département, des communes et des EPCI peuvent créer entre eux un établissement public dénommé agence départementale.

Cette agence est chargée d'apporter, aux collectivités territoriales et aux EPCI du département qui le demandent, une assistance d'ordre technique, juridique ou financière (CGCT, art. L. 5511-1). Il s'agit, au moyen de ces agences, de mettre en œuvre les missions dévolues au département par l'article L. 1111-9 du Code général des collectivités territoriales qui prévoit que le département est désormais, depuis la loi MAPTAM du 27 janvier 2014, le chef de file en matière de solidarités territoriales. Toutefois, le législateur a voulu éviter que le département ne soit en mesure d'exercer une tutelle sur les communes et les EPCI, ce qui aurait été contraire à la Constitution. C'est pour cette raison que la composition de cette structure doit nécessairement associer le département, les communes et les établissements publics concernés.

IV – Coopération interrégionale

325.- Manifestations de la coopération interrégionale.- L'article L. 5611-1 du Code général des collectivités territoriales prévoit la possibilité, pour deux ou plusieurs régions de conclure entre elles, pour l'exercice de leurs compétences, des conventions ou créer des institutions d'utilité commune.

Plus précisément, ce rapprochement peut donner lieu à la création d'une entente interrégionale, qui constitue un établissement public associant plusieurs régions ayant un territoire continu, avec une exception prévue pour la Corse (CGCT, art. L. 5621-1 s.).

V – Syndicats mixtes

326.- Traits généraux.- Les syndicats mixtes sont des établissements publics qui permettent d'associer au moins une collectivité territoriale ou un groupement de collectivités.

Plus précisément, il existe deux catégories de syndicats mixtes.

327.- Syndicats mixtes fermés.- Il s'agit d'abord des syndicats mixtes fermés qui associent uniquement des communes et des EPCI et dont le régime juridique est aligné sur celui des syndicats intercommunaux (CGCT, art. L. 5711-1). Les règles qui leur sont applicables sont définies par renvoi aux dispositions communes aux EPCI à fiscalité propre et aux syndicats de communes.

La question s'est posée de savoir si les syndicats mixtes fermés relevaient de la catégorie des EPCI. A cette question, le Conseil d'Etat a répondu par la négative à l'occasion de l'arrêt Syndicat des eaux du Nord du 5 janvier 2005 (requête numéro 265938, Syndicats des eaux du Nord : AJDA 2005, p. 770, note Degoffe ; JCP A 2005, comm. 417, note Moreau) ce qui fait qu'un syndicat mixte fermé ne peut, sans disposition législative explicite, être membre d'un autre syndicat. La loi n° 2006-1537 du 7 décembre 2006 est ensuite intervenue pour créer l'article L. 5711-4 du Code général des collectivités territoriales qui autorise une telle adhésion pour des syndicats mixtes compétents dans les domaines qu'il énumère. Ces solutions n'ont pas été remises en cause par la loi n° 2010-1563 du 16 décembre 2010 qui crée l'article L. 5210-1-1, A du Code général des collectivités territoriales. Selon cet article, modifié par la loi NOTRe du 7 août 2015 « forment la catégorie des établissements publics de coopération intercommunale les syndicats de communes, les communautés de communes, les communautés urbaines, les communautés d'agglomération et les métropoles ». Les syndicats mixtes fermés sont donc exclus de cette liste et ils sont intégrés dans la catégorie plus large, visée par l'article L. 5111-1-1 du Code général des collectivités territoriales, également créé par la loi du 16 décembre 2010, des « groupements de collectivités territoriales » qui intègre l'ensemble des organismes de coopération locale.

328.- Syndicats mixtes ouverts.- La seconde catégorie de syndicats mixtes est ensuite constituée par les syndicats mixtes ouverts qui associent des collectivités territoriales, des EPCI et d'autres personnes morales de droit public, notamment des organes de coopération interdépartementale ou régionale, ou encore des chambres de commerce et d'industrie (CGCT, art. L. 5721-1 s.). Les règles applicables aux syndicats mixtes ouverts se rapprochent de celles appliquées aux EPCI. Dans le silence des textes, les règles applicables aux syndicats mixtes ouverts peuvent être inscrites dans les statuts. A défaut de dispositions statutaires, tout ce qui n'est pas expressément interdit par le Code général des collectivités territoriales est autorisé.

A ces catégories traditionnelles il convient d'ajouter deux nouvelles catégories de syndicats mixtes.

329.- Pôles métropolitains.- Il s'agit d'abord du pôle métropolitain, créé par la loi n°2010-1563 du 10 décembre 2010. Il s'agit d'un établissement public constitué par accord entre des EPCI à fiscalité propre formant un ensemble de plus de 300 000 habitants, sous réserve que l'un d'entre eux compte plus de 100 000 habitants, en vue d'actions d'intérêt métropolitain, afin de promouvoir un modèle d'aménagement, de développement durable et de solidarité territoriale (CGCT, art. L. 5731-1 s.). Depuis l'entrée en vigueur de la loi n°2019-809 du 1er août 2019, une commune nouvelle issue de la fusion de toutes les communes membres d'un ou de plusieurs établissements publics de coopération intercommunale à fiscalité propre peut adhérer à un pôle métropolitain. La compétence des pôles métropolitains peut s'étendre à la coopération transfrontalière. Pour les pôles métropolitains limitrophes d'un pays étranger le seuil démographique pour l'EPCI le plus important est d'ailleurs abaissé de 100 000 à 50 000 habitants. Cette formule a rencontré un certain succès puisqu'il existe 19 pôles métropolitains au 1er janvier 2018. L'article L. 5731-3 du Code général des collectivités territoriales précise expressément que les pôles métropolitains relèvent, en principe, des règles applicables aux syndicats mixtes fermés, ou aux syndicats mixtes ouverts lorsqu'une région, un département ou la métropole de Lyon en est membre. Plus précisément, il s'agit donc d'une variante des syndicats mixtes « fermés » comme le précise l'article L. 5731-3 du même code.

330.- Pôles d'équilibre territorial.- Enfin, la loi n°2014-58 du 27 janvier 2014 a créé les pôles d'équilibre territorial et rural, qui sont des établissements publics constitués par accord entre plusieurs EPCI à fiscalité propre, au sein d'un périmètre d'un seul tenant et sans enclave (CGCT, art. L. 5741-1 s.). Comme dans l'hypothèse précédente, depuis l'entrée en vigueur de la loi n°2019-809 du 1er août 2019, une commune nouvelle issue de la fusion de toutes les communes membres d'un ou de plusieurs établissements publics de coopération intercommunale à fiscalité propre peut adhérer à un pôle d'équilibre territorial et rural. Ils relèvent, en principe, des règles applicables aux syndicats mixtes fermés. Ils ont pour mission d'élaborer un projet de territoire pour le compte et en partenariat avec les EPCI qui le composent. Ce projet « définit les conditions du développement économique, écologique, culturel et social dans le périmètre du pôle d'équilibre territorial et rural. Il précise les actions en matière de développement économique, d'aménagement de l'espace et de promotion de la transition écologique qui sont conduites par les EPCI ... Il peut comporter des dispositions relatives à toute autre question d'intérêt territorial » (CGCT, article L. 5741-2). Cette nouvelle institution présente de nombreux traits communs avec les pays, qui avaient été créés par la loi n°95-115 du 4 février 1995, puis supprimés par la loi du 16 décembre 2010, et qui servaient de cadre pour « l'élaboration d'un projet commun de développement durable destiné à développer les atouts du territoire considéré et à renforcer les solidarités réciproques entre la ville et l'espace rural » (Loi n°95-115 du 4 février 1995, art. 22).

§ III – Contrôle des actes des collectivités territoriales

331.- Différentes manifestations du contrôle de l'Etat.- Si les collectivités territoriales sont régies par le principe de libre administration, elles n'en demeurent pas moins soumises au contrôle du représentant de l'Etat. Ce contrôle se manifeste essentiellement non plus par un pouvoir de tutelle, permettant au préfet d'annuler ou de réformer lui-même les actes des collectivités territoriales, mais par un contrôle de légalité pouvant déboucher sur la saisine du tribunal administratif.

Il existe également d'autres types de contrôles et notamment un contrôle financier qui est exercé conjointement par le préfet et par la chambre régionale des comptes.

La loi n° 2019-1461 du 27 décembre 2019 relative à l'engagement dans la vie locale et à la proximité de l'action publique a également inséré dans le Code général des collectivités territoriales un nouvel article L. 1116-1 créant un rescrit préfectoral. Selon cet article « avant d'adopter un acte susceptible d'être déféré au tribunal administratif, les collectivités territoriales ou leurs groupements ainsi que leurs établissements publics peuvent saisir le représentant de l'Etat chargé de contrôler la légalité de leurs actes d'une demande de prise de position formelle relative à la mise en œuvre d'une disposition législative ou réglementaire régissant l'exercice de leurs compétences ou les prérogatives dévolues à leur exécutif. ». Cette nouvelle procédure permet donc aux collectivités territoriales de sécuriser leurs actes administratifs et d'éviter qu'ils fassent l'objet d'un possible déféré préfectoral ou d'un recours gracieux après leur adoption.

332.- Déféré préfectoral.- La loi du 2 mars 1982 prévoyait, dans sa version originelle, que les actes des collectivités territoriales sont exécutoires de plein droit, c'est-à-dire avant leur transmission au préfet aux fins de contrôle. Toutefois, dans sa décision numéro 82-137 DC du 25 février 1982, le Conseil constitutionnel a estimé que « si la loi peut fixer les conditions de la libre administration des collectivités territoriales, c'est sous la réserve qu'elle respecte les prérogatives de l'Etat énoncées à l'alinéa 3 de l'article 72 (actuellement alinéa 6) … ces prérogatives ne peuvent être ni restreintes, ni privées d'effet, même temporairement… l'intervention du législateur est donc subordonnée à la condition que le contrôle administratif … permette d'assurer le respect des lois et, plus généralement, la sauvegarde des intérêts nationaux auxquels, de surcroît, se rattache l'application des engagements internationaux contractés à cette fin ».

Cette censure a abouti à la mise en place d'un nouveau dispositif en vertu duquel le caractère exécutoire des actes des collectivités territoriales est conditionné par leur transmission effective au préfet ou au sous-préfet, lorsque cette transmission est expressément prévue par les textes. La transmission à un autre service de l'Etat, ne fait pas courir le délai, mais s'il est établi que ce service a transmis l'acte au préfet, ou au sous-préfet, le délai court à compter de cette transmission.

Plusieurs questions doivent être évoquées, concernant la nature du déféré préfectoral, les modalités de son déclenchement, les actes pouvant faire l'objet de cette procédure et l'exercice de ce recours.

I – Nature du déféré préfectoral

333.- Assimilation initiale au recours pour excès de pouvoir.- Même s'il existe une appellation spécifique désignant le déféré préfectoral, les juges ont longtemps assimilé ce recours au recours pour excès de pouvoir (CE Sect., 26 juillet 1991, requête numéro 117717, Commune de Sainte-Marie : Rec. p. 302 ; LPA 29 mai 1992, p. 11, note Rouault ; RDP 1992, p. 1528, obs. Llorens ; RFDA1991, p. 966, concl. Legal). En effet, dans les deux cas, il s'agit bien d'un contrôle de légalité opéré par la juridiction administrative pouvant aboutir à l'annulation de l'acte contesté. La principale différence entre ces deux recours demeurait leur champ d'application : si le recours pour excès de pouvoir est fermé, sauf exception, en matière contractuelle, les contrats des collectivités territoriales et de leurs groupements peuvent faire l'objet d'un déféré préfectoral (CE, 4 novembre 1994, requête numéro 99643, Département de la Sarthe : Rec. p. 1109 ; AJDA 1994, p. 898, concl. Maugüé ; Dr. adm. 1994, 640, obs. C.M.).

334.- Assimilation partielle au recours de plein contentieux.- Le Conseil d'Etat a finalement opéré un revirement de jurisprudence à l'occasion d'un arrêt ministre de l'Intérieur du 23 décembre 2011 (requête numéro 348647, requête numéro 348648 : BJCP 2012, n° 81, p. 125, concl. Dacosta ; Contrats-Marchés publ. 2012, comm. 56, note Pietri ; Dr. adm. 2012, comm. 27, note Claeys ; CP-ACCP, 119/2012, p. 77, note Lauret et Proot ; RJEP 2012, comm. 25, note Brenet .– V. également CE, 4 juillet 2012, requête numéro 352417, Communauté d'agglomération de Chartres Métropole : Rec. tables, p. 842.- CAA Marseille, 28 novembre 2012, requête numéro 10MA01413, Côte d'Azur habitat : Contrats-marchés publ. 2013, comm. 52. – CAA Douai, 17 janvier 2013, requête numéro 12DA00594, Préfet de la Région Nord-Pas-de-Calais.- CAA Lyon, 2 janvier 2014, requête numéro 12LY03078, Commune de Lissieu) en classant le déféré préfectoral parmi les recours de plein contentieux dès lors que le recours est dirigé contre un contrat. Cette solution s'applique également aux demandes de suspension assortissant les déférés (CE, 9 mai 2012, requête numéro 355665, Syndicat départemental de traitement des ordures ménagères de l'Aude : Contrats-marchés publ. 2012, comm. 225, note Pietri.- TA Bastia, ord., 14 juin 2019, n° 1900631, Préfète de la Corse : Contrats-Marchés publ. 2019, comm. 274, obs. Hopffner).

Toutefois, cette évolution ne concerne pas les cas où, par exception, le recours pour excès de pouvoir est ouvert en matière contractuelle, ce qui vise pour l'essentiel les contrats de recrutement des agents publics (CE, 2 février 2015, requête numéro 373520, Commune d'Aix-en-Provence : AJDA 2016, p. 736, note Roux ; JCP A 2015, act. 161, obs. Langelier).

Surtout, le déféré préfectoral demeure assimilable à un recours pour excès de pouvoir dès lors qu'il est dirigé contre un acte unilatéral. Mais s'agissant des contrats, lorsqu'il constate une illégalité, le juge n'est plus tenu d'annuler la décision litigieuse. Comme le précise le Conseil d'Etat dans l'arrêt Ministre de l'Intérieur « il lui revient, après avoir pris en considération la nature de l'illégalité éventuellement commise, soit de prononcer la résiliation du contrat ou de modifier certaines de ses clauses, soit de décider de la poursuite de son exécution, éventuellement sous réserve de mesures de régularisation par la collectivité contractante, soit enfin, après avoir vérifié si l'annulation du contrat ne porterait pas une atteinte excessive à l'intérêt général ou aux droits des cocontractants, d'annuler, totalement ou partiellement, le cas échéant avec un effet différé, le contrat ».

Ces solutions n'ont pas être remises en cause par la jurisprudence Département-du-Tarn-et-Garonne (CE Ass., 4 avril 2014, requête numéro 358994 : Rec. p. 70, concl. Dacosta ; AJDA 2014, p. 1035, note Bretonneau et Lessi ; BJCL 2014, p. 316, note Fardet ; BJCP 2014, p. 204, note Terneyre ; Contrats-Marchés publ. 2014, étude 5, Rees et repère 5, Llorens et Soler-Couteaux ; D. 2014, p. 1179, note Gaudemet et Dizier ; Dr. adm. 2014, comm. 36, note Brenet ; JCP E 2014, comm. 2152, note Sestier et 2153, note Hul ; JCP A 2014, act. 325, obs. Touzeil-Divina ; JCPA 2014, comm. 2152, note Sestier ; JCP G 2014, comm. 737, note Bourdon ; RDP 2014, p. 1148, débat Seiller, Braconnier, Dacosta, p. 1175, note Janicot et Lafaix et p. 1198, note Rolin ; RFDA 2014, p. 438, note Delvolvé ; RLCT 2014/101, p. 20 note Brameret et p. 25, obs. Glaser ; RD imm. 2014, p. 244, obs. Braconnier ; Revue générale du droit on line, 2014, n° 16187, note Girard ; RFDA 2014, p. 438, note Delvolvé ; RJEP 2014, 26, note Lafaix). En effet si, par cet arrêt, le Conseil d'Etat ferme la voie du recours pour excès de pouvoir dirigé contre les actes détachables préalables à la conclusion du contrat, une exception est justement prévue pour le préfet qui a toujours la possibilité d'attaquer ces actes unilatéraux tant que le contrat n'a pas été signé.

II – Modalités de déclenchement du déféré préfectoral

335.- Alternative au recours pour excès de pouvoir.- L'existence d'une procédure de déféré préfectoral n'interdit pas à toute personne intéressée d'intenter un recours pour excès de pouvoir contre l'acte litigieux, dès lors qu'il s'agit d'un acte administratif unilatéral, et sauf si cette voie de recours est fermée (c'est désormais le cas pour les actes unilatéraux préalables à la conclusion d'un contrat en application de la solution initiée par le Conseil d'Etat à l'occasion de l'arrêt d'Assemblée du 16 juillet 2007, Société tropic travaux signalisation, requête numéro 291545 : Rec. p. 360 ; RDP 2007, p. 1402, concl. Casas ; RFDA 2007, p. 696, concl. Casas ; RJEP 2007, dossier 1, concl. Casas et note Delvolvé ; AJDA 2007, p. 1577, chron. Lénica et Boucher ; JCP G 2007, II, comm. 10156, note Ubaud-Bergeron et

10160, note Sellier ; JCP A 2007, 2212, note Linditch et 2221, note Rouault ; Dr. adm. 2007, repère 7, note Auby ; Rev. Lamy conc. 2007/13, 914, obs. Clamour). De même, il est possible, pour ces personnes, de saisir le préfet afin qu'il fasse usage du recours qui lui est réservé. Il a été jugé, dans cette hypothèse, que le requérant n'est pas recevable à contester un éventuel refus du préfet devant le juge de l'excès de pouvoir (CE Sect., 25 janvier 1991, requête numéro 80969, Brasseur : Rec. p. 23, concl. Stirn ; RFDA 1991, p. 1587, note Douence ; AJDA 1991, p. 351 ; JCP G 1991, II, comm. 21654, note Moreau). En revanche, la demande faite au préfet aura pour effet de proroger le délai de recours contentieux.

336.- Responsabilité de l'Etat.- Il faut noter, enfin, que le fait, pour un préfet, de ne pas déférer un acte entaché d'illégalité ne constitue pas, en tant que tel, une faute de nature à engager la responsabilité de l'Etat (CE, 21 juin 2000, requête numéro 202058, Ministre de l'Intérieur c. Commune de Roquebrune Cap Martin : RDP 2000, p. 1096, concl. Touvet). Il est en effet nécessaire, dans ce cas, que la preuve d'une faute lourde soit rapportée (CE, 6 octobre 2000, requête numéro 205959, Ministre de l'Intérieur c. Commune de Saint-Florent : Rec. p. 395 ; Collectivités Territoriales – Intercommunalité, comm. 266, note Moreau ; AJDA, 2001, p. 201.- V. également CE, 30 mars 2011, requête numéro 328972, Ministre de l'Intérieur c/ SIVOM de Cinarca-Liamone : AJDA 2011, p. 1223).

III – Actes pouvant faire l'objet d'une procédure de déféré préfectoral

337.- Obligation de transmission.- Pour que le préfet soit en mesure d'exercer son contrôle, encore faut-il qu'il ait eu connaissance de l'acte litigieux.

Pour ce qui concerne les communes, par exemple, l'article L. 2131-3 du Code général des collectivités territoriales précise que « les actes pris par les autorités communales sont exécutoires de plein droit dès qu'il a été procédé à leur publication ou affichage ou à leur notification aux intéressés ainsi qu'à leur transmission au représentant de l'Etat dans le département ou à son délégué dans l'arrondissement. Pour les décisions individuelles, cette transmission intervient dans un délai de quinze jours à compter de leur signature » (CGCT, art. L. 3131-1 et L. 4141-4 pour les départements et pour les régions).

En d'autres termes une grande partie des actes administratifs pris par les collectivités territoriales relèvent de l'obligation de transmission. En revanche, ne sont pas concernés par cette obligation les actes de droit privé ainsi que les actes pris par le maire lorsqu'il agit comme représentant de l'Etat.

338.- Actes soumis à l'obligation de transmission.- L'article L. 2131-2 du Code général des collectivités territoriales prévoit ainsi, pour ce qui concerne les communes (CGCT, art. L. 3131-2 et L. 4141-2 pour les départements et les régions), que doivent être transmis :

- Les délibérations du conseil municipal ou les décisions prises par délégation du conseil municipal en application de l'article L. 2122-22 du Code général des collectivités territoriales (sauf exceptions visées par l'article L. 2131-2) ;

- Les décisions règlementaires et individuelles prises par le maire dans l'exercice de son pouvoir de police (V. par exemple annulant une décision d'un conseil municipal voulant créer une « garde nationale », TA Montpellier, 5 juillet 2016, requête numéro 1506696, Préfet de l'Hérault.- .- V. également la jurisprudence très riche concernant les tentatives de maires de prendre des mesures ayant pour effet soit d'assouplir, soit de durcir les mesures prises par les autorités étatiques dans le cadre de l'état d'urgence sanitaire suite à la pandémie de Covid-19.- V. respectivement TA Strasbourg, ord. réf., 3 novembre 2020, requête numéro 2006788, Préfet du Haut-Rhin ; TA Montpellier, ord. réf., 4 novembre 2020, requête numéro 2004875, requête numéro 2004876, requête numéro 2004877, requête numéro 2004878, requête numéro 2004879 ; TA Besançon, ord. réf., 5 novembre 2020, requête numéro 2001666, requête numéro 2001669, requête numéro 2001674, requête numéro 2001686 ; TA Nice, ord. réf., 5 novembre 2020, requête numéro 2004420 ; TA Toulouse, ord. réf., 9 novembre 2020, requête numéro 200549.- CE, ord. réf., 17 avril 2020, requête numéro 440057, Commune de Sceaux, JCP A 2020, comm. 252, obs. Youhnovski Sagon) à l'exclusion de celles relatives à la circulation et au stationnement ainsi que celles relatives à l'exploitation, par les associations, de débits de boissons pour la durée des manifestations publiques qu'elles organisent ;

- Les actes à caractère règlementaire pris par les autorités communales dans tous les autres domaines qui relèvent de leur compétence en application de la loi ;

- Les conventions relatives aux emprunts, aux marchés et aux accords-cadres, à l'exception des conventions relatives à des marchés et à des accords-cadres d'un montant inférieur à 214 000 euros hors taxes au 1er janvier 2020 (CGCT, art. D.2131-5-1) ainsi que les conventions de concession ou d'affermage de services publics locaux et les contrats de partenariat ;

- Les décisions individuelles relatives à la nomination, à l'avancement de grade, à la mise à la retraite d'office, à la révocation des fonctionnaires, ainsi que les décisions individuelles relatives au recrutement, y compris le contrat d'engagement, et au licenciement des agents non titulaires, à l'exception de celles prises dans le cadre d'un besoin saisonnier ou occasionnel, en application du deuxième alinéa de l'article 3 de la loi n°84-53 du 26 janvier 1984 portant dispositions statutaires relatives à la fonction publique territoriale ;

- Les permis de construire et les autres autorisations d'utilisation du sol et le certificat d'urbanisme délivrés par le maire ou le président d'un établissement public de coopération intercommunale, lorsqu'il a reçu compétence dans les conditions prévues aux articles L. 422-1 et L. 422-3 du Code de l'urbanisme (V. par ex. CE, 28 décembre 2017, requête 399629) ;

- Les ordres de réquisition du comptable pris par le maire ;

- Les décisions relevant de l'exercice de prérogatives de puissance publique, prises par les sociétés d'économie mixte locales pour le compte d'une commune ou d'un établissement public de coopération intercommunale.

339.- Possibilité de déférer des actes non mentionnés par le CGCT.- Cette énumération n'est pas exhaustive. En effet, les actes qui ne sont pas mentionnés par le Code général des collectivités territoriales peuvent également être déférés par les préfets. Tel est le cas, par exemple, des mesures préparatoires (CE Ass., 15 avril 1996, requête numéro 120273, Syndicat CGT des hospitaliers de Bédarieux : Rec. p. 130 ; concl. Combreville : RFDA 1996, p. 1169 ; AJDA 1996, p. 366.- CE, 15 juin 2018, requête numéro 411630, Département du Haut-Rhin : Rec. tables, p. 816 ; JCP A 2018, comm. 2230, note Habchi) et des décisions implicites (CE Sect., 28 février 1997, requête numéro 167483, Commune de Port : Rec. p. 61 ; concl. Stahl ; RFDA 1997, p. 1198, note Douence). Enfin, peuvent également faire l'objet d'une procédure de déféré préfectoral les contrats qui ne sont pas soumis à l'obligation de transmission (CE, 4 novembre 1994, requête numéro 99643, Département de la Sarthe : Rec. tables, p. 1045), à condition toutefois qu'il s'agisse bien de contrats administratifs.

IV – Exercice du déféré préfectoral

340.- Délai d'exercice du déféré préfectoral.- La transmission des actes des collectivités territoriales et des EPCI (CGCT, art. L. 5211-3) a pour effet de permettre au préfet de saisir, le cas échéant, le tribunal administratif compétent dans un délai de deux mois. Cette solution s'applique également pour les décisions tacites (CE, 23 octobre 2013, requête numéro 344454, SARL Prestig'Immo). Le délai court non pas à compter de la date de l'édiction de l'acte, mais bien à partir de sa transmission effective (CE Sect., 30 septembre 1988, requête numéro 85099, Commune de Nemours c. Marquis : Rec. p. 120.- CE, avis, 10 juin 1996, requête numéro 176873, requête numéro 176874, requête numéro 176875, Préfet de la Côte d'Or).

341.- Demande de suspension de l'acte déféré.- Si le déféré préfectoral n'a pas de caractère suspensif, le préfet peut assortir son recours d'une demande de suspension de l'acte, y compris s'il s'agit d'un contrat (CE, 23 juillet 2010, requête numéro 338367, Région de la Réunion : JCP A 2010, comm. 2311, obs. Linditch). Ce n'est pas le régime de référé suspension de droit commun de l'article L. 521-1 du Code de justice administrative qui est applicable. L'article L. 2131-6, alinéa 3, du Code général des collectivités territoriales, auquel renvoie l'article L. 554-1 du Code de justice administrative, met en place une procédure simplifiée, qui permet d'obtenir la suspension de l'acte déféré « si l'un des moyens invoqués paraît, en l'état de l'instruction, propre à créer un doute sérieux quant à la légalité de l'acte attaqué ». Dans une telle hypothèse, le tribunal statue dans un délai d'un mois, et sa décision est susceptible non pas d'un recours en cassation comme c'est en principe le cas en matière de référé suspension, mais d'un appel devant le Conseil d'Etat.

Même si les textes ne le prévoient pas expressément, l'appel contre le jugement au fond peut faire l'objet d'une demande de référé-suspension (CE, 8 février 2017, requête numéro 402417, Ministre du Logement c/ Commune de Chens-sur-Léman : Dr. adm. 2017, 33, note Eveillard). L'article L. 2131-6, alinéa 5, du Code général des collectivités territoriales, auquel renvoie l'article L. 554-3 du Code de justice administrative, crée quant à lui une procédure de suspension accélérée qui permet au représentant de l'Etat d'obtenir la suspension, en 48 heures, d'un acte estimé illégal et qui est de nature à compromettre l'exercice d'une liberté publique ou individuelle (CE, 3 juillet 1998, requête numéro 197525, Commune de La Bruguière : Dr. adm. 1998, comm. 318 et comm. 378). Il existe également des procédures de suspension automatique en matière d'urbanisme, de marchés ou de délégations de service public (CJA, art. L. 554-2. - renvoyant à CGCT, art. L. 2131-6, al. 4.- toutefois il n'en va pas de même pour le référé déposé devant la cour administrative d'appel V. CE, 8 février 2017, requête numéro 402417, Ministre du Logement c/ Commune de Chens-sur-Léman, préc.), ainsi que pour les actes pris dans le cadre d'une expérimentation normative (CGCT, art. LO 1113-4).

342.- Fréquence du recours gracieux.- Dans la pratique, cependant, le préfet a plus tendance à choisir l'exercice d'un recours gracieux, qui va consister en l'envoi d'une lettre d'observations à l'auteur de l'acte. Ce recours aura pour effet de proroger le délai d'exercice du déféré préfectoral (CE, 18 avril 1986, requête numéro 62470, Commissaire de la République d'Ille et Vilaine : Rec. p. 658 ; AJDA 1986, p. 455, obs. Chabanol ; D. 1987, p. 70, note Negrin ; RFDA 1987, p. 7, concl. Roux).

343.- Demande de transmission complémentaire.- Il ne s'agit pas ici de la seule cause de prorogation du recours : si le texte intégral de l'acte n'a pas été transmis ou s'il n'est pas accompagné des documents annexes nécessaires pour mettre le préfet à même d'apprécier la portée et la légalité de l'acte, le délai sera également prorogé de deux mois à partir de la demande de transmission complémentaire faite par le préfet (CE Sect., 13 janvier 1988, requête numéro 68166, Mutuelle générale des personnels des collectivités locales : Rec. p. 6, concl. Roux ; AJDA 1988, p. 183, chron. Azibert et de Boisdeffre). Cette jurisprudence a été récemment précisée par le Conseil d'Etat à l'occasion de son arrêt du 15 mai 2013, Office public de l'habitat de Nice et des Alpes-Maritimes Côte-d'Azur Habitat. Selon les juges « à défaut d'une demande tendant à son retrait, son réexamen ou sa modification pouvant être regardée comme un recours gracieux dirigé contre l'acte, ou d'une demande tendant à ce que la transmission soit complétée, présentées par le préfet dans le délai de deux mois de la réception de l'acte, le délai qui lui est imparti pour déférer cet acte au tribunal administratif court à compter de cette réception » (requête numéro 357031 : JCP G 2013, comm. 2208, note Pauliat). Ainsi, une simple demande de précision ne saurait avoir pour effet de proroger le délai dans lequel le préfet peut déférer au juge administratif un acte qui lui a été transmis.

Par ailleurs, si ces documents ne sont pas nécessaires à l'examen de la légalité de l'acte, le délai n'est pas interrompu (CE, 31 mars 1989, requête numéro 83334,

Commissaire de la République de la région du Languedoc-Roussillon c. Memet : AJDA 1989, p. 539, concl. Levis.- CE, 29 avril 1994, requête numéro 106185, Commune de Baillif : Rec. p. 1104 ; JCP G 1994, comm. 22354, note Haïm), et cela alors même que la demande du préfet aurait été motivée par l'exercice du contrôle de légalité (CE, 23 février 2000, requête numéro 190898, Ministre de l'Intérieur c. Commune de Mende : Rec. p. 80). De même, le délai n'est pas interrompu lorsque la transmission complémentaire n'a pas été requise par le préfet (CE, 17 octobre 2003, requête numéro 223296, District de Bastia : JCPA 2003, comm. 2022, note Linditch).

V – Evolution de la pratique du déféré préfectoral

344.- D'un contrôle systématique à un contrôle symptomatique.- La loi n°2004-809 du 13 août 2004 a provoqué un glissement du contrôle systématique vers un contrôle symptomatique des actes des collectivités territoriales qui porte sur des « sujets essentiels » pour reprendre l'expression du président de l'association du corps préfectoral, M. Bertrand Landrieu (Supprimons le contrôle de légalité systématique : Gaz. Communes, 7 avril 2003, p. 20). Selon l'exposé des motifs de la loi, le contrôle administratif de légalité est réaménagé en vue de le rendre plus efficace dans sa fonction de conseil préalable (V. toutefois critiquant les modalités actuelles de contrôle des actes des collectivités territoriales : Prendre acte de la décentralisation : pour une rénovation indispensable des contrôles de l'Etat sur les collectivités territoriales, Rapport sénatorial n° 300, janvier 2012). En particulier, à partir du décret n°2005-324 du 7 avril 2005, la dématérialisation de la transmission des actes administratifs et budgétaires a été mise en œuvre au moyen des applications ACTES et ACTES budgétaires.

345.- Ciblage du contrôle de légalité.- En outre, une importante circulaire relative à la « modernisation du contrôle de légalité », prise le 17 janvier 2006 par le ministre de l'Intérieur et le ministre délégué aux Collectivités territoriales, invite les préfets à déterminer une « véritable stratégie » du contrôle administratif de légalité (Circulaire du ministre de l'Intérieur et des Collectivités territoriales, NOR : MCTB0600004C) consistant à cibler celui-ci sur les questions relatives à l'intercommunalité, et notamment au sein de celle-ci sur la notion d'intérêt communautaire, la commande publique (notamment les marchés de maîtrise d'œuvre et les conventions de mandat), l'urbanisme et l'environnement, l'attention des préfets étant attirée sur le « respect, par les élus, des législations afférentes à l'aménagement et à la protection des espaces géographiques sensibles », ainsi que sur les « aménagements et travaux situés dans des zones de risques, tout particulièrement lorsque ces zones sont couvertes par un plan de prévention des risques naturels prévisibles ».

Par ailleurs, l'ordonnance n°2009-1401 du 17 novembre 2009, prise sur le fondement de l'article 120 de la loi n°2009-526 du 12 mai 2009 relative à la simplification et à la clarification du droit, ainsi qu'à l'allègement des procédures, a eu pour objectif de recentrer le contrôle de légalité sur les actes présentant un enjeu particulier. En effet, afin de permettre un contrôle plus efficace des actes reçus par le représentant de l'Etat, l'ordonnance allège la liste des actes obligatoirement transmis par les collectivités territoriales en matière de voirie routière et de fonction publique territoriale, en ne conservant dans le champ de la transmission obligatoire que les actes les plus sensibles intervenant dans ces domaines (JCP A 2009, act. 1228).

En dépit de ces évolutions, il est apparu que de nombreux actes non soumis à l'obligation de transmission continuaient d'être transmis par certaines collectivités territoriales qui ont tendance à considérer que, pour être exécutoires, leurs actes doivent être transmis au représentant de l'Etat et être revêtus de la preuve de leur réception. Cette observation a conduit à l'édiction d'une nouvelle circulaire du 13 décembre 2010 rappelant les règles en vigueur (circulaire du Ministre de l'Intérieur, de l'Outre-mer, des Collectivités territoriales et de l'Immigration, NOR : IOCB1030371C relative à la simplification de l'exercice du contrôle de légalité : champ des actes non soumis à l'obligation de transmission au représentant de l'Etat dans le département).

346.- Eléments statistiques.- Le nombre d'actes transmis par les collectivités territoriales et leurs établissements publics, qui était de 7 735 473 au titre de l'exercice 2003, s'est considérablement accru en 2004 (8 311 681), pour décroître fortement par la suite (6 517 802 en 2005, et 6 347 752 en 2006 et 5,1 millions en 2013). Cette évolution est la conséquence directe de la diminution de la liste des actes obligatoirement transmis au représentant de l'Etat, suivant les dispositions de la loi n° 2004-809 du 13 août 2004, et de la modification des seuils introduite dans le Code des marchés publics par le décret n° 2004-15 du 7 janvier 2004.

On note également, sur la même période, une évolution globale à la baisse du nombre d'observations par rapport à 2003, ce qui est également lié, en partie, à la diminution de la liste des actes soumis à l'obligation de transmission au préfet. Toutefois, l'approfondissement du contrôle, généré par la mise en œuvre de stratégies locales de contrôle de légalité, conformément aux dispositions de la circulaire ministérielle du 17 janvier 2006 relative à la modernisation du contrôle de légalité, a parfois été, dans certains départements, à l'origine d'une augmentation du nombre de lettres d'observations. En revanche, le taux de recours par rapport aux actes était de 0,022 % en 2006, alors que ce taux s'établissait à 0,016 % en 2003, ce qui dénote une certaine stabilité. De même, si le nombre global d'observations est en diminution, celles qui demeurent semblent concerner davantage des affaires complexes ou conflictuelles, ce qui est une possible résultante d'un contrôle plus centré sur des domaines d'enjeux. Il en résulte une évolution annuelle des taux de recours par rapport aux observations en hausse presque constante, et qui s'établit, en 2006, à 1,73 %.

Cette tendance s'est toutefois ensuite largement infléchie puisqu'entre 2011 et 2014, 2,9 % des actes contrôlés ont donné lieu, à une lettre d'observation valant recours gracieux et 0,1 % seulement à un déféré préfectoral (Rapport annuel de la Cour des comptes 2016, p. 338).

Les derniers chiffres disponibles - qui malheureusement sont déjà anciens - dénotent, ce qui est logique compte tenu des évolutions textuelles récentes, une diminution du volume d'actes transmis (de 6,3 millions en 2006 à 5,6 millions en 2009 puis à 5,2 millions en 2012 dont plus de 380 000 actes « prioritaires »). En 2012, si plus de 90% des actes prioritaires ont été contrôlés (ce qui est comparable avec les taux de contrôle des années précédentes mais inférieur aux objectifs définis par le gouvernement) seuls environ 22% des autres actes l'ont été (alors que ce pourcentage était de plus de 33 % en 2010), Seuls environ 0,5% de ces actes font l'objet de lettres d'observations et 0,01% font l'objet d'un déféré soit 5,2 millions d'actes transmis pour 804 déférés en 2012 , ce qui dénote également une baisse globale (Ministère de l'Intérieur, DGCL, Rapport du gouvernement au Parlement sur le contrôle a posteriori des actes des collectivités locales et des établissements publics locaux, 22e rapport, années 2010, 2011, 2012, avril 2014). Ces chiffres ont depuis peu évolué. En effet, en 2018 se sont environ 5,5 millions d'actes qui ont été transmis, dont plus 60 % de façon dématérialisée.

Notons toutefois que les réformes structurelles touchant notamment l'administration déconcentrée ont eu pour effet de diminuer de 30 % le nombre de personnels affectés au contrôle de légalité dans les services déconcentrés entre 2009 et 2014, ce qui peut également contribuer à expliquer la baisse globale des recours gracieux et contentieux (Rapport annuel de la Cour des comptes 2016, p. 346).

Pour aller plus loin :

- **Allemand (R.), Tifine (P.)**, Le transfert aux collectivités territoriales des personnels techniques et ouvriers de service de l'éducation nationale : l'analyse des questions statutaires : AJDA 2006, p. 1260.

- **Dantonel-Cor (N.)**, Le régime juridique de l'intercommunalité après l'adoption de la loi n°99-586 du 12 juillet 1999 relative à la simplification et au renforcement de la coopération intercommunale : D. 2000, chron., p. 395.

- **Degoffe (M.)**, L'intercommunalité dans la loi 13 août 2004 : BJCL sept. 2004, p. 602.

- **Duru (E.)**, Portrait-robot de l'intercommunalité au lendemain de la réforme territoriale : AJDA 2011, p. 10.

- **Domingo (L.)**, La loi de réforme des collectivités territoriales et l'intercommunalité : JCP A 2011, comm. 2012.

- **Fâtome (E.)**, Etablissement public et service public : AJDA 1997, p. 96.

- **Faure (N.)**, Le leadership régional : nouvelle orientation du droit des collectivités territoriales : AJDA 2015, p. 1898.

- **Ferreira (N.),** Chef de filât et conférence territoriale de l'action publique : JCP A 2014, comm. 2048.

- **Fleury (B.)**, Le conseiller territorial : le nouvel artisan du couple région-département : JCP A 2011, comm. 2014.

- **Gohin (O.)**, L'Outre-Mer dans la réforme constitutionnelle de la décentralisation : RFDA 2003, p. 678.

- **Haïli (X.)**, Mise en œuvre de la délégation de compétence en matière d'eau et d'assainissement des EPCI aux communes : JCP A 2021, comm. 2063.

-**Janicot (L.)**, Les délégations de compétences entre les personnes publiques : Dr. adm. 2019, étude 3.

- **Jegouzo (Y.)**, L'impact de la décentralisation sur la coopération intercommunale : RF adm. publ. 1988, p. 663.

- **Jorion (B.)**, Les GIP : un instrument de gestion du service public administratif : AJDA 2004, p.305.

- **Marcou (G.)**, La réforme territoriale : ambition et défaut de perspective : RFDA 2010, p. 357.

- **Marcou (G.)**, Le département et les communes. Complémentarité et concurrence: AJDA 2011, p. 1830.

- **Mulier (T.)**, Le déclin partiel du contrôle de légalité externe des actes administratifs unilatéraux : RDP 2019, p. 579.

- **Pontier (J.-M.)**, Les réformes de l'intercommunalité dans la loi « libertés et responsabilités locales » : Rev. adm. 2004, p. 623.

- **Pontier (J.-M.)**, Les schémas dans l'ordonnancement juridique : AJDA 2018, p. 957.

- **Pontier (J.-M.)**, Pourquoi parler de contrats de plan ? : AJDA 2015, p. 2163.

- **Rançon Meyrel (A.)**, La prise de position formelle de l'administration de l'article L. 1116-1 du CGCT : AJCT 2020, p. 241.

- **Regourd (C.)**, Libre administration et intercommunalité : AJDA 2018, p. 2327.

- **Verpeaux (M.)**, Pavane pour une notion défunte. La clause de compétence générale : RFDA 2014, p. 457.

DEUXIEME PARTIE – PRINCIPE DE LEGALITE DE L'ACTION ADMINISTRATIVE

347.- Définition du principe de légalité.- Le principe de légalité peut se définir simplement comme la soumission de l'administration au droit. Les sources de ce principe se sont progressivement diversifiées et son efficacité est assurée par le contrôle de légalité opéré par le juge administratif.

CHAPITRE UN – SOURCES DE LA LEGALITE ADMINISTRATIVE

348.- Multitude des sources de la légalité administrative.- Les actes administratifs sont soumis au principe de légalité. Ce principe doit être compris dans le sens le plus large possible : sont visées l'ensemble des normes écrites ou non qui, au moment où une autorité administrative prend une décision, s'imposent à elle. La violation du principe de légalité entraîne la censure des actes administratifs par le juge administratif lorsqu'ils font l'objet d'un recours. Devra également être mentionnée l'hypothèse où le principe de légalité est atténué, en cas de circonstances de crise.

Section I – La Constitution

349.- Suprématie de la Constitution dans l'ordre juridique interne.- La Constitution constitue un ensemble de règles écrites, ou non, placées au sommet de la hiérarchie des normes de l'Etat. En effet, le droit français reconnaît la suprématie des règles à valeur constitutionnelle. Celle-ci vaut tant à l'égard des engagements internationaux (CE Ass., 30 octobre 1998, requête numéro 200286, requête numéro 200287, Sarran, Levacher et autres : Rec. p. 369 ; AJDA 1998, p. 962, chron. Raynaud et Fombeur ; D. 2000, p. 153, note Autin ; RDP 1999, p. 919, note Flauss ; RFDA 1998, p. 1081, concl. Maugüé, note Alland et p. 57, note Dubouis, Mathieu et Verpeaux, Gohin) que du droit de l'Union européenne (CE, 3 décembre 2001, requête numéro 226514, Syndicat national de l'industrie pharmaceutique : Rec. p. 624 ; RMCUE 2002, p. 595, note Chaltiel.- CC, 20 décembre 2007, numéro 2007-560 DC, Traité de Lisbonne : Rec. CC 2007, p. 459).

L'administration est toujours soumise au respect de ces règles, mais en application de la théorie de la loi écran, le juge administratif n'est pas toujours en mesure de sanctionner lui-même la violation de la Constitution par l'administration. De même, toutes les règles de valeur constitutionnelle n'ont pas une portée identique, ce qui fait qu'elles sont plus ou moins contraignantes pour l'administration.

§I – Sanction de la violation des règles constitutionnelles

350.- Sanction des actes administratifs inconstitutionnels.- Le juge administratif peut parfaitement sanctionner un acte administratif pour cause de non-conformité à la Constitution.

Exemple :
- CE, 27 juillet 2005, requête numéro 270833, Louis c. Ministre de l'Outre-mer : les retraités ne sont pas, au regard de l'objet en vue duquel un régime d'assurance maladie est instauré, dans une situation différente de celle des autres assurés, alors même que le taux des cotisations versées par les retraités à ce régime serait inférieur à celui des cotisations versées par les actifs y étant assurés. Sont par suite illégales, comme violant le principe constitutionnel d'égalité devant la loi, des dispositions instaurant un plafond de remboursement des dépenses médicales engagées à l'étranger par un assuré retraité y étant tombé inopinément malade différent de celui instauré pour les dépenses de même nature engagées par les autres assurés.

351.- Responsabilité de l'Etat législateur du fait des lois inconstitutionnelles.- Cela va même plus loin aujourd'hui puisque le Conseil d'Etat a récemment admis la responsabilité de l'Etat du fait des lois inconstitutionnelles à l'occasion de trois arrêts d'Assemblée du 24 décembre 2019 (requête numéro 425983, Société hôtelière Paris Eiffel Suffren ; requête numéro 428162, Laillat ; requête numéro 425981, Société Paris Clichy : AJDA 2020, p. 509, chron. Beaufils et Malverti ; Dr. adm. 2020, 20, note Eveillard ; RFDA 2020, p. 149, note Roblot-Troizier). Comme dans les cas où un préjudice est occasionné par une loi inconventionnelle, le Conseil d'Etat a choisi de mettre en place un régime de responsabilité dual : il peut s'agir soit d'une régime de responsabilité sans faute pour rupture de l'égalité devant les charges publiques soit d'un régime de responsabilité « sui generis » qui s'apparente en réalité à un régime de responsabilité pour faute et qui vise à sanctionner les « exigences inhérentes à la hiérarchie des normes, pour réparer l'ensemble des préjudices qui résultent de l'application d'une loi méconnaissant la Constitution » (sur ces questions V. infra Sixième partie, Chapitre trois, Section III).

352.- Problème de la loi écran.- S'agissant du recours pour excès de pouvoir, un problème particulier se pose dans l'hypothèse où un acte administratif est pris en application d'une loi qui est contraire à une norme constitutionnelle. Dans ce cas, le vice d'inconstitutionnalité de la loi contamine l'acte administratif pris conformément à elle. Pourtant, dans une telle hypothèse, le juge refuse d'annuler l'acte contesté (CE Sect., 6 novembre 1936, requête numéro 43321, Arrighi : Rec. p. 966 ; S. 1937.III. p. 33, concl. Latournerie, note Mestre ; DP 1938, III, p. 1 concl. Latournerie, note Eisenmann ; RDP 1936, p. 671, concl. Latournerie ; S. 1937, III, p. 33, concl. Latournerie, note Mestre.- CE Ass., 20 octobre 1989, requête numéro 108393, Roujansky : JCP 1989, II, comm. 21371, concl. Frydman.- CE, 5 janvier 2005, requête numéro 257341, Deprez et Baillard : Rec. p. 1). En effet, s'il est compétent pour contrôler les actes administratifs par rapport à la loi, il s'estime incompétent pour apprécier la constitutionnalité d'une loi et, le cas échéant, écarter son application. La loi fait alors écran entre l'acte administratif et la Constitution.

Cette solution ne permet pas d'assurer le plein effet du principe de légalité ce qui est d'autant plus contestable que longtemps il n'a pas existé de contrôle de constitutionnalité des lois après leur promulgation.

Exemple :
- CAA Paris, requête numéro 05PA01831, 19 juillet 2005, Singh (AJDA 2005, p. 2009, concl. Bachini ; Dr. adm. 2005, comm. 170 ; JCP A 2005, comm. 45, note Chélini-Pont et Tawil) : la cour est saisie d'un recours contre une décision excluant d'un établissement scolaire un élève de confession sikh en application des dispositions de la loi n°2004-228 du 15 mars 2004 interdisant le port de signes ou tenues par lesquels les élèves manifestent ostensiblement une appartenance religieuse. Les juges estiment que la décision attaquée est conforme à ces dispositions et que, dès lors, les moyens tirés de la violation de l'article 10 de la Déclaration de droits de l'homme et du citoyen et de l'article 1er de la Constitution du 4 octobre 1958 sont inopérants.

353.- Le contournement du problème de la loi écran par le recours à la procédure de QPC.- Il faut enfin relever que si ces difficultés persistent, une solution existe désormais depuis la révision constitutionnelle du 23 juillet 2008 qui introduit dans la Constitution un contrôle de constitutionnalité des lois a posteriori. Selon le nouvel article 61-1 de la Constitution « lorsque, à l'occasion d'une instance en cours devant une juridiction, il est soutenu qu'une disposition législative porte atteinte aux droits et libertés que la Constitution garantit, le Conseil constitutionnel peut être saisi de cette question sur renvoi du Conseil d'Etat ou de la Cour de cassation qui se prononce dans un délai déterminé ». Ces dispositions ont été précisées par la loi organique n°2009-1523 du 10 décembre 2009 complétant l'ordonnance n°58-1067 du 7 novembre 1958 portant loi organique sur le Conseil constitutionnel.

Cette procédure nouvelle met en cause trois juges successifs.

Il s'agit d'abord du juge du fond devant lequel est invoquée une violation de la Constitution par une disposition applicable au litige. Cette étape n'existe pas, bien évidemment, dans les cas où le Conseil d'Etat est compétent en premier et dernier ressort.

Sont ensuite impliquées les juridictions suprêmes – Conseil d'Etat ou Cour de cassation (mais pas le Tribunal des conflits, V. TC, 16 novembre 2015, requête numéro 4035, Région Île-de-France) – qui jouent la fonction de « filtre » du bien-fondé de la question posée : il doit s'agir d'une « question nouvelle ou présentant un caractère sérieux » selon la loi organique.

Enfin, le Conseil constitutionnel possède la compétence de décider de l'inconstitutionnalité de la loi et de son abrogation, éventuellement à une date ultérieure fixée par la décision.

Lorsque le recours principal concerne un acte réglementaire dérivé d'une disposition législative déclarée contraire à la Constitution, deux hypothèses doivent alors être distinguées.

Si le Conseil constitutionnel a donné à sa décision un effet immédiat, il appartient alors au juge administratif de prononcer l'annulation du règlement d'application (CE, 30 mai 2018, requête numéro 400912, Schreuer : Dr. adm. 2018, comm. 54, note Eveillard). Il n'y a donc pas ici d'abrogation implicite de l'acte réglementaire qui résulterait directement de la déclaration d'inconstitutionnalité.

En revanche, si le Conseil constitutionnel a voulu moduler dans le temps les effets de sa décision, le juge administratif rejettera la demande d'annulation du règlement d'application de la loi censurée (CE, 14 novembre 2012, requête numéro 338159, requête numéro 338160, Association France Nature Environnement : Rec. tables, p. 940 ; RJ env. 2013, p.734, note Sironneau).

Cette relation créée entre ces juridictions et le Conseil constitutionnel est nouvelle en France. Cependant, elle ne transforme pas le Conseil constitutionnel en cour suprême puisque l'appréciation du bien-fondé de la question de constitutionnalité relève du Conseil d'Etat ou de la Cour de cassation.

Le Conseil d'Etat a procédé aux premiers renvois au Conseil constitutionnel à l'occasion de deux décisions du 14 avril 2010 (CE, 14 avril 2010, requête numéro 323830, Union des familles en Europe : JCP G 2010, act. 465, obs. Mathieu ; AJDA 2010, p. 1013, concl. Courrèges. - CE, 14 avril 2010, requête numéro 336753, Labane). Cette procédure est fréquemment mise en œuvre. Elle constitue aujourd'hui le principal fondement des saisines du Conseil constitutionnel. A titre d'exemple, pour l'année 2019, le Conseil constitutionnel a statué sur 61 questions prioritaires de constitutionnalité, pour 22 décisions prises dans le cadre du contrôle de constitutionnalité a priori.

Il est à noter, enfin, que si le mécanisme de question prioritaire de constitutionnalité permet de corriger les effets de la théorie de la loi écran, il n'a pas pour autant mis un terme à son application. Dans un arrêt de Section du 10 novembre 2010, Commune de Palavas-les-flots et Commune de Lattes (requête numéro 314449, requête numéro 314580 : Dr. Adm. 2011, 2, note Martin et Ferrari ; AJDA 2010, p. 2416, chron. Botteghi et Lallet), le Conseil d'Etat a ainsi considéré, conformément à l'article R. 771-3 du Code de justice administrative, que la constitutionnalité d'une loi devant le juge administratif ne peut être contestée que par le dépôt d'une question prioritaire de constitutionnalité selon les formes requises, c'est-à-dire un mémoire distinct et motivé, ce qui n'était pas le cas en l'espèce.

354.- L'hypothèse de l'écran transparent.- Toutefois, la théorie de la loi écran implique seulement que le juge ne peut directement confronter à la Constitution une disposition réglementaire en ce qu'elle fait application de dispositions législatives. En revanche, il est possible de soulever un moyen d'inconstitutionnalité à l'encontre d'une disposition réglementaire, dès lors qu'il s'agit d'un vice propre à cet acte ne résultant pas de l'application directe de la loi. En d'autres termes, comme l'a exposé le commissaire du gouvernement Abraham dans ses conclusions sur l'arrêt Quintin du 17 mai 1991 (requête numéro 1000436 : RDP 1991, p. 1433), la théorie de la loi écran n'a vocation à jouer que lorsque la loi qui s'interpose entre l'acte administratif et la Constitution a véritablement déterminé l'inconstitutionnalité de l'acte administratif. Dans le cas contraire, l'écran est « transparent ». Dans cette hypothèse, où la loi n'encadre guère le pouvoir réglementaire, il n'y a pas lieu de recourir à la procédure de QPC dès lors que ce n'est pas la constitutionnalité de la loi qui est discutée, mais exclusivement celle de la disposition législative dont elle fait application.

Exemple :
- CE, 27 octobre 2011, requête numéro 343943, requête numéro 343973, requête numéro 343974, CFDT et autres : Rec. tables, p. 743 ; JCPA 2012, comm. 1080, note Mahé et Roustan de Péron) : l'affaire portait sur la légalité du décret n°2010-961 du 25 août 2010 relatif aux conditions d'obtention du RSA « jeunes ». Le Conseil d'Etat considère qu'il ne lui appartient pas de contrôler la conformité du « principe » d'une condition d'activité définie par la loi n°2008-1249 du 1er décembre 2008 généralisant le RSA et réformant les politiques d'insertion au regard des dixième et onzième alinéas du préambule de la Constitution de 1946, qui prévoient la mise en œuvre d'une politique de solidarité nationale en faveur des personnes défavorisées. En revanche, il appartient au Conseil d'Etat « de vérifier si les mesures prises pour l'application de la loi n'ont pas elles-mêmes méconnu ces exigences ». En l'espèce, les juges considèrent que le pouvoir règlementaire pouvait, sans méconnaître ces exigences, subordonner au quantum contesté le bénéfice du revenu de solidarité active pour les jeunes de moins de vingt-cinq ans.

§II – Portée des normes constitutionnelles

355.- Objet des règles constitutionnelles.- Les textes constitutionnels en vigueur définissent des règles de procédure et de répartition des compétences, mais également des règles de fond qui édictent des principes protecteurs des libertés publiques.

I – Règles de procédure et de répartition des compétences

356.- Constitution du 4 octobre 1958.- Les règles de procédure et de répartition des compétences se trouvent dans le corps même de la Constitution du 4 octobre 1958.

Certaines répartissent les compétences entre le pouvoir exécutif et le pouvoir législatif (art. 34 et 37), alors que d'autres règles dérogent à cette répartition. Par exemple, l'article 38 permet au gouvernement d'intervenir dans des matières législatives. Il existe également des règles qui concernent spécifiquement le pouvoir exécutif et la définition de la compétence du président de la République et du Premier ministre (art 13 et 21) ainsi que la question du contreseing (art. 19 et 22).

Le non-respect par les autorités administratives de ces règles est susceptible de faire l'objet d'une annulation contentieuse.

Exemples :
- CE, 20 février 2013, requête numéro 360307, Fédération Chimie énergie CFDT (AJDA 2013, p. 443, obs. Brondel) : une mesure qui confère au préfet un pouvoir hiérarchique au sein d'un établissement public a pour objet et pour effet d'affecter les règles constitutives de l'établissement public, que seul le législateur peut compétemment modifier en vertu des dispositions de l'article 34 de la Constitution. Le décret contesté est en conséquence annulé.
- CE, 13 mars 2013, requête numéro 360815 : en vertu de l'article 34 de la Constitution, il revient à la loi de déterminer les principes fondamentaux de la sécurité sociale, au nombre desquels figure la définition de la nature des conditions exigées pour l'attribution d'une prestation. En subordonnant le bénéfice du complément de libre choix d'activité à taux partiel à une condition de montant maximal des ressources procurées par l'activité exercée, le pouvoir réglementaire ne s'est pas borné à adapter les modalités selon lesquelles ce complément est attribué à certaines catégories de travailleurs mais a fixé une condition nouvelle non prévue par la loi et qu'il ne lui appartenait pas d'instituer. Ainsi, les dispositions du II de l'article D. 531-9 du Code de la sécurité sociale dans sa rédaction issue du décret n° 2003-1394 du 31 décembre 2003 relatif à la prestation d'accueil du jeune enfant sont entachées d'incompétence.

II – Règles de fond

356.- Corps de la Constitution.- On trouve très peu de règles de fond dans le corps même de la Constitution. Il s'agit essentiellement des principes : d'égalité devant la loi de tous les citoyens (art. 2) ; d'unité, d'égalité et de secret du suffrage (art. 3), de liberté de constitution et d'activité des partis politiques (art. 4), de libre administration des collectivités territoriales (art. 72). Tous ces principes peuvent être invoqués devant le juge administratif à l'appui d'un recours pour excès de pouvoir contre un acte administratif (V. ainsi pour l'article 2 : CE, 11 juin 2003, requête numéro 246971, Association avenir de la langue française : Rec. p. 249.- pour l'article 72 : CE, 3 octobre 2003, requête numéro 248523, Commune de Ramatuelle : Rec. tables, p. 633).

357.- Préambule de la Constitution.- Les autres règles de fond se trouvent dans le préambule de la Constitution dont la valeur constitutionnelle a longtemps été discutée. Le préambule de la Constitution du 4 octobre 1958 renvoie lui-même à différents textes et aux principes fondamentaux reconnus par les lois de la République. Relèvent également de ce qu'il convient d'appeler avec Claude Emeri le « bloc de constitutionnalité » (Chronique constitutionnelle et parlementaire française, RDP 1970, p. 678) les décisions du Conseil constitutionnel.

En revanche, il convient d'écarter de cette analyse les « objectifs à valeur constitutionnelle », qui ont vocation non pas à permettre de censurer des lois ou des actes administratifs, mais d'opérer une conciliation avec certains principes constitutionnels.

Exemples :
-CC, 19 janvier 1995, numéro 94-359 DC, Loi relative à la diversité de l'habitat : la possibilité pour toute personne de disposer d'un logement décent est un objectif à valeur constitutionnelle, ce qui autorise certaines limites au droit de propriété.
-CC, 15 mars 2018, n°2018-762, Loi permettant une bonne application du régime d'asile européen : l'objectif de valeur constitutionnelle d'accessibilité et d'intelligibilité de la loi, qui découle des art. 4, 5, 6 et 16 de la Déclaration de 1789, impose au législateur d'adopter des dispositions suffisamment précises et des formules non équivoques. Il doit en effet prémunir les sujets de droit contre une interprétation contraire à la Constitution ou contre le risque d'arbitraire, sans reporter sur des autorités administratives ou juridictionnelles le soin de fixer des règles dont la détermination n'a été confiée par la Constitution qu'à la loi.

A – Valeur du préambule de la Constitution du 4 octobre 1958

358.- Architecture du préambule.- Le préambule de la Constitution du 4 octobre 1958 fait référence à des textes dont l'objet est de protéger les libertés publiques : la Déclaration des droits de l'homme et du citoyen de 1789, le préambule de la Constitution de 1946 et, depuis la loi constitutionnelle n° 2005-205 du 1er mars 2005, la Charte de l'environnement de 2004.

359.- Reconnaissance de la valeur constitutionnelle du préambule.- La valeur constitutionnelle de ces textes a été longtemps discutée. Traditionnellement, en effet, les préambules constitutionnels n'ont aucune valeur juridique.

Ceci explique en grande partie pourquoi la valeur constitutionnelle du préambule de la Constitution de 1958 n'a été reconnue par le Conseil constitutionnel que tardivement dans sa décision liberté d'association du 16 juillet 1971 (numéro 71-44 DC : Rec. CC, p. 29 ; GDCC 1971, n°29 ; RDP 1971, p. 1171, note Robert ; AJDA 1971, p. 537, note Rivero ; D. 1974, chron. 83, note Hamon.- V. récemment CC, 19 février 2016, numéro 2016-535 QPC).

Le Conseil d'Etat, de son côté, a été beaucoup plus prompt à reconnaître cette valeur. Déjà, sous la Quatrième République, la juridiction administrative suprême avait reconnu la valeur juridique du préambule de la Constitution de 1946 dans l'arrêt d'Assemblée Dehaene du 7 juillet 1950 (Rec. p. 426 ; D. 1950, p.538, note Gervais ; Dr. Soc. 1950, p. 317, concl. Gazier ; JCP 1950, II, comm. 5681, concl. Gazier ; RDP 1950, p. 691, concl. Gazier, note Waline ; Rev. Adm. 1950, p. 366, concl. Gazier ; S. 1950, III, p.109, note J.D.V.). Cependant, cette reconnaissance avait été grandement facilitée par la façon dont était rédigée la Constitution de 1946 dont l'article 81 reconnaissait aux citoyens le droit « à la jouissance des droits et libertés garantis par le préambule de la présente Constitution ». Par la suite, le

Conseil d'Etat avait reconnu la valeur constitutionnelle de la Déclaration des droits de 1789 (CE, 7 juin 1957, Condamine : RDP 1958, p. 98, note Waline), texte auquel renvoie le préambule de la Constitution de 1946.

La Constitution de 1958 posait un problème plus délicat. En effet, le préambule se contente de proclamer « l'attachement » aux différentes déclarations de droits auxquelles il renvoie. Pourtant, ce rattachement très lâche n'a pas empêché le Conseil d'Etat de reconnaître la valeur constitutionnelle du préambule, à l'occasion de son arrêt de Section Société Eky du 12 février 1960 (requête numéro 46922 : Rec. p.101 ; S. 1960, III, p. 131, concl. Kahn ; D. 1960, jurispr. p. 263, note L'Huillier ; JCP 1960, comm. 11629, note Vedel).

B – Portée des principes auxquels renvoie le préambule

360.- Hétérogénéité de bloc de constitutionnalité.- Tous les principes contenus dans le préambule de la Constitution de 1946, la Déclaration des droits de l'homme et du citoyen du 26 août 1789 et la Charte de l'environnement ont valeur constitutionnelle. Mais si une valeur homogène est reconnue au bloc de constitutionnalité, il n'en possède pas moins un contenu hétérogène. En effet, la primauté incontestée de ses différents éléments dans l'ordre juridique français reste conditionnée par la question de leur applicabilité directe.

361.- Principes directement invocables devant le juge.- Il convient donc de distinguer, parmi les principes visés par ces textes, trois types de normes.

Certaines sont assez précises pour produire directement des effets juridiques, et notamment pour permettre la censure d'un acte administratif par le juge administratif.

Exemples :
- CE Ass., 16 décembre 1988, requête numéro 77713, Bleton (Rec. p. 451, concl. Vigouroux ; AJDA 1989, p. 102, chron. de Boisdeffre ; JCP G 1989, II, comm. 21228, note Gabolde ; RFDA 1989, p. 522, note Baldous et Négrin) : pour procéder à des nominations au tour extérieur en qualité d'inspecteur général des bibliothèques, le gouvernement doit respecter la règle posée par l'article 6 de la Déclaration des droits de l'homme et du citoyen, selon lequel « tous les citoyens ... sont également admissibles à toutes dignités, places et emplois publics, selon leur capacité et sans autre distinction que celle de leurs vertus et de leurs talents ».
- CE, 21 mars 2003, requête numéro 189191, Syndicat intercommunal de la périphérie de Paris pour l'électricité et les réseaux (Rec. p. 144) : en vertu de l'article 17 de la Déclaration des droits de l'homme et du citoyen, auquel se réfère le préambule de la Constitution, la protection du domaine public est un impératif d'ordre constitutionnel. Le pouvoir règlementaire ne pouvait donc légalement instaurer un régime d'autorisation tacite d'occupation du domaine public, qui fait notamment obstacle à ce que soient, le cas échéant, précisées les prescriptions d'implantation et d'exploitation nécessaires à la circulation publique et à la conservation de la voirie.

De même peuvent notamment être directement invoqués :

- Le principe d'égalité (CE, 6 février 1980, requête numéro 09870, Guilhaumé : Rec. tables p. 579) ;

- Le principe de liberté d'aller et venir (CC, 12 juillet 1979, n° 79-107 DC, Loi relative à certains ouvrages reliant les voies nationales ou départementales.- CE Ass., 8 avril 1987, requête numéro 55895, Peltier : Rec. p. 128.- CE, 24 octobre 2003, requête numéro 250084, Benchemachk) ;

- Le principe de légalité des délits et des peines, le principe de nécessité des peines et le principe de non rétroactivité de la loi pénale (CE, 7 juin 1957, Condamine, préc.- CE, 17 mars 1997, requête numéro 124588, Office des migrations internationales : Rec. p. 86 .- CE Ass., 7 juillet 2004, requête numéro 255136, Ministre de l'Intérieur, de la Sécurité intérieure et des Libertés locales c. Benkerrou : Rec. p. 298, concl. Guyomar ; AJDA 2004, p.1695, chron. Landais et Lenica ; RDP 2005, p. 500, note Guettier) ;

- Le principe de la présomption d'innocence (CE, 7 juin 1957, Condamine, préc.- CE, 25 septembre 1996, requête numéro 160374, Kazkaz : Rec. tables p. 690.- CE, 19 octobre 2011, requête numéro 342405, French Data Network.- CE , 13 avril 2018, requête numéro 417447, Favier) ;

- La liberté de conscience (CE, 2 novembre 1992, requête numéro 130394, Kherouaa : Rec. p. 389 ; RFDA 1993, p. 112, concl. Kessler ; AJDA 1992, p. 790, chron. Maugüé et Schwartz ; D. 1993, jurispr. p. 108, note Koubi ; JCP G 1993, II, comm. 21998, note Tedeschi.- CE, 27 juillet 2001, requête numéro 216903, Fonds de défense des musulmans en justice : Rec. p. 400.- CE, 15 décembre 2017, requête numéro 401378, Association des musulmans de Lagny-sur-Marne) ;

- La liberté d'expression (CE, 4 novembre 1994, requête numéro 121313, Fédération CGT des services publics.- CE, 11 avril 2018, requête numéro 417471, Section française de l'Observatoire international des prisons) ;

- Le principe d'égalité devant les charges publiques (CE Ass., 28 mars 1997, requête numéro 179049, requête numéro 179050, requête numéro 179054 Société Baxter et a. : Rec. p. 114 .- CE, 17 mars 1999, requête numéro 194491, requête numéro 194545, Union professionnelle artisanale et ordre des avocats à la Cour d'appel d'Orléans : Rec. tables p. 602.- CE, 26 avril 2018, requête numéro 417809, requête numéro 418030, requête numéro 418031, requête numéro 418032, requête numéro 418033) ;

- Le droit de demander compte à tout agent public de son administration (CE, 24 février 1988, requête numéro 16870, CGT.- CE, 23 mars 2018, requête numéro 406066, Syndicat Force ouvrière Magistrats) ;

- Le droit au recours effectif (CE, 21 décembre 2001, requête numéro 222862, M. et Mme Hofmann.- CE, 13 avril 2018, requête numéro 417447, Favier, préc.) ;

- Le droit de propriété (CE, 13 septembre 2000, requête numéro 206840, Fédération nationale des syndicats de propriétaires sylviculteurs.- CE, 4 avril 2005, requête numéro 260887, Bonnafoux : Rec. tables, p.698) ;

- Le principe de précaution (CE, 6 avril 2006, requête numéro 283103, Ligue pour la protection des oiseaux.- CE, 13 juillet 2006, requête numéro 293764, Association « France nature environnement ».- CE, 2 février 2007, requête numéro 289758, Association vie et nature pour une écologie radicale.- CE, 25 mai 2011, requête numéro 336477, Association pour la défense du commerce traditionnel et de proximité de la dernière zone humide du nord de Sallanches) ;

- Le principe de conciliation de la protection et la mise en valeur de l'environnement, du développement économique et du progrès social (CE, 17 mars 2010, requête numéro 314114, Association Alsace nature).

-Le principe de fraternité qui garantit « la liberté d'aider autrui, dans un but humanitaire, sans considération de la régularité de son séjour sur le territoire national» (CC, 6 juillet 2018, n° 2018-717/718 QPC).

-Le principe de l'exigence de protection de l'intérêt de l'enfant (CC, 21 mars 2019, n° 2018-768 QPC).

362.- Principes devant être précisés par un texte.- D'autres normes, ensuite, nécessitent l'intervention d'une loi ou d'un autre texte qui vont les préciser.

Exemples :

- CE, 7 juillet 1950, Dehaene (préc.) : le Conseil d'Etat est saisi d'un recours contre la décision d'un ministre règlementant, dans ses services, l'exercice du droit de grève. D'après le préambule de la Constitution de 1946, « le droit de grève s'exerce dans le cadre des lois qui le règlementent ». Le Conseil d'Etat interprète ces dispositions comme une invitation faite au législateur « à opérer la conciliation nécessaire entre la défense des intérêts professionnels dont la grève constitue une modalité et la sauvegarde de l'intérêt général auquel elle peut être de nature à porter atteinte ». En l'absence de dispositions législatives règlementant le droit de grève, c'est au pouvoir règlementaire qu'il appartient d'intervenir pour opérer cette conciliation.
- CE, 28 juillet 2004, requête numéro 253927, Préfet de Police c. Nait Saada : le principe posé par les dispositions du préambule de la Constitution du 27 octobre 1946 aux termes desquelles « la Nation garantit à tous la protection de la santé, de la sécurité matérielle, le repos et les loisirs » ne s'impose à l'autorité administrative, en l'absence de précision suffisante, que dans les conditions et les limites définies par les dispositions contenues dans les lois ou dans les conventions internationales incorporées au droit français. Dès lors, un étranger ne saurait utilement, pour critiquer la légalité d'un arrêté de reconduite à la frontière, invoquer ce principe indépendamment desdites dispositions.
- CC, 8 avril 2011, numéro 2011-116 QPC : conformément à l'article 4 de la Charte de l'environnement qui précise que « toute personne doit contribuer à la réparation des dommages qu'elle cause à l'environnement, dans les conditions définies par la loi », il incombe au législateur et, dans le cadre défini par la loi, aux autorités administratives de

déterminer, dans le respect des principes ainsi énoncés, les modalités de la mise en œuvre de ces dispositions.

363.- Principes dépourvus de contenu juridique.- Enfin, certaines dispositions constitutionnelles sont beaucoup trop vagues pour être directement invocables devant un juge ou même être concrètement mises en œuvre par des dispositions législatives ou réglementaires. Il en va ainsi du « bonheur pour tous » - traduction française du « pursuit of happiness » de la Déclaration d'indépendance américaine du 4 juillet 1776 – visé par la Déclaration de 1789, du droit aux loisirs visé par le préambule de la Constitution de 1946 (V. sur ce point CE, 13 avril 2018, requête numéro 417447, Favier, préc.), ou encore du principe visé par l'article 2 de la Charte de l'environnement selon lequel « toute personne a le devoir de prendre part à la préservation et à l'amélioration de l'environnement » qui ne saurait, par lui-même, conférer à toute personne qui l'invoque intérêt pour former un recours pour excès de pouvoir à l'encontre de toute décision administrative qu'elle entend contester (CE, 1er juin 2016, requête numéro 389095 : AJDA 2016, p. 202 ; Constitutions 2016, p. 470, chron. Domingo).

364.- Difficultés.- Ceci étant, dans la pratique, la distinction opérée entre les normes directement invocables et celles qui ne le sont pas n'est pas toujours évidente.

Exemples :
- CE Ass., 8 décembre 1978, requête numéro 10097, requête numéro 10677, requête numéro 10679, GISTI, CFDT et CGT (Rec. p.493, concl. Dondoux ; AJDA 1979, p. 38): l'alinéa 10 du préambule de la Constitution de 1946 prévoit que « la nation assure à l'individu et à la famille les conditions nécessaires à leur développement », ce qui de prime abord paraît particulièrement vague. Pourtant, pour le Conseil d'Etat, ces dispositions sont directement applicables et c'est sur leur fondement qu'il annule un décret limitant les possibilités de regroupement familial et portant, par conséquent, atteinte au droit des étrangers de mener une familiale normale.
- CE, 27 septembre 1985, requête numéro 44484, requête numéro 44485, France terre d'asile et a. (Rec. p.263) : l'alinéa 4 du préambule de la Constitution de 1946 prévoit que « tout homme persécuté en raison de son action en faveur de la liberté a droit d'asile sur les territoires de la République », ce qui paraît assez précis. Pourtant, le Conseil d'Etat estime que ce principe n'est pas directement applicable.

365.- Charte de l'environnement.- Enfin, une place à part doit être réservée aux droits mentionnés par la Charte de l'environnement.

Dans sa décision du 28 avril 2005, Loi relative à la création du registre international français, le Conseil constitutionnel a estimé que le principe de développement durable visé par l'article 6 de la Charte, constitue un simple objectif dont « il appartient au législateur de déterminer, dans le respect du principe de conciliation posé par ces dispositions, les modalités de (...) mise en œuvre » (CC, 28 avril 2005, DC numéro 2005-514, Loi relative à la création du registre international français :

Rec. CC, p.78 ; JO 4 mai 2005, p. 7702 ; RFDC 2005, p.751, note Capitani ; RGDIP 2005, p.739, note Jacob ; LPA, 19 juillet 2005 p.3, note Schoettl).

De son côté, le Conseil d'Etat a estimé, à l'occasion de l'arrêt Association eaux et rivières de Bretagne du 19 juin 2006 (requête numéro 282456 : BDEI septembre 2006, p. 41, concl. Guyomar ; AJDA 2006, p.1584), que si une loi s'interpose entre la Charte de l'environnement et un acte administratif, c'est cette loi qui est déterminante pour vérifier la légalité de l'acte en cas de litige (sont ici visés les articles 1,2 et 6 de la Charte.- V. également s'agissant de l'article 7 de la Charte, CE, 12 juin 2013, requête numéro 360702, Fédération des entreprises du recyclage). Ce principe connaît toutefois une exception pour les dispositions législatives antérieures à la Charte, qui n'auront vocation à s'appliquer que dans les cas où elles ne sont pas elles-mêmes incompatibles avec la Charte. Dans ce cas de figure, les juges peuvent contourner la théorie de la loi écran et considérer que la loi en cause a été implicitement abrogée.

La position du Conseil constitutionnel et celle du Conseil d'Etat ont fini par évoluer puisque ces deux juridictions ont ensuite reconnu la valeur constitutionnelle de l'ensemble des dispositions contenues dans la Charte de l'environnement (V. respectivement CC, 19 juin 2008, numéro 2008-564 DC, Loi relative aux organismes génétiquement modifiés.- CE, 3 octobre 2008, requête numéro 297931, Commune d'Annecy : Rec. p. 322 ; AJDA 2008, p. 2166, chron. Geffray et Liéber ; RFDA 2008, p. 1147, concl. Aguila).

Dans ses conclusions, le commissaire du gouvernement Aguila a notamment précisé que si certains principes contenus dans la Charte ont un caractère imprécis, cela ne leur enlève pas pour autant leur caractère normatif. En effet, certains principes aussi imprécis, par exemple, que la laïcité ou la dignité de la personne humaine ont néanmoins valeur constitutionnelle. Le fait qu'un principe constitutionnel renvoie à une loi ne constitue pas non plus un obstacle. Ainsi, comme on l'a vu, les dispositions constitutionnelles relatives au droit de grève, ou encore au principe de libre administration des collectivités territoriales, ont déjà été utilisées par le juge administratif, alors qu'elles renvoient pourtant à des textes de lois.

En revanche, reconnaître un caractère normatif à la Charte ne revient pas à attribuer une même portée à l'ensemble des principes qu'elle édicte. Le commissaire du gouvernement Aguila relève en effet que l'imprécision d'un principe devrait l'empêcher de créer directement un droit subjectif au bénéfice des particuliers. A titre d'exemple, le principe de participation ne devrait pas autoriser un particulier à demander d'être associé à l'élaboration d'une décision publique, un texte de loi étant bien sûr nécessaire pour organiser une procédure de consultation. En revanche, dans le cadre d'un contentieux objectif, le même particulier doit pouvoir invoquer la Charte dans le cadre d'un recours pour excès de pouvoir dirigé contre un acte règlementaire, dès lors en tout cas qu'il a une incidence directe et significative en la matière (CC 24 mai 2013, numéro 2013-317 QPC.- CE, 17 octobre 2013, requête numéro 370481, Commune d'Illkirch-Graffenstaden.- CE, 23 novembre 2015, requête numéro 381249, Sociétés Altus Energy et Solaïs.- CE, 28 décembre 2016, requête numéro 394696, requête numéro 395115, Fédération du négoce agricole).

En l'espèce, le Conseil d'Etat, se fondant sur l'article 7 de la Charte consacrant le principe de participation du public a ainsi décidé que « ces dernières dispositions, comme l'ensemble des droits et devoirs définis dans la Charte de l'environnement, et à l'instar de toutes celles qui procèdent du préambule de la Constitution, ont valeur constitutionnelle ; qu'elles s'imposent aux pouvoirs publics et aux autorités administratives dans leurs domaines de compétence respectifs ». Dans cette affaire, le Conseil d'Etat annule pour incompétence un décret relatif aux lacs de montagne au motif qu'en vertu de l'article 7 de la Charte, seul le législateur est compétent pour préciser les conditions et les limites du droit de participation du public (V. également CE, 4 décembre 2013, Association France nature environnement, requête numéro 357839, requête numéro 358128, requête numéro 358234).

En revanche, le Conseil d'Etat a considéré dans un arrêt Association du quartier Les Hauts de Choiseul du 19 juillet 2010 (requête numéro 328687 : Rec. p.333 ; AJDA 2010, p. 2114, note Dubrulle ; JCPA 2011, comm. 2119, note Billet ; RD imm. 2010, p.508, note Soler-Couteaux) que le principe de précaution visé par l'article 5 de la Charte de l'environnement s'impose aux pouvoirs publics et aux autorités administratives dans leurs domaines de compétence respectifs, sans qu'il appelle nécessairement des dispositions législatives ou réglementaires en précisant la mise en œuvre. Ce principe peut donc être pris en compte par l'autorité administrative lorsqu'elle se prononce sur l'octroi d'une autorisation délivrée en application de la législation sur l'urbanisme. Cependant, les juges considèrent « qu'en l'état des connaissances scientifiques sur les risques pouvant résulter, pour le public, de son exposition aux champs électromagnétiques émis par les antennes de relais de téléphonie mobile » la décision du maire de la commune autorisant l'installation d'un pylône de relais de téléphonie est légale. Dans le même sens, il a été jugé qu'un maire ne peut s'opposer à l'implantation d'une antenne que s'il rapporte la preuve « d'éléments circonstanciés faisant apparaître, en l'état des connaissances scientifiques, des risques, même incertains, de nature à justifier un tel refus » (CE, 1er février 2012, requête numéro 344992, Société Orange France : Dr. Adm. 2012, comm. 44, note Pissaloux.- V également CE, 26 février 2014, requête numéro 351514, Association Ban Asbestos France : Rec. tables, p. 752 ; AJDA 2014, p. 1566, note Deharbe).

Par ailleurs, les dispositions de l'article 1er de la Charte en application desquelles « chacun a le droit de vivre dans un environnement équilibré et respectueux de la santé » peuvent être invoquées devant le juge de l'excès de pouvoir. En effet, « il appartient aux autorités administratives de veiller au respect du principe énoncé par l'article 1er de la Charte de l'environnement lorsqu'elles sont appelées à préciser les modalités de mise en œuvre d'une loi définissant le cadre de la protection de la population contre les risques que l'environnement peut faire courir à la santé et il incombe au juge administratif de vérifier, au vu de l'argumentation dont il est saisi, si les mesures prises pour l'application de la loi, dans la mesure où elles ne se bornent pas à en tirer les conséquences nécessaires, n'ont pas elles-mêmes méconnu ce principe » (CE, 26 février 2014, requête numéro 351514, Association Ban Asbestos France, préc.).

Enfin, le Conseil d'Etat, dans un arrêt d'Assemblée Fédération de la pêche en France du 12 juillet 2013, (requête numéro 344522 : Rec. p.192, concl. Cortot-Boucher ; AJCT 2013, p. 581, obs. Moliner-Dubos ; AJDA 2013, p. 1737, chron. Domino et Bretonneau ; JCP G 2013, II, comm. 1215, note Janicot ; RFDA 2013, p. 1259, note Roblot-Troizier ; RFDA 2014, p. 97, concl. Cortot-Boucher, note Robbe.- V. également CE, 10 juin 2015, requête numéro 371554, Chambre de commerce et d'industrie de Rouen) a estimé que les dispositions de l'article 3 de la Charte de l'environnement selon lequel « toute personne doit, dans les conditions définies par la loi, prévenir les atteintes qu'elle est susceptible de porter à l'environnement ou, à défaut, en limiter les conséquences » peuvent être invoquées par le justiciable. Les juges estiment en effet qu'il incombe au législateur et, dans le cadre défini par la loi, au pouvoir réglementaire et aux autres autorités administratives de déterminer, dans le respect des principes énoncés par cet article, les modalités de la mise en œuvre de ces dispositions. Dans cette affaire, le décret contesté avait pour objet de déterminer les modalités de prévention de l'extinction de l'anguille européenne. Les juges considèrent que les dispositions litigieuses ont prévu la possibilité d'encadrer avec une précision suffisante la pêche de cette espèce. Dès lors, en adoptant les mesures contestées du décret attaqué, le pouvoir réglementaire n'avait pas méconnu les exigences qui découlent de l'article 3 de la Charte.

C – Principes fondamentaux reconnus par les lois de la République

366.- Source de ces principes.- Ces principes sont intégrés au bloc de constitutionnalité du fait d'un renvoi qui est opéré par l'alinéa 1er du préambule de la Constitution de 1946 selon lequel « le peuple français … réaffirme solennellement les droits et libertés de l'homme et du citoyen consacrés par la Déclaration des droits de 1789 et les principes fondamentaux reconnus par les lois de la République ». Ces principes ne sont pas énumérés par le préambule de la Constitution de 1946, contrairement aux « principes particulièrement nécessaires à notre temps ».

Ce que voulait faire le constituant de 1946, c'est rendre hommage à l'œuvre du législateur de la Troisième République et aux grandes lois républicaines.

367.- Jurisprudence.- Le Conseil d'Etat, dans son arrêt d'Assemblée du 11 juillet 1956, Amicale des annamites de Paris (requête numéro 26638 : Rec. p. 317 ; AJDA 1956, p. 400, chron. Fournier et Braibant) a ainsi estimé que le principe de liberté d'association, qui trouve sa source dans la célèbre loi du 1er juillet 1901, est un principe fondamental reconnu par les lois de la République.

Depuis cet arrêt, une dizaine de ces principes ont été dégagés, principalement par le Conseil constitutionnel.

Exemples :
- CC, 16 juillet 1971, numéro 71-44 DC, Liberté d'association (préc.) : le Conseil constitutionnel reconnaît, quelques années après le Conseil d'Etat, que la liberté d'association est un principe fondamental reconnu par les lois de la République.
- CC, 22 juillet 1980, numéro 80-119 DC, Loi portant validation d'actes administratifs (préc.) : cette décision reconnaît le principe de l'indépendance de la juridiction administrative qui trouve sa source dans la loi du 24 mai 1872 qui confère la justice déléguée au Conseil d'Etat.

Le dernier principe en date a été reconnu par le Conseil constitutionnel dans sa décision du 5 août 2011, Société SOMODIA (numéro 2011-157 QPC : AJDA 2011, p. 1880, étude Lombard, Nicinski et Glaser ; AJDA 2012, p.331, note Jennequin ; Constitutions 2012, p. 104, obs. Radé ; JCPA 2011, comm. 2319, note Abi Rached ; RDP 2013, p. 533, note Woehrling ; RDT 2011, p. 574, obs. Sander ; RFDA 2011, p. 1209, chron. Roblot-Troizier et Tusseau ; RFDA 2012, p. 131, note Woehrling). Dans cette affaire, le Conseil a considéré que la législation républicaine antérieure à l'entrée en vigueur de la Constitution de 1946 a consacré le principe fondamental reconnu par les lois de la République selon lequel, tant qu'elles n'ont pas été remplacées par les dispositions de droit commun ou harmonisées avec elles, des dispositions législatives et règlementaires particulières aux départements du Bas-Rhin, du Haut-Rhin et de la Moselle peuvent demeurer en vigueur.

Le Conseil d'Etat peut utiliser les principes généraux dégagés par le Conseil constitutionnel mais, en tant qu'interprète de la Constitution, il a lui-même dégagé dans une période récente deux nouveaux principes fondamentaux reconnus par les lois de la République.

A l'occasion de l'arrêt d'Assemblée Koné du 3 juillet 1996, le Conseil d'Etat s'est inspiré de la loi sur l'extradition du 10 mars 1927 pour décider qu'il existe un principe fondamental reconnu par les lois de la République qui interdit l'extradition d'un étranger lorsqu'elle est demandée dans un but politique (requête numéro 169219 : Rec. p. 255 ; RFDA 1996, p. 882, concl. Delarue et notes Favoreu, Gaïa, Labayle et Delvolvé ; AJDA 1996, p. 722, chron. Chauvaux et Girardot ; RDP 1996, p. 1751, note Braud ; D. 1996, jurispr. p. 509, note Julien-Laferrière). Le Conseil d'Etat a fait une première application positive de cette jurisprudence à l'occasion de l'arrêt de Section Ablyazov du 9 décembre 2016 (requête numéro 394399 : Rec. p. 550).

De façon plus surprenante, compte tenu de l'existence de normes écrites applicables (art. 1er de la Constitution et art. 10 de la Déclaration des droits de l'Homme et du citoyen) le Conseil d'Etat a également reconnu que le principe de laïcité était un principe fondamental reconnu par les lois de la République (CE, 6 avril 2001, requête numéro 219379, requête numéro 221699, requête numéro 221700, Syndicat national des enseignements du second degré : Rec. p. 521).

A l'opposé, le Conseil d'Etat, comme le Conseil constitutionnel, ont refusé de reconnaître l'existence de certains principes fondamentaux reconnus par les lois de la République, alors que dans certains cas ils étaient consacrés par des lois en vigueur sous les Troisième et Quatrième Républiques.

Exemples :

- Dans sa décision Loi réformant le Code de la nationalité du 20 juillet 1993, le Conseil constitutionnel estime qu'il n'existe pas de principe fondamental reconnu par les lois de la République selon lequel une personne née en France de parents étrangers également nés en France serait française (numéro 93-321 DC : Rec. CC, p.196 ; AJDA 1993, p.755, note Schrameck ; RFDA 1993, p.820, note Philippe). Or, plusieurs lois de la Troisième République avaient consacré ce principe dit de « double droit du sol ».
- Le Conseil constitutionnel a également jugé qu'aucune loi de la République antérieure à la Constitution de 1946 n'a fixé le principe selon lequel les poursuites disciplinaires sont nécessairement soumises à une règle de prescription (CC, 25 décembre 2011, numéro 2011-199 QPC, Gourmelon : Dr. Adm. 2012, comm. 31, note Froger).
- La clause générale de compétence des départements ne constitue pas un principe fondamental reconnu par les lois de la République qui aurait pu trouver sa source dans la loi du 10 août 1871 relative aux conseils généraux (CC., 9 décembre 2010, numéro 2010-618 DC, préc.).
- Le Conseil d'Etat considère qu'il n'existe pas de principe fondamental reconnu par les lois de la République dont il résulterait que l'imposition foncière doit être établie sur une base nette (CE, 30 mai 2012, requête numéro 355287, GFA Fielouse-Cardet : Dr. fisc. 2012, 399 ; RJF 2012, n°855).
- CC, 21 décembre 2020, numéro 2020-810 DC : la règle selon laquelle les mérites des candidats à un poste de professeur ou de maître de conférences doivent être évalués par une instance nationale constitue une garantie légale possible du principe d'indépendance des enseignants-chercheurs, elle ne peut en elle-même être regardée comme figurant au nombre des principes fondamentaux reconnus par les lois de la République

Enfin, plutôt que de se référer à des principes fondamentaux reconnus par les lois de la République préexistants, il arrive que le Conseil d'Etat choisisse de se référer directement aux textes constitutionnels. C'est ce qui s'est produit s'agissant du principe du respect des droits de la défense : alors qu'il avait été initialement qualifié de principal fondamental reconnu par les lois de la République (CC, 23 juillet 1999, numéro 99-416 DC, Loi portant création d'une couverture maladie universelle) le Conseil constitutionnel choisit aujourd'hui de rattacher ce principe à l'article 16 de la Déclaration de 1789 (CC, 30 mars 2006, numéro 2006-635 DC, Loi pour l'égalité des chances).

D – Décisions du Conseil constitutionnel

368.- Autorité de la chose jugée des décisions du Conseil constitutionnel.- L'article 62 alinéa 2 de la Constitution précise que « les décisions du Conseil constitutionnel ne sont susceptibles d'aucun recours. Elles s'imposent aux pouvoirs publics et à toutes les autorités administratives et juridictionnelles ».

Il en résulte que le Conseil d'Etat est soumis à l'autorité de la chose jugée des décisions par lesquelles le Conseil constitutionnel s'est prononcé sur la conformité à la Constitution d'une disposition législative.

Exemple :
- CE Ass., 13 mai 2011, requête numéro 316734, M'Rida (Rec. p. 211, concl. Geffray ; AJDA 2011, p. 1136, chron. Domino et Bretonneau ; RFDA 2011, p. 789, concl. Geffray et p. 806, note Verpeaux) : lorsque le Conseil constitutionnel, après avoir abrogé une disposition déclarée inconstitutionnelle, détermine lui-même les conditions et limites dans lesquelles les effets que la disposition a produits sont susceptibles d'être remis en cause, ou lorsqu'il décide que le législateur aura à prévoir une application aux instances en cours des dispositions qu'il aura prises pour remédier à l'inconstitutionnalité constatée, il appartient au juge, saisi d'un litige relatif aux effets produits par la disposition déclarée inconstitutionnelle, de les remettre en cause en écartant, pour la solution de ce litige, le cas échéant d'office, cette disposition, dans les conditions et limites fixées par le Conseil constitutionnel ou le législateur.

Cependant, l'autorité de la chose jugée ne s'applique que pour le texte de loi soumis à l'examen du Conseil constitutionnel et non pas à la jurisprudence constitutionnelle en général. En d'autres termes, lorsqu'est en cause une autre disposition législative que celle censurée par le Conseil constitutionnel, le juge administratif n'est pas lié par l'autorité de la chose jugée. Ceci étant, par souci de cohérence, le juge administratif, lorsqu'il interprète la constitution, va généralement aboutir à une solution conforme à la position du Conseil constitutionnel.

Pour aller plus loin :

- **Brunet (F.)**, La norme-reflet – Réflexions sur les rapports spéculaires entre normes juridiques : RFDA 2017, p.85.

- **Ciaudo (A.)**, L'invocation de la Déclaration universelle des droits de l'homme devant le juge administratif : RFDA 2019, p. 711.

- **Delvolvé (P.)**, Le Conseil constitutionnel et la liberté d'enseignement : RFDA 1985, p.624.

- **De Montalivet (P .)**, Question prioritaire de constitutionnalité et droit administratif : Dr. adm. 2011, étude 2.

- **Domingo (L.)**, QPC : Questions de procédure contentieuse, JCP A 2011, comm. 2163.

- **Emeri (C.)**, le bloc de constitutionnalité, RDP 1970, p. 678.

- **Genevois (B.)**, La marque des idées et principes de 1789 dans la jurisprudence du Conseil d'Etat et du Conseil constitutionnel : EDCE, n° 40, 1988, p. 181.

- **Genevois (B.)**, Normes de référence du contrôle de constitutionnalité et respect de la hiérarchie en leur sein : Mélanges Braibant, Dalloz, 1996, p. 323.

- **Genevois (B.)**, Une catégorie de principes de valeur constitutionnelle : les principes fondamentaux reconnus par les lois de la République : RFDA 1998, p.477.

- **Jegouzo (Y.) et Loloum (F.)**, La portée juridique de la Charte de l'environnement : Droit adm., 2004, comm. 8.

- **Mbongo (P.)**, Constitution française et libertés. Dits, non-dits, clairs-obscurs et idées reçues : Rev. adm. 2002, p. 594.

-**Roblot-Troizier (A.)**, La question prioritaire de constitutionnalité devant les juridictions ordinaires : entre méfiance et prudence : AJDA 2010, p. 74.
-**Roblot-Troizier (A.)**, Le non-renvoi des questions prioritaires de constitutionnalité par le Conseil d'Etat : RFDA 2011, p. 691.

- **Rousseau (D.)**, Le Conseil constitutionnel et le préambule de 1946 : Rev. adm. 1997, p. 160.

- **Teitgen-Colly (C.)**, Le droit d'asile : la fin des illusions : RDP 1994, p.5.

- **Verpeaux (M.)**, Les principes fondamentaux reconnus par les lois de la République ou les principes énoncés dans les lois des Républiques ? : LPA 1993, n° 84, p. 9.

Section II – Les normes internationales

369.- Normes internationales et principe de légalité.- La force juridique des différentes normes de droit international en droit interne a été tardivement admise. Elle conduit naturellement à s'interroger sur le statut de ces normes en droit interne et sur leur effet contraignant à l'encontre de l'administration.

§I – Reconnaissance de la force juridique des normes internationales en droit interne

370.- Absence initiale de contrainte pour l'administration.- Jusqu'à la Constitution de 1946, les traités n'avaient aucune force juridique pour l'administration. Ainsi, dans le cadre d'un recours pour excès de pouvoir contre un acte administratif, les requérants n'étaient pas autorisés à invoquer la contrariété de cet acte avec une norme de droit international. Comme l'écrit Jean Waline, « l'obligation pour l'administration de respecter les engagements internationaux souscrits par la France était en quelque sorte une obligation naturelle puisque le juge administratif ne sanctionnait pas la violation d'un traité par l'administration » (Précis de droit administratif, 28ème éd., Dalloz 2020).

Ce système, dans lequel il n'existe pas d'intégration du droit international au droit national pouvait être présenté comme un système dualiste.

371.- Intégration des normes internationales parmi les sources de la légalité administrative.- Apparemment, la Constitution du 27 octobre 1946 marque une évolution vers un système moniste. L'article 26 de ce texte prévoit en effet que « les traités diplomatiques régulièrement ratifiés et publiés ont force de loi dans le cas même où ils seraient contraires à des lois françaises, sans qu'il soit besoin pour en assurer l'application d'autres dispositions législatives que celles qui auraient été nécessaires pour assurer leur ratification ».

En application de ces nouvelles règles, le Conseil d'Etat a logiquement considéré qu'un acte administratif contraire à un traité international est illégal et doit être annulé.

Exemple :
- CE, 30 mai 1952, Dame Kirkwood (requête numéro 16690 : Rec. p.291 ; RDP 1952, p.781, concl. Latournerie et note Waline ; S. 1953, III, p.33, note Bouzat) : dans cet arrêt le Conseil d'Etat annule un décret d'extradition contraire à un traité franco-américain de 1909.

Cette solution a été reprise par l'article 55 de la Constitution du 4 octobre 1958 qui prévoit que « les traités ou accords régulièrement ratifiés ou approuvés ont, dès leur publication, une autorité supérieure à celle des lois, sous réserve, pour chaque accord ou traité, de son application par l'autre partie ».

372.- Incertitudes sur la portée de cette intégration.- Pour autant, il n'est pas évident d'affirmer que le système juridique français est devenu un système moniste avec domination du droit international. En particulier, si la primauté des normes internationales sur la loi nationale est indéniable, la supériorité de ces normes sur les normes constitutionnelles est plus que douteuse. Si les controverses sont nombreuses sur cette question, on pourrait avancer que le monisme n'est qu'une modalité du dualisme dans la mesure où il résulte d'un choix constitutionnel ou jurisprudentiel qui est toujours un choix des autorités nationales (J. Combacau et S. Sur, Droit international public : Montchrestien, 5e éd., 2001, p. 180). D'autres auteurs estiment, quant à eux, que l'on n'applique pas en droit interne des normes internationales mais plutôt des normes internes d'origine internationales, c'est-à-dire des normes internationales qui sont insérées dans l'ordre juridique interne, ce qui leur confère toute leur valeur juridique (C. Santulli, Le statut international de l'ordre juridique étatique : Pédone, 2001, p. 98). Quoiqu'il en soit la contrariété d'un acte administratif à une norme internationale, dans l'ordre juridique interne, est susceptible d'être sanctionnée par le juge administratif.

§II – Normes internationales applicables dans l'ordre juridique interne

373.- Des normes multiples.- Les normes internationales sont d'abord constituées par les traités et les accords internationaux ainsi que par le droit dérivé édicté par certains organismes internationaux. S'y ajoutent des règles non écrites, les principes généraux du droit international et les coutumes internationales.

I – Conditions d'applicabilité des traités et accords internationaux

374- Article 55 de la Constitution.- Il existe deux grands types de traités et d'accords internationaux : les traités et accords bilatéraux et les traités et accords multilatéraux.

Leur caractère normatif, dans l'ordre juridique interne, est subordonné au respect d'un certain nombre de conditions visées par l'article 55 de la Constitution dont le contrôle est variable. Schématiquement, l'examen de ces conditions permet d'observer que les juges s'estiment compétents lorsque le contrôle des conditions d'application des traités et accords internationaux pose un problème de droit interne français, alors qu'ils s'estiment incompétents lorsque ces conditions concernent les relations d'Etat à Etat.

A – Ratification ou approbation régulières

375.- Procédure de ratification ou d'approbation.- En application de l'article 52 de la Constitution, les traités font l'objet d'une ratification par décret du Président de la République, alors que les accords - qui sont généralement moins solennels et consacrés à des problèmes plus techniques- sont approuvés par une autre autorité, qui est généralement le ministre des Affaires étrangères. Le même article précise que le Président de la République est informé de toute négociation tendant à la conclusion d'un accord international non soumis à ratification

En outre, selon l'article 53 « les traités de paix, les traités de commerce, les traités ou accords relatifs à l'organisation internationale, ceux qui engagent les finances de l'Etat, ceux qui modifient des dispositions de nature législative, ceux qui sont relatifs à l'état des personnes, ceux qui comportent cession, échange ou adjonction de territoire, ne peuvent être ratifiés ou approuvés qu'en vertu d'une loi ».

Exemple :
- CE, 12 juillet 2017, requête numéro 395313, Durbano : un accord intervenu entre l'Italie et la France, relatif au transfert transfrontalier de déchets n'engage pas les finances de l'Etat au sens de l'article 53 de la Constitution, dès lors qu'il ne créée par une charge financière certaine, directe et immédiate pour l'Etat.

376.- Contrôle de ces conditions.- Traditionnellement, le Conseil d'Etat refusait de contrôler la régularité de l'approbation ou de la ratification d'un traité ou d'un accord en application de la théorie de l'acte de gouvernement (CE, 5 février 1926, requête numéro 83102, Dame Caraco : Rec. p. 125). Il s'est ensuite limité à contrôler l'existence d'une ratification ou d'une approbation, mais sans se soucier du respect des exigences constitutionnelles (CE Ass., 16 novembre 1956, requête numéro 25627, Villa : Rec. p. 433).

Le Conseil d'Etat est revenu sur cette position à l'occasion de l'arrêt d'Assemblée du 18 décembre 1998, SARL du parc d'activités de Blotzheim et SCI Haselaecker (requête numéro 181249 : Rec. p.483 ; RFDA 1999, p. 331, concl. Bachelier ; AJDA 1999, p. 127, chron. Raynaud et Fombeur ; RGDI 1999, p. 753, note Poirat ; LPA 23 mai 2000, p. 6, note Béquain.- La même solution a également été admise par la Cour de cassation : Cass. civ. I, 29 mai 2001, pourvoi numéro 99-16.673, Association pour la sécurité aérienne en Afrique et à Madagascar : RGDIP 2001, p. 1033, note Ondoua) dans lequel il a admis la recevabilité du moyen tiré de l'absence d'autorisation parlementaire d'approbation d'un accord international.

Exemple :

- CE, 23 février 2000, requête numéro 157922, Bamba Dieng (Rec p. 72 ; RGDIP 2000, p. 811, note Poirat ; JDI 2001, p. 81, note Dehaussy) : l'accord modifiant la convention de coopération judiciaire signée le 29 mars 1974 entre la France et le Sénégal doit être regardé comme modifiant des dispositions de nature législative au sens des dispositions de l'article 53 de la Constitution. Dès lors, en vertu desdites dispositions, il ne pouvait être ratifié ou approuvé qu'en vertu d'une loi. Le décret de publication de l'accord est donc annulé.

Le juge administratif peut également être amené à contrôler la régularité de l'approbation ou de la ratification par voie d'exception, dans les cas où le requérant met en cause l'application d'un traité par l'administration (CE Ass., 5 mars 2003, requête numéro 242860, Aggoun : Rec. p. 72, concl. Stahl ; AJDA 2003, p. 726, chron. Donnat et Casas ; LPA 2003, n°164, p. 9, note Melleray ; RDP 2004, p.340, note Guettier ; RFDA 2003, p. 1214, note Lachaume ; RGDIP 2003, p. 492, note Laugier-Deslandes). Il a ainsi été jugé dans l'affaire Aggoun que le requérant peut, dans le cadre d'un recours contre un arrêté de reconduite à la frontière, contester par voie d'exception le décret de publication d'un accord franco-algérien au motif que son approbation n'aurait pas bénéficié d'une autorisation parlementaire.

Toutefois, il n'appartient pas au Conseil d'Etat, dès lors que la ratification ou l'approbation a été autorisée en vertu d'une loi, de se prononcer sur le moyen tiré de ce que la loi autorisant cette ratification ou cette approbation serait contraire à la Constitution (CE, 8 juillet 2002, requête numéro 239366, Commune de Porta : Rec. p. 260 ; AJDA 2002, p. 1005, chron. Donnat et Casas ; LPA 20 février 2003, p. 20, note Jan ; JCP G 2003, II, comm. 10021, note Ondoua ; RGDI publ. 2003, p. 491, note Laugier-Deslandes ; RDP 2003, p. 1481, note Boilet et Lafaix). Cette solution est conforme à la théorie de la loi écran qui interdit de discuter de la constitutionnalité d'une loi devant le juge administratif.

De même, ne peut être utilement invoquée devant le Conseil d'Etat, dans le cadre d'un recours contre le décret de publication, la non-conformité du traité ou de l'accord - dans ses dispositions de fond - à la Constitution (CE, 9 juillet 2010, requête numéro 327663, Fédération nationale de la libre-pensée : Rec. p. 268, concl. Keller ; AJDA 2010, p. 1635, chron. Liéber et Botteghi ; D. 2010, p. 2868, obs. Boskovic, Corneloup, Jault-Seseke, Joubert et Parrot ; Droit adm. 2010, comm.

130, note Platon ; RFDA 2010, p.980, concl. Keller et note Roblot-Troizier et Rambaud ; RFDA 2011, p. 173, note Santulli). Cette solution pose toutefois problème puisqu'elle aboutit à ne pas assurer la suprématie de la Constitution dans l'ordre juridique interne dès lors que le traité ou l'accord ont été ratifiés ou approuvés. Il n'y a donc pas de contrôle a posteriori de la constitutionnalité des traités et accords, tout comme il n'y avait pas, avant l'introduction de la procédure de question prioritaire de constitutionnalité, de contrôle a posteriori de la constitutionnalité des lois. Il est probable que seule une révision constitutionnelle pourrait régler cette difficulté.

Précisons aussi que la décision de ratifier ou de ne pas ratifier un traité est un acte de gouvernement (CE Ass., 18 décembre 1998, requête numéro 181249, SARL du parc d'activités de Blotzheim et SCI Haselaecker, préc.).

Il résulte également de la jurisprudence que, saisi d'un recours dirigé contre un acte publiant un traité ou un accord international, il n'appartient pas au juge administratif de se prononcer sur la validité de ce traité au regard d'autres engagements internationaux souscrits par la France (Ibid.). De la même façon, les juridictions nationales ne sont pas compétentes pour contrôler la validité d'une réserve par rapport au traité qu'elle accompagne (CE Ass., 12 octobre 2018, requête numéro 408567, SARL Super Coiffeur : AJDA 2018, p. 2390, chron. Nicolas et Faure ; Dr. adm. 2019, comm. 7, note Eveillard ; JCP A 2018, act. 797, obs. Friedrich ; RFDA 2018, p. 1161, concl. Touboul).

Un assouplissement a toutefois été prévu par le Conseil d'Etat à l'occasion de son arrêt d'Assemblée du 23 décembre 2011, Kandyrine de Brito Paiva, dans l'optique d'une plus grande conciliation des ordres juridiques internationaux (requête numéro 303678 : Rec. p. 623, concl. Boucher ; AJDA 2012, p.201, note Domino et Bretonneau ; JCP E 2012, comm. 1101, note Derouin ; RFDA 2012, p.1, note Boucher et p.26, note Alland) Cet arrêt précise que sous réserve des cas où seraient en cause des normes du système juridique de l'Union européenne, lesquelles sont supérieures aux normes internationales conventionnelles (V. sur ce point CE, 11 avril 2014, requête numéro 362237, Giorgis : RFDA 2014, p. 789, chron. Santulli), peut être utilement invoqué, à l'appui de conclusions dirigées contre une décision administrative qui fait application des stipulations inconditionnelles d'un traité ou d'un accord international, un moyen tiré de l'incompatibilité des stipulations, dont il a été fait application par la décision en cause, avec celles d'un autre traité ou accord international. Dans ce cas, conformément aux principes du droit coutumier, le juge doit définir les modalités d'application respectives des normes concernées et assurer leur conciliation en les interprétant, le cas échéant, au regard des règles constitutionnelles et des principes d'ordre public. S'il n'est pas possible de les concilier entre elles ou de déterminer lesquelles doivent être écartées, il doit appliquer la norme dans le champ de laquelle la décision administrative contestée s'est placée et écarter le moyen tiré de son incompatibilité avec l'autre norme internationale invoquée. En l'espèce, faisant application de ces principes à un litige relatif à un accord qui subordonnait le remboursement d'emprunts russes à la nationalité française, le Conseil d'Etat a estimé qu'eu égard à l'objet de l'accord franco-russe du 27 mai 1997, à la contrepartie qu'il comporte, aux modalités de sa mise en œuvre et à l'impossibilité d'identifier les porteurs de titres à la date de leur dépossession, la limitation de l'indemnisation n'était pas incompatible avec les stipulations de l'article 14 de la Convention européenne de sauvegarde des droits de l'homme et des libertés fondamentales et de l'article 1er du premier protocole additionnel à cette convention.

Cette solution a aussi été appliquée pour le contrôle de la compatibilité d'un traité bilatéral au regard d'une disposition relevant du droit primaire de l'Union européenne (CE, 27 juillet 2012, requête numéro 337656, Ministre du Budget, des Comptes publics, de la Fonction publique et de la Réforme de l'Etat). Elle permet également de confronter une convention bilatérale avec un acte de droit dérivé (CE Ass., 19 juillet 2019, requête numéro 424216, requête numéro 424217, Association des américains accidentels : AJDA 2019, p. 1986, chron. Malverti et Beaufils ; JCP G 2019, comm. 1193, note Defoort ; Procédures 2019, comm. 338, note Chifflot ; RFDA 2019, p. 891, concl. Lallet.- Dans cette affaire le Conseil d'Etat confronte au règlement général sur la protection des données personnelles un accord conclus entre la France et les Etats-Unis en matière fiscale).

B – Publication

377.- Procédure de publication.- La publication des normes conventionnelles, qui conditionne l'entrée en vigueur des traités et accords internationaux, est organisée par le décret n°53-192 du 14 mars 1953. Les juges s'assurent qu'il a bien été procédé à cette publication, à défaut de quoi la norme conventionnelle considérée ne produirait aucun effet dans l'ordre juridique interne (V. par exemple CE, 12 novembre 2001, requête numéro 214101, Watenne : AFDI 2002, p. 728, chron. Maziau). Un tel moyen sera soulevé d'office par le juge (CE Sect., 11 décembre 1959, requête numéro 40707, Commissaire du gouvernement près la commission de répartition de l'indemnité des nationalisations tchécoslovaques : Rec. p. 674 ; AJDA 1960, II, p.311).

En application du décret du 14 mars 1953, l'exigence de publication s'applique aux conventions internationales, aux dénonciations et retraits, ainsi qu'aux réserves et déclarations interprétatives qui sont de nature à affecter les droits et obligations des particuliers. En revanche, sont dispensés de publication les actes unilatéraux des organisations internationales « lorsque ces règlements sont intégralement publiés dans le bulletin officiel de cette organisation, offert au public, et lorsque cette publication suffit, en vertu des dispositions expresses d'une convention engageant la France, à rendre ces règlements opposables aux particuliers ».

378.- Contrôle de la publication.- Les juges considèrent que l'acte de publication est détachable des relations internationales de la France et qu'il lui appartient donc d'en apprécier la régularité. En particulier, ils s'assurent que lorsque la publication est exigée au journal officiel, celle-ci a bien lieu dans la partie « lois et règlements »

(CE, 11 avril 1962, requête numéro 74004, Société Savana et Société des Etablissements textiles de Modeliaperth : Rec. p. 261 : irrégularité de la publication d'un accord franco-indien dans le seul Journal officiel de l'Inde française).

A compter de sa publication, l'accord ou le traité entre en vigueur dans l'ordre interne, y compris les stipulations ayant un caractère rétroactif (CE Ass., 8 avril 1987, requête numéro 79840, Procopio : Rec. p. 137 ; AJDA, p. 472, concl. Schrameck). Cette précision est importante puisque les traités internationaux prévoient souvent un délai d'entrée en vigueur à compter du dépôt par l'Etat signataire de ses instruments de ratification : si le décret de publication intervient après l'échéance du terme stipulé dans le traité, celui-ci s'appliquera donc de manière rétroactive.

Rappelons enfin que c'est par le biais du contrôle, par voie d'action (CE Ass., 18 décembre 1998, requête numéro 181249, SARL du parc d'activités de Blotzheim et SCI Haselaecker, préc.) ou par voie d'exception (CE Ass., 5 mars 2003, requête numéro 242860, Aggoun, préc.) du décret de publication du traité ou de l'accord que le Conseil d'Etat examinera le respect de la procédure de ratification.

C – Réciprocité

379.- Signification.- Un traité ou un accord n'est applicable dans l'ordre juridique interne que s'il est appliqué par l'autre partie.

> Exemple :
> - CAA Versailles, 8 octobre 2007, requête numéro 06VE00142, Ministre de l'Intérieur : est contestée une décision préfectorale qui a refusé d'échanger un permis de conduire congolais contre un permis français au motif que la République Démocratique du Congo ne procède pas de manière réciproque à l'échange du permis de conduire français. Pour justifier le défaut de réciprocité, le préfet a produit à bon droit la liste des pays remplissant la condition de réciprocité, au nombre desquels ne figure pas la République démocratique du Congo.

La condition de réciprocité pose deux problèmes majeurs. Le premier concerne la détermination des traités et accords pour lesquels cette condition est exigée.

380.- Une condition réservée aux traités et accords bilatéraux.- D'une part, cette condition a vocation à s'appliquer aux traités et accords bilatéraux. En effet, si elle était requise pour les traités multilatéraux, elle rendrait leur application très souvent impossible. Il est d'ailleurs fréquent que ces traités résolvent eux-mêmes le problème de leur non application par la création de mécanismes qui permettent de sanctionner les Etats qui manquent à leurs obligations. C'est le cas par exemple du Traité sur le fonctionnement de l'Union européenne qui organise, dans ses articles 258, 259 et 260, la procédure du manquement d'Etat. L'exigence de réciprocité a été écartée, concernant le droit de l'Union européenne tant primitif que dérivé à la fois par la Cour de justice (CJCE 25 septembre 1979, affaire numéro 232/78, Commission c/ France : Rec. CJCE, p. 2729) et par le Conseil constitutionnel (CC.

20 mai 1998, numéro 98-400 DC, Droit de vote des ressortissants communautaires).

D'autre part, dans sa décision numéro 98-408 DC du 22 janvier 1999, Traité portant statut de la Cour pénale internationale, le Conseil constitutionnel a considéré que la réserve de réciprocité n'a pas lieu de s'appliquer pour ce qui concerne « les engagements internationaux en vue de favoriser la paix et la sécurité du monde et d'assurer le respect des principes généraux du droit public international ».

Il faut aussi préciser que la condition de réciprocité ne saurait constituer un obstacle à l'application en France du droit de l'Union européenne dérivé (CJCE, 11 janvier 1990, affaire numéro C-38/89, Blanguernon : Rec. CJCE I-83 ; RJF 1990, n° 501 ; Rev. sociétés, note Bouloc).

381.- Contrôle de la condition de réciprocité.- Le second problème consiste à déterminer si le juge est compétent pour apprécier lui-même si la condition de réciprocité est remplie.

Dans son arrêt d'Assemblée du 29 mai 1981 Rekhou, le Conseil d'Etat a décidé que cette question relevait de la compétence préjudicielle du ministre des Affaires étrangères (requête numéro 15092 : Rec. p. 220 ; RDP 1981, p. 1707, concl. Thery ; AJDA 1981, p. 459, chron. Tiberghien et Lasserre ; D. 1982, jurispr. p. 137, note Calonnec ; JDI 1982, p. 437, note Chappez ; RCDIP 1982, p. 65, concl. Thery et note Lagarde ; RGDIP 1982, p. 410, note Blumann ; AFDI 1982, p. 976, obs. Lachaume ; D. 1981, inf. rap. p. 530, obs. Delvolvé). Saisi en l'espèce d'un litige soulevant la question de la non application par l'Algérie de certaines dispositions des accords d'Evian, le Conseil d'Etat sursoit à statuer et renvoie cette question préjudicielle au ministre des Affaires étrangères. Les juges s'estiment ensuite liés par la position exprimée par le ministre.

Cette jurisprudence a longtemps paru condamnée en raison de l'évolution de la position du Conseil d'Etat sur la question de l'interprétation du contenu des traités, qui paraît s'inscrire dans une problématique très proche de celle de l'appréciation de la condition de réciprocité.

Dans son arrêt d'Assemblée du 29 juin 1990 GISTI le Conseil d'Etat s'est en effet reconnu compétent pour résoudre un problème d'interprétation d'un traité franco-algérien, alors qu'auparavant il renvoyait ces questions au ministère des Affaires étrangères (requête numéro 78519 : Rec. p. 171 ; AJDA 1990, p. 621, concl. Abraham et p. 631, note Teboul ; RFDA 1990, p. 924, note Lachaume et p. 1095, obs. Ruzié ; D. 1990, jurispr. p. 560, note Sabourin ; JCP G 1990, II, comm. 21579, note Tercinet ; JDI 1990, p. 967, note Julien-Laferriere ; LPA 19 septembre 1990, p. 8, note Flauss ; RCDIP 1991, p. 78, note Lagarde ; RDP 1990, p. 1579, note Sabiani ; RGDIP 1991, p. 109, note Buffet-Tchakaloff).

Il faut noter toutefois sur ce point, concernant les textes relevant du droit de l'Union européenne, que l'article 267 du Traité sur le fonctionnement de l'Union européenne, attribue à la seule Cour de justice la compétence pour les interpréter, et cela pour éviter les interprétations divergentes des juridictions nationales. Pour la Cour de justice, l'obligation faite aux juridictions suprêmes de lui renvoyer une question préjudicielle connaît toutefois des exceptions : lorsque la question n'est pas pertinente, ce qui vise les cas où la réponse apportée ne pourrait avoir aucune influence sur la résolution du litige, lorsque la disposition du droit de l'Union en cause a déjà fait l'objet d'une interprétation ou lorsque l'application correcte du droit de l'Union européenne s'impose avec une telle évidence qu'elle ne laisse place à aucun doute raisonnable (CJCE, 6 octobre 1982, affaire numéro 282/81, Cilfit). Dans un premier temps, le Conseil d'Etat avait fréquemment utilisé la théorie de « l'acte clair » qui lui permettait de ne pas renvoyer à la Cour et d'interpréter lui-même des textes, y compris dans des cas où leur clarté était plus que douteuse. Par la suite, le Conseil d'Etat a beaucoup plus fréquemment renvoyé ces questions à la Cour et il considère même, désormais, qu'il est lié par son interprétation, y compris lorsqu'elle a répondu à des questions qui ne lui étaient pas posées (CE Ass, 11 décembre 2006, requête numéro 234560, Société de Griit en Sloot Allium BV et a. : Rec. p. 512, concl. Séners ; AJDA 2007, p. 136, chron. Landais et Lenica ; D. 2007, p.594, note Steck ; RFDA 2007, p.372, concl. Séners ; RTD civ. 2007, p. 299, obs. Rémy-Corlay). Ce n'est toutefois pas toujours le cas, ce qui a même récemment conduit la Cour de justice à condamner la France en raison de l'inaction du Conseil d'Etat (CJUE, 4 octobre 2018, affaire numéro C-416/17, Commission c/ France : JCP G 2018, comm. 1123, obs. Berlin ; RFDA 2019, p. 139, note Iliopoulou-Penot)

S'agissant de l'appréciation de la condition de réciprocité, le Conseil d'Etat a pourtant confirmé la jurisprudence Rekhou à l'occasion de son arrêt d'Assemblée du 9 avril 1999, Chevrol-Benkeddach (requête numéro 180277 : Rec. 115 ; AJDA 1999, p. 401, chron. Raynaud et Fombeur ; RFDA 1999, note Lachaume ; JDI 2001, p. 81, note Dehaussy). Cette solution est manifestement justifiée par le fait que le Conseil d'Etat estime que la question de l'appréciation de la condition de réciprocité demeure, contrairement à celle de l'interprétation des traités et des accords internationaux, une question davantage politique que juridique.

L'affaire a toutefois connu de nouveaux développements devant la Cour européenne des droits de l'homme laquelle, dans sa décision Chevrol-Benkeddach c. France du 13 février 2003, a condamné la France pour violation de l'article 6§1 de la Convention européenne des droits de l'homme relatif au procès équitable (affaire numéro 49636/99 : AJDA 2003, p. 606, chron. Flauss, et p.1984, note Rambaud ; LPA 26 août 2003, p. 4, étude Gabarda ; JCP G 2003, comm. 624, note Tabaka ; JCP G 2003, I comm. 138, chron. Levoyer ; LPA 18 août 2003, n° 164, p. 6, chron. Melleray ; D. 2003, jurispr. p. 931, note Moutouh ; RTD civ. 2003, p. 572, chron. Libchaber). La Cour souligne « (qu'en) se fondant exclusivement sur l'avis préjudiciel du ministre des Affaires étrangères et en se considérant comme lié par lui (le Conseil d'Etat) s'est privé volontairement de la compétence lui permettant d'examiner et de prendre en compte des éléments de fait qui pourraient être cruciaux pour le règlement in concreto du litige qui lui était soumis ». La Cour critique également le refus du Conseil d'Etat d'organiser tout débat contradictoire tant sur la question préjudicielle renvoyée que sur la réponse délivrée par le ministre des Affaires étrangères.

En définitive, la Cour européenne ne condamne pas intrinsèquement la procédure de renvoi préjudiciel au ministre, mais les conditions dans lesquelles elle est mise en œuvre. En d'autres termes, la compétence préjudicielle du ministre pouvait fort bien être maintenue, à condition que la réponse préjudicielle n'ait plus qu'une portée consultative.

Le Conseil d'Etat s'est finalement aligné sur cette solution à l'occasion de l'arrêt d'Assemblée Cheriet-Benseghir du 9 juillet 2010 (requête numéro 317747 : Rec. p.251, concl. Dumortier ; AJDA 2010, p. 1635, chron. Lieber et Botteghi ; D. 2010, p. 2868, obs. Boskovic et a. ; RFDA 2010, p. 1133, concl. Dumortier et p.1146, note Lachaume et 2011, p. 173, chron. Santulli ; Cah. Cons. const. 2010, p. 206, note Roblot-Troisier. Dr. adm. 2010, 131, note Gautier). Selon cet arrêt « il appartient au juge administratif, lorsqu'est soulevé devant lui un moyen tiré de ce qu'une décision administrative a à tort, sur le fondement de la réserve énoncée à l'article 55 de la Constitution, soit écarté l'application de stipulations d'un traité international, soit fait application de ces stipulations, de vérifier si la condition de réciprocité est ou non remplie. A cette fin, il lui revient, dans l'exercice des pouvoirs d'instruction qui sont les siens, après avoir recueilli les observations du ministre des Affaires étrangères et, le cas échéant, celles de l'Etat en cause, de soumettre ces observations au débat contradictoire, afin d'apprécier si des éléments de droit et de fait suffisamment probants au vu de l'ensemble des résultats de l'instruction sont de nature à établir que la condition tenant à l'application du traité par l'autre partie est, ou non, remplie ».

D – Effet direct du traité ou de l'accord

382.- Notion d'effet direct.- Un traité doit créer des droits et des obligations qui permettront au justiciable de l'invoquer directement à l'appui d'un recours, c'est-à-dire sans que soit requise pour son application aucune norme internationale ou nationale complémentaire, administrative ou législative.

Il y a ici une différence notable entre les stipulations conventionnelles et les normes constitutionnelles : si les normes constitutionnelles dépourvues d'effet direct sont néanmoins invocables à l'encontre des lois et règlements chargés de les mettre en œuvre, c'est une solution inverse qui s'applique concernant les stipulations conventionnelles dépourvues d'effet direct (CC, 13 août 1993, numéro 93-325 DC, Loi relative à la maîtrise de l'immigration : Rec. CC, p. 224.- CE, 19 juin 2006, requête numéro 282456, Association Eau et Rivières de Bretagne, préc.).

383.- Reconnaissance de l'effet direct.- La reconnaissance de l'effet direct des stipulations des normes internationales a été récemment précisée par l'arrêt d'Assemblée GISTI et FAPIL du 11 avril 2012 (requête numéro 322326 : AJDA

2012, p. 720 note Aguila et p.936, note Domino et Bretonneau ; Droit adm. 2012, comm. 76, note Fleury ; RFDA 2012, p.547, concl. Dumortier, note Gautier ; RGDIP 2012, p. 936, note Matringe.- V. par ex. CE, 4 juillet 2012, requête numéro 341533, Confédération française pour la promotion sociale des aveugles et des amblyopes : JCP A 2012, comm. 2064, note Pauliat.- CE, 22 février 2018, requête numéro 397360, Association nationale pour l'intégration des personnes handicapées moteur et a.). Deux conditions doivent être remplies pour qu'une stipulation internationale soit reconnue d'effet direct : il faut qu'elle n'ait pas « pour objet exclusif de régir les relations entre Etats » et elle ne doit donner lieu à « l'intervention d'aucun acte complémentaire pour produire des effets à l'égard des particuliers ». Pour apprécier si ces deux conditions sont remplies, le juge doit prendre en compte l'économie générale du traité, ainsi que son contenu et ses termes. Concernant spécifiquement ce dernier point, le Conseil d'Etat précise, rompant ainsi avec la jurisprudence antérieure, que l'absence d'effet direct « ne saurait être déduite de la seule circonstance que la stipulation désigne les Etats parties comme sujets de l'obligation qu'elle définit ».

384.- Difficultés.- La détermination de l'applicabilité directe d'un accord ou d'un traité est susceptible de poser des difficultés qui peuvent être notamment illustrées par la jurisprudence consacrée à l'application dans l'ordre juridique interne de la Convention des Nations Unies du 20 janvier 1990 consacrée aux droits de l'enfant.

Le Conseil d'Etat opère ainsi une distinction entre certaines stipulations de la convention, qui n'ont pas d'effet direct, et d'autres stipulations qui sont directement invocables.

Exemples :

- CE, 22 septembre 1997, requête numéro 161364, Cinar (Rec. p. 319 ; RFDA 1998, p. 562, concl. Abraham ; RGDIP 1998, p. 208, note Alland ; AFDI 1998, p. 671, chron. Lachaume) : l'article 3.1 de la Convention qui prévoit que « dans toutes les décisions qui concernent les enfants, qu'elles soient le fait d'institutions publiques ou privées de protection sociale, des tribunaux, des autorités administratives ou des organes législatifs, l'intérêt supérieur de l'enfant doit être une considération primordiale » peut être invoqué dans le cadre d'un recours pour excès de pouvoir (V. dans le même sens CE, 28 juillet 2017, requête numéro 395911, Ministre de l'Intérieur.- CE, 5 février 2020, requête numéro 428478 : AJDA 2019, p. 1079).
- CE, 29 juillet 1994, requête numéro 143866, Préfet de la Seine-maritime (Rec. p. 732 ; RGDIP 1995, p. 502, note Alland ; AFDI 1995, p. 813, chron. Lachaume) : les stipulations de l'article 9 de la Convention relatif au droit des enfants de vivre avec leurs parents créent seulement des obligations entre Etats sans ouvrir de droits aux intéressés. Elles ne peuvent donc être utilement invoquées à l'appui d'un recours pour excès de pouvoir dirigé contre un arrêté de reconduite à la frontière.
- CE, 27 juin 2008, requête numéro 291561, Etarh (JCP G 2008, I, comm. 106, obs. Serinet) : les stipulations de l'article 12 de la Convention, qui prévoient le droit pour l'enfant d'être entendu – personnellement ou par l'intermédiaire d'un représentant – dans les procédures le concernant, sont d'effet direct.

De son côté, la Cour de cassation, après avoir estimé que cette Convention n'avait aucun effet direct (Cass. Civ. I, 10 mars 1993, pourvoi numéro 91-11310, Le Jeune c. Sorel D. 1993, jurispr. p. 361, note Massip ; RCDIP 1993, p. 449, note Lagarde ; AFDI 1994, p. 962, chron. Lachaume) s'est finalement alignée sur la position nuancée du Conseil d'Etat (Cass. Civ. I, 18 mai 2005, pourvoi numéro 02-20.613 : JCP G 2005, II, comm. 10081, note Granet-Lambrechts et Strickler ; JCP G 2005, II, comm. 10115, concl. Petit, note Chabert ; D. 2005, p. 1909, note V. Egéa ; Dr. famille 2005, comm. 185, note Larribau-Terneyre ; Comm. com. électr. 2005, comm. 152, p. 40.- Cass. Civ. I, 14 juin 2005, pourvoi numéro 04-16.942.- Cass. Civ. I, 24 octobre 2012, pourvoi numéro 11-18.849, Fervel).

385.- Effets de la suspension ou de la dénonciation d'un engagement international.- Il faut par ailleurs relever que la décision de l'autorité compétente de suspendre ou de dénoncer un engagement international, lorsqu'elle intervient avant que l'acte administratif contesté ne soit édicté, a pour effet de priver de tout effet à l'égard de cet acte les stipulations de cet engagement. Si la décision de suspendre ou de dénoncer un traité constitue un acte de gouvernement, concernant les motifs de cette décision (CE, 30 juillet 1997, requête numéro 155760, Etienne : Rec. p. 627), le juge administratif va néanmoins contrôler que cet acte a bien été pris par l'autorité compétente et qu'il a bien fait l'objet des mesures de publicité requises (CE Ass., 18 décembre 1992, requête numéro 120461, Préfet de la Gironde c/ Mahmedi.- CE 19 mars 1993, requête numéro 129014, Préfet des Alpes-Maritimes).

386.- Effets des réserves et des déclarations interprétatives.- Une solution similaire s'applique dans les cas où certaines stipulations d'un traité ou d'un accord ont fait l'objet d'une réserve ou d'une déclaration interprétative en précisant le sens et la portée.

Exemple :
- CE, 3 juillet 1996, requête numéro 140872, Paturel (Rec. p. 256 ; Dr. adm. 1996, comm. 492, obs. C. M.) : lors de son adhésion à la Convention de New York du 26 janvier 1990 sur les droits de l'enfant la France a formulé une réserve concernant l'article 30 selon lequel « dans les Etats où il existe des minorités ethniques, religieuses ou linguistiques ou des personnes d'origine autochtone, un enfant autochtone ou appartenant à une de ces minorités ne peut être privé du droit d'avoir sa propre vie culturelle, de professer et de pratiquer sa propre religion ou d'employer sa propre langue en commun avec les autres membres de son groupe ». Dès lors ces stipulations ne sauraient être utilement invoquées à l'appui d'un recours pour excès de pouvoir.

II – Droit dérivé

387.- Notion de droit dérivé.- Le droit dérivé est constitué de l'ensemble des règles juridiques édictées par les institutions mises en place par les traités internationaux.

Sont concernées notamment les décisions de la Cour européenne des droits de l'homme qui peuvent conduire l'Etat condamné à modifier la législation ou la réglementation nationale déclarée contraire à la Convention (sur les autres effets des décisions rendues par la Cour, notamment sur les sanctions administratives, V. CE Ass., 30 juillet 2014, requête numéro 358564, Vernes : AJDA 2014, p. 1929, chron. Lessi et Dutheillet de Lamothe ; JCP G 2014, comm. 1089, note Milano ; RFDA 2014, p. 945, concl. van Coester).

Quantitativement, la source la plus importante est constituée par les actes unilatéraux émanant des institutions de l'Union européenne.

Certains de ces actes n'ont aucun effet en droit interne. Il s'agit des avis et des recommandations qui n'appellent aucun commentaire particulier.

Exemples :
- L'article 127 du Traité sur le fonctionnement de l'Union européenne prévoit que la Banque centrale européenne a la possibilité, dans les domaines qui relèvent de sa compétence, de soumettre des avis aux institutions, organes ou organismes de l'Union appropriés ou aux autorités nationales.
- L'article 143 du même traité précise que dans le domaine de la politique économique et monétaire, la Commission a la possibilité de recommander différentes mesures à un Etat membre qui connaît des difficultés dans sa balance des paiements.

D'autres règles, en revanche, produisent des effets dans l'ordre juridique interne : il s'agit des règlements, des décisions ainsi que des directives.

A – Règlements et décisions des institutions de l'Union européenne

388.- Règlements.- Ainsi que le précise l'article 288 du Traité sur le fonctionnement de l'Union européenne, « le règlement a une portée générale. Il est obligatoire dans tous ses éléments et il est directement applicable dans tout Etat membre ». Les règlements sont donc directement applicables dans l'ordre juridique interne de chacun des Etats membres, ce qui a été expressément reconnu par la Cour de justice dans un arrêt Politi du 14 décembre 1971 selon lequel : « en raison de sa nature même et par sa fonction dans le système des sources du droit communautaire, (le règlement) produit des effets immédiats et est, comme tel, apte à conférer aux particuliers des droits que les juridictions nationales ont l'obligation de protéger » (Rec. CJCE, p. 1039). Cette solution a ensuite été reprise par le Conseil d'Etat dans son arrêt de Section Syndicat national du commerce extérieur des céréales du 10 juillet 1970 (requête numéro 76643 : Rec. p. 477 ; AJDA 1970, p.485, chron. Denoix de Saint Marc et Labetoulle ; D. 1971, p.576, note Fromont ; JCP 1971, II, comm. 16701, note Ruzié ; RTD eur. 1970, p.745, concl. Questiaux), qui constitue par ailleurs la première illustration du renvoi d'une question préjudicielle à la Cour de justice.

389.- Décisions.- Comme le règlement, la décision est obligatoire dans toutes ses dispositions et elle s'applique directement dans les ordres juridiques nationaux. Il est donc normal que les requérants puissent s'en prévaloir dans le cadre d'un recours dirigé contre un acte administratif (CE, 10 janvier 2001, requête numéro 219138, Région Guadeloupe : Rec. p. 7 ; Europe 2001, comm. 162, note Simon). Cependant, à la différence des règlements, elle n'est obligatoire que pour les destinataires qu'elle désigne : Etats membres, personnes morales de droit public ou de droit privé, particuliers.

B – Directives européennes

390.- Définition et régime juridique.- Il est important de définir la notion de directive avant d'étudier le régime juridique qui est appliqué à ces actes.

1° Notion de directive

391.- Caractéristiques des directives.- Les directives ne sont pas, contrairement aux règlements, directement applicables dans l'ordre juridique interne. Qui plus est, elles ne s'adressent pas nécessairement à l'ensemble des Etats membres, puisqu'elles n'ont vocation à s'appliquer qu'à un seul Etat ou à un certain nombre d'Etats qu'elles désignent. Elles assignent des objectifs aux Etats et elles fixent une date à laquelle ces objectifs devront être remplis. Il appartient alors aux Etats destinataires de la directive de transposer ces objectifs dans leur législation et leur règlementation interne au besoin en la modifiant. Les Etats membres ont le devoir d'informer la Commission sur les mesures prises pour l'application de la directive. En cas de non transposition ou de transposition tardive, l'Etat en cause peut faire l'objet d'une procédure en manquement devant la Cour de justice de l'Union européenne.

2° Régime juridique des directives en droit interne

392.- Sanction de la non transposition et non invocabilité.- La non transposition des directives, ou la transposition tardive des directives en droit interne, est sanctionnée par le juge administratif français. Il est également possible, dans le cadre d'un recours dirigé contre un acte individuel, d'invoquer les objectifs d'une directive en l'absence de mesures de transposition.

a- Sanction de la non transposition ou de la transposition tardive des directives

393.- Invocabilité à titre exceptionnel avant l'expiration du délai de transposition.- De façon tout à fait exceptionnelle, les directives peuvent être invoquées avant la fin du délai de transposition dans le but de faire censurer un acte « de nature à compromettre sérieusement la réalisation du résultat prescrit par la directive » (CE, 10 janvier 2001, requête numéro 217237, France Nature environnement : CJEG 2001, p. 210, concl. Maugüé ; Europe 2001, comm. 152, obs. Simon ; Dr. adm. mars 2001, Repères, obs. Auby et comm. 69, note C. M.). Cette solution s'inspire de la jurisprudence de la Cour de justice Inter-Environnement Wallonie dont il résulte que « si les Etats membres ne sont pas tenus d'adopter ces mesures (de transposition) avant l'expiration du délai de transposition, il résulte de l'application combinée des articles 5 (devenu art. 10), deuxième alinéa, et 189, troisième alinéa, du traité CEE (devenu art. 249 CE puis art. 288 TFUE) et de la directive elle-même que, pendant ce délai, ils doivent s'abstenir de prendre des dispositions de nature à compromettre sérieusement le résultat prescrit par cette directive » (CJCE, 18 décembre 1997, affaire numéro C-129/96 : Europe 1998, comm. 42, note Rigaux ; JDI 1998, p. 475, note Mehdi).

Ce cas de figure mis à part, le juge administratif sanctionne exclusivement la non transposition ou la transposition tardive des directives.

394.- Illégalité des mesures réglementaires contraires aux objectifs de la directive.- A l'expiration des délais de transposition de la directive, les autorités nationales ne peuvent plus prendre de mesures règlementaires contraires aux objectifs qu'elles définissent. Le cas échéant, toute personne intéressée peut demander au juge administratif l'annulation d'un tel acte dans le délai du recours contentieux. Cette solution a d'abord été admise pour un acte réglementaire transposant une directive (CE, 28 septembre 1984, requête numéro 28467, Confédération nationale des sociétés de protection des animaux de France et des pays d'expression française et a. : Rec. tables, p. 481 ; AJDA 1984, p. 695, concl. Jeanneney, chron. Hubac et Schoettl ; RDP 1985, p. 811, note Auby), puis à l'égard de tout acte réglementaire qui ne serait pas conforme à une directive non transposée en temps utile (CE, 7 décembre 1984, requête numéro 41971, requête numéro 41972, Fédération française des sociétés de protection de la nature : Rec. p. 410 ; AJDA 1985, p. 83, chron. Schoettl et Hubac ; RDP 1985, p. 811, note Auby ; RFDA 1985, p. 303, concl. Dutheillet de Lamothe). De même, seront annulés les actes règlementaires faisant application d'une loi incompatible avec les objectifs d'une directive (CE, 24 février 1999, requête numéro 195354, Association de patients de la médecine d'orientation anthroposophique : Rec. p. 29 ; AJDA 1999, p. 823, note Ricci).

Dans le cas où la directive prévoit qu'il peut être dérogé à certaines de ses dispositions dans les conditions qu'elle précise, l'acte administratif réglementaire n'est légal qu'à condition que ces conditions soient respectées (CE, 12 juin 1998, requête numéro 129044, Fédération départementale des chasseurs de la Gironde : Rec. p. 799).

395.- Abrogation des actes réglementaires contraires aux objectifs d'une directive.- En outre, les autorités nationales ne peuvent laisser subsister, à l'expiration du même délai, des mesures règlementaires contraires à ces objectifs. Si tel est le cas, l'autorité administrative, saisie d'une demande d'abrogation de ces mesures sera tenue d'y déférer en application de la solution dégagée par le Conseil d'Etat dans son arrêt d'Assemblée du 3 février 1989 Société Alitalia (requête numéro 74052 : Rec. p. 44; AJDA 1989, p. 387, note Fouquet ; RFDA 1989, p. 391, concl. Chahid-Nouraï et note Beaud et Dubouis ; RTDE 1989, p. 509, Verges.- CE, 27 juillet 2001, requête numéro 218067, CAMIF : Rec. p. 401). En cas de refus de l'autorité administrative, cette décision pourra être attaquée devant le juge de l'excès de pouvoir dans le délai de recours contentieux. Pour être efficace, ce recours devra être assorti d'une demande d'injonction tendant à ce que l'autorité compétente procède effectivement à l'abrogation de l'acte litigieux.

Il faut relever, sur ce point, que le Conseil d'Etat ne peut sanctionner que l'absence de mesures règlementaires de transposition. En revanche, il ne peut directement remettre en cause une législation contraire aux objectifs d'une directive. Il a pu juger, toutefois, que les dispositions législatives fixant les dates d'ouverture de la chasse étaient inapplicables parce qu'incompatibles avec les objectifs de la directive en cause (CE Sect., 3 décembre 1999, requête numéro 164789, requête numéro 165122, Association ornithologique et mammalogique de Saône-et-Loire : Rec. p. 379, concl. Lamy ; AJDA 2000, p. 120, chron. Guyomard et Collin ; D .2000, p. 272, note Toulemonde ; JCP 2000, comm. 10319, note Evain ; JCP 2000, I, comm. 47, obs. Boiteaux ; LPA février 2000, n°30, note Romi ; LPA mars 2000, n°47, note Roblot ; RDP 2000, p. 1, note Camby et p.189, note Cassia et Saulnier ; RFDA 2000, p. 664). Dans une autre affaire, il a rappelé que l'incompatibilité d'une loi avec les objectifs d'une directive n'a pas pour effet par elle-même de faire disparaître rétroactivement ces dispositions législatives de l'ordonnancement juridique, ni, par suite, de rétablir dans cet ordonnancement les dispositions antérieures abrogées et remplacées par cette loi. En revanche, cette incompatibilité fait obstacle à ce que les autorités administratives compétentes adoptent, sur leur fondement, des décisions individuelles dans des conditions contraires au droit de l'Union (CE, 31 juillet 2019, requête numéro 428530, requête numéro 428564, CIMADE : AJDA 2019, p. 2316, chron. Odinet).

396.- Responsabilité de l'Etat.- Enfin, le maintien ou l'édiction, après l'expiration du délai de transposition, de dispositions règlementaires contraires aux objectifs fixés par des directives peuvent permettre l'engagement de la responsabilité de l'Etat, ce qui apparaît comme une conséquence logique de la violation du principe de supériorité du droit international sur le droit interne résultant de l'article 55 de la Constitution mais aussi de son article 88-1 dont il résulte notamment une obligation de transposition en droit interne des directives et de respect des règlements de l'Union européenne. En ne respectant pas cette hiérarchie, l'Etat commet en effet une illégalité fautive.

Cette solution a été reconnue sans difficultés dans un cas où étaient en cause des règles nationales de type règlementaire à l'occasion de deux arrêts d'Assemblée du Conseil d'Etat du 28 février 1992, Société Arizona tobacco products (requête numéro 87753 : Rec. p. 78 ; AJDA 1992, p. 210, concl. Laroque et p. 329, chron. Maugüé et Schwartz ; RFDA1992, p. 425, note Dubouis ; RDP 1992, p. 1480, note Fines ; D. 1992, jurispr. p. 208, chron. Kovar ; CJEG 1992, p. 525, note Sabourin ; JCP G 1992, II, comm. 21859, note Teboul) et SA Philip Morris France et Rothmans International France (requête numéro 56776 : Rec. p.81 ; AJDA 1993, p.141, obs. Bon et Terneyre ; RDP 1992, p.1480, note Fines).

Sur ce point encore, une difficulté se pose lorsque c'est une loi qui ne respecte pas les objectifs d'une directive. En effet, l'admission d'une responsabilité pour faute de l'Etat législateur se heurte au vieux principe, hérité du légicentrisme, selon lequel « le souverain ne peut mal faire », ce qui signifie que le Parlement, parce qu'il représente la nation souveraine, ne saurait commettre de faute dans le cadre de son action.

Cette réticence à reconnaître une faute de l'Etat législateur en cas de violation du droit international était contestable de trois points de vue différents.

Tout d'abord, en refusant de condamner l'Etat, le juge administratif n'assure pas le respect de l'article 55 de la Constitution qui prévoit la supériorité des traités sur les lois et le cas échéant de l'article 88-1 de la Constitution qui impose la transposition des directives en droit interne.

Ensuite, cette position est contraire à la jurisprudence de la Cour de justice des communautés européennes (CJCE, 19 novembre 1991, affaire numéro C-6/90 et C-9/90, Francovich et Bonifaci : Rec. CJCE, I, p.5357 ; AJDA 1992, p.143, note Le Mire ; JCP 1992, comm. 21783, note Barav ; LPA 4 août 1993, p.32, note Larzul ; RFDA 1992, p.1, note Dubouis ; RTDE 1992, p. 27 et 181, note Schockweiler.- CJCE 5 mars 1996, affaire numéro C48/93, affaire numéro C49/93, Brasserie du pêcheur et Facortame III : Rec. CJCE 1996,I, p.1029 ; Droit adm. 1996, comm. 309, note J.-B A. ; RFDA 1996, p.583, note Dubouis)

Enfin, à la différence du Conseil d'Etat, la cour administrative d'appel de Paris avait admis le principe d'une responsabilité de l'Etat en cas de non transposition par le législateur d'une directive à l'occasion de l'arrêt Société Jacques Dangeville du 1er juillet 1992 (requête numéro 89PA02498 : Rec. 558 ; Dr. fisc. 1992, 1665, concl. Bernault ; AJDA 1992, p. 768, obs. Prétot). Cependant, les juges ne mentionnent pas en l'espèce l'existence d'une faute, mais le caractère illicite de la situation résultant de la non transposition de la directive. Il ne s'agit toutefois ici que d'une simple nuance terminologique, la Cour s'inspirant d'ailleurs de la formule habituellement employée par la Cour de justice des communautés européennes pour envisager la responsabilité d'un Etat.

Le Conseil d'Etat est finalement revenu sur sa position initiale à l'occasion de l'arrêt Gardedieu du 8 février 2007 (requête numéro 279522 : Rec. p.78, concl. Derepas ; RFDA 2007, p.631, concl. Derepas, p. 525, note Pouyaud et p.789, note Canedo-Paris ; AJDA 2007, chron. Lénica et Boucher ; JCPA 2007, comm. 2083, note Broyelle. – V. également CE, 5 octobre 2015, requête numéro 371832, Société Lily France.- TA Saint-Denis de le Réunion, 18 octobre 2010, requête numéro 0901373, SCM Gervais Scemama : AJDA 2011, p.912, note Cazet) dans lequel il reconnaît que « la responsabilité de l'Etat du fait des lois est susceptible d'être engagée … en raison des obligations qui sont les siennes pour assurer le respect des conventions internationales par les autorités publiques, pour réparer l'ensemble des préjudices qui résultent de l'intervention d'une loi adoptée en méconnaissance des engagements internationaux de la France ». Si dans ces conclusions le commissaire du gouvernement Derepas considère qu'il s'agit ici d'un régime de responsabilité sui generis - c'est-à-dire ni un régime de responsabilité pour faute ni un régime de responsabilité sans faute - il s'agit pourtant bien de sanctionner l'Etat législateur qui n'a pas rempli ses obligations eu égard au principe de primauté du droit de l'Union européenne. L'arrêt Gardedieu établit donc bien un régime de responsabilité pour faute de l'Etat législateur que le juge, pour des raisons plus historiques et politiques que juridiques, est bien embarrassé de reconnaître comme tel.

Si cette solution a été adoptée dans une affaire où il était demandé la réparation de dommages liés à une loi méconnaissant les engagements internationaux de la France, il n'y a aucune raison d'exclure sa transposition à l'hypothèse où le fait générateur de la responsabilité de l'Etat résulterait de la non transposition par le législateur d'une directive. D'ailleurs, le Conseil d'Etat a eu l'occasion récemment de préciser que la jurisprudence Gardedieu s'applique également en cas de méconnaissance par la loi des principes généraux du droit de l'Union européenne (CE, 23 juillet 2014, requête numéro 354365, Société d'éditions et de protection route : Rec. p. 238 ; AJDA 2014, p. 1538, note Broyelle ; Dr. adm. 2015, comm. 9, note Eveillard ; RFDA 2014, p. 1178, concl. Lallet et p. 1186, note Blandin ; RJEP 2014, comm. 159, note Santulli ; RTDE 2015, p. 431, obs. Ritleng). En revanche, il résulte du même arrêt que les principes de sécurité juridique et de confiance légitime ne peuvent pas être invoqués pour se plaindre du caractère « imprévisible » de la jurisprudence. En effet, le requérant « critique ainsi non pas la loi elle-même mais la portée qui lui a été ultérieurement conférée par la jurisprudence et n'est, par suite, pas fondé à mettre en cause la responsabilité de l'Etat au motif que la loi aurait été adoptée en méconnaissance des principes dont il se prévaut ».

b- Possibilité d'invoquer une directive à l'appui d'un recours contre un acte individuel

397.- Position initiale du Conseil d'Etat.- Longtemps, le Conseil d'Etat a estimé qu'un recours exclusivement fondé sur l'incompatibilité d'une décision individuelle aux objectifs d'une directive était irrecevable. Pour le Conseil d'Etat, en effet, les directives sont dépourvues d'effets directs à l'égard des administrés (CE Ass., 22 décembre 1978, requête numéro 11604, Cohn-Bendit : Rec. p. 524 ; AJDA 1979, p. 27, chron. Dutheillet de Lamothe et Robineau ; D. 1979, jurispr. p. 155, concl. Genevois et note Pacteau ; D. 1979, inf. rap. p. 89, obs. Delvolvé ; RTDE 1979, p. 169, concl. Genevois et note Dubouis ; Cah. dr. eur. 1979, p. 625, note Isaac ; JCP G 1979, II, comm. 19158, note Kovar ; RCDIP 1979, p. 647, note Lyon-Caen ; Gaz. Pal. 1979, 1, p. 212, note Ruzié ; RGDIP 1979, p. 832, note Vallée ; Rev. Belge de Droit International 1980, p. 126, note Barav ; RMC 1979, p. 104, note Boulouis).

398.- Contradiction avec la jurisprudence de la Cour de justice.- Cette solution était pourtant contraire à la jurisprudence de la Cour de justice des communautés européennes, telle qu'elle résulte de l'arrêt Van Duyn c. Home office du 4 décembre 1974 (affaire numéro 41/74 : Rec. CJCE, p. 1337). Dans cette décision, la Cour estime en effet que les directives dont le contenu est suffisamment précis et inconditionnel sont invocables par les particuliers dès lors que leur délai de transposition est expiré. Par la suite, dans un arrêt Ministère public c/Ratti du 5 avril 1979 (affaire numéro 148/78 Rec. CJCE, p.1629, concl. Reischl), la Cour de justice a précisé qu'il est interdit « à un Etat membre qui n'a pas pris dans les délais les mesures d'exécution de la directive … d'opposer aux particuliers le non-accomplissement par lui-même des obligations qu'elle comporte ». Cette jurisprudence avait ensuite été nuancée, notamment dans le sens d'une distinction entre l'effet direct « vertical » et l'effet direct « horizontal » de la directive. L'effet direct « vertical » joue dans les relations entre les particuliers et les Etats. Il leur permet d'invoquer des directives non transposées à l'encontre de l'Etat dès lors qu'elles apparaissent comme « étant du point de vue de leur contenu, inconditionnelles et suffisamment précise » (CJCE, 12 décembre 2013, C-45/22, Portgàs – Sociedade de produção : AJDA 2014, p. 630, note Amilhat.- CE, Avis, 21 mars 2011, numéro 345978, Jin et Thiero : Rec. p. 493 ; AJDA 2011, p. 1688, note Alcaraz). En revanche, la Cour de justice refuse de conférer un effet direct « horizontal » aux directives qui jouerait dans les relations entre les particuliers (CJCE, 26 février 1986, affaire n°152/84, Marshall, Rec. CJCE, p. 723)

399.- Contournement de la jurisprudence Cohn-Bendit.- Pour autant, le Conseil d'Etat a longtemps refusé de revenir sur sa jurisprudence Cohn-Bendit. Il écartait, en effet, dans tous les cas, la possibilité de confronter directement un acte administratif individuel à une directive. Cependant, sans revenir dans un premier temps sur les principes de la jurisprudence Cohn-Bendit, le Conseil d'Etat a permis, dans certains cas, de la contourner.

Dans l'arrêt d'Assemblée Cabinet Revert et Badelon du 30 octobre 1996, le Conseil d'Etat a ainsi décidé qu'une norme nationale, incompatible avec les objectifs fixés par une directive, ne peut servir de base légale à une mesure individuelle lorsque ces objectifs sont suffisamment précis (requête numéro 45126 : Dr. adm. 1997, comm. 102, note G. G. ; AJDA 1996, p. 1044, chron. Chauvaux et Girardot, p. 973 ; RTDE 1997, p. 171, concl. Goulard ; LPA, 24 octobre 1997, p. 17 et 27 octobre 1997, p. 9, note Cassia). Ainsi, il est possible de faire valoir, par la voie de l'exception, l'incompatibilité des dispositions du droit interne ayant servi de fondement à l'acte contesté avec les objectifs fixés par la disposition communautaire invoquée et non transposés en temps utile.

Le Conseil d'Etat est allé encore plus loin dans cette logique à l'occasion de l'arrêt d'Assemblée Tête et Association de sauvegarde de l'ouest lyonnais du 6 février 1998 (requête numéro 138777, requête numéro 147424, requête numéro 147425 : Rec. p. 30 ; RFDA, p. 407, concl. Savoie ; AJDA 1998, p. 403, chron. Raynaud et Fombeur ; JCP G 1998, II, comm. 1223, note Cassia.- V. également CE Sect., 20 mai 1998, requête numéro 188239, Communauté de communes du Piémont de Barr et a. : Rec. p. 201 ; AJDA 1998, p.632, chron. Raynaud et Fombeur ; Petites affiches 6 janvier 1999, p. 11, note Dreyfus ; RFDA 1998, p.609, concl. Savoie.-

CE, 27 juillet 2001, requête numéro 229566, Compagnie générale des eaux : Rec. p. 406 ; Contrats, Marchés publ. 2001, comm. 183, note Olivier ; Dr. adm. 2001, comm. 224, note Piveteau ; Europe 2002, comm. 3, note Cassia). Dans cette affaire, en effet, la règlementation nationale qui avait servi de fondement à l'acte contesté n'était issue ni d'une loi ni d'un décret mais de règles jurisprudentielles. L'Assemblée du contentieux a choisi d'appliquer une nouvelle fois la technique d'exception d'incompatibilité. Le Conseil d'Etat a en effet fait prévaloir le droit communautaire en considérant que les règles jurisprudentielles applicables à la date de la décision attaquée étaient incompatibles avec les objectifs d'une directive non transposée.

400.- Abandon de la jurisprudence Cohn-Bendit.- Compte tenu de la complexité de ces solutions, et de leurs effets qui n'étaient pas si éloignés de ceux de la jurisprudence Van Duyn, une évolution paraissait nécessaire et elle s'est produite à l'occasion de l'arrêt d'Assemblée Perreux du 30 octobre 2009 (requête numéro 298348 : Rec. p.407, concl. Guyomar ; AJDA 2009, p.2385, chron. Liéber et Botteghi ; D. 2010, p. 553, note Calvès ; Dr. adm. 2009, étude 21, Gautier ; JCP A 2009, comm. 4, obs. Rouault ; JCP A 2010, comm. 20, note Dubos et Katz ; JCP S 2009, act. 565 ; RFDA 2009, p. 1125, concl. Guyomar et note Cassia ; RFDA 2009, p. 1276, chron. Rambaud et Roblot-Troizier ; RFDA 2010, p. 126, note Canedo-Paris et p. 201, chron. Santulli ; RTDE 2010, comm. 223, note Ritleng.- V. également CE, avis, 21 mars 2011, requête numéro 345978, Jin et Thiero : Rec. p. 93 ; AJDA 2011, p. 1688, note Alcaraz ; Constitutions 2011, comm. 328, obs. Levade ; RTDE 2011, comm. 885, obs. Ritleng.- CE, 4 décembre 2019, requête numéro 415550). Le Conseil d'Etat reconnaît dans cet arrêt la possibilité, pour tout justiciable, de se prévaloir, à l'appui d'un recours dirigé contre un acte administratif même non règlementaire, des dispositions précises et inconditionnelles d'une directive lorsque l'Etat n'a pas pris, dans les délais impartis par elle, les mesures de transposition nécessaires. Au cas d'espèce, cependant, la disposition invoquée n'est pas inconditionnelle, et elle ne peut donc être invoquée par un particulier. En revanche, dans un avis du 21 mars 2011, MM. J. et T. (requête numéro 345978, requête numéro 346612 : Rec. p. 93), le Conseil d'Etat a considéré que les stipulations des articles 7 et 8 de la directive « retour » n°2008/115/CE du Parlement européen et du Conseil du 16 décembre 2008 étaient suffisamment précises et inconditionnelles pour avoir un effet direct en droit interne. Ces stipulations étaient donc susceptibles d'être invoquées à l'appui d'un recours contre une décision de reconduite à la frontière.

Notons enfin que l'Etat, quant à lui, ne peut se prévaloir d'une directive qu'il n'a pas transposée, ce qui est la moindre des choses (CE, Sect., 23 juin 1995, requête numéro 149226, requête numéro 155083, requête numéro 162001, SA Lolly France : Rec. p. 259, concl. Maugüé).

Ces évolutions sont liées non seulement à la jurisprudence de la Cour de justice, mais également au fait que la transposition des directives, qui est une obligation prévue par les traités européens, revêt, en outre, le caractère d'une obligation constitutionnelle au titre de l'article 88-1 de la Constitution du 4 octobre 1958 qui avait été introduit par la révision constitutionnelle du 25 juin 1992. Elle révèle également le souci, pour le juge national, juge de droit commun de l'application du droit de l'Union européenne, de garantir l'effectivité des droits que toute personne tient de cette obligation constitutionnelle à l'égard des autorités publiques.

III – Droit international non écrit

401.- Coutumes internationales et principes généraux du droit international.- En dehors des traités et des accords internationaux et du droit dérivé, le droit public international est également composé de règles non écrites : les coutumes internationales et les principes généraux du droit international.

On ne mentionnera pas, en revanche, le cas particulier des principes généraux du droit de l'Union européenne. En effet, ces principes bénéficient de la primauté sur les lois prévue par l'article 55 de la Constitution (CE, 3 décembre 2001, requête numéro 226514, Syndicat national de l'industrie pharmaceutique et a., préc.). Toutefois ils ne s'appliquent dans l'ordre juridique interne que lorsque la situation dont doit connaître le juge est régi par le droit de l'Union européenne (CE, 4 juillet 2012, requête numéro 341533, Confédération française pour la promotion sociale des aveugles et des amblyopes, préc.).

402.- Définition de la coutume internationale.- La coutume internationale est constituée par des précédents répétés et une pratique constante, ainsi que sur la conviction du caractère obligatoire de la règle (l'opinio juris).

Exemple :

- CE, 28 décembre 2018, requête numéro 418889, Etat d'Ukraine (JCP A 2019, act. 14, obs. Erstein) : les articles 1009-1, 1009-2 et 1009-3 du Code de procédure civile ouvrent la faculté au premier président de la Cour de cassation ou à son délégué, sur demande du défendeur, de subordonner l'exercice du recours en cassation à la justification de l'exécution de la décision juridictionnelle contestée. Une telle mesure ne constitue ni ne permet, par elle-même, une exécution forcée de cette décision juridictionnelle. Par suite, le moyen tiré de ce que ces articles méconnaîtraient les règles coutumières du droit public international relatives à l'immunité d'exécution, dont s'inspirent notamment les articles 18 et 24 de la Convention des Nations Unies sur les immunités juridictionnelles des Etats et de leurs biens signée à New-York le 2 décembre 2004 et qui prémunissent les Etats d'une telle exécution forcée à leur encontre, ne peut qu'être écarté.

403.- Définition des principes généraux du droit international.- Quant aux principes généraux du droit international, comme l'expose le commissaire du gouvernement Bachelier dans ses conclusions sur l'arrêt d'Assemblée Aquarone du 6 juin 1997, ils « sont formés non pas à partir d'une pratique générale des Etats regardée comme étant le droit, mais à partir d'une comparaison et d'une systématisation de divers droits internes » (requête numéro 148683 : Rec. p. 206, concl. Bachelier ; RFDA 1997, p. 1068, concl. Bachelier ; JDI 1998, p. 93, note Chames ; LPA, 6 février 1998, p. 18, note Martin ; AJDA 1997, p. 630, chron. Chauvaux et Girardot ; JCP G 1997, II, comm. 22945, note Teboul ; RGDIP 1997,

p. 838, concl. Bachelier et p. 1053, note Alland ; AFDI 1998, p. 677, chron. Lachaume).

Exemple :

-Cour permanente de justice internationale, 26 juillet 1927, Usine de Chorzow : selon cet arrêt « c'est un principe de droit international, voire une conception générale du droit, que toute violation d'un engagement comporte l'obligation de réparer »

404.- Invocabilité des règles non écrites de droit international à l'occasion d'un recours pour excès de pouvoir.- L'article 55 de la Constitution du 4 octobre 1958 ne vise pas expressément ces règles. Il est toutefois possible de trouver un rattachement constitutionnel aux règles du droit public international qui sont visées par l'alinéa 14 du préambule de la Constitution de 1946.

Dans un arrêt de Section Société Nachfolger navigation company du 23 octobre 1987, le Conseil d'Etat avait reconnu implicitement que ces règles étaient invocables en estimant « qu'aucun principe du droit international » n'était applicable en l'espèce (requête numéro 72951 : Rec. p.319 ; RFDA 1987, p. 963, concl. Massot et 1988, p. 345, note Ruzié ; AJDA 1987, p. 725, chron. Azibert et de Boisdeffre ; RDP 1988, p. 836, note Auby).

405.- Supériorité de la loi par rapport aux règles non écrites de droit international.- Dans son arrêt d'Assemblée Aquarone du 6 juin 1997 (préc.), le Conseil d'Etat considère que les règles coutumières du droit international public sont invocables en droit interne. Cependant, comme le précise le commissaire du gouvernement Bachelier « un particulier ne peut ... se prévaloir d'une coutume que si elle lui confère des droits et est suffisamment précise » et la condition de réciprocité devrait être exigée « même si elle est présupposée être remplie ». Cependant, les juges considèrent que ni l'article 55 de la Constitution ni aucune autre disposition de valeur constitutionnelle « ne prescrivent ni n'impliquent que le juge administratif fasse prévaloir la coutume internationale sur la loi en cas de conflit entre ces deux normes ». Cette supériorité ne vaut donc que pour les normes conventionnelles et de droit dérivé.

Cette solution a ensuite été transposée aux principes généraux de droit international à l'occasion de l'arrêt Paulin du 28 juillet 2000 (requête numéro 178834 : Rev. droit fisc. 2001, p. 357, concl. Arrighi de Casanova ; RGDIP 2001, p. 246, note Poirat ; AFDI 2001, p. 529, obs. Lachaume ; D. 2001, jurispr. p. 412, note Tixier).

Si les règles du droit public international ont donc une valeur infra législative, le Conseil d'Etat a indiqué dans un arrêt de Section Om Hashem Saleh et a. du 14 octobre 2011 (requête numéro 329788, requête numéro 329789, requête numéro 329790, requête numéro 329791 : RFDA 2012, p.46, concl. Roger-Lacan ; AJDA 2011, p. 2482, note Broyelle ; Dr. adm. 2012, comm. 101, note Melleray ; JCP A 2012, comm. 2097, note Pacteau) qu'une règle relevant de cette catégorie « qui n'est écartée ni par cette loi ni par aucune autre disposition législative, s'applique dans l'ordre juridique interne ». Ainsi, ces règles doivent-elles prévaloir sur les actes règlementaires.

§III – Statut du droit international dans l'ordre juridique interne

406.- Problématique.- La question du statut du droit international dans l'ordre juridique interne doit s'apprécier de trois points de vue différents : celui de la place des normes internationales par rapport à la Constitution, celui de la place du droit de l'Union européenne par rapport aux normes issues de la Convention européenne des droits de l'homme, et celui de la place des normes internationales par rapport à la loi.

I – Normes internationales et Constitution

407.- L'absence d'une hiérarchie claire entre Constitution et normes internationales.- La question de la hiérarchie entre le droit international et la Constitution n'est pas clairement résolue par le texte de 1958. Pourtant, la question du rapport entre ces deux types de normes est bien abordée par l'article 54 de la Constitution. D'après ce texte, c'est au Conseil constitutionnel qu'il appartient d'apprécier si un engagement international est contraire à la Constitution. Si tel est le cas, l'autorisation de ratification ou d'approbation ne pourra être donnée par le Parlement qu'après révision de la Constitution.

Cependant, à la différence de l'article 55 qui précise que les traités sont supérieurs aux lois, l'article 54 de la Constitution n'établit pas clairement de hiérarchie entre les normes constitutionnelles et les normes de droit international. Il prévoit simplement un mécanisme qui permet d'éviter les conflits en rendant compatibles ces normes.

408.- Difficultés.- Qui plus est, le système est imparfait dans la mesure où la saisine du Conseil constitutionnel n'est pas automatique et qu'il existe de très nombreux traités et accords en vigueur qui sont antérieurs à 1958 et qui n'ont pas pu faire l'objet de cette procédure. Au demeurant, le droit dérivé, notamment de l'Union européenne, échappe par nature au contrôle du Conseil constitutionnel, ce qui est notamment le cas des règlements qui sont directement applicables dans l'ordre juridique interne.

Ainsi, le juge administratif peut être confronté, dans un litige donné, à des dispositions constitutionnelles et de droit international qui sont contradictoires. Or, dans la mesure où il n'existe aucun moyen de saisir le Conseil constitutionnel après la ratification ou l'approbation du traité il s'agira de savoir qu'elle norme prévaudra sur l'autre.

Cette question est longtemps demeurée incertaine avant d'être éclaircie par la jurisprudence du Conseil d'Etat et du Conseil constitutionnel.

Dans son arrêt d'Assemblée Koné du 3 juillet 1996, le Conseil d'Etat a d'abord précisé que les stipulations d'un traité franco-malien devaient être interprétées conformément au principe fondamental reconnu par les lois de la République qui interdit les extraditions demandées dans un but politique (requête numéro 169219, préc.). Ceci implique donc qu'en droit interne les normes constitutionnelles l'emportent sur les normes internationales.

Cette solution a été confirmée de façon plus explicite par l'arrêt d'Assemblée Sarran et Levacher du 30 octobre 1998, à l'occasion duquel le Conseil d'Etat était saisi d'un recours dirigé contre un décret pris en application de l'article 76 de la Constitution prévoyant l'organisation d'un scrutin sur l'avenir institutionnel de la Nouvelle-Calédonie (préc.). Les juges rejettent les moyens des requérants tenant à la non-conformité de ces textes à différentes normes internationales dans la mesure où « la suprématie conférée aux engagements internationaux par l'article 55 de la Constitution ne s'applique pas dans l'ordre interne aux dispositions de nature constitutionnelle ».

Une solution identique a été consacrée par la Cour de cassation à l'occasion de l'arrêt Fraisse de l'Assemblée plénière du 2 juin 2000 (pourvoi numéro 99-60274 : RDP 2000, p. 1037, note Prétot ; RGDIP 2000, p. 811, note Poirat ; D. 2000, jurispr p. 865, note Mathieu et Verpeaux ; LPA 11 décembre 2000, p. 10, note Jan).

Cette jurisprudence a manifestement inspiré le Conseil constitutionnel dans trois décisions survenues en 2004 (CC, 10 juin 2004, décision numéro 2004-496 DC, Loi pour la confiance dans l'économie numérique. – CC, 1er juillet 2004, décision numéro 2004-497 DC, Loi relative aux communications électroniques et aux services de communication audiovisuelle. – CC, 29 juillet 2004, décision numéro 2004-498 DC, Loi relative à la bioéthique).

Le Conseil constitutionnel a aussi rappelé dans une autre décision « l'existence d'un ordre juridique communautaire intégré à l'ordre juridique interne et distinct de l'ordre juridique international » (CC, 19 novembre 2004, numéro 2004-505 DC, Traité établissant une Constitution pour l'Europe). Ceci étant « les dispositions constitutionnelles permettent à la France de participer à la création et au développement d'une organisation européenne permanente (...) tout en confirmant la place de la Constitution au sommet de l'ordre juridique interne » (CC, 20 décembre 2007, numéro 2007-560 DC, Traité de Lisbonne : Rec. CC, p. 459).

Dans les trois décisions susvisées, les juges constitutionnels reconnaissent que la transposition en droit interne d'une directive européenne « résulte d'une exigence constitutionnelle à laquelle il ne pourrait être fait obstacle qu'en raison d'une disposition expresse contraire de la Constitution (…) qu'en l'absence d'une telle disposition, il n'appartient qu'au juge communautaire, saisi le cas échéant à titre préjudiciel, de contrôler le respect par une directive communautaire tant des compétences définies par les traités que des droits fondamentaux garantis par l'article 6 du Traité sur l'Union européenne ».

Dans sa décision n°2004-496 du 19 novembre 2004, le Conseil constitutionnel déduit de l'exigence de transposition qu'il ne lui appartient pas en principe de se prononcer sur la constitutionnalité de dispositions législatives « qui se bornent à tirer les conséquences nécessaires des dispositions précises et inconditionnelles d'une directive » (sur l'application de ce raisonnement dans le cadre de la procédure de question prioritaire de constitutionnalité, V. CC, 17 décembre 2010, numéro 2010-79 QPC : RFDA 2011, p.353, note Eveillard).

Par la suite, dans la même logique, à l'occasion d'une décision du 27 juillet 2006 (numéro 2006-540 DC : Rec. CC 2006, p. 88), le Conseil constitutionnel a décidé que lorsqu'il est saisi en application de l'article 61 de la Constitution, sa mission est de veiller au respect de l'exigence constitutionnelle de transposition des directives communautaires. Cette obligation est toutefois assortie de deux réserves. Tout d'abord, la transposition d'une directive ne saurait aller à l'encontre d'une règle ou d'un principe inhérent à « l'identité constitutionnelle de la France », sauf à ce que le constituant y ait consenti. Cette référence remplace celle qui était faite dans les décisions de 2004 à l'existence d'une « disposition expresse contraire de la Constitution ». Ensuite, puisqu'il n'est pas possible de saisir la Cour de justice de l'Union européenne d'une question préjudicielle, compte tenu des délais dans lesquels il doit statuer lorsqu'il est saisi sur le fondement de l'article 61 de la Constitution, il ne peut déclarer non conforme à l'article 88-1 de la Constitution qu'une disposition législative manifestement non conforme à la directive qu'elle a pour objet de transposer, les autorités judiciaires nationales pouvant, en tout état de cause, saisir la Cour de justice d'une question préjudicielle sur ce point.

409.- Le « système Arcelor ».- Le Conseil d'Etat s'est inspiré de la jurisprudence du Conseil constitutionnel à l'occasion du son arrêt du 8 février 2007, Société Arcelor Atlantique et Lorraine et a. (requête numéro 287110 : Rec. p.55, concl. Guyomar ; AJDA 2007, p.577, chron. Lénica et Boucher ; D. 2007, p. 2272, note Verpeaux et p. 2742, note Deumier ; Dr. adm. 2007, étude 7, Gautier et Melleray ; Europe, mars 2007, p. 5, comm. Simon ; JCP A 2007, comm. 2081, note Drago ; JCP G 2007, II, comm. 10049, note Cassia ; RJEP 2007, comm. 298, obs. Plessix ; RMCUE 2007, p. 335, obs. Chaltiel ; RDP 2007, p.1031, note Roux ; RFDA 2007, p.384, concl. Guyomar, p.564 note Levade ; RRJ 2008, p. 255, note Michéa ; RTD civ. 2007, p. 80, obs. Encinas de Munagorri, RTD eur. 2007, p. 378, concl. Guyomar, note Cassia). Saisis d'un recours contre un décret transposant une directive, les juges rappellent d'abord que la supériorité conférée aux engagements internationaux par l'article 55 de la Constitution ne saurait s'imposer, dans l'ordre interne, aux principes et dispositions à valeur constitutionnelle. Cependant, l'article 88-1 de la Constitution imposant la transposition des directives, le contrôle de constitutionnalité des actes règlementaires assurant directement cette transposition doit s'exercer selon des modalités particulières dans le cas où sont transposées des dispositions précises et inconditionnelles.

Plus précisément, les juges vont rechercher si les principes constitutionnels dont la méconnaissance est invoquée par le requérant ont un équivalent dans l'ordre juridique de l'Union européenne. En d'autres termes, il s'agit de vérifier si le droit ou la liberté en cause est protégé par le droit issu des traités et des principes généraux du droit de l'Union européenne (c'est-à-dire par le droit de l'Union européenne primaire).

Si tel est le cas, soutenir que le décret est contraire à la Constitution revient à affirmer que la directive transposée par ce décret est contraire au droit de l'Union européenne primaire. La difficulté est résolue si le décret est inconventionnel dans la mesure où, dans l'hypothèse visée, il est également inconstitutionnel. L'arrêt Arcelor précise également qu'en cas de difficulté les juges peuvent saisir la Cour de justice de l'Union européenne d'une question préjudicielle, dans les conditions prévues par les articles 256 et 267 du Traité sur le fonctionnement de l'Union européenne.

En revanche, s'il n'existe pas d'équivalent dans le droit de l'Union européenne primaire aux principes constitutionnels invoqués, la légalité du décret de transposition sera appréciée au regard de ces seuls principes. Le décret de transposition de la directive pourra donc être annulé au regard de dispositions constitutionnelles, sans que soit prise en compte une éventuelle contrariété entre ces normes et le droit de l'Union européenne primaire. Par conséquent, si le « système Arcelor » permet au Conseil d'Etat d'éviter des divergences dans l'application du droit supranational, les limites inhérentes à la hiérarchie des normes en droit interne ne sont pas abolies.

Dans cette affaire également, les juges nationaux privilégient clairement la Constitution sur le droit de l'Union européenne.

Toutefois, cette jurisprudence n'est pas applicable lorsqu'est attaqué un décret qui se borne à réitérer les dispositions législatives transposant une directive. Dans cette hypothèse le Conseil d'Etat persiste à se déclarer incompétent pour contrôler la conformité d'une loi à la Constitution, en dehors de la procédure de question prioritaire de constitutionnalité (CE, 6 décembre 2012, requête numéro 347870, requête numéro 347871, Société Air Algérie : AJDA 2012, p. 2381, chron. Bretonneau et Domino ; RFDA 2013, p. 653, note Cassia).

Cette même approche favorable à la Constitution a été très récemment privilégiée par le Conseil d'Etat dans un important arrêt d'Assemblée du 21 avril 2021, French Data Network et a. (requête numéro 393099). Cet arrêt fait suite à une décision de la Cour de justice dont il résulte que le droit français, parce qu'il permet une « conservation généralisée et indifférenciée » des données pour les besoins des enquêtes pénales et de renseignement est manifestement incompatible avec le droit de l'Union européenne (CJUE, 6 octobre 2020, affaire numéro C-511/18, La Quadrature du Net et a., affaire numéro C-512/18, French Data Network e et a., et affaire numéro C-520/18, Ordre des barreaux francophone et germanophone et a.- V. aussi CJUE, 6 octobre 2020, affaire numéro 623/17, Privacy International c/ Secretary of State for Foreign and Commonwealth Affairs et a.- V. enfin CJUE, 2 mars 2021, affaire numéro C-746/18, H. K. c/ Prokuratuur).

Le gouvernement français, estimant que cette jurisprudence européenne a un effet désastreux sur l'exercice de leurs missions par les services de renseignement et par les services d'enquête judiciaire, avait demandé au Conseil d'Etat de tout simplement écarter son application. Plus précisément, il lui avait demandé d'écarter le droit de l'Union, tel qu'il est interprété par la Cour de justice, dès lors qu'il excèderait manifestement la compétence dévolue par les traités à l'Union.

Le Conseil d'Etat, à la différence de la Cour constitutionnelle allemande dans une décision récente du 5 mai 2020 concernant les pouvoirs de la Banque centrale européenne, refuse d'opérer un tel contrôle « ultra vires ». Il ne considère pas moins, cependant, qu'en « consacrant l'existence d'un ordre juridique de l'Union européenne intégré à l'ordre juridique interne (…) l'article 88-1 (de la Constitution)confirme la place de la Constitution au sommet de ce dernier. Il en résulte que « dans le cas où l'application d'une directive ou d'un règlement européen, tel qu'interprété par la CJUE, aurait pour effet de priver de garanties effectives l'une de ces exigences constitutionnelles, qui ne bénéficierait pas, en droit de l'Union, d'une protection équivalente, le juge administratif, saisi d'un moyen en sens, doit l'écarter dans la stricte mesure où le respect de la Constitution l'exige ». Dans le même esprit que la jurisprudence Arcelor le Conseil d'Etat s'efforce ainsi - péniblement il faut bien le reconnaître - de concilier les contradictions entre droit français et droit de l'Union européenne.

410.- Mécanisme de QPC et droit de l'Union européenne.- Une difficulté se pose toutefois avec le mécanisme de question prioritaire de constitutionnalité et plus particulièrement avec l'article 23-5 de l'ordonnance organique du 7 novembre 1958 selon lequel : « le Conseil d'Etat ou la Cour de cassation doit, lorsqu'il est saisi de moyens contestant la conformité d'une disposition législative, d'une part, aux droits et libertés garantis par la Constitution et, d'autre part, aux engagements internationaux de la France, se prononcer par priorité sur le renvoi de la question de constitutionnalité au Conseil constitutionnel ».

Ce texte implique la prééminence des questions de constitutionnalité sur celles de conventionnalité, ce qui a conduit la Cour de cassation à renvoyer une question préjudicielle à la Cour de justice de l'Union européenne sur la compatibilité du caractère prioritaire de la question prioritaire de constitutionnalité avec le droit de l'Union européenne, (Cass., Ass. plén., 6 avril 2010, requête numéro 10-40.002, Melki : AJDA 2010, p. 2023, note Manin ; Constitutions 2010, p. 363, obs. Le Pourhiet ; D. 2010, p. 1229, note Fombeur, p.1254, note Levade et p.1234, chron. Cassia et Saulnier-Cassia ; JCP G 2010, comm. 930, obs. Mathieu ; RFDA 2010, p. 449, note Gautier et p. 458, note Gaïa). La Cour s'est par ailleurs interrogée sur le fait que dans le cadre du mécanisme de question prioritaire de constitutionnalité, le Conseil constitutionnel pourrait être conduit à vérifier la compatibilité de la loi aux traités européens, l'article 88-1 de la Constitution pouvant laisser suggérer que ceux-ci constituent un élément du bloc de constitutionnalité. Si cette hypothèse devait se vérifier, le mécanisme de question prioritaire de constitutionnalité pourrait conduire à un conflit entre juge constitutionnel et juge de l'Union européenne.

Cette analyse n'a pas été suivie par le Conseil constitutionnel qui a rappelé sa jurisprudence IVG (numéro 75-54 DC : JO 16 janvier 1975, p. 671 ; Rec. CC, 1975, p. 19 ; AFDI 1975, p.859, note Nguyen Quoc Dinh ; D. 1975, jur. p.529, note

Hamon ; AJDA 1975, p.134, note Rivero ; JCP, 1975, II, comm. 18030, note Bey ; RGDIP 1975, p. 1070, note Franck ; Rev. Marché commun 1975, p. 285, note Druesnes ; RDP 1975, p. 185, note Favoreu et p.1335, note Philip ; RIDC, 1975, p. 873, note Robert ; JDI 1975, p. 249, note Ruzié ; RTDE 1975, p. 49, note Lagrange) selon laquelle il n'est pas compétent pour contrôler la compatibilité des lois avec les engagements internationaux ou européens de la France (CC, 12 mai 2010, numéro 2010-605 DC, Loi relative à l'ouverture à la concurrence et à la régulation du secteur des jeux d'argent et de hasard en ligne).

Le Conseil constitutionnel a également précisé « que le juge qui transmet une question prioritaire de constitutionnalité … peut, d'une part, statuer sans attendre la décision relative à la question prioritaire de constitutionnalité si la loi ou le règlement prévoit qu'il statue dans un délai déterminé ou en urgence et, d'autre part, prendre toutes les mesures provisoires ou conservatoires nécessaires ». Il peut ainsi « suspendre immédiatement tout éventuel effet de la loi incompatible avec le droit de l'Union, assurer la préservation des droits que les justiciables tiennent des engagements internationaux et européens de la France et garantir la pleine efficacité de la décision juridictionnelle à intervenir ».

Le Conseil d'Etat s'est aligné sur la ligne défendue par le Conseil constitutionnel à l'occasion de l'arrêt Rujovic du 14 mai 2010 (requête numéro 312305 : AJDA 2010, p. 1355, chron. Liéber et Botteghi ; D. 2010, p. 1229, chron. Fombeur et p. 1234, chron. Cassia et Saulnier-Cassia ; RFDA 2010, p. 709, concl. Burguburu ; Cah. Cons. const. 2010, p. 63, étude Simon et Rigaux) en estimant que les dispositions relatives à la question prioritaire de constitutionnalité « ne font pas obstacle à ce que le juge administratif, juge de droit commun de l'application du droit de l'Union européenne, en assure l'effectivité, soit en l'absence de question prioritaire de constitutionnalité, soit au terme de la procédure d'examen d'une telle question, soit à tout moment de cette procédure, lorsque l'urgence le commande, pour faire cesser immédiatement tout effet éventuel de la loi contraire au droit de l'Union … d'autre part, le juge administratif dispose de la possibilité de poser à tout instant, dès qu'il y a lieu de procéder à un tel renvoi, en application de l'article 267 du traité sur le fonctionnement de l'Union européenne, une question préjudicielle à la Cour de justice de l'Union européenne ».

A l'occasion d'un arrêt d'Assemblée Jacob du 31 mai 2016 (requête numéro 393881 : Rec. p. 191, concl. Cortot-Boucher ; AJDA 2016, p. 1392, chron. Dutheillet de Lamothe et Odinet ; JCP A 2017, comm. 2077, note Dilloard ; JCP G 2016, comm. 759, note Bonnet ; RTD eur. 2017, p. 39, note Jauréguibéry ; RFDA 2016, p. 989, concl. Cortot-Boucher, note Labayle et Mehdi), le Conseil d'Etat a même admis de pouvoir renvoyer à la Cour de justice une question préjudicielle concernant l'interprétation d'une directive dont dépend le sérieux d'une question prioritaire de constitutionnalité. Le Conseil d'Etat rejette la question prioritaire de constitutionnalité, tout en précisant que son auteur pourra la poser à nouveau après la décision de la Cour si elle conclut à l'inconventionnalité de la loi. Etait en cause, dans cette affaire, une loi de transposition qui allait au-delà du champ défini par la directive en s'appliquant à d'autres situations que celles régies par elle. Si cette loi est contraire au droit de l'Union européenne, elle continuera néanmoins à s'appliquer à ces situations ce qui crée donc une discrimination à rebours en violation du principe d'égalité reconnu par la Constitution.

Par ailleurs, dans un arrêt Daoudi du 8 octobre 2010 (requête numéro 338505 : JCP A 2011, comm. 2253, note Marti), le Conseil d'Etat a considéré qu'il n'y avait pas lieu de prendre en compte la nature de la loi contestée. Ainsi, une loi transposant une directive relève du mécanisme de question prioritaire de constitutionnalité. Toutefois, le Conseil constitutionnel s'estime incompétent dès lors que la loi se borne à tirer les conséquences nécessaires de dispositions inconditionnelles et précises d'une directive européenne, et qu'elles ne mettent en cause aucune règle ni aucun principe inhérent à l'identité constitutionnelle de la France (V. dans la même affaire, CC, 17 décembre 2010, numéro 2010-79 DC, Daoudi).

La Cour de justice de l'Union européenne, statuant sur la question préjudicielle posée par la Cour de cassation a également rendu une décision favorable au mécanisme de question prioritaire de constitutionnalité. Elle rappelle, tout d'abord, que « l'article 267 du Traité sur le fonctionnement de l'Union s'oppose à une législation d'un Etat membre qui instaure une procédure incidente de contrôle de constitutionnalité des lois nationales, pour autant que le caractère prioritaire de cette procédure a pour conséquence d'empêcher, tant avant la transmission d'une question de constitutionnalité à la juridiction nationale chargée d'exercer le contrôle de constitutionnalité des lois que, le cas échéant, après la décision de cette juridiction sur ladite question, toutes les autres juridictions nationales d'exercer leur faculté ou de satisfaire à leur obligation de saisir la Cour de questions préjudicielles ». Ce texte ne s'oppose pas, cependant, au mécanisme de question prioritaire de constitutionnalité dès lors que les juridictions nationales peuvent « saisir, à tout moment de la procédure qu'elles jugent approprié, et même à l'issue de la procédure incidente de contrôle de constitutionnalité, la Cour de toute question préjudicielle qu'elles jugent nécessaire … adopter toute mesure nécessaire afin d'assurer la protection juridictionnelle provisoire des droits conférés par l'ordre juridique de l'Union … laisser inappliquée, à l'issue d'une telle procédure incidente, la disposition législative nationale en cause si elles la jugent contraire au droit l'Union ».

Ces garanties étant prévues par les textes relatifs à la question prioritaire de constitutionnalité, ce mécanisme est jugé conforme au droit de l'Union européenne.

L'affaire paraissait définitivement réglée jusqu'à l'arrêt d'Assemblée plénière de la Cour de cassation du 29 juin 2010 (pourvoi numéro 10-40.001, pourvoi numéro 10-40.002 : D. 2010, p. 1636, point de vue Cassia et Saulnier-Cassia ; Cah. Cons. const. 2010, p. 63, étude Simon et Rigaux ; RFDA 2010, p. 659, étude Labayle) consécutive à la réponse préjudicielle de la Cour de justice de l'Union européenne dans les affaires Melki et Abdeli. La Cour décide en effet que les textes nationaux ne lui donnent pas la possibilité de mettre en œuvre les mesures provisoires ou conservatoires visant à assurer la protection juridictionnelle des droits conférés par l'ordre juridique européen. Cette affirmation est toutefois très contestable au regard de la jurisprudence de la Cour de justice qui prévoit la possibilité, pour les juridictions nationales, d'écarter toute règle nationale qui ferait obstacle, d'un point de vue procédural, à la mise en œuvre de telles mesures (CJCE, 19 juin 1990, Factortame, affaire numéro C-213/89 : Rec. CJCE 1990, I, p. 2433). La Cour de cassation en conclut qu'il convient de laisser inappliquées les dispositions de la loi organique relative à la question prioritaire de constitutionnalité.

Il ne faut toutefois pas exagérer les difficultés pratiques que pose la jurisprudence de la Cour de cassation. En effet, l'hypothèse visée par les affaires Abdeli et Melki ne s'est jamais reproduite à notre connaissance.

411.- Des difficultés insolubles.- Au terme de cette analyse de la jurisprudence administrative, judiciaire et constitutionnelle, on ne peut que constater que « la Constitution est par nature supérieure à toutes les normes juridiques dont elle détermine elle-même la valeur » (B. Stirn, Les sources constitutionnelles du droit administratif, LGDJ, p. 26). En effet, en droit interne, c'est la Constitution qui fixe la hiérarchie des normes et notamment la place du droit international par rapport aux autres normes. Elle ne saurait se définir elle-même comme inférieure aux normes internationales.

La difficulté c'est que cette analyse n'est pas partagée par les juridictions internationales et par la Cour de justice de l'Union européenne. En effet, ces juges peuvent difficilement faire prévaloir une Constitution d'un Etat membre sur une norme internationale puisque cela nuirait à l'application même du traité mais également parce qu'ils tirent leur propre légitimité de ce traité.

Déjà, dans l'avis « traitement des nationaux polonais à Dantzig » du 4 février 1932, la Cour permanente de justice internationale avait décidé « qu'un Etat ne saurait invoquer vis-à-vis d'un autre Etat sa propre Constitution pour se soustraire aux obligations que lui imposent le droit international ou les traités en vigueur » (série A/B, n° 44, p.4). De son côté, la Cour de justice, dans un arrêt Commission c. Belgique du 6 mai 1980 (affaire numéro 102/79 : Rec. CJCE 1980, p. 1473 ; D. 1980, jurispr. p. 473, note D. M. ; Vie judiciaire 1981, n° 1816, p. 10, note P.K.) a jugé « (qu'un) Etat membre ne saurait exciper de difficultés internes ou de dispositions de son ordre juridique national, même constitutionnel, pour justifier le non-respect des obligations et délais résultant de directives communautaires ».

412.- L'importance d'un dialogue des juges.- Il y a ici un conflit irréductible entre la primauté des normes constitutionnelles dans l'ordre juridique interne et la primauté des traités dans l'ordre juridique international qui ne peut être que partiellement résolu par le dialogue des juges, comme on l'a vu notamment dans les affaires Arcelor et French Data Network et a. C'est de ce dialogue également que relève la décision du Conseil constitutionnel du 4 avril 2013, saisissant pour la première fois la Cour de justice d'une question préjudicielle en interprétation de la décision-cadre relative au mandat d'arrêt européen, ce qui est conforme à la logique de l'article 88-2 de la Constitution selon lequel « la loi fixe les règles relatives au mandat d'arrêt européen en application des actes pris par les institutions de l'Union européenne » (n°2013-314 QPC : Europe, étude 13, note Simon).

Il faut d'ailleurs relever que les juridictions internationales ne sont pas non plus hermétiques à ce dialogue. C'est le cas en particulier de la Cour de justice de l'Union européenne qui a considéré dans un arrêt du 22 décembre 2010 Sayn-Wittgenstein (affaire numéro C-208/09 : AJDA 2011, p.264, note Aubert, Broussy et Donnat ; Constitutions 2011, p. 332, note Levade ; RTD civ. 2011, obs. Hauser ; RTD eur. 2011, p. 671, chron. Pataud) que « l'Union respecte l'identité nationale de ses Etats membres conformément à l'article 4 du Traité sur l'Union européenne ». La Cour s'efforce donc de concilier les impératifs de l'Union européenne avec certaines spécificités constitutionnelles nationales en utilisant cette notion à laquelle se réfère également le Conseil constitutionnel français (CC, 19 novembre 2004, numéro 2004-505 DC, 19 novembre 2004, Traité établissant une Constitution pour l'Europ, préc.). Cependant, de la même façon que le juge français veille à la suprématie de la norme constitutionnelle dans l'ordre juridique interne, la Cour de justice ne renonce nullement au principe de primauté du droit de l'Union européenne.

II – Droit de l'Union européenne dérivé et Convention européenne des droits de l'homme

413.- Une jurisprudence inspirée par le « système Arcelor ».- Si l'arrêt Arcelor du 8 février 2007 (requête numéro 287110, préc.), dans le souci d'une protection maximale des droits des justiciables, permet au juge national d'apprécier la validité d'une directive par rapport aux traités de l'Union européenne, le Conseil d'Etat a également admis, dans la même logique, qu'il était compétent pour confronter le contenu d'une directive européenne à la Convention européenne des droits de l'homme (CE Sect., 10 avril 2008, requête numéro 296845, requête numéro 296907, Conseil national des barreaux et a. et Conseil des barreaux européens : AJDA 2008, p. 1085, chron. Boucher et Bourgeois-Machureau ; Dr. adm. 2008, comm. 83, obs. Gautier ; Europe 2008, repère 5, obs. Simon : RFDA 2008, p. 575, concl. Guyomar et p. 606, obs. Roblot-Troizier ; RJEP 2008, comm. 30, note Azoulai.- V. également CE, 6 décembre 2012, requête numéro 347870, Société Air Algérie : Rec. p. 398 ; RFDA 2013, p. 653, note Cassia.- CE, 20 juin 2016, requête numéro 383333 : JCP A 2016, act. 567 ; JCP A 2016, comm. 2325.- CE, 6 mai 2019, requête numéro 416088 : AJDA 2019, p. 967, obs. Pastor ; JCP A 2019, comm. 2296, note Marti). Il se fait ainsi juge de la conventionnalité du droit de l'Union européenne dérivé. En l'espèce, le Conseil d'Etat était saisi d'un recours dirigé contre un décret soumettant les avocats à un certain nombre d'obligations dans le cadre de la lutte contre le blanchiment. Le décret contesté était pris en application d'une loi transposant une directive dont les requérants soutenaient qu'elle était contraire aux articles 6 et 8 de la Convention européenne des droits de l'Homme.

Selon la Cour de justice, il résulte de l'article 6§II du Traité sur l'Union européenne, que les droits fondamentaux garantis par la Convention européenne des droits de l'homme sont protégés, dans l'ordre juridique communautaire, comme principes généraux (CJCE, 15 octobre 2002, affaire numéro C-238/99, Limburgs Vinyl Maatschappig). Le Conseil d'Etat intègre le juge national dans ce système de coordination en estimant qu'il est compétent pour apprécier la compatibilité d'une directive avec les droits garantis par les ordres juridiques européens.

Comme dans l'arrêt Arcelor, le Conseil d'Etat rappelle que, lorsqu'il statue comme juge du droit de l'Union européenne, le juge national a l'obligation de saisir la Cour de justice pour toute difficulté d'interprétation. En l'espèce, en l'absence de telles difficultés, il considère que la directive en cause ne porte pas atteinte à la Convention européenne des droits de l'homme.

Les difficultés ne sont toutefois pas toutes résolues à ce stade, puisque les requérants invoquaient également l'exception d'inconventionnalité, non plus de la directive, mais de la loi elle-même. Le Conseil d'Etat, s'inspirant encore de l'arrêt Arcelor, relève qu'il appartient d'abord au juge administratif de s'assurer que la loi procède à une exacte transposition des dispositions de la directive. Dans l'affirmative, le moyen tiré de la méconnaissance d'un droit fondamental par la loi de transposition ne peut être apprécié que selon la procédure de contrôle de la directive précédemment décrite.

III – Droit international et loi nationale

414.- Une hiérarchie favorable aux normes internationales.- La question des rapports entre la loi et le droit international issu des traités et des accords ne devrait poser aucune difficulté, une hiérarchie favorable aux normes internationales résultant de l'article 55 de la Constitution.

415.- L'application de la théorie de la loi écran par le Conseil d'Etat.- Pourtant, dans la pratique, le juge administratif a longtemps refusé de donner une complète effectivité à ce texte.

Dans le cas où la norme de droit international est postérieure à la loi contraire, il ne se pose toutefois aucune difficulté, puisque les juges estiment que cette norme a implicitement abrogé les dispositions de la loi qui lui sont contraires. En cas de recours, l'acte administratif contraire au traité, mais conforme à cette loi, est donc annulé (CE, 23 décembre 1949, requête numéro 98924, Société Cominfi : Rec. p. 470.- CE, 15 mars 1972, requête numéro 80242, Dame veuve Sadok Ali : Rec. p. 213).

En revanche, dans le cas où la norme de droit international est antérieure à la loi contraire, le Conseil d'Etat a très longtemps refusé de faire primer cette norme sur la loi, en application de la théorie de l'écran législatif. Si le Conseil d'Etat s'estimait compétent pour contrôler un acte administratif par rapport à la loi, il s'estimait en revanche incompétent pour contrôler la loi par rapport à un traité puisque était en cause, selon lui, un contrôle de constitutionnalité de la loi au regard de l'article 55 de la Constitution (CE Sect., 1er mars 1968, Syndicat général des fabricants de semoule de France : Rec. p. 149, concl. Questiaux ; AJDA 1968, p.235, concl. Questiaux ; D. 1968, jurispr. p. 285, note Lagrange ; RCDIP 1968, p. 516, note Kovar ; RGDIP 1968, p. 1128, obs. Rousseau ; RTDE 1968, p. 399, note Constantinides-Megret).

416.- Rejet de l'analyse du Conseil d'Etat par le Conseil constitutionnel et par la Cour de cassation.- Or, la jurisprudence du Conseil d'Etat n'a été suivie ni par le Conseil constitutionnel, ni par le juge judiciaire.

Dans sa décision du 15 janvier 1975, Loi relative à l'interruption volontaire de grossesse, le Conseil constitutionnel a en effet refusé de connaître d'un moyen relatif à la conformité de ce texte avec l'article 2 de la Convention européenne des droits de l'homme garantissant le respect de la vie humaine (numéro 75-54 DC, préc.). En effet, « les décisions prises en application de l'article 61 de la Constitution revêtent un caractère absolu et définitif ... au contraire, la supériorité des traités sur les lois ... présente un caractère à la fois relatif et contingent, tenant, d'une part, à ce qu'elle est limitée au champ d'application du traité et, d'autre part, à ce qu'elle est subordonnée à une condition de réciprocité dont la réalisation peut varier selon le comportement du ou des Etats signataires du traité et le moment où doit s'apprécier le respect de cette condition ».

Il existe toutefois une exception récente à cette jurisprudence introduite par la décision du Conseil constitutionnel du 27 juillet 2006, Loi relative au droit d'auteur et aux droits voisins dans la société de l'information (numéro 2006-540 DC, préc.). Si le Conseil constitutionnel exclut en principe de contrôler la constitutionnalité des lois opérant mécaniquement la transposition des directives, il réserve toutefois le cas où celles-ci porteraient atteinte à « une règle ou un principe inhérent à l'identité constitutionnelle de la France ». Cette solution est reprise par la jurisprudence du Conseil d'Etat dans le cadre de la procédure de question prioritaire de constitutionnalité (CE, 8 juillet 2015, requête numéro 390154, de Prainguy : Rec. p. 577 ; AJDA 2015, p. 2035, note Haguenau-Moizard.- CE, 14 septembre 2015, requête numéro 389806, Société NotreFamille.com : Rec. p. 576 ; AJDA 2015, p. 2441, note Rassu.- CE, 13 mars 2019, requête numéro 424565, requête numéro 424605, Ngo Ndenga). De même, le Conseil constitutionnel censure l'erreur manifeste de transposition lorsqu'il relève une « disposition législative manifestement incompatible avec la directive qu'elle a pour objet de transposer » (CC, 30 novembre 2006, numéro 2006-543 DC, Secteur de l'énergie : Rec. CC 2006, p. 120). L'existence de ce contrôle se justifie par le fait que, comme on l'a évoqué, il résulte de l'article 88-1 de la Constitution que la transposition des directives est « une exigence constitutionnelle » (CC, 10 juin 2004, numéro 2004-496 DC, Loi pour la confiance dans l'économie numérique, préc.).

De son côté, la Cour de cassation, dans un arrêt de la Chambre mixte du 24 mai 1975, Administration des douanes c. Société des cafés Jacques Vabre, n'a pas hésité à écarter l'application d'une loi contraire à une norme internationale antérieure (pourvoi numéro 73-13556 : Bull. civ. I, n° 4 ; D. 1975, jurispr. p. 497, concl. Touffait ; AJDA 1975, p. 567, note Boulouis ; Cah. dr. eur. 1975, p. 655, note Kovar ; JDI 1975, p. 802, note Ruzié ; RDP 1975, p. 1335, chron. Favoreu et Philip ; RCDIP 1976, p. 347, note Foyer et Holleaux ; RGDIP 1976, p. 690, obs. Rousseau).

Le raisonnement du Conseil d'Etat n'était pas compatible, à la fois avec la position du Conseil constitutionnel et avec la position de la Cour de cassation. Il ressort clairement de cette jurisprudence que faire prévaloir un traité sur la loi ce n'est pas, comme l'affirmait le Conseil d'Etat, opérer un contrôle de constitutionnalité de cette loi. Il s'agit simplement d'appliquer le texte de la Constitution et de respecter la hiérarchie des normes qu'elle impose. En réalité, c'est en appliquant la théorie de la loi écran que le Conseil d'Etat sortait du cadre de ses compétences en refusant de faire application de dispositions constitutionnelles.

417.- Abandon de la théorie de la loi écran par le Conseil d'Etat.- Le Conseil d'Etat a finalement opéré un revirement de jurisprudence à l'occasion de l'arrêt d'Assemblée Nicolo du 20 octobre 1989 en acceptant de faire prévaloir sur la loi un traité international même antérieur à cette loi (requête numéro 108243 : Rec. p. 190 ; RFDA 1989, p. 812, concl. Frydman et p.824, notes Genevois, Favoreu et Dubouis ; AJDA 1989, p. 756, chron. Honorat et Baptiste et p. 788, note Simon ; RTDE 1989, p. 771, note Isaac)

La solution de l'arrêt Nicolo, qui été qualifiée de « révolution copernicienne » par le commissaire du gouvernement Stahl (concl. sur CE Ass., 5 mars 2003, requête numéro 242860, Aggoun : préc.), a ensuite été logiquement transposée aux règlements (CE, 24 septembre 1990, requête numéro 58657, Boisdet : Rec. p.250 ; AJDA 1990, p. 863, chron. Honorat et Schwartz ; LPA 12 octobre 1990, p.15, concl. Laroque ; RFDA 1991, p.171, note Dubouis), aux directives (CE Ass., 28 février 1992, SA Rothmans international France, préc.) et plus récemment aux décisions du Conseil des communautés européennes (CE, 10 janvier 2001, requête numéro 219138, Région Guadeloupe : Rec. p. 7 ; Europe 2001, comm. 162, obs. Simon).

En revanche, une limite à la jurisprudence Nicolo a été apportée par le Conseil d'Etat dans son arrêt Allenbach et a. du 27 octobre 2015 (requête numéro 393026, requête numéro 393488, requête numéro 393622, requête numéro 393659, requête numéro 393724 : Rec. p. 367 ; Dr. adm. 2016, comm. 12, note Eveillard). Il résulte en effet de cet arrêt qu'est inopérant devant le juge de l'excès de pouvoir, saisi d'un recours dirigé contre un décret d'application de la loi redécoupant la carte des régions, le moyen portant sur la méconnaissance par la procédure législative (et non pas de ses dispositions au fond) des obligations procédurales imposées par un traité international. N'est donc pas sanctionnée, en l'espèce, la contrariété entre cette procédure et les stipulations de l'article 5 de la Charte européenne de l'autonomie locale, qui imposent une obligation de consultation des collectivités territoriales concernées préalablement à toute modification de leurs limites territoriales. Une solution équivalente a été ensuite retenue par la Cour de cassation (Cass. soc., 14 novembre 2018, pourvoi numéro 17-18.259 : JCP S 2018, comm. 1407, note d'Allende).

Pour aller plus loin :

- **Bailleul (D.)**, Le juge administratif et la conventionnalité de la loi : RFDA 2003, p. 876.

- **Cassia (P.)**, Le juge administratif, la primauté du droit de l'Union européenne et la Constitution française : RFDA 2005, p. 465.

- **de Bechillon (D.)**, L'applicabilité des directives selon la jurisprudence du Conseil d'Etat : RDP 1991, p. 729.

- **Dubout (E.), Nabli (B.)**, L'émergence d'un droit français de l'intégration européenne : RFDA 2010, p.1021.

- **Dumortier (G.)**, La mise en œuvre de la jurisprudence Nicolo : retour sur trente ans de grands travaux : AJDA 2019, p. 2104.

- **Gauthier (M.)**, QPC et droit communautaire.- Retour sur une tragédie en cinq actes, Dr. adm. 2010, étude 19.

- **Genevois (B.)**, Le Conseil constitutionnel et le droit communautaire dérivé. À propos de la décision n° 2004-496 DC du 10 juin 2004 : RFDA 2004, p. 651.

- **Kovar (R.)**, Le Conseil d'Etat et l'effet direct des directives : la fin d'une longue marche, Europe 2010, étude 1.

- **Labayle (H.) et Mehdi (R.)**, Le Conseil d'Etat et la protection communautaire des droits fondamentaux : RFDA 2008, p.711.

- **Marti (G.)**, L'avenir de la primauté : le dialogue des juges ?, Rev. Union européenne 2015, p. 638.

- **Ondoua (A.)**, note sur CE, 8 juillet 2002, Commune de Porta : JCP G 2003, II comm. 10021.

- **Wachsmann (P.)**, L'article 55 de la Constitution de 1958 et les conventions internationales relatives aux droits de l'homme : RDP 1998, p.1671.

Section III – Les lois organiques

418.- Objet.- Les lois organiques sont visées par certains articles de la Constitution du 4 octobre 1958. Elles ont pour principal objet de compléter ces dispositions.

Exemple :
- L'article 13 de la Constitution précise qu'une loi organique détermine les emplois, autres ceux qu'il vise expressément, auxquels il est pourvu en conseil des ministres ainsi

que les conditions dans lesquelles le pouvoir de nomination du Président de la République peut être par lui délégué pour être exercé en son nom.

419.- Procédure d'adoption.- L'adoption des lois organiques fait l'objet de règles spéciales définies par l'article 46 de la Constitution. Tout d'abord, le projet ou la proposition ne peut, en première lecture, être soumis à la délibération et au vote des assemblées qu'à l'expiration d'un délai de six semaines, voire de 15 jours si la procédure accélérée a été engagée. Ensuite, si la procédure de la commission mixte paritaire de l'article 45 de la Constitution s'applique pour les lois organiques, l'article 46 prévoit que faute d'accord entre les deux assemblées, le texte ne peut être adopté par l'Assemblée nationale en dernière lecture qu'à la majorité absolue de ses membres. Les lois organiques relatives au Sénat se voient appliquer des règles particulières (Constitution, art. 46, al. 4), comme celles relatives au droit de vote et à l'éligibilité aux élections municipales des ressortissants d'autres Etats membres de l'Union européenne résidant en France puisqu'elles doivent être votées dans les mêmes termes par les deux assemblées (Constitution, art. 88-3). Surtout, les lois organiques ne peuvent être promulguées qu'après déclaration par le Conseil constitutionnel de leur conformité à la Constitution.

419.- Place dans la hiérarchie des normes.- L'existence de ce contrôle par rapport au bloc de constitutionnalité implique que lois organiques ont une valeur infra-constitutionnelle. Il résulte également de la décision du Conseil constitutionnel n°92-312 DC du 2 septembre 1992 que les lois organiques ont une valeur infra-conventionnelle, cette décision précisant que la loi organique prise en application de l'article 88-3 du de la Constitution « devra respecter les prescriptions édictées à l'échelon de la Communauté européenne ». Toutefois, si le juge administratif contrôle la compatibilité d'une loi organique avec un traité international, ce principe connaît une exception lorsque les dispositions contestées se bornent à tirer les conséquences nécessaires de dispositions constitutionnelles. Dans cette hypothèse, la Constitution fait écran (CE, 6 avril 2016, requête numéro 380570, Blanc et a. : Rec. p.119, concl. von Coester ; Dr. adm. 2016, comm. 50, note Eveillard).

En revanche, les lois organiques ont une valeur supra législative dès lors que le Conseil constitutionnel contrôle les lois ordinaires au regard de ces textes. C'est le cas tout particulièrement des lois de finances qui sont systématiquement contrôlées au regard de la loi organique relative au loi de finances n°2001-692 du 1er août 2001. De la même façon, les lois de financement de la sécurité sociale sont contrôlées au regard de la loi organique n° 2005-881 du 2 août 2005 relative aux lois de financement de la sécurité sociale.

Pour aller plus loin :

- **Luchaire (F.)**, Les lois organiques devant le Conseil constitutionnel : RDP 1992, p. 389.

Section IV – La loi

420.- Une source parmi d'autres de la légalité administrative.- C'est presque une tautologie de dire que la loi est l'une des principales sources de la légalité administrative. Sous la Cinquième République, il se pose la question de la détermination de son domaine par rapport à celui qui est réservé au pouvoir règlementaire. Il convient également d'évoquer les hypothèses dans lesquelles le juge administratif a l'occasion de faire application de textes particuliers.

§I – Loi et règlement

421.- L'apport de la Constitution de 1958.- La Constitution du 4 octobre 1958 a modifié les rapports entretenus par la loi, œuvre du parlement, et les actes administratifs règlementaires pris par le pouvoir exécutif.

Avant 1958, le droit positif était encore marqué par le légicentrisme issu de la Révolution française. L'idée est que la loi représente la volonté de la nation et qu'elle ne saurait, par conséquent, être remise en cause, ce qui entraînait deux conséquences essentielles.

D'une part, l'absence de contrôle de constitutionnalité des lois, ou un contrôle limité à des questions de compétence et de procédure.

D'autre part, les actes administratifs ne pouvaient intervenir que pour l'application d'une loi et devaient y être conformes. Ainsi, jusqu'en 1958, le principe est que le pouvoir règlementaire, c'est-à-dire le pouvoir de prendre des actes exécutoires comportant des dispositions générales et impersonnelles, est un pouvoir dérivé de la loi. Ainsi, l'exercice d'un pouvoir règlementaire autonome est en principe prohibé.

422.- Le pouvoir réglementaire autonome avant l'entrée en vigueur de la Constitution de 1958.- Toutefois, la jurisprudence a reconnu, dès le début du XX° siècle, deux domaines dans lesquels le pouvoir règlementaire autonome existe.

Il s'agit, tout d'abord, du pouvoir règlementaire en matière de police qui a été reconnu à l'occasion de l'arrêt du Conseil d'Etat Labonne du 8 août 1919 (requête numéro 56377, préc.). Cette affaire concernait un recours intenté par un automobiliste contre une décision lui retirant son « certificat de capacité pour la conduite des automobiles ». Le requérant contestait le fait que ce retrait avait été réalisé en application d'un décret du Président de la République, alors qu'aucune loi ne l'avait habilité à agir. Le Conseil d'Etat reconnaît pourtant « qu'il appartient au chef de l'Etat en dehors de toute délégation législative, et en vertu de ses pouvoirs propres » de déterminer les mesures de police qui sont applicables à l'ensemble du territoire. Cette solution a été confirmée sous la Cinquième République, mais au profit non plus du chef de l'Etat, mais du Premier ministre. Cette solution se justifie par le fait que le pouvoir règlementaire de droit commun n'appartient plus au chef de l'Etat, mais au chef du gouvernement (CC, 20 juillet 2000, numéro 2000-

434 DC, Loi relative à la chasse : Rec. CC, p.107 ; JO 27 juillet 2000, p.11550 ; RDP 2000, p.1542, note Luchaire ; RJE 2001, p.355, note Azoulay ; RFDC 2001, p. 95, note Pariente ; LPA 24 juillet 2000, note Schoettl). Ainsi, par exemple, c'est au Premier ministre, au titre de ses pouvoirs de police administrative générale, qu'il appartient d'adopter les mesures propres à assurer la sécurité des personnes sur les autoroutes et les ouvrages d'art (CE, 25 septembre 2013, requête numéro 363184, Société Rapidépannage 62).

Dans l'arrêt de Section Jamart du 7 février 1936 (requête numéro 43321 : préc.), le Conseil d'Etat a également reconnu que les chefs de service - et notamment les ministres qui sont situés au sommet de la structure pyramidale des ministères- disposent d'un pouvoir règlementaire autonome. Il résulte de cet arrêt que « même dans le cas où les ministres ne tiennent d'aucune disposition législative un pouvoir règlementaire, il leur appartient, comme à tout chef de service, de prendre les mesures nécessaires au bon fonctionnement de l'administration placée sous leur autorité ».

Exemple :
- CE Sect., 25 février 2005, requête numéro 265482, Syndicat de la magistrature (JCPA 2005, comm. 1129, note Jean-Pierre) : la création d'une commission administrative consultative chargée d'éclairer le Premier ministre sur d'éventuels dysfonctionnements du tribunal de grande instance de Nanterre, qui n'est investie et n'aurait d'ailleurs pu légalement être investie d'aucun pouvoir de contrainte à l'égard de l'autorité judiciaire, n'est susceptible de porter, par elle-même, aucune atteinte aux compétences du Conseil supérieur de la magistrature.

423.- Un nouvel équilibre entre la loi et le règlement.- La Constitution de 1958 a modifié l'équilibre entre le pouvoir règlementaire et le pouvoir législatif.

L'article 34 de la Constitution définit les différentes matières dans lesquelles le législateur est compétent. C'est le cas notamment pour : les droits civiques et les garanties fondamentales accordées aux citoyens pour l'exercice des libertés publiques, la création de nouveaux ordres de juridiction et le statut des magistrats, la nationalité, l'état et la capacité des personnes, les régimes matrimoniaux, les successions et libéralités, etc.

Le même article définit les domaines dans lesquels le législateur est compétent pour déterminer des principes fondamentaux. Sont par exemple concernés : la libre administration des collectivités territoriales, leurs compétences et leurs ressources ; le régime de la propriété, des droits réels et des obligations civiles et commerciales ; le droit du travail, le droit syndical et de la sécurité sociale, etc.

L'article 37 précise que « les matières autres que celles qui sont du domaine de la loi ont un caractère règlementaire ».

Ainsi, juridiquement, le pouvoir règlementaire autonome est passé du statut d'exception à celui de principe.

424.- Facteurs favorables à l'extension du domaine de la loi.- Cependant, la pratique a conduit bien au contraire à une extension immodérée du domaine de la loi, à une véritable « frénésie législative » (J.-M. Pontier, Délire et dérives législatives : AJDA 2015, p. 2001) qui nuit à l'intelligibilité de la loi. Cette pratique est liée à plusieurs phénomènes.

En premier lieu, le Conseil constitutionnel, en combinant les dispositions de l'article 34 et d'autres articles de la Constitution, a découvert d'autres chefs de compétence législative.

Exemple :
- CE, 7 juillet 1950, Dehaene (préc.) : en indiquant, dans le préambule de la Constitution de 1946, que « le droit de grève s'exerce dans le cadre des lois qui le règlementent », l'Assemblée constituante a entendu inviter le législateur à opérer la conciliation nécessaire entre la défense des intérêts professionnels, dont la grève constitue l'une des modalités, et la sauvegarde de l'intérêt général auquel elle peut être de nature à porter atteinte.

La compétence du législateur peut également résulter d'une loi organique.

Exemple :
-L'article 1er de la loi organique n° 2017-54 du 20 janvier 2017 précise que « toute autorité administrative indépendante ou autorité publique indépendante est instituée par la loi ». Selon le même article « la loi fixe les règles relatives à la composition et aux attributions ainsi que les principes fondamentaux relatifs à l'organisation et au fonctionnement des autorités administratives indépendantes et des autorités publiques indépendantes ». Notons toutefois que cette compétence ne s'étend pas aux règles concernant la composition d'une instance qui assiste une autorité ni aux modalités de calcul du régime de rémunération des membres qui compose cette autorité (CE, 12 novembre 2020, requête numéro 426340, Anticor).

En second lieu, en interprétant les dispositions de l'article 34 de la Constitution, qui sont rédigées de façon très large en général, le Conseil d'Etat et le Conseil constitutionnel ont adopté une conception extensive du domaine de la loi.

Exemples :
- CC, 18 janvier 1985, numéro 84-185 DC, Loi modifiant et complétant la loi n°83-663 du 22 juillet 1983 et portant dispositions diverses relatives aux rapports entre l'Etat et les collectivités territoriales (JO 20 janvier 1985, p. 821 ; Rec. CC, p.36 ; RFDA 1985, p.597, note Henry-Meininger, note Favoreu, note Delvolvé) : si le principe de libre administration des collectivités territoriales a valeur constitutionnelle, il ne saurait conduire à ce que les conditions essentielles d'application d'une loi organisant l'exercice d'une liberté publique dépendent de décisions des collectivités territoriales et, ainsi, puissent ne pas être les mêmes sur l'ensemble du territoire.
- CE, 29 avril 2002, requête numéro 228830, Ullmann (Dr. adm. 2002, comm. 100, note D.P. ; RFDA 2003, p. 135, concl. Piveteau) : les dispositions relatives à l'étendue du droit d'accès aux documents administratifs concernent les garanties fondamentales

accordées aux citoyens pour l'exercice des libertés publiques. Elles portent ainsi sur des matières réservées à la loi par l'article 34 de la Constitution.

Enfin, les mécanismes de sanction des règles de répartition des compétences sont rarement utilisés. Ainsi, le gouvernement peut faire usage de la possibilité qui lui est ouverte par l'article 41 de la Constitution d'opposer l'irrecevabilité aux propositions de lois ou aux amendements parlementaires qui ne sont pas du domaine de la loi. Dans cette hypothèse, en cas de désaccord entre le gouvernement et le Président de l'assemblée intéressée, le Conseil constitutionnel peut-être saisi par l'une ou l'autre de ces autorités et il disposera alors d'un délai de huit jours pour statuer. Toutefois, dans la pratique et à notre connaissance, le Conseil constitutionnel n'est jamais saisi sur le fondement de ces dispositions, le Président de l'assemblée en cause et le gouvernement trouvant une position commune concernant l'interprétation de l'article 34 qui est généralement favorable à l'exception d'irrecevabilité.

Mais surtout, saisi en application de l'article 61 de la Constitution, le Conseil constitutionnel estime « qu'une loi qui empiète sur le domaine du règlement n'en est pas pour autant inconstitutionnelle » (CC, 30 juillet 1982, DC numéro 82-143, Loi sur les prix et les revenus : JO 31 juillet 1982, p. 2470 ; Rec. CC p.57 ; D. 1984, inf. rap., p.473; Rev. adm. 1983, p.247, note de Villiers ; RDP 1983, p.333, note Favoreu).

Seul le juge administratif pourra censurer un acte réglementaire empiétant sur le domaine réservé à la loi par la Constitution.

Exemples :
- CE, 20 février 2013, requête numéro 360307, Fédération Chimie énergie CFDT (préc.): une mesure qui confère au préfet un pouvoir hiérarchique au sein d'un établissement public a pour objet et pour effet d'affecter les règles constitutives de l'établissement public, que seul le législateur peut compétemment modifier en vertu des dispositions de l'article 34 de la Constitution. Le décret contesté est en conséquence annulé.
- CE, 13 mars 2013, requête numéro 360815 (préc.) : en vertu de l'article 34 de la Constitution, il revient à la loi de déterminer les principes fondamentaux de la sécurité sociale, au nombre desquels figure la définition de la nature des conditions exigées pour l'attribution d'une prestation. En subordonnant le bénéfice du complément de libre choix d'activité à taux partiel à une condition de montant maximal des ressources procurées par l'activité exercée, le pouvoir réglementaire ne s'est pas borné à adapter les modalités selon lesquelles ce complément est attribué à certaines catégories de travailleurs mais a fixé une condition nouvelle non prévue par la loi et qu'il ne lui appartenait pas d'instituer. Ainsi, les dispositions du II de l'article D. 531-9 du code de la sécurité sociale dans sa rédaction issue du décret n° 2003-1394 du 31 décembre 2003 relatif à la prestation d'accueil du jeune enfant sont entachées d'incompétence.

Cet empiètement du législateur sur le domaine du règlement est très habituel, à tel point que le Conseil constitutionnel a un temps infléchi sa jurisprudence dans un sens plus favorable au pouvoir règlementaire.

Dans sa décision du 21 avril 2005, Loi d'orientation et de programme pour l'avenir de l'école, le Conseil constitutionnel a ainsi choisi, non pas de censurer les dispositions réglementaires contenues dans la loi déférée, mais d'opérer une sorte de déclassement de ces dispositions qui sont législatives d'un point de vue formel mais réglementaires d'un point de vue matériel (numéro 2005-512 DC : Rec. CC, p. 7 ; JO 24 avril 2005, p. 7173 ; AJDA 2005, p. 916, note Brondel ; LPA, 20 mai 2005, n° 100, note Schoettl ; JCP G 2005, comm. 250, chron. Mathieu ; D. 2005, p.1889, note Verpeaux ; RRJ 2005, p.2237, note Sabete ; RFDC 2006, p.152, note Pini). Cette démarche a permis au Conseil d'identifier dans la loi des dispositions règlementaires. Elle aurait pu, ultérieurement, autoriser le gouvernement à modifier directement les dispositions dont le caractère est réglementaire sans qu'il ait été nécessaire de recourir à la procédure de délégalisation de l'article 37 alinéa 2 de la Constitution.

Toutefois, la décision du 21 avril 2005 est demeurée isolée, la méthode définie à cette occasion par le Conseil constitutionnel n'a plus été utilisée. Cette méthode a même été expressément abandonnée à l'occasion de la décision loi relative à la simplification du droit et à l'allégement des démarches administrative du 15 mars 2012 (numéro 2012-649 DC : Constitutions 2012, p. 267, note Benetti ; RFDA 2012, p. 728, chron. Roblot-Troizier et Tusseau). Dans cette décision le Conseil constitutionnel considère en effet que « les requérants ne sauraient se prévaloir de ce que le législateur est intervenu dans le domaine réglementaire pour soutenir que la disposition critiquée serait contraire à la Constitution ou pour demander que soit déclaré son caractère réglementaire ».

Enfin, il faut souligner que si l'empiètement du législateur sur le domaine du règlement n'est pas sanctionné, il en va tout autrement lorsqu'un acte réglementaire empiète sur le domaine d'une loi. En cas de recours, l'acte contesté sera jugé illégal en raison de l'incompétence de son auteur.

Exemple :
CE, 13 mars 2013, requête numéro 360815, Ménétrier : en vertu de l'article 34 de la Constitution, il revient à la loi de déterminer les principes fondamentaux de la sécurité sociale, au nombre desquels figure la définition de la nature des conditions exigées pour l'attribution d'une prestation. En subordonnant le bénéfice du complément de libre choix d'activité à taux partiel à une condition de montant maximal des ressources procurées par l'activité exercée, le pouvoir réglementaire ne s'est pas borné à adapter les modalités selon lesquelles ce complément est attribué à certaines catégories de travailleurs mais a fixé une condition nouvelle non prévue par la loi et qu'il ne lui appartenait pas d'instituer. Il en résulte que les dispositions contestées sont illégales en raison du vice d'incompétence dont elles sont entachées.

§II – Application de textes particuliers

425.- Application de règles de droit privé.- Le juge administratif peut, à l'occasion d'un litige, vérifier que l'administration n'a pas enfreint les règles issues du Code civil, du Code de commerce ou encore du Code de la consommation.

I – Code civil

426.- Autonomie du droit administratif.- Pour la doctrine classique, l'intérêt général que poursuit l'administration doit empêcher de considérer que ses activités soient soumises aux mêmes règles que celles des personnes privées. Cette conception est exprimée notamment par le commissaire du gouvernement David dans ses conclusions sur l'arrêt Blanco (TC, 8 février 1873, Blanco, requête numéro 00012, préc.) et elle se retrouve dans le considérant de principe de cet arrêt : « la responsabilité qui peut incomber à l'Etat pour les dommages causés aux particuliers par le fait de personnes qu'il emploie dans le service public, ne peut être régie par les principes qui sont établis dans le Code civil pour les rapports de particuliers à particuliers ».

427.- Relativisation de l'autonomie.- Cette autonomie du droit administratif, absolument dérogatoire du droit privé, a ensuite été relativisée. Dans ses conclusions sur l'arrêt Terrier, le commissaire du gouvernement Romieu avait déjà distingué les hypothèses de gestion publique, qui sont majoritaires dans le fonctionnement des services publics, des hypothèses plus spécifiques de gestion privée (concl. Romieu sur CE, 6 février 1903, Terrier : Rec. p. 94 ; S. 1903, III, p. 25, concl. Romieu, note Hauriou). Cette approche a été ensuite validée par le Conseil d'Etat qui a reconnu que des personnes publiques pouvaient conclure des contrats de droit privé (CE, 31 juillet 1912, requête numéro 30701, Société des granits porphyroïdes des Vosges : Rec. p. 909, concl. Blum ; RDP 1914, p. 145, note Jèze). Mais surtout, dans sa décision Société commerciale de l'ouest africain du 22 janvier 1921, le Tribunal des conflits a dégagé une nouvelle catégorie de services publics, les services publics industriels et commerciaux, soumise à un régime juridique essentiellement de droit privé (affaire dite du Bac d'Eloka TC, 22 janvier 1921 : S. 1924, III, p. 34).

428.- Application ponctuelle de certaines dispositions du Code civil.- Toutefois, dans toutes ces hypothèses, c'est le juge judiciaire qui est en principe compétent. Cela n'empêche cependant pas le juge administratif, lorsqu'il est compétent, d'appliquer directement certains principes issus du Code civil. Tel est le cas, notamment, en matière de contrats. Ainsi, le juge s'est-il expressément référé à des dispositions du Code civil en matière de transaction (CE, 9 juillet 2015, requête numéro 375542, Football Club des Girondins de Bordeaux : Rec. p. 238 ; BJCP 2015, p. 414, concl. Bourgeois-Machureau ; Contrats-Marchés publ. 2015, comm. 244, obs. Hoepffner) ou encore en matière d'intérêts de retard (CE, 12 février 2016, requête numéro 366431, Le Dréau).

429.- Recours privilégié aux principes généraux du droit.- Ceci étant, le juge administratif aura tout de même davantage tendance à recourir à la technique des principes généraux du droit en précisant que la solution qu'il applique ne fait que « s'inspirer » de telles ou telles dispositions de ce code.

Exemples :
- CE, 30 décembre 1998, requête numéro 165042, Andrault, Parat et Carré (Rec. p.521 ; Contrats - Marchés publ. 2010, 5) : en cas de désordres affectant, dans le délai de dix ans, l'étanchéité d'une partie d'un ensemble immobilier mais dont l'extension généralisée est prévisible, le principe de garantie décennale « dont s'inspirent les articles 1792 et 2270 du Code civil » ont vocation à s'appliquer.
- CE, 29 décembre 2008, requête numéro 296930, OPHLM de Puteaux (Rec. p. 478) : il est loisible au juge administratif, saisi de conclusions en ce sens, de modérer ou d'augmenter les pénalités de retard résultant du contrat, par application des principes « dont s'inspire l'article 1152 du Code civil », si ces pénalités atteignent un montant manifestement excessif ou dérisoire eu égard au montant du marché.

II – Code de commerce

430.- Soumission de certaines activités administratives au droit de la concurrence.- L'article L. 410-1 du Code de commerce prévoit que « les règles (relatives à la concurrence et à la liberté des prix) s'appliquent à toutes les activités de production, de distribution et de services y compris celles qui sont le fait de personnes publiques, notamment dans le cadre de conventions de délégation de service public ». Il en résulte que les services publics qui exercent une activité économique en fournissant des biens et des services relèvent du droit commun de la concurrence.

431.- Limites à la compétence de la cour d'appel de Paris.- La compétence en la matière de l'actuelle Autorité de la concurrence et de la cour d'appel de Paris exclut les actes unilatéraux ainsi que les contrats relatifs à la dévolution ou à l'organisation d'un service public (TC, 6 juin 1989, requête numéro 02578, Préfet région Ile-de-France c. Ville de Pamiers : Rec. p. 293 ; AJDA 1989, p. 431, chron. Honorat et Baptiste et p. 467, note Bazex ; D. 1990, somm. comm., p. 101, obs. Gavalda et Lucas de Leyssac ; JCP 1990, II, comm. 21395, note Terneyre ; RFDA 1989, p. 457, concl. Stirn.- V. également CE, 23 juillet 1993, requête numéro 138504, Compagnie générale des eaux : Rec. p. 226 ; RFDA 1994, p. 252, note Terneyre). En effet, comme l'a exposé le commissaire du gouvernement Stirn dans ses conclusions sur l'arrêt Ville de Pamiers, ces actes manifestent l'expression de prérogatives de puissance publique et relèvent donc de la compétence des juridictions administratives (V. dans ce sens TC, 4 novembre 1996, requête numéro 3038, Société Datasport c. Ligue nationale football : Rec. p. 552 ; AJDA 1997, p. 203, chron. Chauvaux et Girardot ; JCP G 1997, II, comm. 22802, concl. Arrighi de Casanova.- TC, 19 octobre 1999, Aéroports de Paris : Rec. p. 469, concl. Schwartz ; AJDA 1999, p. 996, chron. Guyomar et Collin et p. 1029, note Bazex ;

CJEG 2000, 18, concl. Schwartz ; JCP G, 2000, II, comm. 10143, concl. Schwartz ; RFDA 2000, p. 567, note Laidié). En revanche, les pratiques qui peuvent être regardées comme détachables de l'appréciation de la légalité d'un acte administratif relèvent de la compétence des autorités de la concurrence.

Ces règles ont été précisées par le Tribunal des conflits dans son arrêt du 4 mai 2009 Société Editions Jean-Paul Gisserot c/ Centre des monuments nationaux (requête numéro 3714 : Rec. p.582 ; AJDA 2009, p. 1490, note Eckert et p. 2437, note Glaser ; BJCP 2009, p. 338, concl. Guyomar, obs. Ch. M. ; Dr. adm. 2009, comm. 145, note Bazex ; LPA 17 juin 2009, p. 12, concl. Guyomar ; Rev. CMP 2009, n°336, obs. Llorens ; RJEP 2010, 673, note Delaunay ; RTD eur. 2009, p. 473, chron. Idot). Il résulte de cet arrêt que « dans la mesure où elles exercent des (activités de production, de distribution et de service), et sauf en ce qui concerne les décisions ou actes portant sur l'organisation du service public ou mettant en œuvre des prérogatives de puissance publique, les personnes publiques peuvent être sanctionnées par le Conseil de la concurrence agissant sous le contrôle de l'autorité judiciaire ». En revanche « en matière de marchés publics, lesquels ne traduisent pas la mise en œuvre de prérogatives de puissance publique, la compétence du juge administratif en qualité du juge du contrat ne fait pas obstacle à la compétence du Conseil de la concurrence, sous le contrôle de la cour d'appel de Paris, pour statuer sur les litiges fondés sur l'invocation des pratiques anticoncurrentielles ».

432.- Contrôle des actes relatifs à la dévolution ou à l'organisation d'un service public.- Par ailleurs, les juridictions administratives s'estiment désormais compétentes pour connaître de la légalité des actes relatifs à la dévolution ou à l'organisation d'un service public au regard du droit de la concurrence. Cette solution s'applique au regard des normes issues du droit de l'Union européenne (CE Sect., 8 novembre 1996, requête numéro 122644, Fédération française des sociétés d'assurance : Rec. p. 441 ; AJDA 1997, p. 142, chron. Chauvaux et Girardot) ou du droit interne, ce qui concerne notamment les articles L. 420-1 et L. 420-2 du Code de commerce relatifs aux pratiques anticoncurrentielles que soit en cause un contrat de concession (CE Sect., 3 novembre 1997, requête numéro 169907, Société Million et Marais : Rec. p. 406, concl. Stahl ; AJDA 1997, p. 945, chron. Chauvaux et Girardot ; CJEG 1997, p. 441, concl. Stahl ; RDP 1998, p. 256, note Gaudemet ; RFDA 1997, p. 1228, concl. Stahl. – CE, 17 décembre 1997, requête numéro 181611, Ordre des avocats à la Cour de Paris : Rec. p.491 ; AJDA 1998, p. 362, concl. Combrexelle, note Nouel ; CJEG 1998, 105, concl. Combrexelle ; D. 1998, p.591, note Jorion.- Cette solution s'applique également aux casinos : CE Sect., 10 mars 2006, requête numéro 264098, requête 264123, requête numéro 268524, Commune de Houlgate et Société exploitation du casino de Houlgate : JCP A 2006, act. 238 ; JCP G 2006, IV, comm. 1754 ; JCP E 2006, 1540 ; Dr. adm. 2006, comm. 94, note Ménéménis ; Contrats - Marchés publ. 2006, comm. 150, note Eckert ; Contrats, conc. consom. 2006, comm. 136, note Brunet), une autorisation d'occupation du domaine public (CE Sect., 26 mars 1999, requête numéro 202260, Société Hertz, Société EDA : Rec. p. 96 ; AJDA 1999, p. 427, concl. Stahl, note Bazex ; RD imm. 1999, p. 630, obs. Lavialle ; D. 2000, jurispr. p. 204, note Markus ; RDP 1999, p. 1545, note Manson ; RFDA 1999, p. 977, note Pouyaud.- CAA Paris, 4 décembre 2003, requête numéro 00PA02740, Société d'équipement de Tahiti et des îles : Contrats – Marchés publ. 2004, comm. 54, note Eckert ; AJDA 2005, p. 200, note Nicinsky), un acte règlementaire (CE, 19 mars 2001, requête numéro 202349, Syndicat national des industriels et professionnels de l'aviation générale : RFDA 2001, p. 77. – CE Sect., avis, 22 novembre 2000, requête numéro 223645, Société L et P. Publicité SARL : RFDA 2001, p. 872, concl. Austry), ou encore une simple décision administrative (CE, 29 juillet 2002, requête numéro 200886, Société CEGEDIM : Rec. p. 280 ; CJEG 2003, p. 16, concl. Maugüé ; Contrats, conc. consom. 2003, comm. 39, obs. Malaurie-Vignal ; Dr. adm. 2002, comm. 173, note Bazex et Blazy ; JCP E 2003, comm. 149, note Bruguière).

433.- Prise en compte d'impératifs d'intérêt général.- Il faut relever, enfin, que l'application du droit de la concurrence doit prendre en compte les autres impératifs d'intérêt général poursuivis par les collectivités publiques, ce qui peut aboutir à reconnaître la légalité de certains droits exclusifs qui peuvent leur être conférés (CE, 26 janvier 2007, requête numéro 276928, Syndicat professionnel de la géomatique : Contrats - marchés publics, 2007, 67, note Zimmer ; Droit adm. 2007, comm. 67, note Marson ; AJDA 2007, p.244, note Nicinski ; LPA 16 mars 2007, p.5, note Glatt). Toutefois un droit exclusif n'est légal que s'il « n'excède pas les nécessités des services d'intérêt général ».

III – Code de la consommation

434.- Soumission de certaines activités administratives au Code de la consommation.- Le Conseil d'Etat contrôle la légalité des clauses règlementaires des contrats conclus entre des opérateurs publics et des consommateurs (CE Sect., 11 juillet 2001, requête numéro 221458, Société des eaux du Nord : AJDA 2001, p. 893, note Guglielmi ; Gaz. pal. 2002, p. 98, note Sylvestre ; JCP G 2001, I, comm. 370, n° 1, obs. Sauphanor-Brouillaud ; Resp. civ. et assur. 2002, comm. 2, note Guettier ; RTD civ. 2001, p. 878, obs. Mestre et Fages ; RTD com. 2002, p. 51, obs. Orsoni.- V. également TA Lyon, 18 juillet 2013, requête numéro 1200370, Préfet du Rhône c/ Commune de Saint-Basile : JCP A 2013, comm. 2353, concl. Béroujon) ainsi que les actes relatifs à l'organisation d'un service public, par exemple une décision fixant des tarifs (CE, 13 mars 2002, requête numéro 177509, Union fédérale consommateurs et Koua Poirrez : AJDA 2002, p. 976, note Koubi et Guglielmi ; BJCP 2002, p.231, concl. Schwartz), au regard des règles issues du Code de la consommation.

Exemple :
-CE, 30 décembre 2015, requête numéro 387666, Société des Eaux de Marseille Est (Contrats-Marchés publ. 2016, comm. 80, note Eckert) : une clause abusive et doit être

déclarée la disposition du règlement du service de distribution d'eau qui exonère le gestionnaire du service de toute responsabilité dans le cas où une fuite dans les installations intérieures de l'abonné résulte d'une faute commise par ce service.

435.- Prise en compte des nécessités de l'intérêt général.- Comme en matière de droit de la concurrence, l'application de ces règles doit toutefois prendre en compte les « nécessités d'intérêt général en rapport avec les conditions d'exploitation du service » (même arrêt). Ainsi, des clauses qui auraient pu être jugées abusives au regard du droit de la consommation si elles étaient insérées dans un contrat de droit privé, ne le seront pas nécessairement dans un contrat administratif, compte tenu de ces nécessités (V. également CE, 6 juillet 2005, requête numéro 261991, Société Dodin et a. : Rec. p. 309 ; BJCP 44/2006, p. 48, concl. Donnat.- CAA Lyon, 29 décembre 2005, requête numéro 03NT00250, Vitteau : AJDA 2006, p. 1289, note Fialaire ; JCP A 2006, comm. 1101).

Dans toutes ces hypothèses, étaient en cause des contrats conclus entre un service public industriel et commercial et ses usagers et il s'agissait donc de contrats de droit privé.

436.- Contrats de caution accessoires à un contrat administratif.- Le Conseil d'Etat a eu récemment l'occasion de s'interroger sur la question des garanties dont bénéficie une personne physique dans le cas où elle souscrit un engagement de caution au bénéfice d'une personne publique qui lui a octroyé un prêt. Ce contrat présentant un caractère accessoire à un contrat administratif, il revêt lui-même un caractère administratif. Le Conseil d'Etat n'a pas voulu soumettre ces contrats au formalisme très rigoureux des engagements de caution tel qu'il est organisé par le Code de la consommation, mais à un formalisme plus atténué. Il a jugé que « si les collectivités territoriales n'ont pas vocation à être régies par les dispositions des articles L. 341-2 et L. 341-3 (du Code de la consommation) un acte de cautionnement conclu entre une personne physique et une collectivité territoriale se trouve néanmoins soumis aux principes dont s'inspirent ces articles, dont il résulte que toute personne physique souscrivant un engagement de caution, le cas échéant solidaire, doit avoir appréhendé la nature, la portée et les conséquences de son engagement » (CE, 25 mai 2018, requête numéro 406332 : AJ contrat 2018, p. 391, obs. Houtcieff ; D. 2018, p.1884, obs. Crocq ; JCPA 2019, comm. 2012, concl. Cortot-Boucher).

Pour aller plus loin :

- **Beroujon (F.)**, L'impact des règles du droit de la consommation : JCPA 2007, comm. 2283.

- **Chamard-Heim (C.)**, Les conventions d'occupation privative du domaine public local : JCPA 2013, comm. 2174.

- **Favoreu (L.)**, Le pouvoir normatif primaire du gouvernement en droit français : RFDC 1997, p.713.

- **Karpenschif (M.)**, Dix ans après l'arrêt Million et Marais : et après ? : JCPA 2007, comm. 2281.

- **Karpenschif (M.)**, Les délégations de service public et le droit de la concurrence : JCPA A 2013, comm. 2057.

- **Luchaire (J.)**, Les sources des compétences législatives et règlementaires : AJDA 1979, n°6, p.3.

- **Perdu (S.)**, Le juge administratif et la protection des consommateurs : AJDA 2004, p. 481.

- **Schoettl (J.-E)**, note sur Conseil constitutionnel, 21 avril 2005, Loi d'orientation et de programme pour l'avenir de l'école, LPA, 20 mai 2005, n° 100.

Section V – Les principes généraux du droit

437.- Notion de principe général du droit.- Les principes généraux du droit constituent des normes découvertes par le juge administratif et plus rarement par les juges de l'ordre judiciaire. Parfois consacrés par le législateur, ils se distinguent à la fois des « principes fondamentaux reconnus par les lois de la République » qui ont valeur constitutionnelle et des « principes fondamentaux » mentionnés par l'article 34 de la Constitution, pour la définition desquels le législateur est exclusivement compétent.

§I – Origine et source

438.- Origine.- Le juge administratif ne crée pas les principes généraux du droit mais il les découvre « à partir des conceptions idéologiques de la conscience nationale et/ou d'une masse de textes constitutionnels, internationaux ou législatifs » (P.-L. Frier, J. Petit, Précis de droit administratif, coll. Domat, Montchrestien 8ème éd. 2013, p.108).

439.- Une notion ancienne.- La formule est plus ancienne que l'on pourrait le croire de prime abord. Elle apparaît en effet dès la fin du XIX° siècle dans l'arrêt du Tribunal des conflits du 8 février 1873, Dugave Bransiet (requête numéro 00012 : Rec. 1er suppl., p.70), avant de réapparaître dans un arrêt Roux du Conseil d'Etat du 8 mai 1931 qui fait référence plus spécifiquement aux « principes généraux du droit électoral » (Rec. p. 510). On retrouve également cette expression dans les conclusions de commissaire du gouvernement Teissier sur l'arrêt Commune du Saint-Esprit du 17 juin 1904 (requête numéro 11851 : Rec. p. 469). Elle a pu également être utilisée par le législateur. En particulier, l'article 1er de la loi du 1er juillet 1901 relative au contrat d'association précise que la convention d'association « est régie, quant à sa validité, par les principes généraux du droit applicables aux contrats et obligations ». Toutefois, ces références nombreuses n'avaient aucune implication concrète sur le terrain de la légalité administrative.

440.- Apparition de la technique des principes généraux du droit.- Le juge a eu véritablement recours pour la première fois à la technique des principes généraux du droit à l'occasion d'un arrêt de Section du Conseil d'Etat du 5 mai 1944 Dame Veuve Trompier-Gravier (requête numéro 69751 : Rec. p.133 ; D. 1945, p.110, concl. Chenot, note de Soto ; RDP 1944, p.256, concl. Chenot, note Jèze). En l'espèce, le Conseil d'Etat était saisi d'un recours dirigé contre une décision préfectorale retirant une autorisation d'exploiter un kiosque à journaux au motif que son titulaire avait voulu extorquer des fonds à son gérant. Cette décision est annulée au motif que le préfet a commis une violation des droits de la défense. En effet, « eu égard à la gravité de cette sanction, une telle mesure ne pouvait légalement intervenir sans que la dame veuve Trompier-Gravier eût été mise à même de discuter les griefs formulés contre elle ».

441.- Conformation.- Cependant, si cet arrêt est à l'origine de la technique des principes généraux du droit, cette expression apparaît seulement dans son acception moderne dans l'arrêt d'Assemblée Aramu et a. du 26 octobre 1945, qui se réfère également au principe du respect des droits de la défense (Rec. p.213 ; D. 1946 p.158, note Morange ; EDCE 1947, n°1, p.48, concl. Odent ; S. 1946, III, p.1, concl. Odent).

Les solutions retenues dans ces deux affaires sont manifestement inspirées par la loi du 24 avril 1905 qui prévoit la communication de leur dossier aux fonctionnaires qui doivent faire l'objet de poursuites disciplinaires. Cependant, ce n'est pas ce texte que les juges appliquent directement, mais le principe général du droit qui l'inspire et qui a vocation à s'appliquer à d'autres cas de figure que ceux qu'il vise.

442.- Des sources multiples.- La technique des principes généraux du droit s'est ensuite perfectionnée et leurs sources se sont diversifiées. En effet, pour qu'ils permettent la censure d'actes administratifs, les principes généraux du droit doivent être découverts dans des normes, ou des valeurs, qui les transcendent. S'il peut s'agir « des exigences de la conscience juridique du temps et … de celles de l'Etat de droit » (R. Chapus, Droit administratif général, coll. Domat, Montchrestien, 15ème éd. 2001, p.95), les principes généraux du droit trouvent plus sûrement leurs sources dans des normes supérieures à ces actes : il peut donc s'agir aussi bien de lois, de traités internationaux ou de normes de valeur constitutionnelle.

443.- Source constitutionnelle.- La principale source des principes généraux du droit est constituée par le préambule de la Constitution de 1958 et les textes auxquels il renvoie. Comme l'a précisé le Conseil d'Etat dans son arrêt de Section Syndicat général des ingénieurs-conseils du 26 juin 1959 « dans l'exercice de ses attributions » le titulaire du pouvoir règlementaire est en effet tenu de respecter « les principes généraux du droit qui, résultant notamment du préambule de la Constitution, s'imposent à toute autorité règlementaire même en l'absence de dispositions législatives » (requête numéro 92099 : Rec. p.394 ; AJDA 1959, I, p.

153, chron. Combarnous et Galabert ; D. 1959, p. 541, note L'Huillier ; Rev. adm. 1959, p. 381, note Georgel ; RDP 1959, p.1004, concl. Fournier ; S. 1959, p. 202, note Drago).

Exemple :
- CE Sect., 9 mars 1951, requête numéro 92004, Société des concerts du conservatoire (Rec. p.151 ; Dr. Soc. 1951, p.368, concl. Letourneur, note Rivero ; S. 1951, III, p.81, note C.H.) : le Conseil d'Etat reconnaît l'existence d'un principe général du droit d'égalité régissant l'accès aux services publics, ce principe trouvant sa source dans les textes constitutionnels.

444.- Source internationale.- Rien ne s'oppose également à ce qu'un principe général du droit trouve son inspiration dans des traités internationaux.

Exemple :
- CE Ass., 1er avril 1988, requête numéro 85234, Bereciartua-Echarri (Rec. p.135 ; AJDA 1988, p.322, chron. Azibert et de Boisdeffre ; D. 1988, p.413, note Labayle ; JCP 1988, comm. 21071, concl. Vigouroux ; RFDA 1988, p.499, note Genevois) : les principes généraux du droit applicables aux réfugiés, résultant notamment de la définition donnée par la Convention de Genève, font obstacle à ce qu'un réfugié soit remis, de quelque manière que ce soit, par un Etat qui lui reconnaît cette qualité, aux autorités de son pays d'origine, sous la seule réserve des exceptions prévues pour des motifs de sécurité nationale par ladite convention.

Cette démarche a également été adoptée par le tribunal administratif de Strasbourg, dans une décision Entreprise de transports Freymuth du 8 décembre 1992 qui reconnaît l'existence d'un principe général du droit de confiance légitime qui impose à l'administration de prévoir des mesures transitoires dans l'hypothèse où un changement de législation ou de règlementation est susceptible d'occasionner des préjudices (AJDA 1995, p. 555, concl. Pommier ; RFDA 1995, p. 963, chron. Heers). Cependant, si le Conseil d'Etat, statuant comme juge de cassation dans un arrêt du 9 mai 2001, a reconnu l'existence d'un principe de confiance légitime, il a refusé de le qualifier de principe général du droit (requête numéro 210944 : Rec. tables, p. 865 ; D. 2001, inf. rap. p.2090 ; Droit adm. 2001, comm.171 ; Environnement 2001, comm. 11, note Deharbe). Selon lui, en effet, « ce principe qui fait partie des principes généraux du droit communautaire, ne trouve à s'appliquer dans l'ordre juridique national que dans le cas où la situation juridique dont a à connaître le juge administratif français est régie par le droit communautaire ». Il s'agit donc d'une norme de droit international dont le champ d'application ne concerne que les affaires relevant du droit de l'Union européenne (V. dans le même sens CE, 5 mars 2018, requête numéro 410670, Mme B...), comme par exemple celles qui concernent la TVA (CE, 25 mars 2021, requête numéro 438050, Fédération française de rugby : JCP A 2021, act. 2018, obs. Esrtein).

445.- Source législative.- Enfin, le Conseil d'Etat peut rechercher des principes généraux du droit dans des textes qui ne s'appliquent normalement qu'aux personnes privées, et notamment dans certaines dispositions du Code du travail. Dans de tels cas, il est important d'insister, une fois encore, sur le fait que ce n'est pas le Code du travail qu'applique le Conseil d'Etat, mais le principe qui « inspire » certaines de ses dispositions, ce principe ayant vocation à s'appliquer dans d'autres cas que ceux régis par elles.

Exemple :
- CE Ass., 8 juin 1973, requête numéro 80332, Dame Peynet (Rec. p. 406, concl. Grévisse ; JCP G 1975, II, comm. 17957, note Saint-Jours ; AJDA 1973, p. 587, chron. Léger et Boyon) : le Conseil d'Etat estime que « le principe général, dont s'inspire l'article 29 du livre 1er du Code du Travail, selon lequel aucun employeur ne peut, sauf dans certains cas, licencier une salariée en Etat de grossesse, s'applique aux femmes employées dans les services publics lorsque, comme en l'espèce, aucune nécessité propre à ces services ne s'y oppose ».

§II – Diversité des principes généraux du droit

446.- Développement de la catégorie des principes généraux du droit.- Depuis les arrêts Aramu (préc.) et Dame Veuve Trompier-Gravier (préc.), la catégorie des principes généraux du droit s'est développée de façon importante, dans des domaines assez diversifiés, ce qui rend assez malaisée l'établissement d'une typologie.

Il semble néanmoins que ces principes peuvent être classés en deux catégories : certains se rattachent aux idéaux d'une société démocratique et à la protection des droits de l'homme, alors que d'autres se rattachent à l'idée de sécurité et de protection juridiques.

I – Principes se rattachant aux idéaux d'une société démocratique et à la protection des droits de l'homme

447.- Egalité, liberté, protection des libertés fondamentales.- De nombreux principes généraux du droit se rattachent aux notions d'égalité, de liberté et de protection des libertés fondamentales.

448.- Principes dérivant du principe d'égalité.- Le principe d'égalité a ainsi été consacré comme principe général de droit, sous les différentes formes qu'il peut revêtir. A titre d'exemples, constituent des principes généraux du droit :

- Le principe d'égal accès au service public (CE Sect., 9 mars 1951, requête numéro 92004, Société des concerts du conservatoire, préc.) ;

- Le principe d'égal accès aux emplois publics (CE Ass., 28 mai 1954, requête numéro 28238, requête numéro 28493, requête numéro 28524, requête numéro 30237, requête numéro 30256, Barel et a. : Rec. p. 308, concl. Letourneur ; S. 1954,

III, p. 91, note Mathiot ; D. 1954, jurispr. p. 594, note Morange ; RDP 1954, p. 509, note Waline ; RPDA 1954, n° 149, note Eisenmann ; AJDA 1954, p. 396, note Long ; Rev. adm. 1954, p. 393, note Liet-Veaux) ;

- Le principe d'égalité de traitement des usagers des services publics (CE Ass., 25 juin 1948, requête numéro 94511, Société du journal l'Aurore : Rec. p.289 ; D. 1948, p.437, note Waline ; S. 1948, III, p.69, concl. Letourneur) ;

- Le principe d'égalité devant les charges publiques (CE Ass., 7 février 1958, Syndicat des propriétaires de forêts de chênes-lièges d'Algérie : Rec. p.74 ; AJDA 1958, 2, p.130, concl. Grévisse et chron. Fournier et Combarnous) ;

- Le principe d'égalité devant l'impôt (CE Ass., 22 février 1974, requête numéro 86102, Association des maires de France : Rec. p.136 ; CJEG 1974, p.95, concl. Gentot ; D. 1974, p. 520, note Durupty) ;

- Le principe d'égalité devant le suffrage (CE, 30 novembre 1990, requête numéro 103889, Association « Les Verts » : AJDA 1991, p. 114).

449.- Principes se rapportant aux libertés fondamentales.- D'autres principes se rapportent aux différentes libertés et droits fondamentaux. Sont par exemple concernés :

- La liberté d'aller et de venir (CE, 20 mai 1955, requête numéro 2399, Société Lucien et Cie : Rec. p.276 ; RJPUF 1956, p.204, concl. Mosset) ;

- le principe de la liberté du commerce et de l'industrie (CE Sect., 26 juin 1959, requête numéro 92099, Syndicat général des ingénieurs-conseils, préc.- V. par exemple CE Sect., 13 mai 1994, requête numéro 112409, Président de l'Assemblée territoriale de la Polynésie française : Rec. p.234 ; RDP 1994, p.1557, concl. Scanvic) ;

-Le principe du respect de la dignité de la personne humaine qui relève de « principes fondamentaux déontologiques » que la majorité de la doctrine s'accorde à classer parmi les principes généraux du droit (CE Ass., 2 juillet 1993, requête numéro 124960, Milhaud : Rec. p.194, concl. Kessler ; AJDA 1993, p. 530, chron. Maugüé et Touvet ; D. 1994, p. 74, note Peyrical ; JCP G 1993, II, comm. 22133, note Gonod ; LPA 2 décembre 1994, p.19, note Schaegis ; RDSS 1994, p. 52, concl. Kessler ; RFDA 1993, p.1002, concl. Kessler) ;

La plupart de ces principes généraux du droit ont une portée assez générale. Si, comme on l'a vu, les sources de ces principes se sont diversifiées, les principes les plus récents dégagés par le Conseil d'Etat ont quant à eux un champ d'application souvent plus restreint.

450.- Principes appliqués aux étrangers faisant l'objet d'une procédure d'extradition.- Le Conseil d'Etat a ainsi consacré un certain nombre de principes généraux du droit qui s'appliquent spécifiquement aux étrangers, en particulier lorsqu'ils font l'objet d'une procédure d'extradition.

Exemples :
- CE Ass., 25 septembre 1984, requête numéro 62847, Lujambio Galdeano (Rec. p.307 ; AJDA 1984, p.669, chron. Schoettl et Hubac ; JCP 1984, comm. 20346, concl. Genevois, note Jeandidier ; RFDA 1985, p.183, note Labayle ; Rev. Sc. Crim. 1984, p.804, note Lombois) : le Conseil d'Etat consacre le principe selon lequel il est impossible d'extrader un individu lorsque le système judiciaire du pays requérant ne respecte pas les droits et les libertés fondamentaux de la personne.
- CE, 13 octobre 2000, requête numéro 212865, Kozirev (RFDA 2000, p.1365, concl. de Silva ; EDCE 2001, n°52, p.39.- V. également CE, 28 juillet 2000, requête numéro 206525, Sarr.- CE, 14 novembre 2011, requête numéro 345258, Ucar) : il résulte des principes généraux du droit que l'extradition d'un étranger peut être refusée si elle est susceptible d'avoir des conséquences d'une gravité exceptionnelle pour la personne réclamée, notamment en raison de son âge et de son état de santé.

451.- Principes appliqués aux réfugiés.- D'autres principes ont également vocation à s'appliquer spécifiquement aux réfugiés.

Exemples :
- CE Ass., 1er avril 1988, requête numéro 85234, Bereciartua-Echarri (préc.) : le Conseil d'Etat découvre l'existence d'un principe général du droit faisant obstacle à ce qu'un réfugié soit remis, de quelque manière que ce soit, aux autorités de son pays d'origine.
- CE Ass., 2 décembre 1994, requête numéro 112842, Agyepong (Rec. p.523, concl. Denis-Linton ; AJDA 1994, p.878, chron. Touvet et Stahl ; D. 1995, somm. comm. p.171, obs. Julien-Laferrière ; RFDA 1995, p.86, concl. Denis-Linton) : les principes généraux du droit applicables aux réfugiés, résultant notamment des stipulations de la Convention de Genève, imposent, en vue d'assurer pleinement au réfugié la protection prévue par ladite convention, que la même qualité soit reconnue à la personne de même nationalité qui était unie par le mariage à un réfugié à la date à laquelle celui-ci a demandé son admission au statut, ainsi qu'aux enfants mineurs de ce réfugié.

452.- Principes appliqués aux relations entre les médecins et leurs patients.- Il existe également des principes qui s'appliquent aux relations entre les médecins et leurs patients.

Exemples :
-CE, 18 février 1998, requête numéro 171851, Section locale Pacifique Sud de l'ordre des médecins (Rec. tables, p. 710 ; RFDA 1999, p. 47, note Joyau) : dans l'exercice des compétences qui lui sont dévolues par les articles 9 et 56 de la loi du 9 novembre 1988, le congrès du territoire de Nouvelle-Calédonie est tenu de respecter les principes généraux du droit, qui s'imposent à toutes les autorités réglementaires, même en l'absence de dispositions législatives. Au nombre de ces principes figurent la liberté de choix du médecin par le patient et la liberté de prescription (V. également CE, 6 avril 2018, requête numéro 416563, Syndicat des médecins libéraux de Polynésie française).
- TC, 14 février 2000, requête numéro 02929, Ratinet (Rec. p. 749 ; Dr. Adm. 2000, comm. 121, obs. Esper ; JCP G 2001, II, comm. 10584, note Hardy ; LPA 2000, n°196, note Welsch ; RFDA 2000, p.1232, note Pouyaud) : eu égard à l'indépendance professionnelle dont bénéfice le médecin dans l'exercice de son art qui est au nombre

des principes généraux du droit, il est loisible au patient, indépendamment de l'action qu'il est en droit d'exercer sur un fondement contractuel à l'encontre d'un établissement privé de santé de rechercher, sur le terrain délictuel, la responsabilité du praticien lorsque, dans la réalisation d'actes médicaux, celui-ci a commis une faute.

453.- Principes appliqués aux fonctionnaires et aux agents publics.- Enfin, il existe toute une série de principes généraux du droit qui ont vocation à protéger les droits des fonctionnaires et agents de l'administration.

Exemples :
- CE Sect., 8 juin 1973, Dame Peynet (requête numéro 80332, préc.) : le Conseil d'Etat reconnaît le principe général selon lequel aucun employeur ne peut licencier une salariée en état de grossesse, qui s'applique aux femmes employées dans les services publics lorsque, comme en l'espèce, aucune nécessité propre à ces services ne s'y oppose.
- CE Sect., 23 avril 1982, requête numéro 36851, Ville de Toulouse c. Aragnou (Rec. p. 151, concl. Labetoulle ; AJDA 1982, p. 440, chron. Tiberghien et Lasserre ; D. 1983, p. 8, note Auby ; RDP 1983, p. 1077, note de Soto) : il existe un principe général du droit applicable à tout salarié selon lequel tout agent non titulaire a le droit à un minimum de rémunération qui, en l'absence de dispositions plus favorables, ne saurait être inférieur au salaire minimum interprofessionnel de croissance (SMIC).
- CE, 27 mars 2000, requête numéro 155831, Brodbeck (Rec. p. 129 ; JCP G 2000, II, comm. 10428, concl. Boissard) : reconnaissance du principe en vertu duquel nul ne peut résilier ou refuser de renouveler le contrat de travail d'un salarié en considération du sexe ou de la situation de famille ou sur la base de critères de choix différents selon le sexe ou la situation de famille.
- CE, 2 octobre 2002, requête numéro 227868, Chambre du commerce et de l'industrie de Meurthe-et-moselle (Rec. p. 319 ; AJDA 2002, p. 997, obs. de Montecler et p. 1295, concl. Piveteau ; LPA 17 juin 2003, p. 17, note Toublanc) : il existe un principe général du droit selon lequel lorsqu'il a été médicalement constaté qu'un salarié se trouve de manière définitive atteint d'une inaptitude physique à occuper son emploi, il appartient à l'employeur de le reclasser dans un autre emploi et, en cas d'impossibilité, de prononcer, dans les conditions prévues pour l'intéressé, son licenciement (V. également précisant la portée de ce principe CE, 19 mai 2017, requête numéro 397577, B. c/ Chambre de métiers et de l'artisanat des Alpes de Hautes-Provence.- sur son application aux titulaires d'un contrat à durée indéterminée V. CE, 13 juin 2016, requête numéro 387373, Talbi.- sur sa non-application aux stagiaires de la fonction publique V. CE, 17 février 2016, requête numéro 381429, Ministre de l'Intérieur : AJFP 2016, p. 280, note Robbe. – CE, 5 octobre 2016, requête numéro 386802, Communauté d'agglomération du Douaisis : Rec. tables, p. 620 ; Dr. adm. 2017, comm. 7, note Eveillard.). Notons aussi que l'employeur est exonéré de son obligation de reclassement dans le cas où l'agent « manifeste expressément sa volonté non équivoque de ne pas reprendre une activité professionnelle» (CE, 25 mai 2018, requête numéro 407336 : Dr. adm. 2018, comm. 50, note Gallo ; JCP A 2018, comm. 2239, concl. Henrard).
- CE, avis, 25 septembre 2013, Sadlon, requête numéro 365139 (Rec. p. 233, concl. Botteghi ; AJDA 2013, p. 2199, chron. Bretonneau ; AJFP 2013, p. 305, obs. Chrestia ; Dr. adm. 2014, comm. 6, note Eveillard ; JCP A 2013, comm. 2360, note Niquège ; RDP 2014, p. 546, note Pauliat) : un agent contractuel ne peut tenir de son contrat le

droit de conserver l'emploi pour lequel il a été recruté, lorsque l'autorité administrative entend affecter un fonctionnaire sur cet emploi. L'administration peut donc, pour ce motif, légalement écarter l'agent contractuel de cet emploi. Il résulte toutefois d'un principe général du droit qu'il incombe à l'administration, avant de pouvoir prononcer le licenciement d'un agent contractuel recruté en vertu d'un contrat à durée indéterminée pour affecter un fonctionnaire sur l'emploi correspondant, de chercher à reclasser l'intéressé.

Notons en revanche que le Conseil d'Etat a considéré que le principe d'opportunité des poursuites, qui trouve sa source dans le Code de procédure pénale, ne s'impose pas sous la forme d'un principe général du droit en matière administrative ou disciplinaire (CE Ass., 6 juin 2014, requête numéro 351582, Fédération des conseils de parents d'élèves des écoles publiques : Rec. p. 157 ; AJDA 2014, p. 1478, chron. Bretonneau et Lessi ; Dr. adm. 2014, comm. 66, note Eveillard ; RFDA 2014, p. 753, concl. Keller.-).

II – Principes se rattachant à l'idée de protection et de sécurité juridique

454.- Principes protecteurs des administrés.- Il existe différents principes généraux du droit qui ont vocation à assurer le bon fonctionnement de l'ordre juridique interne, dans le souci d'une protection des droits des administrés. A ce titre peuvent notamment être mentionnés :

- Le principe de non-rétroactivité des actes administratifs (CE Ass., 25 juin 1948, requête numéro 94511, Société du journal l'Aurore, préc.) ;

- Le droit d'exercer un recours pour excès de pouvoir contre toute décision administrative (CE Ass., 17 février 1950, requête numéro 86949, Dame Lamotte : Rec. p. 110 ; RDP 1951, p. 478, concl. Delvolvé, note Waline) ;

- Le caractère contradictoire de la procédure contentieuse suivie par les juridictions administratives (CE Sect., 12 mai 1961, requête numéro 40674, Société La Huta : Rec. p. 313) ;

- Le principe garantissant aux administrés que toute autorité administrative est tenue de traiter les affaires les mettant en cause de façon impartiale (CE, 27 octobre 1999, requête numéro 196251, Fédération française de football : JCP 2000, comm. 10376, note Piastra). Le principe d'impartialité s'applique également dans le cadre des procédures de passation des contrats de la commande publique. La méconnaissance de ce principe est dans ce cas constitutive d'un manquement aux obligations de publicité et de mise en concurrence (CE, 12 septembre 2018, Syndicat mixte des ordures ménagères de la vallée de Chevreuse, requête numéro 420454 : AJDA 2018, p. 2246, note Agresta et Hul ; BJCP 2019, p.12, concl. Pellissier ; Rev. CMP 2018, p. 241, note Ubaud-Bergeron) ;

- Le principe selon lequel l'autorité compétente, saisie d'une demande tendant à l'abrogation d'un règlement illégal, est tenu d'y déférer (CE Ass., 3 février 1989, requête numéro 74052, Compagnie Alitalia, requête numéro 74052, préc.).

- L'obligation dans laquelle l'autorité administrative se trouve de publier dans un délai raisonnable les règlements qu'elle édicte, sauf lorsqu'elle justifie, sous le contrôle du juge, de circonstances particulières y faisant obstacle (CE, 12 décembre 2003, requête numéro 243430, Syndicat des commissaires et hauts fonctionnaires de la police nationale : Rec. p. 506 ; AJDA 2004, p. 442, note H. M.).

- Le principe selon lequel l'autorité administrative ne doit pas appliquer un règlement illégal, même en l'absence de toute décision juridictionnelle qui en aurait prononcé l'annulation ou l'aurait déclaré illégal (CE, avis, 9 mai 2005, requête numéro 277280, Marangio : JCP A 2005, comm. 1253, note Billet).

- Le principe selon lequel : « si les actes administratifs doivent être pris selon les formes et conformément aux procédures prévues par les lois et règlements, un vice affectant le déroulement d'une procédure administrative préalable, suivie à titre obligatoire ou facultatif, n'est de nature à entacher d'illégalité la décision prise que s'il ressort des pièces du dossier qu'il a été susceptible d'exercer, en l'espèce, une influence sur le sens de la décision prise ou qu'il a privé les intéressés d'une garantie (CE Ass., 23 décembre 2011, requête numéro 335033, Danthony : AJDA 2012, p. 195, chron. Domino et Bretonneau ; Dr. adm. 2012, comm. 22, note Melleray ; JCP A 2012, comm. 2089, note Broyelle ; JCP G 2012, comm. 558, note Connil ; RFDA 2012, p. 284, concl. Dumortier et note Cassia).

- Le principe selon lequel une autorité administrative ne peut sanctionner deux fois la même personne à raison des mêmes faits (CE, 23 avril 1958, Commune de Petit-Quevilly : AJDA 1958, II, p. 383). Cette règle - qui n'est nulle autre que la traduction du principe nul bis in idem cher aux pénalistes - s'applique tant lorsque l'autorité avait initialement infligé une sanction que lorsqu'elle avait décidé de ne pas en infliger une (CE, 30 décembre 2016, requête numéro 395681, Autorité de contrôle des nuisances aéroportuaires).

- Le principe selon lequel une sanction infligée en première instance par une juridiction disciplinaire ne saurait être aggravée par le juge d'appel que lorsqu'il est régulièrement saisi d'un recours du plaignant (CE, 15 mars 2017, requête numéro 398325, Chapalain).

- Le principe selon lequel les justiciables peuvent se prévaloir du « droit à ce que leurs requêtes soient jugées dans un délai raisonnable (…) lorsque la méconnaissance du droit à un délai raisonnable de jugement leur a causé un préjudice » (CE, 10 juin 2020, requête numéro 424835).

Concernant les agents publics, peut aussi être mentionné le principe selon lequel lorsqu'un agent public est mis en cause par un tiers à raison de ses fonctions, il incombe normalement à la collectivité publique dont il dépend de le couvrir des condamnations civiles prononcées contre lui (CE Sect., 8 juin 2011, requête numéro 312700, Farre : Rec. p. 170.- V. également CE, 11 février 2015, requête numéro 372359, garde des Sceaux, ministre de la Justice : JCP A 2015, comm. 2112, note Jean-Pierre). Cette solution s'applique également aux collaborateurs occasionnels du service public (CE, 13 janvier 2017, requête numéro 386799, Fievet).

455.- Principes protecteurs de l'administration.- De moins en moins rarement des principes généraux du droit ont été dégagés, non pas dans un but de protection des administrés, mais en vue de protéger l'administration dans l'exécution de ses missions. Sont concernés, à ce titre, le principe de continuité du service public (CE Ass., 7 juillet 1950, Dehaene préc.) et le principe selon lequel les biens des personnes publiques sont insaisissables (Cass. civ. I., 21 décembre 1987, pourvoi numéro 86-14167, B.R.G.M. c. Sté Lloyd Continental : Bull. civ. n°348, p.249 ; RFDA 1988, p. 771, concl. Charbonnier et note Pacteau ; CJEG 1988, jurispr. p. 107, note Richer ; JCP G 1989, II, comm. 21183, note Nicod ; RTD civ. 1989, p. 145, note Perrot).

Peut également rattaché à cette sous-catégorie le principe général du droit en vertu duquel, sous réserve des dérogations découlant de dispositions législatives expresses ou, le cas échéant, des stipulations de conventions internationales régulièrement incorporées dans l'ordre juridique interne, les personnes morales de droit public ne peuvent pas se soustraire aux règles qui déterminent la compétence des juridictions nationales en remettant à la décision d'un arbitre la solution des litiges auxquelles elles sont parties (CE, 23 décembre 2015, requête numéro 376018, Territoire des îles de Wallis-et-Futuna, préc.).

456.- Jurisprudence Czabaj.- Enfin, de façon plus nette encore, à l'occasion de l'arrêt d'Assemblée Czabaj du 13 juillet 2016, le Conseil d'Etat a estimé que le principe de sécurité juridique doit conduire à limiter en principe à un an le délai de recours contre une décision dont le destinataire a eu connaissance alors même que toutes les formalités requises pour le déclenchement de ce délai n'ont pas été accomplies (requête numéro 387763 : Rec. p. 340, concl. Henrard ; AJDA 2016, p. 1629, chron. Dutheillet de Lamothe et Odinet et p. 1769, Tribune Julien-Lafferrière ; Dr. adm. 2016, comm. 63, note Eveillard ; JCP A 2016, comm. 2238, note Pauliat ; JCP G 2016, II, comm. 1396, note Souvignet).

Le Conseil d'Etat a adapté ces principes concernant des décrets libérant leurs bénéficiaires de leurs liens d'allégeance à l'égard de la France. Ces décrets concernent des personnes qui possèdent une nationalité française et une autre nationalité et qui ont demandé à perdre la nationalité française. Si cette demande est acceptée, elle s'applique aux enfants mineurs du demandeur. Pour un décret de cette nature, le délai de recours « ne saurait, eu égard aux effets de cette décision, excéder, sauf circonstances particulières dont se prévaudrait le requérant, trois ans à compter de la date de publication du décret ou si elle est plus tardive de la date de la majorité de l'intéressé » (CE, 29 novembre 2019, requête numéro 411145, requête numéro 426372, Boumrar et Megueddem : AJDA 2020, p. 406, concl.

Odinet ; JCP A 2019, act. 770 ; Procédures 2020, comm. 52, note Chifflot.- V. aussi CE, 27 novembre 2020, requête numéro 43365).

La jurisprudence Czabaj a vu champ d'application s'étendre rapidement. Elle s'applique en effet également aux titres exécutoires (CE, 9 mars 2018, requête numéro 401386, Communauté d'agglomération du pays ajaccien : AJDA 2018, p. 1791, note Connil), aux cas où le recours juridictionnel doit obligatoirement être précédé d'un recours administratif (CE Sect., 31 mars 2017, requête numéro 389842, Ministre des Finances et des Comptes publics : Procédures 2017, comm. 146, note Ayrault), aux recours en responsabilité pour illégalité fautive d'une décision à objet pécuniaire (CE, 9 mars 2018, requête numéro 405355, Communauté de communes du pays roussillonnais), aux recours formés contre une autorisation d'urbanisme (CE, 9 novembre 2018, requête numéro 409872), à la contestation d'une décision individuelle par voie d'exception (CE, 27 février 2019, requête numéro 418950), à la contestation du rejet implicite d'un recours gracieux (CE, 12 octobre 2020, requête numéro 429185, Ministre de l'Agriculture et de l'Alimentation) et à la contestation d'une décision implicite de rejet née du silence gardé par l'administration sur une demande présentée devant elle, dès lors qu'il est établi que le demandeur avait eu connaissance de la décision (CE, 18 mars 2019, requête numéro 417270, Jounda Nguegoh : Rec. p. 67 ; JCP A 2019, comm. 2222, chron. Le Bot ; JCP G 2019, doctr. 1070, chron. Eveillard ; Procédures 2019, comm. 177). Plus récemment, le Conseil d'Etat a admis l'application de cette jurisprudence à des décisions autres qu'individuelles, dès lors que leurs modalités de publication consistent en une notification, comme c'est le cas pour les décisions d'incorporation au domaine public communal d'une voie privée ouverte à la circulation générale (CE, 25 septembre 2020, requête numéro 430945, SCI La Chaumière et Gaiddon : Dr. adm. 2021, comm. 2, note Eveillard ; JCP A 2020, act. 529, obs. Erstein ; JCP A 2020, comm. 2319, note Pauliat ; Procédures 2020, comm. 237, note Chifflot). Sont ici concernées les décisions ni réglementaires ni individuelles, également dénommées décisions d'espèce (sur ce point V. Quatrième partie, Chapitre un, Section trois).

Il a aussi été jugé que l'impossibilité d'exercer un recours juridictionnel au-delà d'un délai raisonnable en application de la jurisprudence Czabaj peut fonder le rejet par ordonnance d'une requête comme manifestement irrecevable, sans même que le juge ne soit tenu de communiquer un moyen relevé d'office (CE, 10 février 2020, requête numéro 429343 : Procédures 2020, comm. 88, note Chifflot).

La jurisprudence Czabaj connaît toutefois deux exceptions notables.

Tout d'abord, elle n'a pas vocation à s'appliquer dans le cas de recours tendant à la mise en jeu de la responsabilité extracontractuelle d'une personne publique (CE, 17 juin 2019, requête numéro 413097, Centre hospitalier de Vichy : Dr. adm. 2019, comm. 46, note Eveillard ; JCP A 2019, act. 423, obs. Erstein ; Procédures 2019, comm. 242, note Deygas). Si la règle de la décision préalable a été généralisée, il y a lieu en effet de considérer que l'objet d'une action en responsabilité consiste avant tout à obtenir l'allocation de dommages intérêts étant entendu, par ailleurs, que la règle de la prescription quadriennale suffit à préserver les droits de l'administration.

Ensuite, des règles particulières s'appliquent en matière fiscale, matière dans laquelle le contribuable ne peut saisir le juge avant d'avoir exercé un recours administratif préalable obligatoire (Livre des procédures fiscales, art. R. 190-1). Le Conseil d'Etat a certes précisé que la jurisprudence Czabaj a vocation à s'appliquer, faute de l'indication des voies et délais de recours dans la notification de la décision expresse de rejet de sa réclamation. En revanche, si, en cas de silence gardé par l'administration sur la réclamation, le contribuable peut soumettre le litige au tribunal administratif à l'issue d'un délai de six mois, aucun délai de recours contentieux ne peut courir à son encontre, tant qu'une décision expresse de rejet de sa réclamation ne lui a pas été régulièrement notifiée. Dans ce cas, la question du délai raisonnable d'un an n'a pas à se poser, dès lors que le délai de recours contentieux n'est pas susceptible de courir (CE, avis, 21 octobre 2020, numéro 443327 : JCP A 2020, act. 605, note Friedrich).

457.- Sécurité juridique.- Ces nombreux principes renvoient pour la plupart aux notions plus générales de confiance légitime et de sécurité juridique tels qu'ils ont été dégagés par la jurisprudence de la Cour de justice de l'Union européenne. Cependant, le Conseil d'Etat a longtemps été réticent à reconnaître l'existence de ces principes en tant que tels. Ainsi, par exemple, dans un arrêt Entreprise Chagnaud et a. du 30 décembre 1998, les juges ont estimé que ces principes n'avaient vocation à s'appliquer que pour les situations régies par le droit communautaire (requête numéro 189315 : AJDA 1999, p. 96 ; BJCP 4/1999, p. 384, obs. Schwartz). Le Conseil d'Etat a toutefois fini par opérer un revirement de jurisprudence conduisant à reconnaître l'existence d'un principe général du droit de sécurité juridique à l'occasion de l'arrêt d'Assemblée Société KPMG et a. du 24 mars 2006 (requête numéro 288460, requête numéro 288465, requête numéro 288474, requête numéro 288485 : AJDA 2006, p. 1028, chron. Landais et Lenica ; Dr. adm. 2006, comm. 71 ; JCP A 2006, comm. 1120, note Belorgey ; RFDA 2006, p. 545, concl. Aguila ; Europe 2006, comm. 142, note Simon.- V. également CE Sect., 27 octobre 2006, requête numéro 260767, Société Techna : JCP A 2007, comm. 2001. – CE Sect., 13 décembre 2006, requête numéro 287845, Lacroix : Rec. p. 541, concl. Guyomar ; AJDA 2007, p. 358, chron. Lenica et Boucher ; D. 2007, p. 847, note Bui-Xuan ; RDP 2007, p. 590, note Guettier ; RFDA 2007, p. 6, concl. Guyomar et p. 275, note Eveillard .- CE, 16 juin 2008, requête numéro 296578, requête numéro 296590, Fédération syndicale dentaires libéraux et a.). Ce principe oblige l'autorité investie du pouvoir règlementaire à édicter les mesures transitoires qu'implique, s'il y a lieu, une règlementation nouvelle, en particulier lorsque les règles nouvelles sont susceptibles de porter une atteinte excessive à des situations contractuelles en cours qui ont été légalement nouées.

Comme l'écrivent les auteurs des Grands arrêts de la jurisprudence administrative, la notion de sécurité juridique « apparaît comme un principe général, non seulement en ce qu'il est non écrit, mais en ce qu'il est une matrice pour l'adoption de solutions nouvelles » (M. Long, P. Weil ; G. Braibant ; P. Delvolvé ; B. Genevois, Dalloz 22 ème éd. 2019, p.823).

Ce principe a ainsi été récemment mis en œuvre par la Cour des comptes, qui a repris le considérant de principe de l'arrêt KPMG (Cour des comptes, 20 juillet 2017, numéro S2017-2022 : AJDA 2017, p. 1934, note Péhaut et Hauptmann).

Il est repris par l'article L. 221-5 du Code des relations entre le public et l'administration dont il résulte que « l'autorité administrative investie du pouvoir réglementaire est tenue, dans la limite de ses compétences, d'édicter des mesures transitoires (…) lorsque l'application immédiate d'une nouvelle réglementation est impossible ou qu'elle entraîne, au regard de l'objet et des effets de ses dispositions, une atteinte excessive aux intérêts publics ou privés en cause ».

Si le principe de sécurité juridique n'est pas toujours expressément visé, il sous-tend un grand nombre de décisions dans l'ensemble favorables aux droits des administrés.

Exemples :
- CE, 25 juin 2007, requête numéro 304888, Syndicat CFDT du ministère des Affaires étrangères : l'autorité compétente peut modifier le contenu du programme et des épreuves d'un concours. En effet, le pouvoir règlementaire dispose de la possibilité de modifier à tout moment les normes qu'il définit sans que les personnes auxquelles sont, le cas échéant, imposées de nouvelles contraintes puissent invoquer un droit au maintien de la règlementation existante. Les nouvelles normes ont vocation à s'appliquer immédiatement, dans le respect des exigences attachées au principe de non-rétroactivité des actes administratifs. Toutefois, dans le cas où des nouveautés substantielles sont introduites dans les épreuves du concours, lorsque ces modifications exigent de la part des candidats un travail long et spécifique et qui du point de vue de l'administration ont pour objet d'adapter le recrutement de fonctionnaires à l'évolution des métiers administratifs, cette dernière doit avancer des motifs d'intérêt général qui exigent leur application immédiate. Si tel n'est pas le cas, l'administration a l'obligation de prendre des mesures transitoires relatives aux concours.
- CE, 30 décembre 2013, requête numéro 352901, Union des syndicats de l'immobilier : le requérant soutient que le ministre ne pouvait légalement procéder, eu égard au principe de sécurité juridique, à l'extension d'avenants à une convention collective, faute pour ceux-ci de prévoir les mesures transitoires nécessaires à l'adaptation ou à la dénonciation des contrats en cours. Toutefois, il apparaît que les organisations d'employeurs ont pu informer les entreprises de la branche, dès la signature de l'avenant, des obligations qui seraient mises à leur charge à compter du premier jour du mois suivant la publication de l'arrêté d'extension. Dans ces conditions, le principe de sécurité juridique n'a pas été méconnu.

Toutefois, comme on l'a vu dans l'affaire Czabaj précité, où la notion de sécurité juridique apparaît expressément, l'application de ce principe peut également avoir pour objet de préserver les intérêts de l'administration.

§III – Valeur des principes généraux du droit

458.- Une valeur intra-législative et supra-décrétale.- La question de la valeur des principes généraux du droit a longtemps agité la doctrine, et tous les auteurs ne sont pas encore d'accord sur ce point.

On pourrait penser, de prime abord, que les principes généraux du droit ont une valeur constitutionnelle, ce qui peut se justifier par le fait que la plupart de ces principes trouvent leur source dans le préambule de la Constitution de 1958. Toutefois, cette thèse soulève deux difficultés majeures. D'une part, comme on l'a vu, tous les principes généraux du droit ne trouvent pas leur source dans le préambule. D'autre part, elle confond la question de la source de ces principes - qui peut être constitutionnelle - et celle de leur valeur.

Une seconde thèse confère aux principes généraux du droit une valeur législative. Cette explication est plus convaincante que la précédente puisque ces principes peuvent en effet permettre au juge de pallier les carences du législateur pour réaliser un contrôle étroit des actes administratifs, ce qui est particulièrement avéré lorsqu'il s'agit de règlements autonomes. Cependant, cette thèse peut faire l'objet d'une objection majeure : les principes généraux du droit ne sauraient avoir une valeur législative puisque la loi prévaut toujours sur eux.

Enfin, selon la thèse de René Chapus, les principes généraux du droit ont une valeur infra-législative et supra-décrétale (De la valeur des principes généraux du droit et autres règles jurisprudentielles du droit administratif : D. 1966, chron. p.119). L'analyse de Chapus prend comme point de départ le rôle du juge administratif et la portée de ses décisions. Il observe, tout d'abord, que le rôle du juge administratif est de contrôler les actes administratifs par rapport à la loi. Si un acte administratif est illégal, il peut donc l'annuler, et cela même s'il émane des plus hautes autorités administratives de l'Etat. Par conséquent, les principes généraux du droit ont une valeur supra-décrétale. En revanche, le juge administratif a l'obligation de respecter la loi, ce qui implique que ces principes ont une valeur infra-législative. Relevons aussi que compte tenu de la hiérarchie de normes en droit interne français, les principes généraux du droit ont également une valeur infra-conventionnelle (CAA Bordeaux, 10 décembre 2015, requête numéro 15BX01807, Chambre de commerce et d'industrie Pau Béarn : AJDA 2016, p. 562, concl. Munoz-Pauziès).

Cette troisième thèse est de loin la plus convaincante puisque, en effet, les principes généraux du droit ne s'appliquent qu'à défaut d'un texte de loi contraire. Toutefois, matériellement, de nombreux principes généraux du droit - le principe d'égalité par exemple - sont identiques à des principes de valeur constitutionnelle, ce qui tient au fait qu'ils trouvent souvent leur source dans le préambule de la Constitution. Cependant, dans l'hypothèse où une loi contraire à un principe de valeur constitutionnelle serait malgré tout adoptée, le juge administratif ne pourrait pas sanctionner l'acte administratif pris en application de cette loi, alors même qu'il existerait un principe général du droit dont le contenu est identique. Dans ce cas, en effet, la théorie de la loi écran lui interdirait de censurer l'inconstitutionnalité de la loi. En revanche, le Conseil constitutionnel pourrait être saisi dans le cadre de la procédure de question prioritaire de constitutionnalité.

Pour aller plus loin :

- **Chapus (R.)**, De la valeur des principes généraux du droit et autres règles jurisprudentielles du droit administratif : D. 1966, chron. p.119.

- **Gonod (P.) et Jouanjan (O.)**, A propos des sources du droit administratif : AJDA 2005, p.992.

- **Labetoulle (D.)**, Le juge administratif et la jurisprudence : Rev. adm. 1999, n° spécial, p.59.

- **Letourneur (M.)**, Les principes généraux du droit et la jurisprudence du Conseil d'Etat : EDCE 1951, p.19.

- **Melleray (F.)**, Le droit administratif doit-il redevenir jurisprudentiel ? Remarques sur le caractère paradoxal de son caractère jurisprudentiel : AJDA 2005, p.637.

- **Moderne (F.)**, Actualité des principes généraux du droit : RFDA 1998, p.495.

- **Moderne (F.)**, Légitimité des principes généraux du droit et théorie du droit : RFDA 1999, p.722.

- **Teboul (G.)**, Nouvelles remarques sur la création du droit par le juge administratif dans l'ordre juridique interne : RDP 2002, p.1363.

Section VI – Les règlements

459.- Nature des actes réglementaires.- Le pouvoir réglementaire consiste à prendre des actes administratifs exécutoires de portée générale et impersonnelle.

460.- Autorités compétentes.- Les articles 13 et 21 de la Constitution du 4 octobre 1958 confèrent ce pouvoir, au niveau de l'Etat, au Premier ministre qui est chargé de « l'exécution des lois » et au Président de la République (sur les actes pris dans le cadre de ces dispositions V. supra Première Partie, Chapitre II, Section I).

Si les ministres ne disposent pas, quant à eux, d'un pouvoir réglementaire général, ils sont associés par l'exercice du contreseing à celui du Premier ministre et du Président de la République. En outre, à l'occasion de l'arrêt de Section Jamart du 7 février 1936 (requête numéro 43321 : préc.), le Conseil d'Etat a reconnu la compétence des ministres pour règlementer l'organisation de leurs services. Le ministre a en effet le droit « comme tout chef de service de prendre les mesures nécessaires au bon fonctionnement de l'administration placée sous son autorité » (V. supra Première Partie, Chapitre II, Section I).

En outre, même si la loi ne l'a pas expressément prévu, le Premier ministre a toujours la possibilité, dans le cadre de sa mission consistant à assurer l'exécution des lois, de prendre des mesures réglementaires d'application de la loi, alors même que celle-ci ne renvoie pas à des décrets d'application. Dans toutes ces hypothèses, le Premier ministre doit respecter la loi dont il précise le contenu.

Les autorités locales, notamment les organes exécutifs des collectivités territoriales, peuvent aussi exercer un pouvoir réglementaire, tout comme certaines personnes privées. C'est le cas par exemple pour les fédérations sportives et les ordres professionnels (V. infra Quatrième partie, Chapitre I, Section I).

S'agissant des autorités locales, elles doivent respecter la loi, mais également les textes réglementaires pris par une autorité supérieure.

461.- Carence de l'autorité administrative.- Si l'édiction de règlements peut relever du pouvoir discrétionnaire d'une autorité administrative elle a compétence liée, dans certains cas, pour agir. A l'occasion de l'arrêt Doublet du 23 octobre 1959 (requête numéro 40922 : Rec. p. 680 ; AJDA 1963, p. 85, chron. Gentot et Fourré ; D. 1963, p. 117 ; S. 1963, p. 92, concl. Combarnous), le Conseil d'Etat a ainsi considéré que l'autorité de police commet une illégalité lorsqu'elle omet de prendre un règlement nécessaire à la préservation de l'ordre public.

462.- Acte non créateur de droit.- A l'opposé, puisqu'un règlement n'est jamais créateur de droit, il peut être modifié ou abrogé à tout moment par l'autorité compétente sous réserve toutefois, le cas échéant, de l'adoption de mesures transitoires propres à assurer le respect du principe de sécurité juridique (V. par exemple CE, 19 mars 2007, requête numéro 300467, Le Gac et a.). L'autorité compétente a également l'obligation d'abroger les règlements illégaux, comme le prévoit l'arrêt d'Assemblée Compagnie Alitalia du 3 février 1989 (requête numéro 74052, préc.). Cette solution a été reprise et étendue par l'article 1er de la loi n°2007-1787 du 20 décembre 2007 qui précise que « l'autorité administrative est tenue, d'office ou à la demande d'une personne intéressée, d'abroger expressément tout règlement illégal ou sans objet, que cette situation existe depuis la publication du règlement ou qu'elle résulte de circonstances de droit ou de fait postérieures à cette date ». Ces dispositions, qui figuraient à l'origine à l'article 6-1 de la loi n° 2000-321 du 12 avril 2000 relative aux droits des citoyens dans leurs relations avec les administrations sont maintenant codifiées à l'article L. 243-2 du Code des relations entre le public et l'administration. La décision expresse ou implicite de l'autorité compétente refusant d'abroger un acte illégal peut faire l'objet d'un recours pour excès de pouvoir. Dans un tel cas, le requérant aura tout intérêt à joindre à son recours principal une demande d'injonction tendant à ce qu'il soit ordonné à cette autorité de procéder effectivement à l'abrogation de l'acte litigieux (sur ces questions V. infra Troisième Partie, Chapitre III, Section I).

463.- Règles constitutionnelles.- L'exercice du pouvoir réglementaire à l'échelon national est encadré par les dispositions des articles 34 et 37 de la Constitution. Dans les matières réservées exclusivement au pouvoir réglementaire par l'article 37, les actes réglementaires doivent être conformes à la Constitution, aux normes internationales ainsi qu'aux principes généraux du droit. Dans les matières de l'article 34, le législateur a la possibilité de confier au Premier ministre le soin de prendre les règlements nécessaires à l'application d'une loi. Si la loi subordonne son entrée en vigueur à la publication de ces règlements, le Premier ministre se trouve alors en situation de compétence liée.

464.- Règlements d'administration publique.- Il faut ici relever que jusqu'à la loi n°80-514 du 9 juillet 1980, le législateur pouvait contraindre le pouvoir réglementaire à prendre des règlements d'administration publique qui devaient être pris après consultation de l'assemblée générale du Conseil d'Etat. Cette catégorie d'actes administratifs soumis au contrôle de légalité du juge administratif, comme l'a précisé le Conseil d'Etat dans l'arrêt Compagnie des chemins de fer de l'est du 6 décembre 1907 (Rec. p. 913, concl. Tardieu ; D. 1909, III, p.57, concl. Tardieu ; S. 1908, III, p. 1, note Hauriou, concl. Tardieu ; RDP 1908, p. 38, note Jèze) a depuis disparu mais la loi peut toujours renvoyer à des décrets en Conseil d'Etat (V. supra Partie I, Chapitre I, Section I).

Section VII – La légalité de crise

465.- Adaptation de la légalité aux circonstances.- Les autorités administratives ne sont tenues de respecter les règles normales de la légalité que lorsqu'elles sont placées dans des circonstances elles-mêmes considérées comme normales. Ainsi, lorsque la défense de l'intérêt général l'exige, le principe de légalité va s'atténuer, principalement pour l'édiction de mesures de police. Vont alors s'appliquer des règles spéciales qui peuvent être issues de la jurisprudence.

466.- Les cas d'urgence.- Le principe de légalité peut ainsi être adapté en cas d'urgence. C'est le cas, lorsque l'urgence permet à l'administration de procéder à l'exécution forcée d'une de ses décisions, alors qu'elle aurait dû normalement saisir au préalable un juge (TC, 2 décembre 1902, requête numéro 00543, Société immobilière Saint-Just : Rec. p.713 ; S. 1904, 3, p. 17, note Hauriou). La même adaptation des règles peut être observée dans des cas où l'urgence excuse la violation des règles normales de compétence ou de procédure.

Exemple :

- CE Sect., 19 février 1982, requête numéro 19647, requête numéro 19723, Perez (Rec. p.83) : la décision contestée avait pour effet de retirer un agrément délivré à un boulanger lui permettant de recruter un apprenti. Ce retrait n'avait pas été précédé des formalités exigées par les textes, mais pour autant il était légal en raison de l'urgence résultant de la nature des infractions au Code du travail relevées à l'encontre du requérant et par la gravité des risques auxquels était exposé son apprenti.

467.- Les circonstances exceptionnelles.- Il existe, par ailleurs des « circonstances exceptionnelles » qui permettront également d'atténuer la portée du principe de légalité.

Ces circonstances peuvent être visées par les textes et d'abord des textes constitutionnels. On retrouve ainsi cette notion dans les articles 16 de la Constitution, relatif aux pouvoirs exceptionnels du Président de la République et 36, relatif à l'état de siège.

Ces textes peuvent également être législatifs. On peut ici mentionner la loi du 10 janvier 1936 sur les groupes de combats et milices privées qui autorise le conseil des ministres à procéder à la dissolution d'associations portant notamment atteinte à l'ordre public ou à l'intégrité du territoire ou qui provoquent des manifestations armées dans la rue. Ces dispositions ont été reprises à l'article L. 212-1 du Code de sécurité intérieure (pour une illustration récente V. CE, ord. réf., 23 juillet 2013, requête numéro 370305, Association envie de rêver).

Il faut aussi mentionner la loi du 3 juillet 1877 relative aux réquisitions militaires, qui autorise les réquisitions de biens, de services et de personnes en cas de mobilisation partielle ou totale de l'armée. Cette loi a été abrogée et ses dispositions ont été reprises dans le livre II de la partie II du Code de la défense. Il existe aussi des réquisitions civiles, ce qui est un pouvoir notamment reconnu au préfet dans les cas où l'urgence le justifie et « lorsque les moyens dont (il) dispose (…) ne permettent plus de poursuivre les objectifs pour lesquels il détient des pouvoirs de police » (CGCT, art. L. 2215-1). Les maires disposent également de ce pouvoir de réquisition qui résulte de la compétence de police administrative générale dont ils sont investis par l'article L. 2212-2 du Code général des collectivités territoriales. Si ce pouvoir ne leur est pas expressément dévolu par les textes, l'existence d'un pouvoir de réquisition est reconnu par le juge administratif (CE, 15 février 1961, Werquin : D. 1961, jurispr. p. 611, note Weil ; JCP G 1961, II, comm. 12259, note Auby ; RDP 1961, p. 321, concl. Braibant).

On peut également citer l'article L. 2141-1 du Code de la défense, qui a repris les dispositions de l'ordonnance n°59-147 du 7 janvier 1959 sur l'organisation générale de la défense, relatif à l'utilisation de la « mise en garde ». Il s'agit, dans cette hypothèse, dans un contexte de risque de guerre, de conférer au Président de la République de très larges pouvoirs permettant la réquisition des personnes, des biens et des services ainsi que la convocation des réservistes.

Ces différents textes législatifs, dont l'application est rare, ne seront pas plus détaillés, contrairement à la loi n°55-385 du 3 avril 1955 relative à l'état d'urgence qui présente une grande actualité. On examinera également le cas particulier de l'état d'urgence sanitaire lié à la crise du covid-19, institué par la loi n° 2020-290 du 23 mars 2020. Il existe enfin, en dehors des textes, une notion de circonstances exceptionnelles dégagée par la jurisprudence.

§I – Les pouvoirs exceptionnels du Président de la République dans le cadre de l'article 16 de la Constitution

468.- Rappel.- On retrouve la notion de circonstances exceptionnelles dans l'article 16 de la constitution que l'on déjà évoqué plus haut (V. supra Première partie, Chapitre deux, Section une). Rappelons que cet article autorise le Président de la République, dans des cas de crise grave, à prendre des mesures relevant à la fois du domaine de la loi et de celui du règlement. La décision de recours à l'article 16 est un acte de gouvernement et elle donc inattaquable. En revanche, s'agissant des mesures prises en application de l'article 16, si celles qui relèvent du domaine de la loi sont inattaquables, celles qui relèvent du domaine du règlement sont des actes administratifs susceptibles de faire l'objet d'un recours pour excès de pouvoir (CE Ass., 2 mars 1962, Rubin de Servens, préc.).

§II – L'état de siège

469.- Textes.- Doit également être mentionné l'article 36 de la Constitution relatif à l'état de siège qui se caractérise par le transfert de pouvoirs de police de l'autorité civile à l'autorité militaire, la création de juridictions militaires et l'extension des pouvoirs de police. L'article 36 se borne à mentionner que « l'état de siège est décrété en conseil des ministres. Sa prorogation au-delà de douze jours ne peut être autorisée que par le Parlement ». L'actuel article L. 2121-1 du Code de la défense précise quant à lui que l'état de siège peut être déclaré « en cas de péril imminent résultant d'une guerre étrangère ou d'une insurrection armée ».

470.- Régime juridique.- Dans le cadre de l'état de siège, le principe de légalité est atténué, des mesures qui seraient illégales en temps normal pouvant être considérées comme légales par le juge. Il résulte ainsi de l'arrêt Dame Dol et Laurent du 28 février 1919 (requête numéro 61395 : Rec. p. 208 ; S. 1918-1919, III, p. 33, note Hauriou ; RDP 1919, p. 338, note Jèze) que « les pouvoirs de police dont l'autorité publique dispose pour le maintien de l'ordre et de la sécurité (...) ne sauraient être les mêmes dans le temps de paix et pendant la période de guerre où les intérêts de la défense nationale donnent au principe de l'ordre public une extension plus grande et exigent pour la sécurité publique des mesures plus rigoureuses ». En cas de recours « il appartient au juge, sous le contrôle duquel s'exercent ces pouvoirs de police, de tenir compte, dans son appréciation, des nécessités provenant de l'état de guerre, selon les circonstances de temps et de lieu, la catégorie des individus visés et la nature des périls qu'il importe de prévenir ».

Il faut enfin relever que la décision déclarant l'état de siège n'est pas un acte de gouvernement et qu'elle peut donc faire l'objet d'un recours pour excès de pouvoir (CE, 23 octobre1953, Huckel : Rec. p. 452). Par ailleurs, à la différence de l'hypothèse visée par l'article 16 de la Constitution, l'état de siège ne modifie pas la répartition des compétences constitutionnelles.

§III – L'état d'urgence

471.-Loi du 3 avril 1955.- Si l'état de siège n'a jamais été déclaré sous la V° République, il en va tout autrement concernant l'hypothèse de l'état de d'urgence qui est visée par la loi n°55-385 du 3 avril 1955.

L'état d'urgence est généralement considéré comme relevant d'un degré inférieur à l'état de siège notamment parce c'est aux autorités civiles - et non militaires - qu'il confère des pouvoirs exceptionnels.

Plus précisément, l'article 1er de la loi de 1955 prévoit que « l'état d'urgence peut être déclaré sur tout ou partie du territoire (...) soit en cas de péril imminent résultant d'atteintes graves à l'ordre public, soit en cas d'événements présentant, par leur nature et leur gravité, le caractère de calamité publique ». Lorsque ces conditions sont réunies, l'état d'urgence est déclaré par décret en Conseil des ministres. Cette décision, comme celle déclarant l'état de siège, n'est pas un acte de gouvernement et elle peut donc faire l'objet d'un recours pour excès de pouvoir (V. CE, ord. réf., 14 novembre 2005, requête numéro 286835, Rolin : Rec. p. 499 ; AJDA 2006, p. 501, note Chrestia). C'est un contrôle restreint qui est alors exercé par le juge administratif. Comme pour ce qui concerne l'état de siège, au-delà de douze jours, la prorogation de l'état d'urgence ne peut être autorisée que par la loi.

472.- Recours à l'état d'urgence.- L'état d'urgence a été déclaré plusieurs fois pendant la guerre d'Algérie, mais également en 1985 lors de troubles en Nouvelle-Calédonie. Plus récemment, l'état d'urgence a été déclaré à l'occasion des violences urbaines d'octobre 2005. Enfin, à la suite des attentats du 13 novembre 2015, l'état d'urgence a été déclaré par le décret n°2015-1475 du 15 novembre 2015, puis prolongé pour des périodes comprises entre trois mois et six mois par la loi n°2015-1501 du 20 novembre 2015, par la loi n°2016-162 du 19 février 2016, par la loi n°2016-629 du 20 mai 2016, par la loi n°2016-987 du 21 juillet 2016, par la loi n°2016-1767 du 19 décembre 2016 et par la loi n°2017-1154 du 11 juillet 2017.

473.- Tentative de constitutionnalisation de l'état d'urgence.- Le caractère inédit des évènements terroristes qui ont été à l'origine du déclenchement de l'état d'urgence en 2015 a relancé le débat sur sa constitutionnalisation. Cette piste avait déjà été évoquée en 2007 par le comité de réflexion et de proposition sur la modernisation et le rééquilibrage des institutions (dit comité Balladur). La révision de 2015 a toutefois échoué, faute d'obtenir un vote identique des deux assemblées, nécessaire pour soumettre le projet au congrès, et alors même que la raison de ce blocage n'était pas liée à la question de l'état d'urgence, mais à celle également inscrite dans le projet, beaucoup plus polémique, de la déchéance de nationalité pour les binationaux condamnés pour un crime constituant une atteinte grave à la vie de la Nation.

474.- Conformité à la Constitution de la loi du 3 avril 1955.- De nombreux types de mesures peuvent être prises dans le cadre de l'état d'urgence. Le Conseil constitutionnel a estimé sur ce point que si « la Constitution n'exclut pas la possibilité pour le législateur de prévoir un régime d'état d'urgence », il lui appartient « dans ce cadre, d'assurer la conciliation entre, d'une part, la prévention des atteintes à l'ordre public et, d'autre part, le respect des droits et libertés reconnus à tous ceux qui résident sur le territoire de la République » ce qui n'est pas du tout simple à assurer (CC, 22 décembre 2015, numéro 2015-527 QPC : Dr. adm. 2016, comm. 46, note Eveillard ; JCP A 2016, comm. 6, note Verpeaux ; RFDA 2016, p. 123, note Roblot-Troizier ; RFDC 2016, p. 123, note Roux).

475.- Couvre-feu et interdictions de séjour.- L'article 5 de la loi du 3 avril 1955, modifié par la loi n°2017-1154 du 11 juillet 2017 et suite à l'invalidation par le Conseil constitutionnel du 2° de cet article qui permettait d'instituer des zones de protection ou de sécurité où le séjour des personnes est réglementé (CC, 11 janvier 2018, numéro 2017-684 QPC), permet au préfet de prendre deux types de mesures. D'une part, il lui permet d'interdire par arrêté la circulation des personnes ou des véhicules dans les lieux et aux heures qu'il fixe, ce qui revient pour l'essentiel à établir un couvre-feu. D'autre part, le préfet peut interdire le séjour dans tout ou partie du département à toute personne à l'égard de laquelle il existe des raisons sérieuses de penser que son comportement constitue une menace pour la sécurité et l'ordre publics. Ces dispositions sont issues de la loi n°2017-1154 du 11 juillet 2017 intervenue suite à la censure des anciennes dispositions de l'article 5, 3° de la loi de 1955 par la décision numéro 2017-635 QPC du Conseil constitutionnel du 9 juin 2017 (Dr. adm. 2017, comm. 42, note Eveillard) qui permettaient de prononcer une interdiction de séjour à l'encontre de « toute personne cherchant à entraver, de quelque manière que ce soit, l'action des pouvoirs publics », ce qui est une formule beaucoup plus large que l'actuelle rédaction de cet article. En cas d'interdiction de séjour, conformément aux exigences du Conseil constitutionnel, l'arrêté énonce la durée, limitée dans le temps, de la mesure, les circonstances précises de fait et de lieu qui la motivent, ainsi que le territoire sur lequel elle s'applique, qui ne peut inclure le domicile de la personne intéressée. Le préfet doit également prendre en compte la vie familiale et professionnelle de l'intéressé.

476.- Assignations à résidence.- L'article 6 de la loi du 3 avril 1955 permet ensuite au ministre de l'Intérieur de prononcer des assignations à résidence qui peuvent concerner, depuis la loi n°2015-501 du 20 novembre 2015, toute personne « à l'égard de laquelle il existe des raisons sérieuses de penser que son comportement constitue une menace pour la sécurité et l'ordre publics », alors que l'ancienne version de cet article visait seulement les personnes dont « l'activité s'avère dangereuse pour la sécurité et l'ordre publics » (sur la conformité à la Constitution de ces dispositions V. CC, 22 décembre 2015, n°2015-527 QPC, préc.). Ces mesures ont été particulièrement nombreuses dans le cadre de l'état d'urgence déclenché à partir du 15 novembre 2015 puisqu'on en dénombre pas moins de 752. Si elles peuvent faire l'objet d'une procédure de référé liberté (CE Sect., 11 décembre 2015, numéro 395009, Domenjoud : Rec. p. 437, concl. Domino ; AJDA 2016, p. 247, chron. Dutheillet de Lamothe et Odinet ; Dr. adm. 2016, comm. 25, note Eveillard ; JCP A 2015, act. 1068, obs. Erstein ; RFDA 2016,

p. 105, concl. Domino et p. 123, note Roblot-Troizier.- CE, ord. réf., 4 juillet 2016, numéro 400945, Knittel), les recours contre ces mesures ont en général été rejetés par le juge des référés du Conseil d'Etat (V. toutefois CE, ord. réf., 22 janvier 2016, requête numéro 396116, M. B). Notons cependant que le juge répressif, sur le fondement de l'article L. 111-5 du Code pénal, peut apprécier la légalité d'un arrêté d'assignation à résidence dès lors que de cet examen dépend la solution du procès pénal qui lui est soumis (Cass. crim., 3 mai 2017, pourvoi numéro 16-86.155).

Il faut aussi relever que la loi n°2016-1767 du 19 décembre 2016, modifiant ces dispositions, avait voulu subordonner la prolongation d'une assignation à résidence au-delà de douze mois à une autorisation préalable du même juge des référés du Conseil d'Etat. Le Conseil constitutionnel a censuré ces nouvelles dispositions au motif qu'elles étaient contraires au principe d'impartialité et au droit à exercer un recours juridictionnel effectif (CC, 16 mars 2017, numéro 2017-624 QPC). En effet, elles conféraient au Conseil d'Etat la compétence d'autoriser, par une décision définitive et se prononçant sur le fond, une mesure d'assignation à résidence sur la légalité de laquelle il était susceptible de se prononcer ultérieurement comme juge de dernier ressort. La même décision a également formulé trois réserves d'interprétation encadrant la possibilité qu'une mesure d'assignation à résidence puisse être renouvelée au-delà de douze mois par périodes de trois mois sans qu'il soit porté une atteinte excessive à la liberté d'aller et de venir (sur la prise en compte de ces réserves d'interprétation pour le juge du référé liberté V. CE, ord. réf., 25 avril 2017, numéro 409677).

477.- Dissolution d'associations ou de groupements.- La loi n°2015-1501 du 20 novembre 2015 a ensuite ajouté un article 6-1 à la loi du 3 avril 1955 permettant la dissolution par décret en conseil des ministres des « associations ou groupements de fait qui participent à la commission d'actes portant une atteinte grave à l'ordre public ou dont les activités facilitent cette commission ou y incitent ».

478.- Fermetures de salles, débits de boissons, lieux de réunion et lieux de culte.- L'article 8 de la loi permet quant à lui au ministre de l'Intérieur, pour l'ensemble du territoire où est institué l'état d'urgence, et au préfet, dans le département, d'ordonner la fermeture provisoire des salles de spectacles, débits de boissons et lieux de réunion de toute nature (V. CE, ord. réf., 6 janvier 2016, requête numéro 395620, requête numéro 395621). Cet article a été complété par la loi n°2016-987 du 21 juillet 2016 qui permet désormais d'ordonner la fermeture « des lieux de culte au sein desquels sont tenus des propos constituant une provocation à la haine ou à la violence ou une provocation à la commission d'actes de terrorisme ou faisant l'apologie de tels actes » (sur ce point V. CE, ord. réf., 6 décembre 2016, requête numéro 405476, Association islamique Malik Ibn Anas.- CE, ord. réf., 20 janvier 2017, requête numéro 406618, Association Centre culturel franco-égyptien – Association maison d'Egypte).

479.- Perquisitions administratives.- L'article 11 de la loi autorise enfin le décret déclenchant l'état d'urgence ou la loi le prorogeant à autoriser des perquisitions administratives. Dans sa rédaction actuelle, cet article permet la perquisition « y compris (d'un) domicile (…) lorsqu'il existe des raisons sérieuses de penser que ce lieu est fréquenté par une personne dont le comportement constitue une menace pour la sécurité et l'ordre publics ».

Les nouvelles dispositions issues de la loi du 20 novembre 2015 avaient été déclarées conformes à la Constitution, exceptées celles qui permettaient à l'autorité administrative de copier au cours de la perquisition « toutes les données informatiques auxquelles il aura été possible d'accéder », cette hypothèse étant assimilée par le Conseil constitutionnel à une saisie non autorisée par un juge (CC, 19 février 2016, numéro 2016-536, QPC : Constitutions 2016, comm. 100, note Domingo. – V. également sur la question de la saisie et de l'exploitation des données informatiques et l'inconstitutionnalité résultant du fait que la loi n'avait pas prévu de délai d'effacement des données après l'état d'urgence, CC, 2 décembre 2016, numéro 2016-600 QPC). Suite aux décisions susvisées du Conseil constitutionnel, l'article 11 de la loi de 1955 a été ensuite complété par la loi n°2016-987 du 21 juillet 2016 puis par la loi n°2017-528 du 28 février 2017. Dans sa dernière version, issue de la loi n°2017-258 du 28 février 2017, l'article 11 de la loi de 1955 précise qu'une « perquisition ne peut avoir lieu entre 21 heures et 6 heures, sauf motivation spéciale de la décision de perquisition fondée sur l'urgence ou les nécessités de l'opération ».

Sur le fondement de ces dispositions, ce ne sont pas moins de 4444 perquisitions administratives qui ont été pratiquées dans le cadre de l'état d'urgence déclenché le 15 novembre 2015.

Le régime juridique de ces perquisitions a été précisé par le Conseil d'Etat dans un avis d'Assemblée du 6 juillet 2016, Napol et a. et Thomas et a. (avis numéro 398234, avis numéro 399135 : Rec. p. 320, concl. Bourgeois-Machureau ; AJDA 2016, p. 1635, chron. Dutheillet de Lamothe et Odinet ; Dr. adm. 2016, comm. 58, note Eveillard ; JCP A 2016, comm. 2256, note Verpeaux ; JCP G 2016, comm. 1079, note Türk ; RDP 2017, p. 491, note Pauliat ; RFDA 2016, p. 943, note Le Bot). Le Conseil d'Etat affirme d'abord la compétence du juge administratif pour connaître des actions contentieuses relatives aux perquisitions, étant précisé que la chambre criminelle de la Cour de cassation s'estime concurremment compétente, en application de l'article L. 111-5 du Code pénal, pour apprécier la légalité de l'ordre de perquisition, lequel détermine la régularité de la procédure pénale (Cass. crim., 13 décembre 2016, pourvoi numéro 16-82.176 : : AJ pénal 2017, p. 30, note Herran et Lacaze ; Dr. adm. 2017, 20, note Eveillard ; Dr. pén. 2017, étude 6, Ribeyre ; D. 2017, 1175, note Beaussonie ; JCP 2017, comm. 206, note Robert). Le Conseil d'Etat a ainsi admis la recevabilité du recours pour excès de pouvoir contre les décisions prises par l'autorité administrative. Il relève que « la circonstance qu'elles ont produit leurs effets avant la saisine du juge n'est pas de nature à priver d'objet le recours ». Concernant les modalités de contrôle de la légalité des ordres de perquisition, l'avis du 6 juillet 2016 précise d'abord que si leur motivation est exigée, cette exigence, conformément à l'article L. 211-6 du Code des relations entre le public et l'administration, est écartée en cas « d'urgence absolue ». En l'absence de motivation, il appartient au juge « d'apprécier au cas par cas, en fonction des circonstances particulières de chaque espèce, si une urgence absolue a fait obstacle à ce que la décision comporte une motivation même succincte » (V. ainsi censurant une perquisition insuffisamment motivée CE, 28 décembre 2017, numéro 410441, Mme G… et a.- V. en revanche concluant au caractère suffisant de la motivation CAA Nancy, 26 septembre 2017, numéro 17NC00246, Ministre de l'Intérieur). Comme le précise l'article 11 de la loi de 1955, la motivation, lorsqu'elle est exigée, doit porter mention du lieu et du moment de la perquisition. Du point de vue du contrôle de la légalité interne de l'ordre de perquisition, ensuite « il appartient au juge administratif d'exercer un entier contrôle du respect » des conditions visées par cet article. Il s'agit ainsi de s'assurer que « la mesure ordonnée était adaptée, nécessaire et proportionnée à sa finalité, dans les circonstances particulières qui ont conduit à la déclaration de l'Etat d'urgence » (V. CAA Paris, 12 juillet 2017, numéro 17PA01020, Nacef). Enfin, en cas de perquisition illégale, la responsabilité pour faute de l'Etat peut être à l'égard des personnes concernées par la perquisition. En revanche, les tiers victimes d'un dommage bénéficient d'un régime de responsabilité sans faute de l'Etat sur le fondement du principe d'égalité des citoyens devant les charges publiques (sur ces questions V. infra Sixième Partie, Chapitre III, Section III).

480.- Durée exceptionnel de l'état d'urgence de 2015.- Le prolongement exceptionnel de l'état d'urgence déclaré à partir du 15 novembre 2015 n'a pas manqué de générer des débats nombreux concernant la pertinence de son maintien au regard des nécessités de préservation de l'ordre public. Dans une ordonnance du juge des référés du 27 janvier 2016, le juge des référés du Conseil d'Etat a ainsi refusé de suspendre l'état d'urgence ou d'ordonner au Président de la République d'y mettre fin (CE, ord. réf., requête numéro 286835, Ligue des droits de l'Homme et a. : Rec. p. 8 ; RFDA 2016, p. 355, note Baranger).

481.- Introduction dans le droit commun de certains éléments de l'état d'urgence.- Finalement, c'est l'introduction de certaines mesures de l'état d'urgence dans le droit commun, par la loi n°2017-1510 du 30 octobre 2017 renforçant la sécurité intérieure et la lutte contre le terrorisme, qui a permis de mettre un terme à l'état d'urgence. Cette loi met en place une véritable police administrative spéciale de la prévention du terrorisme qui confère des pouvoirs particulièrement étendus aux autorités de police.

Peut être mentionnée, en particulier, l'instauration de périmètres de protection, la fermeture de lieux de culte, les assignations à résidence et les perquisitions administratives appelées par la loi « visites à domicile ». Toutefois les modalités de mise en œuvre de ces mesures sont sensiblement différentes que celles existant dans le cadre de l'état d'urgence. Ainsi, par exemple, les « visites à domicile » doivent être autorisées par le juge des libertés et de la détention du tribunal judiciaire de Paris, alors que c'est le juge administratif qui opère un contrôle a posteriori de la légalité des perquisitions administratives dans le cadre de l'état d'urgence. De même, dans le cadre de l'état d'urgence, ces perquisitions peuvent être ordonnées « (s'il) existe des raisons sérieuses de penser (qu'un) comportement constitue une menace pour la sécurité et l'ordre publics », alors que dans le cadre de la loi de 2017 elles doivent être justifiées « aux seules fins de prévenir la commission d'actes de terrorisme ».

L'essentiel de ce dispositif a été jugé conforme à la Constitution (CC, 16 février 2018, numéro 2017-691 QPC, Ben Abbes : D. 2018, p. 830, note Pellé ; Dr. adm. 2018, comm. 28, note Eveillard ; JCP A 2018, act. 175, obs. Friedrich ; JCP A 2018, comm. 2146, note Jobart.- Cons. const., 29 mars 2018, n° 2017-695 QPC , Belfredj et a. : JurisData n° 2018-004947 ; JO 30 mars 2018, n° 111 ; Dr. adm. 2018, comm. 38, note Eveillard ; JCP A 2018, act. 321, obs. M. Touzeil-Divina).

En revanche, certains éléments de la loi ont été censurés et de nombreuses réserves d'interprétation ont été formulées par le Conseil constitutionnel.

Il a notamment jugé que la durée des mesures individuelles de contrôle administratif et de surveillance ne doit pas dépasser douze mois, consécutifs ou non, ce qui n'est pas le cas, en revanche, des assignations à résidence prononcées dans le cadre de l'état d'urgence (Cons. const., 16 mars 2017, n° 2017-624 QPC, préc.). Mais il est important ici de relever que la durée pendant laquelle l'intéressé a été soumis à une assignation à résidence pendant l'état d'urgence n'est pas prise en compte dans cette durée maximale.

Le Conseil constitutionnel a ensuite censuré les dispositions de la loi qui confiaient au juge du référé liberté la compétence de statuer sur les mesures de renouvellement de ces mesures, cette compétence devant être exercée par un juge du fond.

Il valide en revanche le dispositif des périmètres de protection, qui avait succédé à celui des zones de protection ou de sécurité dont on a vu qu'il avait été censuré par le Conseil constitutionnel (CC 11 janvier 2018, n° 2017-684 QPC, préc.), tout en formulant des réserves d'interprétation concernant notamment les critères de mise en œuvre de ces mesures, et le rôle des agents de sécurité privés.

Le Conseil constitutionnel a également validé les dispositions de la loi qui permettent à l'autorité de police de fermer temporairement des lieux de culte.

§IV – L'état d'urgence sanitaire

482.- Avant la création du régime de l'état d'urgence sanitaire.- Confronté à la pandémie de la covid-19, l'exécutif a dans un premier temps choisi d'intervenir en utilisant des pouvoirs qui lui étaient reconnus à la fois par la loi et par des règles jurisprudentielles.

C'est d'abord le ministre de la Santé qui est intervenu en faisant usage des pouvoirs de police administrative spéciale qu'il détient en cas de menace sanitaire grave en application des articles L. 3131-1 et suivant du Code de la santé publique (V. ainsi

A., 30 janvier 2020 et du 20 février 2020 relatifs à la situation des personnes ayant séjourné dans une zone atteinte par l'épidémie de virus 2019-nCov.- A., 4 mars 2020, 9 mars 2020, 13 mars 2020 et du 14 mars 2020 portant diverses mesures relatives à la lutte contre la propagation du virus covid-19).

Il a toutefois été justement relevé que ces arrêtés dépassaient le champ de compétence de ce ministre, dès lors qu'ils prescrivaient, par exemple, la suspension de l'accueil des usagers dans les établissements d'enseignement ou encore la suspension des concours de recrutement de fonctionnaires et de magistrats.

Le Premier ministre est également intervenu en application des articles L. 3131-8 et L. 3131-19 du même code qui lui confèrent des pouvoirs de réquisition en cas « (d')afflux de patients ou de victimes ou (si) la situation sanitaire le justifie (D. n° 2020-190, 3 mars 2020 relatif aux réquisitions nécessaires dans le cadre de la lutte contre le virus covid-19 pris en application de l'article L. 3131-9 du Code de la santé publique afin de procéder à la réquisition de masques de protection respiratoire).

Faisant ensuite une application conjointe des jurisprudences Labonne (préc.), qui attribue au titulaire du pouvoir réglementaire général un pouvoir de police administrative général, et Heyriès (préc.) qui lui confère des pouvoirs exorbitants dans des circonstances exceptionnelles, le Premier ministre a adopté le décret n°2020-260 du 16 mars 2020, modifié par le décret n°2020-279 du 19 mars 2020, interdisant le déplacement de toute personne hors de son domicile, sauf dérogation.

483.- Création d'un cadre législatif spécifique en matière de lutte contre les pandémies.- Le caractère inédit de la crise sanitaire, la nécessité d'intervenir de façon plus efficace, quitte à prendre des mesures liberticides (en particulier des mesures de confinement), mais également la volonté d'associer le Parlement, ont conduit le gouvernement à élaborer dans l'urgence un nouveau cadre législatif. L'expérience de l'état d'urgence de 2015, qui avait conduit à modifier à de nombreuses reprises la loi du 3 avril 1955 pour l'adapter à un autre évènement d'ampleur inédite et finalement aboutir à la loi n°2017-1510 du 30 octobre 2017 a certainement également joué.

C'est ainsi qu'ont été adoptées la loi organique n° 2020-365 du 30 mars 2020 suspendant jusqu'au 30 juin 2020 les délais de la procédure de QPC, et surtout la loi n° 2020-290 du 23 mars 2020 qui institue un état d'urgence sanitaire spécifique. S'il s'agit d'un outil ad hoc, il ne s'agit toutefois pas d'une loi d'exception puisque l'essentiel de son dispositif a vocation à être pérenne et à s'appliquer aux catastrophes sanitaires en général.

Si la loi du 3 avril 1955 offre un large panel de pouvoirs aux autorités administratives, elle apparaissait en effet mal adaptée à une situation inédite, caractérisée par la diffusion d'un virus extrêmement contagieux pouvant justifier des mesures généralisées de restriction des libertés de l'ensemble des citoyens.

Il ne faut pas rechercher, dans ce texte, de définition précise de la notion d'état d'urgence sanitaire. Rédigé dans des délais très brefs, dicté par les circonstances, il a vocation à permettre aux autorités compétentes de prendre des mesures qui seraient en d'autres temps qualifiées de liberticides.

La loi prévoit d'abord le report du second tour des élections municipales et elle édicte des mesures d'urgence économiques, financières et sociales.

L'état d'urgence sanitaire, en tant que tel, fait l'objet du titre I de la loi. Il insère un nouveau chapitre 1er bis dans le titre III du Livre 1er de la troisième partie du Code de la santé publique consacrée aux menaces et crises sanitaires graves.

484.- Déclenchement de l'état d'urgence sanitaire.- Le nouvel article L. 3131-12 du Code de la santé publique précise que l'état d'urgence sanitaire peut être déclaré sur tout ou partie du territoire en cas de « catastrophe sanitaire mettant en péril par sa nature et sa gravité, la santé de la population ».

Cette déclaration fait l'objet d'un décret en conseil des ministres pris sur le rapport du ministre chargé de la santé. Ce décret détermine la ou les circonscriptions territoriales à l'intérieur desquelles il entre en vigueur et reçoit application (Code de la santé publique, art. L. 3131-13).

485.- Prolongation de l'état d'urgence sanitaire.- Suivant la même logique que l'état de siège ou l'état d'urgence visé par la loi du 3 avril 1955, la prorogation de l'état d'urgence sanitaire au-delà d'un mois ne peut être autorisée que par la loi (Code de la santé publique, art. L. 3131-14). Toutefois, à titre dérogatoire, l'article 4 de la loi n°2020-290 du 24 mars 2020 précise que l'état d'urgence sanitaire est déclaré - par la loi elle-même et non pas par l'exécutif - pour une durée de deux mois à compter son entrée en vigueur, dans le cadre de la lutte contre l'épidémie de covid-19. L'état d'urgence sanitaire a ensuite été prorogé pour une nouvelle période de deux mois par la loi n° 2020-546 du 11 mai 2020. La loi n°2020-256 du 9 juillet 2020 a ensuite organisé la sortie de l'état d'urgence sanitaire en mettant en place un régime transitoire à partir du 11 juillet autorisant le gouvernement à prendre des mesures exceptionnelles jusqu'au 31 octobre 2020. Ce régime législatif s'est toutefois achevé avant cette date butoir, en raison de l'apparition d'une deuxième vague épidémique, avec l'entrée en vigueur du décret n° 2020-1262 du 16 octobre 2020 déclenchant une nouvelle fois l'état d'urgence sanitaire. La loi n° 2020-1379 du 14 novembre 2020 a prolongé, une première fois, l'état d'urgence sanitaire jusqu'au 16 février 2021. La loi n°2021-160 du 15 février 2021 l'a prolongé une deuxième fois jusqu'au 1er juin 2021.

486.- Un large panel de compétences.- Les pouvoirs conférés aux autorités administratives dans le cadre de l'état d'urgence sanitaire sont extrêmement larges et ils peuvent être exercés par trois autorités étatiques distinctes.

487.- Compétence du Premier ministre.- Le Premier ministre, tout d'abord, peut par décret réglementaire pris sur le rapport du ministre chargé de la santé, aux seules fins de garantir la santé publique, prendre pas moins de dix types de mesures.

Il peut notamment édicter un couvre-feu, ordonner des mesures de placement en quarantaine et de maintien à l'isolement, prendre toute mesure permettant la mise à la disposition des patients de médicaments appropriés pour l'éradication de la catastrophe sanitaire ou encore interdire aux personnes de sortir de leur domicile, sous réserve des déplacements strictement indispensables aux besoins familiaux ou de santé (Code de la santé publique, art. L. 3131-15).

Le décret n° 2020-293 du 23 mars 2020 a dans ce sens édicté de nombreuses mesures de lutte contre l'épidémie de covid-19 dont la plus emblématique est certainement celle prescrivant le confinement de la population, sauf exceptions (sur le rejet d'une demande de confinement généralisé V. CE, ord. réf., 22 mars 2020, requête numéro 439674, Syndicat des jeunes médecins.- V. également, par exemple, concernant la fermeture des marchés, CE, ord. réf., 1er avril 2020, requête numéro 439762, Fédération nationale des marchés de France).

Comme cela est classique pour les mesures de police, ainsi que l'indique l'article L. 3131-15 du Code de la santé publique, ces mesures doivent être « strictement proportionnées aux risques sanitaires encourus et appropriées aux circonstances de temps et de lieu. Il y est mis fin sans délai lorsqu'elles ne sont plus nécessaires » (sur la sanction par le juge du référé liberté de mesures disproportionnées V. CE ord. réf., 18 mai 2020, requête numéro 440366, requête numéro 440410, requête numéro 440531, requête numéro 440550, requête numéro 440562, requête numéro 440563, requête numéro 440590.- CE ord. réf., 18 mai 2020, requête numéro 440442, requête numéro 440445, Association La quadrature du net et Ligue des droits de l'homme).

Comme on l'a vu, l'accélération de l'épidémie durant l'automne 2020 a conduit à nouveau à la déclaration de l'état d'urgence sanitaire. Saisi d'un certain nombre de recours, le juge du référé liberté du Conseil d'Etat a pu, par exemple, juger légales les restrictions imposées aux universités en terme d'accueil des étudiants (CE, ord. réf., 10 décembre 2020, requête numéro 447015 : JCP A 2021, comm. 2032, note Hul), où celles imposant la fermeture des cinémas, théâtres et salles de spectacles (CE, ord. réf., 23 décembre 2020, requête numéro 447698), mais illégales celles limitant à trente personnes l'accueil dans les lieux de culte (CE, ord. réf., 29 novembre 2020, requête numéro 446930, requête numéro 446941, requête numéro 446968, requête numéro 446975, Association Civitas et a.).

488.- Compétence du ministre de la Santé.- Le ministre de la Santé peut prescrire, en dehors des domaines relevant de la seule compétence du Premier ministre, différentes mesures de police administrative. Il peut prendre, par arrêté motivé, dans les circonscriptions territoriales où l'état d'urgence sanitaire est déclaré, des mesures qui doivent être, comme celles prises par le Premier ministre « strictement nécessaires et proportionnées aux risques sanitaires encourus et appropriés aux circonstances de temps et de lieu » (Code de la santé publique, art. L. 3131-16).

489.- Compétence des préfets.- Enfin, le Premier ministre, comme le ministre de la santé, peuvent habiliter le préfet de département territorialement compétent à prendre toutes les mesures générales ou individuelles d'application de ces dispositions (Code de la santé publique, art. L. 3131-17).

490.- Compétence très limitée des maires.- Dans ce contexte, la question s'est rapidement posée de savoir si les maires, dans le cadre de leur pouvoir de police administrative générale, étaient également habilités à intervenir. En application de l'article L. 2212-2, al. 5 du Code général des collectivités territoriales font en effet partie des missions de la police municipale « le soin de prévenir, par des précautions convenables, et de faire cesser, par la distribution des secours nécessaires ... les maladies épidémiques ou contagieuses, les épizooties, de pourvoir d'urgence à toutes les mesures d'assistance et de secours ».

Le juge du référé liberté du Conseil d'Etat a rendu sur cette question une décision circonstanciée, mais dans l'ensemble défavorable au pouvoir de police administrative générale du maire (CE, ord. réf., 17 avril 2020, requête numéro 440057, Commune de Sceaux : AJDA 2020, p. 1013, note Faure ; JCP A 2020, act. 252, obs. Youhnovski Sagon ; LPA 26 juin 2020, n°128, p. 22, note Tap ; RGD 2020, n°51871, note Cossalter.- V. aussi CE, ord., 16 février 2021, requête numéro 449605, Commune de Nice : Dr. adm. 2021, comm. 415, note Eveillard).

Il a d'abord considéré que la police dévolue aux autorités de l'Etat par le régime de l'état d'urgence sanitaire est une police spéciale qui confère aux autorités visées par les articles L. 3131-15 et suivants du Code de la santé publique le pouvoir de prendre « les mesures générales ou individuelles visant à mettre fin à une catastrophe sanitaire telle que l'épidémie de covid-19, en vue, notamment, d'assurer, compte tenu des données scientifiques disponibles, leur cohérence et leur efficacité sur l'ensemble du territoire concerné et de les adapter en fonction de l'évolution de la situation ».

Il rappelle ensuite que le maire peut agir en vue de la « la bonne application, sur le territoire de la commune, des mesures décidées par les autorités compétentes de l'Etat, notamment en interdisant, au vu des circonstances locales, l'accès à des lieux où sont susceptibles de se produire des rassemblements ». Ce n'est que de manière exceptionnelle que le maire peut prendre des mesures plus rigoureuses si « des raisons impérieuses liées à des circonstances locales en rendent l'édiction indispensable et à condition de ne pas compromettre, ce faisant, la cohérence et l'efficacité de celles prises dans ce but par les autorités compétentes de l'Etat ». Tel n'est pas le cas, en l'espèce, d'un arrêté par lequel un maire avait subordonné les déplacements dans l'espace public des personnes de plus de dix ans au port d'un dispositif de protection buccal et nasal. De la même est illégal, en l'absence de raison impérieuse liée à des circonstances locales particulières, l'interdiction par le maire de Nice des locations saisonnières du 6 au 20 février 2021, qui porte une atteinte grave et manifestement illégale au droit de propriété et à la liberté du commerce et de l'industrie (CE, ord. réf., 16 février 2021, requête numéro 449605 : JCP 2021, comm. 415, note Eveillard).

§V– La notion jurisprudentielle de circonstances exceptionnelles

491.- Une jurisprudence ancienne.- En dehors de l'application de ces textes, la notion de circonstances exceptionnelles a également été reconnue par la jurisprudence (CE, 28 juin 1918, requête numéro 63412, Heyriés, préc.). Cette jurisprudence a vocation à s'appliquer dans des circonstances extrêmement troublées, en cas de guerre ou en cas de grave catastrophe naturelle, comme par exemple une éruption volcanique (CE, 18 mai 1983, requête numéro 25308, Rodes : Rec. p. 199) ou la menace d'effondrement d'un immeuble (CAA Lyon, 21 mai 1991, requête numéro LY00406, Ville de Lyon : Rec. p. 524).

492.- Atténuation du principe de légalité.- En cas de circonstances exceptionnelles, l'autorité administrative pourra être dispensée des conditions de forme et de procédure qui sont normalement exigées par les textes. Du point de vue du contenu des actes, elle pourra prendre des décisions qui, dans des circonstances considérées comme normales, seraient considérées comme illégales.

> Exemple :
> -CE, 18 mai 1983, Rodes (préc.) : le régime d'activité d'une ampleur inhabituelle qu'a connu le volcan « La Soufrière » au début du mois de juillet 1976, l'aggravation qui s'est produite au mois d'août, la menace d'une importante éruption prévue pour le 15 août ont constitué des circonstances exceptionnelles de temps et de lieu autorisant le préfet de la Guadeloupe, dans l'intérêt de l'ordre public et compte tenu de l'urgence et du caractère limité de la zone géographique concernée, à prendre des mesures d'interdiction de la circulation, d'évacuation de la population et d'interdiction de la navigation de certains navires de commerce.

La reconnaissance de circonstances exceptionnelles, si elle permet une extension des compétences et des pouvoirs des autorités administratives, donne toutefois lieu à un étroit contrôle de proportionnalité des mesures prises par le juge administratif. Ainsi, lorsqu'il n'apparaît pas d'impossibilité d'agir légalement, et si la mesure n'est pas strictement nécessaire, elle sera censurée par le juge de l'excès de pouvoir

> Exemple :
> -CE Ass., 12 juillet 1969, requête numéro 76089, Chambre de commerce et d'industrie de Saint-Etienne (Rec. p. 379) : les « événements » de mai 1968 ne justifiaient pas que le ministre de l'Education nationale prenne par arrêté des mesures relevant normalement d'un décret. L'annulation des examens n'était par ailleurs pas nécessaire, dès lors que le ministre aurait pu se contenter de prévoir des aménagements.

Pour aller plus loin :

- **Drago (R.)**, L'état d'urgence et les libertés publiques : RDP 1955, p. 670.

- **Dupré de Boulois (X.)**, Eloge d'un état d'urgence sanitaire en «co-construction» : JCP G 2020, comm. 622.

- **Haguenau-Moizard (C.)**, La législation sur l'état d'urgence – une perspective comparative : D. 2016, p. 655.

- **Mayaud (Y.**), L'état d'urgence récupéré par le droit commun ?.- ou de l'état d'urgence à l'état de confusion : JCP A 2016, doctr. 344.

- **Wachsmann (P.)**, De la marginalisation du juge judiciaire en matière de libertés et des moyens d'y remédier : D. 2016, p. 473.

CHAPITRE DEUX – SANCTION DU PRINCIPE DE LEGALITE

493.- Un contrôle qui ne relève pas exclusivement du juge administratif.- Le contrôle de légalité des actes administratifs unilatéraux peut être opéré par différents juges et dans le cadre de différentes procédures.

Ce contrôle peut, dans certaines hypothèses, être mis en œuvre par le juge judiciaire. Tel est cas, en particulier, du juge répressif qui est compétent, selon les dispositions de l'article L. 111-5 du Code pénal, pour interpréter et apprécier la légalité des actes administratifs règlementaires ou non « lorsque, de cet examen, dépend la solution du procès pénal qui lui est soumis » (V. sur les hypothèses de compétence du juge judiciaire pour juger l'administration infra Troisième partie, Chapitre deux, Section deux).

494.- Un contrôle qui ne se limite pas au recours pour excès de pouvoir.- Cependant, c'est le juge administratif qui demeure le juge « naturel » de la légalité des actes administratifs unilatéraux. Ce contrôle peut d'abord être opéré dans le cadre de l'examen d'une exception d'illégalité, dans celui - rarissime - d'un recours en déclaration d'inexistence- ou dans les contentieux objectifs de pleine juridiction. Toutefois, c'est le recours pour excès de pouvoir, qui a été principalement créé à cette fin, qui demeure le principal moyen de contestation de la légalité des actes administratifs unilatéraux. Se pose alors la question des cas d'ouverture de ce recours et celui de l'étendue du contrôle juridictionnel.

Section I – Cas d'ouverture du recours pour excès de pouvoir

495 .- Classification des cas d'ouverture du recours pour excès de pouvoir.- Selon la classification établie par Laferrière (Traité de la juridiction administrative et des recours contentieux, 2ème éd.1887, t. 2, p.496 et s.), les cas d'ouverture du recours pour excès de pouvoir peuvent être répartis en quatre catégories, qui se regroupent au sein de deux causes juridiques qui relèvent, l'une, de la légalité externe, l'autre, de la légalité interne de l'acte.

Cette distinction est importante puisque le débat juridique ouvert par le demandeur est cristallisé à la date à laquelle le délai de recours contentieux a expiré. Les conclusions présentées après l'expiration du délai de recours contentieux sont donc en principe irrecevables. De même, le juge doit rejeter comme irrecevables les moyens nouveaux présentés après l'expiration du délai de recours contentieux. Cependant, seuls les moyens tirés d'une cause juridique nouvelle seront déclarés irrecevables (CE Sect., 20 février 1953, requête numéro 9772, Société Intercopie : Rec. p. 88 ; S. 1953, III, p.77, note M. L.- V. également CE, 31 mars 2017, requête numéro 399123, Durudaud) ainsi que les moyens d'ordre public. Ainsi, le requérant aura tout intérêt à soulever, à l'appui de sa requête, dans le délai de recours contentieux, au moins un moyen de légalité externe et un moyen de légalité interne pour ne pas s'interdire la possibilité de soulever de nouveaux moyens relevant de l'une ou l'autre de ces causes juridiques avant la clôture de l'instruction.

§I – Moyens touchant à la légalité externe de l'acte attaqué

496.- Eléments contrôlés.- L'examen de la légalité externe porte d'abord sur l'incompétence de l'auteur de l'acte, qui constitue un moyen d'ordre public qui doit être soulevé d'office par les juges. Les juges recherchent également la présence d'un vice de procédure et d'un vice de forme, qui ne constituent pas des moyens d'ordre public, et qui doivent donc être soulevés par les parties.

I – Incompétence

497.- Les différents types d'incompétence.- Le juge de l'excès de pouvoir sanctionne les trois types d'incompétence qui peuvent entacher d'illégalité un acte administratif : l'incompétence ratione materiae, l'incompétence ratione loci et l'incompétence ratione temporis (sur ces questions V. infra Quatrième partie, Chapitre un, Section deux).

498.- Assimilation de certains vices de procédure à l'incompétence.- En outre, les juges assimilent à l'incompétence certains vices de procédure, ce qui leur permet de soulever d'office ce moyen. Tel est le cas, notamment, lorsqu'il apparaît que le gouvernement n'a pas respecté l'obligation de décider seulement après avis du Conseil d'Etat, dans les cas où la saisine de cette institution est obligatoire.

A l'origine, dans cette hypothèse, c'est un vice d'incompétence qui était sanctionné par le juge administratif.

Exemple :
- CE Ass., 3 juillet 1998, requête numéro 177248, requête numéro 177320 requête numéro 177387, Syndicat national de l'environnement CFDT (Rec. p.272 ; AJDA 1998, p.780, chron. Raynaud et Fombeur ; JCP 1999, I, comm. 128, chron. Petit ; RFDA 1998, p.1059) : lorsqu'un décret comporte la mention « le Conseil d'Etat entendu » et ne précise pas que certaines de ses dispositions pourront être modifiées par décret simple, il ne peut être modifié que par décret en Conseil d'Etat. Les dispositions du décret contesté, lequel est un décret simple qui déroge aux règles fixées par un autre décret en Conseil d'Etat, sont donc entachées d'incompétence.

La légitimité de cette solution était sujette à caution depuis que le Conseil d'Etat, pour des raisons d'impartialité, ne se considère plus comme le coauteur des décisions sur lesquelles il rend un avis (CE, 11 juillet 2007, requête numéro 30204, requête numéro 302137, Union syndicale des magistrats administratifs, Ligue des droits de l'homme et a. : Rec. tables, p.638). Si l'absence de saisine du Conseil d'Etat, dans les cas où elle est obligatoire en application de l'article L. 111-2 du Code de justice administrative n'est donc plus un vice d'incompétence, elle présente néanmoins la particularité de constituer un vice de procédure qui entache systématiquement d'illégalité l'acte contesté et qui doit être, en raison de sa gravité, soulevé d'office par le juge administratif (CE, 17 juillet 2013, requête numéro 358109, Syndicat national des professionnels de santé au travail, préc.).

499.- Cas d'incompétence négative.- Enfin, il faut relever que les cas d'incompétence négative, qui concernent des hypothèses où une autorité administrative reste en deçà des limites de sa propre compétence (particulièrement si elle considère agir dans le cadre d'une compétence liée alors qu'elle dispose d'un pouvoir discrétionnaire), sont constitutifs, comme on le verra, d'une erreur de droit.

II – Vice de procédure

500.- Définition.- Il y a vice de procédure lorsque l'auteur d'une décision méconnaît l'une des règles organisant la procédure d'élaboration des actes administratifs.

501.- L'ancienne distinction entre les vices de procédure substantiels et les vices de procédure non substantiels.- Traditionnellement les juges opéraient une distinction entre les vices de procédure substantiels, qui sont sanctionnés, et les vices de procédure non substantiels qui ne sont pas sanctionnés. Cependant, il arrivait que la violation de formalités substantielles n'entraîne pas l'annulation de l'acte contesté dès lors qu'il apparaissait que dans les circonstances de l'espèce l'inobservation de ces formalités n'avait pas eu d'influence sur la décision prise.

Exemple :
- CE, 3 juillet 1998, requête numéro 162464, Association de défense de l'environnement de Saint-Come d'Olt (Rec. p.283 ; Droit adm. 1998, 278, obs. L.T. ; RFDA 1998, p.1060) : le fait que, contrairement à ce qu'exigent les dispositions des articles R.11-14-5 et R.11-14-7 du code de l'expropriation, l'avis publié avant le début de l'enquête ne mentionnait pas les jours et heures auxquels le commissaire enquêteur serait présent dans l'unique mairie d'une commune de 1500 habitants environ concernée par l'enquête est, en l'espèce, resté sans incidence sur la régularité de la procédure, dès lors qu'il ressort des pièces du dossier que 64 personnes ont présenté des observations et qu'il n'est pas établi que cette omission ait eu pour conséquence de priver quiconque de la faculté de présenter des observations.

De même, le non-respect d'une règle de procédure n'est pas sanctionné, dès lors que le respect de cette règle s'est avéré impossible au cas d'espèce.

Exemple :
- CE, 29 juillet 1994, requête numéro 135097, Commune de Grand-Bourg-de-Marie-Galante : si le délai de deux mois imparti au conseil de discipline pour donner son avis n'est pas prescrit à peine de nullité, la carence de ce conseil ne saurait avoir pour effet de priver le maire du pouvoir d'exercer ses attributions en matière disciplinaire.

502.- Critiques de cette distinction.- En dépit de ces aménagements, l'opposition entre formalités non substantielles et formalités substantielles était assez largement critiquée. Selon le vice-président du Conseil d'Etat il convenait de s'interroger sur « la portée de la notion de formalité substantielle : trop d'annulations sont prononcées ou d'exceptions d'illégalité accueillies pour des défauts de consultation d'organismes marginaux ou pour des vices mineurs affectant la composition de l'organisme à consulter ou le déroulement de la consultation » (Courrier du vice-président du Conseil d'Etat du 31 octobre 2008 cité par J.-L Warsmann, Simplifions nos lois pour guérir un mal français, La documentation française 2009, p.35).

503.- L'apport de la loi n°2011-525 du 17 mai 2011.- L'article 70 de la loi n°2011-525 du 17 mai 2011 de simplification et d'amélioration de la qualité du droit (JO 11 mai 2011) marque l'abandon de la distinction entre vices de procédure substantiels et vices de procédure non substantiels. Désormais : « lorsque l'autorité administrative, avant de prendre une décision, procède à une consultation d'un organisme, seules les irrégularités susceptibles d'avoir exercé une influence sur le sens de la décision prise au sens de l'avis rendu peuvent, le cas échéant, être invoquées à l'encontre d'une décision ».

Ce texte conduit donc le juge à avoir une démarche très concrète qui le conduit à évaluer quelle est l'influence de la règle violée sur la décision qui a été prise. En d'autres termes, cette évolution « place le juge en arbitre subjectif des intentions plutôt qu'en marqueur des irrégularités » (EDCE 2011, p.126).

504.- Jurisprudence Danthony.- Dans son arrêt d'Assemblée Danthony du 23 décembre 2011 (requête numéro 335033, préc.) le Conseil d'Etat a voulu non seulement préciser les conditions de mise en œuvre de l'article 70 de la loi du 17 mai 2011, mais il est également allé au-delà d'une simple interprétation en complétant ces dispositions. Cet article a d'ailleurs été abrogé par l'article 51 de la loi n°2018- 727 du 10 août 2018, ne laissant substituer, concernant les règles applicables aux vices de procédure, que celles résultant de la jurisprudence Danthony.

Les juges considèrent que ces dispositions s'inspirent « du principe selon lequel, si les actes administratifs doivent être pris selon des formes et conformément aux procédures prévues par les lois et règlements, un vice affectant le déroulement d'une procédure administrative préalable, suivie à titre obligatoire ou facultatif, n'est de nature à entacher d'illégalité la décision prise que s'il ressort des pièces du dossier qu'il a été susceptible d'exercer, en l'espèce, une influence sur le sens de la décision prise ou qu'il a privé les intéressés d'une garantie ».

Ainsi, toute violation d'une règle de procédure n'est pas nécessairement sanctionnée par le juge.

Exemples :
- CE, 3 juin 2013, requête numéro 345174, Commune de Noisy-le-Grand (Dr. rur. 2013, comm. 206, note Tifine) : s'il appartient à l'autorité administrative de procéder à la publicité de l'ouverture de l'enquête publique dans les conditions fixées par l'article R. 11-4 du Code de l'expropriation, la méconnaissance de ces dispositions n'est de nature à vicier la procédure et donc à entraîner l'illégalité de la décision prise à l'issue de l'enquête publique que si elle a pu avoir pour effet de nuire à l'information de l'ensemble des personnes intéressées par l'opération ou si elle a été de nature à exercer une influence sur les résultats de l'enquête et, par suite, sur la décision de l'autorité administrative.
- CE, 26 février 2014, requête numéro 351202, Société Gestion Camping Caravaning : il appartient à une commune souhaitant modifier son projet de plan local d'urbanisme avant l'ouverture de l'enquête publique, notamment pour tenir compte de l'avis rendu par une personne publique associée à son élaboration, de consulter à nouveau l'ensemble des personnes publiques associées, afin que le dossier soumis à l'enquête publique comporte des avis correspondant au projet modifié. Toutefois, l'omission de cette nouvelle consultation n'est de nature à vicier la procédure et à entacher d'illégalité la décision prise à l'issue de l'enquête publique que si elle a pu avoir pour effet de nuire à l'information du public ou si elle a été de nature à exercer une influence sur cette décision.

Cette solution est susceptible de s'appliquer également dans le contentieux de l'annulation des clauses réglementaires d'un contrat (CE, 30 juin 2016, requête numéro 393805, Syndicat des compagnies aériennes autonomes : Contrats-Marchés publ. 2016, comm. 248, note Devillers).

Les juges posent deux tempéraments à la règle définie par l'arrêt Danthony.

Tout d'abord elle ne s'applique pas lorsque le vice allégué a privé l'intéressé d'une garantie.

Exemples :
- CE, 16 décembre 2013, requête numéro 367007, Département du Loiret (Rec. tables, p. 653) : est considéré comme privant les intéressés d'une garantie, le défaut d'entretien préalable à la fin du détachement d'un agent sur un emploi fonctionnel.
- CE, 31 janvier 2014, requête numéro 369718, X. : il résulte de l'article 65 de la loi du 22 avril 1905 qu'un agent public faisant l'objet d'une mesure prise en considération de sa personne, qu'elle soit ou non justifiée par l'intérêt du service, doit être mis à même d'obtenir communication de son dossier. La demande d'un agent, informé de la volonté du ministre d'engager la procédure de retrait d'emploi, de consulter son dossier administratif étant restée sans réponse, celui-ci n'a pas pu prendre connaissance de son dossier avant l'adoption de la mesure litigieuse. Ayant été ainsi effectivement privé de la garantie prévue par l'article 65 de la loi du 22 avril 1905, le décret mettant fin à ses fonctions est intervenu selon une procédure irrégulière et doit être annulé.
-CE, 24 juillet 2019, requête numéro 417902 : il résulte des articles 3 et 16 de l'arrêté du 4 août 2004 relatif aux commissions de réforme des agents de la fonction publique territoriale et de la fonction publique hospitalière que, dans les cas où il est manifeste, au vu des éléments dont dispose la commission de réforme, que la présence d'un médecin

spécialiste de la pathologie invoquée par un agent est nécessaire pour éclairer l'examen de son cas, l'absence d'un tel spécialiste doit être regardée comme privant l'intéressé d'une garantie et comme entachant la procédure devant la commission d'une irrégularité justifiant l'annulation de la décision attaquée.
-CE, 24 juillet 2019, requête numéro 418061 : si un magistrat, qui s'est vu infliger un avertissement, a pu prendre connaissance des pièces figurant à son dossier et de celles qui étaient jointes à sa convocation à l'entretien préalable, le rapport adressé à la première présidente de la cour d'appel, établi par le président du tribunal de grande instance au sujet des faits survenus dans ce tribunal qui ont motivé le prononcé de l'avertissement, n'a, en revanche, pas été communiqué au magistrat. L'intéressé a ainsi été effectivement privé de la garantie, résultant de l'article 44 de l'ordonnance n° 58-1270 du 22 décembre 1958, de recevoir communication de son dossier et des pièces justifiant la mise en œuvre de la procédure avant la tenue de l'entretien préalable. Par suite, la décision par laquelle la première présidente de la cour d'appel lui a infligé un avertissement est intervenue selon une procédure irrégulière.

Notons toutefois que dans de nombreuses affaires où cette question est soulevée, le Conseil d'Etat dénie le caractère de « garantie » des règles de procédure dont la violation est alléguée.

Exemples :
-CE, 12 février 2014, requête numéro 352878, de Latour (Rec. tables, p. 827) : dans le cadre d'une procédure de licenciement pour insuffisance professionnelle, la communication du rapport émanant de l'autorité ayant le pouvoir disciplinaire, en temps utile avant la séance, au fonctionnaire déféré devant le conseil de discipline et aux membres de celui-ci satisfait aux fins en vue desquelles sa lecture a été prévue par les textes, notamment au respect des droits de la défense. Ainsi la lecture du rapport en séance ne peut être regardée, en elle-même, comme une garantie dont la seule méconnaissance suffirait à entacher d'illégalité la décision prise à l'issue de la procédure.
- CE, 9 octobre 2020, requête numéro 429563 (Dr. adm. 2021, comm. 3, note Sulpice) : dans la lignée de la précédente décision, en cas du licenciement pour insuffisance professionnelle d'un fonctionnaire, le non-respect du délai de convocation de 15 jours du fonctionnaire au conseil de discipline ne le prive pas de garantie dès lors qu'il a eu connaissance par d'autres moyens de la date de ce conseil, 14 jours avant. Au demeurant, la non-communication au fonctionnaire, avant la séance du conseil de discipline, du rapport de l'autorité ayant saisi l'instance disciplinaire ne porte pas atteinte au principe général des droits de la défense dès lors que l'intéressé avait pu avoir connaissance par d'autres moyens du contenu de ce rapport.
- CE, 30 décembre 2015, requête numéro 382756, Centre indépendant d'éducation de chiens guides d'aveugles et a. : la méconnaissance du délai de convocation et de communication des documents de la séance du Conseil national consultatif des personnes handicapées (CNCPH), saisi préalablement à l'édiction d'un décret, ne prive pas les intéressés d'une garantie au sens de la jurisprudence.
-CE, 23 octobre 2015, requête numéro 369113, Société CFA Méditerranée (AJDA 2015, p. 2382, concl. Bohnert ; Contrats-Marchés publ. 2015, comm. 292, note Ubaud-Bergeron ; JCP A 2016, comm. 2248, note Martin ; RD imm. 2016, p. 36, obs. Foulquier): la consultation du service des domaines prévue au troisième alinéa de

l'article L. 2241-1 du Code général des collectivités territoriales préalablement à la délibération du conseil municipal portant sur la cession d'un immeuble ou de droits réels immobiliers par une commune de plus de 2000 habitants ne présente pas le caractère d'une garantie au sens de la jurisprudence Danthony.

Ensuite, la règle est écartée lorsqu'est en cause une procédure obligatoire si cette omission a pour effet d'affecter la compétence de l'auteur de l'acte. Ceci renvoie notamment à l'hypothèse de l'avis conforme, qui ne laisse aucune marge de manœuvre à l'autorité compétente dans le cadre de la prise de décision. Il en va de même concernant le défaut de consultation du Conseil d'Etat, dans les hypothèses visées par l'article L. 111-2 du Code de justice administrative où elle est rendue obligatoire. La juridiction administrative suprême considère en effet que « eu égard au rôle ... dévolu au Conseil d'Etat, le défaut de saisine de ce dernier entraîne l'illégalité des actes administratifs dont le projet devait lui être obligatoirement soumis» (CE, 17 juillet 2013, requête numéro 358109, Syndicat national des professionnels de santé au travail, préc.). La proximité entre ces vices de procédure et les cas d'incompétence justifie la rigueur de cette solution.

La logique de la jurisprudence Danthony, qui privilégie la sécurité juridique au détriment du principe de légalité, trouve d'autres illustrations (V. en particulier CE, Ass. 13 juillet 2016, requête numéro 387763, Czabaj, préc.).

505.- Limitation à l'invocabilité des vices de procédure et des vices de forme.- Dans le domaine de la sanction des vices de procédure et des vices de forme elle inspire les solutions retenues par le Conseil d'Etat dans ses arrêts d'Assemblée du 18 mai 2018, Syndicat CGT de l'administration centrale et des services des ministères économiques et financiers et du Premier ministre (requête numéro 411045) et Fédération des finances et affaires économiques de la CFDT (requête numéro 414583 : AJDA 2018, p. 1206, chron. Roussel et Nicolas ; AJDA 2018, p. 1241, trib. Melleray ; AJDA 2018, p. 1465, trib. Seiller ; Dr. adm. 2018, repère 7, note Plessix ; Dr. adm. 2018, comm. 45, note Eveillard ; JCP A 2018, act. 469, obs. Touzeil-Divina ; JCP A 2018, comm. 2197, note Friedrich ; Procédures 2018, comm. 236, note Chifflot ; RFDA 2018, p. 649, concl. Bretonneau). Dans ces deux décisions, le Conseil d'Etat encadre les moyens pouvant être soulevés contre un acte réglementaire dans le cadre d'un recours pour excès de pouvoir en distinguant les contestations par voie d'action de celles diligentées par voie d'exception. Par voie d'action, tous les moyens peuvent être soulevés, qu'ils touchent à la compétence de l'auteur de l'acte, aux vices de forme, aux vices de procédure, au détournement de pouvoir ou à la légalité des règles générales et impersonnelles énoncées. Après l'expiration du délai de recours contentieux, en revanche, les moyens qui peuvent être invoqués, dans le cadre d'une exception d'illégalité soulevée à l'encontre d'un acte faisant application de l'acte réglementaire litigieux, sont limités. Il en va de même en cas de recours pour excès de pouvoir dirigé contre la décision de refus d'abrogation de l'acte réglementaire. En effet, le

Conseil d'Etat refuse désormais, dans ces deux hypothèses, de contrôler les vices de procédure et de forme entachant cet acte.

Par extension, le Conseil d'État juge désormais qu'un requérant ne peut se prévaloir du moyen tiré de l'exception d'illégalité d'une décision individuelle ne comportant pas les mentions relatives aux voies et délais de recours au-delà d'un délai raisonnable qui, sauf circonstances particulières, ne saurait excéder un an (CE, 27 février 2019, requête numéro 418950, Law-Tong).

De même, le Conseil d'Etat a récemment jugé que les vices de forme ou de procédure dont l'acte réglementaire est susceptible d'être entaché doivent être ignorés par le juge administratif quand il répond à une question préjudicielle posée par le juge judiciaire, portant sur la légalité de cet acte (CE, 24 février 2020, requête numéro 431255, Société La Grand'Maison).

III – Vice de forme

506.- Vice de forme et vice de procédure.- la classification établie par Laferrière, le vice de forme est confondu avec le vice de procédure. Cependant, la plupart des auteurs estiment aujourd'hui que ces deux notions se distinguent très nettement. En effet, alors que le vice de procédure entache le processus même de l'élaboration de l'acte, le vice de forme concerne la présentation extérieure de l'acte : l'existence d'un acte écrit lorsque cette forme est exigée, la présence d'une motivation et d'une signature.

507.- Maintien de la distinction entre les vices de forme substantiels et les vices de forme non substantiels.- Les juges distinguent les vices de forme substantiels des vices non substantiels qui ne sont pas susceptibles d'entraîner l'annulation de l'acte contesté. Il faut ici relever que la loi n°2011-525 du 17 mai 2011 qui abandonné cette distinction pour la question des vices de procédure, pas plus que la jurisprudence Danthony, ne concerne pas les vices de forme.

Sur cette question, le Conseil d'Etat a ainsi jugé qu'en « ne recherchant pas si le vice de forme tenant à l'insuffisance de motivation de la décision attaquée avait été susceptible d'exercer une influence sur le sens de cette décision ou avait privé la société intéressée d'une garantie, circonstances qui sont sans incidence sur les conséquences qui s'attachent à une illégalité tenant en une insuffisance de motivation, la cour administrative d'appel n'a pas commis d'erreur de droit » (CE, 7 décembre 2016, requête numéro 386304, Caisse d'assurance retraite et de santé au travail).

Il faut donc toujours s'en tenir, concernant les vices de formes, à la distinction entre ceux qui présentent un caractère substantiel et ceux qui ne présentent pas ce caractère.

Exemples :
- CE, 3 juin 2013, requête numéro 342673, Commune de Lamastre (Rec. tables, p. 879 : BJDU 2013, p. 291, concl. de Lesquen ; RDI 2003, 382, obs. Soler-Couteaux) : si l'arrêté contesté ne comporte pas, en méconnaissance des dispositions de l'article 4 de la loi du 12 avril 2000, l'indication du prénom et du nom de son signataire, il ressort des pièces du dossier, notamment de la circonstance que le requérant avait été destinataire de plusieurs autres arrêtés du maire comportant ces indications, que le maire de la commune pouvait être identifié comme étant également l'autorité signataire de l'arrêté litigieux. Dès lors, la méconnaissance des dispositions susvisées n'a pas, dans les circonstances de l'espèce, revêtu un caractère substantiel justifiant l'annulation de la décision attaquée.
-CE, 11 mars 2009, requête numéro 307656, Commune d'Auvers-sur-Oise (Rec. tables, p. 607 ; JCP A 2009, comm. 2087 ; Constr.-Urb. 2009, comm. 56, note Corneille ; JCP A 2009, act. 411) : un permis de construire mentionne la qualité de son auteur, le maire de la commune d'Auvers-sur-Oise. En revanche, il ne comporte pas l'indication du nom et du prénom de celui-ci. Par ailleurs, ni la signature manuscrite, qui est illisible, ni aucune autre mention de ce document ne permet d'identifier la personne. En conséquence, le permis de construire est annulé.
-CE, 1er mars 2021, requête numéro 436013 (JCP A 2021, act. 173, obs. Erstein) : le premier alinéa de l'article 4 de la loi n° 2000-321 du 12 avril 2000, aujourd'hui codifié à l'article L. 111-2 du Code des relations entre le public et l'administration, qui garantit à toute personne, dans ses relations avec une autorité administrative, le droit de connaître le prénom, le nom, la qualité et l'adresse administratives de l'agent chargé d'instruire sa demande ou de traiter l'affaire qui la concerne, est applicable à toutes les procédures dans le cadre desquelles un agent est chargé du traitement d'une affaire, y compris les procédures disciplinaires. Toutefois, la méconnaissance de ces dispositions est, par elle-même, sans incidence sur la légalité de la décision prise, au terme de la procédure, par l'autorité administrative compétente. Ainsi, l'absence des mentions exigées sur un compte-rendu établi après un manquement à la discipline reproché à un détenu n'affecte pas la régularité de la décision de sanction prise à son terme.

De même, il ne saurait être reproché à une autorité administrative le non-respect d'une règle de forme dont l'accomplissement se révèle, pour une raison ou pour une autre, impossible.

Exemple :
- CE, 10 avril 2002, requête numéro 226352, Société des agrégés de l'Université : si l'article L. 311-5 du code de l'éducation, dispose que « les avis et propositions du conseil national des programmes sont rendus publics », aucune disposition législative ou règlementaire ne définit les modalités de cette publicité. Par suite, la circonstance qu'elle n'aurait pas été assurée préalablement à l'intervention des arrêtés du ministre de l'Education nationale modifiant les programmes de certains enseignements n'est pas de nature à entacher d'illégalité lesdits arrêtés.

§ II – Moyens touchant à la légalité interne de l'acte attaqué

508.- Eléments contrôlés.- Les juges contrôlent la légalité interne des actes administratifs unilatéraux à trois niveaux différents : ils contrôlent le contenu de l'acte, les mobiles de son auteur, ainsi que ses motifs.

I – Contrôle du contenu de l'acte

509.- Violation directe de la loi.- Le juge contrôle d'abord « la violation directe de la loi », c'est-à-dire qu'il confronte le contenu de l'acte attaqué aux règles juridiques qui sont supérieures à cet acte, qu'il s'agisse d'une norme constitutionnelle, internationale, législative, réglementaire ou encore d'un principe général du droit, ce qui ne présente pas de difficulté majeure.

Exemple :
- CAA Bordeaux, 9 novembre 2000, requête numéro 97BX31632, Signon : une mesure de suspension d'un fonctionnaire n'étant pas une sanction disciplinaire, les dispositions de la loi du 3 août 1995 portant amnistie ne sauraient trouver application en l'espèce.

II – Contrôle des mobiles de l'auteur de l'acte

510.- Détournement de pouvoir.- Dans ce cas de figure, qui a été visé pour la première fois dans l'arrêt du Conseil d'Etat Pariset du 26 novembre 1875 (requête numéro 47544 : Rec. p.934, concl. David), l'acte contesté a toutes les apparences de la légalité. Il est toutefois censuré s'il apparaît que l'auteur de l'acte a utilisé ses pouvoirs dans un but autre de celui pour lequel ils lui ont été conférés.

511.- Volonté de favoriser ou de nuire à des intérêts privés.- Dans certains cas, le pouvoir est utilisé dans l'intérêt personnel de l'auteur de l'acte ou pour favoriser ou pour nuire à d'autres intérêts privés.

Exemples :
- CE, 23 avril 1997, requête numéro 115523, Commune des Gets (Rec. p. 662) : est en cause en l'espèce un arrêté municipal qui avait décidé du transfert sur un nouvel emplacement du marché hebdomadaire de la commune. Les juges relèvent que cet arrêté avait eu pour motif, non de remédier aux difficultés de stationnement alléguées par la commune, mais de protéger les intérêts des commerçants sédentaires de la localité. En effet, les difficultés de stationnement et de circulation des véhicules aux abords de la place où se tenait le marché avait pour cause l'abandon, décidé à l'initiative des commerçants sédentaires, du plan de circulation qui y avait remédié. Ainsi l'arrêté est entaché de détournement de pouvoir et encourt l'annulation (V. aussi, CE Sect, 25 janvier 1991, requête numéro 80969, Brasseur, préc.).
- CE, 17 septembre 1999, requête numéro 176174, Nasica et a. (AJDI 2000, p. 131, note Hostiou) : est illégale l'opération d'expropriation visant à satisfaire exclusivement les intérêts privés d'un habitant de la commune concernée en permettant le désenclavement de sa propriété.

-TA Lille, 13 février 2017, requête numéro 1701245, Association secours catholique (JCP A 2017, comm. 2015, obs. Untermaier-Kerléo) : l'arrêté par lequel le maire de Calais a autorisé ses services à occuper le domaine public communal pour poser une benne à matériaux devant l'un des accès desservant des locaux du Secours Catholique avait pour objet d'empêcher l'accès d'un camion transportant une construction modulaire destinée à compléter un dispositif de douches à destination des migrants. Il est entaché, en conséquence, d'un détournement de pouvoir.

512.- Volonté de privilégier un intérêt public autre que celui pour lequel l'auteur de l'acte est habilité à agir.- Dans d'autres cas, l'acte administratif est pris dans un intérêt public, mais qui n'est pas celui pour lequel les pouvoirs nécessaires pour prendre l'acte ont été conférés à son auteur.

Exemples :
- CE, 26 novembre 1875, requête numéro 47544, Pariset (préc.) : un préfet ne pouvait légalement faire usage de son pouvoir de police des établissements dangereux, incommodes ou insalubres pour éviter à l'Etat d'indemniser les industriels dont les usines étaient concernées par l'institution du monopole de la fabrication des allumettes.
- CE, 20 mars 1953, Bluteau (Rec. p.590 ; S. 1953, III, p. 80) : le Conseil d'Etat censure une déclaration d'utilité publique, au motif que cette décision avait pour seul objet de faire réaliser des économies à l'Etat en lui permettant de s'affranchir des clauses d'un bail. Or, même s'il s'agit à l'évidence d'un intérêt public, cet intérêt n'est pas celui pour la défense duquel une telle procédure a été instituée.

Toutefois, le détournement de pouvoir ne sera pas retenu si l'auteur de l'acte poursuit également un but légal considéré comme déterminant. Dans ce cas, les objectifs qui pourraient caractériser un détournement de pouvoir seront jugés surabondants.

Exemple :
- CE, 20 juillet 1971, requête numéro 80804, Ville de Sochaux : Rec. p. 561 ; AJDA 1972, p. 227, note Homont) : en acceptant l'offre d'une société privée de procéder à un échange de terrains et de financer sur ses fonds le coût d'une opération d'expropriation, l'Etat s'est proposé de réaliser celle-ci dans les meilleures conditions financières. L'avantage des finances publiques n'ayant cependant pas été le motif déterminant de l'expropriation, celle-ci n'est pas entachée de ce fait d'illégalité. Le Conseil d'Etat relève également que si la déviation dont la construction est projetée procure à la Société des automobiles Peugeot un avantage direct et certain, il est conforme à l'intérêt général de satisfaire à la fois les besoins de la circulation publique et les exigences du développement d'un ensemble industriel qui joue un rôle important dans l'économie régionale.

513.- Détournement de procédure.- Il existe une hypothèse proche de celle du détournement de pouvoir qui est celle du détournement de procédure. Dans ce cas, l'administration utilise, pour arriver à un but précis, une procédure réservée par les textes à des fins autres que celles qu'elle poursuit, ce qui lui permettra d'éviter d'accomplir les formalités plus lourdes prévues par la procédure qui aurait normalement dû être utilisée.

Exemples :
- CE, 16 janvier 1998, requête numéro 168168, SIVOM du canton d'Accous (Constr.-urb. 1998, 204) : est annulée la déclaration d'utilité publique prononcée dans le seul but de modifier les règles applicables à un lotissement et d'éviter d'utiliser une procédure qui aurait engendré davantage de difficultés pour la collectivité.
- CE, 9 octobre 2019, requête numéro 422874, CNRS : il résulte de l'article 8 de la loi n° 2012-347 du 12 mars 2012 que lorsqu'un agent demande la transformation de son contrat en contrat à durée indéterminée, il appartient au juge administratif, saisi par l'intéressé, de rechercher, en recourant au besoin à la méthode du faisceau d'indices, si en dépit de l'existence de plusieurs employeurs apparents, l'agent peut être regardé comme ayant accompli la durée nécessaire de services publics effectifs auprès d'un employeur unique. Le choix du CNRS de conclure avec un autoentrepreneur un contrat de prestation de services avait pour objectif de ne pas dépasser la durée de six années de services publics effectifs mentionnée à l'article 8 précité. Par ailleurs, cet autoentrepreneur avait pour unique client le CNRS et a rempli une mission en continuité avec une précédente mission effectuée dans le cadre d'un contrat à durée déterminée conclu avec le CNRS. Dès lors, en jugeant que le recours à un contrat de prestation de services était entaché de détournement de procédure dans le but de ne pas le faire bénéficier d'un contrat à durée indéterminée en application des dispositions précitées, la cour n'a pas dénaturé les faits qui lui étaient soumis.

514.- Assimilation possible du détournement de procédure à une erreur de droit.- Le détournement de procédure peut dans certains cas être assimilé à une erreur de droit, lorsque l'auteur de l'acte n'est pas mu pas une intention coupable, c'est-à-dire lorsqu'elle résulte exclusivement d'une mauvaise interprétation des textes.

515.- Difficultés de preuve.- Il est primordial de relever qu'il est très rare que le juge censure un détournement de pouvoir, dès lors que celui-ci est suffisamment bien camouflé. Cette difficulté tient au fait que l'illégalité repose non pas sur un élément matériel, mais sur un élément psychologique. Cet élément n'apparaît pas dans l'acte lui-même, mais dans les intentions de l'auteur de l'acte, ce qui pose un problème de preuve souvent insurmontable.

III – Contrôle des motifs de l'acte

516.- Recherche de la cause de l'acte.- Le contrôle des motifs de l'acte administratif conduit les juges à rechercher la cause de l'acte, c'est-à-dire ce pourquoi il a été pris, au regard des éléments qu'il contient.

Depuis l'arrêt d'Assemblée Perrot du 12 janvier 1968 (requête numéro 70951 : Rec. p. 39 ; AJDA 1969, p. 179, concl. Kahn), le Conseil d'Etat estime que si la décision contestée est fondée, dès l'origine, sur plusieurs motifs dont certains sont erronés, il appartient juge de rechercher, en fonction du dossier, si en ne retenant que les motifs valides l'administration aurait pris ou non la même décision. Si tel est le cas, les moyens tirés des erreurs qui entacheraient le ou les autres motifs seront regardés comme inopérants.

517.- Injonctions d'instruction.- Il faut relever que si les motifs n'apparaissent pas clairement dans la décision, le juge peut ordonner un supplément d'instruction en vue de demander à l'administration de les préciser. En cas de silence de l'administration le juge présumera exacts les motifs allégués par le requérant qui les conteste (CE Ass., 28 mai 1954, requête numéro 28238, requête numéro 28493, requête numéro 28524, requête numéro 30237, requête numéro 30256, Barel et a., préc.).

518.- Substitution de motifs.- Dépassant le cadre de la jurisprudence Perrot, le Conseil d'Etat a admis que le juge de l'excès de pouvoir a la possibilité de procéder, à la demande de l'administration, à une substitution des motifs de la décision attaquée. Cette solution a été admise à l'occasion de l'arrêt Hallal du 6 février 2004 (requête numéro 240560 : Rec. p.48, concl. Silva ; RFDA 2004, p.740, concl. Silva ; AJDA 2004, p.436, chron. Donnat et Casas ; JCPA, 1154, note Tchen) dont il résulte que l'illégalité des motifs de la décision peut être régularisée si son auteur invoque, durant l'instruction, un ou plusieurs motifs de droit ou de fait qui sont susceptibles de la fonder légalement. Elle ne peut être demandée que par l'auteur de la décision attaquée et, par conséquent, le juge n'a pas le pouvoir d'invoquer d'office la substitution de motifs (CE, 5 février 2014, requête numéro 367815, Société Pludis), sauf dans les cas où la décision a été prise dans l'exercice d'une compétence liée (CE, 7 janvier 1983, requête numéro 26725, Ministre de l'industrie c/ Sogeba : Rec. p.1).

En outre, cette possibilité est soumise au respect de quatre conditions :

-Les motifs invoqués ne doivent pas être postérieurs à l'acte contesté (ce qui est lié au fait qu'en matière de recours pour excès de pouvoir la légalité de la décision s'apprécie à la date à laquelle elle a été prise) ;

-Le requérant ne doit pas être privé d'une garantie procédurale (par exemple de la consultation de la commission du titre de séjour pour un étranger auquel a été refusé un titre de séjour : CAA Paris, 20 juin 2005, requête numéro 04PA03625, Erdogan) ;

-Le requérant doit avoir été mis à même de présenter ses observations sur la substitution demandée (V. par ex. CE, 4 février 2013, requête numéro 346584, Section de commune de Brousse-et-Selves) ;

-Le juge doit apprécier si l'administration aurait pris la même décision si elle s'était fondée initialement sur ce motif.

519.- Substitution de base légale.- Le juge de l'excès de pouvoir peut, de la même façon, procéder à une substitution de base légale « lorsqu'il constate que la décision contestée devant lui aurait pu être prise, en vertu du même pouvoir d'appréciation, sur le fondement d'un autre texte que celui dont la méconnaissance est invoquée ». (CE Sect., 3 décembre 2003, requête numéro 240267, Préfet de Seine-Maritime c. El Bahi : Rec. p. 479, concl. Stahl ; AJDA 2004, p.202, chron. Donnat et Casas ; RFDA 2003, p.733, concl. Stahl). Cette solution s'applique également dans le cadre du plein contentieux (CE, 22 mai 2012, requête numéro 344589, Mari : Rec. p. 226). Contrairement à l'hypothèse de la substitution de motif, il peut procéder d'office à la substitution de base légale (CE, 12 juillet 2013, requête numéro 348967, Commune de Chasse-sur-Rhône). Dans cette hypothèse également, le principe du contradictoire doit être respecté et il est exigé que l'intéressé ait bénéficié des garanties dont est assortie l'application du texte sur le fondement duquel la décision aurait dû être prononcé.

Exemple :
- CE, 25 septembre 2009, requête numéro 311597, Vergerau : en utilisant ses pouvoirs de police générale pour suspendre un médecin le préfet n'a pas fait bénéficier le requérant des garanties prévues par l'article L. 4113-14 du Code de la consommation. En effet, cet article prévoit que le médecin doit être auditionné dans un délai de trois jours à compter de la décision et que la période de suspension est limitée à cinq mois. La substitution de base légale est donc impossible.

520.- Eléments contrôlés. Les raisons de l'adoption d'un acte administratif apparaissent au terme d'un syllogisme, dont chaque étape peut receler une erreur :

1. Une règle de droit prévoit telle chose. A ce niveau, une erreur de droit peut être commise.

2. Les faits de l'espèce sont les suivants. Ici, le juge peut censurer une erreur de fait.

3. Compte tenu des deux premiers éléments, la décision de l'administration est la suivante. A ce niveau, le juge peut censurer une erreur sur la qualification juridique des faits.

A – Erreur de droit

521.- Détournement de procédure.- L'erreur de droit est fréquemment sanctionnée par le juge administratif et elle peut être liée à plusieurs causes différentes. Elle peut, comme on l'a déjà évoqué, résulter d'un détournement de procédure.

522.- Défaut de base légale.- Un autre cas est celui d'un défaut de base légale de la décision contestée, dans les hypothèses où l'administration a mis en œuvre une norme inexistante ou, le plus souvent, inapplicable.

Exemple :
- CE Ass., 2 février 1987, requête numéro 81131, requête numéro 82432 requête numéro 82437 requête numéro 82443, Société TV6 et a. (Rec. p.28 ; AJDA 1987, p.314, chron. Azibert et de Boisdeffre ; Droit adm. 1987, comm. 155 ; RFDA 1987, p.29, concl. Fornacciari) : est entaché d'erreur de droit le décret résiliant le contrat de

concession d'une chaîne de télévision privée fondé sur un projet de loi non encore adopté.
- CE, 28 décembre 2001, requête numéro 223892, Franzetti : est dépourvue de base légale et est donc illégale une décision de l'autorité de régulation des télécommunications relative à l'utilisation des installations de radioamateurs, fondée sur un arrêté ministériel précédemment annulé par le Conseil d'Etat.

523.- Acte pris conformément à une norme illégale.- Le troisième cas est celui où l'administration a pris une décision, conformément à une norme qui est, elle, illégale en raison de sa non-conformité avec une norme supérieure.

Exemple :
- CE, 10 novembre 1997, requête numéro 175804, Gherbi : est illégal un arrêté de reconduite à la frontière pris sur le fondement d'une décision elle-même illégale refusant à la requérante la délivrance d'un certificat de résidence.

Enfin, il y a erreur de droit lorsque l'administration a pris une décision sur le fondement d'une norme régulière, mais qu'elle a mal interprété.

Exemples :
- CE, 28 mai 1954, requête numéro 28238, requête numéro 28493, requête numéro 28524, requête numéro 30237, requête numéro 30256, Barel et a. (préc.) : le ministre chargé d'arrêter la liste des candidats admis à se présenter au concours d'entrée à l'Ecole nationale d'administration a cru pouvoir établir des discriminations en prenant en compte les opinions politiques de certains d'entre eux.
- CE, 16 février 1994, requête numéro 135733, Hayot (Rec. p.1023) : en prenant en considération l'exercice par l'agent d'un recours contentieux formé à l'encontre d'une décision du chef de juridiction dans l'appréciation de son activité professionnelle, l'auteur de la décision de notation attribuée à un magistrat a commis une erreur de droit.
- CE, 27 juillet 1990, requête numéro 65180 requête numéro 65181, Université de Paris-Dauphine (Rec. p.238 ; AJDA 1991, p.151, obs. Chevallier ; Droit adm. 1990, comm. 499 ; LPA 8 mars 1991, p.14, note Fialaire) : les textes sur l'admission des étudiants en premier ou second cycle universitaire ne prévoient aucune sélection sur la qualité des dossiers. Par conséquent, un refus d'admission prononcé pour cause de non-satisfaction à des épreuves de sélection est frappé d'erreur de droit.

524.- Incompétence négative.- Une variante de ce dernier type d'erreur de droit concerne le cas dit « d'incompétence négative » où une autorité administrative méconnaît l'étendue de sa compétence lorsqu'elle se croit, à tort, tenue de prendre une décision dans un sens donné. Cette confusion entre pouvoir discrétionnaire et compétence liée est sanctionnée par le juge de l'excès de pouvoir.

Exemple :
- CE Sect., 20 juin 2003, requête numéro 248242, Stilinovic (Rec. p.258, concl. Lamy ; AJDA 2003, p. 1334, chron. Donnat et Casas) : dans une affaire mettant en cause une décision sanctionnant un magistrat, le garde des Sceaux doit être regardé comme ayant renoncé à exercer le pouvoir d'appréciation qui lui appartient de mettre en œuvre

lorsque, après avoir fait savoir publiquement qu'il se conformerait à l'avis du Conseil supérieur de la magistrature, il s'est entièrement approprié les motifs et la portée de l'avis rendu par cette institution. Le garde des Sceaux a, dans ces conditions, méconnu l'étendue de sa compétence et entaché sa décision d'une erreur de droit. On peut en effet considérer qu'il a renoncé à exercer le pouvoir discrétionnaire qui lui est reconnu par les textes pour se prononcer dans le cadre d'une compétence liée.

B – Erreur de fait

525.- Faits erronés.- L'acte administratif contesté est annulé s'il apparaît que les faits qui servent de fondement à la décision sont erronés, comme cela a été précisé par le Conseil d'Etat dans son arrêt Camino du 14 janvier 1916 (requête numéro 59619, requête numéro 59679 : Rec. p. 15 ; RDP 1917, p. 463, concl. Corneille, note Jèze ; S. 1922, III, p.10, concl. Corneille).

Dans cette affaire, le Conseil d'Etat était saisi d'un recours contre une décision gouvernementale révoquant un maire au motif qu'il n'aurait pas veillé, comme la loi le lui impose, à la décence d'un convoi funèbre. En effet, il aurait fait passer le cercueil par une brèche ouverte dans le mur d'enceinte du cimetière et fait creuser une fosse trop petite pour marquer son mépris vis-à-vis du défunt. Or, ces faits étaient matériellement inexacts, ce qui justifie l'annulation de l'acte de révocation.

C – Erreur de qualification juridique des faits

526.- Contrôle opéré par le juge.- La qualification juridique des faits est l'opération par laquelle l'administration décide d'appliquer une règle de droit déterminée aux faits de l'espèce. Si les faits sont mal qualifiés, l'acte contesté sera annulé.

Cette notion a été précisée par le Conseil d'Etat dans son arrêt du 4 avril 1914 Gomel (requête numéro 55125 : Rec. p.488 ; S. 1917, III, p.25, note Hauriou).

Le Conseil d'Etat était saisi, dans cette affaire, d'un recours pour excès de pouvoir dirigé contre une décision rejetant une demande de permis de construire. Cette décision était motivée par le fait que la construction projetée aurait porté atteinte à une perspective monumentale. La question qui se posait alors était de savoir si la place sur laquelle était projetée la construction formait une perspective monumentale, et dans l'affirmative si la construction projetée portait atteinte à cette perspective. Autrement dit, le problème consistait à déterminer si les faits de l'espèce avaient été correctement qualifiés par l'administration et justifiaient ainsi la décision prise.

Le Conseil d'Etat a estimé en l'espèce que la place Beauveau ne pouvait être regardée dans son ensemble comme présentant une perspective monumentale. Par conséquent, le préfet de la Seine avait excédé ses pouvoirs en refusant l'autorisation de construire un immeuble sur cette place, par le motif qu'il serait porté atteinte à une perspective monumentale.

Section II – Etendue du contrôle juridictionnel

527.- Une problématique concentrée sur l'opération de qualification juridique des faits.- La question de l'étendue du contrôle juridictionnel concerne exclusivement l'opération de qualification juridique des faits. Elle donne lieu à des solutions nuancées inspirées à la fois par la nécessité d'assurer un contrôle de légalité efficace de l'activité administrative, et par la volonté de laisser une certaine marge de manœuvre à l'administration dans son action.

L'étendue du contrôle juridictionnel dépend principalement de la nature du pouvoir exercé par l'auteur de l'acte : le contrôle sera plus strict dans l'hypothèse d'une compétence liée qu'en cas d'exercice d'un pouvoir discrétionnaire. En outre, dans cette seconde hypothèse, l'intensité du contrôle du juge sur la qualification juridique des faits est variable.

§I – Pouvoir discrétionnaire et compétence liée

528.- Point commun.- Il s'agit de deux hypothèses dans lesquelles l'administration, devant une situation donnée, a une possibilité de choix de décisions limitée.

529.- Notion de pouvoir discrétionnaire.- Le pouvoir discrétionnaire se caractérise par la possibilité ouverte à l'administration, non pas de choisir n'importe quelle décision, mais de choisir entre au moins deux décisions qui seront également conformes à la légalité.

Ainsi, par exemple, l'administration a légalement le choix entre poursuivre et ne pas poursuivre un agent coupable de manquement à la discipline. De même, en cas de poursuites disciplinaires, le comportement de l'agent peut donner lieu au prononcé de sanctions plus ou moins sévères prévues par les textes.

530.- Notion de compétence liée.- En cas de compétence liée, en revanche, l'administration ne dispose d'aucune marge de manœuvre dans la prise de décision.

Exemples :
- CE, 8 octobre 2001, requête numéro 21770, Union française contre les nuisances des aéronefs (Rec. p. 457) : la commission nationale du débat public a compétence liée pour refuser l'organisation d'un débat après la publication de la décision arrêtant les caractéristiques principales d'un projet d'aménagement.
- CE, 22 avril 1992, requête numéro 99671, Frady (JCP G 1992, IV, p. 211) : l'administration a une compétence liée pour radier des cadres un fonctionnaire déchu de ses droits civiques (V. aussi CE, 10 décembre 2020, requête numéro 437034, Chambre de métiers et de l'artisanat des Vosges).

531.- Des modalités de contrôle différentes.- Il est logique, compte tenu de ces différences, que le juge administratif contrôle de façon plus souple l'administration lorsqu'elle utilise un pouvoir discrétionnaire que lorsqu'elle est en situation de compétence liée.

Ainsi, en cas de compétence liée, l'acte sera annulé si l'administration prend une décision autre que celle qu'elle était tenue de prendre. Dans l'hypothèse contraire, les moyens de légalité externe par lesquels le requérant contesterait la légalité de la décision prise seraient voués à l'échec. Le juge les déclarera « inopérants », quand bien même ils seraient fondés, ce qui se justifie par le fait qu'il est inutile de demander l'annulation d'une décision qui ne pouvait pas ne pas être prise (CE, 3 janvier 1999, requête numéro 149722, Montaignac : Rec. p. 6 ; AJDA 1999, p. 457, note Raynaud et Fombeur).

En cas de compétence discrétionnaire, l'administration aura commis une erreur de droit si elle prend une décision qu'elle se croyait tenue de prendre. Il s'agit de l'hypothèse d'incompétence négative évoquée plus haut. A l'opposé, il serait logique de considérer que le requérant est irrecevable à contester le choix réalisé par l'administration entre les deux possibilités - ou plus - qui lui étaient ouvertes. En effet, une telle contestation paraît porter davantage sur l'opportunité de la décision prise, plus que sur sa légalité. Pourtant, en général, le juge accepte de contrôler, de façon plus ou moins approfondie, la qualification juridique des faits opérée par l'administration.

§II – Modalités d'exercice du contrôle juridictionnel

532.- Un contrôle d'intensité variable.- Selon les cas, les juges opèrent un contrôle normal ou un contrôle restreint de la qualification juridique des faits opérée par l'administration. Il existe toutefois également des modalités particulières de contrôle.

I– Contrôle normal et contrôle restreint

533.- Contrôle normal en cas de compétence liée.- La question de la variation de l'étendue du contrôle de la qualification juridique des faits concerne les hypothèses où la décision contestée a été prise dans l'exercice du pouvoir discrétionnaire. En effet, en cas de compétence liée, ce contrôle est forcément opéré, puisque l'administration ne dispose d'aucun pouvoir d'appréciation et qu'elle n'a pas d'autre choix que d'appliquer à une situation donnée une solution précise.

Dans ce cas, les juges mettent en œuvre un contrôle normal qui implique, comme on l'a vu, la censure de toutes les erreurs de qualification commises par l'autorité compétente, même si elles ne présentent pas un caractère manifeste.

534.- Contrôle restreint en cas de pouvoir discrétionnaire.- S'agissant du pouvoir discrétionnaire, les juges opèrent en principe un contrôle restreint. Cependant, la notion même de contrôle restreint a évolué dans le sens d'un accroissement des contrôles opérés par les juges.

Traditionnellement, lorsqu'ils devaient contrôler un acte pris dans l'exercice d'un pouvoir discrétionnaire, les juges refusaient d'opérer un contrôle de la qualification juridique des faits.

Exemple :
- CE, 6 avril 1973, requête numéro 86690, Jacques (Rec. p.288) : est soumise au contrôle restreint du juge de l'excès de pouvoir l'appréciation à laquelle s'est livrée le ministre pour refuser à un candidat, dans l'intérêt du service, de prendre part à un concours ouvert pour le recrutement d'agents des postes et télécommunications. En d'autres termes, les juges refusent de contrôler l'adéquation de la décision prise aux faits reprochés à l'agent.

La situation a progressivement évolué puisque la règle aujourd'hui généralement appliquée dans le cadre du contrôle restreint est que le juge vérifie que l'administration n'a pas commis « d'erreur manifeste d'appréciation ».

Il en résulte que les juges censurent l'administration lorsqu'il apparaît que les faits qui servent de support à la décision ont été qualifiés de façon manifestement, c'est-à-dire gravement, erronée. En d'autres termes, l'administration a pris une décision que son pouvoir discrétionnaire lui permettait normalement de prendre, et il n'y a donc pas erreur de droit. Cependant, une erreur importante a été commise au niveau de l'appréciation des faits qui ne justifiaient pas la solution retenue.

Exemples :
- CE, 3 février 1975, requête numéro 94108, Ministre de l'Intérieur c. Pardov (Rec. p. 83 ; AJDA 1975, p. 131, chron. Franc et Boyon ; Droit social, p. 448, obs. Colson ; RCDIP 1976, p. 301, note Dubouis) : pour décider l'expulsion d'un ressortissant étranger, le ministre de l'Intérieur s'était fondé sur ce que l'intéressé était entré et séjournait en France dans des conditions irrégulières et sur ce qu'il ne se livrait à aucune activité et était dépourvu de ressources normales. En estimant que ces faits, partiellement démentis par les pièces du dossier, permettaient de considérer que la présence de l'étranger sur le territoire français constituait une menace pour l'ordre public au sens de la législation en vigueur, le ministre a commis une erreur manifeste d'appréciation.
- CE, 25 mai 1990, requête numéro 94461, Kiener (AJDA 1990, p.740, obs. Salon) : un gendarme est révoqué après avoir commis un vol dans un supermarché. Compte tenu de la faible valeur des objets volés, le juge considère qu'en révoquant le gendarme, les autorités compétentes ont commis une erreur manifeste d'appréciation (sur l'intensification du contrôle juridictionnel appliqué aux sanctions prononcées à l'encontre des fonctionnaires, V. infra).
- CE Ass., 16 décembre 1988, requête numéro 77713, Bleton (préc.) : le juge de l'excès de pouvoir exerce un contrôle restreint sur la décision de nomination au tour extérieur d'un inspecteur général des bibliothèques. En l'espèce, la décision de nomination contestée est annulée, le requérant ne possédant aucune expérience dans le domaine des bibliothèques et de l'information scientifique et technique.

535.- Hypothèses de contrôle normal appliqué au pouvoir discrétionnaire.- Il existe également des hypothèses assez nombreuses de contrôle normal appliquées à l'exercice d'un pouvoir discrétionnaire. Tel est cas, par exemple, dans l'arrêt Gomel lorsque le juge contrôle que la place Beauvau à Paris constitue ou non une perspective monumentale et si, dans l'affirmative, la construction qui y est projetée porte atteinte à cette perspective. Il en va de même, pour donner une autre illustration, concernant une décision de révocation d'un maire (CE, 22 mars 2010, requête numéro 328843, Dalongeville : JCP A 2010, comm. 2281, note Dubreuil.- CE, 19 décembre 2019, requête numéro 434071).

Par conséquent, dans l'état actuel de la jurisprudence, le principe est que lorsque le juge opère un contrôle normal, il vérifie que la décision prise est en rapport exact avec les faits. Dans le cas d'un contrôle restreint, il ne vérifie que l'absence d'une disproportion excessive entre les faits et la décision prise sur leur fondement.

II – Modalités particulières de contrôle

536.- Variations.- Dans certaines hypothèses, les juges opèrent une limitation du contrôle restreint, ou ils réalisent au contraire un contrôle maximum sur la qualification juridique des faits opérée par l'administration, dans le sens où ils vont contrôler que l'acte était le mieux adapté à la situation litigieuse et qu'il n'existait aucune autre solution plus satisfaisante.

A – Limitation du contrôle restreint

537.- Absence de contrôle de la qualification juridique des faits.- Dans différentes hypothèses - qui concernent principalement des questions techniques souvent situées à la frontière entre légalité et opportunité - le juge retient l'ancienne conception du contrôle restreint qui exclut tout contrôle de la qualification juridique des faits, y compris de l'erreur manifeste d'appréciation.

Ainsi, notamment, le juge refuse de discuter :

- Des appréciations des jurys d'examens et de concours sur la valeur des candidats. Concrètement un contrôle sur la qualification juridique des faits contraindrait le juge administratif à corriger lui-même les copies d'examens ou de concours, ce qui apparaît absolument inenvisageable (V. par exemple CE, 7 novembre 2006, requête numéro 298459, Langlois) ;

- Du choix de l'opportunité d'un tracé dans le cadre d'une opération d'aménagement (V. par exemple CE, 13 novembre 2006, requête numéro 282487, Commune de Sernhac et a.) ;

- Du choix du mode de gestion d'un service public (V. par exemple : CE, 7 juin 1995, requête numéro 143647 requête numéro 143648, Lagourgue et Mellier : CJEG 1995, p. 371, concl. Denis-Linton ; JCP G 1995, IV, comm. 1843, obs. Rouault).

B – Contrôle maximum

538.- Approfondissement du contrôle normal.- Dans certains cas, le juge administratif approfondit le contrôle normal. Il s'agit alors d'apprécier l'exacte adéquation, ou encore la parfaite proportionnalité, entre les faits et la décision prise par l'administration. Dans ce cadre, le juge va définir lui-même les conditions auxquelles est subordonné l'exercice par l'administration de son pouvoir discrétionnaire. Il va ensuite substituer son appréciation des faits à celle de l'administration et, en cas de discordance, annuler la décision qui lui est déférée.

La technique du contrôle maximum est d'abord apparue en matière de police administrative, à l'occasion de l'arrêt de Section du 15 décembre 1933, Benjamin (requête numéro 17413, requête numéro 17520 : Rec. p.541 ; S. 1934, I, concl. Michel, note Mestre ; D. 1933, III, p.354, concl. Michel.- V. infra Cinquième partie, Chapitre un, Section trois). Elle se retrouve ensuite sous la forme de la théorie du bilan, dans le domaine du contrôle des déclarations d'utilité publique. Elle est également utilisée dans plusieurs domaines, notamment celui de la police spéciale du cinéma et celui du contrôle des sanctions disciplinaires prises à l'encontre des fonctionnaires. On évoquera également le domaine du contrôle des décisions d'interdiction des publications étrangères. Si le pouvoir de pouvoir de police administrative spéciale n'existe plus dans ce domaine, cette hypothèse constitue un très bon exemple de l'approfondissement du contrôle de qualification juridique des faits opéré par le juge administratif.

1° Théorie du bilan et contrôle de la légalité interne des déclarations d'utilité publique

539.- Eléments du bilan.- Il s'agit ici d'établir un bilan entre les avantages présentés par la solution retenue et les inconvénients qui en résultent. Si le bilan est négatif, le juge estime qu'une erreur de qualification juridique des faits a été commise, et l'acte contesté est annulé.

La théorie du bilan trouve son champ d'élection dans le domaine du droit de l'expropriation, pour le contrôle des déclarations d'utilité publique, en application de la solution dégagée par l'arrêt d'Assemblée du Conseil d'Etat du 28 mai 1971, Fédération de défense des personnes concernées par le projet actuellement dénommé Ville Nouvelle Est (requête numéro 78825 : Rec. p. 409, concl. Braibant ; D. 1972, jurispr. p. 194, note Lemasurier ; RDP 1972, p. 454, note Waline ; AJDA 1971, p. 404, chron. Labetoulle et Cabanes, concl. Braibant ; Rev. adm. 1971, p. 422, concl. Braibant ; JCP 1971, II, comm. 16873, note Homont ; CJEG 1972, p. 35, note Virole).

Il résulte de cet arrêt qu'une « opération ne peut être légalement déclarée d'utilité publique que si les atteintes à la propriété privée, le coût financier et éventuellement les inconvénients d'ordre social qu'elle comporte ne sont pas excessifs eu égard à l'intérêt qu'elle présente ».

Cette formule a été quelque peu modifiée à l'occasion de l'arrêt de Section Société civile Sainte-Marie de l'Assomption du 20 octobre 1972, le Conseil d'Etat ajoutant à la formule de l'arrêt de 1971 la prise en compte de « l'atteinte à d'autres intérêts publics » (requête numéro 78829 : Rec. p. 657, concl. Morisot ; RDP 1973, p. 843, concl. Morisot ; AJDA 1972, p. 576, chron. Cabanes et Léger : JCP G 1973, II, 17470, note Odent ; CJEG 1973, p. 60, note Virole).

Plus récemment, elle a été complétée par la prise en compte de « la mise en cause de la protection et de la valorisation de l'environnement » (CE, 10 mars 2010, requête numéro 314114, requête numéro 314476, requête numéro 314463, requête numéro 314477, requête numéro 314581, Alsace nature : Rec. tables p.672 ; BJCL 2010, p. 170, concl. Roger-Lacan, obs. M.G. ; Constitutions 2010, 433, obs. Aguila ; JCP A 2011, act. 239 ; JCP G 210, comm. 741 ; Nouv. Cah. Cons. const. 2010, p. 268, note Vidal-Naquet).

Exemple :
-CE, 5 mars 2021, requête numéro 424323, Commune de Bonrepos Riquet et a. : eu égard à l'intérêt public que présente un projet de création d'une liaison à 2 fois 2 voies, à son importance et aux mesures qui l'accompagnent pour éviter, réduire ou compenser ses effets sur la faune, la flore et les zones humides, les inconvénients qu'il présente, notamment en termes de coût, d'atteintes portées à la propriété privée, lesquelles concernent essentiellement des surfaces non bâties, de conséquences pour l'environnement et les monuments classés ou inscrits ne présentent pas un caractère excessif de nature à retirer à un projet de création d'une liaison à 2 fois 2 voies son caractère d'utilité publique.

Enfin, « dans l'hypothèse où un projet comporterait un risque potentiel justifiant qu'il soit fait application du principe de précaution, cette appréciation est portée en tenant compte, au titre des inconvénients d'ordre social du projet, de ce risque de dommage tel qu'il est prévenu par les mesures de précaution arrêtées et des inconvénients supplémentaires pouvant résulter de ces mesures et, au titre de son coût financier, du coût de ces dernières » (CE, 12 avril 2013, requête numéro 342409, requête numéro 342569, requête numéro 342689, requête numéro 342740, requête numéro 342748, requête numéro 342821, Association coordination interrégionale stop THT et a. c/ Ministre de l'Ecologie, Développement durable, Energie, préc.- V. aussi CE, 11 mai 2016, requête numéro 384608, CE, 19 octobre 2018, requête numéro 411536, Association Rassemblement pour l'évitement des lignes électriques dans le Nord).

Les juges vont donc substituer leur appréciation à celle de l'administration, ce qui donne lieu à une jurisprudence casuistique.

540.- Paradoxe de la théorie du bilan.- Cependant, si l'apparition de la théorie du bilan paraît avantageuse pour les requérants, elle aboutit assez peu fréquemment, dans la pratique, à des annulations. Une étude approfondie de la jurisprudence permet ainsi d'observer que plus une opération est d'envergure, plus le juge aura tendance à estimer que les avantages qu'elle présente sont supérieurs aux inconvénients occasionnés. Dans la plupart des cas, seules les erreurs manifestes sont sanctionnées ce qui, de façon tout à fait paradoxale, rapproche le contrôle maximum du contrôle restreint (V. sur ce point P. Wachsmann, Un bilan du bilan en matière d'expropriation : la jurisprudence Ville Nouvelle Est 30 ans après, in Gouverner, administrer, juger, Liber amicorum Jean Waline, Dalloz 2002, p. 733.- F. Melleray, Recours pour excès de pouvoir : moyens d'annulation, Répertoire Dalloz de contentieux administratif, n°51).

541.- Vers un « contrôle de légalité extrinsèque » des déclarations d'utilité publique ?.- Ceci conduit certains auteurs à défendre l'idée d'un « contrôle de légalité extrinsèque » de la déclaration d'utilité publique qui intègrerait une comparaison entre la solution retenue par l'administration et les autres options envisageables, notamment pour les ouvrages de voirie, en matière de tracé (V. en particulier B. Seiller, Pour un contrôle de la légalité extrinsèque des déclarations d'utilité publique : AJDA 2003, p. 1472). Cette solution s'inspire de celle applicable en matière de police administrative générale, le juge annulant les mesures prises par l'autorité compétente dans le cas où il apparaît qu'une décision alternative, moins attentatoire aux libertés publiques, aurait permis d'assurer la préservation de l'ordre public (sur ces questions V. infra Cinquième partie, Chapitre un, Section trois).

A l'occasion de l'arrêt époux A. du 16 octobre 2013 (requête numéro 360897 : AJDI 2014, p. 16, étude Gilbert ; RD imm. 2014, p. 32, obs. R. Hostiou) le Conseil d'Etat a eu l'occasion de rappeler que l'examen des mesures alternatives à l'expropriation relève du contrôle de la nécessité de l'opération objet de la déclaration d'utilité publique et ne doit pas être intégré dans le cadre du contrôle du bilan de cette opération.

Toutefois, la jurisprudence est plus contrastée sur cette question qu'il n'y paraît de prime abord. De fait, certaines décisions récentes du Conseil d'Etat exercent ce type de contrôle.

Exemples :
-CE, 11 avril 2018, requête numéro 401753 (JCP A 2018, act. 361 ; AJDA 2018, p. 770, obs. Pastor ; AJDA 2018, p. 1289, concl. Odinet ; BJCL n° 3/2018, p. 242, chron. Ferrari) : à propos d'une déclaration d'utilité publique relative à la construction d'une ligne TGV les juges estiment qu'il « ne ressort pas des pièces des dossiers que l'aménagement, en lieu et place des lignes projetées, des lignes existantes entre Bordeaux et Dax et entre Bordeaux et Toulouse présenterait des avantages comparables, notamment en termes de gains de temps et d'augmentation du trafic, sans procéder à des expropriations aussi importantes que celles qu'autorise le décret attaqué ».
-CE, 13 mars 2019, n° 423751 (Dr. rur. 2019, comm. 150, note Tifine) : à l'occasion du contrôle de la légalité d'une déclaration d'utilité publique relative aux travaux d'aménagement à 2X2 voies d'une route nationale le Conseil d'Etat inclut dans le contrôle du bilan de l'opération une comparaison avec les solutions alternatives qui auraient permis des résultats comparables.

Ces décisions semblent indiquer que la théorie du bilan intègre désormais la comparaison de l'opération projetée et des solutions alternatives dès lors qu'elles sont invoquées par les requérants. Il est loin d'être sûr, toutefois, que cette évolution - si elle devait être confirmée - soit aussi décisive qu'on pourrait le penser. De fait, à notre connaissance, toutes les décisions récentes et plus anciennes (V. par ex. CE, 28 décembre 2009, requête numéro 311831) qui ont emprunté cette voie ont abouti à conclure à un bilan négatif de l'opération projetée. De fait, il est certainement plus difficile pour le juge d'appréhender des alternatives à l'opération projetée dans le cadre du contrôle des déclarations d'utilité publique, que des mesures de police propres à assurer le respect de l'ordre public moins attentatoires aux libertés que celles faisant l'objet d'un recours devant lui. Comme toujours, dans la plupart des cas, en application de la théorie du bilan, seules les erreurs d'appréciation les plus manifestes semblent sanctionnées ce qui finit toujours par rapprocher le contrôle maximum du contrôle restreint

Ainsi, depuis l'arrêt Ville nouvelle-est, le juge administratif n'a censuré que très peu de projets d'envergure sur le fondement de la théorie du bilan.

Exemples :
- CE Ass., 28 mars 1997, requête numéro 170856 requête numéro 170857, Association contre le projet d'autoroute transchablaisienne et a. (Rec. p. 121 ; AJDA 1997, p. 545, obs. Chrestia ; RDP 1997, p. 1433, note Waline ; RFDA 1997, p. 739, concl. Denis-Linton, note Rouvillois ; RJE 1997, p. 397, concl. Denis-Linton) : le Conseil d'Etat annule une déclaration d'utilité publique relative à un projet de construction d'autoroute compte tenu de son caractère très coûteux et peu utile en raison de l'abandon de la partie suisse du projet.
- CE Sect., 22 octobre 2003, requête numéro 231953, Association SOS-Rivières et environnement et a. (Rec. p.417 ; AJDA 2004, p. 1193, note Hostiou ; Collectivités-intercommunalité 2004, comm. 5, obs. Erstein) : le Conseil d'Etat a considéré que le projet de construction d'un barrage ne présentait qu'une faible utilité au regard des objectifs annoncés de cette opération qui visaient à favoriser la production d'huîtres dans le bassin de Marennes-Oléron, et soutenir les débits d'étiage de la Charente et de la Boutonne. Le coût présenté par le projet ainsi que les inconvénients sur l'environnement permettaient de conclure à un bilan négatif, justifiant l'annulation de la déclaration d'utilité publique.
- CE, 15 avril 2016, requête numéro 387475, requête numéro 388441, requête numéro 388591, requête numéro 388628, requête numéro 388629, requête numéro 388656, requête numéro 390519, requête numéro 391332, Fédération nationale des associations d'usagers des transports (Rec. p. 15 ; AJDA 2016, p. 749 ; RD imm. 2019, p. 610, note Hostiou) : le coût de construction du projet de ligne à grande vitesse Poitiers-Limoges, dont le financement n'est, en l'état, pas assuré, est évalué à 1,6 milliards d'euros. Les temps de parcours affichés font l'objet d'incertitudes et l'évaluation de la rentabilité économique et sociale du projet est inférieure au niveau habituellement retenu par le gouvernement pour apprécier si une opération peut être regardée comme utile, en principe, pour la collectivité. Si le projet est principalement justifié par des considérations d'aménagement du territoire, la liaison qu'il prévoit se présente comme un simple barreau se rattachant au réseau ferroviaire à grande vitesse dont il n'est pas

envisagé le prolongement. Sa mise en œuvre aura, en outre, pour effet un report massif de voyageurs de la ligne Paris-Orléans-Limoges-Toulouse vers la ligne à grande vitesse, impliquant une diminution de la fréquence du trafic sur cette ligne et donc une dégradation de la desserte des territoires situés entre Orléans et Limoges. Enfin, en déclarant d'utilité publique et urgents les travaux de construction, dont l'engagement est envisagé entre 2030 et 2050, le gouvernement n'a pas satisfait à la réserve formulée par la commission d'enquête tendant à ce que ces travaux soient programmés à un horizon suffisamment rapproché. Ainsi, l'adoption immédiate du décret porte une atteinte très importante aux droits des propriétaires des terrains dont la déclaration d'utilité publique autorise l'expropriation dans un délai de quinze ans. Les inconvénients du projet l'emportent sur ses avantages dans des conditions de nature à lui faire perdre son caractère d'utilité publique.

2° Contrôle des décisions prises dans le cadre de la police spéciale du cinéma

542.- Des solutions inspirées par la théorie du bilan.- La police spéciale du cinéma relève actuellement de la compétence du ministre de la Culture. Elle consiste, pour l'essentiel, à délivrer des visas d'exploitation aux œuvres cinématographiques, lesquels peuvent être notamment assortis d'une restriction d'âge ou d'un classement X.

Le Conseil d'Etat a développé une nouvelle hypothèse de contrôle maximum à l'occasion de son arrêt d'Assemblée du 24 janvier 1975, Société Rome Paris films qui concernait un recours pour excès de pouvoir dirigé contre une décision refusant de délivrer un visa d'exploitation et d'exportation à un film (requête numéro 72868 : Rec. p. 57 ; RDP 1975 p. 286, concl. Rougevin-Baville ; Gaz. Pal. 1975 jur., p. 385 et doctr., p. 350, chron. Mourgeon ; JCP 1976, II, 18395, note Bazex).

La législation relative à la police du cinéma se bornait à attribuer ce pouvoir au ministre de l'Information, sans préciser que son exercice était soumis à des conditions de fond particulières. Le Conseil d'Etat a adopté une démarche constructive en estimant, alors même que la loi ne posait aucune condition, que le ministre était tenu « de concilier les intérêts généraux dont il a la charge avec le respect dû aux libertés publiques et notamment la liberté d'expression ».

Comme dans la théorie du bilan, le juge a établi lui-même les critères qui lui permettent d'apprécier la légalité de l'acte contesté. En cas de divergence d'appréciation, il censure cet acte. Il passe alors d'un contrôle restreint à un contrôle maximum. Il s'agit ici, comme en matière de police administrative, d'un « contrôle de légalité extrinsèque », le Conseil d'Etat envisageant les alternatives possibles à la décision prise par le ministre.

543.- Une jurisprudence casuistique.- Le juge est allé encore plus loin dans cette voie en contrôlant, au regard de critères plus précis, la pertinence des restrictions liées à l'âge, notamment en raison du contentieux généré par la très active Association « promouvoir » qui s'est fait une spécialité des recours contre les mesures prises dans ce domaine qu'elle considère comme étant trop laxistes (CE

Sect., 30 juin 2000, n° 222194, n° 222195, Association Promouvoir et a. : Rec. p. 265, concl. Honorat ; AJDA 2000, p. 609, chron. Guyomar et Collin ; LPA 15 décembre 2000, p. 9, note Lecucq ; RFDA 2000, p. 1282, note Canedo ; RFDA 2000, p. 1311, note Morange).

Exemples :
-CE, 4 février 2004, requête numéro 261804, Association promouvoir (JCP G 2004, II, comm. 10045, note Tifine) : il s'agissait de déterminer, dans cette affaire, s'il y avait lieu d'annuler un arrêté du ministre de la Culture accordant un visa d'exploitation assorti d'une interdiction aux moins de seize ans au film Ken Park. Dans son arrêt, le Conseil d'Etat a très précisément décrit le contenu du film pour décider s'il devait être interdit au moins de 16 ans, aux moins de 18 ans, ou classé X. En l'espèce, l'arrêté est annulé, le Conseil d'Etat estimant - en utilisant une grille d'interprétation qu'il a lui-même défini faisant notamment référence à la présence de « scènes de sexe non simulées » - que le film aurait dû être interdit aux moins de 18 ans.
- CE, 1er juin 2015, requête numéro 372057, Association promouvoir (Dr. adm. 2015, comm. 65, note Quiriny) : à l'occasion du recours dirigé contre le visa d'exploitation assorti d'une interdiction aux moins de 16 ans et d'un avertissement délivré au film « saw 3D chapitre final » le Conseil d'Etat précise la méthodologie que doit suivre le juge administratif lorsque se pose la question d'un film comportant des scènes violentes, à l'exclusion de toutes scènes de sexe non simulées. Dans un premier temps, le Conseil d'Etat considère qu'il appartient au juge de rechercher la présence de « l'existence de scènes de très grande violence justifiant une interdiction de la projection à des mineurs ». Dans l'hypothèse où le juge retient une telle qualification, il lui revient ensuite « d'apprécier la manière dont ces scènes sont filmées et dont elles s'insèrent au sein de l'œuvre considérée », pour déterminer quel est le classement le plus approprié. Mais dès lors que ces scènes existent, il ne peut s'agir que d'une interdiction aux moins de 18 ans ou un classement « X », contrairement à ce qui avait été retenu par les juges du fond. En l'espèce, c'est une simple interdiction du film aux moins de 18 ans qui a été jugée pertinente par le Conseil d'Etat.
- CE, 5 avril 2019, requête numéro 417343, SARL Margo Cinéma (AJDA 2019, p. 1761, note Le Roy ; Dr. adm. 2019, comm. 39, note Eveillard ; JCP A 2019, comm. 2250, note Otero) : le visa d'exploitation du film « Salafistes » avait été assorti d'une interdiction de représentation aux mineurs de dix-huit ans et d'un avertissement. Le tribunal administratif de Paris avait annulé ce visa en tant seulement qu'il était assorti d'une interdiction aux mineurs de dix-huit ans mais la cour administrative d'appel de Paris avait ensuite annulé ce jugement. Le Conseil d'Etat considère que lorsque sont en cause des films à caractère documentaire, « qui visent à décrire la réalité des situations dont ils portent témoignage et qui ont ainsi pour objet de contribuer à l'établissement et à la diffusion de connaissances, l'appréciation doit être portée par le ministre, sous le contrôle du juge de l'excès de pouvoir, compte tenu de la nécessité de garantir le respect de la liberté d'information, protégée notamment par l'article 11 de la Déclaration des droits de l'homme et du citoyen de 1789 et par l'article 10 de la Convention européenne de sauvegarde des droits de l'homme et des libertés fondamentales ». Il s'agit donc d'établir un bilan entre l'objectif de protection de la jeunesse et la liberté d'information. Le Conseil d'Etat estime que le contenu de l'œuvre est « de nature à faire comprendre, y compris par des spectateurs âgés de moins de dix-huit ans, l'objectif d'information et de

dénonciation poursuivi par l'œuvre documentaire, qui concourt ainsi à l'établissement et à la diffusion de connaissances sans présenter la violence sous un jour favorable ni la banaliser ». Le Conseil d'Etat fait donc prévaloir la liberté d'information et il annule l'arrêt de la cour administrative d'appel de Paris.

544.- Mise en œuvre de critères définis par le pouvoir réglementaire.- On relèvera ici que le décret n° 2017-150 du 8 février 2017 a voulu préciser les critères de classification des œuvres cinématographiques. L'article 211-12, II du Code du cinéma et de l'image animée, qui s'inspire largement de la jurisprudence du Conseil d'Etat, précise quels sont les critères que doit prendre en considération l'autorité compétente lors du choix de la mesure de classification la plus adaptée, pour des motifs tirés de la protection de l'enfance et de la jeunesse ou du respect de la dignité humaine. Il prévoit notamment que « lorsque l'œuvre ou le document comporte des scènes de sexe ou de grande violence qui sont de nature, en particulier par leur accumulation, à troubler gravement la sensibilité des mineurs, à présenter la violence sous un jour favorable ou à la banaliser » l'œuvre ne peut faire l'objet que de l'une des deux mesures d'interdiction de représentation aux mineurs de dix-huit ans.

545.- Ultimes précisions.- Précisons aussi que pour déterminer son classement le film doit être « pris dans son ensemble » (CE, 26 janvier 2018, requête numéro 408832, Association Promouvoir et a. : JCP A 2018, comm. 2181, note Orlandini).

Relevons enfin que le Conseil d'Etat, lorsqu'il statue sur les pourvois en cassation dirigés contre des jugements statuant sur la légalité de visas d'exploitation exerce un contrôle de qualification juridique sur l'appréciation par les juges du fond des motifs justifiant la classification choisie (CE, 28 septembre 2016, requête numéro 395535, Association promouvoir et a.).

3° Contrôle des sanctions disciplinaires prises à l'encontre des fonctionnaires

546.- Un contrôle restreint à l'origine.- Le Conseil d'Etat a longtemps exclu tout contrôle du choix de la sanction disciplinaire infligée à un agent public (CE, 23 janvier 1935, requête numéro 40842, Four : Rec. p.91). A l'occasion de l'arrêt Lebon du 9 juin 1978, les juges ont ensuite opéré un contrôle de l'erreur manifeste d'appréciation (CE, 9 juin 1978, requête numéro 05911 : Rec. p. 245 ; AJDA 1978, p. 573, concl. Genevois, note S.S. ; D. 1979, jurispr. p. 275, obs. Sinay ; RDP 1979, p.227, note Auby). Ils ont considéré dans cette affaire « qu'en prononçant, à raison (des faits), la sanction de la mise à la retraite d'office du sieur Lebon, le recteur s'est livré à une appréciation qui n'est pas entachée d'erreur manifeste ».

547.- Critique du contrôle restreint.- Cette solution était de plus en plus contestable, et cela pour plusieurs raisons. Tout d'abord, l'article 6 § 1 de la Convention européenne des droits de l'homme relatif au procès équitable a progressivement pénétré le droit de la fonction publique (V. notamment CEDH, Grande chambre, 8 décembre 1999, affaire numéro 28541/95, Pellegrin c/ France :

Rec. CEDH 1999, VIII ; RTDH 2000, p. 819, note Wachsmann ; AJFP mai-juin 2000, p. 52 ; LPA 2000, n° 98, p. 10, note Melleray.- CEDH, 19 avril 2007, affaire numéro 63235/00, Eskelinen c/ Finlande : Rec. CEDH 2007, I ; AJDA 2007, p. 887), ce qui posait nécessairement la question de la conformité à ces stipulations d'une jurisprudence par laquelle le juge limitait lui-même l'exercice de ses pouvoirs. Ensuite, il résulte de la jurisprudence du Conseil constitutionnel que l'article 8 de la Déclaration des droits de l'Homme et du citoyen, selon lequel « la loi ne doit établir que des peines strictement et évidemment nécessaires », ne concerne pas seulement « les peines prononcées par les juridictions répressives mais s'étend à toute sanction ayant le caractère d'une punition même si le législateur a laissé le soin de la prononcer à une autorité de nature non judiciaire » (CC, 30 décembre 1987, numéro 87-237 DC, Loi de finances pour 1988 : Rec. CC, p. 63). A priori, cette solution devait également conduire à un contrôle élargi des sanctions disciplinaires prises à l'encontre des fonctionnaires. Cette évolution s'était d'ailleurs déjà produite s'agissant d'autres types de sanctions et notamment celles infligées à des élèves de l'enseignement public (CE, 27 novembre 1996, requête numéro 170207, requête numéro 170208, Ligue islamique du Nord : Rec. p.461 ; Dr. adm. 1997, comm. 6 ; JCP G 1997, II, comm. 22808, note Seiller), à des professionnels exerçant des professions réglementées (CE Sect., 22 juin 2007, requête numéro 272650, Arfi : Rec. p. 263 ; RFDA 2007, p. 1199, concl. Guyomar) ou à des sportifs (CE, 2 mars 2010, requête numéro 324439, Fédération française d'athlétisme : Rec. tables, p. 894 ; AJDA 2010, p. 664, chron. Liéber et Botteghi ; Dr. adm. 2010, comm. 82, note Melleray).

548.- Un contrôle maximum.- Finalement le Conseil d'Etat a fait évoluer sa jurisprudence de façon décisive à l'occasion de l'arrêt d'Assemblée Dahan du 13 novembre 2013 (requête numéro 347704 : Rec. p. 279 ; AJDA 2013, p. 2432, chron. Bretonneau et Lessi ; AJFP 2014, p.5, concl. Keller ; Dr. adm. 2014, 11, note Duranthon ; JCP A 2014, comm. 2241, note Bailleul ; JCP G 2014, comm. 149, note Vautrot-Schwartz ; LPA 4 février 2014, p. 6, note Charron ; RFDA 2013, p. 1175, concl. Keller.- V. aussi CE, 27 mars 2020, requête numéro 427868). Mettant un terme définitif aux interrogations soulevées par deux arrêts rendus quelques années auparavant (CE, 27 mai 2009, requête numéro 310493, Hontang : Rec. p. 207 ; Dr. adm. 2009, comm. 104, note Melleray.- CE, 30 juin 2010, requête numéro 325319, Ponsard) les juges énoncent qu'il « appartient au juge de l'excès de pouvoir, saisi de moyens en ce sens, de rechercher si les faits reprochés à un agent public ayant fait l'objet d'une sanction disciplinaire constituent des fautes de nature à justifier une sanction et si la sanction retenue est proportionnée à la gravité de ces fautes ». C'est donc un contrôle maximum des sanctions prises à l'encontre des fonctionnaires qui est désormais mis en œuvre par le Conseil d'Etat. Cette solution s'applique notamment aux militaires (CE, 25 janvier 2016, requête numéro 391178, Parent : Rec. tables, p. 643. – CE, 14 mars 2016, requête numéro 389361, Machaux), y compris aux officiers généraux (CE, 22 septembre 2017, requête numéro 404921, Piquemal : AJDA 2018, p.229, note Charruau ; Dr. adm. 2018, comm. 3, note Eveillard).

549.- Extension du contrôle maximum à d'autres types de sanctions.- Cette solution a également été transposée à l'hypothèse des sanctions prononcées contre les détenus. Alors qu'il privilégiait auparavant un contrôle restreint (CE, 20 mai 2011, requête numéro 326084, Letona Biteri : Rec. p. 246 ; AJDA 2011, p. 1364, chron. Domino et Bretonneau), le Conseil d'Etat a finalement décidé qu'il appartient au juge de l'excès de pouvoir saisi de moyens dans ce sens « de vérifier si les faits reprochés à un détenu qui a fait l'objet d'une sanction disciplinaire constituent des fautes de nature à justifier une sanction et si la sanction retenue est proportionnée à la gravité de ces fautes » (CE, 1er juin 2015, requête numéro 380449, Boromée : Rec. p.185, concl. Bretonneau ; AJDA 2015, p. 1695, concl. Bretonneau ; AJ pénal 2015, p. 447, obs. Péchillon ; D. 2016, p. 1220, obs. Céré, Evans et Péchillon ; Dr. adm. 2015, comm. 68, note Eveillard ; JCP A 2015, act. 519, obs. Langelier).

Enfin, le Conseil d'Etat a récemment jugé que les décrets prononçant la déchéance de nationalité à l'égard de français naturalisés condamnés par la justice pénale pour des faits liés au terrorisme devaient également faire l'objet d'un plein contrôle de proportionnalité (CE, 8 juin 2016, requête numéro 394348, Turk : AJDA 2016, p. 1758, concl. Domino ; Dr. adm. 2016, comm. 61, note Eveillard).

La juridiction administrative suprême confirme ici que le contrôle normal constitue désormais la règle pour les sanctions disciplinaires en abandonnant « l'ultime vestige du contrôle de l'erreur manifeste d'appréciation en matière de contrôle de la sévérité des sanctions administratives » (G. Eveillard, JCP G 2015, 1442).

3° Contrôle des mesures d'interdiction des publications étrangères

550.- Le contrôle de qualification juridique des faits dans tous ses états.- Le domaine de la police des publications étrangères constitue un très bon exemple de l'intensification du contrôle juridictionnel opéré graduellement par le Conseil d'Etat dans différents domaines.

551.- Absence de contrôle.- A l'origine, le Conseil d'Etat refusait purement et simplement de procéder à l'examen de la régularité des mesures prises par l'autorité administrative dans le cadre de la police des étrangers (CE, 2 août 1836, requête numéro 12843, Naundorff : Rec. p.393). Ces actes appartenaient à la « haute police du royaume » et étaient en conséquence assimilables à des actes de gouvernement.

552.- Contrôle restreint.- Par la suite, les juges ont opéré un contrôle restreint, limité au contrôle de la légalité externe, du détournement de pouvoir, de l'exactitude matérielle des faits et de l'erreur de droit (CE, 19 février 1958, Société des éditions de la Terre de feu : Rec. p. 114). Puis, à l'occasion de l'arrêt d'Assemblée du 2 novembre 1973, SA Librairie François Maspero, le Conseil d'Etat a décidé qu'il lui appartenait également de rechercher la présence d'une erreur manifeste d'appréciation commise par l'administration, lorsqu'il contrôle une décision interdisant une publication étrangère en application de l'article 14 de la loi du 29 juillet 1881 sur la presse (requête numéro 82590 : Rec. p. 611 ; JCP 1974, II, comm. 432, note Pellet ; AJDA 1973, p.577, chron. Franc et Boyon ; D. 1974, jurispr. p. 436, note Pellet ; Gaz. Pal. 174, 1, p. 100, note Pacteau).

553.- Contrôle maximum.- L'arrêt d'Assemblée du 9 juillet 1997, Association Ekin, marque le passage d'un contrôle normal à un contrôle maximum exercé sur ces décisions (requête numéro 151064 : Rec. p. 300 ; AJDA 1998, p.374, note Verdier ; D. 1998, p.317, note Dreyer ; LPA 14 novembre 1997, n°137, p.9, note Tamion ; RFDA 1997, p. 1284, concl. Denis-Linton, note Pacteau ; RUDH 1997, p. 169, chron. Rouget).

Comme pour la police du cinéma, la loi qui confiait le pouvoir au ministre de l'Intérieur d'interdire des publications étrangères ne soumettait son exercice à aucune condition de fond. Le Conseil d'Etat a alors défini lui-même les conditions auxquelles ce pouvoir peut être exercé. Ainsi, « les restrictions apportées au pouvoir du ministre résultent de la nécessité de concilier les intérêts généraux dont il a la charge avec le respect dû aux libertés publiques, et notamment à la liberté de la presse ». En l'espèce, le Conseil d'Etat annule la mesure d'interdiction contestée en estimant que l'atteinte grave à la liberté de la presse que constitue cette mesure n'était pas justifiée, compte tenu des intérêts généraux dont le ministre à la charge, et notamment de la sécurité publique et de l'ordre public.

554.- Disparation de la police des publications étrangères.- Il faut ici relever que la législation française sur les publications étrangères a été jugée non conforme à l'article 10 de la Convention européenne des droits de l'homme relatif à la liberté d'expression à l'occasion de l'arrêt Ekin contre France du 17 juillet 2001 (affaire numéro 39288/98 : AJDA 2002, p. 52, note Julien-Laferrière ; RTDH 2002, p. 685, note Fontbressin ; Légipresse 2002, n° 185, III, p. 169, note Derieux, LPA 22 février 2002, p. 12, note Pech). Le décret n°2004-1044 du 4 Octobre 2004 a pris acte de cette décision en abrogeant l'article 14 de la loi du 29 juillet 1881, ce qui a eu pour effet de faire disparaître la police des publications étrangères.

Pour aller plus loin :

-Boutayeb (C.), Le contrôle de l'utilité publique par le juge administratif en matière d'expropriation : RDP 1997, p.1385.

- De David Beauregard-Berthier (O.), La notion de détournement de procédure en droit administratif : Dr. adm. 2006, étude 2.

-Eveillard (G.), Les évolutions récentes du contentieux répressif : Dr. adm. 2014, comm. 3.

-**Braibant (G.)**, Le principe de proportionnalité, Mélanges Waline 1974, p.297.

-Domino (X.), Bretonneau (A.), Jurisprudence Danthony : Bilan après 18 mois : AJDA 2013, p. 1733.

-Domino (X.), Bretonneau (A.), Le vice, mode d'emploi : AJDA 2012, p. 195.

-**Fromont (M.)**, Le principe de proportionnalité : AJDA 1995, n° spécial, p.156.

-**Hummel (J.)**, La théorie de la moralité administrative et l'erreur manifeste d'appréciation : Rev. adm. 1996, p.335.

- **Rota (M.)**, Vers la disparition des vices de forme ? : RDP 2015, p.641.

-**Rouvière (J.)**, Réflexions sur l'erreur manifeste : EDCE 1988, n°39, p.65.

-**Seiller (B.)**, Pour un contrôle de la légalité extrinsèque des déclarations d'utilité publique : AJDA 2003, p. 1472.

-**Wachsmann (P.)**, Un bilan du bilan en matière d'expropriation : la jurisprudence Ville Nouvelle Est 30 ans après : Gouverner, administrer, juger, Liber amicorum Jean Waline, Dalloz 2002, p. 733.

-**Woehrling (J.-M)**, Le contrôle du pouvoir discrétionnaire en France : Rev. Administration n° spécial, 1999, n°7, p.75.

TROISIEME PARTIE – LA JUSTICE ADMINISTRATIVE

555.- Juge administratif et procès administratif.- L'étude de la justice administrative sera menée à partir de deux chapitres consacrés à la juridiction administrative et au procès administratif.

CHAPITRE UN – LA JURIDICTION ADMINISTRATIVE

556.- Juridictions administratives de droit commun et juridictions administratives spéciales.- S'il existe des juridictions administratives de droit commun - Conseil d'Etat, cours administratives d'appel, tribunaux administratifs - qui sont en principe compétentes pour connaître de l'ensemble du contentieux administratif, il existe également des juridictions administratives spéciales, dont le champ de compétence est plus restreint et dont l'identification peut poser un certain nombre de difficultés.

Section I – Identification des juridictions administratives

557.- Notion de juridiction et notion de juridiction administrative.- Il est assez fréquent que des organismes soient créés sans qu'un texte ne précise leur nature. Deux questions sont alors susceptibles de se poser : l'organisme en cause est-il une juridiction ou un autre type d'organisme, et notamment une autorité administrative ? Si cet organisme est une juridiction, s'agit-il d'une juridiction administrative ?

§I – Notion de juridiction

558.- Intérêt de la qualification de juridiction.- La reconnaissance du statut de juridiction présente un intérêt majeur : elle implique le respect de toute une série de garanties - respect des droits de la défense, publicité des débats, caractère contradictoire de la procédure, etc. - qui sont moindres devant les autorités administratives. La distinction entre les juridictions et les autres types d'institutions est opérée par le législateur, ou elle résulte, en cas de carence, de l'application de critères jurisprudentiels.

I – Qualification opérée par le législateur

559.- Qualification expresse.- Un texte peut directement qualifier l'autorité qu'il institue de juridiction.

Dans l'hypothèse où une loi précise expressément qu'un organisme est une juridiction, il ne se pose aucun problème. En effet, d'après l'article 34 de la Constitution, c'est au législateur qu'il appartient de fixer les règles concernant « la création de nouveaux ordres de juridiction et le statut des magistrats ».

A contrario, la compétence reconnue au législateur implique qu'un acte administratif ne peut pas créer de juridiction, ce qui a été confirmé par le Conseil d'Etat dans son arrêt d'Assemblée du 2 mars 1962 Rubin de Servens et a. (requête numéro 55049, requête numéro 55055, préc.).

560.- Qualification à partir d'éléments contenus par la loi.- Dans certains cas, la qualification de juridiction n'apparaît pas dans le texte de la loi, mais elle peut être facilement déduite ou au contraire exclue à partir d'éléments que ce texte contient.

Exemple :
- L'article 48-8 de loi n°86-1067 du 30 septembre 1986 modifiée précise que certaines décisions du Conseil supérieur de l'audiovisuel peuvent faire l'objet d'un recours de pleine juridiction devant le Conseil d'Etat. Ceci signifie indirectement que les décisions de cet organisme ne sont pas des jugements. En effet, si tel avait été le cas, c'est un recours en appel ou un recours en cassation qui aurait été ouvert.
- Selon l'article L. 612-16 du Code monétaire et financier, les décisions prononcées par la Commission des sanctions de l'autorité de contrôle prudentiel peuvent faire l'objet d'un recours de pleine juridiction devant le Conseil d'Etat.

II – Qualification opérée par le juge

561.- Critères jurisprudentiels.- En l'absence de qualification opérée de façon directe ou indirecte par le législateur, c'est le juge qui apprécie le caractère juridictionnel des organismes dont le statut pose problème. S'il s'avère qu'un décret a créé une autorité qui, d'après les critères dégagés par la jurisprudence, a un caractère juridictionnel, ce décret sera illégal en raison de l'incompétence de son auteur en application de l'article 34 de la Constitution.

Il faut souligner, au préalable, en application de ces critères, qu'une institution peut être une juridiction pour une partie de ses attributions et une autorité administrative pour une autre partie. C'est le cas notamment des ordres professionnels qui ont à la fois des attributions administratives et des attributions juridictionnelles.

Trois conditions cumulatives doivent être réunies pour qu'un organisme soit qualifié de juridiction : l'organisme doit être doté d'un pouvoir de décision ; il doit présenter un caractère collégial ; il doit exercer une mission similaire à celle d'un tribunal.

A – Existence d'un pouvoir de décision

562.- Juger c'est décider.- Il n'est pas concevable qu'une juridiction ne dispose pas d'un tel pouvoir. Un organisme qui ne peut qu'exprimer des avis ou formuler des propositions n'est donc pas une juridiction.

Exemples :
- CE, requête numéro 09323, requête numéro 10591, 13 février 1980, Nal (Rec. p.82) : les commissions d'indemnisation des greffiers, qui se bornent à donner un avis au gouvernement sur le montant de l'indemnité due aux greffiers pour la perte du droit de présenter un successeur ne sauraient être considérées comme des juridictions.
- CE, 18 octobre 2000, requête numéro 208168, Terrail (Rec. p.430 ; AJDA 2001, p. 288, note Rouault ; JCP G 2001, IV, 2333, obs. Rouault ; JCP G 2002, II, 10011, note Lanoy ; RFDA 2000, p. 1368) le Conseil supérieur de la magistrature, dans sa formation compétente à l'égard des magistrats du parquet, lorsqu'il est appelé à connaître de l'éventualité d'infliger une sanction disciplinaire, ne dispose d'aucun pouvoir de décision et se borne à émettre un avis à l'autorité compétente sur le principe du prononcé d'une sanction disciplinaire et, s'il y a lieu, sur son quantum. Dans le cadre de ces attributions, il n'est donc pas assimilable à une juridiction.

Il est nécessaire, également, que l'organisme considéré soit indépendant vis-à-vis de l'administration active et donc soustrait à la hiérarchie administrative

Exemple :
-CE, 27 janvier 1950, Sieur Billard (Rec. p. 58, concl. Letourneur, S. 1950, III, p. 41) : les commissions de remembrement ne sont pas des juridictions dès lors que leurs décisions peuvent être contestées devant le ministre de l'Agriculture.
- CE 21 décembre 2018, requête numéro 424520, Agence nationale de l'habitat (Rec. p. 528 ; AJDA 2019, p. 715, concl. Barrois de Sarigny) : compte tenu de la soumission de l'Agence nationale de l'habitat à la tutelle de l'Etat et de l'absence d'apparence de fonctionnement juridictionnel de ses organes, le principe d'impartialité n'impose pas qu'il soit procédé, au sein de cet établissement, à une séparation des fonctions de poursuite et de sanction.

B – Caractère collégial de l'organisme

563.- Un décisionnaire unique n'est pas en principe un juge.- Si la loi n'en dispose pas autrement - ce qui est de plus en plus fréquent pour les juridictions administratives - il y a incompatibilité entre décisionnaire unique et juridiction, ce qui se justifie de deux points de vue différents. D'une part, la collégialité est une garantie d'impartialité. D'autre part, un système de juge unique évoque un peu trop précisément, pour une autorité dont le statut est incertain, l'ancien système, fort décrié, de l'administrateur juge.

Cette condition revêt comme la première un caractère impératif : même si tous les autres indices sont favorables à la reconnaissance du caractère juridictionnel de l'autorité en cause, l'absence de collégialité suffira à lui dénier ce caractère.

Exemple :
- CE Sect., 20 novembre 1970, requête numéro 77133, requête numéro 77297, Bouez et UNEF (Rec. p.690 ; AJDA 1971, p.483, note Chevallier et concl. Théry) : il s'agissait en l'espèce de savoir si les recteurs d'académie avaient la qualité de juges lorsqu'ils exerçaient des pouvoirs de répression disciplinaire. L'absence de collégialité conduit le Conseil d'Etat à écarter cette solution.

C – Nature de la mission exercée par l'organisme

564.- Hésitation entre un critère formel et un critère matériel.- Longtemps, la jurisprudence a été hésitante sur le choix d'un troisième critère, deux possibilités étant ouvertes. Tout d'abord, le choix d'un critère formel en vertu duquel un organisme collégial doté d'un pouvoir de décision est une juridiction si sa composition et les règles de procédure utilisées devant lui sont similaires à celles d'un tribunal. L'hésitation portait, d'autre part, sur le choix d'un critère matériel selon lequel un organisme collégial doté d'un pouvoir de décision est une juridiction si la nature de sa mission est similaire à celle exercée par un tribunal.

565.- Choix d'un critère matériel.- L'arrêt d'Assemblée du Conseil d'Etat du 12 décembre 1953, de Bayo, paraît avoir tranché en faveur de ce second critère (Rec. p. 544 ; RPDA 1954, p. 3, concl. Chardeau ; AJDA 1954, II, p. 138, note de Soto et II bis, p. 2, chron. Gazier et Long). Il résulte de cet arrêt qu'un organisme est une juridiction « eu égard à la nature de la matière » dans laquelle il intervient et « quelles que soient les formes » dans lesquelles il statue.

Ceci étant, toutes les difficultés n'ont pas été résolues par cet arrêt.

566.- Mission de répression disciplinaire.- D'une part, si le Conseil d'Etat a tranché en faveur du critère matériel, il n'a pas précisé quelles sont les matières qui dénotent l'existence d'une juridiction. Il résulte toutefois de la jurisprudence, telle qu'elle a été judicieusement interprétée par René Chapus, qu'un organisme est susceptible d'être qualifié de juridiction s'il exerce une mission de répression disciplinaire (Droit du contentieux administratif, coll. Domat, Montchrestien, 12 éd. 2006, p.116).

Exemples :
- Dans l'arrêt de Bayo, le Conseil d'Etat décide que les ordres professionnels rendent des décisions de justice lorsqu'ils statuent sur des poursuites disciplinaires. En revanche, ils n'ont pas le caractère de juridiction lorsqu'ils statuent sur des recours qui visent à régler des litiges qui ont pour origine des décisions qui n'ont pas le caractère d'une sanction. Il en résulte que ces décisions peuvent faire l'objet d'un recours pour excès de pouvoir, et non pas d'une procédure d'appel ou de cassation, puisqu'il s'agit d'actes administratifs et non pas de jugements. C'est le cas dans l'affaire de Bayo où était contestée par le requérant une décision d'inscription d'un concurrent au tableau de l'Ordre des vétérinaires de la région de Paris.
- Une décision abrogeant une précédente décision d'inscription d'un praticien au tableau de l'ordre des chirurgiens-dentistes doit faire l'objet d'un recours pour excès de pouvoir,

et non d'un recours en cassation puisqu'elle met en cause la mise en œuvre d'une attribution administrative et non juridictionnelle de l'ordre (CE Sect., 6 mars 2009, requête numéro 306084, Coulibaly : Dr. adm. 2009, comm. 64, note Melleray ; RFDA 2009, p. 215, concl. de Salins et p. 439, note Eveillard ; AJDA 2009, p. 817, note Liéber et Botteghi ; RLCT 2009/47, p. 50, note Sudres).

- En revanche, une décision de la chambre disciplinaire nationale de l'ordre des médecins de radier un médecin du tableau de l'Ordre des médecins est une décision juridictionnelle susceptible de faire l'objet d'un recours en cassation (V. par exemple CE Ass., 30 décembre 2014, requête numéro 381245, Bonnemaison : Rec. p. 444, concl. Keller ; AJDA 2015, p.749, chr. Lessi et Dutheillet de Lamothe ; RFDA 2015, p. 67, concl. Keller).

Ainsi, un même organe, selon la formation dans laquelle il statue, et selon la nature de la question qu'il tranche, peut adopter une décision administrative ou juridictionnelle.

567.- Utilisation ponctuelle du critère matériel.- Le second problème réside dans le fait que si le critère matériel joue un rôle essentiel, il n'a pas totalement supplanté le critère formel. C'est cette constatation qui conduit une partie de la doctrine à considérer que le Conseil d'Etat n'a jamais clairement abandonné ce dernier critère (V. notamment : Auby et Drago, Traité de contentieux administratif, Montchrestien 1998, t. 1, n° 279.- O. Gohin, Qu'est-ce qu'une juridiction pour le juge français : Rev. Droits 1989, n° 9, p. 93)

En effet, si le critère matériel joue un rôle essentiel, le critère formel réapparaît notamment dans des cas où la création de l'organisme en cause résulte d'une initiative privée et lorsque les sanctions qu'il édicte résultent des statuts d'une association. Ainsi, il résulte notamment d'un arrêt de Section Hechter du 19 décembre 1980 que les fédérations sportives ne sauraient être considérées comme des juridictions, y compris lorsqu'elles statuent en matière disciplinaire (requête numéro 11320 : Rec. p. 488 ; D. 1981, p. 286, note Plouvin et p. 431, note Simon ; Gaz. Pal. 1981, 2, p. 544, concl. Genevois ; JCP G 1982, II, comm. 19784, note Pacteau). Cette particularité paraît devoir s'expliquer, comme le souligne M. Degoffe, et même si cette explication n'est pas entièrement convaincante, par le fait que le pouvoir juridictionnel des fédérations sportives est « insuffisamment organisé » à la différence, notamment, de celui qui est conféré à ces autres personnes morales de droit privé que constituent les ordres professionnels (M. Degoffe, Juridictions administratives spécialisées, Répertoire de contentieux administratif, Dalloz 2003, n°33).

Il a pu également être fait référence au critère formel dans une affaire récente, à propos d'un établissement public dont le fonctionnement ne peut « raisonnablement donner à penser à la personne poursuivie (qu'il a) un fonctionnement de type juridictionnel ». Mais dans cette affaire c'est aussi le fait que l'organisme en cause n'est « pas une autorité administrative ou publique indépendante mais un établissement public à caractère administratif placé sous la tutelle de l'Etat » qui justifie la solution retenue (CE, 21 décembre 2018, requête numéro 424520, Agence nationale de l'habitat, préc.).

568.- Respect des règles du procès équitable.- Il faut ajouter sur ce point que l'approche matérielle de la notion de juridiction est conforme à l'interprétation faite par les juridictions françaises de l'article 6§1 de la Convention européenne des droits de l'Homme. Il en résulte qu'un organisme qui n'est pas une juridiction au regard du droit interne - et plus précisément d'une loi - devra néanmoins respecter le principe du procès équitable rappelé par ces dispositions, et particulièrement le principe d'impartialité qui est une de ses composantes, « eu égard à la nature, à la composition et aux attributions » qui sont les siennes (CE Ass., 3 novembre 1999, requête numéro 207434, Didier, préc .- Voir également : CE, 4 février 2005, requête numéro 269001, Société GSD Gestion : AJDA 2005, p. 1174, note Costa.- CE, 2 novembre 2005, requête numéro 271202, Société banque privée Fideuram Wargny.- CE, 6 janvier 2006, requête numéro 279596, Société Lebanese communication group). Cette jurisprudence s'applique notamment aux autorités administratives indépendantes ou autorités publiques indépendantes dotées d'un pouvoir de sanction. Elles doivent en effet être regardées, au sens de l'article 6§I susvisé, comme des tribunaux décidant du bien-fondé d'accusations en matière pénale, et cela même si le Conseil d'Etat, plutôt que de se référer directement à cet article, préfère parfois viser « le principe des droits de la défense, rappelé par l'article 6 § 1 de la convention européenne » (CE Sect., 27 octobre 2006, requête numéro 276069, Parent : Rec. p. 54 ; AJDA 2007, p. 80, note Collet ; LPA 20 décembre 2006, p. 4, concl. Guyomar.- V. également CE, 20 janvier 2016, requête numéro 374950, Caisse d'épargne et de prévoyance du Languedoc-Roussillon.- CE, 3 février 2016, requête numéro 36998, Président de l'Autorité des marchés financiers).

Exemples :
- L'arrêt Didier a été rendu à propos de l'activité du Conseil des marchés financiers siégeant en matière disciplinaire. Si cet organisme n'est pas une juridiction en droit interne, il constitue néanmoins un tribunal au sens de l'article 6 §1 de la Convention européenne des droits de l'Homme et est donc soumis au respect du principe d'impartialité.
- CE, 19 mai 2010, requête numéro 327255, Compagnie Majestic Exécutive Aviation AG: les dispositions de l'article L. 227-4 du Code de l'aviation civile, qui prévoient que la personne poursuivie devant l'autorité de contrôle des nuisances sonores aéroportuaires puisse répondre aux observations du procès-verbal de constat de l'infraction, procès-verbal dont la notification engage la procédure de sanction, est conforme aux stipulations de l'article 6 §1 de la Convention européenne des droits de l'homme.

569.- Respect des règles de la répression pénale.- En matière répressive, les autorités compétentes pour édicter des sanctions administratives devront également se conformer à la jurisprudence du Conseil constitutionnel. En effet l'exercice du pouvoir de sanction doit être assorti par la loi de mesures destinées à sauvegarder les droits et libertés constitutionnellement garantis. En particulier « doivent être respectés les principes de la nécessité et de la légalité des peines, ainsi que les droits de la défense, principes applicables à toute sanction ayant le caractère d'une punition, même si le législateur a laissé le soin de la prononcer à une autorité de nature non juridictionnelle» (CC, 27 juillet 2000, numéro 2000-433 DC, Loi modifiant la loi n°86-1067 du 30 septembre 1986 relative à la liberté de communication.- V. également : CC, 30 mars 2006, numéro 2006-535 DC, Loi pour l'égalité des chances.- CC, 10 juin 2009, numéro 2009-580 DC, Loi favorisant la diffusion et la protection de la création sur internet : Journal Officiel 13 juin 2009 ; Rec. CC, p. 107 ; Rev. sc. crim. 2009, p. 609 ; AJDA 2009, p. 1132 ; RTD civ. 2009, p. 754, obs. Revet ; D. 2009, p. 1770, obs. Bruguière ; Rev. sc. crim. 2010, p. 209, obs. de Lamy ; p. 415, note Capello ; D. 2010, p. 1508, chron. Bernaud et Ga).

Notons enfin que le principe d'impartialité a été expressément qualifié de principe général du droit par le Conseil d'Etat à l'occasion de son arrêt Karsenty et fondation d'Aguessau du 28 avril 2006 (requête numéro 261706, requête numéro 261712 : AJDA 2005, p. 1732, note Lascombe et Vandendriessche ; Droit adm. 2005, comm. 105, note Lombard ; JCP 2005, I, comm. 177, obs. Levoyer ; RFDA 2005, p.693). Il s'impose donc à l'ensemble des autorités administratives, notamment celles qui sont investies d'un pouvoir de sanction, même si elles ne sont pas soumises aux principes constitutionnels susvisés, et si elles ne sont pas considérées comme un « tribunal » au sens de l'article 6§I de la Convention européenne des droits de l'homme. En outre, pour ces organismes, lorsque ces sanctions peuvent faire l'objet d'un recours de plein contentieux, les exigences de cet article seront satisfaites dans le cadre de cette procédure (CE 21 décembre 2018, requête numéro 424520, Agence nationale de l'habitat, préc.).

§II – Notion de juridiction administrative

570.- Loi et principes jurisprudentiels.- La qualification de juridiction administrative résulte soit d'un texte de loi soit, à défaut, de critères jurisprudentiels.

I – Qualification opérée par le législateur

571.- Illustrations.- La qualification législative peut être directe ou indirecte, certaines règles appliquées à l'institution en cause dénotant, à coup sûr, qu'il s'agit d'une juridiction.

Exemples :
- D'après l'article L. 4122-3 du Code de la santé publique, les décisions rendues par la chambre disciplinaire nationale qui siège auprès du conseil national de l'ordre des médecins, sur appel des décisions rendues par les chambres disciplinaires de première instance, sont susceptibles de recours devant le Conseil d'Etat. La référence à un appel dénote le caractère juridictionnel des décisions concernées, et l'existence d'un recours

devant le Conseil d'Etat - qui est en recours en cassation - leur rattachement à l'ordre de juridiction administratif.
- D'après l'ancien article L. 323-35 du Code du travail, les commissions départementales des travailleurs handicapés, des mutilés de guerre et assimilés (CDTH) devaient statuer sous le contrôle de cassation du Conseil d'Etat, sur les contestations des décisions administratives prises par les commissions techniques d'orientation et de reclassement professionnel (COTOREP) concernant la reconnaissance de la qualité de travailleur handicapé, ou le classement des intéressés en fonction de la gravité de leur handicap et l'orientation qui en résulte. Seules les décisions des juridictions administratives pouvant faire l'objet d'un recours en cassation devant le Conseil d'Etat, les CDTH étaient donc bien des juridictions administratives.

II – Qualification opérée par le juge

572.- Critère matériel.- Dans le silence des textes, les juges se réfèrent à un critère matériel défini à l'occasion de l'arrêt d'Assemblée du Conseil d'Etat d'Aillières du 7 février 1947 (requête numéro 79128 : Rec. p.50 ; JCP 1947, 3508, note Morange ; RDP 1947, p.68, concl. Odent, note Waline).

La qualification de la juridiction dépendra alors « de la nature des affaires » qui lui sont soumises. Ceci signifie que le Conseil d'Etat va apprécier si les questions soumises à la juridiction pour laquelle se pose un problème de qualification sont plutôt des questions de droit public ou bien des questions de droit privé.

Exemples :
- CE Ass. 12 juillet 1969, requête numéro 72480, L'Etang (Rec. p. 388 ; AJDA 1969, p. 558, chron. Dewost et Denoix de Saint-Marc ; RDP 1970, p. 387, note Waline) : le Conseil supérieur de la magistrature statue sur les litiges qui « intéressent l'organisation du service public de la justice ». Il s'agit là de questions de droit public. Le Conseil supérieur de la magistrature est donc une juridiction administrative lorsqu'il statue comme conseil de discipline des magistrats du siège. Il faut toutefois noter que le Conseil supérieur de la magistrature, comme les ordres professionnels, ne rend pas que des jugements : il adopte également des décisions administratives (CE, 17 avril 1953, requête numéro 24044, Falco et Vidaillac : Rec. p. 175).
- CE Sect., l7 janvier 1949, Adam (Rec. p.7 ; D. 1950, p.5, note J.G) : la commission de remembrement urbain tranche des litiges « concernant les questions de propriété immobilière », questions relevant par nature des juridictions judiciaires. Il s'agit donc d'une juridiction judiciaire.

Parfois, la solution n'est pas aussi tranchée. Ainsi, dans l'affaire d'Aillières se posait la question du statut des jurys d'honneur. Ces organes avaient été institués pour statuer sur les demandes de personnes déchues de leurs droits civiques après la libération. Dans ses conclusions, le commissaire du gouvernement Odent estimait que les jurys d'honneur, qui avaient le pouvoir de mettre fin à des inéligibilités prononcées pour des motifs politiques étaient des juridictions politiques, de la même façon que la Haute Cour de justice (Constitution, art. 67) ou la Cour de justice de la République (Constitution, art. 68-1 et 68-2) sont des juridictions politiques sous la Cinquième République. Comme on l'a vu, le Conseil d'Etat en a pourtant décidé autrement et a estimé qu'il s'agissait de juridictions administratives.

Section II – Juridictions administratives de droit commun

573.- Catégories de juridictions.- Il existe deux grandes catégories de juridictions administratives. Il s'agit d'abord des juridictions administratives spéciales qui sont compétentes dans des domaines particuliers (Cour des comptes, Conseil supérieur de la magistrature, sections disciplinaires des conseils d'administration des universités etc....) et dont les décisions peuvent contestées en dernier ressort devant le Conseil d'Etat. Il s'agit ensuite des juridictions administratives de droit commun qui exercent une compétence de principe et sur lesquelles on va se concentrer. Les juridictions administratives de droit commun, sur lesquelles on va se concentrer, sont de trois ordres : les tribunaux administratifs, les cours administratives d'appel et le Conseil d'Etat.

§I – Conseil d'Etat

574.- Textes.- Le Conseil d'Etat a été créé par la Constitution du 22 frimaire an VIII et son organisation actuelle est définie par les articles L.111-1 à L. 137-1 et R. 112-1 à R.137-4 du Code de justice administrative.

I – Composition

575.- Président.- Le Conseil d'Etat est présidé par le Premier ministre. Cependant, cette présidence n'est qu'honorifique. Il a été jugé qu'elle ne méconnaît pas les dispositions de l'article 6§1 de la Convention européenne des droits de l'homme relatif au procès équitable, puisqu'elle ne concerne que l'Assemblée générale du Conseil d'Etat, qui est une formation administrative distincte de l'Assemblée du contentieux (CE, 13 janvier 1997, requête numéro 181138, Seidel : RFDA 1998, p. 1210, obs. Andriantsimbazoniva, Labayle et Sudre). Par ailleurs, l'article L. 121-1 du Code de justice administrative se borne à préciser que l'Assemblée générale du Conseil d'Etat « peut » être présidée par le Premier ministre et « en son absence » par le garde des Sceaux.

576.- Vice-président.- En réalité, c'est le Vice-président du Conseil d'Etat, qui est nommé par décret en Conseil des ministres, sur proposition du garde des Sceaux, qui exerce la présidence effective de cette institution. Il compose, avec les sept présidents de section, le secrétaire général et les secrétaires généraux adjoints le bureau des présidents, institution dont l'existence n'est pourtant pas prévue par les textes, mais qui exerce un rôle central pour la résolution des questions relatives au fonctionnement de l'institution.

Le Vice-président prépare et organise les travaux avec l'assistance du secrétaire général du Conseil d'Etat (CJA, art. R. 121-9). Il est également en charge de l'administration du Conseil d'Etat, dans la mesure où c'est sous son autorité que le secrétaire général du Conseil en dirige les services (CJA, art. R. 121-9). Comme on l'a mentionné, il assure la présidence effective de l'Assemblée générale, qui est la plus haute formation administrative du Conseil d'Etat, mais il préside également l'Assemblée du contentieux qui est la formation de jugement la plus élevée (CJA, art. R. 122-20). Dans ce cadre, il n'a plus de voix prépondérante depuis l'entrée en vigueur du décret n°2008-225 du 6 mars 2008. En application de l'article R.121-14 du Code de justice administrative il est également l'ordonnateur principal du budget du Conseil d'Etat et il conclut les marchés et contrats passés par l'institution. Enfin, en application de l'article R. 231-3 du Code de justice administrative il assure la gestion du corps des tribunaux administratifs et des cours administratives d'appel.

577.- Membres du Conseil d'Etat.- Les membres actuels du Conseil d'Etat (231 au 17 mars 2021) sont recrutés pour environ les deux tiers par concours. Le tiers restant provient du tour extérieur (membres du corps des conseillers des tribunaux administratifs et des cours administratives d'appel, fonctionnaires appartenant aux cadres supérieurs de l'administration active, etc.).

Ils se répartissent en trois grades. Les auditeurs sont recrutés exclusivement par le concours de l'Ecole nationale d'administration (CJA, art. L. 133-6). Les maîtres des requêtes sont choisis pour les trois quarts parmi les auditeurs et pour le quart restant au tour extérieur (CJA, art. L. 133-4). Les conseillers d'Etat sont choisis pour les deux tiers parmi les maîtres des requêtes et pour le tiers restant au tour extérieur (CJA, art. L. 133-3).

Il faut relever que le principe retenu pour l'avancement entre ces différents grades est celui de l'ancienneté. Il s'agit ici d'une garantie de l'indépendance des membres du Conseil d'Etat, qui compense l'absence des garanties qui sont reconnues, par ailleurs, aux magistrats de l'ordre judiciaire. En effet, les membres du Conseil d'Etat ne sont pas des magistrats soumis au statut de la magistrature défini par l'article 64 de la Constitution. Ainsi, ils ne bénéficient pas de l'inamovibilité et le pouvoir disciplinaire, les concernant, appartient au Président de la République qui statue sur proposition du garde des Sceaux, après un simple avis d'une commission composée de membres du Conseil d'Etat.

A côté des membres ordinaires du Conseil d'Etat, il existe également des conseillers d'Etat en service extraordinaire qui sont, en application de l'article L. 121-4 du Code de justice administrative, « des personnalités qualifiées dans les différents domaines de l'activité nationale ». Ils sont nommés par décret en Conseil des ministres sur la proposition du garde des sceaux pour une durée de cinq ans non renouvelable avant l'expiration d'un délai de deux ans.

A l'origine, les conseillers d'Etat en service extraordinaire siégeaient à l'assemblée générale et ils pouvaient être appelés à participer aux séances des autres formations administratives. En revanche, ils ne pouvaient être affectés à la section du contentieux. Les règles en vigueur ont toutefois été modifiées par la loi n°2016-483 du 20 avril 2016, qui permet de les affecter également à la section du contentieux. Dans cette hypothèse ils doivent désormais être « choisis parmi les personnes que leur compétence et leur activité dans le domaine du droit qualifient particulièrement pour l'exercice de ces fonctions ». Notons que pour les conseillers d'Etat en service extraordinaire, les nominations à la section du contentieux ou à une section administrative sont exclusives l'une de l'autre.

La loi n°2012-1347 du 12 mars 2012 a créé une nouvelle catégorie des membres extraordinaires : les maîtres des requêtes en service extraordinaire. Le nouvel article L. 133-9 du Code de justice administrative, est beaucoup plus précis que l'article L. 121-4 puisqu'il énumère les catégories d'agents qui peuvent être nommés. Il s'agit, par exemple, des fonctionnaires appartenant à un corps recruté par la voie de l'Ecole nationale d'administration, des magistrats de l'ordre judiciaire ou encore des professeurs et maîtres de conférences titulaires des universités. Ils ne peuvent être nommés - par le vice-président du Conseil d'Etat et non pas par le Président de la République - que pour une durée de quatre ans maximum non renouvelable. Ils « exercent les fonctions dévolues aux maîtres des requêtes » et ils peuvent donc être affectés à la section du contentieux.

II – Organisation

578.- Sections.- Le Conseil d'Etat est organisé en sept sections : six sections administratives (intérieur, finances, travaux publics, sociale, du rapport et des études et depuis le décret n°2008-225 du 6 mars 2008 de l'administration) et une section du contentieux.

579.- Recul du principe de double appartenance.- En vertu du principe de double appartenance, institué par le décret n°63-766 du 30 juillet 1963, les membres ordinaires, à l'exception des présidents de section et de chambre (de sous-section à l'époque de ce texte), étaient affectés à la fois à une section administrative et à la section du contentieux. Cette réforme, issue de la crise survenue suite à l'arrêt d'Assemblée Canal, Robin et Godot du 19 octobre 1962 (requête numéro 58502 : Rec. p.552 ; AJDA 1962 p.612, obs. de Laubadère ; JCP 1963, II, comm. 13068, note Debbasch ; Rev. Adm. 1962, p.623, note Liet-Veaux), était censée permettre aux juges administratifs de mieux connaître l'administration active et ses difficultés de fonctionnement.

Toutefois, le décret n°2008-225 du 6 mars 2008, puis le décret n°2010-164 du 22 février 2010 ont assoupli cette règle. L'article R. 121-3 du Code de justice administrative précisait ainsi que : « les conseillers d'Etat en service ordinaire, les maîtres des requêtes et les auditeurs peuvent être affectés soit à une, soit à deux sections. Toutefois, les maîtres des requêtes et les auditeurs qui comptent moins de trois années de service dans une juridiction administrative sont affectés uniquement à la section du contentieux ». Cette règle a à nouveau été assouplie par le décret n° 2019-82 du 7 février 2019. La deuxième phrase de l'article R. 121-3 susvisé indique désormais seulement que « les présidents adjoints ainsi que les présidents des chambres de la section du contentieux sont affectés uniquement à cette section ».

On relèvera également que depuis l'entrée en vigueur de la loi n°2016-483 du 20 avril 2016, les conseillers d'Etat en service extraordinaire appartiennent exclusivement soit à une section administrative soit à la section du contentieux (V. respectivement CJA, art. L. 121-4, II et L. 121-4, III).

580.- La question de l'impartialité.- L'organisation du Conseil d'Etat pose la question de l'impartialité d'une instance juridictionnelle qui peut conseiller le gouvernement, pour la rédaction des décrets et des arrêtés ministériels, mais qui est également susceptible de juger de la légalité des mêmes textes.

La Cour européenne des droits de l'Homme a jugé, dans un arrêt Procola c. Luxembourg du 28 septembre 1995, que l'article 6§I de la Convention européenne des droits de l'Homme s'oppose à ce qu'une même personne cumule les fonctions consultatives et juridictionnelles à propos d'une « même affaire » ou d'une « même décision » (affaire numéro 14570/89 : RFDA 1996, p.777). Pour qu'il y ait « même affaire » ou « même décision » la Cour a précisé, dans sa décision Kleyn c. Pays-Bas du 6 mai 2003 que les faits doivent être les mêmes et qu'ils doivent avoir été appréciés sous le même angle (affaire numéro 39343/98, affaire numéro 39651/98, affaire numéro 43147/98, affaire numéro 46664/99 : AJDA 2003, p. 1490, note Rolin ; LPA 2 mars 2004, n° 44, p. 9 note de Bernardinis).

Exemple :
- Tel n'est pas le cas dans la dernière espèce, le Conseil d'Etat néerlandais ayant rendu un avis relativement au projet de loi sur la planification des infrastructures de transport, tandis que les recours formés par les requérants étaient dirigés contre un arrêté de tracé. Plus précisément, la Cour considère que les avis consultatifs rendus sur le projet de loi et la procédure subséquente d'examen des recours introduits contre l'arrêté de tracé ne peuvent passer pour représenter la « même affaire » ou la « même décision ».

Ces solutions ont inspiré le Conseil d'Etat dans un arrêt d'Assemblée du 4 juillet 2003, Dubreuil (requête numéro 234353 : Dr. adm. 2003, comm. 173, note M.G.- V. également CE, 4 février 2005, requête numéro 269233, Procureur général près la Cour des comptes, Ministère public près la Cour de discipline budgétaire et financière: Collectivités territoriales – Intercommunalité 2005, comm. 79, note Erstein) qui concerne la Cour de discipline budgétaire et financière, mais dont la solution peut être aisément transposée à la juridiction administrative suprême. Les juges relèvent qu'aucune règle ni aucun principe « ne s'opposent à ce que, pour sanctionner les manquements des ordonnateurs aux règles de la comptabilité publique, soit institué un organe à compétence juridictionnelle qui comprenne des membres de la Cour des comptes, alors même que celle-ci est chargée de juger les comptes des comptables publics, et peut, en cas de gestion de fait, connaître de manquements commis par les ordonnateurs ». Toutefois, « une telle composition ne doit ...pas conduire à ce qu'un membre de la Cour de discipline budgétaire et financière ait à juger d'accusations relatives à des faits qu'il a déjà eu à apprécier dans le cadre d'autres fonctions ». Ce principe a notamment vocation à s'appliquer « lorsqu'un membre de la Cour de discipline budgétaire et financière a antérieurement siégé lors d'une procédure de gestion de fait mettant en cause la même personne ou a pris part à l'adoption du rapport public de la Cour des comptes, ... si les faits soumis à l'appréciation de la Cour de discipline budgétaire et financière ont été présentés dans ce rapport comme établis et irréguliers ».

En revanche, dans son arrêt d'Assemblée Labor Metal du 23 février 2000 (requête numéro 195715 : Rec. p. 83 ; AJDA 2000, p. 415, chron. Collin et Guyomar ; Dr. adm. 2000, comm. 61 ; RDP 2000, p. 323, étude Prétot ; RFDA 2000, p. 435, concl. Seban), le Conseil d'Etat avait auparavant estimé que « eu égard à la nature des pouvoirs du juge des comptes et aux conséquences de ses décisions pour les intéressés, tant le principe d'impartialité que celui des droits de la défense font obstacle à ce qu'une décision juridictionnelle prononçant la gestion de fait soit régulièrement rendue par la Cour des comptes alors que, comme en l'espèce, celle-ci a précédemment évoqué cette affaire dans un rapport public en relevant l'irrégularité des faits ».

S'agissant de l'organisation du Conseil d'Etat français, la question de la dualité des fonctions administratives et juridictionnelles avait été abordée par l'article 20 de la loi du 24 mai 1872 qui précisait que « les membres du Conseil ne pourront participer au jugement des recours dirigés contre les décisions qui ont été préparées par les sections auxquelles ils appartiennent s'ils ont pris part à la délibération ». Si ce principe n'a pas été repris par l'ordonnance n°45-1708 du 31 juillet 1945 portant sur le Conseil d'Etat, il subsista néanmoins comme règle coutumière y compris avec l'apparition, suite à l'arrêt Canal, Robin et Godot (préc.), de la règle de la double appartenance.

Finalement, mettant un terme à ces ambiguïtés, le décret n°2008-225 du 6 mars 2008 a porté création d'un nouvel article R. 122-21-1 du Code de justice administrative selon lequel « les membres du Conseil d'Etat ne peuvent participer au jugement des recours dirigés contre les actes pris après avis du Conseil d'Etat, s'ils ont pris part à la délibération de cet avis ».

L'article R. 122-21-2 créé par le même décret précise quant à lui que « lorsque le Conseil d'Etat est saisi d'un recours contre un acte pris après avis d'une de ses formations consultatives, la liste des membres ayant pris part à la délibération de cet avis est communiquée au requérant qui en fait la demande ».

Enfin, dans le but de mieux garantir l'équité de la procédure, l'article R. 122-21-3, créé par le décret n°2011-1950 du 23 décembre 2011, précise que « les membres du Conseil d'Etat qui participent au jugement des recours dirigés contre des actes pris après avis du Conseil d'Etat ne peuvent pas prendre connaissance de ces avis, dès lors qu'ils n'ont pas été rendus publics, ni des dossiers des formations consultatives relatifs à ces avis ». Il faut ici relever que ces dispositions n'ont pas été remises en cause par la décision du Président de la République du 15 janvier 2015 décidant de rendre publics les avis du Conseil d'Etat, dès lors que seuls les avis sur les projets de lois sont concernés.

Le cumul des fonctions du Conseil d'Etat n'a pas été condamné par la Cour européenne des droits de l'homme qui considère que cette organisation ne révèle pas en tant que telle une « impartialité structurelle ». Le fait qu'aucun membre de la formation de jugement saisie du recours contre l'acte contesté n'avait précédemment délibéré sur l'avis rendu sur le même texte suffit en effet à respecter le principe d'impartialité (CEDH, 9 novembre 2006, affaire numéro 65411/01 , Société Sacilor Lormines c. France : Rec. CEDH 2006-XIII ; JCP A 2007, 2002, note Szymczak ; RFDA 2007, p. 342, note Autin et Sudre .- CEDH, 30 juin 2009, affaire numéro 39699/03, Union fédérale consommateurs « Que choisir ? » de Côte-d'Or c. France : RFDA 2009, p.885, note Pacteau).

III – Attributions

581.- Conseiller et juger l'administration.- Le Conseil d'Etat exerce traditionnellement une double mission de conseil du gouvernement et de juge suprême de l'administration. La loi n°2016-1547 du 18 novembre 2016 lui octroie de nouveaux pouvoirs en matière de médiation.

582.- Conseiller le Parlement.- On notera toutefois au préalable que depuis la révision constitutionnelle du 23 juillet 2008, l'article 39 de la Constitution permet également au président d'une assemblée parlementaire de saisir le Conseil d'Etat d'une demande d'avis sur une proposition de loi déposée devant l'assemblée, sauf si le parlementaire auteur de cette proposition s'y oppose. Ces dispositions ont été précisées par la loi n°2009-689 du 15 juin 2009 qui a modifié l'article L. 112-1 du Code de justice administrative lequel prévoit désormais que « le Conseil d'Etat émet un avis sur les propositions de loi, déposées sur le bureau d'une assemblée parlementaire et non encore examinées en commission, dont il est saisi par le président de cette assemblée ».

A – Le Conseil d'Etat, conseiller du gouvernement

583.- Textes.- L'article L. 112-1 du Code de justice administrative permet de distinguer deux hypothèses : celles où la consultation du Conseil d'Etat est obligatoire et celles où elle est simplement facultative.

1° Consultations obligatoires

584.- Cas de consultation obligatoire et procédure.- Il convient d'évoquer quelles sont les hypothèses de consultation obligatoire du Conseil d'Etat avant de décrire la procédure applicable.

A – Hypothèses de consultation obligatoire du Conseil d'Etat

585.- Projets de lois et d'ordonnances.- Comme cela est précisé par les articles 38 et 39 alinéa 2 de la Constitution, et rappelé par l'article L. 112-1 du Code de justice administrative, la consultation du Conseil d'Etat est obligatoire avant que les projets de lois et d'ordonnances n'aient été délibérés en Conseil des ministres. Le Conseil d'Etat participe donc à la confection des projets de lois et d'ordonnances. S'agissant des projets de lois, les documents relatifs à leur étude d'impact sont également transmis au Conseil d'Etat (loi organique n°2009-403 du 15 avril 2009, art. 8).

586.- Le cas des décrets.- Cette consultation est en principe facultative pour les décrets sauf, d'une part, dans le cas où la saisine du Conseil d'Etat est rendue obligatoire par un texte et pour la modification des décrets pris dans le cadre de cette procédure (CE Ass., 3 juillet 1998, requête numéro 177248, requête numéro 177320, requête numéro 177387, Syndicat national de l'environnement CFDT : Rec. p.272 ; AJDA 1998, p. 780, chron. Raynaud et Fombeur ; JCP G 1999, I, comm. 128, chron. Petit ; RFDA 1998, p. 1059 ; LPA 12 janvier 1999, n° 8, note Moniolle) et, d'autre part, lorsque le gouvernement a recours à la procédure de délégalisation de l'article 37 alinéa 2 de la Constitution.

587.- Portée de l'obligation de consultation.- Le Conseil d'Etat a pu préciser que « eu égard au rôle ainsi dévolu au Conseil d'Etat, le défaut de saisine de ce dernier entraîne l'illégalité des actes administratifs dont le projet devait lui être obligatoirement soumis » (CE, 17 juillet 2013, requête numéro 358109, Syndicat national des professionnels de santé au travail, préc.). Il s'agit donc d'un moyen d'ordre public qui doit être soulevé d'office par les juges.

En revanche, le gouvernement n'est pas tenu de suivre l'avis qui a été formulé. Ainsi, il peut décider de maintenir son texte dans sa rédaction initiale malgré un avis négatif du Conseil d'Etat, comme il peut l'abandonner ou renoncer à son projet. Il peut également retenir, sur certains points, la rédaction initiale du texte, et sur d'autres faire siennes les modifications suggérées par le Conseil d'Etat (CE, 16 octobre 1968, requête numéro 69186, requête numéro 69206, requête numéro 70749, Union nationale des grandes pharmacies de France : Rec. p. 488). Il est nécessaire, dans ce cas, que l'ensemble de ces dispositions ne forme pas un tout indissociable (CE, 20 décembre 2013, requête numéro 357198, Fédération française des artisans coopérateurs du bâtiment : JCP A 2014, comm. 2304, note Erstein), En tout état de cause, le gouvernement n'a pas la possibilité de retenir une nouvelle rédaction du texte qui constituerait alors un nouveau projet nécessitant une nouvelle saisine du Conseil d'Etat (CE, 9 février 1994, requête numéro 129243, Préfet de Seine-et-Marne : Rec. p.60). Notons toutefois qu'une modification de pure forme n'entache pas d'irrégularité la procédure (CE, 7 mai 2012, requête numéro 337700, Syndicat CFDT des personnels de l'administration centrale du Ministère de la Justice et de la légion d'honneur).

Sur la question des projets de lois, le Conseil constitutionnel a une position plus nuancée puisqu'il estime que « l'ensemble des questions posées par le texte adopté par le Conseil des ministres doivent avoir été soumises au Conseil d'Etat lors de sa consultation » (CC, 3 avril 2003, numéro 2003-468 DC, Loi relative à l'élection des conseillers régionaux et des représentants au Parlement européen ainsi qu'à l'aide publique aux partis politiques : JO, 2 avril 2003, p. 6493 ; Rec. CC 2003, p. 325 ; Collectivités-Intercommunalité 2003, comm. 5 et comm. 6). Il en résulte que si le Conseil d'Etat doit être consulté sur toutes les questions soulevées par le texte, toute modification de celui-ci postérieure à la consultation par voie d'amendement n'est pas interdite (CC, 30 mars 2006, numéro 2006-535 DC, Loi pour l'égalité des chances : JO, 2 avril 2006, p. 4964 ; LPA, 5 avril 2006, n°68, p. 3 et 6 avril 2006, n°69, p.3, note Schoettl ; RDP 2006, p.769, note Camby ; AJDA 2006, p.1961, note Geslot).

B – Procédure

588.- Instruction par la section administrative compétente.- Le projet est d'abord soumis à la section administrative compétente en vue de son instruction. Il faut ici noter que les règles de répartition des compétences entre les sections administratives du Conseil d'Etat ont récemment été modifiées par le décret n° 2019-792 du 26 juillet 2019 (CJA, art. R. 123-3 et s.). Ce décret a également précisé que « dans le cas où une affaire attribuée à une section ressortit à des matières relevant de sections différentes, un ou plusieurs membres appartenant à chacune des sections intéressées peuvent être appelés à contribuer aux travaux et à prendre part aux délibérations de la section compétente » (CJA, art. R. 123-10-1). De même, toujours en application du même décret « le vice-président du Conseil d'Etat peut décider que les textes dont les parties sont divisibles et relèvent de la compétence de plusieurs sections sont examinés conjointement par ces sections, chacune pour ce qui la concerne, sous la coordination de la section principalement compétente » (CJA, art. R. 123-10-2).

Ce rôle consultatif ne concerne toutefois que les sections de l'intérieur, des finances, des travaux publics, de l'administration ainsi que la section sociale. La section du rapport et des études joue un autre rôle puisqu'elle a pour principale mission d'attirer l'attention de l'exécutif sur des questions de portée générale, et suggérer des réformes dans son rapport annuel. Elle peut également procéder à des études à la demande du Premier ministre et elle joue un rôle important en matière d'exécution des décisions de justice (CJA, art. R. 123-5).

589.- Instance compétente pour rendre l'avis.- Une fois l'instruction terminée, l'avis est rendu par l'Assemblée générale ordinaire qui comprend notamment le vice-président du Conseil d'Etat et les différents présidents de sections (CJA, art. R. 123-20).

Cependant, le gouvernement peut décider que le texte est urgent. Dans ce cas, l'avis est rendu par une formation moins solennelle, la commission permanente du

Conseil d'Etat, qui est composée de représentants des différentes sections intéressées (CJA, art. R. 123-21 s.).

En outre, le décret n°2008-225 du 6 mars 2008 a modifié l'article R. 123-20 du Code de justice administrative dans le sens d'un assouplissement. Désormais, le vice-président du Conseil d'Etat peut décider de ne pas faire examiner les projets de lois ou d'ordonnances par l'Assemblée générale, lorsque ceux-ci ne soulèvent pas de difficultés. A l'opposé, sur décision du vice-président, après avis du président de la section ou de la commission compétente, le projet de texte peut être porté à l'ordre du jour de l'assemblée générale plénière du Conseil d'Etat. Le renvoi à l'assemblée général plénière peut également être décidé par l'assemblée générale ordinaire.

2° Consultations facultatives

590.- Consultations juridiques.- Le gouvernement à la possibilité, par l'intermédiaire de son secrétariat général, de solliciter le Conseil d'Etat qui va réaliser alors, en quelque sorte, des consultations juridiques. Plus généralement, le gouvernement peut toujours soumettre un texte au Conseil d'Etat afin qu'il donne son avis, même dans les cas où sa saisine n'est pas obligatoire.

B – Le Conseil d'Etat, juge suprême de l'administration

591.- L'équivalent de la Cour de cassation dans l'ordre de juridiction administratif.- Le Conseil d'Etat est le juge suprême de l'ordre juridictionnel administratif comme la Cour de cassation est le juge suprême de l'ordre judiciaire. A ce titre il assure, comme juge de cassation, l'unité de la jurisprudence. Toutefois, il est également, pour certains litiges, juge d'appel ou juge en premier et dernier ressort. Les décisions du Conseil d'Etat sont susceptibles d'être rendues par des formations de jugement différentes. En dehors de ses décisions, le Conseil d'Etat peut être également saisi pour avis par les tribunaux administratifs et les cours administratives d'appel.

1° Formations de jugement

592.- Organisation de la section du contentieux.- Le Conseil d'Etat rend environ 10 000 décisions par an qui peuvent émaner de formations de jugement différentes. L'essentiel des jugements sont rendus au sein de la section du contentieux. Il faut ici relever que les dix sous-sections de la section du contentieux sont désormais dix chambres depuis la loi n°2016-483 du 20 avril 2016 relative à la déontologie et aux droits et obligations des fonctionnaires.

Elle comprend en outre la formation spécialisée prévue à l'article L. 773-2 du Code de justice administrative depuis l'entrée en vigueur de la loi n°2015-912 du 24 juillet 2015 relative au renseignement une formation spécialisée chargée du contentieux de la mise en œuvre des techniques de renseignement soumises à autorisation et des fichiers intéressant la sûreté de l'Etat. Cette formation comprend, outre le président qui est désigné pour une durée de quatre ans, par arrêté du Premier ministre, sur proposition du garde des sceaux, deux membres ayant au moins le grade de conseiller d'Etat ainsi que deux suppléants ayant au moins le grade de maître des requêtes, désignés par arrêté du président de la section du contentieux, après avis des présidents adjoints.

593.- Formations de jugement.- En dehors de cette hypothèse particulière, il existe quatre types de formations de jugement :

- La chambre jugeant seule : la même chambre instruit l'affaire et la juge. La chambre jugeant seule est composée du président de la chambre chargée de l'affaire, de l'un de ses deux assesseurs, et d'un rapporteur. Elle ne peut délibérer que si au moins trois membres ayant voix délibérative sont présents (CJA, art. R. 122-14). Cette formation est chargée de juger les litiges qui présentent le moins de difficultés. En particulier elle peut rejeter les pourvois en cassation qui ne sont pas admis.

- Les chambres réunies : en principe, dans cette hypothèse, une chambre instruit l'affaire qui est jugée par une autre chambre. Cependant, depuis l'entrée en vigueur du décret n°2010-164 du 22 février 2010, les chambres de la section du contentieux peuvent désormais également se regrouper par trois ou quatre (CJA, art. R. 122-11). Chaque année, un arrêté du vice-président du Conseil d'Etat doit intervenir pour fixer le groupement de chambres en formation de jugement. Cet arrêté doit être pris sur proposition du président de la section du contentieux.

Cette formation est présidée par l'un des présidents adjoints de la section du contentieux, par le vice-président du Conseil d'Etat ou par le président de la section du contentieux. Outre son président et le rapporteur, elle comprend : les présidents des chambres ; les assesseurs des chambres ou, lorsque les chambres réunies sont au nombre de quatre, l'assesseur le plus ancien dans ses fonctions de chaque chambre ; lorsque les chambres réunies sont au nombre de deux ou de quatre, un conseiller d'Etat appartenant à la section du contentieux désigné par le président de celle-ci, en dehors des chambres qui siègent, selon un tour de rôle établi deux fois par an.

Dans tous les cas, les chambres réunies ne peuvent statuer que si cinq membres au moins ayant voix délibérative sont présents (CJA, art. R. 122-16).

- La section du contentieux (CJA, art. R. 122-18) : cette formation est composée du président de la section des trois présidents adjoints, des présidents de chambres et d'un rapporteur.

- L'assemblée du contentieux (CJA, art. R. 122-20) : cette formation est composée du vice-président du Conseil d'Etat ; des présidents de section, des trois présidents adjoints de la section du contentieux, du président de la chambre sur le rapport de laquelle l'affaire est jugée ou, si l'instruction a été faite dans les conditions prévues au premier alinéa de l'article R. 611-20, le président de la chambre à laquelle l'affaire a été initialement attribuée, des quatre présidents de chambres les plus anciens dans leurs fonctions en dehors du précédent, d'un rapporteur.

La grande majorité des décisions sont rendues par les chambres jugeant seules et par les chambres réunies. Les formations de section du contentieux ainsi que l'assemblée du contentieux sont choisies en fonction de la difficulté des questions de droit soumises à la juridiction administrative suprême.

594.- Juge unique.- Notons toutefois qu'il existe de très nombreuses hypothèses, visées par l'article R. 122-12 du Code de justice administrative, où un juge peut statuer seul par voie d'ordonnance. Il pourra s'agir du président de la section du contentieux, d'un président adjoint de cette section, d'un président de chambre ou encore d'un conseiller d'Etat chargés de fonction d'assesseur. Cette hypothèse peut se présenter, notamment, pour donner acte de désistements, pour rejeter des requêtes manifestement irrecevables, mais aussi - depuis l'entrée en vigueur du décret n°2016-1480 du 2 novembre 2016 - pour statuer sur les requêtes relevant d'une série.

2° Saisine pour avis du Conseil d'Etat sur une question de droit par les tribunaux administratifs et les cours administratives d'appel

595.- Mission d'unification du contentieux.- L'article L. 113-1 du Code de justice administrative dispose que : « avant de statuer sur une requête soulevant une question de droit nouvelle, présentant une difficulté sérieuse et se posant dans de nombreux litiges, le tribunal administratif ou la cour administrative d'appel peut, par une décision qui n'est susceptible d'aucun recours, transmettre le dossier de l'affaire au Conseil d'Etat ».

Cette procédure permet au Conseil d'Etat d'unifier le contentieux. Lorsqu'il est saisi, il est tenu d'examiner dans un délai de trois mois la question soulevée. Il est alors sursis à toute décision sur le fond de l'affaire jusqu'à l'avis du Conseil d'Etat ou, à défaut, jusqu'à l'expiration de ce délai.

C – Le rôle du Conseil d'Etat en matière de médiation

596.- Une mission nouvelle.- Dans l'objectif de favoriser les modes alternatifs de règlement des différends l'article 5 de la loi n° 2016-1547 du 18 novembre 2016 de modernisation de la justice a introduit dans le Code des juridictions administratives des dispositions relatives à la médiation, qui devient une nouvelle modalité de droit commun de résolution des litiges. Dans ce sens, le Conseil d'Etat et le Conseil national des barreaux ont signé, lundi 13 décembre 2017, une convention dont l'objectif est de « promouvoir le recours à la médiation auprès des avocats, des magistrats, des acteurs publics et des justiciables et à mettre en œuvre toute action tendant à faciliter l'accès à une médiation de qualité en matière administrative ».

Le nouvel article L. 114-1 du Code de justice administrative précise que « lorsque le Conseil d'Etat est saisi d'un litige en premier et dernier ressort, il peut, après avoir obtenu l'accord des parties, ordonner une médiation pour tenter de parvenir à un accord entre celles-ci ».

Le même article renvoie aux dispositions relatives à la médiation devant les tribunaux administratifs et les cours administratives d'appel (notons également qu'il existe des procédures de conciliation ou de médiation dans un cadre non juridictionnel visées par l'article L.421-1 et suivants du Code des relations entre le public et l'administration).

Il est utile de noter ici qu'à la différence des tribunaux administratifs et des cours administratives d'appel devant lesquels il existait des possibilités de conciliation (CJA, art. L. 211-4, ancien) ou de médiation (CJA, art. L. 771-3 ancien) rarement utilisées, le Conseil d'Etat ne disposait d'aucun mode non juridictionnel de règlement des litiges. Il avait ainsi été jugé que « les conclusions tendant à ce (qu'un tribunal administratif) fasse usage du pouvoir de conciliation (…) ne peuvent être (…) accueillies par le Conseil d'Etat statuant au contentieux qui ne dispose pas de tels pouvoirs » (CE, 22 mars 1995, requête numéro 155718, Dadillon : Rec. p. 138).

597.- Définition.- La médiation se définit comme « tout processus structuré, quelle qu'en soit la dénomination, par lequel deux ou plusieurs parties tentent de parvenir à un accord en vue de la résolution amiable de leurs différends, avec l'aide d'un tiers, le médiateur, choisi par elles ou désigné, avec leur accord, par la juridiction » (CJA, art. L. 213-1). Il existe donc deux modalités de médiation : à l'initiative des parties et à l'initiative du juge. Si ce processus va à son terme le Conseil d'Etat peut « homologuer et donner force exécutoire à l'accord issu de la médiation » (CJA, art. L. 213-4). On notera toutefois que la saisine de la juridiction aux fins d'homologation d'un accord éventuellement partiel intervenu au titre d'une action de groupe est obligatoire (CJA, art. L. 77-10-14). Il en va de même si cet accord intervient à l'issue d'une médiation (CJA, art. L. 77-10-17).

Relève de la même logique la possibilité qui est ouverte par l'article R. 621-1 du Code de justice administrative de confier à un expert une mission de médiation ou de lui permettre de l'entreprendre avec l'accord des parties.

598.- Homologation des transactions extrajudiciaires.- Il ne faut pas confondre la médiation, telle que l'on vient de la décrire, et la procédure d'homologation des transactions extrajudiciaires qui est possible en application de la solution dégagée par le Conseil d'Etat dans un avis du 6 décembre 2002, Syndicat intercommunal des établissements second cycle du second degré l'Hay-les-roses (avis numéro 249153 : Rec. p. 433, concl. le Chatelier ; AJDA 2003, p. 280, chron. Donnat et Casas ; BJCP 2003, p. 54, concl. le Chaterlier ; CJEG 2003, p. 543, note Gourdou et Terneyre ; LPA 2003, n° 119, p. 12, note Mahinga ; RDP 2003, p. 417, note Guettier ; RFDA 2003, p. 291, concl. le Chatelier, note Pacteau.- V. également CE, 9 décembre 2016, requête numéro 391840, Société Foncière Europe).

Toutefois, ce n'est qu'à titre exceptionnel que cette homologation est possible en dehors de toute instance. Pour le Conseil d'Etat « la recevabilité d'une telle demande (doit) être admise, dans l'intérêt général, lorsque la conclusion d'une transaction vise à remédier à une situation telle que celle créée par une annulation ou la constatation d'une illégalité qui ne peuvent donner lieu à régularisation, ou lorsque son exécution se heurte à des difficultés particulières ». Les juges précisent que « tel peut notamment être le cas en matière de marchés publics et de délégations de service public ». En revanche, si un accord conclu par les parties à la suite d'une expertise peut faire l'objet d'une homologation, tel n'est pas le cas d'un simple un rapport d'expertise (CAA Nantes, 30 mars 2020, requête numéro 18NT03355, Maison départementale de retraite de Villecante).

Il est à noter, également, que l'homologation d'une transaction conclue en cours d'instance ne soulève pas de telles difficultés : de fait cette hypothèse est assimilable à celle où il s'agit de donner force exécutoire à un accord issu de d'une médiation.

La transaction doit prévoir des concessions réciproques, c'est-à-dire qu'elles ne doivent pas être disproportionnées (CE, 9 décembre 2016, requête numéro 391840, Société Foncière Europe : AJDA 2017, p. 690, note Clamour ; Contrats-Marchés publ. 2017, comm. 53, note Devillers), et son objet doit être licite (par exemple elle ne doit pas dispenser le cocontractant de l'administration du paiement des intérêts moratoires qu'il doit (CAA Douai, 27 février 2020, requête numéro 18DA02505 : Contrats-Marchés publ. 2020, comm. 148, note Ubaud-Bergeron).

§II – Cours administratives d'appel

599.- Des juridictions récentes.- Les cours administratives d'appel ont été instituées par la loi n° 87-1127 du 31 décembre 1987 portant réforme du contentieux administratif. Il existe actuellement huit juridictions relevant de cette catégorie, depuis l'entrée en vigueur, au 1er septembre 2004, du décret n°2004-585 du 22 juin 2004 qui porte création de la Cour administrative d'appel de Versailles.

I – Composition et organisation

600.- Conseillers.- Les conseillers des cours administratives d'appel sont des juges indépendants qui appartiennent au corps des conseillers des tribunaux administratifs et des cours administratives d'appel. Ces juridictions ont à leur tête un président qui est un conseiller d'Etat en service ordinaire (CJA, art. L. 222-3). Ils ont tous la qualité de magistrat, reconnue par la loi n°86-14 du 6 janvier 1986 fixant les règles garantissant l'indépendance des membres des tribunaux administratifs, ce qui leur garantit notamment l'inamovibilité (le bénéfice de ce statut a par la suite été étendu aux membres des cours administratives d'appel, V. CJA, art. L. 231-1). Notons toutefois qu'à l'origine l'article 1er de la loi de 1986 ne faisait pas expressément référence à des « magistrats administratifs » mais à des « membres du corps des tribunaux administratifs ... lorsqu'ils exercent leurs fonctions de magistrats ». La qualité expresse de « magistrats administratifs » remonte seulement à la loi n°2012-347 du 12 mars 2012, modifiant l'article L. 231-1 du Code de justice administrative.

601.- Chambres et formations de jugement.- Chaque cour comprend plusieurs chambres, dont le nombre est déterminé chaque année par le vice-président du Conseil d'Etat (CJA, art. R. 221-8). Les jugements sont rendus soit par une chambre, soit par les chambres réunies, soit par l'assemblée plénière de la Cour (CJA, art. R. 222-25).

602.- Généralisation du ministère d'avocat.- Il faut aussi relever que le décret n°2003-543 du 24 juin 2003 a généralisé l'obligation du ministère d'avocat devant les cours administratives d'appel (CJA, art. R. 811-7). Cette mesure se justifiait par la volonté de limiter les recours dirigés contre les décisions des tribunaux administratifs, pour faire diminuer le stock d'affaires en attente de jugement devant les cours qui était, avant la réforme, du triple de la capacité de jugement annuel de ces juridictions. La mesure est efficace puisqu'on a observé en 2004 une baisse de 8% des affaires enregistrées au niveau des cours administratives d'appel.

La dispense d'avocat ne concerne plus deux hypothèses :

- L'appel des jugements de tribunal administratif sur les contraventions de grande voirie (CJA, art. R. 811-7 et L. 774-8).

- Les demandes d'exécution d'un arrêt définitif de la cour administrative d'appel ou d'un jugement rendu par un tribunal administratif situé dans le ressort de la cour et frappé d'appel devant celle-ci.

Relevons que depuis l'entrée en vigueur du décret n°2016-1480 du 2 novembre 2016 le ministère d'avocat est obligatoire pour le contentieux de l'excès de pouvoir à hauteur d'appel dans le domaine de la fonction publique.

Enfin, l'obligation du ministère d'avocat est écartée pour l'Etat, soit en demande, soit en défense, soit en intervention (CJA, art. R. 431-12).

II – Compétences

603.- Extension progressive des compétences des cours.- A l'origine, la compétence pour connaître en appel des jugements des tribunaux administratifs était à peu près équitablement partagée entre les cours et le Conseil d'Etat. Mais par la suite, différents textes ont progressivement étendu la compétence des cours, et notamment la loi n°95-125 du 8 février 1995 relative à l'organisation des juridictions et à la procédure civile, pénale et administrative.

Selon l'actuel article L. 321-1 du Code de justice administrative, les cours administratives d'appel connaissent des jugements rendus en premier ressort par les tribunaux administratifs « sous réserve des compétences que l'intérêt d'une bonne administration de la justice conduit à attribuer au Conseil d'Etat ». Sont également exclues les hypothèses visées par les articles L. 552-1 et L. 552-2 du même code qui attribuent compétence en appel, pour certains types de référés fiscaux, aux tribunaux administratifs, voire même aux tribunaux de grande instance.

L'article R. 321-1 du même code prévoit que le Conseil d'Etat demeure compétent « pour statuer sur les appels formés contre les jugements des tribunaux administratifs rendus sur les litiges relatifs aux élections municipales et cantonales ». Il est à noter que depuis l'entrée en vigueur du décret n°2015-1145 du 15 septembre 2015, les tribunaux administratifs statuent en premier et dernier ressort sur les recours sur renvoi de l'autorité judiciaire et sur les saisines de l'autorité judiciaire en application de l'article 49 du Code de procédure civile. Dès lors, ces décisions ne peuvent plus être contestées devant le Conseil d'Etat que dans le cadre d'un recours en cassation. Le Conseil d'Etat est également compétent comme juge d'appel en cas de recours contre les ordonnances de référé liberté (CJA, art. L. 523-1).

604.- Compétences en premier et dernier ressort.- Il existe, par ailleurs, des hypothèses où les cours administratives d'appel sont compétentes en premier et dernier ressort. Jusqu'au décret n°2013-730 du 13 août 2013, cette compétence était exclusivement reconnue à la cour administrative d'appel de Paris, et seulement pour connaître des recours dirigés contre les arrêtés du ministre chargé du travail relatifs à la représentativité des organisations syndicales. Le décret du 13 août 2013 a étendu cette compétence aux recours contre une partie des décisions du Conseil supérieur de l'audiovisuel, qui ne relèvent donc plus directement du Conseil d'Etat (CJA, art. R. 311-2). Plus précisément, sont en cause les autorisations qui concernent les radios, les télévisions et les ressources radioélectriques, à l'exception de celles concernant les services de télévision à vocation nationale. Par la suite le décret n°2017-150, le décret n°2018-1249 du 26 décembre 2018 et le décret n° 2019-1502 du 30 décembre 2019 ont encore étendu les compétences de cette juridiction.

En outre, depuis l'entrée en vigueur du décret du 13 août 2013, l'ensemble des cours administratives d'appel sont désormais compétentes pour statuer sur les recours contre les décisions de la Commission nationale d'aménagement commercial, en application de l'article L. 752-17 du Code de commerce (CJA, art. R. 311-3). Depuis l'entrée en vigueur du décret n°2015-268 du 10 mars 2015 cette compétence s'étend également aux décisions prises par la Commission nationale d'aménagement cinématographique en application de l'article L. 212-10-3 du Code du cinéma et de l'image animée.

Le décret n° 2018-1054 du 29 novembre 2018 a ensuite créé l'article R. 311-5 du Code de justice administrative qui confie le contentieux des autorisations environnementales aux cours administratives d'appel, ce qui inclut le contentieux des mesures de police spéciale applicables aux titulaires de ces autorisations environnementales (sur ce point V. CE, 9 octobre 2019, requête numéro 432722, Société FE Sainte-Anne : Energie-Env.-Infrastr. 2020, comm. 1, note. Guérin ; JCP A 2019, act. 645, obs. Erstein).

Il a été jugé, à propos de ce décret, que « ni les articles 6 et 16 de la Déclaration des droits de l'homme et du citoyen, ni les stipulations du paragraphe 1 de l'article 6 et de l'article 13 de la Convention européenne de sauvegarde des droits de l'homme et des libertés fondamentales, ni aucun principe général du droit ne consacrent l'existence d'une règle de double degré de juridiction qui interdirait au pouvoir réglementaire de prévoir des cas dans lesquels les jugements sont rendus en premier et dernier ressort » (CE, 3 avril 2020, requête numéro 426941, requête numéro 427388, Association La Demeure Historique et a.).

Depuis l'entrée en vigueur du décret n°2016-9 du 8 janvier 2016, la cour administrative d'appel de Nantes s'est vue - elle seule - attribuer compétence en premier et dernier ressort pour connaître des litiges concernant notamment certaines décisions relatives aux installations de production d'énergie renouvelable en mer et leurs ouvrages connexes.

605.- Juge unique.- Enfin, les présidents des cours administratives d'appel, les premiers vice-présidents des cours, les présidents de formation de jugement des cours et les magistrats ayant une ancienneté minimale de deux ans et ayant atteint au moins le grade de premier conseiller désignés à cet effet par le président de leur juridiction peuvent statuer seul en prenant des ordonnances dans les hypothèses visées par l'article R. 222-1 du Code de justice administrative. On notera que le décret « JADE » n°2016-1480 du 2 novembre 2016 a ajouté aux hypothèses initialement visées le rejet des requêtes d'appel « manifestement dépourvues de fondement ». Le Conseil d'Etat a eu l'occasion de préciser sur ce point qu'il n'existe pas d'obligation de motivation du recours à une ordonnance plutôt qu'à un arrêt. En revanche il opère un contrôle sur les motifs du rejet par ordonnance (CE Sect., 5 octobre 2018, requête numéro 412560, Société Finamur : Dr. adm. 2019, comm. 6, note Eveillard ; Dr. fisc. 2018, n° 41, act. 453).

606.- Compétence territoriale.- La question de la compétence territoriale des cours administratives d'appel ne pose pas de difficultés particulières, l'article R. 322-1 du Code de justice administrative prévoyant que « la cour administrative d'appel territorialement compétente pour connaître d'un appel formé contre un jugement d'un tribunal … est celle dans le ressort de laquelle a son siège ce tribunal … ». Lorsqu'est en cause une décision de la Commission nationale d'aménagement commercial ou de la Commission nationale d'aménagement cinématographique, la cour compétente est celle du lieu du siège de la commission départementale d'aménagement commercial ou de la commission départementale d'aménagement cinématographique qui a pris la décision initiale (CJA, art. R. 311-3).

607.- Fonction consultative.- En dehors de leurs fonctions juridictionnelles, les cours administratives d'appel exercent une fonction consultative, qui est beaucoup plus accessoire que celle du Conseil d'Etat. L'article R. 212-1 du Code de justice administrative prévoit en effet que les cours administratives d'appel peuvent être appelées à donner leur avis sur les questions qui leur sont soumises par les préfets de région.

608.- Médiation.- Enfin, comme le Conseil d'Etat, les cours peuvent aujourd'hui exercer une mission de médiation en vue d'aboutir à la résolution amiable d'un litige.

§III – Tribunaux administratifs

609.- Origine.- L'origine des tribunaux administratifs remonte à la loi du 28 pluviôse an VIII qui créait un conseil de préfecture dans chaque département. Ces juridictions, présidées à l'origine par le préfet, avaient une compétence d'attribution très limitée. Les conseils de préfecture ont été remplacés par le décret n°53-934 du 30 septembre 1953 portant réforme du contentieux administratif par des tribunaux administratifs qui sont juges de droit commun en premier ressort du contentieux administratif.

610.- Nombre de tribunaux administratifs.- Il existe actuellement 42 tribunaux administratifs, dont 11 outre-mer.

Alors que le nombre des tribunaux judiciaires a été réduit, le nombre des tribunaux administratifs est en constante augmentation. Ainsi, le tribunal administratif de Toulon a été créé par le décret n°2008-819 du 21 août 2008 et le tribunal administratif de Montreuil par le décret n°2009-945 du 29 juillet 2009.

Ceci étant, le fonctionnement de ces tribunaux révèle un certain souci d'économie, notamment pour ce qui concerne l'outre-mer. Ainsi, par exemple, les magistrats du tribunal administratif de Wallis-et-Futuna sont également ceux qui composent le tribunal administratif de Nouvelle-Calédonie.

I – Composition et organisation

611.- Conseillers.- Les juges des tribunaux administratifs sont issus du même corps que les conseillers des cours administratives d'appel.

612.- Président.- Les tribunaux administratifs ont à leur tête un président et ils comprennent un nombre de conseillers qui varie en fonction de leur importance.

613.- Formations de jugement.- Chaque cour comprend plusieurs chambres, dont le nombre est déterminé chaque année par le vice-président du Conseil d'Etat (CJA, art. R. 221-4). Le tribunal administratif de Paris présente la particularité de regrouper plusieurs chambres au sein de sections (CJA, art. R. 221-6).

La formation de jugement la plus courante est la chambre. Toutefois, les tribunaux administratifs peuvent statuer dans la formation des chambres réunies, qui peut présenter deux versions différentes (CJA, art. R. 222-19-1) ou en formation élargie. Par ailleurs des règles spécifiques s'appliquent au tribunal administratif de Paris (CJA, art. R. 222-21).

614.- Juge unique.- En outre, la loi n°95-125 du 8 février 1995 relative à l'organisation des juridictions et à la procédure civile, pénale et administrative a multiplié les contentieux dans lesquels un magistrat peut statuer seul par voie d'ordonnances. Ce magistrat est soit le président du tribunal administratif, soit le conseiller qu'il désigne.

Avant 1995, cette hypothèse se rencontrait principalement dans le domaine des procédures d'urgence. Désormais, le juge unique se rencontre dans un ensemble de matières hétéroclites visées par l'art. R. 222-13 du Code de justice administrative, lequel a été modifié en dernier lieu par le décret n°2016-1480 du 2 novembre 2016 et par le décret °2019-82 du 7 févr. 2019. Il est notamment compétent, en application des dispositions combinées de cet article et de l'article R. 222-14, pour statuer sur les demandes indemnitaires dont le montant n'excède pas 10 000 euros (sauf en matière de commande publique). De même il statue, par exemple, sur les litiges relatifs aux refus de concours de la force publique pour exécuter une décision de justice, sur les litiges en matière de permis de conduire et sur les litiges relatifs aux prestations, allocations ou droits attribués au titre de l'aide ou de l'action sociale, du logement ou en faveur des travailleurs privés d'emploi.

II – Compétences

615.- Avis.- Comme les cours administratives d'appel, les tribunaux administratifs peuvent être appelés à donner leur avis sur les questions qui leur sont soumises par les préfets (CJA, art. R. 212-1). Ils peuvent aussi exercer une mission de médiation en vue d'aboutir à la résolution amiable d'un litige.

616.- Compétence de droit commun en premier ressort.- L'essentiel de leurs attributions est toutefois d'ordre contentieux, les tribunaux administratifs étant les juges administratifs de droit commun du contentieux administratif. En d'autres termes, seuls les litiges expressément exclus du champ de leur compétence leur échappent. Ils sont juges en premier ressort, ce qui signifie que leurs jugements peuvent faire l'objet d'un appel, généralement devant une cour administrative d'appel, mais également dans certains cas, comme on l'a vu, devant le Conseil d'Etat.

617.- Ordonnances.- Les présidents des tribunaux administratifs, les premiers vice-présidents des tribunaux, le vice-président du tribunal administratif de Paris et les présidents de formation de jugement des tribunaux ayant une ancienneté minimale de deux ans et ayant atteint au moins le grade de premier conseiller désignés à cet effet par le président de leur juridiction peuvent également prendre un certain nombre d'ordonnances. C'est le cas, notamment, pour donner acte de désistements, pour rejeter des requêtes manifestement irrecevables, mais aussi depuis l'entrée en vigueur du décret n°2016-1480 du 2 novembre 2016 pour statuer sur les requêtes relevant d'une série (CJA, art. R. 222-1).

618.- Compétences en premier et dernier ressort.- Le décret n°2003-543 du 24 juin 2003 relatif aux cours administratives d'appel et modifiant la partie règlementaire du Code de justice administrative a créé différents cas de figure dans lesquels les tribunaux administratifs sont juges en premier et dernier ressort. C'est le cas, notamment, pour les actions indemnitaires, lorsque le montant des indemnités demandées est inférieur à 10000 euros (CJA, art. R. 811-1, R. 222-13, R. 222-14 et R. 222-15). La plupart des hypothèses visées sont celles où c'est un juge unique qui est compétent, même si le décret n°2013-730 du 13 août 2013 a réécrit les articles

R. 222-13 et R. 811-1, distinguant plus nettement la question du juge unique et celle de la compétence en premier et dernier ressort.

619.- Compétence territoriale.- Les règles de compétence territoriale sont inspirées, quant à elles, par deux impératifs, dont l'un est particulier à la juridiction administrative. Il s'agit, d'une part, d'éviter que plusieurs tribunaux ne soient saisis d'un même litige, ce qui pourrait aboutir à des contrariétés de décisions. Il convient, d'autre part, d'éviter l'engorgement du tribunal administratif de Paris qui pourrait résulter du fait que les autorités administratives les plus importantes, celles qui prennent le plus d'actes administratifs, ont leur siège à Paris.

Pour éviter ces problèmes, différentes techniques ont été mises en œuvre. Ainsi, par exemple, selon l'article R. 311-1 du Code de justice administrative, lorsque l'acte attaqué est un décret, une ordonnance ou un acte règlementaire d'un ministre ou d'une autre autorité à compétence nationale, une circulaire ou une instruction de portée générale, c'est le Conseil d'Etat qui est compétent en premier et dernier ressort.

Dans les autres hypothèses que celles visées par cet article, on applique normalement une règle identique à celle qui existe en matière de procédure civile : le tribunal administratif compétent est celui dans le ressort duquel « a légalement son siège l'autorité qui, soit en vertu de son pouvoir propre, soit par délégation, a pris la décision attaquée » (CJA, art. R.312-1). Dans le cas particulier où l'acte a été signé par plusieurs autorités, le tribunal administratif compétent est celui dans le ressort duquel a son siège la première des autorités dénommées dans cet acte.

Cependant, ce principe comporte lui-même de nombreuses exceptions.

Exemples :

- L'article R. 312-7 du Code de justice administrative prévoit que « les litiges relatifs aux déclarations d'utilité publique, au domaine public, aux affectations d'immeubles, au remembrement, à l'urbanisme et à l'habitation, au permis de construire, d'aménager ou de démolir, au classement des monuments et des sites et, de manière générale, aux décisions concernant des immeubles relèvent de la compétence du tribunal administratif dans le ressort duquel se trouvent les immeubles faisant l'objet du litige».
- L'article R. 312-11 du Code de justice administrative précise que « en matière précontractuelle, contractuelle et quasi contractuelle le tribunal administratif compétent est celui dans le ressort duquel se trouve le lieu prévu pour l'exécution du contrat ». Cependant, par exception « Si son exécution s'étend au-delà du ressort d'un seul tribunal administratif ou si le lieu de cette exécution n'est pas désigné dans le contrat ou quasi-contrat, le tribunal administratif compétent est celui dans le ressort duquel l'autorité publique compétente pour signer le contrat ou la première des autorités publiques dénommées dans le contrat a son siège, sans que, dans ce cas, il y ait à tenir compte d'une approbation par l'autorité supérieure, si cette approbation est nécessaire ».

D'une façon générale, l'application de ces règles soulève de nombreuses difficultés. Jusqu'en 1972, le tribunal qui s'estimait incompétent se bornait à rendre un jugement d'incompétence. Le décret n°72-143 du 22 février 1972 a fait obligation au juge administratif qui s'estime incompétent de « prendre toute mesure pour résoudre le problème de compétence » (V. désormais CJA, art. R. 351-1 et suivants).

Pour aller plus loin :

-**Brenet (F.) et Claeys (A.)**, La procédure de saisine pour avis du Conseil d'Etat : pratique contentieuse et influence et droit positif : RFDA 2002, p.525.

-**Degoffe (M.)**, La juridiction administrative spécialisée, LGDJ, coll. « Bibliothèque de droit public », t. 186, 1996.

-**Donnat (F.) et Casas (D.)**, La composition des juridictions administratives spécialisées et l'article 6§1 de la Convention européenne des droits de l'homme du 4 novembre 1950 : AJDA 2003, chron. p. 492.

-**Long (M.)**, Le Conseil d'Etat, rouage de l'administration et juge administratif suprême : Rev. Adm. 1995, p.5.

-**Long (M.)**, Mon expérience de la fonction consultative au Conseil d'Etat : RDP 1998, p.1421.

-**Noyer (B.), Melleray (F.)**, Une nouvelle étape de la réforme des juridictions administratives. - Commentaire du décret n°2010-164 du 22 février 2010 relatif aux compétences et au fonctionnement des juridictions administratives : Droit adm. 2010, étude 10.

-**Plessix (B.)**, Les modes alternatifs de règlement des litiges entre les personnes publiques : Dr. adm. 2017, comm. 13.

-**Section du rapport et des études du Conseil d'Etat**, L'avenir des juridictions spécialisées dans le domaine social, Les études du Conseil d'Etat, 2004.

Chapitre deux – Competence de la juridiction administrative

620.- Conséquences du dualisme juridictionnel.- Le principe de séparation des autorités administrative et judiciaire et le dualisme juridictionnel qui en découle donne lieu à des conflits de compétence fréquents entre les deux ordres de juridiction. La répartition des compétences est elle-même opérée au moyen de critères qui sont essentiellement d'origine jurisprudentielle.

Section I – Résolution des conflits de compétence

621.- Typologie des conflits entre les deux ordres de juridiction.- Les conflits entre les deux ordres de juridiction peuvent survenir à deux niveaux différents.

Ils peuvent d'abord concerner l'attribution des litiges aux juridictions administrative et judiciaire. On parle ici de conflits d'attribution : soit un juge de l'ordre judiciaire se déclare compétent et cette compétence est contestée par le représentant de l'administration active, soit les juges des deux ordres de juridiction se déclarent incompétents. On parle de conflit positif d'attribution dans le premier cas et de conflit négatif d'attribution dans le second.

Ensuite, ces difficultés peuvent concerner le fond du droit. Dans cette hypothèse, les juges des deux ordres de juridiction se déclarent compétents, mais ils rendent sur le fond des décisions aboutissant à un déni de justice pour le requérant du fait d'une appréciation contradictoire des règles applicables.

§I – Les conflits d'attribution

622.- Procédures de conflit et juge des conflits.- Les procédures de conflit d'attribution sont apparues durant la première moitié du XIX° siècle, avant même que ne soit créé un Tribunal des conflits. Des règles particulières s'appliquent aux conflits positifs d'attribution et aux conflits négatifs d'attribution.

I – Apparition des procédures de conflit d'attribution et du Tribunal des conflits

623.- Antériorité des procédures.- Il est notable de constater que l'apparition des procédures de conflit est antérieure à la création d'une juridiction spécialisée pour en juger.

A – L'antériorité des procédures

624.- Des racines dans l'Ancien Régime.- La procédure de conflit positif d'attribution est apparue antérieurement à la procédure de conflit négatif, ce qui s'explique par le fait que ces procédures ont d'abord été envisagées dans un sens unique : conformément aux dispositions de la loi des 16 et 24 août 1790 il s'est d'abord agit exclusivement de protéger l'administration du juge judiciaire. C'est pourquoi l'administration dispose aujourd'hui encore d'un rôle important dans le déclenchement de la procédure de conflit positif.

Sous l'Ancien Régime, les agents du Roi revendiquaient déjà les affaires soumises aux tribunaux ordinaires mettant en cause l'administration. Lorsque ce pouvoir de revendication était exercé, les tribunaux n'avaient pas d'autre choix que de se dessaisir.

Sous la Révolution, ce système s'est prolongé, mais il n'était pas satisfaisant dans la mesure où il présentait un risque évident d'arbitraire de la part de l'administration.

625.- Création de la procédure de conflit positif.- La procédure de revendication a été réformée par une ordonnance du 1er juin 1828 qui met en place une procédure dite de conflit positif d'attribution. Cette ordonnance a été récemment abrogée par la loi n°2015-177 du 16 février 2015 qui ne modifie toutefois pas de façon substantielle cette procédure.

A l'origine, dans le cadre de la procédure de conflit positif, c'est le Conseil d'Etat qui est chargé de statuer sur l'arrêté de conflit, et qui tranche définitivement la question de compétence. Cette procédure était d'autant moins équitable que c'était un système de justice retenue qui prévalait alors.

B – Le Tribunal des conflits

626.- Une juridiction à part.- Longtemps régi par des textes anciens, le Tribunal des conflits a connu des évolutions récentes. Il occupe, par ailleurs, une place singulière dans l'organisation juridictionnelle française.

1° Evolutions

627.- Une juridiction paritaire.- La Constitution de 1848 a prévu la création d'une juridiction spécialisée en vue de résoudre ces difficultés, le Tribunal des conflits. Le Tribunal des conflits a été supprimé avec la chute de la Seconde République, ce qui fait que sous le Second Empire, c'est à nouveau le Conseil d'Etat qui est le juge des conflits d'attribution.

La loi du 24 mai 1872 a finalement rétabli le Tribunal des conflits, dans la même composition que celle prévue par la Constitution de 1848 : trois conseillers à la Cour de cassation nommés par leurs collègues, trois membres du Conseil d'Etat en service ordinaire élus par les conseillers d'Etat en service ordinaire et deux membres et membres suppléants élus par la majorité des autres juges. Les juges sont élus pour trois ans. Depuis l'entrée en vigueur de la loi n°2015-177 du 16 février 2015, ils ne sont plus rééligibles que deux fois.

Il faut relever qu'il n'existait aucune condition au sujet des membres ainsi élus. Il pouvait donc s'agir de personnalités étrangères aux deux ordres juridictionnels, sans aucune garantie, par ailleurs, que le paritarisme soit respecté. Toutefois, dans les faits, il semble qu'il l'ait toujours été de facto. La loi n°2015-177 du 16 février 2015 a finalement résolu cette difficulté potentielle en prévoyant que la formation ordinaire du Tribunal comprend quatre conseillers d'Etat en service ordinaire élus par l'Assemblée générale du Conseil d'Etat et quatre magistrats du siège hors hiérarchie de la Cour de cassation élus par leurs pairs. Deux suppléants sont aussi élus, l'un par l'assemblée générale du Conseil d'Etat parmi les conseillers d'Etat en service ordinaire et les maîtres des requêtes, l'autre par l'assemblée générale des magistrats du siège de la Cour de cassation parmi les conseillers hors hiérarchie et référendaires.

628.- Ministère public.- A l'origine, le ministère public était assuré par des commissaires du gouvernement désignés chaque année par le Président de la République sur une base également paritaire : deux étaient choisis parmi les maîtres des requêtes au Conseil d'Etat, deux autres parmi les membres du parquet de la Cour de cassation. Depuis la loi du 16 février 2015, l'appellation de commissaires du gouvernement a été remplacée par celle de rapporteur public, ce qui était déjà le cas depuis 2009 pour les juridictions administratives. Leur désignation relève désormais des deux juridictions suprêmes qui les élisent dans les mêmes conditions que les autres membres du Tribunal.

629.- Présidence.- Avant l'entrée en vigueur de la loi du 16 février 2015, cette juridiction était présidée par le garde des Sceaux qui n'intervenait, dans les faits, qu'en cas de partage des voix. Cette circonstance ne s'est présentée que onze fois alors que le Tribunal des conflits a rendu depuis l'origine plus de 3000 décisions. La présidence par le garde des sceaux demeurait toutefois très critiquée, en tant qu'elle constituait une immixtion du pouvoir exécutif dans la répartition des compétences juridictionnelles. Selon l'expression utilisée par M. Pierre Sargos, suite à sa démission du Tribunal des conflits en 1997 après une intervention du garde des sceaux, cette situation pouvait être qualifiée de « vestige de justice retenue ». La loi n° 2015-177 du 16 février 2015 et son décret d'application n°2015-233 du 27 février 2015 ont finalement opéré une réforme du Tribunal des conflits. La loi de 2015 modifie, d'abord, l'article 3 de la loi du 24 mai 1872. Désormais, les membres du Tribunal des conflits « choisissent parmi eux, pour trois ans, un président issu alternativement du Conseil d'Etat et de la Cour de cassation, au scrutin secret à la majorité des voix ». Cette règle est calquée sur celle qui instaurait auparavant un système d'alternance pour la désignation du vice-président du Tribunal des conflits.

Si cette règle met fin à un archaïsme critiqué, elle rend nécessaire l'instauration d'un nouveau mécanisme permettant de remédier à la situation d'un partage de voix. Il aurait pu être envisagé de donner une voix prépondérante, dans une telle hypothèse, au président du Tribunal des conflits. Cette solution n'aurait toutefois été guère satisfaisante, dès lors qu'elle aurait rompu avec le strict paritarisme voulu par la loi du 16 février 2015. C'est donc une autre voix qui a été choisie, faisant reposer la résolution de ces difficultés sur un mécanisme à double détente. Dans un premier temps, en cas de partage des voix, le président réunit le Tribunal dans la même formation pour procéder à une nouvelle délibération, ce qui peut permettre une évolution de l'appréciation de certains membres et aboutir à dégager une majorité à l'occasion de la nouvelle délibération. En cas de persistance du blocage, une nouvelle séance en formation élargie est organisée. Vont alors se joindre aux huit membres ordinaires du Tribunal des conflits quatre membres supplémentaires, qui sont également paritairement issus du Conseil d'Etat et de la Cour de cassation. Toutefois, pour éviter les nominations qui pourraient résulter d'un esprit militant, ces membres supplémentaires sont élus dans les mêmes conditions et au même moment que les membres de la formation ordinaire. Il est ainsi espéré que cette solution pourra permettre de parvenir à une majorité.

630.- Procédure de récusation.- On notera enfin que le Tribunal des conflits, abandonnant une jurisprudence ancienne (TC, 4 novembre 1880, Marquigny c/ Préfet du Nord : Rec. p. 795, concl. Ronjat) a récemment admis, dans le silence des textes, la possibilité pour les parties de récuser l'un des juges, y compris le président du tribunal, dont l'impartialité serait mise en cause (TC, 6 juillet 2015, requête numéro 3995, Krikorian et a. : AJDA 2016, p. 265, note Carpentier ; Dr. adm. 2015, comm. 69, note Eveillard ; Gaz. Pal. 2015, I, p. 21, note Blanc). Cette solution a vocation à s'appliquer dans le cas où un membre du Tribunal des conflits a été amené à présider la formation de jugement ayant rendu une des décisions de justice portées devant lui (même décision). Cette nouvelle règle ne peut à l'évidence que renforcer l'impartialité du Tribunal des conflits.

2° Place du Tribunal des conflits dans le système juridictionnel français

631.- Le régulateur de la séparation des autorités administrative et judiciaire.- Le Tribunal des conflits apparaît aujourd'hui comme le « vrai régulateur de la séparation des autorités administrative et judiciaire, et son arbitre » (B. Pacteau, Contentieux administratif : PUF, 3e éd., 1994, n° 103). De fait, cette institution a rendu des décisions extrêmement importantes - l'arrêt Blanco, l'arrêt Bac d'Eloka notamment - dont l'intérêt dépasse largement la seule question de la répartition des compétences.

632.- Le Tribunal des conflits n'est pas une juridiction suprême.- En revanche, le Tribunal des conflits ne saurait être considéré comme une juridiction suprême. S'il est très fréquent que ses décisions fassent jurisprudence, il n'en va donc pas toujours nécessairement ainsi. L'apparition de la catégorie des services publics sociaux, à l'occasion de l'arrêt Naliato du 29 janvier 1955 (requête numéro 1511 : D. 1956, p.58, note Eisenmann) constitue une parfaite illustration de ce phénomène. A cette occasion, le Tribunal des conflits avait dû de se prononcer sur une question de compétence concernant une demande de dommages et intérêts exercée contre l'Etat à raison d'un accident survenu à un enfant dans une colonie de vacances organisée par un ministère. Le tribunal, estimant que cette colonie était organisée comme une colonie de vacances privée, le juge judiciaire devait être compétent pour connaître des litiges occasionnés par son fonctionnement. Logiquement, cette jurisprudence aurait dû s'étendre aux autres services de ce type, par exemple aux centres aérés et aux garderies. Or, il n'en fut rien. En effet, le Conseil d'Etat s'est toujours arrangé pour éluder l'application de cette jurisprudence. Certes, les juges ne sont jamais allés directement à l'encontre de la jurisprudence Naliato en refusant de reconnaître l'existence de services publics sociaux. Mais chaque fois qu'il a été saisi dans ce cadre, le Conseil d'Etat a estimé que, compte tenu des particularités présentées par le fonctionnement du service en cause, celui-ci ne saurait être assimilé à une œuvre privée (V. par ex. pour un centre aéré municipal CE, 27 janvier 1971, requête numéro 72707, Caisse des écoles de la Courneuve : D. 1973, p.521, note Lachaume). Des solutions d'une inspiration identique étaient également retenues par la Cour de cassation (Cass. Civ. I, 30 octobre 1957 : D. 1958, p.423, note Chapus). Incapable d'imposer sa jurisprudence à la Cour de cassation et au Conseil d'Etat, le Tribunal des conflits a finalement fait machine arrière en abandonnant la catégorie des services publics sociaux à l'occasion de l'arrêt Gambini du 4 juillet 1983 (requête numéro 0236 : Rec. p. 540 ; JCP G 1984, II, 20275, concl. Labetoulle ; RDSS 1984, p. 553, concl. Labetoulle ; RDP 1983, p.1381).

Le sort des services publics sociaux confirme que le Tribunal des conflits est seulement, en dehors des exceptions que l'on évoquera plus loin, un juge répartiteur des compétences. Ce n'est pas une cour suprême située au-dessus des deux ordres de juridiction. En effet, le Tribunal des conflits ne dispose d'aucun moyen d'obliger les deux ordres de juridiction à prendre à leur compte sa jurisprudence.

II – Règles applicables à la procédure de conflit positif

633.- Textes.- L'ordonnance du 1er juin 1828 définit les conditions de constitution des conflits positifs et décrit la procédure applicable. Ces règles ont été reprises dans leurs grandes lignes par la loi du 16 février 2015 et par le décret n°2015-233 du 27 février 2015 relatif au Tribunal des conflits et aux questions préjudicielles.

A – Conditions de constitution d'un conflit positif

634.- Objet et conditions.- Il faut bien cerner l'objet de la procédure de conflit positif avant d'en étudier les conditions de mise en œuvre.

1° Objet de la procédure de conflit positif

635.- Un conflit entre le juge judiciaire et l'administration active.- Il faut insister sur le fait que le conflit positif d'attribution n'est pas un conflit entre deux juridictions, mais un conflit entre l'administration active, généralement représentée par le préfet, et le juge judiciaire. Cette procédure est mise en œuvre, conformément au principe de séparation des autorités administrative et judiciaire, en vue de soustraire le litige à la compétence du juge judiciaire. Il ne s'agit donc, en aucun cas, de revendiquer la compétence du juge administratif.

Plus précisément, l'article 6 de l'ordonnance du 1er juin 1828 prévoyait que le conflit positif peut être élevé « alors même que l'administration ne serait pas en cause ». Ceci signifie que le préfet est susceptible d'intervenir dans un litige mettant en cause une autre personne publique que l'Etat (V. par ex. TC, 25 mars 1996, requête numéro 03000, Berkani : Rec. p. 536, concl. Martin ; JCP G 1996, II, comm. 22664, note Moudoudou ; AJDA 1996, p. 355 et 399, chron. Stahl et Chauvaux ; AJFP 4/1996, p. 4, note Boutelet, AJFP 7/1997, p. 1, note Boutelet), mais également, dans les cas où le juge judiciaire ne serait pas compétent, pour un litige entre deux personnes privées (V. par ex. TC, 23 octobre 1995, requête numéro 02864, Société Canal+immobilier et a. c. SEMEA XVe et a. : Rec. p. 500 ; RFDA 1996, p. 150). Cette règle a été reprise par l'article 13 de la loi du 16 février 2015.

Dans la grande majorité des cas, si le préfet met en œuvre la procédure de conflit positif, c'est implicitement parce qu'il estime que le juge administratif est compétent. Mais cela n'est pas nécessairement le cas, comme l'illustre très bien l'arrêt du Tribunal des conflits du 2 février 1950, Société Radio-Andorre (requête numéro 01243 : Rec. p. 652 ; S. 1950, III, p. 73, concl. Odent ; JCP 1950, II, comm. 5542, note Rivero ; RDP 1950, p. 418, concl. Odent et chron. Waline). En l'espèce, il avait été contesté devant le juge civil une décision du ministre de l'Information ordonnant le brouillage des ondes d'une station de radio étrangère. Le Tribunal des conflits confirme en l'espèce l'arrêté de conflit pris par le préfet. En effet, la décision se rattachait non pas à l'activité administrative, mais à l'activité gouvernementale, et plus précisément aux relations internationales. Il s'agissait donc d'un acte de gouvernement qui ne pouvait être attaqué ni devant le juge judiciaire ni devant le juge administratif. On voit donc bien, dans cette affaire, que la procédure de conflit positif n'a pas pour objet d'attribuer compétence au juge administratif, mais bien de soustraire au juge judiciaire des affaires mettant en cause l'administration.

Il est à noter, enfin, que l'article 26 de la loi du 24 mai 1872, permettait aux ministres de revendiquer « devant le Tribunal des conflits les affaires portées à la section du contentieux et qui n'appartiendraient pas au contentieux administratif ». Cependant, cette procédure, qui est en quelque sorte l'antithèse de la procédure de conflit positif, n'avait jamais été utilisée et elle n'a pas été reprise par la loi du 16 février 2015.

2° Tribunaux devant lesquels la procédure de conflit positif peut être mise en œuvre

636.- Une procédure largement ouverte en première instance.- La procédure de conflit positif ne peut être mise en jeu que devant les juges judiciaires. En application de l'ordonnance 1er juin 1828, puisqu'elle ne pouvait concerner que les tribunaux qui disposent d'un ministère public, cette procédure avait longtemps été exclue, par exemple, devant les tribunaux d'instance, les tribunaux de commerce et les conseils des prud'hommes. Depuis la loi du 10 juillet 1970, qui généralise la représentation du parquet devant les juridictions judiciaires du 1er degré, l'obstacle avait toutefois été levé. La procédure de conflit positif était donc ouverte devant l'ensemble des juridictions judiciaires du premier degré, y compris les tribunaux statuant en référé, les juges d'instruction et les chambres d'accusation. Cette situation n'a pas été fondamentalement modifiée par le décret du 27 avril 2015. Toutefois, en application de l'article 19 de ce décret, c'est désormais le greffe du tribunal et non plus le ministère public qui doit être saisi par le préfet.

637.- Une procédure rarement mise en œuvre à hauteur d'appel.- Pour les cours d'appel, l'article 4 de l'ordonnance du 1er juin 1828 précisait « (qu')il ne pourra jamais être élevé de conflit après des jugements rendus en dernier ressort ou acquiescés ou après des jugements définitifs ». Selon la jurisprudence, les jugements visés par l'article 4 de l'ordonnance du 1er juin 1828 sont des jugements sur la compétence. Il en résulte que le conflit ne peut plus être élevé dès lors que l'autorité judiciaire a définitivement statué sur sa compétence, alors même qu'elle n'a pas statué au fond (V. par exemple TC, 25 mars 1996, Préfet de l'Aude c. CA Montpellier, requête numéro 3016, Epoux de Lassus Saint-Geniès c. Etat.- CA Paris, 22 novembre 2013, numéro 11/10375, Association Fédération française de football et a. c/ Association Ternes Paris ouest football club sportif et a.). Cependant, la procédure de conflit d'attribution positif peut être déclenchée en appel dans certains cas. Tel est le cas, notamment, lorsque l'administration n'a pas été mise en cause lors d'un premier jugement rendu au fond. Dans cette hypothèse, le conflit pourra être élevé en appel, mais seulement à l'égard de la seule administration, ce qui a pour effet d'exclure la personne mise en cause dans le premier jugement (TC, 27 novembre 1961, Compagnie la Providence et Dame Duclos : Rec. p. 88). De même, il résulte d'une jurisprudence constante que la question de compétence n'est pas définitivement tranchée par une ordonnance de référé qui ne fait pas préjudice au principal (TC, 22 novembre 1951, requête numéro 1346, Boisson : Rec. p.644.- V. aussi appliquant cette solution à la procédure de référé provision TC, 12 décembre 2005, requête numéro C3494, Préfet de la région Champagne-Ardenne : Rec. p. 666).

L'article 18 du décret du 27 février 2015 précise plus sobrement que les anciennes dispositions en vigueur que « le conflit peut être élevé tant qu'il n'a pas été statué sur la compétence par une décision passée en force de chose jugée ». Ces dispositions confirment donc la jurisprudence antérieure.

638.- Une procédure exclue devant la Cour de cassation.- Enfin, devant la Cour de cassation, la procédure de conflit positif d'attribution ne peut jamais être mise en œuvre.

3° Matières dans lesquelles le conflit positif peut être élevé

639.- Distinction entre la matière civile et la matière pénale.- La règle en vigueur paraît simple et elle se justifie par le fait que le législateur a voulu que l'administration n'utilise pas la procédure de conflit positif pour protéger ses agents en cas de crimes et de délits commis par eux.

Par voie de conséquence, l'élévation du conflit positif est autorisée en matière civile, mais elle est interdite en matière pénale. Ce principe, qui s'applique dans toute sa rigueur en matière criminelle, souffre toutefois de deux exceptions en matière correctionnelle : le conflit peut être élevé sur une question préjudicielle relevant de la compétence du juge administratif tout comme dans le cas où le tribunal est saisi de poursuites dont le jugement appartient à la juridiction administrative (comme c'est le cas notamment pour les contraventions de grande voirie qui ont pour objet de sanctionner les infractions à la police de la conservation des dépendances du domaine public). Notons cependant que ces deux hypothèses qui étaient visées par l'ordonnance du 1er juin 1828 n'ont pas été explicitement reprises par l'article 14 de la loi du 16 février 2015 qui se borne à mentionner que « le conflit d'attribution entre les juridictions judiciaires et administratives ne peut être élevé en matière pénale ». Toutefois, il semble que les deux exceptions susvisées doivent se maintenir, dès lors qu'elles résultent de règles particulières de répartition des compétences.

Qui plus est, l'application de la règle en vigueur pose une difficulté majeure, puisque la distinction opérée ne recouvre pas celle existant entre les tribunaux civils et les tribunaux répressifs, ces derniers pouvant en effet statuer en matière pénale comme en matière civile.

Il en résulte que le conflit peut être élevé devant les tribunaux répressifs lorsqu'à l'action pénale est jointe une action civile. Dans ce cas, cependant, le conflit ne pourra être élevé que sur la seule action civile, lorsque le préfet estime que ce n'est pas la responsabilité personnelle de l'agent qui doit être mise en cause, mais celle du service (TC, 22 décembre 1880, trois arrêts, Roucanières c. Doniol et Chauvin, Taupin et Thébault c. Obissier, Douste et Delalonde, Kervennic c. Assiot : Rec. p. 1040, concl. Chantegrellet.- V. pour un exemple récent TC, 12 décembre 2005, requête numéro C3401, M. Claude X.).

Cependant, l'élévation du conflit demeure toujours impossible, y compris dans cette hypothèse, lorsque l'action civile est dirigée contre les agents de personnes publiques pour cause « d'atteinte à la liberté individuelle », en application de l'article 136 du Code de procédure pénale auquel renvoie l'article 14 de la loi du 16 février 2015. Il en va de même lorsque c'est une juridiction d'instruction qui est saisie en matière civile (TC, 6 octobre 1989, requête numéro 02554, Préfet des Bouches-du-Rhône c. Laplace : Rec. p. 295 ; AJDA 1989, p. 768, chron. Honorat et Baptiste).

B – Déroulement de la procédure

640.- Déclinatoire de compétence.- En application de la procédure de conflit positif, le représentant de l'administration active - qui est en principe le préfet (ce qui exclut notamment la compétence des ministres.- V. TC, 22 mars 2004, requête numéro 3398, Le Sourd et Société Bristol Myers Squibb [BMS] c/ Ministre de l'Intérieur : Rec. p. 516) - lorsqu'il estime qu'un juge de l'ordre judiciaire est saisi d'une affaire mettant en cause l'administration va adresser au greffe de la juridiction concernée un déclinatoire de compétence. Le déclinatoire de compétence prend la forme d'un mémoire dans lequel le préfet, après avoir exposé ses motifs, demande au juge judiciaire de se déclarer incompétent. Il ne s'agit pas nécessairement d'un document individuel. En effet, la jurisprudence admet la possibilité pour le préfet de viser plusieurs jugements dans un seul déclinatoire (TC, 10 juillet 1990, requête numéro 2621, Préfet des Hauts-de-Seine c/ TGI Nanterre : Rec. tables, p. 646).

En application de l'article 18 du décret du 27 février 2015 le déclinatoire peut être présenté « tant qu'il n'a pas été statué sur la compétence par une décision passée en force de chose jugée ».

Il est à noter que la décision par laquelle le préfet refuse de saisir le juge judiciaire d'un déclinatoire de compétence n'est pas détachable de la procédure judiciaire à laquelle elle se rapporte. Cette décision ne peut donc être contestée devant le juge administratif (CE, 20 avril 2005, requête numéro 255417, Régie départementale des transports de l'Ain et a. : Rec. p. 150 ; AJDA 2005, p. 1509, concl. Aguila, note Pontier ; JCP A 2005, comm. 1264, note Moreau).

641.- Saisine du juge judiciaire.- Lorsque le juge judiciaire est saisi par le procureur du déclinatoire, il doit traiter en priorité la question de compétence. S'il rejette le déclinatoire, il n'est pas pour autant habilité à statuer sur le fond du litige. Cependant, il n'est pas rare, dans la pratique, que le juge judiciaire passe outre et rende malgré tout un jugement au fond. Ceci étant, cela n'empêchera pas, dans un tel cas, la procédure de conflit de se poursuivre et d'aboutir, le Tribunal des conflits estimant qu'un tel jugement est nul et non avenu (V. par exemple TC, 26 septembre 2005, requête numéro C3490, M.A.). Toutefois, le jugement qui avait été rendu au fond sera considéré comme valable par les juridictions civiles si, à l'issue de la procédure, l'arrêté de conflit est annulé (Cass. 1re civ., 7 février 1955, Ministre des anciens combattants c. Grusoy : Bull. civ. 1955, I, n° 59). Une solution contraire est toutefois retenue par le Tribunal des conflits (TC, 4 juillet 1991, requête numéro 02670, Pillard : Rec. p. 469).

Pour le reste, la procédure de conflit positif a été assez profondément remaniée par le décret du 27 février 2015. Désormais, contrairement à ce qui résultait jusqu'alors de la jurisprudence du Tribunal des conflits, le greffe de la juridiction saisie doit informer les parties du déclinatoire et les inviter à faire connaître leurs observations écrites dans un délai de quinze jours à compter de la réception de cette notification. Le greffe transmet également le déclinatoire au ministère public afin qu'il puisse faire connaître son avis dans le même délai de quinze jours à compter de la réception de cette notification. Dès qu'il réceptionne l'avis du ministère public, le greffe le porte à la connaissance du préfet mais aussi des parties par lettre remise contre signature (D. n°2015-233, 27 février 2015, art. 19). Il est à noter que le délai de quinze jours imparti au préfet ne court pas si le jugement ne lui est pas régulièrement signifié (TC, 16 novembre 2015, requête numéro 4036, Belhafiane : Rec. p. 515). En revanche, la méconnaissance des dispositions prévoyant que le déclinatoire de compétence est communiqué par le greffe aux parties qui ont quinze jours pour faire connaître leurs observations écrites, n'est pas sanctionnée dès lors qu'il apparaît que les parties ont été en mesure de présenter leurs observations sur le déclinatoire de compétence (même arrêt).

642.- Jugement sur le déclinatoire.- La juridiction doit ensuite statuer sans délai, selon les règles de procédure qui lui sont applicables, sur le déclinatoire de compétence (D. n°2015-233, 27 février 2015, art. 20). Le préfet ne dispose toutefois d'aucun moyen contraignant le tribunal à statuer. En conséquence, sera considéré comme nul l'arrêté de conflit qui serait déposé avant que le tribunal ait statué sur le déclinatoire (TC, 14 mars 1914, Dubecq c/ Corps de troupe garnison Mascara : Rec. p. 359 ; S. 1921, III, p. 3). Il en ira toutefois autrement dans les hypothèses où le juge se prononce sur sa compétence tout en omettant de statuer sur le déclinatoire (TC, 4 juillet 1983, requête numéro 0236, Gambini, préc.).

Lorsque la juridiction a statué sur le déclinatoire, le greffe adresse sans délai copie du jugement au préfet et aux parties par lettre remise contre signature. Le ministère public est également avisé (D. n°2015-233, 27 février 2015, art. 21).

Plusieurs situations doivent alors être envisagées. Tout d'abord, si le tribunal se range à l'avis du préfet, il rendra un jugement d'incompétence, ce qui mettra un terme à la procédure de conflit positif. Relevons toutefois que si le jugement a admis le déclinatoire et si une partie fait appel, le préfet peut saisir la juridiction d'appel d'un nouveau déclinatoire et, en cas de rejet de celui-ci, élever le conflit dans les mêmes conditions qu'en première instance (D. n°2015-233, 27 février 2015, art. 22).

643.- Elévation du conflit.- En revanche, s'il rejette le déclinatoire, le préfet disposera de quinze jours pour élever le conflit, c'est-à-dire pour prendre un arrêté de conflit motivé dans lequel il va réitérer les motifs pour lesquels il estime que le juge saisi est incompétent. Si le préfet ne prend pas d'arrêté de conflit dans ce délai, le juge judiciaire pourra poursuivre la procédure et rendre un jugement sur le fond. Toutefois, le conflit peut également être élevé si le tribunal, avant l'expiration du délai de quinze jours, est passé outre et a jugé au fond.

Alors que la jurisprudence du Tribunal des conflits était très peu formaliste sur cette question, l'article 23 du décret du 27 février 2015 mentionne expressément que l'arrêté de conflit doit viser le jugement ou l'arrêt rejetant le déclinatoire et être motivé à peine d'irrecevabilité.

L'arrêté de conflit, accompagné des pièces qu'il vise, est remis contre signature par le préfet au greffe de la juridiction devant laquelle est élevé le conflit (D. n°2015-233, 27 février 2015, art. 24).

Dès la réception de l'arrêté de conflit au greffe, la juridiction doit surseoir à statuer, ce qui n'était pas prévu par la réglementation antérieure (D. n°2015-233, 27 février 2015, art. 26).

Conformément à l'évolution de la composition du Tribunal des conflits, ce n'est plus le Garde de sceaux, mais le greffe qui transmet au secrétariat du Tribunal des conflits l'arrêté de conflit, le déclinatoire, l'avis du ministère public, le jugement rejetant le déclinatoire et, le cas échéant, les observations des parties ainsi que les pièces utiles (D. n°2015-233, 27 février 2015, art. 28).

644.- Décision du Tribunal des conflits.- Lorsqu'il est saisi d'un arrêté de conflit, le juge des conflits dispose d'un délai de trois mois pour statuer. Toutefois, en cas de nécessité ou s'il a été fait application de la procédure de départage, le délai peut être prorogé par son président, dans la limite de deux mois (D. n°2015-233, 27 février 2015, art. 29).

Si l'arrêté est annulé, l'instance reprend devant le juge judiciaire. Mais si l'arrêté est confirmé, la partie intéressée peut saisir la juridiction administrative si elle est compétente.

III – Règles applicables à la procédure de conflit négatif

645.- Textes.- La procédure de conflit négatif a été instituée par un décret du 26 octobre 1849 déterminant les formes de procéder du Tribunal des conflits. Plus récemment, le décret n°60-728 du 26 juillet 1960, a attribué à cette juridiction une mission plus générale de simplification de la procédure qui lui permet notamment de prévenir la survenance de tels conflits.

A – Résolution des conflits négatifs

646.- Conflit entre le juge judiciaire et le juge administratif.- Contrairement au conflit positif, qui oppose l'administration active à un juge de l'ordre judiciaire, le conflit négatif oppose un juge administratif à un juge judiciaire qui se considèrent tous deux incompétents pour connaître de la même affaire. Cette procédure va dès lors avoir pour objet la désignation de la juridiction compétente. Comme l'a écrit Cormenin il s'agit donc de « rétablir l'ordre entravé des juridictions et faire droit aux parties » (Droit administratif, Thorel-Pagnerre 1840, t. 1, p. 461).

647.- Saisine du Tribunal des conflits.- En application de l'article 17 du décret du 26 octobre 1828, le recours devant le Tribunal des conflits, pour faire régler la question de compétence, devait être exercé directement par les parties intéressées, sans condition de délai. Désormais, toutefois, l'article 38 du décret du 27 février 2015 prévoit que ce recours doit être introduit dans les deux mois à compter du jour où la dernière en date des décisions d'incompétence est devenue irrévocable.

L'article 37 du même décret précise aussi que la requête expose les données de fait et de droit ainsi que l'objet du litige et qu'elle est accompagnée de la copie des décisions intervenues.

Le Tribunal des conflits va ensuite annuler le jugement du tribunal qu'il estime compétent. Le requérant devra alors introduire un nouveau recours devant le tribunal ainsi désigné, qui statuera au fond.

648.- Conditions de constitution d'un conflit négatif.- Pour qu'il y ait conflit négatif, et pour que le Tribunal des conflits puisse être saisi, quatre conditions doivent être réunies.

Tout d'abord, chaque tribunal doit avoir refusé par une décision irrévocable de connaître du litige en opposant à l'action l'incompétence de son ordre juridictionnel. Ceci signifie notamment qu'une simple décision d'incompétence du tribunal saisi, qui ne tranche pas la question de la compétence des autres tribunaux de l'ordre auquel il appartient ne permet pas de regarder cette condition comme satisfaite.

Exemple :

- Dans un arrêt du 26 juin 1989, Veuve Plouin et a. (requête numéro 02456 : Rec. p. 294 ; CJEG 1990, p. 219 ; D. 1991, jurispr. p. 57, note Carrias ; JCP G 1995, II, 21606, obs. Bernard ; Quot. jur. 2 août 1990, p. 4, note Rouault) le Tribunal des conflits a ainsi décidé que cette condition n'est pas remplie dans le cas où un tribunal de grande instance rend un jugement d'incompétence au motif que l'affaire relève du juge de l'expropriation, lequel appartient également à l'ordre de juridiction judiciaire.

Ensuite, l'une des déclarations d'incompétence doit être erronée. Tel n'est pas le cas, par exemple, dans une hypothèse où le juge estime que le litige dont il est saisi relève, non pas de la compétence d'un tribunal de l'un des deux ordres de juridiction, mais du Conseil constitutionnel.

Enfin, les déclarations d'incompétence doivent se rapporter au « même litige » où, comme le prévoyait le décret du 26 octobre 1849, à la « même question » ce qui a priori était plus large. Toutefois, le Tribunal des conflits a récemment considéré qu'il il y a identité de litige, alors même que la juridiction d'un ordre a statué en référé et que la juridiction de l'autre ordre s'est prononcée au principal, ce qui implique que la différence de terminologie entre les deux textes n'a a priori aucune portée (TC, 4 juillet 2016, requête numéro 4036, Agence Pena & Pena c/ Althabegoïty et Bayle : Rec. p. 916).

Un « même litige » ou une « même question » signifie trois choses : une identité des parties ; une identité de cause (c'est-à-dire que le fondement juridique des demandes doit être identique.- V. sur ce point TC, 19 mai 2014, requête numéro 3942, Département du Nord : Dr. adm. 2015, comm. 59, note Eveillard) ; une identité d'objet (le requérant demande la même chose aux deux juridictions).

Exemple :
- TC, 2 juin 1945, Epoux Cuvillier (Rec. p.276) : le 6 février 1934, un couple qui se promène dans le quartier latin à Paris est violemment agressé par des policiers. Les policiers en question avaient été dépêchés dans ce quartier pour réprimer la manifestation qui devait être organisée le soir même par des ligues d'extrême droite. C'est le juge judiciaire que saisissent les époux Cuvillier qui estiment que les dommages subis par eux sont liés à l'émeute du 6 février 1934. En effet, une loi du 5 avril 1884 prévoyait la compétence du juge judiciaire pour réparer les dommages occasionnés par une émeute et engager la responsabilité de l'Etat. Mais le juge judiciaire, estimant qu'au moment de l'agression l'émeute n'avait pas débuté, se déclare incompétent. Les époux Cuvillier sont donc contraints d'attaquer l'Etat devant le juge administratif, en raison de la faute commise par ses agents. Le juge administratif se déclare à son tour incompétent puisque, selon lui, la loi de 1884 était bien applicable.
On observe ici que les trois éléments visés par les textes sont réunis.
Il y a identité de parties puisque devant les deux juges, les époux Cuvillier attaquent l'Etat.
Il y a identité d'objet, puisque les époux Cuvillier demandent devant les deux juges la réparation des dommages subis.
Il y a identité de cause puisque le débat juridique porte, devant les deux juges, sur la question du champ d'application de la loi du 5 avril 1884.
Le Tribunal des conflits a donc résolu le conflit négatif et il a finalement renvoyé l'affaire au juge judiciaire, estimant que les dommages dont il était demandé réparation étaient bien liés à la répression d'une émeute.

Enfin une quatrième condition de constitution des conflits négatifs a été précisée par l'article 37 du décret du 27 février 2015 : il est désormais exigé que le Tribunal des conflits n'ait pas été saisi sur renvoi par la dernière juridiction saisie, dans le cadre des mécanismes de prévention des conflits négatifs (V. infra).

B – Mission générale de simplification de la procédure

649.- Mécanismes.- Cette mission a été organisée par le décret n°60-728 du 25 juillet 1960, modifiant le décret du 26 octobre 1849. Elle relève désormais des dispositions de l'article 38 du décret du 27 février 2015. Deux types de mécanismes sont visés.

650.- Résolution de difficultés sérieuses de compétence.- Dans sa version originelle, le premier mécanisme permettait à une juridiction souveraine – Cour de cassation ou Conseil d'Etat – lorsqu'elle est saisie d'un litige qui présente à juger une question de compétence soulevant une difficulté sérieuse et mettant en jeu la séparation des autorités administrative et judiciaire de renvoyer au Tribunal des conflits le soin de statuer sur cette question de compétence. Dans ce cas, il est sursis à toute procédure jusqu'à la décision de ce tribunal. Cette procédure était peu utilisée puisqu'elle donnait lieu en moyenne à 5 saisines annuelles du Tribunal des conflits.

651.- Prévention des conflits négatifs.- Le second mécanisme, qui consiste à prévenir les conflits négatifs, était en revanche beaucoup plus utilisé, puisqu'il représentait avant la réforme de 2015 plus de 60% des saisines annuelles du Tribunal des conflits. Dans le cadre de cette procédure, lorsqu'un juge d'un ordre de juridiction a été saisi d'un litige et s'est déclaré incompétent, le juge d'un autre ordre qui sera ensuite saisi de ce litige, s'il s'estime également incompétent, ne pourra rendre de jugement dans ce sens. Dans ce cas, ce second juge aura l'obligation de transmettre directement le dossier au Tribunal des conflits qui désignera le juge compétent.

Ceci étant, ce mécanisme de prévention n'élimine pas totalement les risques de conflit négatif. En effet, le second tribunal n'est tenu de saisir le Tribunal des conflits que si le premier jugement est devenu définitif, ce qui fait que le conflit pourra malgré tout être constitué, par exemple parce que le jugement rendu par le juge judiciaire n'a pas été régulièrement signifié (V. TA Lyon, 5 avril 2012, requête numéro 0904906, Société rhodanienne de distribution : JCP A 2012, comm. 2228, note Béroujon). En revanche, lorsque les conditions sont réunies, l'irrégularité commise par le tribunal administratif à ne pas avoir saisi le Tribunal des conflits en application de la procédure de prévention des conflits négatifs constitue un moyen d'ordre public que le juge d'appel doit relever d'office (CAA Marseille, 20 décembre 2018, requête numéro 17MA00111, L. c/ groupe Pizzorno Environnement et Sté Axa, C +).

S'il était fréquemment recouru à cette procédure c'est qu'il en était souvent fait un usage abusif par les juges du fond qui avaient tendance à saisir le Tribunal des conflits y compris dans des hypothèses où la question de compétence ne posait pas de réelles difficultés. Il en résultait, paradoxalement, que cette procédure de prévention des conflits dont l'objet était de raccourcir les délais de procédure contribuait bien au contraire, dans de nombreuses hypothèses, à les rallonger.

652.- Evolution.- C'est dans l'espoir de corriger cette dérive que le décret du 27 février 2015 a modifié le premier mécanisme de simplification de la procédure en permettant désormais à toute juridiction - et non plus seulement aux juridictions suprêmes - de renvoyer directement les difficultés de compétence au Tribunal des conflits. Toutefois, pour éviter un engorgement du Tribunal, le président a la faculté de statuer une ordonnance prise conjointement avec le membre du tribunal le plus ancien appartenant à l'autre ordre de juridiction lorsque la solution de la question soumise s'impose avec évidence.

Les statistiques relatives à l'activité du Tribunal paraissent attester de la pertinence de cette réforme. En 2020, 25 affaires ont été jugées par le Tribunal des conflits contre 30 en 2019 et 57 en 2015. Il a résolu un conflit positif et un conflit négatif, ce qui est extrêmement peu. Il a statué 11 fois dans le cadre de conflits sur renvoi pour prévention de conflit négatif et 10 fois en vue de résoudre une difficulté sérieuse et mettant en jeu la séparation des ordres de juridiction.

§II – Le Tribunal des conflits juge du fond

653.- Une mission accessoire.- L'ordonnance du 1er juin 1828 et le décret du 26 octobre 1849 n'avaient attribué au Tribunal des conflits qu'une mission de répartiteur des compétences, ce qui fait que si le Tribunal des conflits statue sur la compétence, il ne tranche pas l'affaire au fond. Une loi du 24 avril 1932 a ensuite confié à titre accessoire au Tribunal des conflits la mission de trancher les conflits résultant d'une contrariété de jugements au fond. Plus récemment, la loi du 16 février 2015 lui a confié la mission de réparer le préjudice découlant d'une durée excessive des procédures mettant en cause les deux ordres de juridiction.

I – Conflits résultant d'une contrariété de jugements au fond

654.- L'affaire Rosay.- Dans certains cas, extrêmement rares, c'est bien un conflit au fond aboutissant à un déni de justice pour le requérant qui survient entre les deux ordres de juridiction, ce qui était notamment le cas dans la célèbre affaire Rosay. Un individu avait été blessé lors d'une collision entre un véhicule privé et un véhicule militaire. La victime a alors intenté une action en responsabilité devant le juge judiciaire contre le conducteur du véhicule privé. Le juge judiciaire s'est estimé compétent, puisqu'était mise en cause une personne privée, mais il rejeta sa demande au motif que l'accident n'était pas imputable au conducteur du véhicule privé. La victime s'est alors dirigée vers le juge administratif. Le juge administratif s'est estimé à son tour compétent, puisque c'est l'Etat qui était mis en cause. Cependant, le Conseil d'Etat rejeta la demande du requérant au motif que l'accident n'était pas imputable au conducteur du véhicule militaire.

Dans une telle hypothèse, on aboutit à un déni de justice : il n'y a pas de doute sur le fait que la victime doit être indemnisée, mais les décisions contradictoires sur le fond des juges des deux ordres de juridiction ne lui permettent pas d'obtenir satisfaction. Il ne s'agit pas de conflits de compétence et, par conséquent, le Tribunal des conflits ne peut être saisi sur le fondement des dispositions applicables en matière de conflit positif.

655.- Loi du 20 avril 1932.- L'affaire Rosay a fait scandale ce qui a conduit à l'adoption de la loi du 20 avril 1932 qui charge le Tribunal des conflits de juger au fond ce type d'affaires. Cette loi s'est d'ailleurs vue doter d'un caractère rétroactif pour pouvoir s'appliquer à l'affaire Rosay (V. TC, 8 mai 1933, requête numéro 00784, Rosay : Rec. p. 1236 ; DH 1933, p. 336 ; S. 1933, III, p.117).

656.- Conditions de saisine du Tribunal des conflits.- Selon l'article 1er de la loi du 20 avril 1932, « peuvent être déférées au Tribunal des conflits, lorsqu'elles présentent contrariété conduisant à un déni de justice, les décisions définitives rendues par les tribunaux administratifs et les tribunaux judiciaires dans les instances introduites devant les deux ordres de juridictions, pour des litiges portant sur le même objet ». Ces dispositions ont été réintroduites dans une version similaire à l'article 15 de la loi du 24 mai 1872 par la loi du 16 février 2015.

La procédure n'est donc pas applicable si l'une des deux décisions émane d'une juridiction qui ne relève pas de l'ordre judiciaire ou de l'ordre administratif.

Exemple :
- TC, 4 novembre 1996, requête numéro 2943, Cheq (Rec. p. 1137) : les décisions de la commission des requêtes de la Cour de justice de la République ne sont pas au nombre des décisions visées par l'article 1er de la loi du 20 avril 1932. Le requérant n'est donc pas recevable à se prévaloir de la contrariété qu'elles pourraient présenter avec les autres décisions qu'il invoque.

Quant à la notion de contrariété conduisant à un déni de justice, le Tribunal des conflits a précisé, dans un arrêt Ratinet du 14 février 2000 (requête numéro 02929, préc.) qu'il « existe ... lorsqu'un demandeur est mis dans l'impossibilité d'obtenir une satisfaction à laquelle il a droit, par suite d'appréciations inconciliables entre elles portées par les juridictions de chaque ordre, soit sur des éléments de fait, soit en fonction d'affirmations juridiques contradictoires ».

Si les conditions visées par la loi sont réunies, le Tribunal des conflits devra être saisi par la victime du déni de justice dans les deux mois suivant la date à laquelle le dernier jugement rendu est devenu définitif.

657.- Recoupements entre la procédure de conflit négatif et la procédure de conflit au fond.- Il est important d'insister sur le fait qu'il existe un point commun entre les conditions exigées pour la mise en œuvre de la procédure de conflit négatif et pour celle de jugement au fond : dans le premier cas le décret du 26 octobre 1949 exige une identité d'objet, de parties et de cause, alors que dans le second cas l'article 15 de la loi du 24 mai 1872 n'exige qu'une identité d'objet.

Certes, même si cette condition n'est pas expressément visée par la loi de 1872, le Tribunal des conflits considère que la procédure de résolution du conflit au fond nécessite la présence de deux jugements au fond, ce qui est logique et ce qui fait qu'a priori les deux procédures envisagées ne peuvent se recouper.

Ce point de vue doit toutefois être doublement nuancé.

D'une part, le Tribunal des conflits a certes récemment rappelé que les dispositions figurant actuellement à l'article 15 de la loi de 1872 ne trouvent pas à s'appliquer lorsqu'un des deux ordres de juridiction se borne à décliner sa compétence (TC, 9 juillet 2009, requête numéro 3692, Bonato c. Association pour l'expansion industrielle de la Lorraine : JCP A 2009, act. 950, note Rouault ; RFDA 2009, p. 1229, note Pouyaud). Cependant, dans la même affaire, les juges ont estimé que la procédure de jugement au fond était néanmoins applicable « lorsque, du rapprochement d'une décision d'incompétence et d'une décision au fond, résulte une contrariété ». Il peut donc y avoir conflit au fond en présence d'un jugement au fond et d'un jugement d'incompétence.

D'autre part, il existe souvent une imbrication étroite entre les règles de compétence et de fond, ce qui peut amener les juges à requalifier une décision d'incompétence de décision au fond, ou à l'inverse à requalifier un jugement au fond de jugement d'incompétence.

Exemples :
- TC, 25 mars 1957, requête numéro 1626, Gohin (Rec. p.815) : un jugement du Conseil d'Etat rejette une demande d'indemnité dirigée contre l'Etat au motif que l'accident dont il est demandé réparation est dépourvu de tout lien avec le service. Pour les juges, en statuant ainsi, le Conseil d'Etat avait « implicitement reconnu son incompétence » relativement à l'action dirigée contre l'agent auteur de l'accident. Les juridictions civiles s'étant quant à elles déclarées incompétentes dans le cadre de l'action intentée contre l'agent, les conditions du conflit négatif sont réunies.
- TC, 8 juillet 1944, Massein (Rec. p.336) : la victime d'un accident saisit le juge judiciaire qui se déclare incompétent au motif que le dommage est dû à un mauvais entretien d'un ouvrage public. Le conseil de préfecture rejette la requête au fond au motif que le requérant n'apporte pas la preuve d'une faute de service. La première décision est requalifiée de jugement au fond, ce qui permet au Tribunal des conflits de trancher lui-même l'affaire au fond.

Cette difficulté étant réglée, lorsque les conditions communes sont réunies - à savoir une identité d'objet entre les deux litiges - les requérants ont tout intérêt à demander au Tribunal des conflits de faire usage des pouvoirs qui lui ont été conférés à l'origine par la loi du 20 avril 1932. En effet, lorsqu'il utilise cette procédure, le Tribunal des conflits met définitivement un terme au litige, ce qui marque pour les victimes la fin d'un contentieux au long cours. En revanche, dans le cadre de la procédure de conflit négatif, il ne fait que désigner l'ordre de juridiction compétent et la procédure peut encore durer plusieurs années.

Cependant, le Tribunal des conflits est très réticent à utiliser ses compétences de juge du fond. Il s'estime en effet avant tout répartiteur des compétences. Par conséquent, dès que cela sera possible, il optera pour la procédure de conflit négatif, plutôt que pour la procédure de règlement au fond du conflit.

Exemple :
Dans deux affaires dont les faits sont très proches, et qui sont relatives à l'application de la loi du 5 avril 1937 sur la responsabilité des membres de l'enseignement public - qui permet la substitution de la responsabilité de l'Etat à celle de ces personnels - les juges optent pour des voies procédurales distinctes.
- TC, 14 janvier 1980, requête numéro 02136, Falanga (Rec. p.503 ; Dr. adm. 1980, 44) : suite à un accident dont a été victime un élève, un tribunal administratif puis une cour d'appel se déclarent incompétents pour connaître de l'action en responsabilité intentée par le père de la victime contre l'Etat en raison d'une interprétation contradictoire de la loi du 5 avril 1937. Le Tribunal des conflits estime qu'il s'agit en l'espèce d'un conflit négatif, les conditions tenant à l'identité de parties, de cause et d'objet étant réunies. Il ne s'agit donc pas, comme le prétendait pourtant le requérant, d'une contrariété conduisant à un déni de justice au sens de la loi du 20 avril 1932.
-TC, 2 juillet 1979, requête numéro 02116, CPAM de Béziers-Saint-Pons c. Ministre de l'Education (Rec. p. 570) : un enfant est victime d'un accident de la circulation à une

heure où il aurait dû se trouver en étude surveillée. Le tribunal de grande instance saisi rejette l'action dirigée contre l'Etat au motif que l'étude surveillée était organisée par la commune, et que la loi du 5 avril 1937 était donc inapplicable. Le Conseil d'Etat rejette ensuite l'action dirigée contre la commune au motif que la loi du 5 avril 1937 était bien applicable. Par rapport à la précédente affaire le problème posé est exactement le même puisqu'il s'agit bien de déterminer le champ d'application de la loi du 5 avril 1937. Cependant, en l'espèce, l'utilisation de la procédure de conflit négatif est impossible puisque la condition d'identité des parties devant les deux ordres de juridiction n'est pas remplie. Le Tribunal des conflits a donc statué sur le fond, en application des dispositions de la loi du 20 avril 1932.

658.- Effets paradoxaux de la loi du 20 avril 1932.- Ainsi, la loi du 20 avril 1932 présente des effets paradoxaux : ses conditions de mise en œuvre sont très souples, et pourtant elle n'est que rarement utilisée par le Tribunal des conflits. En effet, le juge des conflits ne statuera sur le fond que s'il n'existe pas d'autres solutions pour résoudre le litige, c'est-à-dire lorsque les conditions du conflit négatif ne sont pas remplies.

II – Réparation du préjudice découlant d'une durée excessive des procédures mettant en cause les deux ordres de juridiction.

659.- Un nouveau chef de compétence.- La loi du 16 février 2015 a créé un nouvel article 16 inséré dans la loi du 24 mai 1872 accordant un nouveau chef de compétence de juge du fond au Tribunal des conflits. Désormais : « Le Tribunal des conflits est seul compétent pour connaître d'une action en indemnisation du préjudice découlant d'une durée totale excessive des procédures afférentes à un même litige et conduites entre les mêmes parties devant les juridictions des deux ordres en raison des règles de compétence applicables et, le cas échéant, devant lui ». Elle revient sur la jurisprudence Bernardet dont il résultait que dans un tel cas c'est l'ordre de juridiction finalement compétent pour connaître du fond du litige qui était également compétent pour porter une appréciation globale sur la durée de la procédure devant les deux ordres de juridiction et, le cas échéant, devant le Tribunal des conflits (TC, 30 juin 2008, requête numéro 3682, Bernardet : Rec. tables, p. 1055 ; Dr. adm. 2008, comm. 6 ; JCP A 2008, II, comm. 10153, note Cholet ; RFDA 2008, p. 1165, concl da Silva et p. 1172, note Seiller.- V. également TC, 8 juillet 2013, requête numéro 3904, Gentili : Rec. p. 373 .- V. infra Sixième Partie, Chapitre trois, Section trois). Reprenant les critères qu'utilise habituellement le Conseil d'Etat pour apprécier le délai raisonnable (CE Ass., 28 juin 2002, requête numéro 239575, Ministre de la Justice c. Magiera : JCP G 2002, act. 306 et I, 169, comm. 6, obs. Ondoua ; JCP 2003, II, comm. 10151, note Menuret ; RFDA 2002, p. 756, concl. Lamy ; AJDA 2002, p. 596, chron. Donnat et Casas ; Dr. adm. 2002, comm. 167, note Lombard), le Tribunal des conflits a précisé que « le caractère excessif du délai de jugement d'une affaire doit s'apprécier en tenant compte des spécificités de chaque affaire et en prenant en compte sa complexité, les conditions de déroulement des procédures et le comportement des parties tout au long de celles-ci, ainsi que l'intérêt qu'il peut y avoir, pour l'une ou l'autre partie au litige, à ce que celui-ci soit tranché rapidement » (TC, 9 décembre 2019, requête numéro C4160, Brasseur : AJDA 2020, p. 1186, note Pouillaude).

Cette solution paraît judicieuse. En effet, dans ce type d'affaires, le préjudice est davantage une conséquence malheureuse du dualisme juridictionnel qu'un problème de dysfonctionnement imputable à l'un ou l'autre – ou l'un et autre – des deux ordres de juridiction. C'est le cas en particulier dans l'hypothèse d'un conflit négatif. Il apparaissait donc légitime de confier la réparation de ce préjudice au Tribunal des conflits, juridiction paritaire placée en quelque sorte à l'intersection entre les deux ordres de juridiction, plutôt qu'au Conseil d'Etat ou à la Cour de cassation. Cette solution permet également de constituer une entorse moins grave au principe de séparation des autorités administrative et judiciaire que celle qui autorisait une juridiction suprême d'un ordre de juridiction à porter un jugement sur les éventuels dysfonctionnements de l'autre ordre de juridiction.

Section II – Critères de répartition des compétences entre les deux ordres de juridiction

660.- Evolution des critères de compétence.- L'arrêt Blanco du Tribunal des conflits du 8 février 1873 (requête numéro 00012, préc.) a dégagé la notion de service public en tant que critère de répartition des compétences entre les deux ordres de juridiction. La jurisprudence ultérieure a remis en cause ce critère à travers la notion de service public industriel et commercial et en reconnaissant qu'une personne privée pouvait prendre en charge un service public et disposer dans ce cadre de prérogatives de puissance publique. S'il a résulté de cette évolution une certaine incertitude du point de vue des règles de répartition des compétences, les juges ont néanmoins défini un domaine exclusif de compétence du juge administratif.

§I – Critère de service public

661.- Incertitudes jusqu'à l'arrêt Blanco.- La loi des 16 et 24 août 1790 pose le principe selon lequel les juges judiciaires n'ont pas le droit de s'immiscer dans les affaires de l'administration. Comme on l'a vu ce texte est rédigé exclusivement de façon négative : il ne précise pas quelle autorité est compétente pour connaître des litiges mettant en cause l'administration, mais il ne précise pas non plus la ligne de partage entre ce qui relève des juridictions judiciaires et ce qui échappe à leur compétence.

Pendant au moins les deux premiers tiers du XIX° siècle, les juges des deux ordres de juridiction ont tenté d'étendre leurs compétences respectives. D'un côté, le juge judiciaire se reconnaissait souvent compétent pour connaître d'actions mettant en cause l'administration, et notamment les communes qui étaient souvent considérées à l'époque comme des personnes privées. De son côté, l'autorité administrative faisait un usage fréquent de la procédure de conflit positif, dans de nombreuses affaires où l'administration où un de ses agents était mis en cause.

Dans ce contexte conflictuel, deux principaux critères de répartition des compétences ont été utilisés.

Il s'agit d'abord du critère de l'Etat-débiteur, tiré de la loi du 17 juillet et du 8 août 1790 et d'un décret du 26 septembre 1973. En application de ce critère, seul le juge administratif pouvait condamner l'administration à verser une somme d'argent

Doit ensuite être mentionné un critère tiré du principe de séparation des autorités administratives et judiciaires, et plus précisément du décret du 16 fructidor an III qui défend aux juges judiciaires de connaître « des actes d'administration ».

Toutefois, l'application de ces critères demeurait incertaine. En effet, pour qu'un critère de répartition des compétences soit efficace, il doit être reconnu et défini de la même façon par les juges des deux ordres de juridiction. Or, tel n'était pas le cas.

Par exemple, concernant le second critère, le juge judiciaire avait tendance à estimer que le verbe connaître signifiait « interpréter un acte dont la signification est douteuse », alors que pour le juge administratif ce mot devait être employé au sens commun. Ainsi, pour le juge administratif, dès lors qu'un litige avait un rapport avec l'existence d'un acte administratif, le juge judiciaire était incompétent. Mais pour le juge judiciaire, cette incompétence n'existait que lorsqu'il se posait une question d'interprétation de ce texte.

662.- Imprécision du critère de service public.- L'arrêt Blanco du Tribunal des conflits du 8 février 1873 (requête numéro 00012, préc.) a posé une règle très simple en apparence en faisant de la notion de service public le critère de compétence de la juridiction administrative. Cependant, si cette notion apparaît simple, elle soulève deux problèmes majeurs.

Celui, tout d'abord, de la définition de la notion de service public qui constitue, comme l'énonce M. Chapus une activité « assurée ou assumée par une personne publique en vue d'un intérêt public » (Droit administratif général, t.1, préc. p.579). Cette notion est difficile à cerner, et la jurisprudence est extrêmement casuistique sur cette question.

Exemples :
- La loterie nationale a été reconnue comme une activité de service public (CE Sect., 17 décembre 1948, Angrand : Rec. p. 485) avant que le Conseil d'Etat ne lui dénie cette qualité (CE Sect., 27 octobre 1999, requête numéro 171169, requête numéro 171170, requête numéro 172384, Rolin : Rec. p. 327, concl. Daussun ; AJDA 1999, p.1011, chron. Fombeur et Guyomar.- V. également pour les paris sportifs CE, 23 décembre 2011, requête numéro 344711, Association européenne des jeux et des paris en ligne).
-CE, 24 février 1999, requête numéro 185113, Wildenstein (Rec. tables, p.702) : les juges estiment que les sociétés de courses, en tant qu'elles sont chargées d'organiser les courses et le pari mutuel, ne sont pas investies d'une mission de service public. Cependant la loi n°2010-476 du 12 mai 2010 a investi officiellement l'ensemble des

sociétés de courses de chevaux d'une mission de service public. Ce texte modifie l'article 2 de la Loi du 2 juin 1891 ayant pour objet de réglementer l'autorisation et le fonctionnement des courses de chevaux. Désormais, ces sociétés « participent, notamment au moyen de l'organisation des courses de chevaux, au service public d'amélioration de l'espèce équine et de promotion de l'élevage, à la formation dans le secteur des courses et de l'élevage chevalin ainsi qu'au développement rural ».
-CE, 4 avril 1995, avis numéro 357274, Commune de Vaujany (EDCE 1995, n° 47, p. 414) : les jeux autorisés « concourent au développement touristique des communes concernées » et ainsi les casinos doivent être considérés comme ayant en charge un service public administratif. Cette solution a été précisée par le Conseil d'Etat dans un arrêt SA Partouche du 19 mars 2012 (requête numéro 341562 : Rec. p. 91 ; BJCP 2012, p. 193, concl. Boulouis, obs. R. S ; Contrats-Marchés publ. 2012, comm. 157, note Eckert ; JCP A 2012, comm. 2319, note Ngampio-Obélé-Bélé ; RJEP 2012, comm. 41, note Pellissier ; RLC 2012/32, n° 2108, note Fort et Morales.). Les juges ont relevé que certes, les textes en vigueur imposent à la commune de conclure avec le titulaire de l'autorisation de jeux une convention et d'assortir celle-ci d'un cahier des charges fixant des obligations au cocontractant, relatives notamment à la prise en charge du financement d'infrastructures et de missions d'intérêt général en matière de développement économique, culturel et touristique. En revanche, les jeux de casinos ne constituent pas, par eux-mêmes, une activité de service public, ce qui est une affirmation nouvelle (même si elle semble tomber sous le sens). Il n'en demeure pas moins que les conventions obligatoirement conclues pour leur installation et leur exploitation, dès lors que le cahier des charges impose au cocontractant une participation à des missions de service public - qui concourent au développement touristique, économique et culturel de la commune - et que sa rémunération est substantiellement assurée par les résultats de l'exploitation (on dirait plutôt aujourd'hui eu égard à l'évolution des critères de qualification des délégations de service public qu'il supporte les risques d'exploitation), ont le caractère de délégations de service public.

663.- Eléments recouvrant la notion de service public.- Ensuite, la notion de service public recouvre trois éléments distincts : l'intervention d'une personne publique (élément organique), l'existence d'une activité d'intérêt général (élément matériel), l'utilisation par la personne publique de procédés dérogatoires du droit commun (élément formel).

A l'époque de l'arrêt Blanco, on peut parler de coïncidence entre ces différentes acceptions du service public. Cette coïncidence va par la suite être doublement remise en cause à travers de ce que la doctrine a appelé « les crises du service public ».

I – Crises du service public

664.- Evolutions.- Le juge a admis l'existence de services publics à caractère industriel et commercial (remise en cause de l'élément formel) et la possibilité pour une personne privée de prendre en charge une activité de service public (remise en cause de l'élément organique).

A – Services publics administratifs et services publics industriels et commerciaux

665.- Remise en cause de l'élément formel.- La jurisprudence a reconnu qu'une personne publique peut gérer une activité d'intérêt général dans les mêmes conditions que les particuliers, et notamment les entreprises privées, ce qui entraîne un partage de compétence en cas de litige entre le juge judiciaire et le juge administratif. Ce type d'activité sera également qualifié de service public, mais en l'absence de l'élément formel ou parlera de services publics à caractère industriel et commercial, par opposition aux services publics administratifs. Cette distinction pose un certain nombre de difficultés, et elle influe sur la détermination de la juridiction compétente et du droit applicable en cas de litige.

1° Identification des services publics industriels et commerciaux

666.- Jurisprudence bac d'Eloka.- La jurisprudence relative aux services publics industriels et commerciaux a été initiée par l'arrêt du Tribunal des conflits du 22 janvier 1921, Société commerciale de l'ouest africain (affaire dite du bac d'Eloka, requête numéro 00706 : Rec. p. 91 ; D. 1921, III, p. 1, concl. Matter ; S. 1924, III, p. 34). Dans cette affaire, les juges relèvent « qu'en effectuant, moyennant rémunération, les opérations de passage des piétons et des voitures d'une rive à l'autre (d'une) lagune, la colonie de la Côte-d'Ivoire exploite un service de transport dans les mêmes conditions qu'un industriel ordinaire ». On peut noter au passage que cet arrêt ne se réfère par expressément à la notion de « service public industriel et commercial ». Cette expression n'apparaîtra que quelques mois plus tard, à l'occasion de l'arrêt Société générale d'armement du 23 décembre 1921 (Rec. p. 1109 ; RDP 1922, p. 74, concl. Rivet).

667.- Difficulté d'identification des SPIC et des SPA.- Ceci étant, la distinction entre les services publics industriels et commerciaux et les services publics administratifs n'est pas aussi aisée à établir et elle suppose la référence soit à des critères jurisprudentiels de distinction, soit à des textes.

a- Difficultés inhérentes à la distinction entre les services publics administratifs et les services publics industriels et commerciaux

668.- Critiques de la notion de SPIC.- Certains auteurs contestent la pertinence de l'idée selon laquelle les services publics industriels et commerciaux seraient gérés de la même façon que les entreprises privées (V. notamment J.-F Lachaume, C. Boiteau, H. Pauliat, Les grands services publics, Armand Collin, 3ème éd. 2004). En effet, contrairement aux entreprises privées, l'administration n'a pas pour vocation première la recherche du profit. Tel est le cas, par exemple, de la SNCF qui, tout en ayant en charge un service public industriel et commercial, est obligée par l'Etat à exploiter certaines lignes de chemin de fer qui ne sont pas rentables.

669.- Evolutions concernant certains types de services publics.- D'ailleurs, la jurisprudence a parfois évolué sur la question de la détermination de la nature juridique de tel ou tel service public. Ainsi, notamment, comme on l'a vu, le Tribunal des conflits a estimé qu'un service de bac à péage exploité par une collectivité publique pour transporter des piétons et des véhicules entre les deux rives d'une lagune est industriel et commercial (TC, 22 janvier 1921, requête numéro 00706, Société commerciale de l'ouest africain, arrêt précité). Or, dans l'arrêt de Section Denoyez et Chorques du 14 mai 1974 (requête numéro 880032, requête numéro 88148 : Rec. p.274 ; AJDA 1974, I, p. 298 et II, p. 341 ; Rev. adm. 1974, p. 440, note Moderne ; RDP 1975, p. 467, note Waline), qui concernait l'hypothèse proche d'un pont à péage, le Conseil d'Etat a estimé qu'un tel service public constitue un service public administratif, car son objet principal, qui est distinct de celui que peuvent rechercher des entrepreneurs privés, est d'assurer la continuité territoriale entre le continent et l'île qu'il relie.

670.- Les EPIC et leur mise en cause.- Traditionnellement, les missions industrielles et commerciales sont assurées par des établissements publics industriels et commerciaux.

Toutefois, s'il est admis que les établissements publics industriels et commerciaux sont soumis au droit privé, notamment commercial, leur caractère public leur confère certaines particularités : leurs biens sont insaisissables ce qui implique l'impossibilité d'exercer contre eux les voies d'exécution de droit commun. En outre, certains de leurs biens sont soumis au régime de la domanialité publique.

Le droit de l'Union européenne, qui est d'inspiration libérale, a fini par mettre en cause le statut des grands établissements publics de l'Etat, et leur rôle dans l'économie (décision Comm. UE, 16 décembre 2003, décision numéro 2003/145/CE : CJEG 2004, p. 423, note Barthélémy ; CJEG 2004, p. 404, note Lemaire ; CJEG 2004, p. 417, note Delion ; RRJ 2004, p. 1964, note Chenevoy-Guériaud). La Commission a estimé que l'impossibilité pour Electricité de France (EDF), alors établissement public, de faire faillite équivaut à une garantie générale portant sur l'ensemble des engagements de l'entreprise. Cette garantie illimitée dans sa couverture, dans le temps et dans son montant, permet au groupe d'emprunter dans des conditions plus favorables sur les marchés financiers internationaux. Elle ne satisfait donc pas les critères de l'article 87 du Traité CE et constitue une aide d'Etat illégale.

Cette solution a été reprise ultérieurement par la Cour de justice dans une décision concernant l'ancien statut de la Poste (CJUE, 3 avril 2014, affaire numéro C-559/12, France c/ Commission). Il ressort de cette décision que le statut d'EPIC qui lui confère une garantie implicite illimitée est susceptible de constituer une aide d'Etat. Plus précisément il existe « une présomption simple selon laquelle l'octroi d'une garantie implicite et illimitée de l'Etat en faveur d'une entreprise qui (n'était) pas soumise aux procédures ordinaires de redressement et de liquidation (avait) pour conséquence une amélioration de sa position financière par un allégement des charges qui, normalement, (grevaient) son budget ». Cette présomption semble difficile à renverser (CJUE, 19 septembre 2018, affaire numéro C-438/16) puisque le fait qu'un avantage ne se soit pas matérialisé pour le passé ne signifie pas que l'avantage ne pourra pas se matérialiser pour l'avenir. C'est pour cette raison que le statut d'établissements public industriel et commercial semble aujourd'hui plus que jamais en danger.

Le droit de l'union européenne a ainsi conduit le gouvernement français à transformer la plupart des grands établissements publics industriels et commerciaux nationaux en sociétés commerciales de droit privé.

Tel est le cas notamment pour :

- EDF et Gaz de France (GDF.- Loi n°2004-803 du 9 août 2004 : JO 11 Août 2004) ;

-France Telecom (Loi n°96-660 du 26 juillet 1996 : JO 16 Juillet 1996) ;

- Paris aéroports (Loi n°2005-357 du 20 avril 2005, relative aux aéroports : Journal Officiel 21 Avril 2005) ;

- L'Agence nationale de valorisation de la recherche (Ordonnance n°2005-722 du 29 juin 2005 : JO 30 Juin 2005) ;

- La Poste (Loi n° 2010-123 du 9 février 2010 : JO 10 février 2010.- Décret n° 2010-191 du 26 février 2010).

-La SNCF (Loi n° 2018-515 du 27 juin 2018 pour un nouveau pacte ferroviaire : JO 28 juin 2018).

La plupart de ces sociétés ont toutefois des capitaux majoritairement publics. Mais cela peut évoluer comme cela a été le cas pour GDF depuis sa fusion avec Suez en 2008. En effet, la loi du 9 août 2004 avait prévu que l'Etat devait détenir « plus de 70 % du capital » de GDF. L'article 39 de la loi relative au secteur de l'énergie a réduit cette participation minimale, s'agissant de la nouvelle entité « GDF – Suez » (Engie depuis 2015) à « plus d'un tiers » (loi n° 2006–1537 du 7 décembre 2006 relative au secteur de l'énergie). Plus précisément, au 31 mars 2020, l'Etat ne détient plus que 23, 64 % du capital de Engie. Si on observe donc un désengagement progressif de l'Etat dans le capital de ENGIE comme dans celui d'autres entreprises, il conserve toutefois une « golden share » ou « action spécifique » lui permettant par exemple de s'opposer à toute décision qui lui semblerait non conforme à la sécurité des approvisionnements en gaz (V. plus généralement ord. n°2014-948 du 20 août 2014 relative à la gouvernance et aux opérations sur le capital des sociétés à participation publique, art. 31-1 .- V. également, validant ce mécanisme dans le secteur du gaz pour des motifs liés à la sécurité énergétique, CJCE, 4 juin 2002, affaire numéro C-503/99, Commission c/ Belgique : JOCE, 13 Juillet 2002).

Cette évolution conduit à relativiser la distinction entre les services publics administratifs et les services publics industriels et commerciaux. En effet, d'une part, dans le silence de la loi, ces services publics peuvent être pris en charge indifféremment par une personne publique ou par une personne privée. D'autre part, la différence de régime juridique entre ces deux types d'activités à tendance à s'estomper, à la fois parce qu'elles sont toutes deux soumises au droit de la concurrence et au droit de la consommation (V. sur ce point supra Deuxième partie, Chapitre un, Section quatre) mais également en raison de l'importance toujours plus grande d'un droit de l'Union européenne en partie en décalage avec la notion de service public « à la française » (V. sur ce point infra Cinquième partie, Chapitre deux, Section une).

b- Critères jurisprudentiels de distinction

671.- Jurisprudence Union syndicale des industries aéronautiques.- Les critères de distinction entre les services publics administratifs et les services publics industriels et commerciaux ont été précisés par l'arrêt d'Assemblée du Conseil d'Etat du 16 novembre 1956, Union syndicale des industries aéronautiques (Rec. p.759, concl. Laurent ; D. 1956, p. 759 ; S. 1957, p. 38, concl. Laurent ; AJDA 1956, II, p. 489, chron. Fournier et Braibant ; JCP G 1957, II, comm. 9968, note Blaevoët). Ces critères ont été repris par le Conseil constitutionnel qui a considéré que la distinction entre les services publics administratifs et les services publics industriels et commerciaux est une matière réglementaire (CC, 16 janvier 2001, numéro 2000-439 DC, Loi relative à l'archéologie préventive : AJDA 2001, p. 223, note Fatôme).

672.- Méthode d'indentification des SPIC et des SPA.- Trois indices ont été définis par le Conseil d'Etat. Pour qu'un service public soit qualifié de service public industriel et commercial, tous les indices doivent être concordants. En revanche, si un, deux ou la totalité des indices sont favorables à la reconnaissance du caractère administratif du service, il sera qualifié de service public administratif. On peut donc parler de présomption simple d'administrativité des services publics.

Le premier indice concerne l'objet du service, c'est-à-dire les opérations qui concrétisent son exécution.

Exemples :
- CAA Marseille, 4 juillet 2006, requête numéro 03MA00060, M. X. : les juges relèvent que l'activité prise en charge par une « halle à marée » a pour objet « la vente des produits de la pêche du quartier maritime de Martigues » ainsi que « de faciliter, de centraliser et de constater tant le débarquement de ces produits que leur vente, d'assurer l'enregistrement des transactions, leur publicité et leur comptabilisation en garantissant leur sincérité de telle sorte que les usagers, producteurs et acheteurs soient sauvegardés». Ce type d'activité pouvant être pris en charge par une personne privée, l'indice est favorable à la qualification de service public industriel et commercial.
- CE, avis, 20 octobre 2000, requête numéro 222672, Torrent (Rec. p.469 ; AJDA 2001, p.394, concl. Chauvaux ; Droit adm. 2000, comm. 254 ; RFDA 2000, p.1373) : le monopole du service public transfusionnel assuré par l'établissement français du sang « se rattache par son objet au service public de caractère administratif alors même qu'une part importante de (ses) ressources est constituée par la cession de produits sanguins labiles et que le régime administratif, budgétaire, financier et comptable de cet établissement, précisé par le décret n° 99-413 du 29 décembre 1999, fait application de règles adaptées à la nature particulière de ses missions et qui peuvent être semblables à celles généralement appliquées aux établissements publics industriels et commerciaux ».

Le second indice se rapporte à l'origine des ressources du service. Ainsi, le fait que le service dispose de ressources issues de redevances perçues sur les usagers en contrepartie des prestations fournies est un indice favorable à la reconnaissance d'un service public industriel et commercial. En revanche, un financement provenant essentiellement de subventions des collectivités publiques et de recettes fiscales non proportionnelles avec le coût du service indique que le service est un service public administratif.

Exemples :
- TC, 25 avril 1994, requête numéro 02917, Syndicat mixte d'équipement de Marseille (Rec. p.856) : un parc de stationnement dont le financement est assuré de façon prépondérante par les subventions versées par une commune est un service public administratif.
-TC, 21 mars 2005, requête numéro3413, Alberti-Scott (Rec. p. 651 ; BJCL 2995, p. 396, note Duprat, obs. M.D. ; RFDA 2006, p. 119, note Lachaume) : le service public de distribution de l'eau est en principe, de par son objet, un service public industriel et commercial. Il en va ainsi même si, s'agissant de son organisation et de son financement, ce service est géré en régie par une commune, sans disposer d'un budget annexe, et si le prix facturé à l'usager ne couvre que partiellement le coût du service. En revanche le service ne peut revêtir un caractère industriel et commercial lorsque son coût ne fait l'objet d'aucune facturation périodique à l'usager.
- Cass. 1er civ., 4 mai 2011, pourvoi numéro 10-10.989 : l'activité du site internet créé par une chambre de commerce et d'industrie s'exerce dans les mêmes conditions que celles de nombreux sites privés offrant un service gratuit financé par la publicité ou le partenariat d'entreprise. L'activité en cause a donc, en dépit de sa gratuité, un caractère industriel et commercial.
- TC, 16 octobre 2006, requête numéro C3533, Communauté de communes de l'île d'Oléron : les juges relèvent qu'il « résulte des articles L.2333-76 et L.2333-79 du Code général des collectivités territoriales que les communes, leurs groupements ou les établissements publics locaux qui assurent l'enlèvement des ordures, déchets et résidus, peuvent instituer une redevance calculée en fonction de l'importance du service rendu dont la création entraîne la suppression de la taxe d'enlèvement des ordures ménagères ; qu'ainsi, en substituant une rémunération directe du service par l'usager à une recette de caractère fiscal, le législateur a entendu permettre à ces collectivités publiques de gérer ce service comme une activité industrielle ou commerciale ».

Le dernier indice est relatif aux modalités de fonctionnement du service. En particulier, s'il fonctionne à perte, il sera qualifié de service public administratif.

Exemple :
- TC, 24 octobre 1994, requête numéro 02937, Préfet de Mayotte (Rec. p.607 ; D. 1995, inf. rap. p.11) : constitue un service public administratif une activité de distribution à la population de Mayotte de pétrole lampant à un prix de vente sensiblement inférieur à son coût.
- CE, 7 mars 2018, requête numéro 415125, Bourse du travail de Paris (Dr. adm. 2018, comm. 48, note Boda) : l'accès au service de conseil juridique en droit du travail organisé par la Bourse du travail de Paris est ouvert gratuitement aux usagers. L'établissement

public en cause est également géré par une commission administrative placée sous le contrôle du conseil municipal de Paris. S'agissant du second critère d'identification des services publics administratifs, le Conseil d'Etat relève également que l'origine ses ressources de l'établissement public sont « principalement assurées par des subventions inscrites au budget de la ville de Paris ».

c- Qualification opérée par un texte

673.- Qualification textuelle ne correspondant pas à la nature de l'activité.- Il peut arriver que la qualification donnée à une institution, un établissement public dans la grande majorité des cas, ne corresponde pas exactement à la nature de ses activités. Ainsi, par exemple, un établissement public à caractère industriel et commercial peut exercer certaines activités de type administratif, l'inverse étant également vrai.

674.- Etablissements publics à visage inversé.- Ce constat a donné lieu, tout d'abord, à la jurisprudence des établissements publics à visage inversé.

Exemple :
- TC, 24 juin 1968, requête numéro 01917, Société distilleries bretonnes et Société d'approvisionnements alimentaires (Rec. p. 801 ; JCP G 1969, II, comm. 15764, concl. Gégout, note Dufau ; D. 1969, jurispr. p. 116, note Chevallier ; AJDA 1969, p. 311, note de Laubadère) : était ici en cause l'activité du fonds d'orientation et de régulation des activités agricoles (FORMA), qualifié d'établissement public industriel et commercial par le décret qui l'institue. Or, cet établissement public a en réalité une activité de régulation des marchés agricoles qui est purement administrative. Par conséquent, le Tribunal des conflits passe outre la qualification décrétale et décide que le Conseil d'Etat est compétent pour connaître des litiges liés à l'activité de l'établissement public en cause.

Cette solution n'est pas valable, en revanche, lorsque la qualification de l'établissement public résulte d'un texte de loi.

675.- Etablissements publics à double visage.- Est également concernée la jurisprudence des établissements publics à double visage.

Exemple :
- TC, 9 juin 1986, requête numéro 02428, Commune de Kintzheim c. Office national des forêts (RDP 1987, p.492, note Gaudemet) : sont en cause, dans cette affaire, les activités de l'Office national des forêts (ONF) qui est qualifié d'établissement public industriel et commercial par la loi qui l'institue. Or, les juges observent que l'ONF exerce deux types d'activités : la gestion et l'équipement de la forêt qui a un caractère industriel et commercial ; la protection, la conservation et la surveillance de la forêt qui a un caractère administratif. La détermination de la juridiction compétente dépend dès lors de la nature des activités en cause (V. également, à propos de voies navigables de France : CE, 2 février 2004, requête numéro 247369, Blanckeman : Rec. p. 18 ; JCP A 2004, comm. 1345, note Rouault ; Dr. adm. 2005, comm. 73, note Naud ; JCP A 2004, comm. 1345, note Rouault).

676.- Des établissements publics généralement qualifiés d'EPIC.- Pratiquement, les établissements publics à double visage sont très majoritairement des établissements publics à caractère industriel et commercial, ce qui résulte - pour ceux qui sont créés par une loi - de la volonté du Parlement de les faire échapper artificiellement aux règles de la comptabilité publique ainsi qu'à l'application des règles du droit administratif et à la compétence du juge administratif. Le mouvement se fait plus rarement en sens inverse : il en va ainsi de Voies navigables de France (VNN) qui est devenu un établissement public administratif suite à la loi n°2012-77 du 24 janvier 2012 (V. Code des transports, art. L. 4311-1), alors que pourtant ses missions sont de plus en plus de nature industrielle et commerciale. En effet, la mission de police administrative de surveillance du domaine est aujourd'hui plutôt secondaire, alors que les activités industrielles et commerciales se développent de plus en plus (par exemple l'exploitation à titre accessoire de l'énergie hydraulique, la valorisation du domaine public par la réalisation d'opérations d'aménagement complémentaires à ses missions, la création de filiales et la prise de participations dans des sociétés, etc.). Cette évolution se justifie essentiellement pour deux raisons: plus de 90 % des agents de VNN sont des agents de droit public et plus de 80 % de ses ressources proviennent de taxes et en particulier de la taxe hydraulique.

677.- Limitation des effets de la qualification d'EPIC.- Si l'on met de côté ce cas atypique, le Tribunal des conflits a fini par cantonner l'application de la notion d'établissement public à double visage pour les EPIC tenant leur qualité de la loi, à l'occasion de son arrêt Blanckeman du 29 décembre 2004 (préc.). Selon cet arrêt « lorsqu'un établissement public tient de la loi la qualité d'établissement public industriel et commercial, les litiges nés de ses activités relèvent de la compétence judiciaire, à l'exception de ceux relatifs à celles de ses activités qui, telles la règlementation, la police, ou le contrôle, ressortissent par leur nature de prérogatives de puissance publique » (sur les conséquences de cette jurisprudence en matière contractuelle V. TC, 16 octobre 2006, requête numéro 3506, Caisse centrale réassurance c/ Mutuelle des architectes français : AJDA 2006, p. 2382, chron. Landais et Lenica ; BJCP 2006, p. 419, concl. Stahl ; JCP A 2007, comm. 2077, note Plessix ; RFDA 2007, p. 284, concl. Stahl et p. 290, note Delaunay.- TC, 28 mars 2011, requête numéro 3787, Groupement forestier de Beaume Haie : JCP A 2011, comm. 2386, note Martin).

Ainsi, désormais, la nature des missions exercées n'est plus préalablement qualifiée par les juges. Elles sont présumées privées, la présomption cédant si le litige met en cause l'exercice de prérogatives de puissance publique, ce qui limite les conséquences contentieuses du double visage de l'établissement public en cause.

Exemple :

- CE, 31 mai 2013, requête numéro 346876, requête numéro 34694, X. c/ Office national des forêts : en confiant à l'Office national des forêts la mission d'assurer l'affichage de ses arrêtés temporaires d'interdiction de circuler et la mission de contrôler l'état des chemins, le préfet ne lui a pas confié de prérogatives de puissance publique.

L'ONF n'exerce pas davantage de telles prérogatives en pourvoyant à la signalisation de sentiers de randonnée. Il s'ensuit qu'il n'appartient pas à la juridiction administrative de connaître des conclusions tendant à ce que la responsabilité de l'ONF soit engagée à raison de l'absence de signalisation du danger à l'entrée de l'itinéraire non aménagé menant aux lieux de l'accident.

2° Règles de compétence juridictionnelle appliquées au contentieux des services publics industriels et commerciaux

678.- Contentieux contractuel et contentieux extracontractuel.- Les règles de compétence juridictionnelle appliquées aux services publics industriels et commerciaux varient selon que le contentieux est contractuel ou extracontractuel.

a- Contentieux contractuel

679.- Le critère organique prévaut sur la qualification de SPIC.- La détermination du juge compétent dépend du caractère administratif ou privé du contrat en cause, question que l'on évoquera plus loin. Si le critère organique prévaut pour les contrats passés avec les tiers – quelle que soit la nature de l'activité en cause – les contrats passés avec les usagers des services publics industriels et commerciaux sont en principe toujours des contrats de droit privé, et cela quelles que soient leurs clauses (CE Sect. 13 octobre 1961, requête numéro 44689, Etablissements Campanon-Rey : Rec. 567 ; AJDA 1962, p.98, concl. Heumann, note de Laubadère ; CJEG 1963, p. 17, note A. C. ; D. 1962, p. 506, note Vergnaud).

b- Contentieux extracontractuel

680.- Compétence de principe du juge judiciaire.- Les services publics industriels et commerciaux, même s'ils s'apparentent à des activités privées, ne relèvent pas exclusivement de la compétence du juge judiciaire en cas de litige.

Le principe retenu, cependant, est qu'en cas de litige entre le service et ses usagers, c'est le juge judiciaire qui est compétent. Ceci s'explique par le fait que les rapports entre ces services publics et leurs usagers sont similaires à ceux qui existent en droit privé entre une entreprise et ses clients. Cette solution s'applique, même si le service public intervient sur le domaine public, le litige l'opposant à un usager étant « par nature détachable de l'occupation domaniale » (TC, 17 novembre 2014, requête numéro 3965, Chambre de commerce et d'industrie de Perpignan et des Pyrénées-Orientales : AJDA 2015, p. 250 ; BJCP 2015, p. 146 ; JCP A 2014, act. 937, obs. Erstein.- V. aussi CAA Nantes, 11 juillet 2020, requête numéro 19NT01157 : Contrats-Marchés publ. 2020, comm. 407, note Dietenhoffer). Les mêmes solutions s'appliquent pour les litiges opposant les services publics industriels et commerciaux à leur personnel ou à des tiers.

681.- Exceptions à la compétence du juge judiciaire.- Néanmoins, ce principe connaît un certain nombre d'exceptions qui s'expliquent, pour les deux premières, par le fait que le litige est fortement marqué par la présence de l'idée de puissance publique, c'est-à-dire par l'existence d'actes ou de pouvoirs qui appartiennent par essence à l'administration. La troisième exception, est liée à l'effet attractif de la notion de travail public et la dernière au statut de certains personnels employés par les services publics industriels et commerciaux.

682.- Distinction entre le fonctionnement et l'organisation du service.- La première exception concerne le contentieux mettant en cause l'organisation du service, qui doit être opposée au fonctionnement du service. Ainsi, les actes administratifs à caractère règlementaire qui organisent le service relèvent de la compétence du juge administratif.

Exemples :
- TC, 15 janvier 1968, requête numéro 01908, Compagnie Air France c. Epoux Barbier (Rec. p. 789, concl. Kahn ; AJDA 1968, p. 225, chron. Massot et Dewost ; D. 1969, p. 202, note Auby ; Dr. soc. 1969, p. 51, note Savatier ; RDP 1968, p. 893, note Waline ; RDP 1969, p. 142) : si la Compagnie nationale Air-France est une société anonyme c'est-à-dire une personne morale de droit privé, et si, par suite, il n'appartient qu'aux tribunaux de l'ordre judiciaire de se prononcer au fond sur les litiges individuels concernant les agents non fonctionnaires de cet établissement, les juridictions administratives demeurent, en revanche, compétentes pour apprécier, par voie de question préjudicielle, la légalité des règlements émanant du conseil d'administration qui, touchant à l'organisation du service public, présentent un caractère administratif. Il en va ainsi d'un article du règlement du 20 avril 1958 qui prévoit que le mariage des hôtesses de l'air entraîne, de la part des intéressées, la cessation de leurs fonctions

Cette solution a vocation à s'appliquer que le service public industriel et commercial en cause soit pris en charge par une personne publique ou - comme dans l'arrêt Epoux Barbier – par une personne privée.

La Cour de cassation, puis le Conseil d'Etat et le Tribunal des conflits ont toutefois établi, s'agissant d'une activité prise en charge par une personne privée, une distinction qui n'est pas toujours évidente à appréhender, entre l'organisation du service public et l'organisation interne de l'établissement qui relève de la compétence du juge judicaire (V. respectivement Cass. 1ère civ., 28 juin 2005, pourvoi numéro 03-18500, EDF-GRDF.- CE, 23 juin 2010, requête numéro 306237, Comité mixte à la production de la direction des achats d'EDF : Rec. tables, p. 690.- TC, 9 février 2015, requête numéro 3987, Union interprofessionnelle CFDT de Saint-Pierre et Miquelon.- V. également TC, 11 janvier 2016, requête numéro 4038, Comité d'établissement de l'unité clients et fournisseurs Île-de-France des sociétés ERDF et GRDF : Rec. tables, p. 690 ; Dr. adm. 2016, comm. 44, note Eveillard).

Exemples :
-CE, 11 février 2011, requête numéro 324233, Borvo (Rec. p. 18 ; AJDA 2010, p. 670, chron. Liéber et Botteghi ; RFDA 2010, p. 776 concl. Theillay) : la délibération du conseil d'administration de France Télévisions chargeant son président-directeur général de mettre en œuvre de nouvelles règles de commercialisation des espaces publicitaires affecte la garantie des ressources de la société, lesquelles constituent un élément essentiel

pour assurer la réalisation des missions de service public confiées à cette société, dont celles de diversité, pluralisme, qualité et innovation dans les programmes mis à disposition des publics. Cette délibération, qui touche à l'organisation même du service public, relève de la compétence de la juridiction administrative.

-CE, ord. réf., 17 mars 2010, requête numéro 336710, Girard (AJDA 2010, p. 585) : si les décisions de France Télévisions qui affectent la garantie de ses ressources, lesquelles constituent un élément essentiel pour assurer la réalisation de ses missions de service public, touchent à l'organisation même du service public et relèvent à ce titre de la compétence de la juridiction administrative, tel n'est pas le cas des autres décisions que prend cette personne morale de droit privé, en l'espèce de la délibération contestée par laquelle le conseil d'administration de France Télévision mandate son président pour céder 70 % de sa participation dans le capital de sa régie publicitaire. Cette décision est, par elle-même, sans incidence sur le financement de la société France Télévisions non plus que, de manière générale, sur l'organisation du service public dont elle a la charge. Ainsi, la contestation de cette délibération, qui n'a pas le caractère d'un acte administratif, ne relève pas de la compétence de la juridiction administrative

Par ailleurs, les décisions non règlementaires relatives à la gestion du service public sont des actes de droit privé, ce qui s'explique par le fait que les modes de gestion de ces services publics sont de nature privée.

Une illustration récente du partage des compétences entre le juge administratif et le juge judicaire est fournie par un arrêt du Tribunal des conflits du 6 juillet 2020 concernant les contentieux du travail à La Poste (TC, 6 juillet 2020, requête numéro 4188, La Poste). Le Tribunal des conflits rappelle d'abord que « le juge administratif est seul compétent pour connaître des litiges portant sur la situation individuelle des agents de droit public et le juge judiciaire seul compétent pour connaître des litiges de même nature intéressant les agents de droit privé ». S'agissant ensuite des actes fixant les règles qui s'appliquent aux agents, « le juge administratif est compétent pour apprécier la légalité des actes réglementaires émanant des autorités de l'Etat ainsi que ceux pris par La Poste qui sont relatifs à la situation statutaire des fonctionnaires de La Poste, lesquels présentent le caractère d'actes administratifs ». Enfin, si le contentieux concernant les accords collectifs conclus avec les organisations syndicales relève en principe de la compétence judiciaire, il en va autrement si la contestation « concerne des dispositions qui n'ont pas pour objet la détermination des conditions d'emploi, de formation professionnelle et de travail ou des garanties sociales des personnels mais régissent l'organisation du service public ».

683.- Exercice de prérogatives de puissance publique.- La seconde exception concerne l'hypothèse où le litige met en cause l'exercice d'une prérogative de puissance publique, c'est-à-dire un pouvoir d'essence régalienne qui permet à son titulaire d'imposer unilatéralement se volonté à des personnes privées.

Cette notion avait été déjà été utilisée par le Tribunal des conflits à l'occasion de l'arrêt Association syndicale du canal de Gignac du 9 décembre 1899 (requête numéro 00515, préc.), comme élément d'identification des établissements publics. S'il ne s'agit plus d'un élément décisif pour opérer cette qualification, dès lors que des personnes privées peuvent également disposer de ces prérogatives (V. infra B), elle joue un rôle essentiel pour la détermination du juge compétent notamment dans le cadre du contentieux extra contractuel des services publics industriels et commerciaux.

Exemples :
- TC, 22 novembre 1993, requête numéro 02876, Matisse (Rec. p. 410 ; CJEG 1994, p. 599, concl. Abraham ; Dr. adm. 1994, comm. 29 ; RFDA 1994, p. 184) : ce litige mettait en cause l'émission par la poste d'un timbre-poste reproduisant une toile de Matisse, sans que le consentement des ayants-droits de ce peintre n'ait été sollicité. Pour le Tribunal des conflits « la demande des héritiers de Matisse tend à la réparation des préjudices résultant des atteintes au droit d'auteur constituées par la reproduction sans autorisation d'une œuvre de ce peintre et par les modifications apportées à son œuvre … la responsabilité de la Poste est ainsi recherchée sur le fondement de fautes qu'elle aurait commises dans la gestion du service industriel et commercial, sans que soit mis en cause l'exercice de la prérogative de puissance publique d'émettre des timbres postaux qu'elle tient du législateur ». C'est donc le juge judiciaire qui est compétent en l'espèce.
- Cass. Ass. plénière, 18 juin 1999, pourvoi numéro 97-12651, Monnet c. Ministre de l'Economie et des Finances (Bull. civ. n°5, p.9) : après avoir rappelé qu'il n'entre pas dans la compétence des juridictions de l'ordre judiciaire de connaître d'une contestation mettant en cause l'exercice d'une prérogative de puissance publique, la Cour s'estime incompétente pour connaître de la demande tendant à l'interruption de l'émission de pièces de monnaie frappées à l'effigie de Jean Monnet.
- CAA Marseille, 24 janvier 2011, requête numéro 09MA00103, SARL Clavis : la commission nationale paritaire de la formation continue conventionnelle ne dispose que d'un pouvoir d'incitation ou de coordination des actions de formation à destination des infirmiers libéraux et n'a aucun pouvoir de sanction à l'égard des prestataires de service chargés de mettre en œuvre sa politique de formation. Ainsi, la décision litigieuse d'annuler certaines actions de formation ne procède pas de l'exercice de prérogatives de puissance publique et constitue, par suite, un acte de droit privé. Le litige n'est dès lors pas au nombre de ceux dont il appartient à la juridiction administrative de connaître.
-CE, 31 mai 2013, requête numéro 346876, Consorts Dejardin : le fait que l'ONF ait été chargé par un préfet de l'affichage d'arrêtés de police ne confère pas à cet EPIC des prérogatives de puissance publique justifiant la compétence de la juridiction administrative.
- CE, 3 octobre 2018, requête numéro 410946, Société Sonorbois (Rec. p. 610 ; AJDA 2019, p. 462, note Lamy ; Dr. rur. 2019, comm. 53, note Rondeau) : la résolution contestée du conseil d'administration de l'ONF a pour objet de fixer les conditions auxquelles est subordonné l'accès aux ventes par adjudication et par appel d'offres de lots de bois. Ces conditions répondent à l'objectif d'intérêt général, défini à l'article L. 121-2-1 du Code forestier, de renforcer le développement de la filière de transformation et de commercialisation des produits forestiers et de fixer sur le territoire les capacités de transformation des produits forestiers et assurer le maintien de l'activité économique, notamment en zone rurale défavorisée. Leur non-respect entraîne l'exclusion de l'acheteur de ces ventes pour une durée maximale de cinq ans. Ainsi la résolution, qui met en œuvre le pouvoir réglementaire confié à l'ONF par le second alinéa de l'article R. 213-28 du Code forestier, relève des prérogatives de puissance publique de l'office. La

juridiction administrative est compétente pour connaître des conclusions tendant à son annulation.

684.- Fonctionnement d'un ouvrage public.- Une troisième exception concerne les cas où est en cause le fonctionnement d'un ouvrage public utilisé par le service. Lorsque la victime est un tiers par rapport à l'ouvrage public, l'effet attractif de la notion de travail public joue et le juge administratif est compétent en application, à l'origine, de l'article 4 de la loi du 28 pluviôse an VIII (CE, 25 avril 1958, Barbaza : Rec. p. 228 ; AJDA 1958, p. 222, obs. Fournier et Combarnous ; CJEG 1958, p. 28, note Carron ; D. 1960, jurispr. p. 62, note Blaevoët ; JCP G 1958, II, comm. 10180, note Blaevoët ; RPDA 1958, n° 203.- TC, 17 décembre 2007, requête numéro 3647, Electricité de France c/ Assurances Pacifica : Rec. tables, p. 1113.- V. toutefois refusant de faire jouer l'effet attractif des travaux publics Cass. 1ere civ., 1er mars 2017, n° 15-28.664, Office national des forêts et Agent judiciaire de l'État c/ Gravey : Dr. adm. 2017, comm. 41, note Eveillard).

Exemple :
-CE, 8 juin 2015, requête numéro 362783, M. A. B. c/ Commune du Rouret : la demande de l'intéressé tendant à la condamnation de la commune à effectuer les travaux d'extension du réseau d'assainissement collectif vers son habitation et à l'indemniser de ses préjudices résultant des frais qu'il a dû engager dans l'attente de ces travaux doit être regardée comme se rattachant à un refus d'exécution de travaux publics et non à un litige opposant un service public industriel et commercial à un usager. Par suite, cette demande ressortit à la compétence du juge administratif.

En revanche, cette exception ne joue pas dans les cas où la victime est un usager du service public, et c'est donc le juge judiciaire qui est compétent.

Exemple :
-TC, 28 mai 2015, requête numéro 4004, Michon : les prestations de mise en conformité des installations d'assainissement non collectif proposées par une commune à leurs propriétaires constituaient un prolongement direct des missions d'entretien de ces installations que la commune pouvait prendre en charge dans le cadre du service public de l'assainissement non collectif. Dès lors, le dommage subi par les requérants du fait du fonctionnement défectueux de leur installation doit être regardé comme un dommage causé à des usagers du service public de l'assainissement, lequel a le caractère d'un service public industriel et commercial. En conséquence, c'est le juge judiciaire qui est compétent pour connaître du litige.

Si les litiges entre les services publics industriels et commerciaux peuvent relever, dans certains cas de la compétence du juge administratif, tel n'est donc pas le cas concernant les usagers, comme on a pu l'observer en matière de contentieux contractuel, comme en matière de responsabilité du fait des dommages de travaux publics. En d'autres termes, la qualification d'usager l'emporte sur des notions qui entraînent normalement la compétence du juge administratif, et cela dans le but de créer un bloc de compétence.

Comme l'a récemment rappelé la première chambre civile de la Cour de cassation « la juridiction judiciaire a seule compétence pour connaître des dommages causés à l'usager d'un service public industriel et commercial (...) peu important que la cause des dommages réside dans un vice de conception, dans l'exécution de travaux publics ou dans l'entretien ou le fonctionnement d'un ouvrage public » (Cass. 1ere civ., 14 novembre 2019, pourvoi numéro 18-21.664 : AJDA 2020, p. 1549, note Levallois ; Energie - Env. - Infrastr. 2020, comm. 3, obs. Delebecque). Dans cette affaire, la Cour de cassation va même jusqu'à recourir à la notion civiliste de « chaîne contractuelle », qui concerne l'hypothèse d'une succession de contrats qui ont le même objet ou qui concourent au même but en entretenant des liens entre eux. En l'espèce, est considéré comme un usager de SNCF Réseau la société qui a confié à un commissionnaire de transport le soin de transporter des marchandises par voies ferroviaires et qui a subi un dommage lié à une rupture de caténaire.

685.- Exceptions concernant certains agents des SPIC.- Enfin, une dernière série d'exceptions à la compétence du juge judiciaire concerne spécifiquement le contentieux des services publics industriels et commerciaux avec leurs agents. Comme on l'a vu, il s'agit en principe d'un contentieux d'ordre privé. Ceci étant, dans la pratique, le législateur peut faire bénéficier les personnels de certains établissements publics à caractère industriel et commercial, voire même des sociétés anonymes de droit privé, d'un statut de fonctionnaires (V. par exemple TC, 24 octobre 1994, requête numéro 2936, Préfet de la région Ile-de-France, préfet de Paris c. Fédération syndicale SUD PTT : Rec. p. 608 ; AJDA 1995, p. 165, note Salon).

Il existe également, s'agissant des agents des services publics industriels et commerciaux, une exception jurisprudentielle au principe de compétence du juge judiciaire dégagée aux termes d'une longue évolution (CE, 26 janvier 1923, requête numéro 62529, de Robert Lafreygère : Rec. p. 67 ; RDP 1923, p. 237, concl. Rivet.- CE Sect., 8 mars 1957, requête numéro 15219, Jalenques de Labeau : D. 1957, p.378, concl. Mosset, note de Laubadère). Il résulte de cette jurisprudence que le juge administratif est compétent en cas de litige avec l'agent qui exerce la direction de l'ensemble du service ou de l'établissement public qui assure ce service ou avec le chef des services comptables s'il a la qualité de comptable public.

Exemple :
- Cass. soc., 23 avril 2003, pourvoi numéro 01-40127, Chauvet c. Régie départementale des voies ferrées Dauphine (JCP A 2003, comm. 1621) : le juge administratif est seul compétent pour connaître du litige opposant le directeur général d'une régie départementale des voies ferrées et l'administration qui l'emploie dès lors que cet agent est « chargé de l'organisation de l'ensemble des services » et que tous les agents du service sont placés « sous son autorité ».

Il en ira autrement, cependant, lorsque les personnels concernés relèvent d'un statut établi par le législateur qui leur confère la qualité de salarié de droit privé. Cette solution s'applique ainsi aux directeurs de régies municipales d'électricité (CE,

20 mars 2015, requête numéro 370628, Le Saux : Energie – Environnement – Infrastructures 2015, comm. 59, note Boda et Ayrault).

B – Services publics gérés par des personnes privées

686.- Mise en cause de l'élément organique.- Le juge administratif a mis longtemps à admettre que des personnes privées peuvent gérer des services publics, et notamment des services publics à caractère administratif, en dehors de toute habilitation contractuelle. Se pose également la question de l'identification des activités de service public dévolues aux personnes privées, celle-ci conditionnant notamment l'application des règles concernant les délégations de service public.

1° Reconnaissance de l'existence de services publics administratifs pris en charge par des personnes privées

687.- Une personne privée peut être en charge d'un service public.- Dans un premier temps, le Conseil d'Etat a admis, à l'occasion d'un arrêt du 20 décembre 1935 Société des établissements Vezia (requête numéro 39234 : Rec. p.1212 ; RDP 1936, p. 119, concl. Latournerie) qu'une société privée de prévoyance exerce une « mission d'intérêt public » qui lui permet de recourir à la procédure d'expropriation. La périphrase employée à cette occasion permettait d'éviter de qualifier d'activité de service public une activité prise en charge par une personne privée. Il faut attendre l'arrêt du 13 mai 1938, Caisse primaire aide et protection (requête numéro 57302 : D. 1939, III, p.65, concl. Latournerie, note Pépy) pour voir le Conseil d'Etat admettre que ces organismes, qui sont des personnes morales de droit privé, gèrent le service public de la sécurité sociale qui leur a été unilatéralement confié par l'Etat.

688.- Une personne privée peut être dotée de prérogatives de puissance publique.- Mais si le Conseil d'Etat admet, à cette occasion, que des personnes privées peuvent gérer un service public, il demeure réticent à considérer que des personnes privées peuvent prendre, dans ce cadre, des actes administratifs. Ce qui pose problème, par conséquent, c'est reconnaître que des personnes privées peuvent être dotées de prérogatives de puissance publique.

Ces hésitations sont très visibles dans les arrêts d'Assemblée Monpeurt du 31 juillet 1942 (requête numéro 71398 : Rec. p. 239 ; D. 1942, p. 138, concl. Ségalat, note PC ; S. 1942, III, p. 37 ; RDP 1943, p. 57, concl, note Bonnard ; JCP 1942, comm. 2046, concl. Laroque) et Bouguen du 2 avril 1943 (requête numéro 72210 : Rec. p. 86 ; D.1944, p.52, concl. Lagrange, note Donnedieu de Vabres ; JCP 1944, II, comm. 2565, note Célier ; S. 1944, III, p.1, concl. Lagrange, note Mestre). Ces deux affaires concernaient des recours dirigés, l'un contre une décision d'un comité d'organisation, l'autre contre une décision d'un ordre professionnel. Le Conseil d'Etat se déclare compétent dans les deux affaires, ce qui signifie que les décisions contestées sont bien des actes administratifs, manifestement pris dans le cadre d'une mission de service public. Toutefois, le Conseil d'Etat se contente de préciser que les organismes en cause, dont la nature juridique n'est pas précisée par les textes, « ne sont pas des établissements publics ». En revanche, les juges refusent de qualifier ces organismes de personnes morales de droit privé.

Finalement, ce n'est qu'avec l'arrêt Morand du 28 juin 1946 que le Conseil d'Etat va reconnaître qu'une personne privée, gérant un service public, peut prendre des actes administratifs (requête numéro 73774 : Rec. p.183). Curieusement, cet arrêt est passé totalement inaperçu, et il faut attendre l'arrêt de Section Magnier du 13 janvier 1961 (requête numéro 43548 : Rec. p.33 ; RDP 1961 p.155, concl. Fournier ; AJDA 1961 p.142, note C.P. ; Dr. social 1961, p.72, note Teitgen) pour voir cette solution enfin admise. En l'espèce, était en cause un recours dirigé contre un acte émanant d'une fédération départementale de lutte contre les ennemis des cultures. La rédaction de l'arrêt est on ne peut plus claire. Les juges relèvent que l'activité en cause a le caractère de « service public administratif dont la gestion est confiée, sous le contrôle de l'administration, à des organismes de droit privé ». Les décisions prises par ces organismes ont « le caractère d'actes administratifs relevant de la compétence de la juridiction administrative ». Finalement, comme l'a écrit le commissaire du gouvernement Fournier dans ses conclusions, « la nature publique ou privée de la personne morale en cause reste sans influence sur la détermination de la juridiction compétente pour connaître des actes de ces organismes ».

2° Identification de l'activité de service public

689.- Jurisprudence Narcy.- Dans son arrêt de Section Narcy du 28 juin 1963 (CE Sect., 28 juin 1963, requête numéro 43834 : Rec. p. 401 ; AJDA 1964, p. 91, note Laubadère ; RDP 1963, p. 1186, note Waline), le Conseil d'Etat subordonne la définition même de la notion de service public à l'existence de trois éléments :

- Une mission d'intérêt général ;
- Un contrôle par l'administration ;
- L'existence de prérogatives de puissance publique.

L'enjeu est important puisqu'il conditionne, en dehors des questions de compétence juridictionnelle, l'application des règles de publicité et de mise en concurrence préalable applicables aux délégations de service public.

Il résulte de l'arrêt Narcy « (qu') une personne privée qui assure une mission d'intérêt général sous le contrôle de l'administration et qui est dotée à cette fin de prérogatives de puissance publique est chargée de l'exécution d'un service public ». En cas de litige, c'est le juge administratif qui est compétent.

Il faut toutefois relever qu'en l'absence de prérogatives de puissance publique, le caractère de service public d'une activité peut également résulter d'un texte de loi.

Ainsi, par exemple, la loi du 31 décembre 1970 qui porte création du service public hospitalier, précise que ce service public est composé d'établissements d'hospitalisation publics et d'établissements d'hospitalisation privés. Pourtant, les cliniques privées ne disposent d'aucune prérogative de puissance publique (TC, 6 novembre 1978, requête numéro 02087, Bernardi : Rec. p. 659 ; D. 1979, p.249, obs. Amselek et Waline.- TC, 28 avril 1980, requête numéro 02140, Girinon : Rec. p.641 ; AJDA 1981, II, p.158, note Brard). En cas de litige, c'est le juge judiciaire qui est compétent.

En dehors de l'application de textes de loi, en revanche, c'est l'existence de prérogatives de puissance publique qui indique qu'une personne privée a en charge un service public et relève, en cas de litige, de la compétence du juge administratif (CE Sect., 13 octobre 1978, requête numéro 03335, ADASEA Rhône : Rec. p. 368 ; AJDA 1979, p. 22, chron. Dutheillet de Lamothe et Robineau ; D. 1979, p.249, note Waline et Amselek ; RDP 1979, p. 899, note Jacques Robert).

Une précision à cette jurisprudence a été apportée par l'arrêt du Conseil d'Etat du 23 mars 1983 SA Bureau Veritas (requête numéro 33803, requête numéro 34462 : Rec. p.134 ; CJEG 1983, p.313, note Dupiellet ; D. 1984, inf. rap. p.345, obs. Moderne et Bon). Dans cette affaire était en cause une personne morale de droit privé chargée de procéder à des opérations d'homologation, ce qui dénote l'exercice de prérogatives de puissance publique. A cette occasion, le Conseil d'Etat précise que le fait qu'une personne morale de droit privé exerçant une mission de service public dispose de prérogatives de puissance publique ne suffit pas à attribuer compétence au juge administratif. Encore faut-il, en effet, que le litige mette en cause l'exercice même de ces prérogatives. Dans le cas contraire, c'est donc le juge judiciaire qui est compétent.

Exemple :
-Lorsque la certification qu'octroie un organisme conditionne nécessairement la mise sur le marché du produit, cette décision ressortit à l'exercice de prérogatives de puissance publique (TC, 24 septembre 2001, requête numéro 3190, Bouchot-Plainchant c/ Fédération départementale des chasseurs de l'Allier : Environnement 2002, comm. 2, note Benoît.- Cass. 1ère civ., 20 décembre 2017, pourvoi numéro 16-26.391 : Procédures 2018, comm. 70, note Strickler). Il en va autrement, en revanche, lorsque la certification ou les normes définies n'ont vocation à s'appliquer qu'aux personnes qui sollicitent leur certification (CE, 24 mars 1999, requête numéro 189478, Association pour la gestion du patrimoine immobilier : JCP G 1999, II, comm. 10103).

690.- Incertitudes suite à l'arrêt Narcy.- Après l'arrêt Narcy, et la jurisprudence qui suit cet arrêt, une question était toujours discutée : l'existence d'une mission de service public, dans le silence de la loi, et en l'absence de prérogatives de puissance publique, peut-elle être admise ?

La jurisprudence a fini par évoluer à l'occasion de l'arrêt du 20 juillet 1990, Ville de Melun et Association Melun culture loisirs c/ Vivien (requête numéro 69867 : Rec. p. 220) dans lequel le Conseil d'Etat a estimé que, même dans le silence de la loi, la détention de prérogatives de puissance publique n'était pas nécessaire à la reconnaissance d'une activité de service public. La portée de cet arrêt était toutefois incertaine, l'association en cause étant transparente, et donc pas réellement distincte de la commune à laquelle elle était étroitement liée.

L'arrêt du Conseil d'Etat Société Textron du 17 février 1992 (requête numéro 73230 : AJDA 1992, p.450) a suscité d'autres interrogations. Le Conseil d'Etat a considéré en l'espèce que l'activité principale de l'Association française de normalisation consiste à participer à l'élaboration des normes homologuées, et qu'il s'agit d'une activité de service public, sans qu'il soit nécessaire de rechercher l'existence de prérogatives de puissance publique. Mais au contraire, l'activité accessoire de ce même organisme, qui consiste à enregistrer des normes, « ne relève de l'exercice d'aucune prérogative de puissance publique... » et elle peut donc être l'objet de « litige(s) qui ne se rattache(nt) pas à l'exécution par l'Association française de normalisation d'une mission de service public ». S'agissant de cette activité accessoire, contrairement à ce qui a été retenu pour l'activité principale de la personne privée en cause, c'est l'absence de prérogatives de puissance publique qui est à l'origine du refus du Conseil d'Etat de conclure à l'existence d'une activité de service public.

691.- Apport de la jurisprudence APREI.- L'arrêt de Section APREI du 22 février 2007, sans revenir sur la jurisprudence Narcy, mais en la combinant avec la jurisprudence Association Melun culture loisirs, a reformulé les règles jurisprudentielles de façon plus claire (requête numéro 264541 : AJDA 2007, p. 793, chron. Lenica et Boucher ; JCP A 2007, 2066, concl. Vérot, note Rouault et 2145, note Guglielmi et Koubi).

Le Conseil d'Etat vient ici perfectionner la méthode jurisprudentielle d'identification d'un service public assuré par un organisme privé en distinguant, dans le silence de la loi, deux situations auxquelles correspondent deux faisceaux d'indices : soit l'organisme privé dispose de prérogatives de puissance publique, soit il n'en détient pas.

Le raisonnement du Conseil d'Etat peut être retracé en trois points :

1. La loi peut reconnaître ou, à l'inverse, exclure qu'une activité prise en charge par une personne privée est un service public ;

2. Dans le silence de la loi, il faut considérer qu'une personne privée qui assure une mission d'intérêt général sous le contrôle de l'administration et qui est dotée à cette fin de prérogatives de puissance publique est chargée de l'exécution d'un service public ;

Sur ce point, le Conseil d'Etat confirme donc la jurisprudence Narcy.

3. Même en l'absence de telles prérogatives, une personne privée peut être regardée, dans le silence de la loi, comme assurant une mission de service public lorsque : « eu égard à l'intérêt général de son activité, aux conditions de sa création, de son organisation ou de son fonctionnement, aux obligations qui lui sont imposées ainsi qu'aux mesures prises pour vérifier que les objectifs qui lui sont assignés sont atteints, il apparaît que l'administration a entendu lui confier une telle mission ». Il s'agit là du véritable apport de l'arrêt APREI, qui vient ici dissiper les doutes qui résultaient de la jurisprudence Ville de Melun.

692.- Mise en œuvre de la jurisprudence APREI.- Cet ensemble d'indices dégagés par le juge va lui permettre de vérifier que l'administration a bien une véritable emprise sur l'activité en cause. Ces indices ne sont pas cumulatifs mais, bien évidemment, s'ils sont convergents, il sera plus aisé de retenir la qualification de service public (CE Sect., 6 avril 2007, requête numéro 284736, Commune d'Aix-en-Provence : AJDA 2007, p. 1020, chron. Lenica et Boucher ; JCP A 2007, comm. 2111, note Karpenschif, comm. 2125, note Linditch et comm. 2128, note Pontier).

Parmi ces indices, la référence à des mesures de vérification fait clairement écho à l'arrêt Narcy, ce qui paraît lui conférer un caractère déterminant. Dans ce sens, il a été jugé qu'une activité prise en charge par une personne privée n'est pas un service public, en raison notamment de l'absence d'obligation imposée par une commune et de « contrôle objectif » (CE, 5 octobre 2007, requête numéro 298773, Société UGC-Ciné-Cité : Rec. p. 418 ; AJDA 2007, p. 2261, note Dreyfus ; BJCP 2007, p. 483, concl. Casas ; Contrats - Marchés publ. 2007, 308, note Eckert ; Dr. adm. 2007, comm. 165, note Ménéménis ; JCP A 2007, comm. 2294, note Linditch ; RJEP 2008, 19, note Moreau). En revanche, une délibération autorisant une association à ouvrir une piscine dans le but de l'exploiter et décidant de conclure à cet effet une convention de subventionnement et d'objectifs, a pour effet de confier à cette association une mission de service public consistant à gérer la piscine. Les juges ont ici notamment relevé que constituaient des obligations de service public « celle d'assurer une durée minimale d'ouverture de la piscine, d'accueillir les groupes scolaires et de fournir un compte-rendu bimensuel de l'activité et de la situation financière de cette activité » (CAA Lyon, 18 avril 2013, requête numéro 12LY01547, Commune de Saint-Nectaire : Contrats-Marchés publ. 2013, comm. 168, obs. Eckert)

Le Tribunal des conflits s'est aligné sur la jurisprudence APREI à l'occasion de l'arrêt du 8 juin 2009, Fédération française aéronautique et a. c. Groupement pour la sécurité de l'aviation civile (requête numéro 3713 : Rec. p. 586 ; JCPA 2009, comm. 2241, note Pontier).

L'arrêt APREI confirme donc qu'il peut y avoir mission de service public sans prérogatives de puissance publique, l'existence de cette mission pouvant transparaître, dans un tel cas, à travers l'utilisation d'autres indices. Toutefois, cet élément ne change rien à la question de la répartition des compétences : si le litige ne met pas en cause l'exercice de prérogatives de puissance publique, c'est le juge judiciaire qui est compétent.

Si l'activité en cause est un service public, elle est soumise aux principes de fonctionnement des services publics ainsi qu'aux règles régissant le domaine public ou les travaux publics. Mais surtout l'activité aura dû faire l'objet d'une procédure de délégation de service public, ce qui implique l'obligation pour la personne publique délégante de respecter des obligations en matière de publicité et de mise en concurrence préalable.

Cette question a notamment donné lieu à une passe d'armes entre la cour administrative d'appel de Paris et le Conseil d'Etat dans l'affaire du stade Jean Bouin. A l'occasion de son arrêt du 13 janvier 2010, Association Paris Jean Bouin et Ville de Paris (requête numéro 329576, requête numéro 329625 : JCPA 2010, comm. 2069, concl. Olléon et note Devès ; Contrat et Marchés publ. 2010, comm. 116, note Eckert), le Conseil d'Etat a prononcé la suspension du jugement du tribunal administratif de Paris qui avait estimé que la convention confiant à un opérateur privé la gestion d'équipements publics sportifs constitue non pas une convention d'occupation du domaine public, mais un contrat de délégation de service public supposant le respect de la procédure prévue par les articles L. 1411-1 s. du Code général des collectivités territoriales (TA Paris, 31 mars 2009, requête numéro 607283/7, Société Paris Tennis : AJDA 2009, p.1149, note Dreyfus ; Contrats-Marchés publ. 2009, 203, obs. Eckert ; RLCT 2009/48, p.61, note Carpentier .- Confirmé par CAA Paris, 24 juin 2009, requête numéro 09PA01921, Association Paris Jean Bouin). Cette solution sera reprise sur le fond du litige (CE Sect., 3 décembre 2010, requête numéro 338272, requête numéro 338527, Ville de Paris et Association Paris Jean Bouin), alors que la cour administrative d'appel de Paris avait confirmé la qualification de convention de délégation de service public retenue par les premiers juges (CAA Paris, plén., 25 mars 2010, requête numéro 09PA01920, requête numéro 09PA02632, requête numéro 09PA03008, Association Paris Jean Bouin et Ville de Paris : Contrats-Marchés publ. 2010, comm. 189, note Eckert ; Dr. adm. 2010, comm. 93, obs. Brenet ; AJDA 2010, p. 774, obs. Lelièvre ; BJCP 2010, n° 71, p. 297).

Contrairement aux juges du fond, le Conseil d'Etat privilégie une interprétation stricte de la jurisprudence APREI dont il résulte qu'en l'absence de qualification légale et de prérogatives de puissance publique, la reconnaissance d'une mission de service public nécessite la recherche de l'existence d'obligations de service public et de mesures prises par la collectivité publique permettant de vérifier que les objectifs assignés au cocontractant sont atteints. Selon les termes utilisés par le rapporteur public, M. Olléon, la reconnaissance d'une mission de service public implique que la collectivité publique propriétaire de l'équipement a « entendu l'affecter au service public », ce qui n'est pas le cas lorsque le cocontractant privé est « totalement libre de fixer les conditions de l'exploitation de l'installation en cause ». Dans ce cas « il … paraît très difficile d'identifier une quelconque mission de service public : le contrat a alors pour simple objet de permettre à des fins exclusives l'occupation d'une dépendance du domaine public communal ».

En l'espèce, d'une part, les différentes clauses du contrat n'excèdent pas le contrôle normal d'un maître du domaine. Mais surtout, d'autre part, le Conseil d'Etat rejette l'approche dite de la « méthode du faisceau d'indices élargi » qui avait été proposée devant le tribunal administratif de Paris par le rapporteur public Mme. Villalba. Cette méthode, retenue par les juges du fond, conduisait non seulement à l'analyse de la lettre de la convention, mais également à une recherche de la « réalité des intentions des parties et leur pratique » dans la mesure où « se référer aux seuls termes d'une convention consisterait pour le juge à se voiler la face » (conclusions citées par G. Eckert).

C'est donc une lecture littérale de la jurisprudence APREI qu'il convient de retenir et qui conduit les juges à considérer que l'ensemble des éléments relevés n'étaient pas de nature à caractériser la dévolution, par la convention conclue entre la Ville de Paris et l'association Paris Jean Bouin, d'une mission de service public. Il convenait, par conséquent, d'écarter les arguments tirés de la convention conclue entre l'association Paris Jean Bouin et le club du Stade français, annexée à la convention litigieuse, dont les dispositions faisaient référence à un planning d'accueil des « scolaires ».

On notera toutefois que cette solution, écartant une mise en concurrence, est aujourd'hui clairement condamnée par la jurisprudence de la Cour de justice de l'Union européenne qui indique que la délivrance d'un titre d'occupation du domaine public à un opérateur économique suppose la mise en œuvre d'une procédure transparente (CJUE, 14 juillet 2016, affaire numéro C-458/14, Promoimpresa Srl c/ Consorzio dei comuni della Sponda Bresciana del Lago di Garda e del Lago di Idro.- CJUE, 14 juillet 2016,affaire numéro C-67/15, Regione Lombardia et Mario Melis e.a. c/ Comune di Loiri Porto San Paolo et Provincia di Olbia Tempio : AJDA 2016, p. 2176, note Noguellou). Surtout, l'ordonnance n°2017-562 du 19 avril 2017 a introduit cette obligation de mise en concurrence à l'article L. 2122-1-1 du Code général de la propriété des personnes publiques. Selon cet article « sauf dispositions législatives contraires, lorsque le titre (…) permet à son titulaire d'occuper ou d'utiliser le domaine public en vue d'une exploitation économique, l'autorité compétente organise librement une procédure de sélection préalable présentant toutes les garanties d'impartialité et de transparence, et comportant des mesures de publicité permettant aux candidats potentiels de se manifester ».

Dans une autre affaire concernant un équipement sportif, la Cour administrative de Lyon a considéré, en revanche, que le contrat litigieux était une délégation de service public (CAA Lyon, 18 avril 2013, requête numéro 12LY01547, Commune de Saint-Nectaire, préc.- V. aussi CAA Nantes, 15 novembre 2013, requête numéro 11NT02688, Association Stade Nantais université club. – CAA Marseille, 15 mai 2017, requête numéro 16MA04042, Société Carillis : Contrats-Marchés publ. 2017, comm. 196, obs. Hoepffner),). Dans cette affaire, cependant, les obligations de service public, et notamment celle d'accueil des groupes scolaires ressortait directement de la convention litigieuse.

En revanche, il a été jugé que le fait que le Premier ministre « en confiant aux organismes religieux agréés (...) la mission d'habiliter les sacrificateurs à procéder à la mise à mort des animaux sans étourdissement préalable selon la pratique de l'abattage rituel » n'implique pas que cette activité revête le caractère d'un service public (CE, 19 décembre 2018, requête numéro 419773 : JCP A 2019, act. 16, obs. Friedrich).

De même, un parti politique n'est pas investi d'une mission de service public (Cass. 1ere civ., 25 janvier 2017, pourvois numéro 15-25.561, Jean-Marie Le Pen c/ Association Front National : JCP A 2018, comm. 2057, note Touzeil-Divina, Debaets, Morot-Monomy et Alliez). En effet « si les partis et groupements politiques concourent à l'expression du suffrage et jouent un rôle essentiel au bon fonctionnement de la démocratie, le principe de liberté de formation et d'exercice qui leur est constitutionnellement garanti s'oppose à ce que les objectifs qu'ils poursuivent soient définis par l'administration et à ce que le respect de ces objectifs soit soumis à son contrôle, de sorte qu'ils ne sauraient être regardés comme investis d'une mission de service public ».

Au final, si l'arrêt APREI a voulu clarifier les critères d'identification des services publics, l'utilisation de ces critères continue de poser un certain nombre de difficultés. On peut ainsi observer que dans ces hypothèses très proches, les solutions peuvent varier.

Exemple :

-Si une association, qui occupe un ensemble immobilier destiné à la pratique de l'aviron dont elle est propriétaire a une activité d'intérêt général, elle ne peut être regardée, eu égard à ses modalités d'organisation et de fonctionnement, notamment à l'absence de tout contrôle de la commune et de toute définition par celle-ci d'obligations particulières auxquelles elle serait soumise, comme chargée d'une mission de service public (TC, 13 octobre 2014, requête numéro 3963, SA AXA France IARD : AJCT 2015, p. 48, obs. Juilles ; AJDA 2014, p. 2180, chron. Lessi et Dutheillet de Lamothe ; Contrats-Marchés publ. 2014, comm. 322, note Eckert ; Dr. adm. 2015, comm. 3, note Brenet ; JCP A 2015, comm. 2010, note Pauliat ; RFDA 2014, p. 1068, concl. Desportes). Une solution différente est retenue dans une affaire où une commune s'est réservée un droit de regard sur l'activité d'une autre association, occupante de parcelles du domaine public destinées à la pratique de l'aviron, en application d'une convention de mise à disposition, puisque la collectivité veillait à la coordination des plannings avec les autres associations de sport nautique présentes sur le site et qu'il était prévu que lui soient transmises des informations sur les adhérents. Par ailleurs, la convention prévoyait que le logo de la ville soit associé à ses interventions dans les médias et à ses supports de communication. Dans ces conditions, les locaux en question étaient le siège d'une activité de service public reconnue par la commune, à la différence du cas dont a eu à connaître le Tribunal des conflits (CAA Lyon, 25 février 2016, requête numéro 15LY01792, Association les Régates Sénonaises).

§II – Domaine de compétence exclusif du juge administratif

693.- Silence de la Constitution.- Toutes les règles que nous venons de voir ont un caractère jurisprudentiel. Ceci signifie que le législateur peut déroger à ces règles, et que le juge ne peut remettre en cause cette qualification législative qui ne concorderait pas avec ses propres critères jurisprudentiels de qualification. En revanche, le juge peut faire prévaloir les règles définies par lui lorsqu'est en cause un décret.

Pendant longtemps, la possibilité ouverte au législateur d'aller à l'encontre des principes jurisprudentiels ne connaissait aucune limite, ce qui s'expliquait par le fait qu'aucune règle de valeur constitutionnelle ne garantissait le domaine de compétence du juge administratif.

694.- Reconnaissance par la jurisprudence du Conseil constitutionnel.- La situation a évolué avec la décision du Conseil constitutionnel du 23 janvier 1987, Conseil de la concurrence qui a constitutionnalisé un domaine de compétence exclusif réservé au juge administratif (numéro 86-224 DC, préc.). Il s'est agi, en d'autres termes, de définir des matières qui échappent, par nature, au juge judiciaire et relèvent de la compétence de la juridiction administrative.

La loi déférée avait pour objet de transférer le contentieux du Conseil de la concurrence (l'actuelle Autorité de la concurrence), qui est une autorité administrative indépendante, à la cour d'appel de Paris. Selon le Conseil constitutionnel, il existe un principe fondamental reconnu par les lois de la République « selon lequel, à l'exception des matières réservées par nature à l'autorité judiciaire, relève en dernier ressort de la compétence de la juridiction administrative l'annulation ou la réformation des décisions prises, dans l'exercice des prérogatives de puissance publique, par les autorités exerçant le pouvoir exécutif, leurs agents, les collectivités territoriales de la République ou les organismes publics placés sous leur autorité ou leur contrôle ».

Le Tribunal des conflits a par la suite précisé que « le juge administratif est en principe seul compétent pour statuer, le cas échéant par voie de question préjudicielle, sur toute contestation de la légalité de telles décisions, soulevée à l'occasion d'un litige relevant à titre principal de l'autorité judiciaire » (TC, 12 décembre 2011, requête numéro 3841, Société Green Yellow c. EDF : AJDA 2012, p. 27, chron. Guyomar et Domino ; JCP A 2012, comm. 2061, note Pauliat).

De même, le Tribunal des conflits, dans son arrêt du 12 mai 1997, Préfet de police c. TGI de Paris (requête numéro 3056 : JCP G 1997, II, comm. 22861 ; LPA 21 janvier 1998 p. 9, note Viala ; RFDA 1997, p. 514, concl. Arrighi de Casanova ; AJDA 1997, p.575, chron. Chauvaux et Girardot) a précisé que « le pouvoir d'adresser des injonctions à l'administration, qui permet de priver les décisions de celle-ci de leur caractère exécutoire, est de même nature que celui consistant à annuler ou à réformer les décisions prises par elle dans l'exercice de ses prérogatives de puissance publique ».

Il est à relever que le Conseil constitutionnel et le Tribunal des conflits ont seulement défini le noyau dur de la compétence administrative, c'est-à-dire ce qui ne peut être modifié par le législateur. En l'absence de lois, ce sont donc les règles jurisprudentielles, qui accordent au juge administratif une compétence plus étendue, qui ont vocation à s'appliquer.

Qui plus est, dans sa décision Conseil de la concurrence, le Conseil constitutionnel a également précisé que le législateur « dans l'intérêt d'une bonne administration de la justice » peut attribuer en bloc à l'un des ordres juridictionnels l'ensemble du contentieux d'une législation déterminée. Cette possibilité peut être utilisée, précise le Conseil constitutionnel, lorsque le respect des règles normales de compétence provoquerait la dispersion de ce contentieux vers les deux ordres de juridiction. Il faudra alors attribuer compétence à l'ordre « principalement intéressé ». C'est ce qui a justement été admis pour le contentieux du Conseil de la concurrence pour lequel un impératif de bonne administration de la justice commandait l'attribution de ce contentieux à la juridiction judiciaire. En effet, les décisions administratives rendues à propos de pratiques anticoncurrentielles peuvent donner lieu à un contentieux devant le juge administratif, mais également entraîner des conséquences aux niveaux civil et pénal, le juge judiciaire étant donc « principalement intéressé », ce qui justifie la création d'un bloc de compétence. Notons aussi que la résolution des litiges en droit de la concurrence, qui est une matière éminemment transversale, nécessitant des connaissances en droit administratif, mais également en droit des affaires et en droit de l'Union européenne, ainsi que des connaissances solides en économie, mérite certainement des juges spécialement formés sur ces questions (en l'occurrence depuis le 1er janvier 2021, ceux de la chambre 5-7 de la cour d'appel de Paris dont l'activité concerne la régulation économique et les finances publiques).

Il faut enfin relever, sur un plan plus général, que pour le Conseil constitutionnel, un tel transfert de compétences est une simple faculté et non pas une obligation (CC, 26 novembre 2010, numéro 2010-71 QPC).

§III – Exceptions aux règles normales de répartition des compétences

695.- Le juge judiciaire, juge de l'administration.- Les exceptions aux règles normales de répartition des compétences, telles qu'elles sont issues des principes de répartition définis par la jurisprudence administrative, peuvent être aisément réparties en deux catégories : on distingue les hypothèses de concurrence entre les deux ordres de juridiction des hypothèses de compétence exclusive du juge judiciaire pour juger l'administration.

I – Hypothèses de concurrence entre les deux ordres de juridiction

696.- Problématique.- Il est important de bien définir quelles sont les données du problème avant d'évoquer la compétence du juge civil et celle du juge pénal.

A – Données du problème

697.- Fréquence du problème.- Il est fréquent qu'à l'occasion d'un litige relevant de sa compétence, le juge judiciaire se trouve confronté à l'application d'un acte administratif. Cette fréquence s'explique par le fait qu'une grande partie du droit positif a pour origine des décrets et des arrêtés, donc des actes administratifs.

Exemple :
-TC, 15 janvier 1968, requête numéro 01908, Compagnie Air France c. Epoux Barbier (préc.) : est en cause dans cette affaire un litige de droit du travail relevant du juge judiciaire. Cependant, le litige pose également la question de la légalité de la règlementation appliquée à Air France qui impose une clause de célibat aux hôtesses de l'air.

698.- Interprétation et appréciation de la légalité d'actes administratifs.- Deux types de problèmes peuvent alors se rencontrer : l'acte administratif n'est pas clair et il s'agira alors de savoir si le juge judiciaire peut l'interpréter ; l'une des parties met en cause la légalité d'un acte administratif et il s'agit alors de savoir si le juge judiciaire peut apprécier la légalité de cet acte.

Si le juge judiciaire tranche lui-même ces difficultés on parlera de résolution d'une question préalable. En revanche, s'il s'estime incompétent, il renverra cette question préjudicielle au juge administratif. Dans cette seconde hypothèse, le juge judiciaire va surseoir à statuer jusqu'à la réponse du juge administratif.

Mettons de côté d'abord l'hypothèse, tout à fait particulière, où la question d'interprétation ne concerne pas une décision administrative mais une décision du juge administratif. Dans ce cas, cette question relève de la compétence du juge administratif (CE, 11 octobre 2017, requête numéro 397604, Me Raymond agissant en qualité de liquidateur judiciaire de la SARL Lezeau : ; Dr. fisc. 2018, comm. 189, concl. Benard ; JCP A 2017, act. 482, obs. Tesson ; Procédures 2017, comm. 324, note Chifflot)

699.- Impossibilité d'appliquer strictement le principe de séparation des autorités administrative et judiciaire.- Si l'on revient aux actes administratifs, et si l'on applique de façon stricte la règle de séparation des autorités administrative et judiciaire, toute compétence du juge judiciaire devrait être déniée en la matière. En effet, ces textes interdisent à celui-ci de s'immiscer dans les affaires de l'administration, et plus particulièrement, selon le décret du 16 fructidor an III, de « connaître de ses actes ».

Cependant, du point de vue de l'opportunité et de la bonne administration de la justice, une telle position serait très contestable, puisqu'elle multiplierait les questions préjudicielles et allongerait considérablement les délais contentieux. C'est pour cette raison que la jurisprudence du Tribunal des conflits a multiplié les hypothèses dans lesquelles le juge judiciaire est compétent en la matière. Une distinction doit toutefois être faite sur ce point entre le juge civil et le juge pénal dont la compétence est plus étendue.

B – Compétence du juge civil

700.- Compétence initiale du juge civil.- Les règles applicables devant le juge civil ont été définies à l'origine par l'arrêt du Tribunal des conflits du 16 juin 1923 Septfonds (requête numéro 00732 : Rec. p. 498 ; D.1924, III, p. 41 ; S. 1923, III, p. 49).

En application de cette jurisprudence, le juge civil est compétent pour interpréter les actes administratifs règlementaires. Ceci se justifie par le fait que comme les lois les actes règlementaires édictent des dispositions de caractère général et impersonnel. En outre, le juge civil applique très fréquemment de telles dispositions, et s'il était incompétent pour les interpréter, cela aboutirait à une multiplication très importante des questions préjudicielles qui pourrait paralyser le fonctionnement de la juridiction administrative.

En revanche, le juge civil est incompétent pour interpréter les actes administratifs individuels. Traditionnellement, il était également incompétent pour apprécier la légalité des actes administratifs, qu'ils présentent un caractère règlementaire ou individuel, sauf en cas de voie de fait (TC 30 octobre 1947, requête numéro 983, Barinstein : Rec. p.511 ; D. 1947, p.476, note PLJ ; JCP 1947, II, comm. 3966, note Fréjaville ; S. 1948, III, p. 1, note Mestre ; RD publ. 1948, p.86, note Waline).

701.- Extension de la compétence du juge civil.-Cette jurisprudence a toutefois récemment évolué à l'occasion de l'arrêt du Tribunal des conflits du 17 octobre 2011 SCEA Chéneau c/ INAPORC et M. C. et a. c/ CNIEL (requête numéro 3828, requête numéro 3829 : AJDA 2012, p. 27, chron. Guyomar et Domino ; Constitutions 2012, comm. 294, obs. Levade ; D. 2011, p. 3046, note Donnat et p. 244, obs. Fricero ; Dr. adm. 2012, comm. 10, note Melleray ; JCP A 2011, comm. 1423, note Pauliat ; JCP G 2011, comm. 1208, note Sorbara et comm. 1423, chron. Plessix; RDP 2011, p. 853, obs. Clamour et Coutron ; RFDA 2011, p. 1122, concl. Sarcelet, p. 1129, note Seiller et p. 1136, note Roblot-Troizier ; RTD civ. 2011, p. 735, obs. Rémy-Corlay ; RTDE 2012, p. 135, étude Ritleng).

Après avoir rappelé la jurisprudence Septfonds, le Tribunal des conflits précise que « ces principes doivent être conciliés tant avec l'exigence de bonne administration de la justice qu'avec les principes généraux qui gouvernent le fonctionnement des juridictions, en vertu desquels tout justiciable a droit à ce que sa demande soit jugée dans un délai raisonnable ». Il en résulte que « si en cas de contestation sérieuse portant sur la légalité d'un acte administratif, les tribunaux de l'ordre judiciaire statuant en matière civile doivent surseoir à statuer jusqu'à ce que la question préjudicielle de la légalité de cet acte soit tranchée par la juridiction administrative, il en va autrement lorsqu'il apparaît manifestement, au vu d'une jurisprudence établie, que la contestation peut être accueillie par le juge saisi au principal ».

Le Tribunal des conflits a eu notamment l'occasion d'appliquer ces principes dans une affaire où la conformité d'un acte règlementaire au principe général du droit de non-rétroactivité des actes administratifs était en cause (TC, 12 décembre 2011, requête numéro 3841, Société Green Yellow c. EDF, préc.- V. également en matière de contrats administratifs, Cass. 1re civ., 24 avril 2013, pourvoi numéro 12-18.180, Commune de Sancoins c/ Société les fils de Mme Géraud.- Cass. 1re civ., 31 janvier 2018, pourvoi numéro 16-21.697, Société BTSG : JCP 2018, act. 418, note Deharo; Contrats-Marchés publ. 2018, comm. 91, note Pietri et chron. 4, Pietri).

Un second assouplissement est prévu par l'arrêt du 17 octobre 2011 s'agissant du cas particulier du droit de l'Union européenne, au regard de l'article 88-1 de la Constitution et du principe d'effectivité du droit de l'Union européenne. Ainsi « le juge national chargé d'appliquer les dispositions du droit de l'Union a l'obligation d'en assurer le plein effet en laissant au besoin inappliquée, de sa propre autorité, toute disposition contraire. A cet effet, il doit pouvoir, en cas de difficulté d'interprétation de ces normes, en saisir lui-même la Cour de justice à titre préjudiciel ou, lorsqu'il s'estime en état de le faire, appliquer le droit de l'Union, sans être tenu de saisir au préalable la juridiction administrative d'une question préjudicielle, dans le cas où serait en cause devant lui, à titre incident, la conformité d'un acte administratif au droit de l'Union européenne ». Pour assurer le respect du principe de l'effectivité du droit de l'Union européenne le juge judiciaire se voit donc autorisé à opérer un contrôle par voie d'exception de la conventionalité des actes règlementaires.

Notons enfin que le Conseil d'Etat, reprenant la jurisprudence SCEA Cheneau, mais inversant le raisonnement du Tribunal des conflits, a considéré dans un arrêt Fédération Sud Santé sociaux du 23 mai 2012, qu'il pouvait être compétent pour apprécier la validité d'une convention collective, dans le cadre de l'examen d'un arrêté prononçant l'extension ou l'agrément d'une convention ou d'un accord collectif de travail (CE, 23 mai 2012, requête numéro 331805, Fédération Sud Santé sociaux : Rec. p. 102 ; AJDA 2012, p. 1583, note Marc ; Dr . adm. 2012, comm. 56, note Melleray ; RFDA 2012, p. 429, concl. Landais. RJEP 2012, comm. 24, concl. Landais.- V. également CE, 1er juin 2015, requête numéro 369914, Fédération UNSA spectacle et communication : Rec. p. 180 .- CE, 17 mars 2017, requête numéro 396835, Syndicat national des prestataires de services d'accueil). Le Conseil d'Etat ne se borne toutefois pas à reprendre les deux exceptions à la jurisprudence Septfonds dégagées par le Tribunal des conflits, puisqu'il en dégage une troisième qui est celle où le législateur a prévu que les mesures prises pour l'application de la loi seront définies par un accord collectif conclu entre les partenaires sociaux, dont l'entrée en vigueur est subordonnée à l'intervention d'un arrêté ministériel d'extension ou d'agrément. Dans ce cas, il appartient également au juge de l'excès de pouvoir, saisi d'un recours dirigé contre cet arrêté, de se prononcer lui-même, compte tenu de la nature particulière d'un tel accord, sur les moyens mettant en cause sa légalité.

C – Compétence du juge pénal

702.- Incapacité du Tribunal des conflits à imposer sa jurisprudence.- Cette question a connu une évolution remettant en cause les règles issues de l'arrêt du Tribunal des conflits du 5 juillet 1951 Avranches et Desmarets (requête numéro 1187 :Rec. p.638 ; D. 1952 p.271, note Blavoët ; JCP 1951, II, comm. 6623, note Homont ; Rev. adm. 1951, p.492, note Liet-Veaux ; S. 1952, III, p.1 note Auby). En application de cette jurisprudence, le juge pénal était compétent pour interpréter et apprécier la légalité des règlements administratifs « qui servent de fondement à la poursuite ou qui sont invoqués comme moyen de défense ». En revanche, il était incompétent pour apprécier la légalité des actes individuels.

Cependant, cette position n'avait jamais été admise par la chambre criminelle de la Cour de cassation. En particulier, la chambre criminelle s'estimait compétente pour apprécier la légalité de tous les actes administratifs, individuels ou règlementaires, dès lors qu'ils étaient assortis d'une sanction pénale (Voir notamment Cass. Crim., 21 décembre 1961, Le roux, D. 1962, p.102, rapp. Costa.- Cass. Crim., 1er juin 1967, Canivet : JCP 1968, comm. 15505, note Lamarque).

703.- Une compétence désormais établie par la loi.- Finalement, la réforme du Code pénal de 1992, entrée en vigueur le premier mars 1994, simplifie considérablement les règles applicables.

Selon l'article L. 111-5 du Code pénal, le juge pénal a en effet compétence pour interpréter et apprécier la légalité des actes administratifs règlementaires ou non « lorsque, de cet examen, dépend la solution du procès pénal qui lui est soumis ». Ces dispositions ont été récemment précisées par un arrêt de la chambre criminelle de la Cour de cassation du 13 décembre 2016 (pourvoi numéro 16-84.794, pourvoi numéro 16-82.176, préc.). Il résulte de cet arrêt que la cour n'entend plus limiter sa compétence aux seuls actes administratifs qui commandent l'incrimination, c'est-à-dire ceux dont la méconnaissance est pénalement sanctionnée et ceux qui incriminent un comportement. Cette compétence s'étend désormais aux actes administratifs relatifs à la procédure de poursuite. Ainsi, en l'espèce, était en cause un ordre de perquisition administrative émis en application de la loi du 3 avril 1955 sur l'état d'urgence qui avait permis la constatation de faits de nature à justifier l'engagement d'une procédure pénale. Il s'agit ici d'une compétence concurrente avec celle du juge administratif qui peut être saisi d'un recours pour excès de pouvoir visant à contester la légalité des ordres de perquisition administrative (CE Ass., avis numéro 398234, avis, 16 juillet 2016, numéro 399135 et numéro 399135, Napol et a., préc.).

II – Hypothèses de compétence exclusive du juge judiciaire

704.- Quelles hypothèses ?.- Les hypothèses de compétence exclusive du juge judiciaire concernent d'abord le cas très particulier des litiges liés au fonctionnement des tribunaux de l'ordre judiciaire. Elles concernent ensuite différents cas dans lesquels le juge judiciaire apparaît comme une sorte de gardien du droit de propriété et des libertés fondamentales.

A – Litiges liés au fonctionnement des tribunaux judiciaires

705.- Un SPA représentant des enjeux particuliers.- Le service public de la justice est un service public administratif et, par conséquent, il devrait logiquement relever du contentieux administratif. Toutefois, reconnaître cette compétence, s'agissant de la justice judiciaire, reviendrait à faire échec au principe de séparation des pouvoirs et mettrait ainsi en cause l'indépendance du juge judiciaire, donc à des principes de valeur constitutionnelle.

706.- Une règle spécifique de répartition des compétences.- Pour éviter cela, le Tribunal des conflits a précisé des règles particulières de compétence à l'occasion de l'arrêt Préfet de Guyane du 27 novembre 1952 (requête numéro 01420 : Rec. p. 642 ; JCP G 1953, II, comm. 7598, note Vedel).

D'après cet arrêt, les litiges relatifs à l'organisation du service public de la justice judiciaire -par exemple les mesures de création ou de suppression de tribunaux, ou encore les mesures relatives au recrutement et à la carrière des magistrats- relèvent du juge administratif alors que les litiges relatifs à l'exercice de la fonction juridictionnelle - c'est-à-dire la décision de justice elle-même ainsi que les actes qui la préparent et qui visent à assurer son exécution - relèvent de la compétence du juge judiciaire. Pour le dire autrement, seul le second type de litiges se rattachent à la fonction judiciaire, le premier type de litiges se rattachant quant à eux à la fonction exécutive. Il pourra s'agir soit d'actes émanant des autorités judiciaires elles-mêmes, soit d'actes d'autorités administratives non détachables de la procédure judiciaire dans laquelle elles s'inscrivent.

Exemples :

- CE Sect., 4 novembre 1994, requête numéro 157435, Korber (Rec. p.489 ; JCP 1995, II, comm. 22422, note Lemaire ; RFDA 1995, p. 817, note Pradel) : la décision par laquelle le juge de l'application des peines ou le garde des Sceaux accorde à un condamné une libération conditionnelle ou la révoque, totalement ou partiellement, ne se rattache pas au fonctionnement administratif du service pénitentiaire, mais elle constitue une mesure qui modifie les limites de la peine. Par suite, une demande de ce condamné tenant, d'une part, au sursis à l'exécution de l'arrêté par lequel le garde des Sceaux a révoqué sa libération conditionnelle et, d'autre part, à ce que le juge des référés administratif ordonne, notamment au juge de l'application des peines, de lui communiquer les documents relatifs à cette mesure ne relèvent pas de la compétence de la juridiction administrative.
- TC, 19 novembre 2001, requête numéro 3255, Visconti c. Commune de Port Saint Louis du Rhône (Rec. p.754) : les actes intervenus au cours d'une procédure judiciaire ne peuvent être appréciés, soit en eux-mêmes, soit dans leurs conséquences, que par l'autorité judiciaire. Il en va ainsi notamment de la plainte adressée, fût-ce par une autorité administrative, au procureur de la République aux fins d'engagement de poursuites, la plainte n'étant pas détachable de la procédure pénale.
- CE, 30 juin 2003, requête numéro 244965, Observatoire international des prisons (RFDA 2003, p.839) : s'agissant d'un recours dirigé contre un décret de grâce collective du Président de la République, le Conseil d'Etat précise qu'il n'appartient pas à la juridiction administrative de connaître des litiges relatifs à la nature et aux limites d'une peine infligée par une juridiction judiciaire et dont l'exécution est poursuivie à la diligence du ministère public.
- CE Sect., 23 mars 2018, requête numéro 406066, requête numéro 406497, requête numéro 406498, requête numéro 407474, Syndicat FO Magistrats et a. (Dr. adm. 2018, comm. 40, note Eveillard) : est légal, sous réserve que soient respectées certaines garanties le principe d'un contrôle des juridictions judiciaires par un organe d'inspection

rattaché au ministère de la Justice. Toutefois, la Cour de cassation ne saurait être soumise à ce contrôle.
- CE, 30 janvier 2019, requête numéro 411132, Société Exane (Dr. adm. 2019, comm. 30, note Eveillard) : la décision par laquelle le Défenseur des droits, sur le fondement du deuxième alinéa de l'article 33 de la loi organique n° 2011-333 du 29 mars 2011 a décidé de présenter des observations dans un litige opposant, devant une juridiction judiciaire, une société à une ancienne salariée, est indissociable de la procédure juridictionnelle à laquelle elle se rapporte. Cette procédure juridictionnelle étant suivie devant une juridiction judiciaire, le litige n'est pas au nombre de ceux dont il appartient à la juridiction administrative de connaître.

707.- Extension au contentieux lié à l'organisation et au fonctionnement du Conseil constitutionnel.- Cette distinction entre l'organisation et le fonctionnement d'une institution dotée de pouvoirs juridictionnels s'applique également au Conseil constitutionnel. C'est ce qui ressort de l'arrêt d'Assemblée du Conseil d'Etat Brouant du 25 octobre 2002 (requête numéro 235600 : Rec. p. 345, concl. Goulard ; AJDA 2002, p. 1332, chron. Donnat et Casas ; D. 2002, p. 3034, note Moutouh ; JCP 2003, II, comm. 10008, note Chaminade ; RDP 2002, p. 1855, note Camby ; RFDA 2003, p.1, concl. Goulard et p. 14, note Favoreu et note Gonod et Jouanjan). Dans cette affaire, le Conseil d'Etat a décidé, contrairement aux conclusions du commissaire du gouvernement Guillaume Goulard, que les règles d'accès aux archives du Conseil constitutionnel affectent le fonctionnement de cette institution et ne relèvent donc pas de la compétence de la juridiction administrative. Cette jurisprudence a été confirmée à plusieurs reprises par le Conseil d'Etat.

Exemples :
- CE, 9 novembre 2005, requête numéro 258180, Moitry : il n'appartient pas à la juridiction administrative de connaître des actes qui se rattachent à l'exercice par le Conseil constitutionnel des missions qui lui sont confiées par la Constitution ou par des lois organiques prises sur son fondement. Il en est ainsi de la publication sur son site internet de commentaires concernant le sens et la portée de sa jurisprudence.
- CE, ord. réf., 6 juin 2016, requête numéro 400382, Bidalou (Dr. adm. 2016, comm. 55, note Charité) : saisi dans le cadre de l'article L. 521-2 du Code de justice administrative, le juge des référés du Conseil d'Etat se refuse à enjoindre au Conseil constitutionnel de prendre des actes juridictionnels. En effet, l'exercice de de cette compétence n'est pas dissociable des conditions dans lesquelles le Conseil constitutionnel exerce les missions qui lui sont confiées par la Constitution.
- CE, 11 avril 2019, requête numéro 425063, Association « les amis de la Terre » France (AJDA 2009, p. 839) : il n'appartient pas au juge administratif de connaître des décisions du Conseil constitutionnel concernant l'adoption ou le refus d'adopter des dispositions de son règlement intérieur sur le fondement de l'article 56 de l'ordonnance du 7 novembre 1958 portant loi organique sur le Conseil constitutionnel. Etait ici en cause la procédure des « contributions extérieures » devant le Conseil constitutionnel.

708.- Difficultés liées à la distinction entre organisation et fonctionnement du service public de la justice.- Simple en apparence, la distinction opérée entre l'organisation et le fonctionnement de la justice judiciaire pose de nombreuses difficultés, ce qui s'explique par le fait que les questions d'organisation et de fonctionnement de ce service public sont parfois imbriquées entre elles. Ainsi, des décisions relatives à l'organisation du service public de la justice judiciaire relèvent-elles de la compétence du juge judicaire dès lors qu'elles ont un lien étroit avec le fonctionnement de ce service public. Cela peut être le cas lorsqu'une autorité judiciaire désigne un collaborateur, même s'il faut souligner que longtemps la jurisprudence n'était pas d'une parfaite clarté sur cette question.

Exemples :
-TC, 8 avril 2002, requête numéro 3282, Melennec (Rec. p.543) : relève du fonctionnement du service public le choix opéré par la commission nationale technique de sécurité – qui est une juridiction judiciaire – du médecin chargé de procéder à l'examen préalable du dossier soumis en appel aux commissions régionales de la sécurité sociale.
-CE, 18 février 1959, Cendrier (Rec. p. 123) : relève de l'organisation du service public la décision annuelle d'une cour d'appel fixant la liste des tribunaux de première instance auprès desquels les avoués avaient le droit de plaider.

Cette question a finalement été partiellement clarifiée par le Tribunal des conflits à l'occasion d'un arrêt Hoareau du 7 septembre 2015 (requête numéro 4019 : Rec. p. 510 ; AJDA 2016, p. 2370, chron. Dutheillet de Lamothe et Odinet). Plutôt que de viser le fonctionnement du service public de la justice judiciaire, les juges se réfèrent à la « fonction juridictionnelle », revenant ainsi à la lettre de l'arrêt Préfet de Guyane.

En l'espèce, la décision de procureurs de la République refusant d'agréer l'exploitant d'une auto-école pour des stages de sensibilisation « ne se rattache pas à la fonction juridictionnelle, sur l'exercice de laquelle les attributions de la personne agréée n'ont pas d'effets ». La mesure contestée relève donc de l'organisation du service public et de la compétence des juridictions administratives.

Si cette solution ne règle pas l'ensemble des difficultés engendrées par le partage de compétences entre les deux ordres de juridiction, elle présente au moins le mérite de préciser les règles applicables en la matière. Ainsi, un litige relatif à la rémunération d'enquêteurs sociaux relève de la compétence du juge judiciaire dès lors que chacune des missions confiées au requérant, qui est un collaborateur occasionnel du service public de la justice, a été ordonnée par une décision de la juridiction judiciaire (TC, 12 février 2018, requête numéro 4111, Ministre de la Justice : Dr. adm. 2018, comm. 24, note Lemaire). De la même façon, la « décision prise par le président d'une juridiction judiciaire de modifier une ordonnance de roulement constitue une mesure relevant du fonctionnement du service public de la justice et dont l'examen conduit à porter une appréciation sur la marche même des services judiciaires » (TC, 12 février 2018, requête numéro 4115 : JCP G 2018, comm. 467, note Pauliat).

Dans le même ordre d'idées, des difficultés peuvent survenir dans les cas où une autorité publique met en œuvre son obligation de signalement au ministère public des faits qu'elle considère comme infractionnels. En principe, cette hypothèse peut mettre en cause le fonctionnement du service public de la justice judiciaire. Il en va autrement, cependant, lorsque cette dénonciation révèle un fonctionnement défectueux de l'autorité publique dénonciatrice (TC, 8 décembre 2014, requête numéro 3974, Bedoian : Rec. p. 475 ; Dr. adm. 2015, comm. 33, note Eveillard.- V. également TC, 15 juin 2015, requête numéro 4007, Verhoeven ; Dr. adm. 2015, comm. 73, note Eveillard).

B – Le juge judiciaire, gardien traditionnel des libertés fondamentales et du droit de propriété

709.- Une compétence liée à l'histoire.- La raison d'être de la compétence du juge judiciaire dans ce domaine est historique. Elle est liée au fait qu'il n'y avait pas de distinction réelle, à l'origine, entre l'administration active et l'administration juridictionnelle en raison de la théorie de l'administrateur juge et du système de justice retenue en vigueur jusqu'à la fin du XIX° siècle. Dans ces circonstances, il est tout naturellement apparu que le juge judiciaire était plus à même de protéger les libertés et le droit de propriété que le juge administratif.

710.- Fondements constitutionnels-. Cette compétence est toujours consacrée, pour ce qui concerne la seule liberté individuelle, dans le droit positif, par l'article 66 de la Constitution du 4 octobre 1958 qui prévoit que le principe selon lequel « nul ne peut être arbitrairement détenu » est assuré par « l'autorité judiciaire, gardienne de la liberté individuelle ». Ces dispositions, on le verra, sont toutefois interprétées strictement par la Conseil constitutionnel (CC, 28 juillet 1989, numéro 89-261 DC, Loi relative aux conditions de séjour et d'entrée des étrangers en France : Rec. CC 1989, p. 81 ; RFDA 1989, p. 621, note Genevois ; AJDA 1989, p. 619, note Chevallier ; D. 1990, jurispr. p. 161, note Prétot.- CC, 13 mars 2003, numéro 2003-467 DC, Loi pour la sécurité intérieure).

La même règle ne se trouve pas dans la Constitution pour ce qui concerne la protection du droit de propriété. Le Conseil constitutionnel a quant à lui écarté l'existence d'un principe fondamental selon lequel « le juge judiciaire (serait) le gardien de la propriété privée » (CC, 17 juillet 1985, numéro 85-189 DC : Rec. CC 1985, p. 49). En revanche, sans pour autant en indiquer le fondement, le Conseil constitutionnel a reconnu l'existence d'un principe fondamental reconnu par les lois de la République interdisant au législateur de méconnaître « l'importance des attributions conférées à l'autorité judiciaire en matière de protection de la propriété immobilière ». Ce principe implique la compétence du juge judiciaire pour fixer le montant de l'indemnité, en cas de dépossession d'une propriété immobilière (CC, 25 juillet 1989, numéro 89-256 DC, consid. 23 : Rec. CC 1989, p. 53 ; CJEG 1990, comm. 1, note Genevois ; RFDA 1989, p. 1009, note Bon).

Quoi qu'il en soit, traditionnellement, la jurisprudence, à travers les théories de la voie de fait et de l'emprise, ainsi que différents textes de lois ont toujours reconnu la compétence du juge judiciaire en la matière, de la même façon que cette compétence est reconnue en matière de protection des libertés fondamentales.

1° Illustrations législatives du principe

711.- Illustrations ponctuelles.- Ponctuellement, différentes lois ont attribué compétence au juge judiciaire dans des domaines où les libertés fondamentales ou le droit de propriété sont menacés.

C'est le cas, notamment, en matière de contentieux de l'hospitalisation d'office dans les hôpitaux psychiatriques, qui relève essentiellement du juge judiciaire, et cela longtemps en application de l'article L. 3213-1 du Code de la santé publique. Comme l'a précisé le Conseil d'Etat « s'il appartient à la juridiction administrative d'apprécier la régularité de la décision administrative ordonnant l'hospitalisation d'office … l'autorité judiciaire est seule compétente tant pour apprécier la nécessité d'une mesure d'hospitalisation d'office en hôpital psychiatrique que, lorsque la juridiction administrative s'est prononcée sur la régularité de la décision administrative d'hospitalisation, pour statuer sur l'ensemble des conséquences dommageables de cette décision, y compris celles qui découlent de son irrégularité » (CE Sect., 1er avril 2004, requête numéro 264627, Laporte). Dans une décision M. B. c/ France du 18 novembre 2010 (affaire numéro 35935/03) a toutefois considéré que ce partage de compétences portait atteinte au droit à un recours effectif. La loi n°2011-803 du 5 juillet 2011 a en conséquence créé l'article L. 3216-1 du Code la santé publique qui précise désormais que l'ensemble de ce contentieux relève des juridictions judiciaires, y compris les questions de légalité externe des décisions administratives intervenues dans le cadre de la procédure (V. TC, 9 décembre 2019, requête numéro C4174 : JCP G 2020, com. 167, note Korsakoff.- V. aussi Cass. 1ère civ., 7 novembre 2019, pourvoi numéro 19-18.262 : JCPA 2020, comm. 94, note Raoul-Cormeil). L'unification du contentieux n'est toutefois pas totale puisque cet article exclut implicitement tout le contentieux lié à l'application du chapitre Ier du titre I du code relatif aux modalités des soins psychiatriques.

712.- Article 136 du Code de procédure pénale.- Mais surtout, en dehors des solutions législatives ponctuelles, l'article 136 du Code de procédure pénale octroie apparemment une compétence plus générale au juge judiciaire. D'après ce texte, en effet, « dans tous les cas d'atteinte à la liberté individuelle, le conflit ne peut jamais être élevé par l'autorité administrative et les tribunaux de l'ordre judiciaire sont toujours exclusivement compétents ». Ainsi, le respect de ce texte paraît imposer la reconnaissance de la compétence exclusive des tribunaux judiciaires pour statuer sur les demandes de dommages-intérêts en cas d'atteinte par l'administration à la liberté individuelle.

Le Tribunal des conflits a toutefois interprété l'article 136 du Code de procédure pénale de la façon la plus stricte qui soit, de façon à pratiquement le vider de son sens (TC, 16 novembre 1964, Clément : Rec. p.76 ; AJDA 1965, p.221, chron.

Puybasset et Puissochet ; JCP 1965, 12286, note Langavant ; Rev. adm. 1965, p.225, note Breton ; D. 1965, p.142, note Demichel.- V. également : TC, 17 février 1997, requête numéro 03045, Préfet de la région Ile-de-France c/ Menvielle : Gaz. Pal. 19-20 décembre 1997, 2, p. 16, concl. Sainte-Rose, note Petit.- TC, 12 mai 1997, requête numéro 3056, Préfet de police c. TGI Paris, préc.).

Pour le Tribunal des conflits, cette interprétation stricte est liée au fait que cet article doit être compris comme une dérogation au principe de séparation des autorités administrative et judiciaire. Par conséquent, si les tribunaux judiciaires sont compétents pour réparer les dommages subis, ils ne le sont pas pour apprécier la légalité des décisions administratives à l'origine de l'atteinte à la liberté. Confronté à l'une de ces décisions, le juge judiciaire est donc tenu de saisir le juge administratif d'une question préjudicielle. Il en résulte que c'est le juge administratif qui, dans ce cas, décide du bien-fondé de l'action en dommages-intérêts. Le juge judiciaire n'est dès lors plus compétent que pour évaluer ces dommages-intérêts. De cette façon, l'efficacité de l'article 136 du Code de procédure pénale est pratiquement réduite à néant, ce qui explique qu'il n'est que très rarement invoqué.

2° Voie de fait

713.- Historique.- La voie de fait est une notion ancienne, apparue à l'occasion de l'arrêt du Conseil d'Etat Rousseau du 21 septembre 1827 (Rec. p. 504). Il est important, de prime abord, de bien cerner ce que recouvre le domaine de la voie de fait et quelle est la portée de la reconnaissance d'une voie de fait. On verra ensuite quelles sont les conditions de la reconnaissance d'une voie de fait avant d'évoquer l'actualité de cette théorie.

a– Domaine de la voie de fait et portée de la reconnaissance d'une voie de fait

714.- Conséquences de la reconnaissance d'une voie de fait.- Contrairement à l'emprise (V. infra), la reconnaissance de la voie de fait aboutit à attribuer une plénitude de compétence au juge judiciaire. Ainsi, le juge judiciaire peut non seulement réparer les conséquences de la voie de fait, mais il peut également constater son existence et adresser à l'administration des injonctions pour y mettre fin. Ce dernier point est très important puisque, comme on le verra, jusqu'à une époque récente, le juge administratif ne disposait pas de ce type de pouvoir.

L'idée est que la voie de fait est une atteinte tellement grave à la propriété privée ou à la liberté individuelle que l'action de l'administration se trouve totalement dénaturée : par conséquent il n'y a plus de raisons, dans de tels cas, de lui faire bénéficier d'un privilège de juridiction et de lui appliquer des règles dérogatoires du droit commun.

715.- Les deux types de voies de fait.- Selon la distinction classique opérée par le René Chapus (Droit administratif général, Tome I, ouv. précité p.873), il existe deux types de voies de fait.

Il s'agit tout d'abord des voies de fait par manque de droit, qui concernent des hypothèses où l'administration fait exécuter une décision manifestement insusceptible de se rattacher à un pouvoir qui lui est légalement reconnu.

Exemple :
- TC, 19 novembre 2001, pourvoi numéro 01-03.272, Préfet de police c. TGI Paris et Mohammed c. Ministre de l'Intérieur (AJDA 2002, p. 234, Petit ; D. 2002, p. 1446, concl. Bachelier) : constitue une voie de fait une décision de refus prolongé de restituer un passeport.

Il s'agit ensuite des voies de fait par manque de procédure qui concernent des cas d'exécution forcée d'une décision, même légale, par l'administration dans des hypothèses où elle n'avait pas le pouvoir d'y procéder et où elle aurait dû, par conséquent, saisir un juge.

Exemple :
- TC, 4 novembre 1991, requête numéro 02666, Beladjimi (Rec. p.749 ; LPA, 1er juillet 1992, p.9, note Rouault) : un véhicule automobile qui avait été laissé en stationnement, pendant plus de sept jours consécutifs, a été enlevé par la fourrière et détruit le même jour par les services municipaux. Le Code de la route permettait effectivement, dans sa rédaction de l'époque, l'enlèvement par la fourrière d'un véhicule laissé en stationnement pendant plus de sept jours. Mais le même code précisait que ne pouvaient être livrés à la destruction que les véhicules laissés en fourrière et réputés abandonnés à l'expiration d'un délai de dix jours à compter de la mise en demeure faite au propriétaire. La destruction du véhicule du requérant est donc constitutive d'une voie de fait.

b- Conditions de la reconnaissance d'une voie de fait

716.- Resserrement du domaine de la voie de fait.- Le caractère radical des effets de la reconnaissance d'une voie de fait justifie qu'il en soit donné une définition stricte. Ces conditions ont récemment évolué, dans un sens plus restrictif, suite à l'arrêt du Tribunal des conflits Bergoend du 17 juin 2013 (requête numéro 3911 : AJDA 2013, p. 1568, chron. Domino et Bretonneau ; Dr. adm. 2013, comm. 86, note Gilbert ; JCP A 2013, comm. 2301, note Dubreuil ; JCP G 2013, comm. 1057, note Biagini-Girard ; RFDA 2013, p. 1041, note Delvolvé ; RJEP 2014, comm. 19, note Lebon). La voie de fait est reconnue si elle aboutit à l'extinction du droit de propriété ou à une atteinte à la liberté individuelle et dès lors qu'elle constitue une mesure manifestement hors des compétences de l'administration.

α- Extinction du droit de propriété ou atteinte à la liberté individuelle

717.- Une nouvelle approche.- Jusqu'à l'arrêt Bergoend, la voie de fait devait être constituée par une atteinte grave à la propriété privée ou par une atteinte grave à une liberté fondamentale (TC, 8 avril 1935, requête numéro 00822, Action française : Rec. p. 1126).

Si la notion de gravité n'apparaît plus dans la jurisprudence, le champ de la voie de fait n'en est pas moins aujourd'hui restreint, s'agissant des atteintes à la propriété privée comme des atteintes aux libertés, aux domaines exclusifs de compétence du juge judiciaire reconnus par le Conseil constitutionnel.

718.- Extinction du droit de propriété.- Tout d'abord, la voie de fait n'est désormais retenue qu'en cas « d'extinction du droit de propriété ». Cette formule est éminemment restrictive et elle n'est en tout cas pas assimilable à une simple privation, dépossession ou aliénation. Pourtant, au sens de la jurisprudence constitutionnelle, le juge judiciaire doit être reconnu comme compétent plus largement pour indemniser les préjudices en cas de « dépossession » du droit de propriété (CC, 13 décembre 1985, numéro 85-198 DC, Loi portant diverses dispositions relatives à la communication audiovisuelle : Rec. CC 1985, p. 78 ; JCP G 1986, I, comm. 3237, note Dufau ; AJDA 1986, p. 171, note Boulouis ; D. 1986, jurispr. p. 345, note Luchaire ; Rev. adm. 1985, p. 572, note Etien). Ceci étant, dans son arrêt Epoux Panizzon du 9 décembre 2013 (requête numéro 3931 : Rec. p. 376 ; AJDA 2014, p. 216, chron. Bretonneau et Lessi ; Dr. adm. 2014, comm. 25, note Gilbert ; JCP A 2014, comm. 1355, note Martin ; RD imm. 2014, p. 261, note Foulquier ; RFDA 2014, p.61, note Delvolvé) le Tribunal des conflits a assimilé « extinction » du droit de propriété et « dépossession définitive ».

Si l'on s'en tient à la lettre de l'arrêt Bergoend, la compétence du juge judiciaire ne peut s'appliquer qu'à des hypothèses où le droit de propriété est totalement vidé de sa substance, particulièrement dans l'hypothèse de la destruction d'un bien. En d'autres termes, le propriétaire doit être privé de l'ensemble des éléments composant son droit : usus, abusus et fructus. Mais encore faut-il préciser qu'on doit entendre cette notion dans un sens non pas matériel mais juridique. Ainsi, la destruction matérielle d'un bien immobilier n'est pas toujours assimilable à la dépossession définitive du droit de propriété dès lors que ce bien est susceptible de faire l'objet d'une remise en état. Tel est le cas dans une affaire concernant une demande de remise en état d'une haie supprimée contre la volonté de son propriétaire (Cass. 3e civ., 18 janvier 2018, pourvoi numéro 16-21.993 : AJDI 2020, p. 227, note Cohet ; JCP G 2020, doctr. 648, note Périnet-Marquet ; RD rur. 2020, comm 2, note Latil ; LPA 11 mai 2020, p. 15, note Barbieri ; RD imm. 2020, p. 80, note Ripoch). Dans une décision plus favorable à la compétence du juge judiciaire, la première chambre civile de la Cour de cassation a en revanche considéré que l'arrachage d'une haie, constituée d'arbres, sur toute sa longueur, occasionne l'extinction du droit de propriété des requérants sur ces végétaux (Cass. 1re civ., 5 février 2020, pourvoi numéro 19-11.864 : JCP A 2020, comm. 2102 ; JCP A 2020, comm. 2248, note Carius). Il n'y a pourtant pas de réelle divergence entre la 1ère et la 3ème chambre civile, la différence de solution pouvant résulter du fait que c'est une haie constituée d'arbres qui est en cause dans la seconde affaire, ce qui rend moins envisageable la remise en état des lieux que dans la première affaire (dans ce sens V. M. Carius, note précitée).

Dans l'affaire Bergoend, le Tribunal des conflits refuse de considérer qu'une atteinte aussi grave au droit de propriété que l'implantation, sans titre, d'un ouvrage public sur le terrain d'une personne privée est assimilable à l'extinction d'un droit de propriété.

Par ailleurs, la solution retenue exclut nécessairement les titulaires de droits réels immobiliers, qui pouvaient bénéficier auparavant de l'application de cette théorie (V. encore récemment à propos du bénéficiaire d'une servitude, Cass. 3e civ., 23 avril 2013, pourvoi numéro 12-15.771, M. X.). En revanche, les atteintes à la propriété mobilière devraient toujours être concernées par la théorie de la voie de fait, en particulier dans l'hypothèse où elle se caractérise par la destruction d'un bien mobilier.

Quoi qu'il en soit il résulte de cette évolution que de nombreuses hypothèses qui étaient auparavant qualifiées de voie de fait relèvent désormais de la compétence de la juridiction administrative.

Exemple :

-Cass civ. I, 13 mai 2014, pourvoi numéro 12-28.248 : une cour d'appel avait retenu que des travaux d'aménagement réalisés par une commune avec l'assentiment de la requérante avaient conduit à supprimer les signes distinctifs de la limite entre sa terrasse et le domaine public, entraînant ainsi une occupation irrégulière de sa propriété privée par les automobilistes. Elle avait également constaté que la commune, qui ne disposait que d'un point d'ancrage permettant l'accrochage d'une lanterne sur la façade de l'immeuble appartenant à la requérante avait sans avoir sollicité l'accord de cette dernière, créé trois points d'ancrage supplémentaires. L'arrêt est cassé par la Cour de cassation qui constate qu'aucun de ces agissements n'aboutissaient à une extinction du droit de propriété de l'intéressée.

719.- Atteintes à la liberté individuelle.- Ensuite, la voie de fait ne s'applique plus désormais qu'aux atteintes à la liberté individuelle, alors qu'auparavant elle concernait toutes formes d'atteintes graves aux libertés fondamentales, comme par exemple la liberté d'aller et de venir (TC, 9 juin 1986, requête numéro 02434, Eucat : AJDA 1986, p. 456, chron. Azibert et de Boisdeffre ; D. 1986, p. 493, note Gavalda ; JCP G 1987, II, comm. 20746, note Pacteau ; RDP 1987, p. 1073, note Robert et p.1082, concl. Latournerie ; RFDA 1987, p. 57, concl. Latournerie), la liberté de la presse (TC, 8 avril 1935, Action française, préc.), la liberté du commerce et de l'industrie (Cass. 1ère Civ., 16 avril 1991, pourvoi numéro 89-21105, Guez : D 1991, inf. rapp. p.155) ou encore la libre administration des collectivités territoriales (CE Sect., 18 janvier 2001, requête numéro 229247, Commune de Venelles : Rec. p. 18, concl. Touvet ; JCP G 2001, IV, comm. 2976.- TC, 19 novembre 2007, requête numéro 3653, Préfet du Val-de-Marne c. Cour d'appel de Paris et Maire de Limeil-Brévannes c. Préfet du Val-de-Marne : AJDA 2008, p.885, note Verpeaux ; JCP G 2007, IV, comm. 3319).

De son côté, dans la très médiatique affaire Vincent Lambert, l'Assemblée plénière de la Cour de cassation a pu affirmer que l'atteinte au droit à la vie de relève pas du champ d'application de la théorie de la voie de fait (Cass. ass. plén., 28 juin 2019, pourvoi numéro 19-17.330, pourvoi numéro 19-17.342 , AJE et CHU de Reims c/ Consorts Lambert : Dr. adm. 2019, comm. 48, note Eveillard ; JCP G 2019, act. 738, obs. Vialla ; Procédures 2019, comm. 218, note Strickler ; D. 2019, p. 1400, note Roux ; RTD civ. 2019, p. 543, note Deumier ; RTD civ. 2019, p. 552, note Leroyer).

Bien évidemment, la liberté individuelle est une liberté fondamentale et, en conséquence, elle relevait déjà du champ d'application de la théorie de la voie de fait (V. par ex. CE, 18 octobre 1989, requête numéro 75096, Brousse : Rec. p. 545 ; Dr. adm. 1989, 629 ; JCP G 1989, IV, 415 ; concl. Stirn ; AJDA 1990, p. 54).

Le Conseil d'Etat se référant, dans les visas de l'arrêt Bergoend, à l'article 66 de la Constitution, et compte tenu de sa volonté de limiter le domaine de la voie de fait, il convient de privilégier l'interprétation restrictive de ces dispositions, telle qu'elle résulte de la jurisprudence du Conseil constitutionnel. En conséquence, la voie de fait ne peut plus être retenue qu'en cas d'arrestations et de détentions arbitraires.

Exemples :
- Cass civ. I, 19 mars 2015, pourvoi numéro 14-14.571 : la liberté syndicale n'entrant pas dans le champ de la liberté individuelle au sens de l'article 66 de la Constitution, l'atteinte qui lui est prétendument portée n'est pas susceptible de caractériser une voie de fait.
-TC, 12 février 2018, requête numéro 4110 : si en retenant les documents d'identité d'un ressortissant étranger, au-delà du temps strictement nécessaire à l'exercice du contrôle de son identité et de la régularité de sa situation, alors prévu par l'article 5 de l'ordonnance n° 45-2658 du 2 novembre 1945, la police des frontières est susceptible d'avoir porté atteinte à la liberté d'aller et venir de l'intéressé, cette liberté n'entre pas dans le champ de la liberté individuelle au sens de l'article 66 de la Constitution, de sorte qu'une telle atteinte n'est pas susceptible de caractériser une voie de fait. Dès lors les conclusions tendant à la réparation des conséquences dommageables de la rétention de ses documents d'identité relèvent de la compétence de la juridiction administrative.

Finalement, en raison de la superposition du champ recouvert par la voie de fait et par l'article 66 de la Constitution en cas d'atteinte à une liberté individuelle, l'utilité de la théorie de la voie de fait, comme notion autonome, apparaît désormais bien limitée.

β- Exercice d'un pouvoir n'appartenant manifestement pas à l'administration

720.- Apparition de cette condition.- Cette condition a été mentionnée pour la première fois par le Conseil d'Etat dans son arrêt d'Assemblée du 18 novembre 1949 Carlier (requête numéro 77441 : RDP 1950, p.172, concl. Gazier, note Waline) et elle concerne les hypothèses de voie de fait par manque de droit.

A l'origine, la formule de l'arrêt Carlier trouvait à s'appliquer dans les cas où l'administration utilisait un pouvoir qui ne lui appartenait en aucun cas.

Exemple :
- CE, 13 juillet 1966, requête numéro 54130, Guignon (Rec. 1966, p.380 ; RDP 1970, p.774, note Waline) : est en cause en l'espèce la décision de l'autorité militaire de faire poser des scellés sur la porte d'entrée du logement privé d'un officier.

721. Approche extensive.- Par la suite, la jurisprudence a interprété différemment cette condition, dans un sens plus favorable à la reconnaissance de la voie de fait. C'est ce qu'on appelle la jurisprudence des passeports. Dans ce cadre, les juges ne reconnaissent plus seulement la voie de fait dans des cas où l'administration utilise un pouvoir qui ne lui appartient pas. Ils vont vérifier si, dans l'affaire qui lui leur est soumise, le texte qui fonde les pouvoirs de l'administration permet l'exercice de la prérogative en cause.

Exemples :
- TC, 9 juin 1986, Eucat (requête numéro 02434, préc.) : cette affaire concerne une demande de restitution d'un passeport. Les deux premières conditions de la voie de fait, telle qu'elle était définie à l'époque, sont remplies en l'espèce puisqu'une mesure de retrait d'un passeport constitue une atteinte grave à la liberté d'aller et de venir. En revanche, si l'on applique la jurisprudence Carlier, on devrait considérer que la troisième condition de la reconnaissance de la voie de fait n'est pas remplie en l'espèce. En effet, un décret du 7 décembre 1792 permet à l'administration de procéder à un retrait de passeport. Il s'agit donc bien d'un pouvoir qui appartient à l'administration. Mais dans l'arrêt Eucat, le juge est allé plus loin dans son analyse. Il a en effet vérifié quelles sont les différentes hypothèses qui autorisent l'administration à retirer un passeport. Or, d'après le décret du 7 décembre 1792, le retrait de passeport ne peut être réalisé que dans deux hypothèses : en cas de risques pour la sécurité nationale ou la sécurité publique ; en cas de poursuites et de condamnation pénale. Or, en l'espèce, le motif invoqué par l'administration était que le requérant était redevable d'un arriéré d'impôt. Il ne s'agit pas ici de l'une des deux hypothèses visées par le décret du 7 décembre 1792 et dans la mesure où les autres conditions sont réunies, il y a donc voie de fait.
- TC, 12 janvier 1987, requête numéro 02450, Grizivatz (Rec. p.442 ; AJDA 1987, p.425, obs. Prétot) : dans cette affaire le retrait du passeport était motivé par l'existence d'une condamnation pénale avec contrainte par corps. Dans cette hypothèse, il n'y a donc pas de voie de fait puisque l'administration a bien utilisé un pouvoir lui appartenant en poursuivant l'un des objectifs visés par le décret du 7 décembre 1792.

Cette jurisprudence avait pour conséquence d'étendre le domaine de la voie de fait, y compris dans des cas où l'atteinte portée à une liberté fondamentale ou à la propriété privée résultait d'une simple illégalité, ce qui rendait très délicate la répartition des compétences entre le juge judiciaire et le juge administratif.

722.- Approche restrictive.- Le Tribunal des conflits est finalement revenu sur cette conception extensive, à partir de l'arrêt du Tribunal des conflits du 12 mai 1997, Préfet de police c. TGI Paris (requête numéro 3056, préc.) qui a marqué un retour à une conception plus orthodoxe de la voie de fait.

Exemple :
- TC, 23 octobre 2000, Boussadar (requête numéro 3227 : AJDA 2001, p.143, chron. Guyomar et Collin) : l'autorité administrative ayant agi sur le fondement des dispositions de l'article 5 de l'ordonnance n° 45-2658 du 2 novembre 1945 modifiée relative aux conditions d'entrée et de séjour des étrangers en France et du décret n° 47-77 du 13 janvier 1947, le refus de visa ne saurait être regardé comme manifestement insusceptible de se rattacher à un pouvoir de l'administration. Conformément à la jurisprudence Carlier, les juges visent le texte applicable sans vérifier quelles sont les hypothèses précises prévues par ce texte qui peuvent fonder une décision de refus de visa.

c- Actualité de la voie de fait

723.- Un palliatif des lacunes du juge administratif.- Au XIX° siècle, et jusqu'à une époque récente, la théorie de la voie de fait constituait la seule hypothèse dans laquelle des injonctions pouvaient être prononcées à l'encontre de l'administration. Or, de nos jours, le juge administratif dispose, dans certaines hypothèses, de la même possibilité. Les lois n°80-539 du 16 juillet 1980, et la loi n°95-125 du 8 février 1995 permettent ainsi aux juridictions administratives de prononcer des injonctions assorties d'astreintes pour obliger l'administration à exécuter les décisions de justice la condamnant. Toutefois, suite à ces lois, cette possibilité n'était toujours pas ouverte dans le cas où l'administration commettait une simple illégalité, et n'avait pas encore été condamnée, ce qui pouvait poser de graves difficultés et déboucher sur des solutions contestables du point de vue de l'équité.

La solution rendue par le Tribunal des conflits, sur partage du garde des Sceaux, dans son arrêt du 12 mai 1997, Préfet de police c. TGI de Paris (requête numéro 3056, préc.) a ainsi fait scandale, entraînant la démission de l'un de ses membres.

Des passagers clandestins avaient été appréhendés à bord d'un navire. Plutôt que de faire débarquer les passagers et de les placer en zone d'attente, comme l'impose la loi, l'autorité administrative avait décidé de les consigner à bord. Les passagers clandestins, qui craignaient que le navire ne reparte avant qu'il ne soit statué sur leur sort, ont alors saisi le juge judiciaire en invoquant l'existence d'une voie de fait de façon à ce que celui-ci enjoigne à l'administration de les faire débarquer. Le Tribunal des conflits, saisi dans le cadre d'une procédure de conflit positif décide que la voie de fait n'était pas constituée. Implicitement, cela revenait à dire que c'est devant le juge administratif qu'aurait dû être portée l'affaire. Cependant, le juge administratif ne disposant pas de pouvoir d'injonction au principal, il ne pouvait en aucun cas contraindre l'administration à faire débarquer les passagers clandestins, ce qui fait que le recours à ce juge s'avérait inutile. Cette affaire était symptomatique d'une conception extensive de la voie de fait de la part du juge judiciaire, justifiée par le fait que lui seul pouvait efficacement rendre la justice dans ce type d'affaires.

724.- Un intérêt relativisé par la création de la procédure de référé liberté.- La loi n°2000-597 du 30 juin 2000 relative aux référés devant la justice administrative a créé une procédure de référé liberté qui tend à résoudre ces difficultés. Selon l'article L. 521-2 du Code de justice administrative « saisi d'une demande en ce sens justifiée par l'urgence, le juge des référés peut ordonner toutes mesures nécessaires à la sauvegarde d'une liberté fondamentale à laquelle une personne morale de droit public ou un organisme de droit privé chargé de la gestion d'un service public aurait porté, dans l'exercice d'un de ses pouvoirs, une atteinte grave et manifestement illégale ».

Ainsi, le juge administratif peut désormais enjoindre à l'administration de faire cesser une atteinte à une liberté fondamentale lorsqu'il n'y a pas voie de fait, de la même façon que le juge judiciaire dans le cadre de la théorie de la voie de fait.

Cependant, dans un premier temps, la théorie de la voie de fait n'avait pas été pour autant remise en cause. En effet, pour qu'il y ait voie de fait, il est nécessaire que la mesure prise soit manifestement insusceptible d'être rattachée à un pouvoir appartenant à l'administration. Or, dans le cadre du référé liberté, l'administration porte atteinte à une liberté fondamentale « dans l'exercice de l'un de ses pouvoirs », ce qui constitue à l'évidence un élément discriminant entre les deux procédures.

L'utilité de la théorie de la voie de fait a ainsi été confirmée à plusieurs reprises par le Tribunal des conflits, dans des hypothèses où la différence entre le domaine de la voie de fait et celui du référé liberté n'est pas toujours très nette.

Exemples :

- TC, 19 novembre 2001, requête numéro 3272, Dlle. Mohamed c. Ministre de l'Intérieur (préc.) : en l'espèce, l'intéressée s'était vue confisquer son passeport lors d'un contrôle effectué dans un aéroport. Dans l'attente d'un contrôle de son identité et de sa nationalité, elle avait été placée en zone d'attente pendant quatre jours. La durée excessive de ce placement conduit les juges à considérer qu'une voie de fait a été commise par l'administration.
- TC, 15 février 2010, requête numéro 3722, Taharu (RFDA 2010, p.1057, chron. Terneyre) : constitue une voie de fait l'abattage d'arbres situés sur un terrain privé, sans l'accord du propriétaire, par des détenus, à l'instigation et sur les instructions du directeur du centre pénitentiaire, avec les matériels du centre, pour améliorer la vue depuis son logement de fonction. Dès lors, le litige introduit par la requérante pour obtenir l'indemnisation de ses préjudices consécutifs à cette voie de fait relève de la juridiction judiciaire, sans préjudice de la possibilité pour l'Etat d'exercer l'action récursoire contre son agent dans la mesure où il apparaîtrait que la faute présenterait un caractère personnel.

On pouvait pourtant s'interroger sur la légitimité de la survivance de la théorie de la voie de fait puisqu'il n'existe plus aujourd'hui aucune raison d'ordre juridique ou pratique susceptible de justifier l'existence de cette théorie. Bien au contraire, le maintien de cette théorie ne faisait que compliquer les choses pour le requérant lequel, en raison de la difficulté de définir précisément les domaines respectifs de la voie de fait et du référé liberté, risque de se tromper de juge.

725.- La voie de fait concurrencée par le référé liberté.- C'est pour cette raison que la jurisprudence a fini par évoluer dans le cadre d'un processus qui s'est déroulé en plusieurs temps.

Dans un premier temps, le juge du référé liberté a accepté de se reconnaître compétent dans des affaires relevant de la voie de fait par manque de procédure. Ainsi, dans une ordonnance Société Lidl du 23 mars 2001 (requête numéro 231559 : Rec. p.154 ; BJDU 2001 p.111, note Bonichot ; RFDA 2001, p.765) le juge des référés s'est reconnu compétent pour connaître d'une demande contestant le maintien de scellés sur un bâtiment commercial, ce qui constitue de façon évidente une exécution forcée caractéristique d'une voie de fait. Cette solution n'était toutefois pas très surprenante puisque l'article L. 521-2 du Code de justice administrative vise expressément les atteintes commises par l'administration dans l'exercice de ses pouvoirs, par opposition à celles commises en dehors de ses pouvoirs, hypothèse caractéristique d'une voie de fait par manque de droit.

On peut ainsi considérer que la rédaction de l'article L. 521-2 n'excluait pas la compétence du juge du référé liberté en cas de voie de fait pour manque de procédure. Il en va tout autrement, en revanche, concernant les voies de fait par manque de droit.

En dépit de la rédaction non ambiguë de l'article L. 521-2 le juge du référé liberté s'est pourtant reconnu à plusieurs reprises compétent pour ordonner des mesures propres à faire cesser une voie de fait par manque de droit, mais sans pour autant qualifier expressément les agissements en cause de voie de fait.

Exemple :
- CE, 9 avril 2004, requête numéro 263759, Vast (Rec. p. 173 ; JCP A 2004, 1318, note Rouault ; JCP A 2004, comm. 1319, note Moreau ; RFDA 2004, p. 778, concl. Boissard) : il est enjoint au maire d'une commune de donner à ses services toutes instructions pour qu'il soit immédiatement mis fin à l'application de la note du 5 novembre 2003 prescrivant l'ouverture systématique des plis adressés aux adjoints du maire.

Finalement, le juge des référés du Conseil d'Etat, privilégiant une lecture pour le moins audacieuse de l'article L. 521-2 du Code de justice administrative a décidé que « sous réserve que la condition d'urgence soit remplie, il appartient au juge administratif des référés … d'enjoindre à l'administration de faire cesser une atteinte grave et manifestement illégale au droit de propriété, lequel a le caractère d'une liberté fondamentale, quand bien même cette atteinte aurait le caractère d'une voie de fait » (CE, ord. réf., 23 janvier 2013, Commune de Chirongui, requête numéro 365262 : AJDA 2013, p. 788, chron. Domino et Bretonneau ; Dr. adm. 2013, comm. 2, note Gilbert ; JCP A 2013, comm. 2047, note Pauliat et comm. 2048, note Le Bot ; RFDA 2013, p. 299, note Delvolvé).

Cette décision est contestable sur le plan des principes, puisqu'elle s'applique à des cas de voie de fait par manque de droit, donc à des hypothèses où l'administration est sortie du cadre de ses pouvoirs, alors que, rappelons-le, l'article L. 521-2 du Code de justice administrative vise l'hypothèse où elle exerce l'un de ses pouvoirs. En revanche, cette solution est conforme à la notion de bonne administration de la justice ainsi qu'à la garantie d'un recours effectif. Notons également que si cette solution reconnaît au juge administratif, concurremment au juge judiciaire, compétence pour constater la voie de fait et ordonner qu'il y soit mis un terme, la compétence pour réparer les conséquences de la voie de fait appartient toujours exclusivement au juge judiciaire.

Il était néanmoins évident, à partir de cette décision, que le justiciable bien informé avait tout intérêt, en cas d'atteinte grave et manifestement illégale portée par l'administration au droit de propriété ou à une liberté fondamentale, à saisir le juge du référé liberté plutôt que le juge judiciaire. Il avait ainsi l'assurance de ne pas se tromper de juge, le juge des référés acceptant désormais de se prononcer alors même qu'une voie de fait est constituée, en tout cas si la condition d'urgence visée par l'article L. 521-2 du Code de justice administrative est remplie. En revanche, s'il saisit le juge judiciaire, il s'exposera à une éventuelle décision d'incompétence ou au déclenchement d'une procédure de conflit positif, dans le cas où ce juge ou le préfet considérerait que l'administration a agi « dans le cadre de ses pouvoirs ». Réduite ainsi dans son utilité pratique, la théorie de la voie de fait avait vocation sinon à disparaître, au moins à voir son utilisation fortement réduite.

726.- Restriction du domaine de la voie de fait.- Il apparaît toutefois que la jurisprudence Commune de Chirongui n'a pas plus de raison d'être dès lors que le domaine de la voie de fait a été considérablement restreint suite à la jurisprudence Bergoend. Il semble en effet exclu, désormais, que le juge administratif puisse se déclarer compétent en cas de voie de fait dès lors que le domaine de celle-ci coïncide avec le domaine de compétence exclusivement réservé au juge judiciaire par la Constitution.

Cela n'exclut pas de s'interroger, toutefois, sur l'intérêt du maintien d'une théorie de la voie de fait qui pourrait très bien disparaître. Certes, le juge judiciaire demeurerait compétent en cas d'extinction du droit de propriété et d'atteinte à la liberté individuelle, dans le sens restreint qui lui est donné par la jurisprudence constitutionnelle. Mais dans la deuxième hypothèse, la référence à la voie de fait paraît aujourd'hui inutile, dès lors que la compétence du juge judiciaire peut être directement fondée sur les dispositions de l'article 66 de la Constitution.

3° Emprise

727.- Protection de la propriété immobilière.- L'emprise, telle est conçue à l'origine, concerne les atteintes portées par l'administration à la propriété privée lorsqu'elles se manifestent par une occupation ou une dépossession, temporaire ou définitive, partielle ou totale (TC, 17 mars 1949, requête numéro 01077, Société Hôtel du Vieux Beffroi : Rec. p.592.- TC, 17 mars 1949, requête numéro 01086, Société Rivoli-Sébastopol : Rec. p.594 ; S. 1950, p.31, concl. Delvolvé, note Mathiot ; D. 1949, p.209, concl. Delvolvé et note P.-L. J.). Par ailleurs, elle concerne seulement la propriété privée des immeubles, ce qui exclut non seulement les meubles, mais également les différents démembrements du droit de propriété.

Exemple :
- TC, 26 octobre 1981, requête numéro 02197, Syndicat des copropriétaires de l'immeuble Armenonville c. Ville de Cannes (Rec. p. 501 ; CJEG février 1982, p. 71, note Maillot ; AJDA 1982, p. 528) : l'emprise n'est pas constituée dans un cas où l'administration porte atteinte à une servitude de passage.

Toutefois, s'agissant des démembrements de la propriété privée, cette jurisprudence connaissait une exception notable pour les titulaires de concessions funéraires (TC, 6 juillet 1981, requête numéro 02193, Jacquot c. Commune de Maixe : Rec. p. 507 ; Gaz. Pal. 1982, 1, 290, note Melin.- CAA Marseille, requête numéro 99MA00943, 9 février 2004, M. Sauveur Y.), ce qui se justifie par le caractère très particulier de ce droit.

728.- Emprise régulière et emprise irrégulière.- La jurisprudence distingue deux types d'emprises.

Il s'agit tout d'abord de l'emprise régulière. Dans ce cas l'occupation ou la dépossession ont été opérées en vertu d'un texte, et la juridiction administrative est alors seule compétente (V. ainsi réitérant ce principe Cass. 1re civ., 15 juin 2016, pourvoi numéro 15-21.628, SARL les Horizons) sauf si le texte en dispose autrement. Le principe susmentionné s'applique notamment au cas des réquisitions municipales visées par l'article L. 2212-2, 4° du Code général des collectivités territoriales.

Il s'agit ensuite de l'emprise irrégulière, qui présente ce caractère dans les cas où elle n'a pas été autorisée.

Exemples :
- Cass. 3ème civ., 7 mai 1996, pourvoi numéro 93-15.179, SCI Azul résidence et a. c. SEMAP : la Cour casse une ordonnance d'expropriation alors que l'administration avait déjà pris possession des lieux. L'annulation juridictionnelle ayant un caractère rétroactif, l'occupation du terrain est donc irrégulière.
- TC, 21 juin 2004, requête numéro C3400, SCI Camaret (Mon. TP 17 septembre 2004, p. 87 et 388 ; AJDA 2004, p. 1722 ; JCP A 2005, comm. 1116, note Rouault) : constitue une emprise irrégulière l'implantation d'une canalisation qui s'écarte de 20 à 40 mètres du tracé du plan annexé à la convention préalablement conclue.
- TC, 13 décembre 2010, requête numéro 3798, Valladon (RFDA 2011, p.427) : les travaux réalisés par une commune sur une parcelle, alors présumée n'avoir pas de maître et susceptible, à ce titre, d'être appréhendée par l'Etat, procèdent d'une emprise irrégulière relevant de la compétence de la juridiction judiciaire, la prise de possession ayant précédé une décision préfectorale d'appréhension qui n'est pas intervenue.

Dans ce second cas, il a été longtemps établi un partage de compétence. D'une part, le juge administratif devait se prononcer sur le caractère régulier ou irrégulier de l'emprise dès lors que celle-ci soulevait une question relative à l'appréciation de la légalité ou à l'interprétation d'un acte administratif.

Exemple :
- CE, 23 juillet 2010, requête numéro 332761, Françoise P. (Dr. adm. 2010, comm.147, note Melleray) : le juge judiciaire n'avait pas à saisir le juge administratif d'une question préjudicielle dès lors que EDF ne justifiait en l'espèce d'aucun titre l'autorisant à instaurer une servitude sur une parcelle appartenant à la requérante.

Si l'emprise était irrégulière, c'est le juge judiciaire qui en réparait ses conséquences.

729.- Restriction de la compétence du juge judiciaire.- Cette solution a toutefois vu son champ d'application restreint par l'arrêt du Tribunal des conflits du 9 décembre 2013, Epoux Panizzon (requête numéro 3931, préc.- V. également TC, 11 janvier 2016, requête numéro 4040, Réseau ferré de France : AJDA 2016, p. 1344, note Sudres). Désormais, c'est le juge administratif qui est compétent pour statuer sur les demandes d'indemnisation de préjudices nés d'une emprise irrégulière (V. par ex. CAA Bordeaux, 11 juin 2020, requête numéro 18BX02326 : AJDA 2020, p. 2271, concl. Cabanne) sauf si celle-ci est caractérisée par « l'extinction » du droit de propriété, celle-ci étant assimilée, comme on l'a évoqué plus haut, à « une dépossession définitive ». On retrouve donc ici la même exception à la compétence du juge administratif qu'en matière de la voie de fait, ce qui a pour effet indirect de rendre inopérante du point de vue de la répartition des compétences juridictionnelles la distinction entre emprise régulière et emprise irrégulière. Dans ce sens, la jurisprudence Epoux Panizzon est directement liée à la jurisprudence Bergoend et elle est inspirée par la même idée de bonne administration de la justice.

Il faut enfin relever que dans le cadre de la théorie de l'emprise, le juge judiciaire n'est pas compétent pour adresser des injonctions à l'administration, notamment en vue qu'elle restitue les lieux (Cass. 1ère civ., 1er juin 2011, pourvoi numéro numéro 10-30.710, Champigny c. Commune de Messemé : JCPA 2012, 2062, note Renard-Payen). De ce point de vue également, la simplification introduite par l'arrêt Epoux Panizzon est la bienvenue : plutôt que de saisir le juge administratif en vue qu'il annule l'acte à l'origine de l'emprise irrégulière et qu'il prononce une injonction d'y mettre fin, avant de saisir le juge judiciaire pour obtenir une indemnisation, le justiciable peut désormais faire sanctionner l'emprise irrégulière par le seul juge administratif. Selon cette nouvelle approche, la théorie de l'emprise semble tout aussi en danger que celle de la voie de fait. Elle n'emporte plus, en tout état de cause, d'effet sur la répartition des compétences entre les juridictions administratives et judiciaires (V. par. ex., CAA Lyon, 30 janvier 2020, requête numéro 18LY00181 : JCP A 2020, comm. 2102, obs. Fraysse).

Pour aller plus loin :

-**Arrighi de Casanova (J.)**, **Stahl (J.-H.)**, Tribunal des conflits : l'âge de la maturité : AJDA 2015, p. 575.

-**Aubin (E.)**, Les agents de droit privé des personnes publiques, Le mythe du wharf de Bassam dans la fonction publique ? : AJDA 2021, p. 84.

-**Chabanol (D.)**, Faut-il brûler le Tribunal des conflits ? : AJDA 1988, p.736.

-**Bouthinon-Dumas (H.), Sotiropoulou (A.)**, Pour quelles raisons les privilèges des actionnaires publics fondés sur le droit des sociétés entravent-ils la liberté de circulation des capitaux ? .- Analyse critique de la jurisprudence de la CJCE sur les golden shares de seconde génération : Rev. Droit bancaire et financier 2009, 21.

-**Eveillard (G.)**, Les matières réservées par nature à l'autorité judiciaire : AJDA 2017, p. 101.

-**Fatôme (E.)**, À propos de la distinction entre établissements publics à caractère administratif et établissements publics à caractère industriel et commercial : Mélanges Chapus, 1992, p. 171.

-**Fouchet (J.)**, L'attribution d'une mission de service public aux sociétés de courses de chevaux : JCP A 2011, comm. 2091.

-**Gazier (F.)**, Réflexions sur les symétries et dissymétries du Tribunal des conflits : RFDA 1990, p. 745.

-**Hocquet-Berg (S.)**, La lente agonie de la voie de fait : Resp. civ. et assur. 2004, étude 13.

-**Lachaume (J.-F.)**, Que reste-t-il de la distinction SPA-SPIC et de ses effets aujourd'hui ?: AJDA 2021, p. 60.

-**Levallois (P.)**, L'établissement public marchand, Recherche sur l'avenir de l'entreprise en forme d'établissement public : Nouvelle Biliothèque des thèses, vol. 208, Dalloz 2021.

-**Levallois (P.)**, L'usager du service public industriel et commercial enchaîné à la compétence judiciaire : AJDA 2020, p. 1549.

-**Long (M.)**, Service public, services publics : déclin ou renouveau ? : RFDA 1995, p.497.

-**Machelon (J.-P)**, La loi de 1838 sur les aliénés : la résistance au changement : RDP 1984, p.1005.

-**Melleray (F.)**, Que reste-t-il de la jurisprudence Septfonds ?, note sur TC, 17 octobre 2011, SCEA Chéneau c. INAPORC et M. C. et a. c. CNIEL : Dr. adm. 2012, comm. 10.

-**Mescheriakoff (A.-S.)**, L'arrêt du Bac d'Eloka, légende et réalité d'une gestion privée de la puissance publique, RDP 1988, p. 1058.

-**Normand (J.)**, Le juge judiciaire, juridiction d'exception des atteintes portées par les autorités administratives à la liberté individuelle : RTDC 1998, p.181.

-**Pouyaud (D.)**, note sur TC, 6 juillet 2000, Bonato c. APEILOR : RFDA 2009, p.1229.

-**Schultz (P.)**, La fonction d'arbitrage des compétences juridictionnelles par le renvoi des cours souveraines au Tribunal des conflits, RDP 1994, p.767.

-**Seiller (B.)**, Evolution de la conception française du service public et de son dualisme : AJDA 2007, p. 1752.

-**Seiller (B.)**, L'érosion de la distinction SPA – SPIC : AJDA 2005, p. 407.

-**Seiller (B.)**, Le Tribunal des conflits renforcé : JCP A 2015, comm. 2082.

-**Tukov (Ch.)**, L'autorité judiciaire, gardienne exclusive de la liberté individuelle ? : AJDA 2016, p. 936.

-**Valsemey (C.), Vialle (R.)**, Le renforcement des golden shares par la loi PACTE, revue OFIS, mai 2020, p. 1.

CHAPITRE TROIS- CONTENTIEUX ADMINISTRATIF

730.- Plan.- L'étude du contentieux administratif nécessite que soit au préalable définie sa structure. On s'interrogera ensuite sur les conditions de recevabilité des recours contentieux et sur le déroulement du procès administratif. Enfin, on s'intéressera aux voies de recours et aux procédures de référé.

Section I – Structure du contentieux

731.- Classification de Laferrière.- Il existe plusieurs typologies des recours contentieux. Une première typologie, établie par Laferrière (Traité de la juridiction administrative et des recours contentieux, 2ème éd.1887, t. 1, p.15 et s.), est fondée sur la prise en compte de la nature et de l'étendue des pouvoirs du juge.

Elle conduit à distinguer quatre types de recours contentieux.

Il s'agit d'abord du « contentieux de pleine juridiction » appelé également « plein contentieux » dans lequel le juge exerce les pouvoirs les plus larges. Il peut non seulement annuler réformer ou modifier une décision administrative, mais il peut également prononcer des condamnations pécuniaires en particulier pour la réparation de préjudices. Autrement dit, il exerce la plénitude de ses pouvoirs.

Doit ensuite être mentionné le « contentieux de l'annulation », qui concerne essentiellement le recours pour excès de pouvoir dont l'objet exclusif consiste à obtenir l'annulation d'une décision administrative.

Une troisième catégorie est formée par le « contentieux de l'interprétation » qui permet au juge, saisi d'un recours en interprétation ou en appréciation de légalité, de déclarer le sens d'un acte administratif manquant de clarté ou de déclarer s'il est entaché d'illégalité. Toutefois, dans le cadre de ce recours, le juge ne peut tirer aucune conséquence de sa décision, ce pouvoir n'appartenant qu'aux juges judiciaires devant lesquels le litige est pendant.

Enfin, Laferrière distingue le « contentieux de la répression » qui concerne le contentieux des contraventions de grande voirie relatives aux infractions commises aux lois et règlements qui protègent le domaine public.

732.- Classification de Duguit.- Une typologie plus récente établie par Léon Duguit (Traité de droit constitutionnel, t. 2, ouv. précité p.458 s.) et reprise par d'autres auteurs (V. notamment M. Waline, Vers un reclassement des recours contentieux ? : RDP 1935, p. 305) prend en compte, quant à elle, la nature de la situation juridique qui fonde le recours. Elle conduit à distinguer seulement deux types de contentieux.

Il s'agit d'abord du contentieux objectif qui consiste à confronter l'acte administratif qui fait l'objet du recours aux différentes normes qui s'imposent à l'administration dans le cadre de son action.

Il s'agit ensuite du contentieux subjectif qui tend au rétablissement d'un droit dont le requérant se prétend titulaire, comme par exemple un droit à des dommages-intérêts.

733.- Classification de Chapus.- Une autre typologie proposée par René Chapus se propose de distinguer le contentieux des recours - lui-même subdivisé en deux branches : le contentieux de pleine juridiction et le contentieux de l'excès de pouvoir – et le contentieux des poursuites (Droit du contentieux administratif, ouv. précité, p. 205).

Cette dernière approche paraît la plus satisfaisante, dès lors qu'elle permet de classer plus efficacement les différents types de recours contentieux. Elle conduit à distinguer le contentieux de la légalité du contentieux de pleine juridiction et du contentieux répressif.

§I – Contentieux de la légalité

734.- Un contentieux dominé par le recours pour excès de pouvoir.- Le contentieux de la légalité regroupe le contentieux de l'excès de pouvoir, le recours en appréciation de légalité et le recours en déclaration d'inexistence.

I – Recours pour excès de pouvoir

735.- « Un procès fait à un acte ».- Selon la célèbre expression de Laferrière le recours pour excès de pouvoir « est un procès fait à un acte » (Traité de la juridiction administrative et des recours contentieux, préc., t. 2, p.560). Il s'agit également d'une action opposant deux parties –l'administration et un administré - ce qui explique, notamment, l'exigence d'un intérêt à agir, l'interdiction faite au juge de statuer ultra petita, ou encore la possibilité de tierce opposition lorsque le requérant apporte un moyen nouveau de fait ou de droit (CE, 29 novembre 1912, requête numéro 45893, Boussuge : Rec. p.1128, concl. Blum).

Dans le cadre de ce recours, le requérant demande l'annulation d'un acte, qu'il estime contraire aux normes juridiques qui lui sont supérieures. Le juge de l'excès de pouvoir apprécie la légalité de l'acte à la date de son édiction (CE Sect., 22 juillet 1949, Société des automobiles Berliet : Rec. p.264).

Si l'acte attaqué est effectivement contraire à ces normes, le juge l'annulera, sans considération du comportement des personnes concernées. En outre, le juge ne fera rien d'autre que prononcer cette annulation.

736.- Un recours aujourd'hui plus efficace.- Cette caractéristique a longtemps nui à l'efficacité du recours pour excès de pouvoir, jusqu'à ce que les lois n°80-539 du 16 juillet 1980 et n°95-125 du 16 juillet 1995 reconnaissent la possibilité d'assortir ce recours d'une demande d'injonction éventuellement assortie d'une astreinte, de façon à contraindre l'administration à prendre des mesures concrètes suite à l'annulation de l'acte attaqué, qu'il s'agisse de prendre une décision dans un sens donné ou de réexaminer une demande (V. sur ce point infra). Il s'agit d'une évolution notable qui constitue le premier jalon d'une évolution qui fait qu'aujourd'hui que le recours pour excès de pouvoir ne plus seulement être conçu comme un simple procès fait à un acte (V. infra).

737.- Actes concernés.- Le recours pour excès de pouvoir a longtemps été réservé aux seuls actes administratifs unilatéraux.

La jurisprudence récente a néanmoins admis que les clauses règlementaires des contrats (CE Ass., 10 juillet 1996, requête numéro 138536, Cayzeele : RFDA 1997, p. 89, note Delvolvé ; AJDA 1996, p. 732, chron. Chauvaux et Girardot ; CJEG 1996, p. 382, note Terneyre ; LPA 18 décembre 1996, note Viviano), ainsi que les contrats de recrutement des agents publics (CE Sect., 30 octobre 1998, requête numéro 149663, Ville de Lisieux : Rec. p.375 ; AJDA 1998, p. 969 et 977, chron. Raynaud et Fombeur ; JCP G 1999, II, comm. 10445, note Haïm ; Dr. adm. 1998, comm. 374 ; RFDA 1999, p.128, concl. Stahl et note Pouyaud ; AJFP 1999/1, p. 4) pouvaient faire l'objet d'un tel recours. Cependant, puisqu'il s'agit d'un contentieux objectif, les requérants ne sont pas recevables dans le cadre de ce recours à invoquer des moyens tirés de la violation de clauses contractuelles, celles-ci concernant les relations entre les parties, donc un droit subjectif (CE, 14 mars 1997, requête numéro 119055, Compagnie d'aménagement des coteaux de Gascogne : Rec. p. 638 ; RFDA 1997, p.349, note Delvolvé).

738. Un recours « d'utilité publique ».- Enfin, il faut insister sur le fait que, selon l'expression de R. Chapus, le recours pour excès de pouvoir est un recours « d'utilité publique » (Droit administratif général, t.1, préc. p.788). En effet, le respect de la légalité par l'administration doit être conçu comme relevant de l'intérêt général. Comme l'a exprimé le président Pichat dans ses conclusions sur l'arrêt Lafage du 8 mars 1912 (Rec. p.348, concl. Pichat ; D. 1914, III, p.49, concl. Pichat ; RDP 1912, p.266, note Jèze ; S. 1913, III, p.7, concl. Pichat et note Hauriou) le recours pour excès de pouvoir doit ainsi être envisagé comme un « instrument mis à la portée de tous au service de la légalité méconnue »

Ceci explique pourquoi un décret du 2 novembre 1864 a posé pour principe que le recours pour excès de pouvoir est dispensé du ministère d'avocat. De même, comme l'a précisé le Conseil d'Etat dans l'arrêt d'Assemblée Dame Lamotte du 17 février 1950 (préc.), il existe un principe général du droit en vertu duquel le recours pour excès de pouvoir est ouvert contre toute décision administrative. Ainsi, le recours pour excès de pouvoir n'est exclu que dans les hypothèses où cette exclusion est expressément mentionnée par un texte de loi.

II – Recours en appréciation de légalité

739.- Liaison avec une instance pendante devant le juge judiciaire.- Le recours en appréciation de légalité est nécessairement lié à une instance pendante devant le juge judiciaire. Dans cette hypothèse, le juge judiciaire est bien compétent pour juger l'affaire dont il a été saisi, mais la résolution du litige principal suppose que soit tranchée au préalable une difficulté sérieuse relative à la légalité d'un acte administratif. Cette difficulté sérieuse constitue une question préjudicielle qui impose en principe au juge judiciaire de surseoir à statuer et de renvoyer cette question au juge administratif.

Exemple :
- CE, 16 décembre 2005, requête numéro 273861, Commune d'Arpajon (Rec. p.567 ; Collectivités territoriales – intercommunalité 2006, comm. 42, note Pellissier et comm. 60, note Erstein) : une servitude de passage instituée en vertu d'un acte de droit privé au bénéfice d'une commune sur une propriété appartenant à son domaine privé constitue un bien communal. Si les litiges nés d'un acte de gestion du domaine privé relèvent de la compétence du juge judiciaire, le juge administratif est seul compétent pour apprécier la légalité de la décision du maire renonçant à cette servitude.

740.- Points communs et différences avec le recours pour excès de pouvoir.- Il s'agit bien d'un contentieux objectif puisque le juge administratif tranche une question relative à la légalité d'un acte administratif. Ce recours est recevable non seulement à l'égard des actes administratifs règlementaires ou individuels, mais il peut également s'appliquer à des actes unilatéraux sans caractère décisoire, ainsi qu'à des contrats. Comme le recours pour excès de pouvoir, il est dispensé du ministère d'avocat.

En revanche, à la différence du recours pour excès de pouvoir, le recours en appréciation de légalité ne conduit pas à l'annulation de la décision en cause. Le juge se borne à déclarer que l'acte est légal ou illégal et c'est au juge judiciaire qu'il appartiendra d'en tirer toutes les conséquences dans le cadre de l'instance qui reprendra devant lui.

III – Recours en déclaration d'inexistence

741.- Un recours peu utilisé mais efficace.- Très rarement mis en œuvre, le recours en déclaration d'inexistence a pour objet de faire juger qu'en raison de la gravité des irrégularités entachant la décision attaquée, celle-ci n'a aucune existence juridique. Ce recours est également dispensé du ministère d'avocat et il n'est soumis à aucune condition de délai (V. CAA Paris, 9 août 2006, requête numéro 06PA01227, Michel B. : JCP A 2006, 1297). Il s'agit bien d'un contentieux objectif, puisqu'il s'agit d'apprécier la légalité d'un acte administratif. Toutefois, le juge ne prononce pas l'annulation de l'acte, puisqu'il se borne à en constater l'inexistence en le déclarant nul et non avenu. Même si l'acte est réputé inexistant il peut néanmoins faire l'objet d'une procédure de référé suspension (CE, 26 janvier 2007, requête numéro 297969, Commune de Neuville-sur-Escaut : JCP A 2007, comm. 2058, note Caille).

§II – Contentieux de pleine juridiction

742.- Un contentieux hétérogène.- Dans ce cadre, le juge a le pouvoir d'aller plus loin qu'une simple annulation. Il peut en effet prononcer des condamnations pécuniaires, mais il peut surtout substituer sa propre décision à celle qui est attaquée. Ainsi « le plein contentieux est aussi hétérogène qu'est homogène le contentieux de l'excès de pouvoir » (R. Chapus, ouv. précité, t. 1, p.790).

743.- Contentieux de pleine juridiction subjectif et contentieux de pleine juridiction objectif.- En matière de responsabilité et en matière contractuelle notamment, il s'agit manifestement, pour le requérant, de se voir reconnaître un droit. Il s'agit donc bien d'un recours subjectif.

En revanche, le plein contentieux présente un caractère objectif dans le cadre de certains contentieux spéciaux, comme le contentieux électoral, le contentieux fiscal ou encore le contentieux des pensions civiles et militaires de retraite. S'il s'agit bien ici de questions de légalité, les recours concernés sont rangés dans la catégorie du plein contentieux au regard des pouvoirs conférés au juge qui peut faire plus qu'annuler la décision contestée en prenant une décision positive.

Exemples :
- Dans le contentieux électoral, le juge peut rectifier les résultats proclamés par l'administration ce qui peut le conduire à déclarer vainqueur un candidat différent de celui arrivé en tête à l'issue du scrutin (CE, 20 février 2002, requête numéro 235473, Elections municipales de Saint-Elie).
- Dans le contentieux fiscal, il peut modifier le montant de l'impôt mis à la charge du contribuable.
- Dans le contentieux des pensions civiles et militaires de retraite il appartient au juge de se prononcer lui-même sur les droits des intéressés (V. par exemple CE, 7 janvier 2004, 2 arrêts, requête numéro 232465, requête numéro 225451, Colombani et Gresselle : Rec. p.1 ; AJDA 2004, p.1653, note Dord).

Dans le cadre du plein contentieux subjectif, le requérant peut soulever des moyens autres que ceux résultant de la violation d'une norme supérieure.

Exemples :
- Dans le cadre d'une action en responsabilité, c'est une faute de l'administration qui peut être invoquée.
- En matière contractuelle, le requérant peut invoquer la violation des stipulations contractuelles par son cocontractant.

744.- Hypothèses de substitution du recours de plein contentieux au recours pour excès de pouvoir.- A cela, il faut ajouter que des textes récents, ainsi que la jurisprudence, ont substitué, dans certains domaines, le recours de plein contentieux au recours pour excès de pouvoir. Ceci permet au juge non seulement d'annuler, le cas échéant, la décision déférée, mais surtout de substituer à cette décision celle qu'il estimera justifiée. Pour l'essentiel, les hypothèses visées par des textes concernent les recours exercés contre les décisions de sanction prononcées par des autorités administratives indépendantes.

Exemple :
- L'article L. 151-3 du Code monétaire et financier prévoit que les décisions de sanction prononcées à l'encontre des professionnels par l'Autorité des marchés financiers ne peuvent être contestées que dans le cadre d'un recours de plein contentieux. Ceci permettra notamment au juge de substituer à la décision de sanction qu'il annule une sanction qu'il estime plus appropriée.

L'ordonnance n°2017-80 du 26 janvier 2017 relative à l'autorisation environnementale fait également relever du plein contentieux l'autorisation qu'elle institue, en lieu et place de procédures antérieures. Son régime juridique a été précisé par plusieurs avis contentieux (V. CE, avis, 26 juillet 2018, requête numéro 416831, Association « Non au projet éolien de Walincourt- Selvigny et Haucourt-en- Cambrésis » et a. : Rec. 327, concl. Burguburu ; AJDA 2018, p.2449, note Radiguet.- CE, avis, 27 septembre 2018, requête numéro 420119, Association Danger de tempête sur le patrimoine rural et a. : Rec. 340, concl. Dutheillet de Lamothe ; AJDA 2018, p. 2085, concl. Dutheillet de Lamothe).

Les illustrations issues de la jurisprudence concernent des cas assez hétérogènes.

Exemples :
- CE Sect., 27 avril 1988, requête numéro 74319, Mbakam (Rec. p.172 ; AJDA 1988, p.438, chron. Azibert et de Boisdeffre) : les états exécutoires ne peuvent être contestés que dans le cadre d'un recours de plein contentieux, ce qui autorise le juge à modifier le montant des sommes réclamées.
- CE Ass., 26 juin 1992, 2 arrêts, Lepage-Huglo, Pezet et San Marco (requête numéro 137345, requête numéro 134980, requête numéro 134981, requête numéro 134983, requête numéro 134984, requête numéro 134985 : Rec. p.246 et p.252, concl. Le Chatelier ; AJDA 1992, p.649, chron. Maugüé et Schwartz ; JCP 1992, comm. 21937, note Chaminade) : le contentieux des autorisations de plaider pour le compte des collectivités territoriales relève également du plein contentieux. Ceci permet au Conseil d'Etat, qui est en la matière compétent en premier et dernier ressort, soit d'accorder lui-même l'autorisation refusée par une décision (non juridictionnelle) du tribunal administratif, soit de modifier les termes de cette autorisation.
- CE, 23 décembre 2011, Ministre de l'Intérieur (requête numéro 348647, requête numéro 348678, préc.) : le déféré préfectoral dirigé contre les contrats qui était à l'origine considéré comme une variante du recours pour excès de pouvoir relève désormais du plein contentieux. Il en résulte que lorsqu'il constate une illégalité, le juge n'est pas tenu d'annuler la décision litigieuse. Comme le précise le Conseil d'Etat « il lui revient, après avoir pris en considération la nature de l'illégalité éventuellement commise, soit de prononcer la résiliation du contrat ou de modifier certaines de ses clauses, soit de décider de la poursuite de son exécution, éventuellement sous réserve de mesures de régularisation par la collectivité contractante, soit enfin, après avoir vérifié si l'annulation du contrat ne porterait pas une atteinte excessive à l'intérêt général ou aux droits des cocontractants, d'annuler, totalement ou partiellement, le cas échéant avec un effet différé, le contrat ».
- CE Sect., 27 juillet 2012, requête numéro 347114, Labachiche (Rec. p. 299, concl. Landais) : lorsqu'il statue sur un recours dirigé contre une décision par laquelle

l'administration, sans remettre en cause des versements déjà effectués, détermine les droits d'une personne à l'allocation de revenu minimum d'insertion (actuellement revenu de solidarité active), il appartient au juge administratif, eu égard tant à la finalité de son intervention dans la reconnaissance du droit à cette prestation d'aide sociale qu'à sa qualité de juge de plein contentieux, non de se prononcer sur les éventuels vices propres de la décision attaquée, mais d'examiner les droits de l'intéressé sur lesquels l'administration s'est prononcée, en tenant compte de l'ensemble des circonstances de fait qui résultent de l'instruction.
- CE Sect., 3 juin 2019, requête numéro 419903, Département de l'Oise (AJDA 2019, p. 1568, chron. Malverti et Beaufils ; JCP A 2019, act. 389, obs. Friedrich ; JCP A 2019, comm. 2264, note Habchi ; Procédures 2019, comm. 241, note Chifflot) : lorsqu'il statue sur un recours dirigé contre une décision refusant ou ne faisant que partiellement droit à une demande de remise gracieuse d'un indu d'une prestation ou d'une allocation versée au titre de l'aide ou de l'action sociale, du logement ou en faveur des travailleurs privés d'emploi, il appartient au juge administratif, eu égard tant à la finalité de son intervention qu'à sa qualité de juge de plein contentieux, non de se prononcer sur les éventuels vices propres de la décision attaquée, mais d'examiner si une remise gracieuse totale ou partielle est susceptible d'être accordée, en se prononçant lui-même sur la demande au regard des dispositions applicables et des circonstances de fait dont il est justifié par l'une et l'autre parties à la date de sa propre décision. Cette décision doit être rapprochée d'autres décisions qui ont généralisé le plein contentieux dans les contentieux sociaux (CE Sect., 3 juin 2019, requête numéro 415040, Charbonnel .- CE Sect., 3 juin 2019, requête numéro 422873, Ziani.- CE Sect., 3 juin 2019, requête numéro 423001, Vainqueur).
-CE, 29 novembre 2019, requête numéro 410689, Pinault (Dr. adm. 2020, comm. 14, note Eveillard) : le juge administratif, saisi du refus de l'administration de porter atteinte à un ouvrage public irrégulièrement édifié, ne statue pas en tant que juge de l'excès de pouvoir, mais en sa qualité de juge de plein contentieux, directement saisi d'une demande d'injonction.

745.- Le cas des sanctions administratives.- Cette évolution est également notable en matière de recours contre les sanctions administratives prononcées à l'égard des administrés. Dans un arrêt d'Assemblée Le Cun du 1er mars 1991 (requête numéro 112820 : Rec. p.70 ; AJDA 1991, p. 358, obs. Schwartz et Maugüé ; RFDA1991, p. 612, concl. de Saint-Pulgent) le Conseil d'Etat avait considéré que ces sanctions ne pouvaient être contestées que dans le cadre d'un recours pour excès de pouvoir. Cette solution a été abandonnée à l'occasion de l'arrêt d'Assemblée Société ATOM du 16 février 2009 (requête numéro 274000 : Rec. p.25, concl. Legras ; AJDA 2009, p.583, chron. Liéber et Botteghi ; JCP A 2009, comm. 2089, note Bailleul ; RFDA 2009, p.259, concl. Legras ; RJEP 2009, comm. 30, note Melleray.- V. également sur la question du retrait du permis de conduire à points CE, avis, 9 juillet 2010, requête numéro 336556, Bertaux : Rec. p. 287 ; Dr. adm. 2011, comm. 133, note Bailleul). Le Conseil d'Etat s'est inspiré de la jurisprudence de la Cour européenne des droits de l'homme. En effet, si à l'origine la Cour considérait que le contrôle normal du juge de l'excès de pouvoir suffisait à garantir le respect de l'article 6§I de la Convention européenne (CEDH, 30 juin

1993, affaire numéro 18.845/91, X c. France), sa jurisprudence s'était par la suite infléchie. Dans un arrêt Gradinger c. Autriche du 23 octobre 1995 (affaire numéro 15963/90.- V. également CEDH, 27 septembre 2011, affaire numéro 43509/08, A. Menarini diagnostics SRL c.Italie) elle a estimé que le juge compétent pour connaître des sanctions administratives doit être doté des attributs « d'un organe de pleine juridiction » et ce qui implique notamment le pouvoir de « réformer en tous points, en fait comme en droit ».

Le Conseil d'Etat a récemment précisé que relève également du plein contentieux le recours contre une décision de la commission de l'Autorité des marchés financiers refusant d'homologuer, dans le cadre d'une procédure de composition administrative, l'accord proposé et validé par le collège de la même autorité. Cette solution s'explique par le fait que si cette procédure constitue une alternative à la procédure de sanction, le refus d'homologation de la transaction a pour effet de rebasculer l'affaire dans la procédure de sanction (CE Ass., 20 mars 2020, requête numéro 422186, Président de l'AMF et a., préc.).

Ceci étant le Conseil d'Etat a voulu cantonner cette évolution aux seules sanctions administratives c'est-à-dire aux sanctions ayant un caractère pénal. Plus précisément, il faut considérer qu'une sanction administrative est « une décision unilatérale prise par une autorité administrative agissant dans le cadre de prérogatives de puissance publique » et qui « inflige une peine sanctionnant une infraction aux lois et règlements » (EDCE 1995, p.35).

La jurisprudence ATOM ne concerne donc pas les sanctions professionnelles, les sanctions disciplinaires prises à l'égard des agents publics (CE, 27 juillet 2009, requête numéro 313588, Ministre de l'Education nationale c. B. : JCPA 2009, 2245, note Jean-Pierre), les sanctions prises par les fédérations sportives envers les athlètes convaincus de dopage (CE, 2 mars 2010, Fédération française d'athlétisme, requête numéro 324439.- V. aussi dans le sens d'une généralisation du contrôle normal sur toutes les sanctions disciplinaires des fédérations sportives, CAA Paris, 7 juin 2018, requête numéro 17PA01790) ou les mesures disciplinaires prises à l'égard des détenus (CE, 20 mai 2011, requête numéro 326084, Letona Biteri , préc.). S'agissant de ces sanctions, qui échappent au recours de plein contentieux, le juge de l'excès de pouvoir exerce néanmoins un contrôle maximum, ce qui implique qu'il contrôle leur proportionnalité, y compris désormais pour les décisions sanctionnant les agents publics (solution initiée par CE, Ass, 13 novembre 2013, Dahan, requête numéro 347704, préc.) et les détenus (CE, 1er juin 2015, requête numéro 380449, Boromée, préc.).

Il faut aussi relever, qu'à la différence du juge de l'excès de pouvoir, le juge du plein contentieux doit se prononcer sur les droits des intéressés « d'après l'ensemble des circonstances de fait dont il est justifié par l'une et l'autre des parties à la date de sa propre décision » (CE Sect., 8 janvier 1982, requête numéro 24948, Aldana Barrena: Rec. p.9, concl. Genevois). C'est notamment cet élément, favorable aux droits des justiciables, qui a justifié l'évolution de la jurisprudence du Conseil d'Etat en matière de sanctions administratives.

Notons aussi que par exception à la jurisprudence ATOM, le Conseil d'Etat a récemment décidé que les décrets prononçant la déchéance de nationalité à l'égard de français naturalisés condamnés par la justice pénale pour des faits liés au terrorisme continuent de relever de la compétence du juge de l'excès de pouvoir (CE, 8 juin 2016, requête numéro 394348, Turk : AJDA 2016, p. 1758, concl. Domino ; Dr. adm. 2016, comm. 61, note Eveillard). Il s'agit pourtant bien ici de sanctions qui ne présentent pas un caractère disciplinaire.

746.- Cas d'une requête présentant des conclusions en annulation et en réparation du préjudice causé par l'illégalité de l'acte attaqué.- Il faut également relever que lorsque dans une même requête le requérant présente des conclusions en annulation et en réparation du préjudice causé par l'illégalité de la décision attaquée, cela n'a plus pour effet de donner à l'ensemble des conclusions le caractère d'une demande de plein contentieux depuis l'arrêt de Section Marcou du 9 décembre 2011 (requête numéro 337255 : Rec. p. 616, concl. Keller ; AJDA 2012, p. 897, note Legrand ; AJFP 2014, p.198, note Berthoud ; Dr. adm. 2012, comm. 19, note Melleray ; JCP A 2012, comm. 2175, note Pacteau ; RFDA 2012, p.279, concl. Keller et p. 441, note Rambaud). Dans le même arrêt, le Conseil d'Etat considère qu'à l'occasion d'un litige portant sur le versement d'une somme d'argent, les conclusions ayant trait au principal et celles ayant trait aux intérêts sont de même nature. Ainsi, lorsqu'en application de la jurisprudence Lafage (préc.), le requérant est recevable à demander par la voie du recours pour excès de pouvoir l'annulation de la décision administrative qui l'a privé de cette somme, il est également recevable à demander, par la même voie, l'annulation de la décision qui l'a privé des intérêts qui y sont attachés. Enfin, les conclusions à fin d'injonction peuvent également être présentées sans ministère d'avocat - dès lors que les conclusions au principal en sont également dispensées- et elles peuvent porter à la fois sur le versement de la somme retenue et sur les intérêts.

747.- Recours en interprétation.- Enfin, se rattache au contentieux de pleine juridiction le recours en interprétation qui a pour objet d'obtenir du juge qu'il se prononce sur le sens qui doit être donné à un acte administratif obscur (CE, 9 juillet 2010, requête numéro 313989, Commune de Lembezat : JCP A 2011, 2022, note Rouault). Ce recours peut être exercé à titre principal - ce qui le différencie du recours en appréciation de légalité- ou de façon incidente, lorsqu'il est lié à une instance judiciaire en cours. Le juge ne pourra être saisi que « s'il existe entre l'administration et le requérant un litige né et actuel (…) dont la résolution est subordonnée à l'interprétation demandée » (CE, 9 juillet 2010, requête numéro 313989, Lembezat : Dr. adm. 2010, comm. 134, obs. Melleray). En toute logique, ce recours est également irrecevable si l'acte en cause a déjà fait l'objet d'une interprétation dans le cadre d'une instance contentieuse (CE, 14 février 2018, requête numéro 416294, Association « Anti-G »). Il peut être également mis en œuvre pour obtenir l'interprétation de clauses d'un contrat (CE, 8 novembre 2017, requête numéro 396589, Société Lyonnaise des eaux France : JCP A 2018, comm. 2035, note Martin).

A la différence du recours pour excès de pouvoir, le recours de pleine juridiction est soumis à l'obligation du ministère d'avocat dès lors qu'il a pour objet, comme le précise l'article R. 431-2 du Code de justice administrative, le paiement d'une somme d'argent, la décharge ou la réduction de sommes dont le paiement est réclamé au requérant. La même règle s'applique en matière de contentieux de l'exécution des contrats. Des exceptions sont toutefois prévues, exclusivement devant les tribunaux administratifs, par l'article R. 431-3. Sont ainsi dispensés du ministère d'avocat les litiges en matière de contributions directes, de taxes sur le chiffre d'affaires et de taxes assimilées ; les litiges d'ordre individuel concernant les fonctionnaires ou agents de l'Etat et des autres personnes ou collectivités publiques ainsi que les agents ou employés de la Banque de France; les litiges en matière de pensions, de prestations, allocations ou droits attribués au titre de l'aide ou de l'action sociale, du logement ou en faveur des travailleurs privés d'emploi, d'emplois réservés et d'indemnisation des rapatriés ; les litiges dans lesquels le défendeur est une collectivité territoriale, un établissement public en relevant ou un établissement public de santé ; les demandes d'exécution d'un jugement définitif. En revanche, depuis l'entrée en vigueur du décret n°2016-1480 du 2 novembre 2016 les litiges en matière de travaux publics, de contrats relatifs au domaine public et de contraventions de grande voirie ne sont plus dispensés du ministère d'avocat.

§III – Contentieux répressif

748.- Un contentieux marginal.- Ce contentieux présente un caractère marginal par rapport au contentieux de la légalité et au contentieux de pleine juridiction. Il est quantitativement moins important et il ne concerne pas un recours dirigé contre un acte mais des poursuites dirigées contre des personnes en vue du prononcé de sanctions.

Comme on l'a déjà évoqué, le contentieux répressif concerne d'abord, historiquement, le contentieux des contraventions de grande voirie.

Se rattache également à cette catégorie le contentieux répressif des juridictions financières (Cour des comptes, chambres régionales des comptes, Cour de discipline budgétaire et financière).

Exemples :
- La Cour des comptes et les chambres régionales des comptes peuvent infliger des amendes aux comptables qui n'ont pas produit leurs comptes dans les délais impartis ou qui n'ont pas répondu aux injonctions qui leur ont été adressées.
- La Cour de discipline budgétaire et financière est compétente pour juger les personnels de l'administration et des entreprises publiques qui ont méconnu les règles de la gestion financière.

Enfin, relèvent du contentieux répressif les juridictions professionnelles, lorsqu'elles prononcent des sanctions disciplinaires professionnelles.

Dans toutes ces hypothèses, le juge administratif est soumis aux règles du procès équitable visées par l'article 6 §1 de la Convention européenne des droits de l'homme. En effet, au sens de cet article, ces autorités sont susceptibles de décider « du bien-fondé d'accusations en matière pénale ». Elles doivent également se conformer aux principes fondamentaux de la répression pénale énoncés par les articles 8 et 9 de la Déclaration des droits de l'Homme et du citoyen et par le Code pénal.

Exemples :
- CE Sect., 22 novembre 2000, requête numéro 207697, Société Crédit agricole Indosuez Chevreux (Rec. p. 537 ; AJDA 2000, p.997, chron. Guyomar et Collin ; CJEG 2001, p.68, concl. Seban ; D. 2001, p. 237, obs. Boizard ; JCP 2000, comm. 10531, note Salomon ; EDCE 2001, n°52, p.34 ; Rev. sc. crim. 2001, p. 600, obs. Riffault) : le principe de la personnalité des peines faisait obstacle à ce que le Conseil des marchés financiers inflige à une société absorbant une autre société un blâme à raison des manquements commis par la première société avant son absorption.
-CE, 16 novembre 2007, requête numéro 289184, Companie aérienne Iberia lineas aeras de Espana (V. aussi CE, 18 mars 2019, requête numéro 424610) : la règle découlant de l'article 8 de la Déclaration des droits de l'homme et du citoyen de 1789 « selon laquelle la loi pénale nouvelle doit, lorsqu'elle abroge une incrimination ou prévoit des peines moins sévères que la loi ancienne, s'appliquer aux auteurs d'infractions commises avant son entrée en vigueur et n'ayant pas donné lieu à des condamnations passées en force de chose jugée (...) s'applique non seulement aux peines prononcées par les juridictions répressives mais aussi aux sanctions administratives ».

Section II – Conditions de recevabilité des recours contentieux

749.- Examen préalable à l'examen du fond du litige.- Les conditions de recevabilité sont systématiquement examinées par le juge préalablement à l'analyse du fond du recours. Ces conditions portent sur quatre points : la nature de l'acte attaqué, le requérant, les délais et l'absence de recours parallèle.

§I – Conditions relatives à l'acte attaqué

750.- Décisions attaquables.- En principe, les recours juridictionnels ne peuvent être dirigés que contre des décisions, à condition toutefois que ces décisions soient attaquables.

I – Règle de la décision préalable

751. Une règle pratiquement généralisée.- Le juge administratif ne peut en principe être saisi d'un recours que contre une décision, expresse ou implicite, ce qui aura pour effet de lier le contentieux. Cette règle est énoncée par l'article R. 421-1 du Code de justice administrative qui précise que « la juridiction ne peut être saisie que par voie de recours formé contre une décision, et ce, dans les deux mois à partir de la notification ou de la publication de la décision attaquée ».

La règle de la décision préalable a vocation à s'appliquer dans le cadre du contentieux de l'excès de pouvoir, ce qui ne pose guère de difficultés, mais également, ce qui est moins évident, en matière de contentieux de pleine juridiction.

Exemple :
- Une personne est victime d'un dommage alors qu'elle fait l'objet d'une hospitalisation dans un établissement de santé public. Avant de saisir le juge, elle devra obligatoirement demander réparation à l'administration. Ce n'est donc pas directement que le juge connaîtra d'une action en dommages-intérêts, mais à travers un recours contre une décision de l'administration refusant l'octroi d'une réparation à la victime.

Par exception, les victimes de dommages de travaux publics se sont longtemps vu reconnaître la possibilité de saisir directement le juge, ce qui avait pour effet de les soustraire au délai de recours de deux mois contre les décisions administratives. Cette solution est toutefois abandonnée depuis l'entrée en vigueur du décret n°2016-1480 du 2 novembre 2016 dit « justice administrative de demain » (JADE) portant modification du Code de justice administrative.

752.- Régularisation du recours non précédé d'une décision préalable.- Il faut aussi relever que le même texte semblait indiquer que dans les litiges indemnitaires le juge ne pouvait désormais être saisi que si une décision de rejet par l'administration était préalablement intervenue. Dans l'état du droit antérieur, le Conseil d'Etat admettait la régularisation du recours non précédé d'une demande préalable lorsque cette demande était formée en cours d'instance et que le silence de l'administration avait fait naître une décision de rejet avant la décision de première instance (CE, 11 avril 2008, requête numéro 281374, Etablissement français du sang : Rec. p. 168.- CE, 4 décembre 2013, requête numéro 354386, Meliane : Rec. tables, p. 787). Suite à l'entrée en vigueur du décret JADE il n'y avait donc a priori plus de possibilité de régulariser a posteriori l'absence de liaison du contentieux.

Par une décision contestée par une partie de la doctrine, le Conseil d'Etat a pourtant atténué la portée de ces nouvelles dispositions en exploitant une lacune dans la nouvelle rédaction de l'article R. 421-1 du Code de justice administrative. Il considère en effet que la nouvelle condition posée ne s'apprécie pas à la date de l'introduction de la requête mais « à la date à laquelle le juge statue ». Dès lors, « l'intervention d'une (...) décision en cours d'instance régularise la requête, sans qu'il soit nécessaire que le requérant confirme ses conclusions et alors même que l'administration aurait auparavant opposé une fin de non-recevoir » (CE Sect., avis, 27 mars 2019, requête numéro 426472 Mme Rollet : AJDA 2019, p. 1455, note Poulet ; Contrats-Marchés publ. 2019, comm. 215, obs. Muller ; JCP A 2019, act. 234, obs. Friedrich ; JCP A 2019, comm. 2179, note Kernéis-Cardinet.- V. par ex. CAA Marseille, 22 novembre 2019, requête numéro 17MA02160 : Contrats-

Marchés publ. 2020, comm. 95, notre Zimmer). Ainsi, le défaut de décision préalable au moment de l'exercice du recours est toujours un vice régularisable.

753.- Exceptions à la règle.- Il existe enfin une exception logique à l'exigence d'une décision préalable dans le cadre de certains référés administratifs (c'est ce qui est expressément visé par les textes pour le référé mesures utiles, le référé constat, le référé instruction et le référé provision.- V. respectivement art. L.521-3, art. R. 531-1, R. 532-1 et R. 541-1 CJA).

II – Actes inattaquables

754.- Actes insusceptibles de recours.- Certains actes sont jugés insusceptibles de lier le contentieux, et par voie de conséquence sont insusceptibles de recours.

En effet, en principe, seuls les actes unilatéraux de l'administration peuvent faire l'objet d'un tel recours, ce qui exclut - sauf exceptions- les contrats. De même, tous les actes pris par les autorités administratives ne sont pas des actes administratifs, ce qui est le cas des actes de gouvernement. Enfin, certains actes, qui se rattachent à l'activité administrative, ne font pas grief et ne peuvent donc en principe faire l'objet d'un recours pour excès de pouvoir : il s'agit des actes préparatoires, des circulaires et des mesures d'ordre intérieur (sur ces questions V. infra Quatrième partie, Chapitre un, Section une).

§II- Conditions relatives au requérant

755.- Capacité et intérêt pour agir.- Le requérant doit disposer de la capacité pour agir et avoir un intérêt pour agir.

I- Capacité pour agir

756.- Personnes physiques.- Le requérant doit remplir les conditions générales pour ester en justice fixées par le droit civil. Il doit donc être majeur et capable juridiquement, ce qui signifie qu'il doit jouir de ses droits civiques. Cependant, la seconde condition est appréciée de façon assez souple en fonction de la nature de la décision contestée.

Exemple :
- CE, 10 juin 1959, requête numéro 42760, Dame Poujol (Rec. p.355) : certaines personnes, incapables selon le droit civil, peuvent exercer un recours pour excès de pouvoir contre les décisions affectant « le principe fondamental de la liberté individuelle ». C'est le cas, en l'espèce, d'une personne placée d'office dans un hôpital psychiatrique.

757.- Personnes morales.- De même, si le requérant doit avoir la personnalité juridique - ce qui n'est pas le cas par exemple d'une régie municipale (CE, 20 juin 1958, Régie municipale du gaz et de l'électricité de Bordeaux (Rec. p. 371) - le juge administratif estime recevables les recours exercés par des institutions en voie de formation.

Exemple :
- CE, 10 février 1997, requête numéro 168238, Société coopérative ouvrière de service de lamanage (Rec. tables, p.992) : en l'espèce, le Conseil d'Etat connaît du recours d'une société dont les statuts n'ont pas encore été signés par les associés, dirigé contre la décision rejetant sa demande d'agrément. La juridiction administrative suprême décide qu'eu égard à l'objet et aux modalités d'octroi de l'agrément sollicité, la société doit être regardée comme ayant la capacité d'agir en justice pour demander l'annulation du refus d'agrément qui lui a été opposé.

758.- Cas des associations.- De même, les associations dissoutes ont capacité pour demander l'annulation de la décision qui prononce leur dissolution (CE, 22 avril 1955, Association franco-russe dite Rousky-Dom : Rec. p.205 ; AJDA 1955, II, p.9, note Long ; Rev. Adm. 1955, p. 404, concl. Heumann). Cette solution s'applique également, par exemple, aux établissements publics de coopération intercommunale dissous (CE, 28 décembre 2005, requête numéro 283249, Syndicat intercommunal de Lens-Avion : Dr. adm. 2006, comm. 67, obs. Glaser).

Dans le même ordre d'idées, une particularité doit être relevée concernant les associations non déclarées qui, du fait de cette absence de déclaration, en application des dispositions des articles 5 et 6 de la loi du 1er juillet 1901, ne peuvent faire valoir en justice leurs droits patrimoniaux. Malgré tout, le Conseil d'Etat a reconnu, dans son arrêt d'Assemblée du 31 octobre 1969, requête numéro 61310, Syndicat de défense des eaux de la Durance (Rec. p.462 ; RDSS 1970, p. 62, obs. Lavagne.- V. également CE, 21 avril 1997, requête numéro 156370, Karrich : D. 1997, inf. rap. p. 126 ; RTD com. 1997, 3, p. 478) que ces associations peuvent exercer un recours pour excès de pouvoir contre les décisions portant atteinte aux intérêts collectifs qu'elles défendent. Cette solution ne s'applique pas, en revanche, aux associations d'Alsace-Moselle, qui ne relèvent pas de la loi du 1er juillet 1901, et dont l'existence est conditionnée par une inscription sur le registre du tribunal d'instance compétent (CAA Nancy, 2 juin 2008, requête numéro 07NC00154, Société OFPI : Environnement 2017, 113, note Gillig).

II- Intérêt pour agir

759.- Une condition dictée par des motifs d'opportunité.- Cette condition a été posée pour de simples motifs d'opportunité. Il s'agit en effet d'éviter une contestation systématique de l'action administrative, mais également un encombrement des tribunaux alors même que l'on pourrait estimer - au moins pour le recours pour excès de pouvoir et le plein contentieux objectif - que tout administré devrait être considéré comme ayant intérêt au respect de la légalité par l'administration.

Par conséquent, seules certaines personnes dont le cercle est déterminé par la nature de l'acte attaqué pourront invoquer un intérêt à agir contre cet acte.

Il n'y a pas lieu, sur ces questions, de dissocier le recours pour excès de pouvoir du plein contentieux. Comme l'expose en effet René Chapus « il ne faut pas croire que la recevabilité d'un recours tendant à la reconnaissance d'un droit serait subordonnée, comme on l'affirme généralement, à la justification d'un droit lésé ; cette justification se rapporte à l'examen du bien-fondé du recours » (Droit du contentieux administratif, ouv. précité, p. 457).

760.- Une jurisprudence casuistique.- Sur ce point, la jurisprudence est à la fois très complexe et nuancée, ce qui s'explique par le fait que le juge doit concilier deux impératifs contradictoires : la protection de l'intérêt général et des intérêts particuliers pouvant être atteints par un acte administratif, d'une part, et le rejet de « l'action populaire » qui permettrait à n'importe quelle personne de contester n'importe quel acte, d'autre part.

Un texte peut également intervenir, en général pour limiter l'accès au prétoire. Tel est notamment l'objet de l'ordonnance n°2003-638 du 18 juillet 2003 relative au contentieux de l'urbanisme, qui limite à certaines catégories de requérants le recours pour excès de pouvoir contre un permis de construire, de démolir ou d'aménager (V. Code de l'urbanisme, art. L. 600-1-2.- V. également CE, 10 juin 2015, requête numéro 386121, Brodelle et Gino : Constr.-urb. 2015, 119, note Santoni ; RD. imm. 2015, p. 434, obs. Soler-Couteaux ; RFDA 2015, p. 993, concl. Lallet).

Si l'on s'en tient à la jurisprudence, deux conditions cumulatives doivent être réunies pour qu'un requérant se voit reconnaître un intérêt à agir : la première tient à la nature de l'intérêt invoqué, la seconde est relative à la qualité du requérant.

A – Condition relative à la nature de l'intérêt invoqué

761.- Des formes multiples.- L'intérêt invoqué par le requérant peut revêtir des formes très variées : il peut être matériel ou moral, individuel ou collectif.

1° Intérêt matériel ou moral

762.- Difficultés à appréhender l'intérêt moral.- La reconnaissance d'un intérêt à agir est beaucoup plus évidente, car plus tangible, lorsque le requérant invoque un intérêt matériel, d'ordre patrimonial, plutôt qu'un simple intérêt moral. Sur cette dernière question la jurisprudence est particulièrement nuancée.

Exemples :

- CE, 4 avril 1997, requête numéro 177987, Marchal (Rec. p.131 ; AJDA 1997, p.508, concl. Stahl) : l'habitant d'une commune a intérêt à agir pour demander l'annulation du décret portant changement de nom de cette commune.
- CE, 27 octobre 2006, requête numéro 286569, Mme Marie-Dominique C. et a. : un architecte n'a pas intérêt à agir contre un permis de construire qui aurait pour effet d'entraîner la destruction de l'aménagement de la place de la gare de Strasbourg réalisée quelques années auparavant selon ses plans.

- CE, 17 mai 2002, requête numéro 231290, Hofmann (Rec. tables, p. 845 ; Dr. adm. 2002, comm. 150, note Moniolle) : les requérants, qui se prévalent de leur qualité de résidents alsaciens ayant des convictions laïques, n'ont pas d'intérêt à agir contre un décret relatif au régime des cultes catholique, protestant et israélite dans les départements du Bas-Rhin du Haut-Rhin et de la Moselle.

2° Intérêt individuel ou collectif

763.- Intérêt personnel.- Le plus souvent, le recours émane d'un individu et porte sur un acte lésant ses intérêts personnels. C'est le cas, par exemple, d'un fonctionnaire qui demande l'annulation de la nomination d'autres fonctionnaires en invoquant la méconnaissance des conditions de possession de diplômes exigés par la réglementation en vigueur (CE, 11 décembre 1903, requête numéro 10211, Lot : Rec. p. 780 ; S. 1904, III, p. 113, note Hauriou).

764.- Intérêt collectif.- Mais dans certains cas, c'est une personne morale - généralement une association ou un syndicat - qui intente un recours pour excès de pouvoir contre une décision portant atteinte aux intérêts collectifs qu'elle a vocation à défendre.

Cette jurisprudence a été inaugurée par l'arrêt du Conseil d'Etat du 21 décembre 1906, requête numéro 19167, Syndicat des propriétaires et contribuables du quartier Croix-de-Seguey-Tivoli (Rec. p. 962, concl. Romieu ; D. 1907, III, p. 41, concl. Romieu ; S. 1907, III, p. 33, note Hauriou). En l'espèce, la juridiction administrative suprême a considéré qu'était recevable un recours intenté par cette association représentant les intérêts collectifs des usagers des transports publics, contre une décision concernant le fonctionnement de ce service.

Pour que l'intérêt à agir des personnes morales soit reconnu, encore faut-il que l'intérêt allégué ait une relation directe avec leur vocation initiale.

Exemples :

- CE, 28 décembre 2005, requête numéro 274527, Union syndicale des magistrats administratifs (AJDA 2006, p. 940, note Pontier) : des dispositions règlementaires qui donnent compétence, pour connaître des appels formés contre certaines décisions, aux cours administratives d'appel en dérogeant aux règles relatives à la compétence territoriale des cours ainsi qu'au délai d'appel, ont des conséquences sur les conditions d'emploi et de travail des membres des juridictions administratives. Par suite, un syndicat de magistrats administratifs justifie d'un intérêt lui donnant qualité pour contester ces dispositions. En revanche, en tant qu'il organise la procédure d'arbitrage, le décret ne porte atteinte ni aux droits et prérogatives des magistrats administratifs, ni à leurs conditions d'emploi et de travail. L'Union syndicale des magistrats administratifs est donc dépourvue d'intérêt à demander l'annulation de ces dispositions.
- CE Sect., 18 avril 1986, requête numéro 53934, Compagnie des mines de potasse d'Alsace (AJDA 1986, p.292) : une collectivité locale étrangère est recevable à agir contre une décision d'une autorité administrative française susceptible de porter atteinte à l'intérêt collectif de ses habitants.

B – Condition relative à la qualité invoquée

765- Le requérant doit appartenir à un « cercle d'intéressés ».- Seuls certains requérants, en raison de leur titre ou de leur qualité, ont vocation à recourir contre l'acte qu'ils estiment illégal. Il doit exister un lien suffisamment étroit entre l'acte attaqué, l'intérêt allégué par le requérant et le requérant lui-même. Il s'agit d'éviter que des personnes non directement concernées ne se posent en défenseurs de la légalité, le cas échéant contre le gré des principaux intéressés.

Le requérant doit ainsi faire partie d'un « cercle d'intéressés » admis à critiquer l'acte, lequel est déterminé en fonction de son contenu (V. B. Chenot, conclusions sur CE, 10 février 1950, requête numéro 1743, Gicquel : Rec. p.100).

L'arrêt Casanova du 20 mars 1901 (requête numéro 94580 : Rec. p. 333 ; S. 1901, III, p.76) constitue un excellent exemple de cette notion. En l'espèce, les juges reconnaissent que la qualité de contribuable d'une commune confère intérêt à agir contre les décisions des autorités de ces communes ayant pour conséquence d'augmenter les dépenses publiques. On voit bien dans cette affaire la distinction entre les deux éléments conférant intérêt pour agir : le requérant peut invoquer un intérêt de nature matérielle, et en tant que contribuable il se voit reconnaître la qualité pour défendre cet intérêt.

Bien évidemment, l'existence d'un intérêt direct et personnel sera plus largement admise lorsque l'acte attaqué est un acte règlementaire. A l'opposé, si l'acte est individuel, les personnes ayant intérêt pour agir ne seront en général que celles nommées par l'acte.

Sur la question de la qualité du requérant, également, la jurisprudence présente un caractère casuistique marqué.

Exemples :
- CE, 23 novembre 1988, requête numéro 94282, Dumont (Rec. p.418) : contrairement à ce qui a été reconnu par le Conseil d'Etat dans l'arrêt Casanova, pour le contribuable d'une commune, le Conseil d'Etat estime que le recours d'un contribuable de l'Etat contre une décision susceptible d'accroître les dépenses de la nation est irrecevable.
- CE, 21 octobre 2020, requête numéro 441126, SARL Froid Assistance Routier : un contribuable justifie d'un intérêt lui donnant qualité pour contester les commentaires administratifs de textes fiscaux qui lui ont été appliqués, dès lors que ces commentaires exposent l'interprétation que l'administration retenait de ces textes lorsqu'elle en a fait application au contribuable et qu'elle ne lui a pas substitué une interprétation différente depuis lors.
- CE Sect., 28 mai 1971, requête numéro 78951, Damasio (Rec. p.391, concl. Théry) : un hôtelier a un intérêt direct et personnel à agir contre un arrêté ministériel fixant la date des vacances scolaires, celles-ci perturbant l'activité d'une station thermale en ne permettant de n'organiser que trois périodes de cure au lieu de quatre.
- CE, 4 décembre 2006, requête numéro 293965, Le Pen : la qualité de conseiller régional d'Ile-de-France ne confère pas à elle seule qualité à agir contre un décret admettant un ancien ministre au bénéfice de l'amnistie.

- CE, 13 mars 2002, requête numéro 177509, requête numéro 180544, Union fédérale des consommateurs : la qualité d'usager d'un service public donne un intérêt pour agir à l'encontre d'une décision administrative affectant les conditions d'utilisation de ce service. Un usager des transports parisiens a donc intérêt à demander l'annulation d'une décision tarifaire concernant les transports de la région Ile-de-France. En revanche, cette qualité d'usager ne lui confère pas un intérêt pour agir à l'encontre des dispositions tarifaires relatives aux militaires contenues dans cette même décision. Cependant, dans la mesure où ces dispositions ne forment pas un tout indivisible avec celles à l'encontre desquelles le requérant a intérêt pour agir, la requête de ce dernier est recevable.
- CE, 17 mai 2006, requête numéro 268938, Bellanger c. Ministre de l'Emploi (AJDA 2006, p. 1513, concl. Keller ; Droit adm. 2006, comm. 154, note Taillefait ; JCPA 2006, comm. 1212, note Jean-Pierre ; Collectivités territoriales – intercommunalité, comm. 114, note Bentilola) : un agent en état d'ébriété tue une personne dans un accident de la circulation, prend la fuite et livre de fausses déclarations sur les circonstances de l'accident. Le fils de la victime exerce un recours contre la sanction prononcée par l'administration à l'encontre de l'agent, considérant que celle-ci n'est pas assez sévère. Sa requête est jugée irrecevable, faute d'intérêt pour agir. En effet, comme le précise le Conseil d'Etat, les sanctions infligées par l'administration à ses agents ont « pour seul objet de tirer, en vue du bon fonctionnement du service, les conséquences que le comportement (des agents) emporte sur (leur) situation vis-à-vis de l'administration ».
-CE Sect., 21 novembre 2016, requête numéro 392560, Thalineau (Rec. tables, p. 860 ; AJDA 2017, p. 999, note Costa) : les qualités de membre de la communauté chrétienne appartenant au diocèse de Tours, de résident du ressort de ce diocèse et d'usager du service public des monuments historiques dont se prévaut le requérant ne suffisent pas à lui donner intérêt pour agir contre la décision par laquelle le ministre de l'intérieur a autorisé l'inhumation d'un ancien archevêque et cardinal dans la cathédrale de Tours.
-CE, 31 décembre 2020, requête numéro 430925, Potier : un parlementaire ne justifie pas d'un intérêt lui donnant qualité pour former un recours pour excès de pouvoir contre les dispositions d'une ordonnance de l'article 38, alors même qu'il fait valoir qu'elles portent atteinte aux droits du Parlement en méconnaissant le champ de l'habilitation conférée au gouvernement et que les dispositions qu'elles abrogent étaient issues d'une loi dont il a été le rapporteur à l'Assemblée nationale

766.- Qualité à agir des personnes morales.- D'autres difficultés se posent concernant les recours intentés par les personnes morales, et plus particulièrement - une fois encore - par les associations et les syndicats.

En toute logique, la qualité à agir s'apprécie au regard des statuts de la personne morale. Ainsi, une association dont l'objet statutaire est trop général et dont le champ d'action est national, ne justifie pas d'un intérêt lui donnant qualité à agir pour demander l'annulation d'une décision qui n'a d'effet que dans une aire géographique limitée (CE, 29 avril 2002, requête numéro 227742, Association en toute franchise.- V. également CAA Douai, 27 novembre 2013, requête numéro 12DA00884, Ligue française pour la défense des droits de l'homme et du citoyen : JCP A 2014, comm. 2032, concl. Eliot).

Exemple :
-CE, 24 août 2011, requête numéro 336268, SAS Distribution Casino France : eu égard au caractère national de son champ d'intervention, à la généralité de son objet social et aux missions qui lui sont conférées, l'assemblée permanente des chambres de métiers ne justifie pas d'un intérêt pour intervenir contre une autorisation d'équipement commercial. Il en va autrement, en revanche, s'agissant d'une société exploitant un hypermarché dans la zone de chalandise concernée.

La jurisprudence s'est toutefois récemment assouplie dans ce domaine. Certes, le Conseil d'Etat maintient le principe selon lequel le fait qu'une décision administrative « ait un champ d'application territorial fait obstacle à ce qu'une association ayant un ressort national justifie d'un intérêt lui donnant qualité pour en demander l'annulation ». Toutefois « il peut en aller autrement lorsque la décision soulève, en raison de ses implications, notamment dans le domaine des libertés publiques, des questions qui, par leur nature et leur objet, excèdent les seules circonstances locales » (CE, 4 novembre 2015, requête numéro 375178, Ligue française pour la défense des droits de l'homme et du citoyen : Rec. p. 375 ; AJDA 2016, p. 316, note Doubovetsky JCP A 2015, comm. 2370, note Pauliat.- V. également CE, 7 février 2017, requête numéro 392758, Association Aides.- V. aussi CE Sect., 3 décembre 2018, requête numéro 409667, Ligue des droits de l'homme : Rec. p. 434 ; AJDA 2019, p. 706, note Janicot ; JCP A 2019, comm. 2106, note Molinero ; Dr. adm. 2019, comm. 11, note Eveillard).

Exemple :
-Dans l'affaire Ligue française pour la défense des droits de l'homme et du citoyen du 4 novembre 2015 étaient contestés deux arrêtés municipaux : l'un interdisant la fouille des poubelles, conteneurs et autres lieux de regroupement de déchets, l'autre interdisant la mendicité, dans un contexte marqué par l'installation dans la commune d'un nombre significatif de personnes d'origine « rom ». L'association requérante était recevable à contester ces arrêtés dès lors que « la mesure de police édictée par l'arrêté attaqué était de nature à affecter de façon spécifique des personnes d'origine étrangère présentes sur le territoire de la commune et présentait, dans la mesure notamment où elle répondait à une situation susceptible d'être rencontrée dans d'autres communes, une portée excédant son seul objet local ».

767.- Cas des associations de défense de l'environnement.- Dans certains cas, le législateur est intervenu en vue de faciliter les actions de certaines associations en vie de la défense des certains intérêts collectifs, ce qui est le cas principalement des associations de protection de l'environnement. L'article L. 142-1 du Code de l'environnement précise ainsi que « toute association ayant pour objet la protection de la nature et de l'environnement peut engager des instances devant les juridictions administratives pour tout grief se rapportant à celle-ci ». Surtout le même article prévoit que « toute association de protection de l'environnement agréée (...) justifient d'un intérêt pour agir contre toute décision administrative ayant un rapport direct avec leur objet et leurs activités statutaires et produisant des effets dommageables pour l'environnement sur tout ou partie du territoire pour lequel elles bénéficient de l'agrément dès lors que cette décision est intervenue après la date de leur agrément ».

Il semble que le juge administratif soit plus enclin à reconnaître l'intérêt à agir des requérants, en dehors des associations de défense de l'environnement, dans des hypothèses où la décision contestée a des conséquences sur l'environnement. Ce mouvement est notamment observable dans le récent arrêt du Conseil d'Etat du 19 novembre 2020 commune de Grand-Synthe (requête numéro 427301 : AJDA 2020, p. 2287).

-En l'espèce étaient contestés les refus implicites du président de la République, du Premier ministre et du ministre chargé de l'environnement de prendre toutes mesures utiles permettant d'infléchir la courbe des émissions de gaz à effet de serre produites sur le territoire national de manière à respecter les obligations consenties par la France voire à aller au-delà. Si ces conséquences concrètes du changement climatique ne sont susceptibles de déployer tous leurs effets sur le territoire de la commune qu'à l'horizon 2030 ou 2040, leur caractère inéluctable, en l'absence de mesures efficaces prises rapidement pour en prévenir les causes et eu égard à l'horizon d'action des politiques publiques en la matière, est de nature à justifier la nécessité d'agir sans délai à cette fin. Par suite, la commune de Grande-Synthe, eu égard à son niveau d'exposition aux risques découlant du phénomène de changement climatique et à leur incidence directe et certaine sur sa situation et les intérêts propres dont elle a la charge, justifie d'un intérêt lui donnant qualité pour demander l'annulation des décisions implicites attaquées. En revanche, le requérant qui se borne, d'une part, à soutenir que sa résidence actuelle se trouve dans une zone susceptible d'être soumise à des inondations à l'horizon de 2040, d'autre part, à se prévaloir de sa qualité de citoyen, ne justifie pas d'un tel intérêt.

768.- Autres associations et syndicats.- S'agissant plus précisément des associations et des syndicats, dans l'arrêt du 28 décembre 1906, Syndicat des patrons coiffeurs de Limoges (requête numéro 25521 : Rec. p. 977, concl. Romieu ; S. 1907, III, p. 23 ; RDP 1907, p. 25, note Jèze), le Conseil d'Etat a précisé qu'ils ne sont recevables à agir que pour la défense d'intérêts collectifs, et non pas pour le seul intérêt de l'un de leurs membres.

En application d'une approche restrictive de l'intérêt pour agir, le Conseil d'Etat a récemment précisé sur ce point, que lorsque l'objet d'un syndicat est défini par la loi, il convient de se référer à celle-ci, à l'exclusion des dispositions des statuts par lesquelles il s'attribuerait des missions supplémentaires. Ainsi, le syndicat de la magistrature, dont l'objet est limité à la défense des intérêts collectifs de ses membres, ne saurait être autorisé à agir en justice au nom de la défense des libertés et des principes démocratiques, ni même au nom de l'indépendance de la justice (CE, 27 mai 2015, requête numéro 388705, Syndicat de la magistrature : AJDA 2015, p. 1543, concl. Bretonneau ; Procédures 2015, comm. 281, note Deygas ; JCP G 2015, act. 660, obs. Langelier).

Il faut ici relever que la mise en œuvre des principes issus de la jurisprudence Syndicat des patrons coiffeurs de Limoges est très délicate, dans la mesure où la ligne de démarcation entre intérêt individuel et intérêt collectif est extrêmement floue. En principe, l'intérêt des personnes morales sera toutefois assez largement admis dans le cadre de recours dirigés contre un acte règlementaire alors que, normalement, le juge estimera que le recours pour excès de pouvoir contre un acte individuel relève de l'initiative de son destinataire. Il en va autrement, cependant, lorsque le juge considère qu'une mesure individuelle a des conséquences sur tout un groupe de personnes, comme c'est le cas pour des actes qui profitent à leurs destinataires, mais qui excluent par là même d'autres personnes.

Exemple :
- CE, 2 juin 2010, requête numéro 309445, Centre communal d'action sociale de Loos (JCPA 2010, comm. 2345, note Jean-Pierre) : une union syndicale de fonctionnaires est recevable à contester un arrêté de promotion.

Cette solution a vocation à s'appliquer y compris si le fonctionnaire concerné par la décision négative est le représentant élu de ce syndicat (CE, 23 juillet 2014, requête numéro 362559, Fédération des fonctionnaires).

En outre, restreignant la portée de la jurisprudence Croix-de-Seguey-Tivoli, le Conseil d'Etat a fait évoluer récemment sa jurisprudence concernant les recours contre les actes détachables des contrats. Désormais « si des tiers peuvent poursuivre l'annulation des actes détachables d'un contrat, la recevabilité d'un tel recours est subordonné à la condition que les stipulations du contrat en cause soient de nature à les léser dans leurs intérêts de façon suffisamment directe et certaine » (CE, 11 mai 2011, requête numéro 331153, Société lyonnaise des eaux France : Rec. tables, p. 1065 ; AJDA 2011, p.989, obs. Biget ; JCPA 2011, comm. 2213, note Busson). En l'espèce, « la cour administrative d'appel a commis une erreur de droit en reconnaissant l'intérêt à agir de l'association au regard de son objet social sans rechercher si la transaction avait eu pour effet de léser les usagers dans leurs intérêts en affectant l'organisation ou le fonctionnement du service public de l'eau dont le syndicat a la responsabilité, ou en augmentant les tarifs payés par les usagers du service public de l'eau ». En d'autres termes, l'examen de l'objet social de l'association ne suffit pas à lui conférer intérêt à agir. Encore faut-il, en effet, que cet intérêt soit effectivement lésé, ce qui veut dire que l'association n'a plus nécessairement qualité pour le défendre. Il faut relever, toutefois, que l'intérêt de cette solution doit être relativisé, dès lors que le recours contre les actes détachables préalables à la conclusion du contrat est en principe désormais fermé aux tiers (V. infra).

769.- Action de groupe et action en reconnaissance de droits.- Enfin, des règles particulières s'appliquent en matière d'action de groupe et d'action en reconnaissance de droits, notions introduites dans le Code de justice administrative par la loi n°2016-1547 du 18 novembre 2016 de modernisation de la justice du XXIe siècle. Il s'agit, dans ces deux cas, de mécanismes d'accès collectif au juge dont les règles – complexes – sont définies par les articles L. 77-10-1 et suivants Code de justice administrative.

L'action de groupe permet d'obtenir la cessation du manquement à l'origine d'un dommage et/ou d'engager la responsabilité de la personne ayant causé ce dommage et d'obtenir la réparation des préjudices subis (CJA art. L. 77-10-3). Seules les associations agréées et les associations régulièrement déclarées depuis cinq ans au moins et dont l'objet statutaire comporte la défense d'intérêts auxquels il a été porté atteinte peuvent exercer cette action (CJA, art. L. 77-10-4) qui est soumise à la règle de la décision préalable (CJA, art. L. 77-10-5).

La seconde action collective est une action en reconnaissance de droits. Elle permet à une association régulièrement déclarée ou à un syndicat professionnel régulièrement constitué de déposer une requête tendant à la reconnaissance de droits individuels résultant de l'application de la loi ou du règlement en faveur d'un groupe indéterminé de personnes ayant le même intérêt, à la condition que leur objet statutaire comporte la défense dudit intérêt. Il s'agit donc d'une exception notable à la jurisprudence Syndicat des patrons coiffeurs de Limoges (préc.). Cette action peut poursuivre trois finalités différentes visées par l'article L. 77-12-1 CJA. Elle permet, tout d'abord de « déposer une requête tendant à la reconnaissance de droits individuels résultant de l'application de la loi ou du règlement en faveur d'un groupe indéterminé de personnes ayant le même intérêt, à la condition que leur objet statutaire comporte la défense dudit intérêt »

Exemple :
-CAA Bordeaux, 12 mai 2020, requête numéro 19BX00794, Syndicat CGT des hospitaliers saintais : L'article 15 du décret n°2002-9 prévoit que : « (...) Les heures supplémentaires font l'objet soit d'une compensation horaire donnant lieu à une récupération au moins d'égale durée, soit d'une indemnisation (...) Les modalités générales de recours à la compensation ou à l'indemnisation sont fixées par le chef d'établissement après avis du comité technique d'établissement ou du comité technique ». La cour juge que ces dispositions n'interdisent pas au chef d'établissement de privilégier l'un des deux modes de compensation qu'elles envisagent, et que le choix fait par un chef d'établissement de prévoir, à l'occasion d'un changement de logiciel de gestion du temps de travail, une compensation des heures à récupérer accumulées dans le passé sous la seule forme de repos, à l'exclusion d'indemnités financières, ne méconnaît ni le principe de limitation dans le temps de la prise des congés annuels, dès lors que ce type de congés n'était pas inclus dans les heures créditées aux agents, ni la directive n°2003-88 portant sur les droits à congés annuels, ni le droit au repos et aux loisirs rappelé par le préambule de la constitution de 1946 invoqués par le syndicat. Par suite, la cour rejette l'action en reconnaissance de droits présentée par le syndicat requérant.

En revanche, cette action ne peut tendre à la reconnaissance d'un préjudice, ce qui est le terrain d'élection de l'action de groupe. Toutefois, l'action en reconnaissance de droits peut aussi « tendre au bénéfice d'une somme d'argent légalement due », ainsi qu'à « la décharge d'une somme d'argent illégalement réclamée ».

§III- Condition relative aux délais

770.- Déclenchement du délai.- Normalement, le recours n'est recevable que dans un délai de deux mois suivant l'accomplissement des formalités de publicité exigées : publication, affichage ou notification (CJA, art. R. 421-1).

771.- Délai franc.- Le délai est franc, ce qui veut dire que ne sont pas pris en compte ni le jour où commence à courir le délai, ni celui auquel le délai cesse de courir. Le calcul se fait de quantième à quantième.

> Exemple :
> - Un décret paraît au Journal officiel le 1er janvier 2014. Le délai court à compter du 2 janvier à 0 heures. Les deux mois sont achevés le 1er mars, mais le recours est recevable jusqu'au 2 mars à minuit. Dans le cas où ce jour est un dimanche ou un jour férié, le délai est prolongé jusqu'au premier jour ouvrable suivant à 24 heures.

772.- Décisions implicites de rejet.- Cependant, pour le cas des décisions implicites de rejet, le délai court à compter du lendemain du jour où est intervenue la décision.

> Exemple :
> - L'administration est saisie le 1er janvier 2014. La décision implicite de rejet intervient le 1er mars à minuit, même s'il s'agit d'un dimanche ou d'un jour férié. Le délai de recours court à compter du 2 mars à 0 heure pour expirer le 2 mai à minuit.

Il faut noter, cependant, que lorsqu'une décision explicite de rejet intervient avant l'expiration du délai de deux mois à compter de la date de la décision implicite de rejet, elle fait à nouveau courir le délai de recours (CJA, art. R. 421-2).

773.- Forclusion.- L'article R. 421-3 CJA prévoit toutefois que « l'intéressé n'est forclos qu'après un délai de deux mois à compter du jour de la notification d'une décision expresse de rejet » dans deux hypothèses : dans le contentieux de l'excès de pouvoir, si la mesure sollicitée ne peut être prise que par décision ou sur avis des assemblées locales ou de tous autres organismes collégiaux (V. CE, 1er juillet 1970, requête numéro 78905, Teboul : Rec. p. 452) ; dans le cas où la réclamation tend à obtenir l'exécution d'une décision de la juridiction administrative.

La portée de ces dispositions a été sérieusement restreinte depuis l'entrée en vigueur du décret « JADE » n°2016-1480 du 2 novembre 2016, puisque la règle visée par l'article R. 421-3 ne s'applique plus aux recours de plein contentieux. Cette ancienne règle impliquait que dans les hypothèses où la demande préalable a fait naître une décision implicite de rejet, le requérant ne soit enfermé dans aucun délai. L'action contentieuse n'était plus alors limitée que par le délai de prescription quadriennale. Désormais, il n'est donc plus indispensable pour l'administration de notifier le rejet d'une demande relevant du plein contentieux pour que les délais et voies de recours soient opposables. En d'autres termes, avant l'entrée en vigueur du décret JADE, seule une décision expresse pouvait faire naître le délai de deux mois.

Désormais, le délai court pour les décisions implicites relevant du plein contentieux à compter de la date à laquelle est née la décision implicite (sur l'application dans le temps de ces nouvelles dispositions V. CE, avis, 30 janvier 2019, requête numéro 420797, Fernandez. – CE, 3 juin 2020, requête numéro 428222, Echarroudi).

Par exception, cependant, le Conseil d'Etat a considéré que ces dispositions n'étaient pas applicables en matière de plein contentieux fiscal. En effet, « en cas de silence gardé par l'administration fiscale sur la réclamation pendant six mois, le contribuable peut soumettre le litige au tribunal administratif, le délai de recours contentieux ne peut courir à son encontre tant qu'une décision expresse de rejet de sa réclamation, laquelle doit être motivée et, conformément aux prévisions de l'article R. 421-5 du Code de justice administrative, comporter la mention des voies et délais de recours, ne lui a pas été régulièrement notifiée (CE, 7 décembre 2016, requête numéro 384309, EURL Cortansa).

774.- Sanction de l'absence de publicité et de l'absence d'indication des voies et délais de recours. Dans le cas de non accomplissement des formalités de publicité, le délai de recours contentieux demeure perpétuellement ouvert. Il en va de même, pour les actes individuels uniquement, lorsque la notification de la décision ne mentionne pas les délais et les voies de recours ouverts aux requérants (CJA, art. R. 421-5).

775.- Jurisprudence Czabaj.- La portée de l'article R. 421-3 du Code de justice administrative a été atténuée suite à l'arrêt d'Assemblée du Conseil d'Etat Czabaj du 13 juillet 2016 (requête numéro 387763, préc.- V. également CE Sect., 31 mars 2017, requête numéro 389842, Ministre des Finances et des Comptes publics c/ Amar.- CE, 9 mars 2018, requête numéro 401386, Communauté d'agglomération du pays ajaccien, préc.- CE, 9 mars 2018, requête numéro 405355, Communauté de communes du pays roussillonnais). Dans cet arrêt, conformément à l'objectif de valeur constitutionnelle de bonne administration de la justice et au principe de sécurité juridique, lequel ne bénéficie pas exclusivement aux administrés (CE Sect., 13 décembre 2006, requête numéro 287845, Lacroix, préc.), les juges posent le principe d'un délai raisonnable au-delà duquel les requérants seront forclos à introduire un recours pour excès de pourvoir, alors même que les voies et délais de recours ne seraient pas indiqués par la décision contestée. En l'espèce, le requérant avait mis vingt-deux ans à contester une décision qui ne portait pas l'indication de la juridiction compétente pour connaître d'un éventuel recours et il ne niait pas avoir reçu notification. Le Conseil d'Etat décide d'encadrer le recours par un délai raisonnable qu'il fixe, sauf circonstances particulières, à un an à compter de la notification de la décision ou, en l'absence de notification ou s'il est impossible de rapporter la preuve de son existence, de la prise de connaissance effective de la décision par l'administré. Cette solution s'applique également aux décisions implicites, dans les cas où il est établi que le demandeur a eu connaissance de la décision (CE, 18 mars 2019, requête 417270, Jounda Nguegoh : JCP A 2019, act. 213, obs. Friedrich).

Dans le prolongement de cette jurisprudence, le Conseil d'Etat a jugé qu'un requérant ne saurait se prévaloir du moyen tiré de l'exception d'illégalité d'une décision individuelle ne comportant pas les mentions relatives aux voies et délais de recours au-delà d'un délai raisonnable qui, sauf circonstances particulières, ne saurait excéder un an (CE, 27 février 2019, requête numéro 418950).

La règle définie par l'arrêt Czabaj est d'ordre public. Conformément à l'article R. 611-7 du Code de justice administrative, il appartient donc au juge qui envisage de soulever d'office ce moyen, de le désigner clairement puis d'inviter les parties, avant de statuer, à faire part de leurs observations sur celui-ci (CE, 28 mars 2018, requête numéro 410552, Depreux).

776.- Prorogation du délai du recours contentieux par un recours gracieux ou hiérarchique.- Il faut également relever que le délai du recours contentieux peut être prorogé du fait d'un recours gracieux ou hiérarchique exercé dans le même délai que le recours contentieux. La prorogation ne peut cependant jouer qu'une seule fois.

777.- Possibilités de sanctionner l'illégalité d'un acte administratif après l'expiration des délais du recours pour excès de pouvoir.- Enfin, en cas d'expiration des délais, le recours est irrecevable. Cependant, les administrés ne seront pas totalement démunis, puisqu'il leur restera deux possibilités pour contester un acte illégal, alors même que les délais seraient expirés.

Tout d'abord, l'administration est obligée d'abroger les règlements illégaux dès l'origine, ou devenus illégaux en raison d'un changement des circonstances de droit ou de fait (CE Ass., 3 février 1989, Compagnie Alitalia, requête numéro 74052, préc.- dispositions codifiées à l'article 243-1 CRPA). Si l'administration refuse d'abroger le règlement, sa décision, qu'elle soit expresse ou non, pourra faire l'objet d'un recours pour excès de pouvoir dans un délai de deux mois.

Ensuite, lorsqu'un acte règlementaire fait l'objet de mesures individuelles d'application, le requérant peut se prévaloir à l'encontre d'un recours contre l'une de ces mesures, de l'illégalité de l'acte règlementaire. L'illégalité de cet acte contaminera la décision individuelle qui sera annulée. Cependant, cette annulation ne remettra pas en cause l'acte règlementaire lui-même qui subsistera. On n'omettra pas de rappeler que dans ses arrêts d'Assemblée du 18 mai 2018, Syndicat CGT de l'administration centrale et des services des ministères économiques et financiers et du Premier ministre (requête numéro 411045, préc.) et Fédération des finances et affaires économiques de la CFDT (requête numéro 414583, préc.), selon la même approche du principe de sécurité juridique favorable à l'administration de celle retenue par l'arrêt Czabaj, le Conseil d'Etat a exclu la possibilité pour le requérant de se prévaloir, dans le cadre de son recours, de vices de forme ou de procédure entachant l'acte réglementaire.

Le Conseil d'Etat a ensuite apporté des précisions dans le cas où des changements surviennent entre la date à laquelle l'administration rejette la demande d'abrogation et la date à laquelle le juge statue. Il a rappelé, tout d'abord, que « l'effet utile de l'annulation pour excès de pouvoir du refus d'abroger un acte réglementaire illégal réside dans l'obligation (…) pour l'autorité compétente, de procéder à l'abrogation de cet acte afin que cessent les atteintes illégales que son maintien en vigueur porte à l'ordre juridique ». Il a surtout précisé que « le juge de l'excès de pouvoir est conduit à apprécier la légalité de l'acte réglementaire dont l'abrogation a été demandée au regard des règles applicables à la date de sa décision ». En conséquence, si un acte réglementaire n'est pas illégal à la date du refus de l'abroger, mais qu'il le devient en cours d'instance, le juge pourra annuler le refus de l'administration et lui enjoindre de l'abroger (CE Ass., 19 juillet 2019, requête numéro 424216, requête numéro 424217, Association des américains accidentels, préc.).

§IV- Condition tenant à l'absence de recours parallèle

778.- Notion d'exception de recours parallèle.- En principe, le recours pour excès de pouvoir est irrecevable lorsque le requérant peut obtenir le résultat qu'il recherche par une autre action, plus efficace.

Exemples :
- CE, 13 mars 2006, requête numéro 265582, Réseau ferré de France, Société nationale des chemins de fer : les contributions au fonds du service public de la production d'électricité déterminées par la Commission de régulation de l'énergie ne peuvent être contestées par la voie du recours pour excès de pouvoir. Ces contributions constituent, en effet, un impôt, contestable seulement devant le juge de l'impôt qui pourra non seulement annuler la décision contestée, mais surtout la réformer.
-CE Ass., 4 avril 2014, requête numéro 358994, Département du Tarn-et-Garonne (préc.): le recours de plein contentieux ouvert à certaines catégories de tiers contre un contrat administratif exclut pour eux la possibilité d'exercer un recours pour excès de pouvoir à l'encontre des actes détachables intervenus avant la conclusion du contrat.

Une hypothèse proche, relevant de la même logique de subsidiarité, a été dégagée par le Conseil d'Etat à l'occasion d'un arrêt Cassinari du 28 avril 2006 (requête numéro 280878 : Rec. p. 210 ; AJDA 2007, p. 266, note Claeys ; BJCL 2006, p. 599, concl. Devys ; JCP A 2006, comm. 1198, note Moreau.- V. également CE, 24 septembre 2010, requête numéro 330886, Barthélémy). Dans cette affaire, les juges ont considéré qu'un contribuable ne peut être autorisé à exercer une action appartenant à la commune dès lors qu'il dispose d'un intérêt le rendant recevable à agir par la voie du recours pour excès de pouvoir.

779.- Recul de la notion d'exception de recours parallèle.- Par le passé, l'exception de recours parallèle était très développée, mais l'évolution du recours pour excès de pouvoir, qui a progressivement pénétré des domaines jusqu'alors réservés au plein contentieux, l'a fait reculer. Dans certains cas, la remise en cause de l'exception de recours parallèle présente un caractère indirect et elle est liée à la progression de la théorie de la détachabilité. Dans d'autres cas, en revanche, la remise en cause est plus directe et permet de substituer à l'exercice du recours pour excès de pouvoir un recours de pleine juridiction.

I- Remise en cause indirecte de l'exception de recours parallèle liée à la progression de la théorie de la détachabilité

780.- Notion de détachabilité.- Le recours pour excès de pouvoir a pénétré des domaines qui étaient autrefois le terrain d'élection du plein contentieux. Les juges vont ainsi identifier des actes administratifs unilatéraux détachables pouvant faire l'objet d'un recours pour excès de pouvoir. Cette théorie a notamment vocation à s'appliquer en matière de contentieux électoral, contractuel et fiscal.

A – Contentieux électoral

781.- Actes détachables relatifs à une élection.- Le juge administratif est compétent à l'égard des actes détachables relatifs à une élection (CE, 7 août 1903, requête numéro 7836, Chabot : D. 1904, III, p.1, note Hauriou), comme peuvent l'illustrer un certain nombre d'exemples :

- CE, 28 janvier 1994, requête numéro 148596, requête numéro 150024, requête numéro 150286, requête numéro 150650, Elections municipales de Saint-Tropez (Rec. p.38 ; AJDA 1994, p.193, chron. Maugüé et Touvet ; RDP 1994, p.830, concl. le Chatelier) : décisions portant convocation des électeurs.
- CE Ass., 12 mars 1993, requête numéro 145858, requête numéro 145859, Union nationale écologiste et Parti pour la défense des animaux (Rec. p. 67 ; AJDA 1993, p. 336, chron. Maugüé et Touvet, p. 375 ; RFDC 1993, p. 410, concl. Kessler) : mesures concourant à l'organisation des élections législatives.

782.- Cas particulier des actes intervenus dans le cadre d'une procédure référendaire.- En revanche, revenant sur sa position initiale, le Conseil d'Etat a déclaré irrecevable le recours pour excès de pouvoir dirigé contre des décrets décidant de soumettre un projet de loi à référendum et organisant le référendum et la campagne en vue du scrutin (CE Ass., 1er septembre 2000, requête numéro 223890, requête numéro 223949, requête numéro 224054, requête numéro 224066, requête numéro 224502, Larrouturou et a. : Rec. p. 365, concl. Savoie ; AJDA 2000, p. 858 et 803, chron. Guyomar et Collin ; D. 2001, p. 1844, obs. Ghevontian ; JCP G 2000, IV, comm. 1091, note Rouault ; RFDA 2000, p. 889, concl. Savoie, note Ghevontian). Le Conseil d'Etat a pris acte de l'évolution de la jurisprudence du Conseil constitutionnel qui s'était lui-même reconnu compétent à l'égard de ce type d'actes (CC, 25 juillet 2000, décision numéro 2000-21 REF, Hauchemaille : Rec. CC, p.117 ; RFDA 2000, p. 1004, note Ghevontian).

B – Contentieux contractuel

783.- Recul de la théorie de la détachabilité.- Les juges estiment que différents actes unilatéraux se détachent du contrat, lorsque leur existence ne repose pas sur un accord de volonté entre les parties, mais sur l'intervention unilatérale de l'administration. Cette solution s'est longtemps appliquée aux actes détachables préalables à la conclusion du contrat, c'est-à-dire à ceux qui autorisent ou refusent d'autoriser la conclusion d'un contrat, ou encore qui portent approbation d'un contrat (CE, 4 août 1905, requête numéro 14220, Martin : Rec. p. 749, concl. Romieu ; D. 1907, jurispr. p. 49, concl. Romieu ; S. 1906, III, p. 49, concl. Hauriou ; RDP 1906, p. 249, note Jèze). Elle n'est toutefois plus d'actualité, lorsqu'est en cause un contrat administratif, le Conseil d'Etat ayant récemment décidé que tous les tiers lésés dans leurs intérêts de manière « suffisamment directe et certaine » peuvent directement recourir contre le contrat (CE, 4 avril 2014, requête numéro 358994, Département du Tarn-et-Garonne). Le recours pour excès de pouvoir contre les actes préalables à la conclusion des contrats administratifs leur est désormais fermé, excepté pour le préfet dans le cadre de son contrôle de légalité, tant que le contrat n'a pas été signé.

En revanche, demeurent des actes détachables du contrat, certains actes unilatéraux survenus durant l'exécution du contrat, comme une décision de modification unilatérale ou de résiliation unilatérale du contrat. Toutefois, le recours pour excès de pouvoir contre ces actes n'est ouvert qu'au bénéfice des tiers au contrat (sur ces questions V. infra).

C- Contentieux fiscal

784.- Admission du recours pour excès de pouvoir.- Depuis l'arrêt Breil et a. du 28 février 1913 (requête numéro 44293 : Rec. p.289 ; S. 1918-1919, III, p.37), les juges considèrent qu'il existe, en matière fiscale, des actes détachables de la procédure d'imposition.

785.- Actes réglementaires.- Cette jurisprudence s'applique d'abord à l'ensemble des actes règlementaires qui ont un lien avec la procédure d'imposition.

Exemples :
- CE, 1er juin 1990, requête numéro 91413, Commune de Levallois-Perret (Dr. fisc. 1991, 367, concl. Fouquet) : est recevable le recours pour excès de pouvoir dirigé contre un décret fixant la délimitation des zones et les taux de la redevance en région Ile-de-France sur les bureaux et locaux de recherches.
- CE Sect., 4 mai 1990, requête numéro 55124, requête numéro 55137, Association freudienne : est recevable le recours pour excès de pouvoir dirigé contre une instruction administrative qui, au sein de la catégorie des psychanalystes non docteurs en médecine, distingue une sous-catégorie, celle des titulaires d'un diplôme de psychologie, auxquels elle étend le bénéfice de l'exonération de taxe sur la valeur ajoutée, alors que les requérants n'appartiennent pas à cette sous-catégorie.

786.- Actes non réglementaires.- S'agissant maintenant des actes non règlementaires relatifs à l'accomplissement d'une opération concernant l'assiette ou le recouvrement de l'impôt, la jurisprudence est plus nuancée. A l'égard des tiers, ces actes sont détachables de la procédure d'imposition et peuvent donc faire l'objet d'un recours pour excès de pouvoir. Cette solution se justifie par le fait que ces tiers, à la différence du contribuable, ne disposent pas d'une voie de recours spécifique devant le juge de l'impôt.

Exemple :
- CE, 11 juin 1980, requête numéro 11673, Ministre de l'Economie et des Finances c. Commune de Mauzé-Thouarsais, (Rec. p.265 ; Dr. fisc. 1981, comm. 912 et comm. 1434, concl. Fabre) : la décision de classement d'une propriété non bâtie dans l'une des catégories servant de base à la taxe foncière sur les propriétés non bâties est détachable de la procédure d'imposition et peut faire l'objet d'un recours pour excès de pouvoir de la part d'une commune.

En revanche, à l'égard de leurs destinataires, ces actes ne sont normalement pas considérés comme détachables des opérations d'établissement et de recouvrement de l'impôt.

Exemples :
- CE Sect., 30 juin 1995, requête numéro 119848, Dame Coutaud (Quot. Jur. 31 octobre 1995, p.3 ; Dr. fisc. 1996, p. 121, 37) : la notification de pénalités n'est, pas davantage que la notification de redressements qui l'a précédée, détachable de la procédure d'imposition dont la requérante a fait l'objet. Elle ne peut, dès lors, être contestée que dans le cadre du litige contentieux concernant l'imposition elle-même, après son établissement.
- CE 26 mars 2008, requête numéro 278858, Association pro-musica (BDCF 2008, n°80, concl. Séners ; JCP A 2008, 2175, note Dieu) : une lettre par laquelle l'administration fiscale avait indiqué à une association qu'elle était redevable d'impôts pouvait être regardée comme une décision faisant grief, mais elle ne constituait pas pour autant un acte détachable de la procédure d'imposition susceptible d'être attaqué par la voie du recours pour excès de pouvoir.

Ce dernier principe connaît toutefois un certain nombre d'exceptions, notamment concernant des décisions prises sur des demandes d'agréments qui, si elles sont accordées, permettent aux contribuables de bénéficier de réductions d'impôts ou d'exonérations (CE Sect., 23 mai 1969, requête numéro 71782, Société distillerie Brabant et Cie. : Rec. p.264, concl. Questiaux ; AJDA 1969, p. 640, note Tournier ; D. 1970, jurispr. p. 762, note Fromont).

II- Remise en cause directe de l'exception de recours parallèle

787.- Jurisprudence Lafage.- A partir de l'arrêt Lafage du 8 mars 1912 (préc.), la jurisprudence a développé des hypothèses dans lesquelles le requérant dispose d'un choix entre l'exercice d'un recours de plein contentieux et un recours pour excès de pouvoir.

Cet arrêt pose le principe selon lequel le recours pour excès de pouvoir peut être exercé en lieu et place d'un recours de plein contentieux contre une décision à objet pécuniaire, lorsque la question à juger est exclusivement celle de la légalité de cette décision, et que le requérant ne demande rien de plus que son annulation. Dans l'arrêt Lafage, par exemple, le requérant se plaignait d'une décision le privant de frais de représentation d'un montant minime.

Cette solution était justifiée de deux points de vue. Tout d'abord, si des réclamations sur des sommes minimes ne pouvaient être portées devant le juge administratif que par l'intermédiaire d'un avocat, comme cela est obligatoire dans le plein contentieux, les frais de procédure excéderaient le montant de la condamnation. Ensuite, déclarer irrecevable le recours pour excès de pouvoir dans de telles hypothèses, laisserait subsister dans l'ordre juridique des décisions illégales.

Par conséquent, dès lors qu'une décision, même si elle a une portée pécuniaire, viole la légalité, le recours pour excès de pouvoir est recevable. Evidemment, dans un tel cas, le juge ne peut pas aller plus loin qu'annuler la décision illégale prise par l'administration. Il ne peut pas, par exemple, condamner l'administration à verser des dommages intérêts au requérant. Toutefois il est possible d'assortir le recours en annulation d'une demande d'injonction, ce qui permettra de garantir le paiement des sommes en litige. Par ailleurs, s'agissant d'un contentieux de type objectif, le juge ne pourra connaître que de moyens mettant en cause la légalité de l'acte contesté.

Exemples :
- CE, 19 juin 1991, requête numéro 82265, Meyet (Rec. p.250) : un usager d'un service public administratif peut contester par la voie du recours pour excès de pouvoir la décision par laquelle un chef de service a refusé de lui rembourser une somme qu'il estimait avoir été trop perçue.
- CE, 8 décembre 1999, requête numéro 200941, Chassey : peut faire l'objet d'un recours pour excès de pouvoir la décision par laquelle le ministre de la Défense a refusé la prise en charge par l'Etat de l'intégralité des frais de déménagement d'un militaire à l'occasion d'un changement de résidence.

788.- Assouplissement.- Le Conseil d'Etat a longtemps défendu une application assez extensive de la jurisprudence Lafage, en considérant que la présence dans un recours en annulation de conclusions de plein contentieux faisait basculer l'ensemble du recours dans le plein contentieux, y compris pour une simple demande d'intérêts moratoires. Cette position a été doublement assouplie depuis l'arrêt de Section Marcou du 9 décembre 2011 (requête numéro 337255 : préc.). D'une part, lorsque dans une même requête le requérant présente des conclusions en annulation et en réparation du préjudice causé par l'illégalité de la décision attaquée, cela n'a plus pour effet de donner à l'ensemble des conclusions le caractère d'une demande de plein contentieux. D'autre part, concernant les litiges portant sur le versement d'une somme d'argent, les conclusions ayant trait au principal et celles ayant trait aux intérêts sont désormais « de même nature » En conséquence, lorsqu'un requérant est recevable à demander, par la voie du recours pour excès de pouvoir, l'annulation de la décision administrative qui l'a privé de cette somme, il est également recevable à demander, par la même voie, l'annulation de la décision qui l'a privé des intérêts qui y sont attachés.

Section III – L'instance

789.- Définition.- Selon la définition de R. Chapus « l'instance est le processus qui, déclenché par la saisine du juge, se déroule, de façon plus ou moins simple et plus ou moins rapide, jusqu'à ce que soit rendu un jugement destiné à y mettre fin » (Droit du contentieux administratif, ouv. précité, p.749).

790.- Coût de la procédure.- La procédure est peu onéreuse. Elle est même gratuite depuis la suppression du droit de timbre de 35 euros au 1er janvier 2014, conformément à l'article 128 de la loi n°2013-1278 du 29 décembre 2013 et de l'article 8 du décret n°2013-1280 du même jour.

791.- Délai raisonnable.- L'instance doit se dérouler dans un délai raisonnable, cette exigence résultant à la fois des stipulations de l'article 6 §1 de la Convention européenne des droits de l'homme et, « des principes généraux qui gouvernent le fonctionnement des juridictions administratives » (CE Ass., 28 juin 2002, requête numéro 239575, Ministre de la Justice c. Magiera, préc.). Lorsque le droit des justiciables à ce que leurs requêtes soient jugées dans un délai raisonnable n'a pas été respecté, la responsabilité de l'Etat pourra être engagée pour faute simple en raison du « fonctionnement défectueux du service public de la justice ».

L'instruction, qui se situe en amont de la procédure, doit respecter un certain nombre de principes généraux. Dans le cadre de l'instance, le juge dispose de pouvoirs strictement délimités. A l'issue de la procédure, il prend une décision à laquelle sont tenues de se conformer les parties.

§I – Caractère généraux de la procédure d'instruction

792.- Principes.- La procédure d'instruction est secrète, écrite, inquisitoriale et contradictoire.

I – Secret

793. Instruction secrète et audience publique.- Si en application des dispositions de l'article L. 6 du Code de justice administrative, les débats ont lieu en audience publique (CE, 3 novembre 1999, requête numéro 203748, Zurmely : Rec. tables, p. 1015 ; RFDA 2000, p.1079, concl. Roul), les tiers n'ont pas la possibilité de prendre connaissance des mémoires des parties, ce qui constitue un point commun entre la procédure administrative contentieuse et la procédure civile. Comme l'a précisé le Conseil d'Etat dans un autre arrêt Zurmely du 7 juin 2000 (requête numéro 206362 : Rec. tables, p.1059) « aucun principe général du droit, non plus que les stipulations de l'article 6§I de la Convention européenne de sauvegarde des droits de l'homme et des libertés fondamentales ou de l'article 14 du Pacte international relatif aux droits civils et politiques, n'impose la publicité de la procédure préalable d'instruction ».

Les personnes qui, à un titre quelconque, participent ou assistent au délibéré sont soumises à l'obligation d'en respecter le secret sous peine des sanctions visées par l'article 226-13 du Code pénal (CJA, art. R. 731-5).

II – Caractère écrit

794.- Procédure essentiellement écrite.- La procédure administrative contentieuse est essentiellement une procédure écrite. Elle donne lieu à la rédaction de mémoires qui sont échangés par les parties et à l'examen des procès-verbaux des mesures d'instruction.

Toutes les pièces doivent figurer dans le dossier, les plaidoiries et les observations orales à l'audience ne pouvant que développer le contenu de ces pièces. Il n'en va autrement que pour les référés d'urgence, où l'instruction se poursuit à l'audience. Toutefois, si les parties peuvent présenter en cours d'audience des observations orales à l'appui de leurs écrits, elles doivent, si elles entendent soulever des moyens nouveaux, les consigner dans un mémoire écrit (CE, 19 avril 2013, requête numéro 365617, Commune de Mandelieu-la-Napoule).

795.- Une place plus grande à l'oralité.- On aura aussi l'occasion de souligner que les évolutions récentes de la procédure administrative contentieuse font aujourd'hui une place plus grande à l'oralité. Notons déjà que le décret n° 2020-1404 du 18 novembre 2020 organise, jusqu'en mai 2022, l'expérimentation d'une instruction orale complétant l'instruction écrite. Dans ce cadre, la chambre chargée de l'instruction peut tenir une séance orale d'instruction au cours de laquelle elle entend les parties, ainsi que toute personne dont l'audition paraît utile, sur toute question de fait ou de droit dont l'examen paraît utile. En outre, la formation de jugement peut tenir une audience publique d'instruction aux mêmes fins. Un délai minimal d'une semaine doit séparer cette audience d'instruction et la séance de jugement au cours de laquelle l'affaire est examinée.

796.- Dématérialisation.- La procédure peut ou doit être dématérialisée selon les cas (décret n°2012-1437 du 21 décembre 2012, V. CJA, art. R. 414-1 s. pour ce qui concerne le dépôt des requêtes et art. R. 611-8-2 s. CJA pour ce qui concerne l'échange des mémoires et des pièces).

797.- Désistement d'office.- Dans le but d'inciter les parties à être diligentes, l'article R. 612-5-1 du Code de justice administrative, issue du décret JADE, prévoit un mécanisme de désistement d'office pour perte d'intérêt supposé de la requête.

Selon cet article « lorsque l'état du dossier permet de s'interroger sur l'intérêt que la requête conserve pour son auteur, le président de la formation de jugement (...) peut inviter le requérant à confirmer expressément le maintien de ses conclusions. La demande qui lui est adressée mentionne que, à défaut de réception de cette confirmation à l'expiration du délai fixé, qui ne peut être inférieur à un mois, il sera réputé s'être désisté de l'ensemble de ses conclusions ». Ces dispositions ont été jugées conformes au droit à un recours juridictionnel effectif garanti à la fois par l'article 16 de la Déclaration de 1789 et les articles 6 et 13 de la Convention européenne des Droits de l'homme (CE, 13 février 2019, requête numéro 406606, Cissé). Le Conseil d'Etat, modérant quelque peu l'utilisation que peuvent faire les juges du fond de ces dispositions, a toutefois décidé que si les motifs pour lesquels le juge estime que l'état du dossier permet de s'interroger sur l'intérêt que la requête conserve pour son auteur « ne peuvent en principe être utilement discutés devant le juge de cassation, il appartient néanmoins à ce dernier de censurer l'ordonnance qui lui est déférée dans le cas où il juge, au vu de l'ensemble des circonstances de l'espèce, qu'il a été fait un usage abusif de la faculté ouverte par l'article R. 612-5-1 du Code de justice administrative » (CE, 17 juin 2019, requête numéro 419770, El Bouatmani).

798.- Mémoire récapitulatif.- Il faut aussi relever que le décret n°2010-164 du 22 février 2010 a inséré dans le Code de justice administrative un article R. 611-8-1, dont la rédaction est très largement inspirée par l'article 753 du Code de procédure civile, qui précise dans sa rédaction actuelle que « le président de la formation de jugement ou le président de la chambre chargée de l'instruction peut demander à l'une des parties de reprendre, dans un mémoire récapitulatif, les conclusions et moyens précédemment présentés dans le cadre de l'instance en cours, en l'informant que, si elle donne suite à cette invitation, les conclusions et moyens non repris seront réputés abandonnés ». De même, en appel « il peut être demandé à la partie de reprendre également les conclusions et moyens présentés en première instance qu'elle entend maintenir ». Le décret n°2016-1480 du 2 novembre 2016 a complété ces dispositions en prévoyant une sanction. Désormais l'autorité compétente peut « en outre fixer un délai, qui ne peut être inférieur à un mois, à l'issue duquel, à défaut d'avoir produit le mémoire récapitulatif (...) la partie est réputée s'être désistée de sa requête ou de ses conclusions incidentes ». Le même article R. 611-8-1 précise que la demande de production d'un mémoire récapitulatif doit informer la partie concernée des conséquences du non-respect du délai fixé. Le Conseil d'Etat a eu l'occasion de préciser que le délai imparti pour produire le mémoire est un délai franc (CE, 19 mars 2018, requête numéro 416510, Société L'immobilière Leroy Merlin France). Il faut aussi relever que le juge ne saurait faire usage de ce pouvoir lorsque le dossier ne comporte pas d'autre mémoire que la requête introductive d'instance (CE, 25 juin 2018, requête numéro 416720 : JCP A 2018, act. 588). Le Conseil d'Etat a récemment précisé que « si les motifs pour lesquels le signataire de l'ordonnance, auquel il incombe de veiller à une bonne administration de la justice, estime qu'il y a lieu de demander à l'une des parties de

produire un mémoire récapitulatif ne peuvent être en principe discutés devant le juge de cassation, il appartient néanmoins à ce dernier de censurer l'ordonnance qui lui est déférée dans le cas où il juge, au vu de l'ensemble des circonstances de l'espèce, qu'il a été fait un usage abusif de la faculté ouverte par l'article R. 611-8-1 du Code de justice administrative » (CE, 24 juillet 2019, requête numéro 423177, Société Crédit Mutuel Pierre 1er).

Exemple :
-Dans cette dernière affaire l'administration fiscale avait produit, le 29 novembre 2017, un mémoire en défense dans lequel elle annonçait qu'un mémoire complémentaire serait prochainement produit. Le 2 janvier 2018, la société requérante a été invitée à produire un mémoire récapitulatif dans un délai d'un mois. Le 5 janvier 2018, la société a indiqué au tribunal qu'elle entendait maintenir ses conclusions et qu'elle produirait son mémoire récapitulatif après la production du mémoire complémentaire annoncé par l'administration fiscale dans son mémoire en défense. Ce mémoire récapitulatif a été enregistré le 9 février 2018, soit après l'expiration d'un délai d'un mois qui lui avait été imparti, mais alors que l'administration fiscale avait produit son mémoire le jour de clôture de l'instruction. Le Conseil d'Etat casse en conséquence l'ordonnance contestée.

Enfin, faisant une interprétation contestable des dispositions de l'article R. 611-8-1 du Code de justice administrative, le Conseil d'Etat a considéré que le juge a la possibilité d'exiger la production d'un mémoire récapitulatif postérieurement à la clôture de l'instruction (CE, 8 février 2019, requête numéro 418599, Bervas).

III – Caractère inquisitorial

799.- Différence avec la procédure civile.- Contrairement à la procédure civile, qui présente un caractère accusatoire, la procédure administrative est une procédure inquisitoriale. En d'autres termes, c'est le juge, et non pas les parties, qui commande la marche du procès.

800.- Saisine du juge par requête.- Cette différence fondamentale s'observe d'abord du point de vue de la technique de saisine du juge. Ainsi, l'article R. 411-1 du Code de justice administrative prévoit que « la juridiction est saisie par requête », ce qui signifie que le requérant s'adresse directement au juge. En revanche, selon l'article 54 du Code de procédure civile le demandeur fait une « assignation » à son adversaire de se présenter devant le juge civil.

801.- Conduite de l'instruction par le juge.- De même, la conduite de l'instruction relève du juge et plus précisément du rapporteur qui aura été désigné et qui devra prendre ou faire prendre toutes les mesures qui permettront au juge d'établir sa conviction. Selon l'article R. 611-10 du Code de justice administrative, qui est applicable aux tribunaux administratifs : « sous l'autorité du président de la formation de jugement à laquelle il appartient, le rapporteur fixe, eu égard aux circonstances de l'affaire, le délai accordé aux parties pour produire leurs mémoires. Il peut demander aux parties, pour être jointes à la procédure contradictoire, toutes pièces ou tous documents utiles à la solution du litige » (pour les cours administratives d'appel V. art. R. 611-16 s., pour le Conseil d'Etat V. R. 611-20 s.).

Notamment, le juge peut « exiger de l'administration compétente la production de tous documents susceptibles d'établir la conviction du juge et de permettre la vérification des allégations des requérants » (CE Ass., 28 mai 1954, requête numéro 28238, requête numéro 28493, requête numéro 28524, requête numéro 30237, requête numéro 30256, Barel et a., préc.). Le juge peut notamment exiger de l'administration qu'elle lui fasse connaître les motifs de sa décision (V. également CE, 29 octobre 2013, requête numéro 346569, Vidon : Rec. p. 259) voire la décision elle-même dans les hypothèses où le requérant n'est pas en mesure de la produire (CE, 3 octobre 2018, requête numéro 413989, Section française de l'Observatoire international des prisons : JCP A 2018, act. 784, obs. Friedrich ; JCP A 2018, comm. 2326, note Renard)

Comme en matière civile, la charge de la preuve appartient en principe au demandeur. Toutefois, le juge s'octroie la possibilité de renverser la charge de la preuve. Dans un arrêt Cordière du 26 novembre 2012 (requête numéro 354108 : Rec. p. 394, concl. Bourgeois-Machureau ; AJDA 2012, p. 2373, chron. Domino et Bretonneau ; Droit adm. 2013, comm 14, note Eveillard.- V. également CE, 27 janvier 2017, requête numéro 385998, SCI La Cigalière, la SCI La Rose des vents et a.), le Conseil d'Etat a ainsi rappelé qu'il appartient au juge « de former sa conviction sur les points en litige au vu des éléments versés au dossier par les parties ». Dans le cadre de son office, s'il peut « écarter des allégations qu'il jugerait insuffisamment étayées, il ne saurait exiger de l'auteur du recours que ce dernier apporte la preuve des faits qu'il avance ». Le cas échéant, il revient au juge « avant de se prononcer sur une requête assortie d'allégations sérieuses non démenties par les éléments produits par l'administration en défense, de mettre en œuvre ses pouvoirs généraux d'instruction des requêtes et de prendre toutes mesures propres à lui procurer, par les voies de droit, les éléments de nature à lui permettre de former sa conviction, en particulier en exigeant de l'administration compétente la production de tout document susceptible de permettre de vérifier les allégations du demandeur ».

Il existe enfin des hypothèses de dispense d'instruction. Ainsi, l'article R. 611-8 du Code de justice administrative permet à la juridiction, par une mesure insusceptible de recours, de se dispenser de toute instruction contradictoire « lorsqu'il apparaît au vu de la requête que la solution de l'affaire est d'ores et déjà certaine ». Ces dispositions permettent uniquement de dispenser de communiquer la requête aux défendeurs lorsque la décision à intervenir n'est pas susceptible de leur porter préjudice, ce qui concerne principalement le cas où la requête est rejetée (CE Sect., 5 avril 1996, requête numéro 116594, Syndicat des avocats de France). De même, la juridiction peut rejeter une requête par une ordonnance dite de « tri » sans instruction contradictoire, dans les cas visés aux articles R. 122-12 et R. 222-1 du Code de justice administrative (par exemple pour donner acte d'un désistement ou pour rejeter les requêtes ne relevant manifestement pas de la compétence de la juridiction administrative).

IV – Caractère contradictoire

802.- Un principe essentiel.- Le principe du contradictoire impose que l'ensemble des éléments de l'affaire à juger soient connus par les parties qui doivent avoir la possibilité d'en discuter. A l'origine, en dehors des hypothèses visées par les textes, l'exigence d'une procédure contradictoire s'appliquait aux juridictions disciplinaires et elle était liée au principe plus général de respect des droits de la défense (CE, 20 juin 1913, requête numéro 41854, Téry : Rec. p. 736, concl. Corneille ; S. 1920, III, p. 13). Le principe du contradictoire constitue, selon le Conseil constitutionnel, le corollaire du principe constitutionnel du respect des droits de la défense (CC, 29 décembre 1989, numéro 89-268 DC, Loi de finances pour 1990 : JO, 30 décembre 1989, p.16498 ; RJF 1990, p. 127 ; Dr. fisc. 1990, comm. 57). Il constitue également l'un des principaux aspects du droit à un procès équitable défini par l'article 6§1 de la Convention européenne des droits de l'homme. Son champ d'application est toutefois plus général puisqu'il s'agit désormais d'un principe général du droit applicable à l'ensemble des juridictions administratives (CE Sect., 12 mai 1961, requête numéro 40674, Société La Huta : Rec. p. 313).

803.- Implications.- Le principe du contradictoire a vocation à s'appliquer tout au long de la procédure d'instruction. Il implique, notamment, l'obligation pour le juge de demander aux parties de présenter leurs observations lorsqu'il entend relever d'office un moyen d'ordre public (CJA, art. R. 611-7).

De même, faisant application de l'article 76 de la loi n° 2005-102 du 11 février 2005 selon lequel « devant les juridictions administratives, civiles et pénales, toute personne sourde bénéficie du dispositif de communication adapté de son choix », le Conseil d'Etat sanctionne le vice de procédure résultant de l'impossibilité, pour une personne infligée de ce handicap, de présenter des observations du fait de l'absence d'un tel dispositif (CE, 15 mars 2019, requête numéro 414751 , Shetrit : AJDA 2019, p. 613 ; JCP A 2019, act. 183, obs. Friedrich).

804.- Possibilité de cristallisation des moyens.- Dans le but de dynamiser l'instruction, et suivant la réforme du contentieux de l'urbanisme opérée en 2013 (Code de l'urbanisme, art. 600-4), les présidents de la formation de jugement ou le président de la chambre chargée de l'instruction, peuvent désormais d'office et dans tous les litiges, fixer une date à partir de laquelle de nouveaux moyens ne pourront plus être invoqués (CJA, art. R. 611-7-1). Cette cristallisation des moyens est une simple faculté à l'initiative du juge. Elle n'est toutefois ouverte qu'après l'expiration du délai donné aux requérants pour répliquer au premier mémoire en défense (CE, 30 janvier 2020, requête numéro 426346, Robert et a.). En outre, elle ne concerne pas les moyens d'ordre public et ne s'applique pas lorsque des dispositions contraires s'y opposent (V. par ex. l'article L. 199 C du livre des procédures fiscales qui permet au demandeur de soulever devant le juge de l'impôt tout moyen jusqu'à la clôture de l'instruction). Le pouvoir ainsi reconnu au président de la formation de jugement est limité à l'instance pendante devant la juridiction à laquelle il appartient. Cette ordonnance perd donc son objet et elle cesse de produire ses effets avec la clôture de l'instruction dans le cadre de cette instance. Il en résulte qu'en cas d'appel, l'usage de la faculté prévue par l'article R. 611-7-1 est sans incidence sur la recevabilité des moyens que peuvent soulever les parties à l'appui de leurs conclusions d'appel (CE, 13 février 2019, requête numéro 425568, Société Active immobilier).

Notons aussi que le décret n°2018-1054 du 29 novembre 2018 a introduit un régime spécifique et automatique de cristallisation des moyens dans le contentieux des installations des éoliennes terrestres. Dans ce contentieux, est en effet institué un délai de deux mois à compter de la communication du premier mémoire en défense à l'issue duquel les parties ne peuvent plus invoquer de moyens nouveaux. Le Conseil d'Etat a logiquement considéré que si le président de la formation de jugement peut fixer une date de cristallisation des moyens dans ce type de litige, c'est à condition qu'elle ne soit pas antérieure à la date à laquelle la présentation des moyens nouveaux est automatiquement interdite (CE, 3 avril 2020, requête numéro 426941, requête numéro 427388, Association La Demeure Historique et a., préc.).

805.- Place du rapporteur public dans la procédure.- Par ailleurs, le Conseil d'Etat s'oppose à ce que les parties aient connaissance de l'intégralité des conclusions du rapporteur public avant leur prononcé (CE, 29 juillet 1998, requête numéro 179635, requête numéro 180208, Esclatine : Rec. p.320, concl. Chauvaux ; JCP 1999, I, comm. 128, chron. Petit ; D. 1999, jurispr. p. 85, concl. Chauvaux ; AJDA 1999, p. 69, note Rolin). Notons toutefois que le décret n° 2009-14 du 7 janvier 2009 a institutionnalisé la pratique qui consiste, avant l'audience, à communiquer aux parties le sens des conclusions (CJA, art. R. 711-3 et R. 712-1), c'est-à-dire « des raisons qui déterminent la solution qu'appelle, selon lui, le litige » (CE Sect., 21 juin 2013, requête numéro 352427, Communauté d'agglomération du pays de Martigues : AJDA 2013, p. 1276, chron. Domino et Bretonneau ; RFDA 2013, p. 805, concl. de Lesquen). Il a été précisé que lorsque le rapporteur public, après une première communication, modifie le sens de ses conclusions, il doit en avertir les parties (CE, 4 mai 2016, requête numéro 380548, Delay)

La Cour européenne des droits de l'homme avait estimé, dans son arrêt Kress c. France du 7 juin 2001 (affaire numéro 39594/98 : AJDA 2001, p. 675, note Rolin ; Dr. adm. 2001, comm. 75 ; D. 2001, inf. rap. p.1998 ; JCP G 2001, II, comm. 10578, note Sudre ; RFDA 2001, p. 991, obs. Genevois et p. 1000, obs. Autin et Sudre), que le statut de l'ancien commissaire du gouvernement était conforme aux exigences du procès équitable, réserve faite de son assistance au délibéré (V. également sur ce point : CEDH, 12 avril 2006, affaire numéro 58675, Martinie c. France : JCP A 2006, comm. 1131, note Andriantsimbazovina ; Droit fiscal 2006, comm. 544). S'agissant plus précisément du principe du contradictoire, la Cour avait estimé, dans sa décision APBP c. France du 21 mars 2002 (affaire numéro 38436/97 : RDP 2003, p.694, note Gonzalez), que le fait que les parties puissent répliquer après l'audience aux conclusions du commissaire du gouvernement par une note en délibéré rédigée dans un délai suffisant et expressément visée par l'arrêt contribue au respect de ce principe. Cette jurisprudence a été reprise à son compte par le Conseil d'Etat qui veille à ce que le juge prenne connaissance de la note en délibéré avant de rendre sa décision (CE, 12 juillet 2002, requête numéro 236125, Leniau : Rec. p.278 ; RFDA 2003, p. 307, concl. Piveteau. – CE, 21 novembre 2003, requête numéro 244820, A. B.-G.).

S'agissant plus spécialement de la participation au délibéré du rapporteur public l'article R. 732-2 du Code de justice administrative, créé par le décret n°2006-964 du 1er août 2006, précise que « la décision est délibérée hors la présence des parties et du rapporteur public ». En revanche, s'agissant du Conseil d'Etat, l'article R. 733-3 du même code prévoit que « sauf demande contraire d'une partie, le rapporteur public assiste au délibéré. Il n'y prend pas part ». Ces dispositions également introduites par le décret du 1er août 2006 mettent un terme aux difficultés que posait la présence au délibéré du rapporteur public au regard de l'article 6§I de la Convention européenne des droits de l'homme, selon les jurisprudences Kress et Martinie. La Cour a en effet considéré, en dépit des doutes que pouvait faire naître la rédaction de l'article R. 733-3, que ce nouveau dispositif était désormais compatible avec ces stipulations (CEDH, 15 septembre 2009, affaire numéro 11396/08, Etienne c. France : AJDA 2009, p. 1920.- V. également CE, 25 mai 2007, requête numéro 296327, Courty : AJDA 2007, p. 1424, concl. Keller). Cette solution a été confortée par une décision Marc-Antoine c/France du 4 juin 2013 (affaire numéro 54984/09 : AJDA 2013, p.1580, note Platon), dans laquelle la Cour européenne des droits de l'homme a estimé que la communication du projet de décision du rapporteur au seul rapporteur public ne méconnaissait pas le droit à un procès équitable, et plus précisément le principe d'égalité des armes. Elle valide ainsi l'ensemble du dispositif concernant le rapporteur public. Selon la Cour, en effet, cette « particularité procédurale » permet aux justiciables de « saisir la réflexion de la juridiction pendant qu'elle s'élabore et de faire connaître leurs dernières observations avant que la décision ne soit prise ».

§II – Déroulement de l'audience

806.- Appel de l'affaire.- L'affaire est appelée à l'invitation du président de formation, par le greffier d'audience. Cet appel consiste en l'énoncé des références du dossier, des noms des parties et le cas échéant de leur mandataire assorti de la mention de leur présence ou absence.

Les affaires sont appelées sans ordre particulier, en principe individuellement, sauf en cas de jonction d'instance. Il peut y avoir jonction d'instance lorsqu'il existe un lien de connexité entre plusieurs affaires.

Exemple :
- CE, prés. sect. cont., requête numéro 131572, requête numéro 131573, 2 décembre 1992, Raja : sont ici jointes les requêtes rédigées en termes identiques par des époux qui demandent l'annulation de l'arrêté de reconduite à la frontière qui les concernent respectivement.

807.- Ordre de la prise de parole.- Le rapporteur lit son rapport.

Ensuite, jusqu'à récemment, devant le Conseil d'Etat et les juridictions du fond, ce sont les parties où leurs avocats qui étaient invités à présenter leurs observations orales. Cette règle a évolué en plusieurs étapes.

Tout d'abord, l'inversion de la prise de parole, devant les tribunaux administratifs et les cours administratives d'appel, a été expérimentée par le décret n°2009-14 du 2 janvier 2009. Elle a été généralisée par le décret n°2011-1950 du 23 décembre 2011 (CJA, art. R. 732-1). Désormais, les observations orales n'interviennent plus qu'après le prononcé des conclusions du rapporteur public.

En revanche, ce décret ne concernait pas le Conseil d'Etat, devant lequel c'est toujours avant la présentation des conclusions que pouvaient être présentées des observations orales. Cette possibilité de s'exprimer après la lecture du rapport était laissée aux avocats au Conseil d'Etat représentant les parties, et aux parties dans les matières où le ministère d'avocat n'est pas obligatoire (CE, 25 octobre 1996, requête numéro 128723, Commune d'Olivet : Rec. p. 1100). Après la lecture des conclusions du rapporteur public, il n'était plus possible de prononcer que de « brèves observations orales », ce qui est normal puisque devant le Conseil d'Etat les « observations orales » intervenaient avant que le rapporteur public ne prononce ses conclusions.

Finalement, le décret n°2020-1404 du 18 novembre 2020 a étendu l'inversion de la prise de parole à la procédure devant le Conseil d'Etat. Désormais « les avocats au Conseil d'Etat représentant les parties peuvent présenter des observations orales après le prononcé des conclusions du rapporteur public ». En revanche, les dispositions leur permettant de présenter de « brèves observations orales » après le prononcé des conclusions du rapporteur public » ont été logiquement abrogées.

808.- Dispense possible de conclusions du rapporteur public.- Par ailleurs, la loi n°2011-525 du 17 mai 2011 a créé l'article L. 732-1 du Code de justice administrative qui permet au président de la formation de jugement, devant les tribunaux administratifs et les cours administratives d'appel, de dispenser le rapporteur public d'exposer à l'audience ses conclusions sur une requête. Cette dispense est prononcée « eu égard à la nature des questions à juger » dans les matières visées par l'article R. 732-1-1 du Code de justice administrative, créé par le décret n°2011-1950 du 23 décembre 2011. Sont concernés notamment les contentieux relatifs au permis de conduire, à la naturalisation ou encore à l'entrée, au séjour et à l'éloignement des étrangers à l'exception des expulsions. La liste énumérée par l'article R. 732-1-1 est exhaustive. Il ainsi été jugé qu'un litige relatif à la taxe d'enlèvement des ordures ménagères ne figurant pas dans cette liste, il ne peut donc donner lieu à une dispense de conclusions (CE, 27 mars 2017, requête numéro 401205, Société Auchan France). L'objectif poursuivi par le législateur est de permettre au rapporteur public de ne plus être « contraint de se disperser, voire de s'épuiser, sur des dossiers qui posent des questions récurrentes dans un cadre juridique parfaitement déterminé » (Questions à Jean-Marc Sauvé, vice-président du Conseil d'Etat : AJDA 2011, p. 412). Si ce dispositif a été jugé conforme à la Constitution, le Conseil constitutionnel n'en a pas moins rappelé que la loi aurait été « contraire au principe d'égalité devant la justice en ce qu'elle conférerait au rapporteur public et au président de la formation de jugement un pouvoir discrétionnaire pour décider, au cas par cas, d'une telle dispense » (CC 12 mai 2011, numéro 2011-629 DC, Loi de simplification et d'amélioration de la qualité du droit). Il a été précisé également par le Conseil d'Etat que les parties ou les mandataires doivent être mis en mesure de savoir, dans un délai raisonnable avant l'audience, si le rapporteur public sera dispensé de prononcer des conclusions sur l'affaire (CE, 26 juillet 2018, requête numéro 403389, Société Sukyo Mahikari).

Exceptées les hypothèses susvisées, le rapporteur public prononce ses conclusions. Comme on l'a vu, il a l'obligation, avant l'audience, de communiquer aux parties le sens de ses conclusions (CJA, art. R. 711-3 et R. 712-1)

809.- Observations orales des parties ou de leurs avocats.- Devant les tribunaux administratifs et les cours administratives d'appel, les parties peuvent ensuite présenter soit en personne, soit par un avocat au Conseil d'Etat et à la Cour de cassation, soit par un avocat, des observations orales à l'appui de leurs conclusions écrites. Cependant, le président a la faculté de leur retirer la parole si elles ne sont pas en mesure de discuter leur cause avec la modération ou la clarté requises. La formation de jugement peut également entendre les agents de l'administration compétente ou les appeler devant elle pour fournir des explications (CJA, art. R. 732-1).

Devant le Conseil d'Etat, comme on l'a évoqué, ce sont les avocats au Conseil d'Etat représentant les parties qui peuvent présenter des observations orales après le prononcé des conclusions du rapporteur public (CJA, art. 733-1).

810.- Note en délibéré.- Postérieurement au prononcé des conclusions du rapporteur public, toute partie à l'instance peut adresser au président de la formation de jugement une note en délibéré qui permet de répondre par écrit aux conclusions du rapporteur public (CJA, art. R. 731-3). Cette possibilité est également ouverte dans les cas de dispense de conclusions.

811.- Délibéré.- Le délibéré débute par la lecture de la note en délibéré, lorsqu'elle a été produite. La note est lue par le rapporteur avant qu'il ne lise le projet de décision et que ne soient entamés les débats. La décision n'aura pas à répondre aux arguments invoqués par la note puisqu'il ne s'agit pas d'une pièce de la procédure contradictoire. Cependant, si la note fait apparaître une difficulté ou un élément nouveau susceptible d'avoir une incidence sur le sens de la solution, l'affaire est rayée et l'instruction contradictoire rouverte.

§III – Pouvoirs du juge

812.- Délimitation du cadre du procès.- Le cadre du procès est délimité par les conclusions des parties. Ainsi, à l'image du juge judicaire, le juge administratif n'a pas le droit de statuer au-delà ou en deçà de ce que demandent les parties.

813.- Obligation de soulever d'office les moyens d'ordre public.- Toutefois, le juge a la possibilité, et même l'obligation, de relever d'office les moyens d'ordre public qui n'auraient pas été invoqués par les parties. C'est le cas, par exemple, des moyens tirés de la violation des règles de compétence juridictionnelle ou des règles de recevabilité. De même, peuvent être concernés des moyens relatifs au fond du droit comme l'incompétence de l'auteur d'une décision administrative ou la méconnaissance d'une annulation prononcée dans le cadre d'un recours pour excès de pouvoir.

814.- Injonctions.- En revanche, si l'on excepte le cas des injonctions d'instruction, le juge n'a pas le droit d'adresser des injonctions à l'administration, c'est-à-dire de la condamner à des obligations de faire ou de ne pas faire.

Ce principe connaît une dérogation majeure visée par les articles L. 911-1 s. du Code de justice administrative. Ces textes permettent en effet au juge administratif d'adresser des injonctions à l'administration, éventuellement assorties d'astreintes, en vue de l'exécution de la chose jugée. Ceci concerne les cas où la chose jugée « implique nécessairement » qu'une mesure d'exécution déterminée soit prise, soit immédiatement, soit au terme d'une nouvelle instruction de l'affaire.

Relevons ici que si ces dispositions sont rédigées de façon générale, et peuvent donc concerner une grande variété de domaines, un cas particulier est désormais visé par l'article L. 911-1-1 du Code de justice administrative créé par la loi n°2016-1691 du 9 décembre 2016. Cet article permet expressément à la juridiction de prescrire de réintégrer toute personne ayant fait l'objet d'un licenciement, d'un non-renouvellement de son contrat ou d'une révocation en méconnaissance de la protection des lanceurs d'alerte en matière de conflits d'intérêt ou ayant relaté un crime ou un délit.

Jusqu'à l'entrée en vigueur de la loi n° 2019-222 du 23 mars 2019 de programmation 2018-2022 et de réforme pour la justice, pour pouvoir prononcer une injonction en vue d'assurer la bonne exécution d'une décision de justice, le juge devait être saisi de « conclusions dans ce sens ». Cette condition a été supprimée par cette loi. Désormais, le juge peut désormais prescrire d'office les mesures qu'appelle nécessairement l'exécution de sa décision. Mais dans ce cas, conformément à l'article R. 611-7-3 du Code de justice administrative, la juridiction doit informer au préalable les parties afin de leur permettre de présenter leurs observations.

Si le juge peut donc accompagner ses décisions d'une injonction et éventuellement d'une astreinte, il n'a en revanche pas la possibilité de prononcer des injonctions à titre principal dans le cadre d'une procédure juridictionnelle ordinaire. Cette possibilité lui est toutefois ouverte dans le cadre de la procédure de référé liberté visée par l'article L. 521-2 du Code de justice administrative et dans le cadre de ses pouvoirs d'instruction. Ce principe connaît toutefois des exceptions récentes. C'est le cas en particulier du recours ouvert au cocontractant de l'administration, en cas de résiliation unilatérale du contrat administratif par cette dernière, qui permet d'ordonner au juge une action en reprise des relations contractuelles (CE Sect., 21 mars 2011, requête numéro 304806, Commune de Béziers : Rec. p. 117 ; AJDA 2011, p. 670, note Lallet ; Dr. adm. 2011, comm. 46, note Brenet et Melleray ; RD imm. 2010, p. 270, obs. Braconnier ; RFDA 2011, p. 507, concl. Cortot-Boucher et p. 518, note Pouyaud). C'est le cas également lorque le juge statue sur une demande tendant à la démolition d'un ouvrage public (CE, 29 novembre 2019, requête numéro 410689, Pinault préc.). Mais en dehors de cette hypothèse le principe demeure que le juge administratif n'a pas la possibilité de prononcer des injonctions au principal.

Exemple :
- CAA Nancy, 22 avril 2004, requête numéro 99NC02146, Mme. Nicole X. : l'annulation de la notation d'un agent administratif pour l'année 1998 implique nécessairement que la commune procède à une nouvelle notation de l'intéressée pour cette même année. En revanche, les conclusions présentées par la requérante demandant aux juges d'enjoindre à la commune de réviser à la hausse sa fiche de notation, de revaloriser sa qualification, de conformer son échelon de rémunération à son ancienneté et de récupérer ses heures de travail cumulées sous forme de congés, tendent au prononcé d'une injonction à titre principal et sont donc irrecevables.

§IV – Obligation de se conformer à la chose jugée

815.- Conséquences des jugements.- Les décisions du juge administratif entraînent un certain nombre d'effets. Toutefois, la portée de ces décisions est parfois difficile à appréhender, et il sera nécessaire, dans certains cas, que le juge incite, voire contraigne, l'administration à s'exécuter.

I – Effets des décisions du juge administratif

816.- Caractère exécutoire des décisions.- Les décisions du juge administratif sont rendues au nom du peuple français et elles sont directement exécutoires. Elles constituent un titre qui permettra éventuellement de recourir à l'exécution forcée et elles sont revêtues de l'autorité de la chose jugée, ce qui fait qu'elles ne pourront plus être contestées que dans le cadre des voies de recours.

817.- Validations législatives.- Il pourra cependant être fait échec à l'obligation d'exécuter la chose jugée dans les cas où le législateur exerce le pouvoir de validation qui lui appartient. L'exercice de ce pouvoir va permettre d'éviter les difficultés inextricables que peut poser l'exécution de certaines décisions de justice. Par exemple, l'annulation des opérations d'un concours de recrutement de la fonction publique devrait conduire à considérer que les fonctionnaires recrutés, qui ont parfois débuté leur carrière depuis plusieurs années, ne l'ont jamais été. Dans un tel cas, une loi de validation pourra intervenir pour valider, non pas le concours lui-même, mais les nominations qui ont été prononcées à son issue (CC, 22 juillet 1980, numéro 80-119 DC, Loi portant validation d'actes administratifs, préc). Notons toutefois que depuis l'arrêt de Section Lugan du 10 octobre 1997, les décisions de nomination de fonctionnaires prises à l'issue d'un concours administratif entaché d'illégalités subsistent, dès lors que le délai de recours contentieux et le délai de quatre mois pour les retirer est expiré (requête numéro 170341 : Rec. p. 346, concl. Pécresse ; AJDA 1997, p. 952, chron. Girardot et Raynaud ; Dr. adm. 1997, comm. 390 ; LPA, 20 février 1998, p. 6, note Pélissier). Ce mécanisme présente néanmoins toujours un intérêt pour les actes de nomination qui font l'objet d'un recours pendant devant les juridictions administratives : à partir du moment où l'acte est validé, ce recours devient sans objet.

Ce pouvoir de validation législative est strictement encadré par la jurisprudence. D'une part, la validation ne saurait avoir pour effet de valider des actes définitivement annulés, ce qui ferait obstacle à la fois au respect dû à la chose jugée et au principe de séparation des pouvoirs (CC, 29 décembre 2005, numéro 2005-531 DC, Loi de finances pour 2006 : Droit adm. 2006, 32 ; LPA, 13 janvier 2006, p. 4, note Mathieu et 16 janvier 2006, p.7, note Schoettl). Elle doit également respecter le principe de non-rétroactivité des sanctions pénales et administratives. L'acte validé ne doit méconnaître aucun principe de valeur constitutionnelle, réserve faite de cas où « le but d'intérêt général visé par la validation serait lui-même de valeur constitutionnelle ». Enfin, conformément aux exigences du procès équitable visées par l'article 6§1 de la Convention européenne des droits de l'homme, la validation législative doit être justifiée par « (d')impérieux motifs d'intérêt général ». (CEDH, 28 octobre 1999, affaire numéro 24846/94, 34165/96, 34173/96, Zielinski et Pradal, Gonzalez et a. c/ France: AJDA 2000, p. 533, obs. Flauss ; D. 2000, p. 184, obs. Fricero ; RFDA 2000, p. 1254, étude Bolle ; RTD civ. 2000, p. 436, obs. Marguénaud et p. 629, obs. Perrot). Cette solution a été reprise par la Cour de cassation (Cass. Ass. plén., 24 janvier 2003, pourvoi numéro 01-41.757SCI le Bas Noyer c. Castorama : Bull. ass. plén., n°2 ; D. 2003. 1648, note Paricard-Pioux ; JCP G 2003, comm. 10030, note Billiau ; RFDA 2003, p. 470, note Mathieu ; RDSS 2003, p. 306, note Boulmiere ; RTD comm. 2004, p. 74, note Moneger) par le Conseil d'Etat (CE, 23 juin 2004, requête numéro 257797, Société des Laboratoires Genevrier : Rec. p. 256 ; RDSS 2004, p. 916, note Peigné.- V. toutefois admettant la possibilité d'un contrôle d'intensité variable selon la nature du droit en cause, CE Ass., 27 mai 2005, requête numéro 277975, Provin : AJDA 2005, p.1455, chron. Landais et Lenica ; RFDA 2005, p.893) puis par le Tribunal des conflits (TC, 13 décembre 2010, Société Green Yellow c/ Electricité de France, préc.). De son côté, le Conseil constitutionnel a longtemps exigé que la loi de validation poursuive un « but d'intérêt général suffisant », ce qui paraît constituer une exigence moindre (CC, 21 décembre 1999, numéro 99-422 DC, Loi de financement pour la sécurité sociale pour 2000 : Rec. CC, p. 143). Mais finalement, à l'occasion d'une décision du 14 février 2014, le Conseil constitutionnel s'est également aligné sur la jurisprudence de la Cour européenne des droits de l'homme (décision numéro 2013-366 QPC : AJDA 2014, p. 377, note Roux; RFDA 2014, p. 589, chron. Roblot-Troizier et Tusseau ; RTD civ. 2014, p. 604, obs. Deumier.- V. également CC, 24 juillet 2014, numéro 2014-695 DC : AJCT 2014, p. 400, note Lasserre Capdeville ; Constitutions 2014, p. 360, note de Baecke ; RTD com. 2014, p.669, obs. Legeais.- V. aussi dernièrement CC, 19 avril 2019, numéro 2019-776 QPC).

818.- Autorité absolue de la chose jugée.- Si l'on met de côté la question des validations législatives, les jugements contre lesquels les délais de recours sont expirés sont normalement revêtus de l'autorité absolue de chose jugée et leur respect est d'ordre public (CE, 22 mars 1961, requête numéro 51333, Simonet, Rec. p. 211). De la même façon, les jugements et décisions statuant sur la légalité d'actes sont reconnus par les deux ordres de juridictions comme ayant une autorité absolue de chose jugée dont le respect est d'ordre public. Cette solution est de longue date admise par la Cour de cassation (Cass. crim., 4 décembre 1930, Abbé Gautrand, rapport Bourdon et obs. Appleton D. 1931.I.33 ; V. également Cass. 1ère civ., 19 juin 1985, pourvoi numéro 84-11.528, Office national de la chasse, D. 1985, p. 426, rapport Sargos). En revanche, le Conseil d'Etat considérait à l'origine que les jugements rendus sur recours préjudiciels comme n'étaient soumis qu'à une autorité relative de la chose jugée (CE, 5 juin 1981, requête numéro 23721, Layani : RDP 1982 p. 528.- CE Sect., 2 mars 1990, requête numéro 84590, Commune de Boulazac : Rec. p. 57 ; CE, 3 juillet 1997, requête numéro 112171, Ministre de l'Equipement : Rec. p. 259). Cependant, le Conseil d'Etat a finalement procédé à un revirement de sa jurisprudence et a aligné sa position sur celle de la Cour de Cassation (CE, 29 décembre 2001, requête numéro 205369, Syndicat CNT des PTE de Paris et a. : Rec. p. 673 ; AJDA 2002, p. 547, obs. Seiller).

819.- Conséquences de l'illégalité d'un acte réglementaire fixant les tarifs d'un service public.- Dans un arrêt de Section Anschling du 28 avril 2014 (requête numéro 357090 : Rec. p. 96, concl. de Barmon ; AJDA 2014, p. 1274, chron. Bretonneau et Lessi ; Dr. adm. 2014, 53, note Eveillard ; JCP A 2014, comm. 2293, note Traoré ; RFDA 2014, p. 512, concl. de Barmon et p. 721, étude Seiller ; RJEP août-sept. 2014, comm. 13, concl. de Barmon), le Conseil d'Etat a précisé quelles sont les conséquences qu'un organisme public doit tirer d'une décision du juge administratif déclarant l'illégalité d'un acte réglementaire. En l'espèce, cette déclaration d'illégalité concernait des délibérations fixant les tarifs des services de l'eau. Le Conseil d'Etat rappelle que cette déclaration n'a eu pour effet ni de faire disparaître rétroactivement ces délibérations de l'ordonnancement juridique (V. dans ce sens, CE, 27 mai 2002, requête numéro 227338, SA Transolver Service), ni de faire revivre la délibération précédemment applicable (V. dans ce sens, CE Ass., 18 janvier 1980, requête numéro 14397, Bargain : Rec. p. 29). Les juges considèrent ensuite « qu'eu égard à la nature et à l'objet des redevances pour service rendu, qui constituent la rémunération des prestations fournies aux usagers », la déclaration d'illégalité ne les déchargeait pas « de toute obligation de payer une redevance en contrepartie du service dont ils ont effectivement bénéficié » (V également CE, 28 mai 2014, requête numéro 359738, Compagnie des Bateaux Mouches). Ainsi, le Conseil d'Etat admet que l'autorité administrative compétente avait pu « légalement, pour régulariser les situations nées de ces litiges, adopter une délibération fixant de manière rétroactive, dans le respect des motifs constituant le support nécessaire du jugement du tribunal administratif (...) le tarif de l'eau devant être appliqué, (...) aux usagers ayant bénéficié du service et contesté, par la voie contentieuse, les montants de redevance mis à leur charge ». Cette solution constitue une exception au principe de non-rétroactivité des actes administratifs qui avait déjà été reconnue dans le cas d'annulation par le juge de l'acte réglementaire fixant des tarifs (CE, 19 mars 2010, requête numéro 305047, requête numéro 305049, requête numéro 312221, requête numéro 312883, requête numéro 313595, Syndicat des compagnies aériennes autonomes).

Une difficulté supplémentaire se pose lorsque l'illégalité du tarif, relevée par le juge judiciaire, tient précisément à la rétroactivité de ce tarif. En effet, la jurisprudence Anschling n'a vocation à s'appliquer comme on l'a vu que « dans le respect des motifs constituant le support nécessaire » de la déclaration d'illégalité. Dans une telle hypothèse, les délibérations sont « illégales en tant qu'elles prévoient que les modifications qu'elles adoptent s'appliquent à des périodes antérieures à la date de leur entrée en vigueur ». En revanche et surtout « ces délibérations sont (…) en l'absence d'autre critique de légalité fondée, légales en ce qu'elles ont pour effet, pour la période courant du 1er janvier de chaque année à la date de leur entrée en vigueur, de réitérer le tarif de la redevance applicable l'année précédente, dont les usagers doivent s'acquitter en contrepartie du service dont ils ont bénéficié ». En d'autres termes, l'illégalité résultant de la rétroactivité ne vaut que pour la modification du tarif et non pas pour une simple réitération des tarifs antérieurs (CE, 11 juillet 2019, requête numéro 422577, EARL Plaine de Vaucouleurs : Contrats-Marchés publ. 2019, comm. 316, note Eckert ; Dr. adm. 2019, comm. 55, note Eveillard ; JCP A 2019, act. 502, obs. Erstein).

II – Problèmes de détermination de la portée de la chose jugée

820.- Difficulté à déterminer la portée de l'annulation d'un acte administratif.- Dans de nombreuses hypothèses, l'administration n'éprouvera aucune difficulté à déterminer la portée de la décision la condamnant. Tel est le cas, notamment, dans le cadre du plein contentieux, lorsqu'elle est condamnée au versement de dommages intérêts où lorsque le juge de l'élection rectifie les résultats d'un scrutin.

821.- Exception à l'effet rétroactif du jugement.- En revanche, la portée de l'annulation d'un acte administratif est parfois difficile à apprécier. En principe, l'acte disparaît rétroactivement. Toutefois, le Conseil d'Etat a admis, de façon exceptionnelle, que dans les cas où l'annulation rétroactive aurait des conséquences manifestement excessives pour les intérêts publics ou privés en présence, le juge a la possibilité de moduler dans le temps l'effet de ses décisions. Ainsi, il peut estimer que tout ou partie des effets antérieurs de l'acte doivent être considérés comme définitifs, ou encore que la décision d'annulation ne prendra effet qu'à compter d'une date ultérieure à la décision (CE Ass., 11 mai 2004, requête numéro 255886, Association AC ! et a. : Rec. p.97, concl. Devys ; AJDA 2004, p.1183, chron. Landais et Lenica et p. 1049, tribune Bonichot ; D. 2004, p. 1603, chron. Mathieu ; Droit adm. 2004, 115, note Lombard ; JCPA 2004, comm. 1828, note Bigot ; LPA 2004, n°208, chron. Melleray et n°230, note Monford ; LPA 2005, n°25, note Crouzatier-Duran ; RFDA 2004, p. 438 et 454 note préparatoire Stahl et Courrèges et concl. Devys ; RDP 2005, p.536, obs. Guettier.- CE Sect., 25 février 2005, requête numéro 247866, France télécom : Rec. p.86 ; AJDA 2005, p.997, chron. Landais et Lenica ; JCPA 2005, comm. 1162, note Saunier-Cassia et comm. 1263, note Breen ; RDP 2005, p.1643, note Idoux ; RFDA 2005, p.802, concl. Prada-Bordenave. – CE, 19 décembre 2008, requête numéro 312553, Kierzkowski-Chatal et a. : JCP G 2009, II, comm. 10042, note Dupic et Tifine.- CE, 10 février 2010, requête numéro 329100, Perez : Dr. adm. 2004, 54, note Melleray.- CE Sect., 30 décembre 2010, requête numéro 329513, Robert : Dr adm. 2011, comm. 25, note Melleray.- CE, 17 juin 2011, requête numéro 324816, Société canal plus distribution : D. 2011, p. 1678 ; RLDI 2011, n° 73, actualités, obs. L. C.- CE Ass., 23 décembre 2011, requête numéro 335033, Danthony, préc. - CE, 28 mars 2012, requête numéro 341067, Confédération générale des petites et moyennes entreprises.- CE Ass., 11 avril 2012, requête numéro 322326, GISTI.- CE, 1er juin 2012, requête numéro 341775, requête numéro 343288, requête numéro 343336, requête numéro 343362, Fédération des syndicats généraux de l'éducation nationale et de la recherche publique : JCP A 2012, comm. 2254, note Touzeil-Divina .- CE Ass., 23 décembre 2013, requête numéro 363702, requête numéro 363719, Société Métropole Télévision, Société Télévision Française : Dr. adm. 2014, comm. 29, note Bazex ; RJEP 2014, 33, note Idoux.- CE, 14 mai 2014, requête numéro 355924, Fédération UNSA spectacle et communication.- CE, 9 juillet 2015, requête numéro 375542, Football Club des Girondins de Bordeaux.- CE, 5 octobre 2015, requête numéro 383956, requête numéro 383957, requête numéro 383958, Association France nature environnement.- CE, 28 septembre 2016, requête numéro 377190 , Dumas : Rec. tables, p. 894.- CE, 15 mars 2017, requête numéro 395326, requête numéro 396025, Association de défense des agriculteurs de La Réunion.- CE, 31 juillet 2019, requête numéro 428530, CIMADE et a. ; RTDE 2018, obs. Muller, p. 397).

Cette logique a été récemment transposée à l'office du juge d'appel. Désormais, lorsque ce juge est saisi d'un jugement ayant annulé un acte administratif et qu'il rejette l'appel formé contre ce jugement en ayant lui-même jugé illégal cet acte, le Conseil d'Etat considère qu'il peut déroger à l'effet rétroactif de l'annulation, lorsque celui-ci est « de nature à emporter des conséquences manifestement excessives en raison tant des effets que cet acte a produits et des situations qui ont pu se constituer lorsqu'il était en vigueur, que de l'intérêt général pouvant s'attacher à un maintien temporaire de ses effet ». Il se placera alors à la date à laquelle il statue et il pourra réformer sur ce point le jugement de première instance (CE, 17 décembre 2020, requête numéro 430592, Ministre de la Transition écologique et solidaire c/ Société Smurfit Kappa Papier Recycle France).

La jurisprudence Association AC ! s'applique également à l'hypothèse d'un refus d'annulation d'un acte dont la suspension avait été auparavant obtenue dans le cadre d'une procédure de référé (CE, 27 octobre 2006, Société Techna SA et a., requête numéro 260791, requête numéro 260792 : Rec. p. 451 ; RFDA 2007, p. 265, concl. Séners ; JCP A 2006, II, comm. 10208, note Damarey ; RFDA 2007, p. 265, concl. Séners.- V. également CE, 20 janvier 2014, requête numéro 360791, Conseil national des professions de l'automobile).

Il faut noter que dans l'hypothèse où la Cour de justice de l'Union européenne a été saisie d'une question préjudicielle, et qu'elle a refusé de faire usage du pouvoir de modulation dans le temps de ses arrêts qui lui appartient également, le juge national ne pourra ensuite contredire la délimitation par la Cour du champ d'application dans le temps de sa décision en recourant à la jurisprudence AC ! (CE, 28 mai 2014, requête numéro 324852, Association Vent de colère : AJDA 2014, p. 1784, note Mamoudy ; Dr. adm. 2014, comm. 54, note Bazex ; Dr. fisc. 2014, comm. 450, concl. Legras, note Maitrot de la Motte et Dubout ; JCP A 2014, act. 465, obs. Touzeil-Divina ; Procédures 2014, comm. 254, note Deygas ; RFDA 2014, p. 783, concl. Legras). Une telle modulation opérée par le juge national constituerait en effet une atteinte à l'autorité de la chose jugée. En revanche, la Cour de justice estime que lorsqu'une illégalité est établie au regard du droit de l'Union européenne, la modulation n'est possible qu'à titre exceptionnel, en raison d'une nécessité impérieuse et compte tenu des circonstances spécifiques de chaque affaire. Il est également exigé « qu'aucun doute raisonnable n'existe quant à l'interprétation et l'application des conditions posées par (la jurisprudence de la Cour) à une telle limitation » (CJUE 28 février 2012, affaire numéro C-41/11, Inter-environnement Wallonie ASBL : AJDA 2012, p. 995, chron. Aubert, Broussy et Donnat. - CJUE 28 juillet 2016, affaire numéro C-379/15, Association France nature environnement c/ Premier ministre et ministre de l'Ecologie, du Développement durable et de l'Energie : AJDA, p. 2209, chron. Broussy, Cassagnabère et Gänser, et note Mamoudy). C'est cette solution qui a été admise par le Conseil d'Etat dans une affaire où, après avoir annulé un décret réglementant les prix du gaz au regard du droit de l'Union européenne, il a estimé que les effets antérieurs de ce décret doivent être maintenus en raison des « incertitudes graves qu'une annulation rétroactive ferait naître sur la situation contractuelle passée de plusieurs millions de consommateurs et de la nécessité impérieuse de prévenir l'atteinte à la sécurité juridique qui en résulterait» (CE Ass., 19 juillet 2017, requête numéro 370321, Association nationale des opérateurs détaillants en énergie : Rec. p.255 ; AJDA 2017, p. 1879, chron. Odinet et Roussel ; Energie-Env.-Infrastr. 2017, comm. 59 ; RFDA 2017, p. 1099, note de la Rosa ; RTD comm. 2017, p. 853, note Lombard).

Le Conseil d'Etat a également été amené à préciser l'hypothèse où après avoir, par une précédente décision, annulé pour excès de pouvoir un acte et sursis à statuer sur la date d'effet de cette annulation, il décide de limiter, par une décision postérieure, les effets de cette annulation. Dans ce cas, les actions contentieuses contre les actes pris sur le fondement de l'acte annulé qu'il est tenu de réserver, sont celles engagées à la date de la décision ayant prononcé l'annulation de cet acte, et non à la date de la décision par laquelle il en a limité les effets dans le temps (CE, 15 mai 2013, requête numéro 337698, Fédération nationale des transports routiers : Rec. tables, p. 797 ; AJDA 2013, p. 1876, note Connil).

Dans la lignée de la jurisprudence AC ! le Conseil d'Etat a également admis la possibilité de maintenir certains effets de l'acte annulé, dans des circonstances encore plus exceptionnelles (CE, 23 juillet 2014, requête numéro 349717, Société Octapharma France : Rec. p. 243 ; AJDA 2014, p. 2315, note Mamoudy ; RDSS 2014, p. 1110, obs. Peigné). Les difficultés qui peuvent résulter de l'annulation d'une décision peuvent ainsi conduire le juge non pas à différer dans le temps les effets de celle-ci mais à définir le droit applicable pour une période transitoire.

822.- Régularisation de l'acte administratif.- Toujours dans le but de limiter les effets brutaux d'une annulation contentieuse, le Conseil d'Etat a reconnu, à l'occasion de l'arrêt de Section Commune d'Emerainville et Syndicat d'agglomération nouvelle de Marne-la-Vallée- Val Maubué du 1er juillet 2016 (requête numéro 363047 : Rec. p. 291, concl. Daumas ; AJCT 2016, p.46, note Didriche ; AJDA 2016, p. 1859, chron. Dutheillet de Lamothe et Odinet ; JCP A 2016, comm. 2281, concl. Daumas, note Kernéis-Cardinet ; RFDA 2017, p. 289, concl. Daumas) la possibilité pour l'administration, dans certains cas, de régulariser l'acte administratif entaché d'une irrégularité de forme ou de procédure. Dans cette hypothèse, il s'agira, pour l'administration compétente, d'adopter, lorsque cela est possible, un nouvel acte administratif reprenant le dispositif d'un précédent acte tout en corrigeant rétroactivement le vice comporté par cet acte. Ce régime est identique quel que soit le moment de la régularisation, avant ou après l'annulation juridictionnelle de l'acte régularisé. En l'espèce, les juges estiment que « la juridiction, saisie de conclusions tendant à ce qu'il soit enjoint à l'administration de recouvrer la subvention attribuée sur le fondement d'une décision annulée pour un motif d'irrégularité de forme ou de procédure, doit alors subordonner la restitution de la somme réclamée à l'absence d'adoption par l'administration, dans le délai déterminé par sa décision, d'une nouvelle décision attribuant la subvention ».

823.- Subjectivisation de l'office du juge.- Ces jurisprudences dénotent une évolution de l'office du juge de l'excès de pouvoir dans le sens d'une subjectivisation. En d'autres termes, le juge de l'excès de pouvoir ne se borne plus à annuler mécaniquement les actes illégaux sans tenir compte des effets de son annulation. Toutefois, il est important de souligner que ces solutions n'ont toutefois vocation à s'appliquer que dans des cas exceptionnels. En principe, par conséquent, la décision annulée n'est censée n'avoir jamais existé et l'administration devra prendre toute mesure destinée à effacer les conséquences de ces actes.

824.- Equilibre entre principe de légalité et stabilité des relations juridiques.- Dans certains cas, ceci implique l'obligation pour l'administration de réexaminer le dossier et de prendre une nouvelle décision. On devrait également considérer que les effets de droit produits par l'acte annulé devraient être réduits à néant. Cependant, une position trop stricte sur ce point peut présenter de graves inconvénients. Elle pourrait en effet aboutir à la remise en cause de situations qui paraissaient acquises. Pour éviter que le principe de légalité ne l'emporte systématiquement sur la stabilité des relations juridiques, des aménagements ont ainsi été prévus par la jurisprudence.

Ainsi, l'annulation d'un acte règlementaire est sans incidence sur les décisions individuelles prises sur son fondement dès lors qu'elles sont créatrices de droits (CE Section, 1er avril 1960, requête numéro 45570, Quériaud : Rec. p. 245, concl. Henry). En particulier, l'exécution du jugement par lequel un acte réglementaire a été annulé n'implique pas que le juge, saisi sur le fondement des dispositions de l'article L. 911-1 du Code de justice administrative, enjoigne à l'administration de revenir sur les mesures individuelles prises en application de cet acte (CE, avis, Sect., 13 mars 1998, requête numéro 190751, Vindevogel : Rec. p. 78 ; AJDA 1998, p. 408, chron. Raynaud et Fombeur).

Il arrive cependant que des solutions plus nuancées s'appliquent dans certains domaines et notamment en matière d'urbanisme.

Exemple :
- CE, 28 janvier 1987, requête numéro 39146, Comité de défense des espaces verts c. SA Le Lama (Rec. p. 20 ; AJDA 1987, p.281, concl. Vigouroux) : si un permis de construire ne peut être délivré que pour un projet de construction respectant la règlementation d'urbanisme applicable, il ne constitue pas un acte d'application de cette règlementation. Par conséquent, l'annulation d'un document de planification n'entraîne pas de plein droit celle d'un permis de construire délivré sous l'empire de ce document. Ce principe trouve toutefois exception dans le cas où cette annulation aurait été prononcée en raison de l'illégalité d'une disposition ayant pour objet de rendre possible l'octroi du permis litigieux. En dehors de ce cas, il appartient au juge, s'il est saisi de moyens en ce sens par la partie qui critique le permis, de rechercher si le projet de construction autorisé est ou non compatible avec les dispositions d'urbanisme redevenues applicables à la suite de l'annulation de ce document.

Pour ce qui concerne les actes individuels, l'administration est tenue de prendre toute mesure nécessaire au rétablissement de la situation préexistant à l'acte qui a été annulé.

Exemple :
- CE, 26 décembre 1925, requête numéro 88369, Rodière (Rec. p. 1065 ; S. 1925, III, p. 49 note Hauriou) : l'annulation d'un tableau d'avancement de fonctionnaires oblige le ministre compétent à reconstituer la carrière des fonctionnaires irrégulièrement nommés.

La jurisprudence est toutefois extrêmement nuancée, le juge faisant parfois prévaloir un certain pragmatisme sur la logique juridique.

Exemple :
- CE Sect., 10 octobre 1997, requête numéro 134766, Société Strasbourg FM (Rec. p.355, concl. Pécresse ; Dr. adm. 1998, 27 ; JCP G 1997, IV, p. 398) : l'annulation d'une décision de refus d'attribution de fréquence par le Conseil supérieur de l'audiovisuel n'entraîne pas l'obligation de retirer les fréquences octroyées simultanément au refus et devenues définitives.

III – Mécanismes visant à inciter ou à contraindre l'administration à respecter la chose jugée

825.- Droit à l'exécution du jugement.- Conformément à l'article 16 de la Constitution, le Conseil constitutionnel considère que constitue le corollaire du droit au juge le fait que toute décision de justice a force exécutoire (CC 29 juillet 1998, décision numéro 98-403 DC). Pour la Cour européenne des droits de l'homme, le droit à l'exécution effective des décisions de justice est également une composante du droit au procès équitable et au droit au recours effectif (CEDH, 19 mars 1997, affaire numéro 18357/91, Hornsby c. Grèce: Rec. CEDH 1997-II ; GACEDH, n° 28 ; AJDA 1997, p. 977, obs. Flauss ; JCP G 1997, II, comm. 22949, obs. Dugrip et Sudre), ce qui impose à l'administration de prendre toutes les mesures qu'implique l'annulation de la décision contestée. Pour autant, la condamnation de l'administration n'est pas toujours suivie des effets qu'implique le respect de la chose jugée. Comme on l'a déjà évoqué, l'administration peut éprouver des difficultés à appréhender la portée de la décision qui la condamne. Elle peut également, mais c'est beaucoup plus rare, refuser délibérément de respecter cette décision. Pour éviter que les décisions de justice ne restent lettre morte il existe différents mécanismes auxquels il peut être recouru pour inciter ou contraindre l'administration à respecter la chose jugée.

A – Incitation à l'exécution

826.- Origine des procédures.- Alors que cette question était jusqu'alors totalement ignorée par le pouvoir réglementaire, le décret n°63-766 du 30 juillet

1963 a institué des procédures non juridictionnelles destinées à faciliter l'exécution des jugements condamnant l'administration. En particulier ce texte a institué la procédure de demande d'éclaircissement qui permet à l'administration condamnée d'obtenir des précisions sur les modalités d'exécution du jugement. La commission du rapport et des études du Conseil d'Etat - devenue la section du rapport et des études en 1985 - était à l'origine seul compétente en la matière, jusqu'à ce que le décret n°2015-1145 du 15 septembre 2015 déconcentre ce pouvoir au profit des cours administratives d'appel et des tribunaux administratifs pour leurs propres décisions. Le président du tribunal administratif ou de la cour administrative d'appel concerné peut toutefois, dans l'intérêt d'une bonne administration de la justice, renvoyer la demande d'éclaircissements au Conseil d'Etat (CJA art. R. 921-1 et R. 931-1). Il faut aussi préciser que depuis l'entrée en vigueur du décret du 30 juillet 1963 le rapport annuel du Conseil d'Etat signale les difficultés rencontrées dans l'exécution des décisions des juridictions administratives.

827.- Renouvellement des procédures.- Le décret n°2017-493 du 6 avril 2012 a supprimé la procédure non juridictionnelle d'aide à l'exécution de l'article R. 931-2 du Code de justice administrative qui permettait aux parties - en fait au bénéficiaire du jugement condamnant l'administration - de « signaler » les difficultés qu'elles peuvent rencontrer pour obtenir l'exécution d'une décision à la section du rapport et des études. Désormais les parties peuvent demander au Conseil d'Etat de « prescrire les mesures nécessaires ». La nouvelle procédure, qui calque pour l'essentiel celle qui existait déjà au niveau des juridictions du fond (CJA, art. R. 921-5 s.), distingue deux phases : une phase non juridictionnelle puis éventuellement une phase juridictionnelle. Dans un premier temps, toutes les demandes adressées au Conseil d'Etat sont enregistrées par la section du rapport et des études, qui effectue des diligences en vue de parvenir à l'exécution de la décision. Ensuite, en cas d'échec de ces diligences, le président de la section du contentieux ouvre une procédure juridictionnelle qui peut conduire au prononcé d'injonction et d'astreintes (V. infra). Le décret permet aussi au président de la section du rapport et des études du Conseil d'Etat, de sa propre initiative, de demander à l'administration de justifier de l'exécution de certaines décisions rendues par la section du contentieux (CJA, art. R. 931-6).

828.- Indications du juge dans la motivation de la décision.- Il faut également relever que les juges ont de plus en plus tendance à faire œuvre de pédagogie, allant même jusqu'à rédiger un véritable « guide de l'exécution » lorsqu'ils pressentent que l'exécution de leur décision risque de poser des difficultés d'interprétation pour l'administration condamnée.

Plus précisément, les juges vont préciser, dans les motifs de la décision, quelles sont les obligations que comporte l'annulation prononcée pour l'auteur de cette décision (prise de mesures dans un délai raisonnable, obligation de statuer dans tel ou tel sens sur les demandes individuelles présentées dans l'intervalle, etc.).

Cette tendance est d'ailleurs ancienne. On en trouve une trace dans l'arrêt Rodière du 26 décembre 1925 (préc.) dans lequel le Conseil d'Etat estime que c'est à bon droit qu'un ministre, suite à l'annulation d'un tableau d'avancement dans un corps de fonctionnaires, avait reconstitué rétroactivement la carrière des intéressés comme si le tableau annulé n'avait jamais existé.

829.- Annulation en tant que ne pas.- Sous une forme plus moderne, cette tendance s'observe notamment lorsque le juge prononce une « annulation en tant que ne pas », c'est-à-dire lorsqu'il censure non pas des dispositions que contient un texte, mais l'absence de dispositions qui devraient y figurer.

Exemple :
- CE Ass., 29 juin 2001, requête numéro 213229, Vassilikiotis (Rec. p.300, concl. Lamy ; AJDA 2001, p. 1046, chron. Guyomar et Collin ; LPA octobre 2001, n° 212, note Damarey ; Europe 2001, comm. 265, note Cassia ; RDP 2002, p.748, note Guettier) : le Conseil d'Etat définit très précisément les obligations de l'administration consécutives à l'annulation d'un arrêté qui avait pour effet d'empêcher les ressortissants de la Communauté européenne d'être guides de musée, leur cas n'étant pas prévu. Notamment, en attendant la rédaction d'un nouveau texte, l'autorité compétente est tenue de mettre en place un régime transitoire pour statuer sur les demandes de cartes professionnelles présentées par les demandeurs concernés.

Mais cette tendance ne se retrouve pas seulement dans ce type d'hypothèses.

Exemple :
- CE Ass., 25 juin 2001, requête numéro 234363, SAOS Toulouse football club (LPA, 28 septembre 2001, p.4, concl. de Silva ; AJDA 2001, p.887, note Simon) : en refusant de prononcer la sanction du match perdu à l'encontre de l'Association sportive de Saint-Etienne et en décidant d'homologuer les résultats de la rencontre jouée avec le Toulouse football club, alors qu'elle avait relevé que deux joueurs de ce club avaient usé de passeports établis dans des conditions frauduleuses, la commission fédérale d'appel de la Fédération française de football a commis une illégalité. Il résulte de ce qui précède que la requérante est fondée à demander l'annulation de la décision de la commission d'organisation des compétitions de la Ligue nationale de football en date du 22 mai 2001 homologuant le classement final du championnat de France professionnel de première division pour la saison 2000-2001. Les juges précisent ensuite que cette décision a nécessairement pour conséquence qu'appelée à se prononcer de nouveau sur l'homologation du classement final du championnat, la commission d'organisation des compétitions de la Ligue nationale de football applique pour la rencontre du 2 décembre 2000 la sanction prévue à l'article 187 des règlements généraux en retirant trois points à l'Association sportive de Saint-Etienne et en les attribuant au Toulouse Football club. Il lui appartient également, le cas échéant, d'infliger la même sanction pour tout autre match qui présenterait une irrégularité de même nature et dont les résultats n'auraient pas encore été définitivement homologués.

B – Contrainte à l'exécution

830.- Action en responsabilité.- Il résulte de la jurisprudence que toute décision non conforme à la chose jugée sera annulée en cas de recours et donnera lieu au versement de dommages intérêts.

831.- Médiateur de la République et Défenseur des droits.- Par ailleurs, la loi n°73-6 du 3 novembre 1973, telle qu'elle avait été modifiée par la loi n°76-1211 du 24 novembre 1976, avait attribué compétence au Médiateur de la république pour adresser des injonctions pour contraindre l'administration à exécuter les décisions passées en force de chose jugée. Ce mécanisme était toutefois inefficace, la seule sanction prévue par le texte consistant en la publication au journal officiel d'un rapport spécial constatant l'inexécution. La nouvelle institution du Défenseur des droits, créée par la révision constitutionnelle du 23 juillet 2008, en remplacement notamment du Médiateur de la République, ne dispose plus de pouvoirs dans ce domaine.

832.- Création de véritables mécanismes de contrainte.- En revanche, les lois n°80-539 du 16 juillet 1980 et n°95-125 du 16 juillet 1995 ont mis en place des mécanismes de contrainte beaucoup plus efficaces.

833.- Exécution des décisions condamnant l'administration au paiement d'une somme d'argent.- L'article 1er de la loi du 16 juillet 1980 prévoit tout d'abord que lorsqu'une décision juridictionnelle passée en force de chose jugée a condamné l'administration au paiement d'une somme d'argent dont le montant est fixé par la décision elle-même, cette somme doit être ordonnancée dans un délai de deux mois à compter de la notification de la décision de justice. A défaut d'ordonnancement dans ce délai, le comptable assignataire de la dépense doit, à la demande du créancier et sur présentation de la décision de justice, procéder au paiement. Dans le cas d'une condamnation à l'encontre d'une collectivité territoriale ou d'un établissement public passée en force de chose jugée, le préfet ou l'autorité de tutelle, à l'expiration d'un délai de deux mois, procède au mandatement d'office.

834.- Apparition de mécanismes d'injonction et d'astreinte.- Par ailleurs, la loi du 16 juillet 1980 avait mis en place un système d'injonctions éventuellement assorties d'astreintes en vue de contraindre l'administration à prendre des mesures concrètes visant à assurer le respect de la chose jugée. Toutefois à l'époque, seul le Conseil d'Etat était compétent pour prononcer ces mesures. En outre, la section du rapport et des études ne pouvait être saisie qu'a posteriori, c'est-à-dire après que l'inexécution du jugement a été constatée. La loi du 16 juillet 1995 a permis une évolution sur ces deux points. D'une part, elle a déconcentré le pouvoir de prononcer des injonctions et des astreintes au niveau des tribunaux administratifs et des cours administratives d'appel pour les jugements rendus par eux. D'autre part, elle a introduit un mécanisme d'injonctions a priori, c'est-à-dire accompagnant le jugement condamnant l'administration. Ces solutions s'appliquent à la fois dans le contentieux de l'excès de pouvoir et dans le contentieux de pleine juridiction. Elles ont pour effet de réduire le nombre de recours en exécution.

Une dernière évolution a été concrétisée par la loi n° 2019-222 du 23 mars 2019 de programmation 2018-2022 et de réforme pour la justice. Désormais, comme on l'a vu, alors que le Conseil d'Etat s'est toujours refusé de se reconnaître, sans texte, compétent pour adresser à l'administration des injonctions et des astreintes, ce pouvoir peut être exercé d'office par le juge, c'est-à-dire sans qu'il soit « saisi de conclusions en ce sens » (CJA, art. 911-1 s.). Dans l'état antérieur de la législation, seul le Conseil d'Etat était compétent pour prononcer « même d'office une astreinte » (CJA, art. L. 911-5).

Le Conseil d'Etat a eu l'occasion de préciser que lorsque le juge prononce d'office une injonction, il n'a pas l'obligation de mettre les parties à même de présenter leurs observations (CE, 7 mai 2019, requête numéro 413040, Fédération française du transport de personnes sur réservation).

Il faut aussi préciser que l'astreinte n'est pas assimilable à des dommages intérêts. Ainsi, le juge peut décider qu'une partie de la somme ne sera pas versée au requérant mais qu'elle sera affectée au budget de l'Etat (CJA, art. L. 911-8). Cette solution n'est toutefois pas applicable lorsque c'est l'Etat lui-même qui est le débiteur de l'astreinte (CE, 28 février 2001, requête numéro 205476, requête numéro 209474, Fédération française des masseurs-kinésithérapeutes). Le Conseil d'Etat a récemment précisé que le juge pouvait décider que la fraction du montant de l'astreinte qui n'est pas affectée au requérant le soit « à une personne morale de droit public disposant d'une autonomie suffisante à l'égard de l'Etat et dont les missions sont en rapport avec l'objet du litige ou à une personne morale de droit privé, à but non lucratif, menant, conformément à ses statuts, des actions d'intérêt général également en lien avec cet objet » (CE Ass., 10 juillet 2020, requête numéro 428409 , Association Les Amis de la Terre France et a. : AJDA 2020, p. 1776, chron. Malverti et Beaufils ; JCP A 2020, act. 438 ; JCP G 2020, comm. 902 ; Procédures 2020, comm. 187, note Chifflot ; RFDA 2020, p. 818, concl. Hoynck).

La liberté du juge dans le choix des mesures qu'il peut prendre est donc considérable et elle doit permettre de mieux assurer l'effectivité des décisions condamnant l'administration.

835.- Injonctions et astreintes accompagnant la décision condamnant l'administration.- Le Code de justice administrative permet donc aux juridictions à compétence générale, d'ordonner dans la décision elle-même les mesures d'exécution que celle-ci implique, assorties, le cas échéant, d'une astreinte (CJA, art. L. 911-3).

836.- Injonction de prendre une décision dans un sens déterminé.- Ce mécanisme permet tout d'abord à la juridiction, lorsque sa décision implique nécessairement que soit prise « une mesure d'exécution dans un sens déterminé », de prescrire, par la même décision, cette mesure assortie, le cas échéant, d'un délai d'exécution (CJA, art. L. 911-1). Le juge de l'exécution devra alors prendre en compte la situation de droit et de fait existant à la date de sa décision (CE, 4 juillet 1997, requête numéro 156298, Bouzerak : Rec. p. 278 ; AJDA 1997, p. 584, chron. Chauvaux et Girardot ; RFDA 1997, p. 815, concl. Abraham ; RDP 1998, p. 271, note Waschmann), alors qu'il se place à la date de la décision contestée lorsqu'il statue sur un recours pour excès de pouvoir.

Exemples :
- CE, 28 juillet 2000, requête numéro 204024, Association France nature environnement (Rec. p.322 ; Collectivités-Intercommunalité 2000, comm. 307) : le Conseil d'Etat enjoint au Premier ministre de prendre dans un délai de six mois un décret fixant la liste des communes soumises à la loi littoral dans les estuaires.
- CAA Paris, 24 octobre 2006, requête numéro 04PA00716, Mme. Gisèle X. : après avoir annulé le jugement du tribunal administratif rejetant une demande d'annulation d'une décision de refus de délivrance d'un titre de séjour, la cour enjoint à l'autorité compétente la délivrance à Mlle X, dans le délai de deux mois à compter de la notification de l'arrêt, une carte de séjour temporaire portant la mention « vie privée et familiale ».
- CAA Nancy, 24 mars 2005, requête numéro 03NC00869, requête numéro 04NC00925, Commune de Clouange c. Schutz (AJDA 2005, p.1684, note Janicot ; LPA 2006, n° 152, note Tifine): les juges annulent la décision du maire de la commune qui avait refusé de faire publier un article de l'opposition dans le bulletin municipal d'information et enjoignent à la commune de publier l'article rédigé par les conseillers de l'opposition si, le bulletin d'information devant être à nouveau édité, elle est saisie d'une demande en ce sens.

837.- Injonction de prendre une décision.- De même, lorsque la décision juridictionnelle implique que l'autorité administrative prenne une mesure, parmi plusieurs solutions, le juge a la possibilité de lui enjoindre de prendre cette mesure dans un délai déterminé. Ainsi, le pouvoir de l'administration de choisir entre plusieurs solutions légales est respecté, mais il lui est imposé de décider rapidement (CJA, art. L. 911-2).

Exemple :
- CE, 31 janvier 2005, requête numéro 267600, Charkaoui c. Préfet de la Seine-saint-Denis: il appartient au juge administratif, lorsqu'il prononce l'annulation d'un arrêté de reconduite à la frontière et qu'il est saisi de conclusions en ce sens, d'user des pouvoirs qu'il tient de l'article L. 911-2 du Code de justice administrative, pour fixer le délai dans lequel la situation de l'intéressé doit être réexaminée, au vu de l'ensemble de la situation de droit et de fait existant à la date de ce réexamen.

838.- Conciliation entre pouvoir d'injonction et principe d'économie des moyens.- A l'occasion de l'arrêt de Section Société Eden du 21 décembre 2018 (CE Sect., 21 décembre 2018, requête numéro 409678 : Rec. p. 468, note Roussel : AJDA 2019, p. 271, chron. Faure et Malverti ; Dr. adm. 2019, comm. 22, note Eveillard ; JCP A 2019, act. 31, obs. Touzeil-Divina ; Procédures 2019, comm. 59, note Deygas ; RFDA 2019, p. 281, concl. Roussel ; RFDA 2019, p. 293, concl. Sagnier), le Conseil d'Etat a été amené à concilier exercice du pouvoir d'injonction et principe d'économie des moyens. En vertu de ce principe, rappelle le Conseil d'Etat « le motif par lequel le juge de l'excès de pouvoir juge fondé l'un quelconque des moyens de légalité soulevés devant lui ou des moyens d'ordre public qu'il relève d'office suffit à justifier l'annulation de la décision administrative contestée ». Il en résulte que « sauf dispositions législatives contraires, le juge de l'excès de pouvoir n'est en principe pas tenu, pour faire droit aux conclusions à fin d'annulation dont il est saisi, de se prononcer sur d'autres moyens que celui qu'il retient explicitement comme étant fondé ». Ce principe de l'économie des moyens est toutefois susceptible de poser des difficultés au regard du pouvoir d'injonction reconnu par les articles L. 911-1 ou L. 911-2 du Code de justice administrative. Comme l'a suggéré Frédéric Dieu en pratiquant la règle de l'économie des moyens, le juge administratif risque de faire également « l'économie de ses compétences » de juge de l'exécution (la règle de l'économie de moyens doit-elle paralyser le pouvoir d'injonction du juge administratif?, AJDA 2009, p. 1082).

Pour résoudre cette difficulté - et c'est là l'apport de l'arrêt Société Eden - le Conseil d'Etat précise que si, en principe, le juge de l'excès de pouvoir « peut choisir de fonder l'annulation sur le moyen qui lui paraît le mieux à même de régler le litige » il va devoir prioritairement examiner ceux des moyens de légalité qui peuvent donner lieu à injonction si celle-ci est demandée par le requérant. Cela permet au requérant de hiérarchiser ses moyens, avant l'expiration des délais de recours dont on rappellera qu'elle a pour effet de cristalliser le recours contentieux (CE Sect., 20 février 1953, requête numéro 9772, Intercopie, préc.). Dans cette hypothèse, le juge de l'excès de pouvoir devra statuer « en respectant cette hiérarchisation, c'est-à-dire en examinant prioritairement les moyens qui se rattachent à la cause juridique correspondant à la demande principale du requérant ». Cette solution s'applique également dans le domaine du plein contentieux objectif, pour la contestation des titres exécutoires (CE, 5 avril 2019, requête numéro 413712, Société Mandataires judiciaires associés, mandataire liquidateur de la société Centre d'exportation du livre français).

839.- Injonctions et astreintes postérieures à la décision condamnant l'administration.- Par ailleurs, lorsque le juge administratif a déjà rendu une décision sans prononcer d'injonction, le bénéficiaire de cette décision peut le saisir une nouvelle fois en vue qu'il assure l'exécution de cette décision en prononçant une injonction éventuellement assortie d'astreintes (CJA, art. L. 911-4 et L. 911-5). Dans cette hypothèse, il est également possible de saisir ce juge après que des injonctions a priori ont été prononcées à l'occasion du jugement condamnant l'administration. Si des mesures d'exécution ont déjà été prescrites, « dans l'hypothèse où elles seraient entachées d'une obscurité ou d'une ambigüité », le juge de l'exécution peut en préciser la portée (CE, 23 mars 2015, requête numéro 366813, Veysset). Surtout, le juge peut édicter de nouvelles mesures en se plaçant à la date de sa décision, mais à condition de ne pas remettre en cause les mesures d'exécution déjà prescrites, « ni méconnaître l'autorité qui s'attache aux motifs qui sont le soutien nécessaire du dispositif de la décision juridictionnelle dont l'exécution lui est demandée ». En d'autres termes, il ne saurait rectifier des erreurs de droit ou de fait dont serait entaché le jugement, ces questions devant nécessairement être tranchées dans le cadre des voies de recours.

840.- Pouvoir d'injonction reconnu par la jurisprudence.- Enfin, si le pouvoir d'injonction est étroitement encadré par les textes, il existe deux hypothèses, en dehors de l'application des articles L. 911-1 et suivants du Code de justice administrative, du référé liberté et des injonctions d'instruction, dans lesquelles le Conseil d'Etat utilise ce pouvoir.

Tout d'abord, dans son arrêt du 21 mars 2011, Ville de Béziers, dit « Béziers II » (requête numéro 304806, préc.) le Conseil d'Etat a admis la possibilité pour le cocontractant de l'administration de contester une décision de résiliation devant le juge du contrat, lequel pourra décider la reprise des relations contractuelles, à compter d'une date qu'il fixe, le cas échéant en ajoutant une indemnité.

Ensuite, le Conseil d'Etat a récemment admis que la victime d'une carence fautive de l'administration peut, dans le cadre d'un recours indemnitaire, demander au juge administratif non seulement la réparation des préjudices qu'elle a subis en raison de cette carence mais également d'enjoindre à l'administration de prendre les mesures pour y mettre fin (CE, 27 juillet 2015, requête numéro 367484, Baey : Rec. p. 285 ; AJCT 2016, p. 48, obs. Defix ; AJDA 2015, p. 2277, note Perrin ; JCP A 2015, act. 723, obs. Langelier). D'un point de vue pragmatique, l'intérêt de cette solution est évident. En effet, la victime ne se retrouve plus contrainte d'exercer un recours pour excès de pouvoir contre la décision à l'origine de ce comportement ou le refus d'y mettre fin, en assortissant ce recours d'une demande d'injonction. Lorsque le juge statue dans le cadre d'un régime de responsabilité sans faute, en revanche, il ne peut en principe user de ce pouvoir d'injonction à l'encontre de l'administration. Il en va toutefois autrement dans le cas où le requérant, qui obtient réparation sur le terrain de la responsabilité sans faute, fait état, à l'appui de ses conclusions à fin d'injonction, « de ce que la poursuite (du) préjudice (...) trouve sa cause au moins pour partie dans une faute du propriétaire de l'ouvrage ». Le juge peut alors enjoindre à la personne publique, dans cette seule mesure, de mettre fin à ce comportement fautif ou d'en pallier les effets (CE, 18 mars 2019, requête numéro 411462, Commune de Chambéry: AJDA 2019, p. 2002, note Ferreira ; JCP A 2019, act. 216, obs. Friedrich ; JCPA 2019, comm. 2317, note Reneau.- CE Sect., 6 décembre 2019, requête numéro 417167, Syndicat des copropriétaires du Monte Carlo Hill : Dr. adm. 2020, comm. 16). Dans cette affaire, après avoir engagé la responsabilité sans faute de la collectivité gardienne de l'ouvrage public, le juge complète sa décision en exerçant son pouvoir d'injonction afin de faire cesser les désordres engendrés dès lors que le maître de l'ouvrage commet une faute dans sa fonction de gardien.

Section IV – Voies de recours

841.- Absence de caractère suspensif des voies de recours.- L'article L. 4 du Code de justice administrative définit comme principe que « sauf dispositions législatives spéciales, les requêtes n'ont pas d'effet suspensif s'il n'en est autrement ordonné par la juridiction ». Cette règle, qui découle du privilège du préalable, s'applique notamment en matière d'appel, ce qui constitue un point de différence notable avec la procédure civile.

Les deux principales voies de recours sont l'appel et la cassation. Elles coexistent avec des voies de recours spéciales.

§I – Recours en appel

842.- Procédure.- L'appel doit être formé dans un délai de deux mois contre les jugements rendus en premier ressort, devant une cour administrative d'appel ou devant le Conseil d'Etat (CJA, art. R. 811-2). Ce délai court contre toute partie à l'instance à compter du jour où la notification a été faite à cette partie dans les conditions prévues aux articles R. 751-3 à R. 751-4-1 du Code de justice administrative. Il a un effet dévolutif, ce qui signifie que le juge d'appel est saisi de l'ensemble du litige et qu'il va juger une seconde fois avec les mêmes pouvoirs que le premier juge. Il s'agit d'une conséquence du principe de double degré de juridiction.

843.- Missions du juge d'appel.- Toutefois, la mission du juge d'appel ne se limite pas à cette fonction. En effet, le juge d'appel, selon l'expression du professeur Chapus (Droit du contentieux administratif, Montchrestien, ouv. précité, p.1199), exerce deux missions complémentaires : il juge le jugement et il rejuge le litige.

En effet, d'une part, il vérifie la régularité externe de la décision rendue. Sur ce point, les irrégularités peuvent concerner une erreur sur la compétence, c'est-à-dire des hypothèses dans lesquelles les premiers juges se sont déclarés à tort compétents ou incompétents. L'erreur peut également porter sur la recevabilité du recours, par exemple lorsque la demande du requérant a été présentée après l'expiration du délai de recours contentieux. Peuvent également être sanctionnées des irrégularités dans la composition de la formation de jugement, la violation du principe du contradictoire, etc.

D'autre part, le juge d'appel rejuge le litige, c'est-à-dire qu'il va connaître de l'ensemble des éléments de droit et de fait qui ont déjà été soumis aux premiers juges.

A partir de là plusieurs cas de figure sont susceptibles de se présenter.

Le juge d'appel peut d'abord estimer que la première décision est régulière. Il fait alors jouer l'effet dévolutif de l'appel et rejuge l'affaire sur le fond.

Il peut ensuite estimer que le premier jugement est irrégulier, ce qui va conduire à son annulation.

Depuis l'arrêt du Conseil d'Etat du 17 décembre 2020, Ministre de la Transition écologique et solidaire c/ Société Smurfit Kappa Papier Recycle France (requête numéro 430592, préc.) les pouvoirs du juge d'appel ne sont plus exactement limités à ces deux options (annulation du premier jugement ou rejet de l'appel confirmant l'annulation de la décision contestée) : il peut en effet désormais confirmer l'annulation d'un acte prononcée en première instance, tout en modulant dans le temps les effets de cette annulation. Tel sera le cas « s'il apparaît que (l') effet rétroactif de l'annulation est de nature à emporter des conséquences manifestement excessives en raison tant des effets que cet acte a produits et des situations qui ont pu se constituer lorsqu'il était en vigueur, que de l'intérêt général pouvant s'attacher à un maintien temporaire de ses effets ». Dans cette hypothèse, il pourra réformer le premier jugement sur ce point. On retrouve ici la même logique que celle qui préside à l'arrêt d'Assemblée Association AC ! et a. du 11 mai 2004 (requête numéro 255886, Association AC ! et a., préc.).

En cas d'annulation du premier jugement, le juge d'appel dispose d'une alternative.

Il peut d'abord choisir de renvoyer l'affaire aux premiers juges, puisque cette solution est la seule qui permette de respecter la règle du double degré de juridiction. En effet, l'annulation du premier jugement a un effet rétroactif, ce qui fait que ce jugement est censé n'être jamais intervenu. Par conséquent, si le juge d'appel statue sur le fond du litige, il n'aura été régulièrement jugé qu'une seule fois.

Il peut ensuite évoquer le litige et statuer sur le fond, cette solution paraissant conforme à l'idée de bonne administration de la justice qui suppose qu'une procédure juridictionnelle aboutisse dans des délais raisonnables. En outre, dans un tel cas, la dérogation apportée au principe de double de degré de juridiction est généralement limitée. En effet si, en droit, le premier jugement est censé n'avoir jamais existé, dans les faits, les premiers juges ont déjà néanmoins connu de l'ensemble des éléments de fait et de droit du litige. Ceci étant, cette observation n'est pas valable dans les cas où les premiers juges ont rendu un jugement d'incompétence ou déclarant irrecevable le recours. Dans cette hypothèse, en effet, en cas d'évocation, le fond de l'affaire ne sera abordé pour la première fois qu'en appel.

Il se pose alors la question de savoir ce qui va conduire le juge d'appel à choisir l'une ou l'autre de ces solutions.

Dans certaines hypothèses, le juge d'appel a l'obligation d'utiliser la technique de l'évocation après avoir annulé le premier jugement. C'est le cas en matière de contentieux des contraventions de grande voirie, ce qui va permettre que les poursuites soient jugées le plus rapidement possible (CE, 5 juillet 1968, requête numéro 74397, Ministre de l'Equipement et du Logement c/Sieur Le Rollé : Rec. p. 420). Cette solution est manifestement inspirée des principes généraux de la procédure pénale qui obligent le juge à évoquer le litige (Code de procédure pénale, art. 520). Toutefois, elle n'a pas été étendue aux autres contentieux répressifs relevant de la compétence des juridictions administratives, pas plus qu'au contentieux disciplinaire.

Hormis ces rares hypothèses, le principe retenu est que le juge d'appel est pratiquement libre d'évoquer l'affaire ou de la renvoyer aux premiers juges. Pour que l'évocation soit possible, il suffit que la juridiction d'appel soit saisie de conclusions des parties - c'est-à-dire de demandes - tendant à ce qu'elle statue sur le fond (CE Ass., 24 juin 1969, requête numéro 4221989, Société Frampar : Rec. p. 412, concl. Heumann ; RDP 1960, p. 815, concl. Heumann ; AJDA 1960, 1, p. 154, chron. Combarnous et Galabert ; S. 1960, p. 348, note Debbasch ; D. 1960, p. 744, note Robert ; JCP 1960, II, comm. 11743, note Gour). Cette restriction est liée à l'idée que le juge ne peut pas statuer ultra petita, c'est-à-dire au-delà de ce que demandent les parties. Toutefois, cette règle est appréciée très souplement par la jurisprudence : celle-ci n'exige pas, en effet, que l'une des parties demande expressément au juge d'évoquer. Il suffit simplement que l'appelant ou l'intimé soulèvent devant le juge d'appel une question touchant au fond du litige. Par conséquent, l'évocation n'est impossible que dans les cas, extrêmement rares, ou les parties ne discutent en appel que de la régularité du premier jugement. Et encore faut-il souligner que cette restriction ne s'applique pas en matière disciplinaire, le juge d'appel pouvant faire usage de son pouvoir d'évocation, même en l'absence de conclusions en ce sens, lorsque sont en cause des poursuites devant une juridiction disciplinaire (CE, 21 février 1973, requête numéro 76331, Bonello : Rec. p. 161).

Il n'existe plus d'autres limites à la faculté d'évoquer depuis l'arrêt de Section Dlle Bloc'h du 22 mai 1981 (requête numéro 15397 : Rec. p.236 ; AJDA 1982, p.166, concl. Costa). Avant le revirement provoqué par cet arrêt, la jurisprudence soumettait la faculté d'évoquer à l'obligation que l'affaire soit en l'état d'être jugée. En d'autres termes, pour que le juge d'appel puisse évoquer, il fallait qu'il soit en mesure de statuer immédiatement, sans qu'il lui soit nécessaire de prescrire des mesures d'instruction ni de mettre en cause de nouvelles parties qui ne l'avaient pas été devant les premiers juges.

§II – Recours en cassation

844- Compétence exclusive du Conseil d'Etat.- Alors que la compétence d'appel appartient aux cours administratives d'appel et au Conseil d'Etat, celle de juge de cassation n'appartient qu'au Conseil d'Etat, juridiction suprême de l'ordre administratif. Il convient d'examiner la question de l'exercice du recours en cassation, avant d'évoquer les moyens de cassation et la décision du juge de cassation.

I – Exercice du recours en cassation

845.- Ouverture de plein droit du recours en cassation.- Le recours en cassation est ouvert de plein droit contre toutes les décisions des juridictions administratives, ce qui veut dire que ce recours est ouvert même si aucun texte ne le prévoit, sauf pour ce qui concerne les décisions du Conseil d'Etat et des juges statuant en premier ressort dans les cas où leurs décisions peuvent faire l'objet d'un appel.

Ce principe a été dégagé par le Conseil d'Etat dans son arrêt d'Assemblée d'Aillières du 2 février 1947 (requête numéro 79128, préc.). Après avoir décidé que les jurys d'honneur sont des juridictions administratives, il se posait la question dans cette affaire de savoir si leurs décisions pouvaient être attaquées. Or, la loi instituant les jurys d'honneur se bornait à préciser que leurs jugements ne sont susceptibles d'aucun recours. Pour le Conseil d'Etat, cette disposition ne pouvait être interprétée « en l'absence d'une volonté contraire clairement manifestée » par le législateur, « comme excluant le recours en cassation devant le Conseil d'Etat ». Par conséquent, le recours en cassation est en principe ouvert, sauf dans les cas où il est expressément exclu par le législateur.

Toutefois, pour qu'un jugement fasse l'objet d'un examen par le juge de cassation, il doit passer par le filtre de la procédure préalable d'admission prévue à l'origine par l'article 11 de la loi n° 87-1127 du 31 décembre 1987, cette procédure étant exercée non plus, comme cela était le cas à l'origine, devant une commission spéciale, mais devant chacune des chambres depuis le décret n°97-1177 du 24 décembre 1997 (CJA, art. R. 822-1 s.). La non-admission doit être justifiée soit par l'irrecevabilité du recours, soit par l'absence de moyens sérieux dans le pourvoi (CJA, art. L. 822-1). Elle n'est susceptible que d'un recours en rectification d'erreur matérielle ou d'un recours en révision (CJA, art. R. 822-3).

Pour être recevable, le recours en cassation doit être exercé dans un délai qui est en principe de deux mois à compter de la notification régulière de la décision contestée (CJA, art. R. 821-1 s.). Le ministère d'un avocat aux conseils est en principe obligatoire (CJA, art. R. 821-3 s.).

II – Moyens de cassation

846.- Jugement des questions de droit.- Le régime de la cassation est inspiré par les règles applicables dans l'ordre judiciaire : l'idée principale est que le juge de cassation n'est pas un troisième degré de juridiction. Il ne rejuge donc pas de l'intégralité du litige. Ce qui lui est soumis, ce sont uniquement des questions de droit et non pas des questions de fait. Par conséquent, et sauf exceptions, les questions de fait selon l'expression consacrée « relèvent de l'appréciation souveraine des juges du fond ».

Le contrôle de cassation porte sur la régularité externe des jugements qui précède l'examen de leur régularité interne.

A – Contrôle de la régularité externe des jugements

847.- Eléments contrôlés.- La violation des règles de compétence, de procédure et de forme est susceptible de provoquer la cassation des jugements attaqués devant le Conseil d'Etat.

Exemple :
- CE, 16 mars 1998, requête numéro 139738, Ruggiu (Rec. p.89 ; Droit adm. 213, obs. R.S.) : en se bornant à regarder les faits reprochés à un entrepreneur comme constitutifs d'une faute assimilable à une fraude ou à un dol sans rechercher leur caractère intentionnel et sans se prononcer sur la gravité de leurs conséquences, la cour administrative d'appel a insuffisamment motivé sa décision qui est cassée par le Conseil d'Etat.
- CE, 8 juillet 1983, requête numéro 31170, Association gestionnaire de l'école Violet : Rec. p. 304 : la décision du conseil supérieur de l'éducation nationale, qui, tout en faisant état des améliorations apportées ou projetées au fonctionnement de l'école d'électricité et de mécanique industrielle dite école Violet, lui retire la faculté de délivrer des diplômes d'ingénieurs, est entachée tout à la fois d'insuffisance et de contradiction de motifs et encourt l'annulation.

B – Contrôle de la régularité interne des jugements

848.- Eléments contrôlés.- Du point de vue du contrôle de la régularité interne des jugements, le juge de cassation contrôle l'existence d'une erreur de droit, d'une erreur de fait et d'une erreur sur la qualification juridique des faits.

1° Contrôle de l'erreur de droit

849.- Différents types d'erreurs de droit.- Il y a erreur de droit lorsque les juges du fond ont mal appliqué un texte où mal apprécié la portée de règles jurisprudentielles.

Exemple :
- CE Sect., 5 juillet 1991, requête numéro 108826, Société Mondial auto (Rec. p. 272 ; RDP 1992, p. 557 ; RFDA 1991, p. 949, concl. Gaeremynck) : les juges d'appel refusent de faire bénéficier une société d'une exonération fiscale concernant des installations de magasinage, au motif que celles-ci ne sont pas exclusivement réservées au magasinage. L'arrêt est cassé par le Conseil d'Etat qui relève que le texte qui prévoit l'exonération n'a pas posé une telle restriction à sa mise en œuvre.

De même, il y a erreur de droit lorsque les juges du fond ont appliqué un texte ou un principe inapplicable, ou au contraire lorsqu'ils ont écarté l'application d'un texte ou d'un principe applicable.

Exemple :
- CE, 9 mai 2001, requête numéro 210944, Entreprise de transports personnelle Freymuth (préc.) : le principe de confiance légitime, qui fait partie des principes généraux du droit communautaire, ne trouve à s'appliquer, dans l'ordre juridique

national, que dans le cas où la situation juridique dont a à connaître le juge administratif français est régie par le droit communautaire. Tel n'est pas le cas en l'espèce. Par conséquent, en rejetant la demande de l'entreprise au motif que les conditions d'application du principe de confiance légitime n'étaient pas réunies, alors qu'il était en réalité inapplicable, la cour administrative d'appel a entaché son arrêt d'une erreur de droit.

2° Contrôle de l'erreur de fait

850.- Définition.- Il y a erreur de fait lorsque les faits pris en considération par les juges du fond et qui conditionnent l'issue du litige n'existent pas. Cet élément est contrôlé par le Conseil d'Etat alors que selon la Cour de cassation, la matérialité des faits relève de « l'appréciation souveraine des juges du fond » (Cass. Ch. Réunies, 2 février 1808, S. 1908, I, p.183).

Cette solution a été retenue à l'occasion de l'arrêt Moineau du 2 février 1945 (requête numéro 76127 : Rec. p. 27). Les juges distinguent, dans cette affaire, la matérialité des faits qui est contrôlée, de l'appréciation juridique des faits qui ne l'est pas. Il a été ici jugé « qu'il ne ressort pas des pièces du dossier au vu duquel a statué la chambre de discipline de l'ordre national des médecins que sa décision soit fondée sur des faits matériellement inexacts ». Les juges relèvent ensuite que « l'appréciation que la chambre de discipline a faite de la valeur de certaines méthodes pratiquées par le sieur Moineau échappe au contrôle du juge de cassation… compte tenu de cette appréciation souveraine, les actes reprochés au requérant étaient de nature à motiver le refus de son inscription au tableau de l'ordre des médecins ».

851.- Rareté de l'hypothèse.- Il est assez rare, en pratique, qu'un jugement fasse l'objet d'une cassation pour erreur de fait.

Exemple :
- CE, 5 juillet 2013, requête numéro 367316, Sakkriou : le juge des référés avait rejeté la requête du requérant comme manifestement irrecevable au motif que la copie de la requête tendant à l'annulation des décisions litigieuses n'était pas jointe à la requête à fin de suspension. Toutefois, il ressort des pièces du dossier soumis au juge des référés que la copie du recours en annulation était au nombre des pièces jointes à la demande de suspension, conformément à l'inventaire annexé à cette demande. Par suite, le requérant est fondé à soutenir que le juge des référés s'est fondé sur des faits matériellement inexacts.

3° Contrôle de la qualification juridique des faits

852.- Définition.- Le Conseil d'Etat censure les juges du fond qui ont improprement décidé que les faits dont ils ont à connaître rentrent dans une catégorie juridique donnée, ce qui se justifie par le fait qu'une telle erreur influe directement sur les règles appliquées.

Exemple :
- Le comportement d'un agent public est qualifié de faute de service par les premiers juges. Cette décision sera cassée si le Conseil d'Etat estime que ces faits sont constitutifs d'une faute personnelle.

853.- Distinction entre qualification juridique des faits et appréciation des faits.- Ceci étant, la notion de qualification juridique des faits est très délicate à aborder. En effet, on se situe ici à la frontière entre les questions de droit et celles de fait, le pouvoir du juge de cassation étant borné par « l'appréciation souveraine des juges du fond ». Ceci signifie que le juge de cassation, s'il peut contrôler l'existence des faits, ne contrôle pas en principe leur appréciation par les juges du fond (CE, 2 février 1945, Moineau, préc.).

854.- Contrôle de la dénaturation des faits.- Toutefois, ce dernier principe souffre d'une exception qui concerne les cas où le juge d'appel a dénaturé les faits qui lui ont été soumis, c'est-à-dire lorsqu'il a donné une interprétation des faits fausse ou tendancieuse (CE Ass., 4 janvier 1952, requête numéro 9329, Simon : Rec. p. 13, concl. Letourneur). Même si elle s'en rapproche, cette hypothèse ne doit pas être confondue avec celle de l'erreur de fait : il y erreur de fait en cas d'inexactitude des faits, alors que la dénaturation résulte d'une erreur d'analyse des faits par les juges du fond qui le conduisent à en faire une interprétation erronée.

Exemple :
- CE, 3 décembre 1975, requête numéro 98671, Bové : le Conseil d'Etat est saisi d'un recours en cassation dirigé contre une décision de la commission des objecteurs de conscience. L'article 41 de la loi du 10 juin 1971 portant Code du service national prévoyait que « les jeunes gens qui, avant leur incorporation, se déclarent en raison de leurs convictions religieuses ou philosophiques, opposés en toute circonstance à l'usage personnel des armes » peuvent bénéficier du statut d'objecteur de conscience. En l'espèce, le requérant s'était réclamé de la non-violence et avait notamment déclaré « les méthodes non violentes sont incompatibles avec les concepts actuels de défense ». Par suite, en affirmant que cette requête consiste en une simple « critique de la société ainsi que de la législation relative au service national », cette juridiction a dénaturé les faits qui lui étaient soumis.

855.- Proximité entre les opérations d'appréciation des faits et de qualification juridique des faits.- Ce problème mis à part, une difficulté majeure résulte du fait que les notions d'appréciation des faits et de qualification juridique des faits sont très proches, et qu'il n'existe pas de moyens fiables de les distinguer. En effet, comme l'expose le professeur Chapus « la notion d'appréciation des faits n'est pas susceptible de définition. Si elle est à mi-chemin entre l'opération de constatation des faits et celle de leur qualification juridique, elle est liée à la fois à la première comme à la seconde » (Droit du contentieux administratif, ouv. précité, p.1274).

Ainsi, le raisonnement du juge suivrait trois étapes chronologiques la première et la dernière étant systématiquement contrôlées, la seconde n'étant contrôlée qu'en cas de dénaturation des faits.

Dans certains cas, cette distinction est assez simple à opérer.

Exemple :
- CE, 4 octobre 1991, requête numéro 100064, Milhaud (Rec. p.320 ; AJDA 1992, p.233, obs. Théron ; RFDA 1991, p.1026) : un médecin pratique des expérimentations, ce qui relève de la constatation des faits (le juge de cassation contrôle qu'il n'y a pas d'erreur de fait). Le juge d'appel apprécie les faits et estime que l'expérimentation comportait des risques non justifiés et ne présentait aucun intérêt direct pour le patient (cet élément n'est pas contrôlé, sauf en cas de dénaturation des faits). Compte tenu de ces éléments, le juge d'appel qualifie juridiquement les faits en retenant que l'expérimentation a été réalisée en violation avec les règles du Code de déontologie, ce qui justifie une sanction (cet élément est toujours contrôlé).

En réalité, cependant, il est très difficile, dans de nombreux cas, de distinguer ce qui relève de l'appréciation des faits de ce qui relève de leur qualification juridique. Tel est le cas en particulier des hypothèses dans lesquels le juge de cassation contrôle la proportionnalité des sanctions prononcées par une autorité administrative, l'appréciation des faits et leur qualification apparaissant ici particulièrement imbriquées (CE Ass., 30 décembre 2014, requête numéro 381245, Bonnemaison, préc.- CE, 27 février 2015, requête numéro 376598, La Poste : Rec. p. 51).

Compte tenu du caractère souvent artificiel de cette distinction, le commissaire du gouvernement Hubert, dans ses conclusions sur l'arrêt de Section Salva-Couderc du 3 juillet 1998 (requête numéro 172736 : Rec. p. 297 ; AJDA 1998, p. 847, chron. Raynaud et Fombeur ; D. 1999, jurispr. p. 101, note Hostiou ; Dr. adm. 1998, comm. 345 ; RFDA 1999, p. 112, concl. Hubert, note Bourrel ; LPA, 11 juin 1999, n° 116, p. 15, note Morand-Deviller ; RD imm. 1999, p. 623, chron. Morel et Hubert ; BJDU 1998, n° 5, p. 375, concl. Hubert), est même allé jusqu'à proposer la suppression de la distinction entre appréciation des faits et qualification juridique des faits. Cette proposition n'a toutefois pas été retenue, mais il faut bien constater que ce sont essentiellement des questions de politique jurisprudentielle qui conduisent le Conseil d'Etat à classer les questions qui lui sont soumises dans l'une ou l'autre de ces catégories.

856.- L'exemple du contrôle de cassation en matière de dommages de travaux publics.- L'examen du contrôle de cassation en matière de responsabilité du fait des dommages de travaux publics ou liés à l'existence d'un ouvrage public constitue une très bonne illustration de cette politique jurisprudentielle. Le régime de responsabilité appliqué dans ce domaine varie en fonction de la qualité de la victime. S'il s'agit d'un tiers, il bénéficie d'un régime de responsabilité sans faute. L'usager bénéficie, quant à lui, d'un régime de présomption. Pour ne pas être condamnée, l'administration devra apporter la preuve qu'elle a normalement entretenu l'ouvrage public. Toutefois, si l'ouvrage en cause a le caractère

« d'ouvrage public exceptionnellement dangereux », l'usager bénéficie d'un régime de responsabilité sans faute.

Dans l'arrêt de Section du 26 juin 1992, Commune de Béthoncourt (requête numéro 114728 : Rec. p. 268 ; RFDA 1993, p. 71, concl. le Chatelier) le Conseil d'Etat a décidé que la question de l'existence d'un défaut d'entretien normal relève de l'appréciation souveraine des juges du fond. En revanche, dans un autre arrêt de Section du 5 juin 1992, Epoux Cala (requête numéro 115331 : Rec. p. 224 ; RFDA 1993, p. 68, concl. le Chatelier ; AJDA 1992, p. 650, chron. Maugüé et Schwartz), le Conseil d'Etat a estimé que la question de savoir si un ouvrage public présente un caractère exceptionnellement dangereux est une question de qualification juridique.

Comme on le voit, dans ces deux cas, la question qui se posait au juge de cassation était pourtant d'une nature identique : il s'agissait de savoir si les faits soumis aux juges du fond justifiaient ou non le déclenchement de l'un ou l'autre des régimes de responsabilité appliqués aux usagers.

La seule justification de cette différence de solutions se situe du point de vue de l'opportunité et des conséquences de la décision du juge d'appel. Dans l'affaire Commune de Béthoncourt, il s'agissait simplement de savoir s'il y avait lieu d'engager la responsabilité de l'administration. Dans l'affaire Cala, la question de l'application d'un régime de responsabilité déterminé se posait également, mais ce n'était pas la seule. Il s'agissait en effet de s'assurer que les juges du fond n'avaient pas une conception trop extensive du régime de responsabilité sans faute qui s'applique aux usagers, lequel est censé demeurer d'application exceptionnelle. Il était donc nécessaire de préserver la frontière entre le régime de responsabilité sans faute et celui de présomption de faute qui est normalement appliqué. La question présentait un enjeu qui dépasse la seule affaire Cala et nécessitait manifestement d'être contrôlée par le Conseil d'Etat.

III – Décision du juge de cassation

857.- Suites de la cassation.- Le juge de cassation rejette le pourvoi en cassation ou il annule le jugement attaqué.

Dans le second cas, il dispose d'une alternative : il peut renvoyer le litige ou décider de le retenir, c'est-à-dire de juger lui-même l'affaire sur le fond (CJA, art. L. 821-2).

Lorsqu'il prononce le renvoi, le Conseil d'Etat peut renvoyer l'affaire à la même juridiction du fond qui devra statuer dans une autre formation - sauf impossibilité tenant à la nature de la juridiction - ou la renvoyer à une autre juridiction du fond lorsque cela est possible (c'est le cas si l'arrêt a été rendu par une cour administrative d'appel, mais cette possibilité n'existe pas lorsque la décision cassée a été prise, par exemple, par la Cour des comptes).

Dans tous les cas, le juge de renvoi a l'obligation de se conformer à la chose jugée dès le premier renvoi, contrairement à la règle qui prévaut devant les juridictions civiles (CE, 8 juillet 1904, requête numéro 11574, Botta : Rec. p. 557, concl. Romieu ; D. 1906, III, p.33, concl. Romieu ; S. 1905, III, p.81, note Hauriou).

Pour ce qui concerne le règlement au fond litige, il est obligatoire seulement dans le cas où le Conseil d'Etat est saisi d'un deuxième pourvoi en cassation après un premier renvoi de l'affaire et qu'il prononce une nouvelle cassation (CJA, art. L. 821-2.- V. par ex. CE, 27 octobre 2006, requête numéro 244353, Commune de Saint-Paul-en-Pareds).

Dans tous les autres cas, le règlement au fond du litige est une faculté, l'article L. 821-2 du Code de justice administrative se bornant à préciser que le Conseil d'Etat juge de cassation peut juger au fond les litiges « si l'intérêt d'une bonne administration de la justice le justifie ». Dans cette hypothèse, le Conseil d'Etat va se comporter comme s'il était une juridiction d'appel, ce qui est logique puisqu'il se substitue à elle pour rejuger l'affaire sur le fond.

Dans la pratique, le Conseil d'Etat fait une utilisation très fréquente de la possibilité de retenir les litiges. En effet, environ 80% des arrêts de cassation sont suivis d'un jugement au fond, ce qui peut se justifier de différents points de vue.

Il peut s'agir, dans des affaires complexes, de la volonté de rendre un arrêt de principe.

De même, lorsque l'affaire se rattache à un contentieux de masse, la volonté d'éviter d'encombrer les juridictions du fond peut entrer en ligne de compte.

Enfin, dans certains cas, la solution au litige devient évidente après la cassation, sans qu'il soit besoin de rentrer dans des questions de fait.

Exemple :
- CE Sect., 28 juillet 1989, requête numéro 92631, Département des Hauts-de-Seine (Rec. p. 169 ; AJDA 1989, p. 726, obs. Prétot ; D. 1990, p. 187, note Prétot ; RTDSS 1990, p. 132, concl. Tuot ; RFDA 1989, p. 919, note Tuot) : le Conseil d'Etat casse un arrêt de la caisse centrale d'aide sociale qui mettait à la charge du département des Hauts-de-Seine certaines dépenses. Le Conseil d'Etat a estimé que cette juridiction administrative spéciale avait commis une erreur de droit et que ces dépenses incombaient, en réalité, à l'Etat. Le renvoi apparaissait inutile, puisque la solution sur le fond découlait directement de l'arrêt de cassation.

A l'opposé, s'il reste des éléments à juger, le Conseil d'Etat aura plutôt tendance à renvoyer l'affaire.

Exemple :
-CE Sect., 5 juin 1992, requête numéro 115331, Epoux Cala (préc.) : le Conseil d'Etat casse l'arrêt d'appel qui avait décidé d'engager la responsabilité sans faute de l'administration, la voie publique sur laquelle l'accident à l'origine du dommage dont la réparation est demandée s'était produit n'étant pas, on l'a vu, un ouvrage public exceptionnellement dangereux. Dans cette hypothèse, le renvoi est motivé par le fait qu'il reste à décider s'il peut être mis à la charge de l'administration un défaut d'entretien normal de la voie, auquel cas sa responsabilité sera engagée dans le cadre d'un régime de présomption de faute.

§III – Voies de recours spéciales

858.- Voies de rétractation.- Les voies de recours spéciales constituent non pas des voies de réformation, mais des voies de rétractation qui ont vocation à être portées devant le juge qui a rendu la décision litigieuse.

On évoquera en premier lieu le recours direct en interprétation, qui est toutefois irréductible à cette distinction, puisqu'il ne constitue ni une voie de rétractation, ni une voie de réformation. On évoquera ensuite l'opposition, la tierce opposition, le recours en révision, le recours en rectification d'erreur matière et enfin le recours dans l'intérêt de la loi.

I – Le recours direct en interprétation

859.- Une portée déclaratoire.- Ce recours, qui a été admis par le Conseil d'Etat à l'occasion de l'arrêt Compagnie d'Orléans et du Midi c/ Etat du 26 juillet 1912 (Rec. p. 889, concl. Riboulet), est ouvert sauf texte contraire devant toutes les juridictions. Il permet d'obtenir du juge administratif compétent l'interprétation d'un acte juridictionnel, mais aussi d'un acte administratif, obscur ou ambigu. S'il s'agit d'une décision juridictionnelle, l'interprétation ne peut être demandée qu'à la juridiction qui l'a rendue (CE, 8 juillet 1932, Le Berre et Kerloch : Rec. p. 689.

Le recours en interprétation n'a qu'une portée déclaratoire. Sa recevabilité est subordonnée « à l'existence d'un différend né et actuel susceptible de relever de la compétence du juge administratif, dont la solution est subordonnée à l'interprétation demandée ». Ce recours est donc irrecevable lorsque le différend subordonné à l'interprétation relève des juridictions judiciaires. Il peut porter sur un acte administratif unilatéral comme sur un contrat. Le Conseil d'Etat a récemment restreint la recevabilité de ce recours en précisant que son auteur « ne peut (non plus) invoquer à cette fin un différend porté devant une juridiction administrative, à laquelle il revient de procéder elle-même à l'interprétation des actes administratifs dont dépend la solution du litige qui lui est soumis » (CE Sect., 6 décembre 2019, requête numéro 416762, Abdi : Rec. p. 439, concl. Decout-Paolini ; Dr. adm. 2020, comm. 15, note Carin et Dutus). Il n'est recevable, également « que s'il émane d'une partie à l'instance ayant abouti au prononcé de la décision dont l'interprétation est sollicitée et dans la seule mesure où il peut être valablement argué que cette décision est obscure ou ambiguë » (CE, ord. réf., 24 novembre 2005, requête numéro 287348, Moissinac Massenat). Il peut être exercé sans condition de délai. Toutefois, l'erreur doit présenter un caractère véritablement matériel, c'est-à-dire qu'elle ne doit pas conduire le juge à reconsidérer les questions de droit qui lui ont été préalablement soumises.

Exemples :

- CE, 7 novembre 1979, requête numéro 16837, Etablissements Chaumeil (RDP 1980, p.1212) : le recours en interprétation est recevable à l'encontre d'une décision qui ne mentionnait pas le point de départ des intérêts légaux produits par une indemnité.

- CAA Marseille, 16 décembre 2004, requête numéro 04MA01027, Brun : la contestation d'une méthode d'évaluation de détermination de l'assiette de la taxe foncière sur les propriétés bâties concernant le bien-fondé de l'arrêt de la cour, ce moyen n'est pas recevable devant le juge de l'interprétation.

Au demeurant, le recours sera irrecevable s'il apparaît que la décision en cause n'était ni obscure ni ambigüe (CE, 13 mars 2013, requête numéro 339943, Département du Tarn-et-Garonne : Rec. tables p. 759). En particulier, il n'est pas recevable s'il a « pour objet d'obtenir la correction d'une erreur contenue dans la décision juridictionnelle en cause » (CE, 27 juillet 2016, requête numéro 388098, Duc).

II – L'opposition

860.- Rétractation d'un jugement rendu par défaut.- Comme le recours en interprétation, l'opposition est une voie de recours spéciale, ouverte sauf texte contraire devant toutes les juridictions (CE Sect., 12 octobre 1956, Desseaux : Rec. p.364 ; RDP 1957, p. 115, concl. Lasry). Cependant, à la différence du recours en interprétation, elle relève de la catégorie des voies de rétractation.

L'opposition a pour objet de faire rétracter un jugement rendu par défaut (V. CJA, art. R. 831-1 s.). Elle est ouverte à la partie qui n'a pas produit d'observations écrites lors de l'instruction initiale et elle est recevable dans un délai de deux mois. L'article R. 831-6 du Code de justice administrative précise que les jugements et ordonnances des tribunaux administratifs ne sont pas susceptibles d'opposition. On notera également que cette procédure a été supprimée devant les cours administratives d'appel par le décret n° 2019-82 du 7 février 2019 modifiant le Code de justice administrative. La procédure d'opposition, comme la procédure de tierce opposition, est soumise au respect du principe du contradictoire (CE, 18 décembre 2017, requête numéro 402011, Société Serenis). Il faut aussi relever que l'expiration du délai d'opposition, sans que cette voie de recours ne soit exercée, a pour effet de régulariser le pourvoi en cassation introduit prématurément (CE Sect., 20 novembre 1992, requête numéro 114667, Joseph : Rec. p. 417 ; AJDA 1993, p. 130, concl. Arrighi de Casanova).

L'article R. 831-5 du Code de justice administrative précise que « la décision qui admet l'opposition remet, s'il y a lieu, les parties dans le même état où elles étaient auparavant ». La décision litigieuse sera alors déclarée non avenue (CE, 9 janvier 1959, requête numéro 42631, Ville de Nice : Rec. p. 26).

III – Tierce opposition

861.- Contestation d'un jugement par un tiers à l'instance initiale.- Comme l'opposition, la tierce opposition est une voie de recours spéciale, ouverte sauf texte contraire devant toutes les juridictions (CE, 29 novembre 1912, requête numéro 45893, Boussuge, préc.). Elle relève aussi de la catégorie des voies de rétractation.

La tierce opposition permet à une personne de contester le jugement qui préjudicie à ses droits (sur cette notion V. par exemple CE, 4 avril 2012, requête numéro 356401, Société Céphalon France : JCP A 2012, 2302.- CE, avis, 29 mai 2015, requête numéro 381560, Association Nonant Environnement : Dr. adm. 2015, comm. 63, note Eveillard), dès lors que ni elle ni ceux qu'elle représente n'ont été présents ou régulièrement appelés dans l'instance ayant abouti à cette décision (V. CJA, art. R. 832-1 s.). Le délai de recours est également de deux mois, mais à la différence de l'opposition, la tierce opposition est ouverte devant toutes les juridictions. En outre, en l'absence de notification régulière, le délai ne court pas, même si l'auteur de la tierce opposition a eu connaissance du jugement (CE, 8 janvier 1958, Consorts de Batz de Tranquelléon : Rec. p. 18.- CE, 18 décembre 1987, requête numéro 60892, Masse : Rec. tables, p. 877). En cas d'admission de la tierce opposition, le juge déclarera non avenue en tout ou partie la décision litigieuse.

IV – Recours en révision

862.- Juridictions devant lesquelles ce recours est recevable.- Le recours en révision présente la particularité de n'être ouvert que lorsqu'un texte le prévoit expressément : c'est le cas devant le Conseil d'Etat, contre ses propres arrêts (CJA, art. R. 834-1 s.) et devant certaines juridictions administratives spéciales, comme la Cour des comptes et les chambres régionales des comptes (Code des juridictions financières, art. L. 245-3 et R. 142-15). Devant le Conseil d'Etat, ce recours doit être exercé dans un délai de deux mois et il n'est recevable que dans trois hypothèses : si la décision a été rendue sur pièces fausses (sur cette notion V. CE, 17 décembre 2014, requête numéro 369035, X.); si la partie a été condamnée faute d'avoir produit une pièce décisive qui était retenue par son adversaire (V. par ex., CE, 1er mars 2006, requête numéro 271355, Rousseau) ; si la décision est intervenue sans qu'aient été observées les dispositions du Code de justice administrative relatives à la composition de la formation de jugement, à la tenue des audiences ainsi qu'à la forme et au prononcé de la décision (par exemple en cas de méconnaissance de la règle selon laquelle les parties sont mises en mesure de connaître le sens des conclusions du rapporteur public avant la tenue de l'audience, V. CE, 10 juillet 2013, requête numéro 357359, Société Stanley international betting limited).

Un arrêt récent du Conseil d'Etat a étendu considérablement le champ du recours en révision. Cette extension concerne les juridictions administratives spéciales qui ne relèvent pas du Code de justice administrative et pour lesquelles aucun texte n'a prévu l'existence d'une telle voie de recours. Le recours en révision peut néanmoins être formé, en vertu d'une règle générale de procédure découlant des exigences de la bonne administration de la justice. Les tribunaux administratifs et cours administratives d'appel sont toutefois exclus, le Code de justice administrative n'envisageant ce recours que devant le Conseil d'Etat. Ce recours est ouvert à l'égard d'une décision passée en force de chose jugée, dans l'hypothèse où cette décision l'a été sur pièces fausses ou si elle l'a été faute pour la partie perdante d'avoir produit une pièce décisive qui était retenue par son adversaire. Cette possibilité est ouverte à toute partie à l'instance, dans un délai de deux mois courant à compter du jour où la partie a eu connaissance de la cause de révision qu'elle invoque (CE Sect., 14 juin 2012, requête numéro 331346, Serval : Rec. p. 225 ; AJDA 2012, p. 1397, chron. Domino et Bretonneau ; Dr. adm. 2012, comm. 68, note Melleray ; JCP A 2012, comm. 2296, note Claeys ; RFDA 2012, p 730, concl. Roger-Lacan).

V – Recours en rectification d'erreur matérielle

863.- Notion d'erreur matérielle.- L'article R. 833-1 du Code de justice administrative prévoit que « lorsqu'une décision d'une cour administrative d'appel ou du Conseil d'Etat est entachée d'une erreur matérielle susceptible d'avoir exercé une influence sur le jugement de l'affaire, la partie intéressée peut introduire devant la juridiction qui a rendu la décision un recours en rectification ». Il résulte également de la jurisprudence que ce recours est ouvert « même en l'absence de texte le prévoyant » devant « toute juridiction statuant en dernier ressort » (CE Ass., 4 mars 1955, requête numéro 32905, Veuve Sticotti : Rec. p.131 ; RDP 1955, p.733, concl. Jacomet). Elle peut donc être exercée devant une juridiction administrative spéciale et même devant le Tribunal des conflits (TC, 7 juin 1999, requête numéro 3158, Bergas : Rec. p. 456). Ainsi, sauf texte dérogeant à ce principe, un jugement de première instance qui comporte une erreur matérielle ne peut faire l'objet d'une correction que par la voie de l'appel. Toutefois, pour éviter autant que possible les lourdeurs de la procédure d'appel, l'article R. 741-11 du Code de justice administrative prévoit que « lorsque le président du tribunal administratif constate que la minute d'un jugement ou d'une ordonnance est entachée d'une erreur ou d'une omission matérielle, il peut y apporter, par ordonnance rendue dans le délai d'un mois à compter de la notification aux parties de ce jugement ou de cette ordonnance, les corrections que la raison commande ».

VI – Recours dans l'intérêt de la loi

864.- Une portée doctrinale.- Comme le recours en rectification d'erreur matérielle, le recours dans l'intérêt de la loi est ouvert même en l'absence de texte et sans condition de délai, mais seulement devant les juridictions souveraines (V. CE, 1er octobre 1997, requête numéro 180661, Ministre de la Défense c. Martin : Rec. p.324 ; RFDA 1997, p.1330), ce qui ne concerne - depuis la disparition de la commission supérieure des dommages de guerre et de la commission spéciale de cassation des pensions - que le Conseil d'Etat.

Le recours est réservé aux seuls ministres et il a pour objet de supprimer, dans des décisions juridictionnelles, les erreurs juridiques. Il ne concerne que les jugements définitifs, à l'exception des jugements rendus par le Conseil d'Etat lui-même. Les décisions rendues dans le cadre de ce recours n'ont qu'une portée doctrinale et elles n'auront, par conséquent, aucune incidence sur la situation des parties à l'instance dans laquelle le jugement contesté a été rendu. Il s'agit exclusivement de purger le jugement de l'erreur juridique qu'il contient pour éviter que celle-ci ne se perpétue dans les décisions qui seront ultérieurement rendues.

Si ce recours est rarement mis en œuvre, deux décisions récentes ont assoupli ses conditions de recevabilité. En premier lieu, le Conseil d'Etat a admis que le recours dans l'intérêt de la loi peut être formé contre une décision qui déjà fait l'objet d'un examen par le Conseil d'Etat. Toutefois, cette faculté concerne uniquement l'hypothèse où ce premier examen n'a pas donné lieu à une prise de position par le Conseil d'Etat sur la question litigieuse qui fait l'objet du recours dans l'intérêt de la loi (CE, 11 avril 2018, Daniel, requête numéro 409648, Ministre de l'Intérieur : AJCT 2018, p. 452, obs. Morel ; AJDA 2018, p. 1173, concl. Domino ; JCP A 2018, comm. 2243, concl. Domino ; RD imm. 2018, p. 438, note Hostiou). Cette solution, dont le champ est donc précisément circonscrit, respecte l'autorité de la chose jugée. Dans une autre décision, également favorable à l'extension modérée du recours dans l'intérêt de la loi, le Conseil d'Etat a été amené à préciser que « doit être regardé comme irrévocable tout jugement qui n'est plus susceptible d'appel ou de cassation ». En conséquence, le fait qu'une décision puisse encore faire l'objet d'une voie de rétractation – particulièrement un recours en tierce opposition qui est ouvert sans délai – est sans incidence sur ce caractère irrévocable et ne fait donc pas obstacle à l'exercice du recours dans l'intérêt de la loi (CE, 18 juin 2018, requête numéro 416325, Ministre de l'Intérieur : AJCT 2018, p. 452 ; AJDA 2018, p. 1251 ; RD imm. 2018, p. 438, note Hostiou).

Section V – Procédures de référé

865.- Diversité des procédures de référé.- Les procédures de référé permettent d'accélérer la procédure et d'obtenir en quelques semaines, voire en quelques jours, une décision qui n'aurait été obtenue que beaucoup plus tardivement dans le cadre d'une procédure ordinaire.

Le Code de justice administrative distingue trois grands types de référés : les référés d'urgence de droit commun, les référés de droit commun non conditionnés par l'urgence, et les référés spéciaux.

§I – Référés d'urgence de droit commun

866.- Catégories.- Jusqu'à l'entrée en vigueur de la loi n°2000-597 du 30 juin 2000 il existait deux grands types de procédures d'urgence de droit commun : le sursis à exécution qui avait pour objet l'obtention de la suspension d'un acte administratif et le référé conservatoire ou référé mesures utiles, qui permettait principalement au juge de prononcer des injonctions à l'encontre de personnes privées qui refusaient de respecter des décisions administratives.

La loi du 30 juin 2000 a remplacé la procédure de sursis à exécution par une procédure de référé suspension. Si la procédure de référé mesures utiles subsiste, la loi a créé une nouvelle procédure de référé liberté qui permet notamment au juge de prononcer des injonctions à l'encontre de l'administration.

867.- Ordonnance de tri.- Notons également que, concernant l'ensemble des référés d'urgence de droit commun, l'article L. 522-3 du Code de justice administrative permet au juge d'opérer un tri des requêtes en amont de la procédure : lorsque la demande ne présente pas un caractère d'urgence ou lorsqu'il apparaît manifeste qu'elle ne relève pas de la compétence de la juridiction administrative, qu'elle est irrecevable ou qu'elle est mal fondée, la requête peut être rejetée par une ordonnance motivée. Lorsqu'il fait usage de ces dispositions, le juge des référés n'organisera pas d'audience publique et le principe du contradictoire n'aura pas vocation à s'appliquer.

I – Référé suspension

868.- Règles applicables.- La procédure de référé suspension succède à l'ancienne procédure de sursis à exécution. Il conviendra d'en apprécier le champ d'application avant d'étudier ses conditions de mise en œuvre.

A – Référé suspension et sursis à exécution

869.- Possibilité de mettre en échec le privilège du préalable.- La suspension de l'exécution d'une décision administrative permet de faire échec au caractère exécutoire de cette décision qui constitue, selon la formule de l'arrêt d'Assemblée Huglo du 2 juillet 1982 « la règle fondamentale du droit public » (requête numéro 25288, requête numéro 25323 : Rec. p. 257 ; AJDA 1982, p. 657, concl. Biancarelli, note Lukaszewicz ; D. 1983, chron. p. 327, Dugrip ; Dr. adm. 1982, comm. 627). Comme on l'a vu, en effet, en droit administratif, les voies de recours ne sont pas suspensives. Pour obtenir cette mesure, l'intéressé doit assortir son recours contre la décision contestée d'une demande de suspension, ce qui implique le dépôt de requêtes distinctes, à défaut de quoi la demande de suspension serait irrecevable (CE, 26 janvier 2007, requête numéro 297991, Association la Providence : Rec. tables, p. 1009 ; AJDA 2007, p.872). Il sera ensuite statué sur cette demande selon une procédure d'urgence, avant que le recours ne soit examiné sur le fond. Il s'agit ainsi d'éviter qu'une éventuelle annulation postérieure de la mesure soit rendue inutile du fait que celle-ci a été déjà exécutée, en partie ou partiellement.

870.- Procédure.- Le juge des référés - qui est en principe un juge unique (V. CJA, art. L. 511-2) - statue par voie d'ordonnances qui peuvent faire l'objet d'un pourvoi en cassation devant le Conseil d'Etat. Ce pourvoi doit être présenté dans les 15 jours de la notification de l'ordonnance.

871.- Différences entre référé suspension et sursis à exécution.- Le régime de la suspension des décisions administratives a été assez profondément modifié par la loi n°2000-597 du 30 juin 2000 sur le référé devant les juridictions administratives.

Avant cette loi, deux conditions étaient exigées dans le cadre de la procédure de sursis à exécution de droit commun : l'existence de moyens sérieux, c'est-à-dire de moyens qui jettent un doute sérieux sur la légalité de la mesure contestée ; l'exécution de la décision contestée devait entraîner des conséquences difficilement réparables.

Ces règles ont été modifiées par la loi du 30 juin 2000 qui a créé une procédure de référé suspension. Selon l'article L. 521-1 du Code de justice administrative « quand une décision administrative, même de rejet, fait l'objet d'une requête en annulation ou en réformation, le juge des référés, saisi d'une demande en ce sens, peut ordonner la suspension de l'exécution de cette décision, ou de certains de ses effets, lorsque l'urgence le justifie et qu'il est fait état d'un moyen propre à créer, en l'état de l'instruction, un doute sérieux quant à la légalité de la décision. Lorsque la suspension est prononcée, il est statué sur la requête en annulation ou en réformation de la décision dans les meilleurs délais. La suspension prend fin au plus tard lorsqu'il est statué sur la requête en annulation ou en réformation de la décision ».

B – Domaine du référé suspension

872.- Actes unilatéraux exprès ou implicites.- Une demande de référé suspension peut être dirigée contre l'ensemble des actes administratifs unilatéraux, qu'ils soient exprès ou implicites.

873.- Décisions de rejet.- En revanche, les juges ont longtemps considéré que les décisions de rejet ne pouvaient faire l'objet d'un sursis à exécution, en application de l'arrêt d'Assemblée du Conseil d'Etat du 23 janvier 1970, Ministre d'Etat chargé des Affaires sociales c. Amoros (requête numéro 77861 : Rec. p. 51 ; AJDA 1970, p. 174, note Delcros ; RDP 1970, p. 1035, Waline).

Cette position était justifiée par le fait que la suspension d'un acte ne serait utile qu'à l'encontre des décisions exécutoires, le caractère exécutoire des actes administratifs impliquant que l'administration peut, par ses décisions, modifier l'état du droit, créer une règle opposable aux administrés. Or, une décision de rejet ne fait généralement qu'entériner l'état du droit existant. Par conséquent, elle ne présenterait pas de caractère exécutoire, et une demande de sursis dirigée contre une telle décision serait donc sans objet.

La jurisprudence Amoros était également justifiée par le fait que, à l'époque où cet arrêt a été rendu, le juge administratif n'avait pas le pouvoir d'adresser des injonctions à l'encontre de l'administration, excepté dans le cadre de l'instruction des affaires portées devant lui (CE Ass., 28 mai 1954, requête numéro 28238, requête numéro 28493, requête numéro 28524, requête numéro 30237, requête numéro 28238, requête numéro 28493, requête numéro 28524, requête numéro

30237, requête numéro 30256, Barel et a., préc.). Or, prononcer le sursis à exécution d'un acte de rejet revient à enjoindre à l'administration de prendre une décision contraire.

Exemple :
- Si le juge suspend l'exécution d'une décision rejetant une demande de permis de construire, cela revient à enjoindre à l'administration d'accorder ce permis ou au moins de réexaminer la demande.

En dépit de ces justifications, la jurisprudence Amoros était toutefois assez largement critiquée par la doctrine. D'une part, il faut en effet constater que les décisions de rejet ont des conséquences sur la situation des personnes intéressées, ne serait-ce que parce que si elles ne modifient pas leur situation juridique, elles ne leur accordent pas de droits. Ainsi, par exemple, il est difficile d'affirmer qu'une décision de rejet d'une demande d'obtention d'un permis de construire ne présente pas de caractère exécutoire. D'autre part, la législation récente a multiplié les hypothèses dans lesquelles le juge administratif s'est vu reconnaître un pouvoir d'injonction. C'est le cas de la loi n°80-539 du 16 juillet 1980 relative aux astreintes prononcées en matière administrative et à l'exécution des jugements par les personnes morales de droit public et de la loi n° 95-125 du 8 février 1995 relative à l'organisation des juridictions et à la procédure civile, pénale et administrative.

Pour toutes ces raisons, le Conseil d'Etat a finalement abandonné la jurisprudence Amoros à l'occasion de l'arrêt de Section Ouatah du 20 décembre 2000 (requête numéro 200647 : AJDA 2001, p. 146, chron. Guyomar et Collin ; RFDA 2001, p. 371 s., concl. Lamy).

Cependant, cet arrêt n'a fait qu'anticiper l'entrée en vigueur, au premier janvier 2001, de la loi du 30 juin 2000. En effet, cette loi précise expressément que les demandes de référé suspension sont recevables à l'encontre des décisions de rejet.

Exemples :
-CE, 5 décembre 2001, requête numéro 237189, Commune de Contes (BJDU 1/2002, p. 60, concl. Austry) : en application de l'article L. 521-1 du Code de justice administrative, le juge des référés suspend l'exécution d'un certificat d'urbanisme négatif et enjoint à l'autorité administrative de délivrer un nouveau certificat dans un délai de deux mois après réexamen de la demande.
-CE, ord. réf., 17 octobre 2014, requête numéro 384757, Rigollet (AJDA 2015 : p. 200) : l'exécution de la circulaire du 2 juillet 2014 de la ministre de l'Education nationale, de l'Enseignement supérieur et de la Recherche, relative aux modalités d'attribution des bourses d'enseignement supérieur sur critères sociaux et des aides à la mobilité internationale pour l'année 2014-2015 est suspendue en tant qu'elle supprime l'aide au mérite pour les étudiants qui ne bénéficiaient pas pendant l'année universitaire 2013-2014 de cette aide. Cette solution revient à enjoindre à la ministre de verser aux étudiants concernés l'aide au mérite que la circulaire avait voulu supprimer.
-CE, 1er juin 2017, requête numéro 406103, SCI La Marne Fourmies : le juge des référés suspend le refus du préfet d'accorder le concours de la force publique à l'exécution d'une décision de justice ordonnant l'expulsion d'occupants sans titre d'un bien. Il est

enjoint au préfet de la Gironde de prendre toutes mesures nécessaires afin de procéder à cette expulsion dans un délai de trois mois.

Le Conseil d'Etat a récemment précisé les contours des pouvoirs du juge des référés dans une telle hypothèse. L'idée, dans tous les cas, est de lui permettre de pouvoir prendre une mesure d'injonction sans pour autant que les conséquences en résultant puissent être définitives (CE Sect., 7 octobre 2016, requête numéro 395211, Commune de Bordeaux : AJDA 2016, p. 2155, chron. Dutheillet de Lamothe et Odinet ; Dr. adm. 2017, comm. 8, note Eveillard ; JCP G 2016, comm. 1360, note Cassia ; JCP N 2016, comm. 1310, note Debouy ; Procédures 2016, comm. 386, note Deygas ; RFDA 2016, p. 1177, concl. de Lesquen). Dans une telle hypothèse, s'il n'y pas nécessairement lieu pour l'administration d'accorder au demandeur la mesure qu'il sollicite, elle devra au moins réexaminer sa demande ce qui peut être ordonné par une injonction du juge des référés. Dans ce cas, elle ne pourra renouveler son refus pour un motif identique à celui qui a suscité un doute sérieux sur la légalité de la décision prise. Si elle favorable au demandeur, la nouvelle décision aura, comme l'ordonnance de référé, un caractère provisoire. En conséquence, l'administration pourra la retirer une fois que la juridiction se sera prononcée sur le fond, ou si le demandeur se désiste de son action, toujours sur le fond, ou si le juge des référés met lui-même fin à la suspension. Ce retrait doit intervenir « dans un délai raisonnable » qui est celui du retrait des actes créateurs de droit. Ce délai est décompté, soit à partir de la notification de la décision de justice infirmative, soit de l'infirmation de sa position initiale par le juge des référés lui-même (V. CJA, art. L. 521-4) ou au terme de l'exercice d'une voie de recours en référé, soit à compter du désistement par le requérant de son recours au fond.

C – Conditions d'obtention des mesures de suspension

874.- Possibilité de ne pas suspendre l'acte lorsque les conditions exigées sont remplies.- Selon l'article L. 521-1 du Code de justice administrative l'obtention d'une mesure de suspension est conditionnée par la réunion de deux conditions : l'urgence et l'existence d'un doute sérieux quant à la légalité de la décision.

Toutefois, il faut relever au préalable que même si les deux conditions sont réunies, le juge n'est pas tenu de prononcer la mesure de suspension. En effet, le texte actuellement en vigueur, qui reprend une solution qui avait déjà été consacrée par la jurisprudence dans l'arrêt d'Assemblée du Conseil d'Etat du 13 février 1976, Association de sauvegarde du quartier Notre-dame (requête numéro 99708 : Rec. p. 100 ; D. 1977, chron. p. 115, Pellet ; AJDA 1976, p. 300, Nauwelaers et Fabius ; RDP 1976, p. 303, Drago ; Rev. adm. 1976, p. 381, concl. Morisot), précise que si ces deux conditions sont réunies, le juge « peut » prononcer la suspension de la décision contestée, ce qui implique qu'il n'est pas obligé de le faire. Cette faculté, qui a vocation à demeurer d'application « exceptionnelle » (CE, 15 juin 2001, requête numéro 230637, Société Robert Nioche et ses fils SA), s'explique par le fait que, selon la formule de l'arrêt Huglo (préc.), le caractère exécutoire des décisions administratives demeure « la règle fondamentale du droit public ».

Exemple :
-CE, 15 juin 2001, requête numéro 230637, Société Robert Nioche et ses fils SA, préc. : ne commet pas d'erreur de droit le juge des référés qui rejette une demande de suspension d'un arrêté interdisant la circulation sur un pont en jugeant que les moyens de légalité externe soulevés devant lui ne sont pas, quels que soient leurs mérites, de nature à justifier la suspension de cet arrêté, alors que n'existe aucun doute sérieux sur le fait que celui-ci repose sur des faits matériellement exacts et a été rendu nécessaire, compte tenu du mauvais état du pont, par des motifs de sécurité publique.

1° Urgence

875.- Urgence et préjudice difficilement réparable.- La condition d'urgence remplace la condition tenant à l'existence d'un préjudice difficilement réparable qui était exigée dans l'ancienne procédure de référé suspension, ce qui conduit à s'interroger sur la portée de cette modification.

Il faut relever, d'une part, que si l'exécution de la décision contestée est susceptible de créer un préjudice difficilement réparable, il sera nécessairement urgent d'y mettre fin. Par conséquent, l'ancienne condition est entièrement incluse dans la nouvelle. D'autre part, si l'urgence recouvre la condition d'existence d'un préjudice difficilement réparable, l'inverse n'est pas vrai.

Ainsi, avant l'entrée en vigueur de la loi du 30 juin 2000, les juges refusaient très fréquemment de reconnaître l'existence d'un préjudice difficilement réparable dès lors que ce préjudice pouvait être réparé ultérieurement par le versement d'une somme d'argent. Or, dans un tel cas, il peut désormais y avoir urgence à prononcer la mesure de référé suspension.

Dans l'arrêt de Section Confédération nationale des radios libres du 19 janvier 2001 (requête numéro 228815 : Rec. p. 29 ; AJDA 2001, p. 150, chron. Guyomar et Collin ; LPA 2001, n° 30, p. 10, note Chahid-Nouraï et Lahami-Depinay ; Dr. adm. 2001, comm. 153, note L.T ; RFDA 2001, p. 378, concl. Touvet ; D. 2001, p. 1414, note Seiller ; D. 2002, p. 2220, note Vandermeeren ; RDP 2002, p. 756, chron. Guettier), le Conseil d'Etat a ainsi estimé que la condition d'urgence pouvait être remplie « alors même que cette décision n'aurait un objet ou des répercussions que purement financières et que, en cas d'annulation, ses effets pourraient être effacés par une réparation pécuniaire ».

Exemple :
- CE, ord. réf., 8 mars 2001, requête numéro 230748, Association pour la protection de la population et de l'environnement des vallées de la Creuse et de la Gartempe : en matière d'expropriation, le juge avait tendance à rejeter systématiquement les demandes de suspension des arrêtés portant déclaration d'utilité publique. En effet, la mesure n'était pas considérée comme ayant des conséquences difficilement réparables puisque le Code de l'expropriation prévoit l'indemnisation ultérieure des personnes évincées.

Désormais, une mesure de référé suspension contre de telles décisions peut être prononcée.

876.- Définition de la condition d'urgence.- La loi du 30 juin 2000 n'a pas défini la condition d'urgence, mais ce point a été précisé par l'arrêt Confédération nationale des radios libres (préc.) selon lequel « la condition d'urgence … doit être considérée comme remplie lorsque la décision administrative contestée préjudicie de manière suffisamment grave et immédiate a un intérêt public, à la situation du requérant ou aux intérêts qu'il défend ».

Cette formule a été précisée par l'arrêt de Section du 28 février 2001, Préfet des Alpes-maritimes et société sud-est assainissement (requête numéro 229562, requête numéro 229563 requête numéro 229721 : AJDA 2001, p. 46 ; Collectivités-Intercommunalité 2001, comm. 126) dont il résulte que l'urgence s'apprécie « objectivement et compte tenu de l'ensemble des circonstances de chaque espèce ».

C'est donc au cas par cas, de façon globale et concrète, que sera appréciée l'urgence, ce qui explique le caractère très casuistique de la jurisprudence dans ce domaine.

Exemple :

- Comme on l'a vu, le juge des référés accepte désormais de considérer qu'il peut y avoir urgence à demander la suspension d'une déclaration d'utilité publique (CE, ord. réf., 8 mars 2001, Association pour la protection de la population et de l'environnement des vallées de la Creuse et de la Gartempe, préc.). Toutefois, les conséquences qui s'attachent à une déclaration d'utilité publique ne sont pas par elles-mêmes de nature à caractériser une situation d'urgence (CE, ord. réf., requête numéro 345466, 26 décembre 2002, Association pour la protection des intérêts de Cazaubon-Barbotan : AJDA 2003, p. 674, note Hostiou). Cependant, si les travaux sont sur le point de commencer - en tout cas s'ils sont susceptibles de débuter avant l'intervention du jugement au fond - la condition d'urgence sera en principe satisfaite (CE, 3 juillet 2002, requête numéro 245236, Commune de Beauregard-de-Terrasson, Association Alerte 89 et a. c. Société autoroutes du sud de la France : AJDA 2002, p. 751, concl. Chauvaux ; RD imm. 2003, p. 52, obs. F.D. ; Ann. de la voirie 2002, n° 72, p. 233, note Duval ; Collectivités-Intercommunalité 2002, comm. 237, obs. Célérier).

877.- Présomption d'urgence.- C'est en principe au requérant d'apporter la démonstration de l'urgence, celle-ci ne pouvant découler de manière automatique du caractère irréversible d'une situation de fait. Pour certains types de décisions, cependant, l'urgence est présumée.

Il en va ainsi concernant la suspension des permis de construire (CE, 27 juillet 2001, requête numéro 230231, Commune de Tulle : RD imm. 2001, p.542, chron. Soler-Couteaux ; BJDU 2001, p.381, concl. Chauvaux) et des permis d'aménagement (CE, 3 juillet 2009, requête numéro 321634, Lelin : Rec. tables, p.992 ; AJDA 209, p.1345 ; BJDU 2009, p.285, concl. Geffray), pour les arrêtés de cessibilité (CE, 5 décembre 2014, requête numéro 369522, Consorts Le Breton :

Dr. adm. 2015, comm. 26, note Eveillard), ou encore pour un arrêt portant dissolution d'un EPCI (CE, 28 décembre 2005, requête numéro 283249, Syndicat intercommunal de Lens-Avion : Rec. tables, p. 1029 ; AJDA 2006, p. 63.- CE, 17 mars 2017, requête numéro 404891, Ministre de l'Intérieur c/ Communautés de communes du Cordais et du Causse).

Cependant, il ne s'agit pas ici de présomptions irréfragables.

Exemple :
-CE, 22 mars 2010, requête numéro 324763, Seghier (AJDA 2010, p.646, obs. Biget) : s'agissant d'un permis de construire, compte tenu de l'intérêt public qui s'attache à l'exécution de la décision litigieuse et de la faible dimension de la construction autorisée, alors que la requérante fait seulement valoir en termes généraux que cet ouvrage offrira à ses utilisateurs un point de vue sur sa propriété et pourra être source de désagréments, la condition d'urgence, qui doit s'apprécier objectivement et globalement, ne peut être regardée comme remplie.
-CE, 27 janvier 2021, requête numéro 437237 (JCP A 2021, act. 102, obs. Erstein : en matière d'expropriation, le délai entre la date où l'arrêté de cessibilité intervient et l'envoi en possession de l'expropriant est bref ce qui justifie l'existence d'une présomption d'urgence. Toutefois « il peut (…) en aller autrement dans le cas où l'expropriant justifie de circonstances particulières, en particulier si un intérêt public s'attache à la réalisation rapide du projet qui a donné lieu à l'expropriation ». Mais en l'espèce, le Conseil d'Etat précise que la présomption a vocation à s'appliquer « alors même que l'ordonnance du juge de l'expropriation procédant au transfert de propriété est intervenue ». Dans la présente affaire, si l'ordonnance d'expropriation était effectivement déjà intervenue, elle n'était pas devenue définitive, le bénéficiaire n'avait pas encore fait usage du bien pour y entamer les travaux de construction projetés, et les maisons devant être édifiées sur la parcelle en cause ne représentaient qu'une part très minoritaire du programme de logements envisagé. Ainsi « aucun élément n'étant de nature à établir qu'il était nécessaire de permettre l'exécution immédiate de la décision contestée ».

Au demeurant, la présomption ne joue pas concernant les décisions de retrait d'un permis de contruire (CE, 30 juillet 2003, requête numéro 255368, Ministre de l'Equipement, du Transport, du Logement, du Tourisme et de la Mer : Rec. tables, p.923 ; BJDU 2003, p.411, note Maugüé, obs. J.-C B. ; Dr. Adm. 2003, comm. 232, note C.M.) ou de sursis à statuer sur une demande de permis de construire (CE, 23 janvier 2004, requête numéro 257779, Commune de Meyreuil : BJDU 2004, p.63, concl. de Silva). Elle ne joue pas non plus si la construction objet du permis est achevée (CE, 26 mai 2004, requête numéro 260462, Société Alsatia) ou quasiment achevée (CE, 26 juin 2002, requête numéro 240487, Demblas : Rec. tables, p. 863). Il en va de même lorsqu'est en cause un refus de dresser un procès-verbal pour méconnaissance des prescriptions d'un permis de construire (CE, 23 septembre 2019, requête numéro 424270, Petre).

On retrouve le même type de raisonnement dans des cas où sont en cause des décisions de préemption. En effet, si le juge des référés accepte de présumer l'urgence en faveur de l'acquéreur évincé sollicitant la suspension d'une décision de préemption (CE, 23 novembre 2002, requête numéro 248851, Hourdin : Rec. p.396 ; BJDU 2002, p.460, concl. Stahl, obs. J.-C B.; RFDA 2003, p.203 ; RDI imm.2003, p.205, obs. P. S.-C.), il refuse d'en faire bénéficier le vendeur (CE, 14 novembre 2003, requête numéro 258248, Colladant : Rec. p. 924 ; Constr.-urb. 2004, 89, note Rousseau).

Dans un tout autre domaine, le juge des référés du Conseil d'Etat a pu considérer qu'une décision de mise à l'isolement d'un détenu caractérise en principe une situation d'urgence (CE, 7 juin 2019, requête numéro 426772, Madani). Il en va de même concernant une décision d'un département refusant de poursuivre la prise en charge d'un jeune majeur (CE, 21 décembre 2018, requête numéro 421323, Diakhaby). En revanche l'urgence n'est pas présumée dans l'hypothèse où est contesté un arrêté de carence en matière de logement social (CE, 3 octobre 2018, requête numéro 418700, Commune de Neuilly-sur-Seine).

2° Moyen propre à créer un doute sérieux quant à légalité de la décision

878.- Une appréciation au cas par cas.- L'appréciation d'un tel moyen soulevé par le requérant doit s'opérer, précise le texte, « en l'état de l'instruction » ce qui signifie que le juge des référés doit soupeser les chances d'aboutir de la requête présentée sur le fond. Là encore, tout est question d'appréciation, le juge des référés devant déterminer au cas par cas s'il existe un doute véritablement sérieux sur la légalité de la décision.

Exemple :
-CE, ord. réf., 31 janvier 2020, requête numéro 437675, requête numéro 437795, requête numéro 437805, requête numéro 437824, requête numéro 437910, requête numéro 437933, Laroche et a. (Dr. adm. 2020, comm. 12, note Montay) : posent un doute sérieux quant à leur légalité et doivent en conséquent être suspendues, les dispositions d'une circulaire relative aux élections municipales limitant excessivement le seuil d'attribution des nuances politiques, instituant une différence de traitement entre les partis, et classant une liste dans un bloc de clivage sans considération d'indices objectifs.

Toutefois, le juge a l'obligation de relever d'office un moyen d'ordre public qui ressort des pièces du dossier qui lui est soumis (CE Sect., 16 mai 2001, requête numéro 230631, Epoux Duffaut : AJDA 2001, p. 465, chron. Guyomar et Collin ; D. 2002, p. 2223, obs. Vandermeeren).

II – Référé liberté

879.- Une procédure récente.- Le référé liberté est la grande innovation de la loi du 30 juin 2000. On évoquera la question des pouvoirs du juge du référé liberté, avant d'examiner les conditions de mise en œuvre de cette procédure.

A – Pouvoirs du juge du référé liberté

880.- Pouvoirs du juge.- Cette procédure permet au juge des référés, en cas d'urgence, « d'ordonner toutes mesures nécessaires à la sauvegarde d'une liberté fondamentale à laquelle l'administration aurait porté, dans l'exercice de ses pouvoirs, une atteinte grave et manifestement illégale » (CJA, art. L. 521-2). Le juge des référés devra alors se prononcer dans un délai de 48 heures, son ordonnance pouvant ensuite faire l'objet d'un appel devant le Conseil d'Etat dans les quinze jours de sa notification. En cas d'appel, le juge des référés du Conseil d'Etat doit statuer dans un délai de quarante-huit heures.

La principale innovation de ce texte est qu'il permet au juge des référés d'ordonner toutes mesures visant à faire cesser le trouble causé par l'administration. Ceci signifie que le juge des référés se voit reconnaître, entre autres, un pouvoir d'injonction à l'encontre de l'administration : ce n'est donc pas seulement une décision qui peut être mise en cause, mais un agissement de l'administration. Ceci explique que, contrairement à la procédure de référé suspension, la recevabilité de la demande de référé liberté n'est pas subordonnée au dépôt d'un recours sur le fond.

Un pouvoir d'injonction avait été certes attribué au Conseil d'Etat, par la loi n°80-539 du 16 juillet 1980, puis aux tribunaux administratifs et aux cours administratives d'appel en application de la loi n°95-125 du 8 février 1995, mais seulement pour contraindre l'administration à exécuter une décision de justice. Désormais, ce pouvoir leur est reconnu pour imposer à l'administration de réparer les conséquences d'un comportement illicite. Toutefois, la possibilité ainsi reconnue est subordonnée au respect d'un certain nombre de conditions. On ne reviendra pas ici sur les rapports entretenus entre la voie de fait et la procédure de référé liberté, et sur le fait que la jurisprudence ne limite plus la compétence du juge du référé liberté aux seuls cas où l'administration a agi « dans l'exercice de ses pouvoirs » (V. sur ces questions supra Troisième Partie, Chapitre deux, Section deux).

881.- Limites aux pouvoirs du juge.- « Toutes mesures » ne signifie pas toutefois « n'importe qu'elle mesure ». Si le juge du référé liberté peut adresser une injonction à l'administration, ou seulement suspendre cette décision, la mesure prise, parce qu'elle émane du juge du provisoire, ne saurait avoir un effet rétroactif (CE, 17 avril 2019, requête numéro 428359, Barry).

Exemple :

-Dans cette affaire il a ainsi été jugé que si le juge du référé liberté, afin de faire cesser l'atteinte grave et manifestement illégale au droit d'asile qui pourrait résulter d'une privation des conditions matérielles d'accueil peut enjoindre à l'administration de les rétablir, et en particulier de reprendre le versement de l'allocation mentionnée à l'article L. 744-1 du Code de l'entrée et du séjour des étrangers et du droit d'asile, il ne lui appartient pas, en principe, d'enjoindre le versement de cette allocation à titre rétroactif pour une période écoulée.

De même, le juge du référé liberté refuse d'ordonner « des mesures d'ordre structurel reposant sur des choix de politique publique qui sont insusceptibles d'être mises en œuvre ». Ceci s'explique principalement pour deux raisons complémentaires. D'une part, le juge du référé liberté n'est pas un administrateur. D'autre part, eu égard au délai qui lui est imparti pour statuer, il n'est compétent que pour prendre des mesures de nature à sauvegarder, à très bref délai, une liberté fondamentale.

Exemples :
-CE, ord. réf., 26 juillet 2018, requête numéro 422237 : rejet de demandes tendant au maintien pérenne de la production ou de la commercialisation en France de l'ancienne formule d'un médicament.
-CE, ord. réf., 8 avril 2020, requête numéro 439827, Section française de l'Observatoire international des prisons : rejet de nombreuses demandes d'injonction concernant la situation des détenus dans le contexte de l'épidémie de covid-19.
-CE, ord. réf., 22 juillet 2020, requête numéro 441902 (Dr. adm. 2021, comm. 5, note Martinez) : s'agissant de demandes tendant à ce qu'il soit enjoint à la ville de Marseille de se doter de moyens matériels et humains propres à lui permettre de résorber le stock de signalements de suspicion de péril non traités et d'immeubles en péril non suivis, de passer des marchés publics afin de se mettre en situation de pouvoir réaliser sans délai, sur l'ensemble de la ville, des travaux sur les immeubles faisant l'objet d'arrêtés de péril en lieu et place des propriétaires défaillants et d'assurer la formation juridique des agents du service de la sécurité des immeubles, de telles demandes tendent, eu égard à leur objet, au prononcé de mesures d'ordre structurel reposant sur des choix de politique publique insusceptibles d'être mises en œuvre, et dès lors de porter effet, à très bref délai. Elles ne sont pas au nombre des mesures de sauvegarde que la situation permet de prendre utilement dans les délais d'intervention du juge des référés statuant en application de l'article L. 521-2 du Code de justice administrative.

C'est cette limite de l'office du juge du référé liberté qui a récemment conduit la Cour européenne des droits de l'homme à juger que le référé liberté ne constituait pas un recours effectif pour protéger les droits garantis à ces derniers par la Convention (CEDH, 30 janvier 2020, affaire numéro 9671/15, J. M. B. c/ France : AJDA 2020, p. 1064, note Avvenire ; D. 2020, p. 753, note Renucci). Pour autant, le juge des référés du Conseil d'Etat a maintenu sa jurisprudence dans une affaire mettant en cause l'état des prisons et le droit à la vie et à la dignité des détenus : si l'Etat français doit tirer les conséquences de sa condamnation, c'est au législateur qu'il incombe de mettre en œuvre les réformes structurelles qui s'imposent (CE, 19 octobre 2020, requête numéro 439372, Ministre de la Justice et Section française de l'Observatoire international des prisons : AJDA 2021, p. 41, note Schmitz ; Dr. adm. 2021, comm. 7, note Eveillard ; JCP A 2020, comm. 2295, note Parinet-Hodimont ; JCP G 2020, comm. 1227, obs. Erstein ; Procédures 2021, comm. 26, note Chifflot).

Dans une affaire récente, également en lien avec l'épidémie de covid-19, le juge du référé liberté n'a toutefois pas hésité à interférer dans l'exercice d'une compétence normative au niveau national (CE, ord. 22 mars 2020, requête numéro 439674, Syndicat des jeunes médecins, préc.). S'il a rejeté la demande des requérants demandant à ce qu'il soit enjoint au Premier ministre d'ordonner le confinement total de la population, le juge a ordonné au gouvernement de préciser la portée des mesures déjà prises en application du décret n°2020-260 du 16 mars 2020. Suite à cette ordonnance, le décret n°2020-293 du 23 mars 2020 a redéfini les différentes dérogations à l'obligation de confinement dans le sens plus restrictif prescrit par le juge des référés du Conseil d'Etat.

Le Conseil d'Etat reconnaît également que le juge du référé liberté peut « ordonner à l'autorité compétente de prendre, à titre provisoire, une mesure d'organisation des services placés sous son autorité lorsqu'une telle mesure est nécessaire à la sauvegarde d'une liberté fondamentale ». Certes, il « ne peut, au titre de la procédure particulière prévue par l'article L. 521-2, qu'ordonner les mesures d'urgence qui lui apparaissent de nature à sauvegarder, dans un délai de quarante-huit heures, la liberté fondamentale à laquelle il est porté une atteinte grave et manifestement illégale ». Néanmoins, « il peut également, le cas échéant, décider de déterminer dans une décision ultérieure prise à brève échéance les mesures complémentaires qui s'imposent et qui peuvent être très rapidement mises en œuvre » (CE, 30 juillet 2015, requête numéro 392043, Section française de l'Observatoire international des prisons, Ordre des avocats au barreau de Nîmes : JCP A 2015, act. 721).

Exemple :
-CE ord. réf., 18 mai 2020, requête numéro 440366, requête numéro 440410, requête numéro 440531, requête numéro 440550, requête numéro 440562, requête numéro 440563, requête numéro 440590 (préc.) : le juge des référés enjoint au ministre de l'Intérieur de modifier, dans un délai de huit jours les dispositions du décret numéro 2020-548 du 11 mai 2020 interdisant les réunions dans les lieux de culte en prenant les mesures strictement proportionnées aux circonstances de temps et de lieu dans une période de début de « déconfinement » dans le contexte de l'épidémie de covid 19, pour encadrer les rassemblements dans ces établissements (V. faisant suite à cette ordonnance le écret n° 2020-618 du 22 mai 2020 complétant le décret n° 2020-548 du 11 mai 2020 prescrivant les mesures générales nécessaires pour faire face à l'épidémie de covid-19 dans le cadre de l'état d'urgence sanitaire).

Dans le cadre du référé liberté, les conditions suivantes sont exigées : une situation d'urgence, une atteinte à une liberté fondamentale qui doit être à la fois « grave » et « manifestement illégale ».

B – Conditions

882.- Pluralité de conditions.- Dans le cadre du référé liberté, les conditions suivantes sont exigées : une situation d'urgence, une atteinte à une liberté fondamentale qui doit être à la fois « grave » et « manifestement illégale ».

1° Urgence

883.- Une appréciation stricte de la condition d'urgence.- La condition d'urgence s'apprécie de façon plus restrictive dans la procédure de référé liberté que dans celle de référé suspension, comme l'a précisé une ordonnance du juge des référés du Conseil d'Etat du 28 février 2003 Commune de Pertuis (requête numéro 254411 : Rec. p. 68 ; AJDA 2003, p. 1171, note Cassia et Béal ; BJCL 2003, p.606, concl. Austry ; JCP A 2003, 1584, note Quillien.- V. également CE, ord. réf., 28 mars 2008, requête numéro 314368, Commune de Raincy : AJDA 2008, p.729 ; Constr.-urb. 2008, comm. 87, note Février ; BJDU 2008, p.133, obs. J.-C B. ; LPA 17 avril 2009, note Le Bot ; Gaz. Pal. 4 décembre 2008, jurispr. p.16, note Graveleau).

884.- Une appréciation concrète et globale.- Cette différence n'est toutefois pas radicale dans la mesure où l'urgence doit d'abord être appréciée de façon concrète et globale, comme cela est le cas pour la procédure de référé suspension en application de la jurisprudence Confédération nationale des radios libres (préc.). De même, comme dans le cadre du référé suspension, dans certains cas, l'urgence peut être présumée. Il en va ainsi en cas de référé liberté dirigé contre une mesure d'assignation à résidence prononcée dans le cadre de l'état d'urgence (CE Sect., 11 décembre 2015, requête numéro 395009, Domenjoud, préc.). Il existe même une hypothèse de présomption irréfragable d'urgence lorsque le droit à la vie est menacé par la décision attaquée (CE Ass., 14 février 2014, requête numéro 375081, requête numéro 375090, requête numéro 375091, Mme Lambert et a. : Rec. p. 31, concl. Keller ; AJDA 2014, p. 790, chron. Bretonneau et Lessi ; JCP A 2014, comm. 2234, obs. Moquet-Anger ; LPA 4 avril 2014, p. 8, note Mémeteau ; RDSS 2014, p. 506, note Thouvenin).

885.- Une urgence immédiate.- L'ordonnance Commune de Pertuis ajoute toutefois un élément supplémentaire à cette définition : l'urgence doit être immédiate, ce qui veut dire que la situation doit rendre nécessaire l'intervention du juge des référés dans le délai de 48 heures qui lui est spécifiquement imparti dans le cadre de la procédure de référé liberté. Si la nécessité qu'il soit statué aussi rapidement n'apparaît pas, la procédure de référé liberté ne pourra être mise en œuvre.

Exemples :

- Dans l'affaire Commune de Pertuis, était en cause une délibération d'un conseil municipal modifiant le règlement intérieur de ce conseil. Cette mesure portait atteinte à la liberté d'expression, qui est une liberté fondamentale, mais la condition d'urgence propre à la procédure de référé liberté n'était pas remplie en l'espèce.
-CE, ord. réf. 14 mars 2003, requête numéro 254827, Commune d'Evry : ne crée pas par lui-même une situation d'urgence au sens de l'article L. 521-2 le refus pour un employeur de verser la rémunération correspondant à un service fait ou celui de délivrer une attestation permettant de percevoir un revenu de remplacement.

La différence d'appréhension de la condition d'urgence dans les procédures de référé suspension et de référé liberté est parfaitement résumée par une ordonnance du juge des référés du Conseil d'Etat du 20 novembre 2019 (requête numéro 435785), concernant un recours dirigé contre une mesure de mise à l'isolement d'un détenu : si en principe « eu égard à son objet et à ses effets sur les conditions de détention » cette mesure crée une situation d'urgence au titre de l'article L. 521-1 du Code de justice administrative, « il appartient, en revanche, à la personne détenue qui saisit le juge des référés sur le fondement de l'article L. 521-2 du même code de justifier de circonstances particulières caractérisant, au regard notamment de son état de santé ou des conditions dans lesquelles elle est placée à l'isolement, la nécessité, pour elle, de bénéficier à très bref délai du prononcé d'une mesure de sauvegarde sur le fondement de ce dernier article ».

De même, l'action en référé liberté ne peut prospérer que si elle permet « le prononcé de mesures de sauvegarde à très bref délai et qu'il est possible de prendre utilement de telles mesures ».

Exemple :
-CE ord. réf., 20 avril 2020, requête numéro 439983, requête numéro 440008, Ordre des avocats au barreau de Marseille, Ordre des avocats au barreau de Paris : saisi par plusieurs ordres des avocats, dans le contexte de la crise du covid-19, le juge des référés du Conseil d'Etat a estimé qu'il « n'apparaît pas, en l'état de l'instruction et à la date de la présente ordonnance, que l'absence de distribution de masques de protection aux avocats lors des entretiens de garde à vue dans les locaux des commissariats, lors de la préparation de la défense dans le cadre des comparutions immédiates et, plus généralement, dans les circonstances où la présence d'un avocat est requise auprès d'un justiciable pour l'exercice des droits de la défense révèlerait une carence portant, de manière caractérisée, une atteinte grave et manifestement illégale aux libertés fondamentales invoquées justifiant que le juge des référés ordonne les mesures de sauvegarde demandées ». Toutefois, même si cela ne figure pas dans le dispositif de l'ordonnance, le juge des référés demande à l'Etat d'aider les avocats à s'approvisionner en masques et de mettre à leur disposition, en tant que de besoin, du gel hydro-alcoolique (V. aussi dans le même contexte concernant l'absence de mesures réglementaires propres à assurer le dépistage systématique et régulier au sein des EHPAD et propres assurer la fourniture de matériel de protection et d'oxygénation CE, ord. réf., 15 avril 2020, requête numéro 440002 : JCP A 2020, comm. 526, note Reynier et Viala.- V. également sur l'accès aux soins des personnes en EPAHD CE, ord. réf., 15 avril 2020, requête numéro 439910, Assoc. Coronavictimes et a.).

2° Atteinte à une liberté fondamentale

886.- Appréciation de cette condition.- La procédure de référé liberté ne peut être utilisée qu'en cas d'atteinte à une liberté fondamentale. Si le droit de propriété n'est pas expressément visé par l'article L. 521-2 du Code de justice administrative, il résulte de la jurisprudence que ce droit est également protégé par la procédure de référé liberté. Enfin, il est nécessaire que l'atteinte portée à une liberté fondamentale ou au droit de propriété présente un caractère de gravité suffisant et qu'elle soit manifestement illégale.

α- Notion de liberté fondamentale

887.- Une notion autonome ?.- La notion de liberté fondamentale est difficile à saisir. Si, très souvent, elle se rattache à des principes de valeur constitutionnelle, certaines décisions qui font référence à des libertés fondamentales « au sens de l'article L. 521-2 du Code de justice administrative » paraissent indiquer le caractère autonome de cette notion dans le cadre de la procédure de référé liberté. Il en résulte une jurisprudence assez casuistique emprunte d'une grande subjectivité.

Ainsi, par exemple, constituent des libertés fondamentales :

- La liberté d'aller et de venir (CE, ord. réf., 9 janvier 2001, requête numéro 228928, Deperthes.- CE ord. réf., 30 avril 2020, requête numéro 440179, Fédération française des usagers de la bicyclette.- CE, ord. réf., 18 janvier 2020, requête numéro 437733, Association nationale des supporters : JCP A 2020, comm. 2242, note Simonneaux) ;
- Le principe du caractère pluraliste de l'expression des courants d'opinion et de pensée (CE, ord. réf., 24 février 2001, requête numéro 230611, Tibéri : Rec. p.85 ; D. 2001, p.1748, note Ghevontian ; RFDA 2001, p.629, note Malignier) ;
- Le droit constitutionnel d'asile et son corollaire, le droit de solliciter le statut de réfugié et de demeurer en France le temps nécessaire à l'examen de la demande (CE, ord. réf., 12 janvier 2001, requête numéro 229039, Hyacinthe : Rec. p.12 ; AJDA 2001, p.589, note Morri et Slama ; Droit adm. 2001, comm. 102 ; JCP A 2001, I, comm. 318, obs. Boiteau) ;
- Le principe de libre administration des collectivités territoriales (CE Sect., 18 janvier 2001, requête numéro 229247, Commune de Venelles et Morbelli : Rec. p.18, concl. Touvet ; AJDA 2001, p.153, chron. Guyomar et Collin ; D. 2002, somm. comm. p.227, obs. Vandermeeren ; D. 2001, inf. rap., p.525 ; RDP 2002, p.753, obs. Guettier ; LPA février 2001, n°30, note Chahid-Nouraï et Lahami-Depinay ; Droit adm. 2001, comm. 155, obs. L.T.) ;
- Le droit de ne pas être soumis à des traitements inhumains ou dégradants (CE, ord. réf., 23 novembre 2015, requête numéro 394540, Ministre de l'Intérieur et Commune de Calais.- CE, ord. réf., 31 juillet 2017, requête numéro 412125, Commune de Calais et a. : JCP A 2017, 2225, concl. Dieu ; JCP G 2018, 2065, note Le Bot) ;
- La liberté d'association (TA Dijon, 2 mars 2001, Association pour les adultes et jeunes handicapés, comité de l'Yonne : AJDA 2001, p. 783, note Laidié ; Dr. adm. 2001, comm. 153, obs. Sauvageot).
- La liberté de culte (CE, ord. réf., 18 mai 2020, requête numéro 440366, requête numéro 440410, requête numéro 440531, requête numéro 440550, requête numéro 440562, requête numéro 440563, requête numéro 440590, préc.).
- Le droit au respect de la vie privée (CE, ord. réf., 18 mai 2020, requête numéro 440442, requête numéro 440445, Association La quadratude du net et Ligue des droits de l'homme).

En revanche, d'autres libertés n'ont pas été considérées comme fondamentales par le juge administratif.

Exemples :
- CE, ord. réf., 22 octobre 2001, requête numéro 239194, Caillat, Maleczki et Smajlagic et Association Livry-Gargan Handball (D. 2002, somm. p.2709, obs. Lachaume) : droit de participer à une activité sportive et de concourir aux compétitions organisées par une fédération.
- CE, 29 novembre 2002, requête numéro 247518, Arakino (Rec. p. 422 ; AJDA 2003, p. 1072) : une mesure d'exclusion d'un élève d'un lycée pour motif disciplinaire ne peut être regardée comme portant atteinte à une liberté fondamentale.
- CE, ord. réf., 8 septembre 2005, requête numéro 247518, garde des Sceaux c/B. (Rec. p.388 ; AJDA 2006, p. 376, note Laudijois ; D. 2006, p. 124, note Bioy) : si la protection de la santé publique constitue un principe à valeur constitutionnelle, il n'en résulte pas que le droit à la santé soit au nombre des libertés fondamentales au sens de l'article L. 521-2 du Code de justice administrative.

β- Extension aux atteintes portées au droit de propriété

888.- Libertés du propriétaire.- Le droit de propriété n'est pas expressément visé par l'article L. 521-2 du Code de justice administrative. Ceci étant, certains aspects de ce droit sont indirectement protégés par cette procédure.

Exemple :
- CE, ord. réf., 23 mars 2001, requête numéro 231559, Société Lidl (préc.) : une mesure de référé liberté peut être prononcée à l'encontre d'une décision portant atteinte à la libre disposition de son bien par un propriétaire.
- CE, 29 mars 2002, requête numéro 243338, SCI Stephaur (Rec. p.117 ; AJDA 2003, p.345, note Grosieux ; D. 2003, p.1114, note Martin ; JCP G 2002, I, comm. 142, chron. Braconnier et comm. 10179, note Zarka ; RFDA 2003, p.386, note Lequette) : il en va de même lorsqu'est en cause le droit du locataire de disposer librement des biens pris à bail, qui est qualifié de corollaire du droit de propriété.

Cette solution a ensuite été reprise concernant les atteintes au droit de propriété des personnes publiques qui a été expressément qualifié de liberté fondamentale par le Conseil d'Etat (CE, ord. réf., 9 octobre 2015, requête numéro 393895, Commune de Chambourcy : AJDA 2015, p. 1888, obs. Pastor et AJDA 2015, p. 2388, note Foulquier ; Dr. adm. 2016, comm. 2, note Cornille ; JCP A 2015, comm. 2360, note Pauliat).

γ - Gravité de l'atteinte portée à une liberté fondamentale

889.- Exemples.- L'atteinte à la liberté fondamentale doit être grave, ce qui doit être apprécié au cas par cas par le juge des référés.

Exemples :
- CE Sect., 30 octobre 2001, requête numéro 238211, Dame Tliba (AJDA 2001, p. 1055 ; RFDA 2002, p. 324, concl. de Silva ; JCP G 2002, IV, comm. 2468, obs. Rouault) : la condition de gravité de l'atteinte portée à la liberté de vivre avec sa famille

par une décision d'expulsion doit être regardée comme remplie si trois éléments sont présents : la mesure contestée doit pouvoir faire l'objet d'une exécution d'office par l'autorité administrative ; elle ne doit pas être susceptible de recours suspensif devant le juge de l'excès de pouvoir ; elle doit faire directement obstacle à la poursuite de la vie en commun des membres d'une famille. Doit ainsi faire l'objet d'une mesure de suspension, « une mesure d'expulsion du territoire français, susceptible d'une exécution d'office, s'opposant au retour en France de la personne qui en fait l'objet, et prononcée à l'encontre d'un ressortissant étranger qui justifie qu'il mène une vie familiale en France ».
- CE, ord. réf., 2 mai 2001, requête numéro 232997, Ministre de l'Intérieur c. Dziri (Rec. p. 227 ; D. 2001, p. 3478, note Julien-Laferrière ; JCP G 2001, I, 344, obs. Ondoua) : était en cause en l'espèce une demande d'asile qui avait été rejetée par l'administration. Il y avait donc atteinte à une liberté fondamentale. Cependant, cette requête aurait dû être présentée devant un autre Etat, l'administration ne faisant ici que rejeter la possibilité que lui ouvrent les textes de traiter elle-même la demande. L'existence de ce qui est, non pas une obligation, mais une simple faculté, explique que l'atteinte à la liberté fondamentale n'est pas assez grave pour que soit prononcée une mesure d'urgence.
- CE, ord. réf., 3 mai 2005, requête numéro 279999, CFTC : la liberté du salarié de ne pas être astreint à accomplir un travail forcé est une liberté fondamentale au sens de l'article L. 521-2 du Code de justice administrative. Cependant, pour la mise en œuvre des dispositions de cet article, le degré de gravité que peut revêtir une mesure affectant la liberté du travail doit prendre en compte les limitations de portée générale apportées à cette liberté qui ont été introduites par le législateur pour permettre certaines interventions jugées nécessaires de la puissance publique dans les relations du travail notamment sur la durée du travail, les jours fériés et les congés. La demande du requérant, qui tendait à ce que soit enjoint au ministre de l'Emploi, du Travail et de la Cohésion sociale de suspendre l'exécution de la « journée de solidarité » fixée au lundi de Pentecôte est donc rejetée.

δ- Caractère manifestement illégal de l'atteinte portée à une liberté fondamentale

890.- Notion d'illégalité manifeste.- Le référé liberté est conçu comme une procédure d'exception. Ainsi, l'existence d'une simple illégalité ne suffit pas à permettre sa mise en œuvre. Cette illégalité doit en effet présenter un caractère manifeste.

Exemple :
- CE, ord. réf., 8 septembre 2005, requête numéro 284803, garde des Sceaux (JCPA, act. 568, obs. Rouault) : le consentement libre et éclairé du patient aux soins médicaux qui lui sont prodigués ainsi que le droit de chacun au respect de sa liberté personnelle qui implique en particulier qu'il ne puisse subir de contraintes excédant celles qu'imposent la sauvegarde de l'ordre public ou le respect des droits d'autrui est une liberté fondamentale. Cependant, l'installation d'un détenu atteint d'un cancer du myocarde, avec deux non-fumeurs et un fumeur qui « s'efforce de ne pas fumer en cellule par égard pour ses voisins », n'est pas manifestement illégale.

Il résulte également de la jurisprudence du Conseil d'Etat que n'est pas manifeste, au sens de l'article L. 521-2 du Code de justice administrative, l'illégalité susceptible d'entacher une décision prise sur le fondement de dispositions comportant une ambiguïté.

Exemple :
-CE, ord. réf., 18 mars 2002, requête numéro 244081, GIE Sport libre (JCP G 2002, I, comm. 142, chron. Boiteau) : est en cause en l'espèce une décision de la ligue nationale de football de lancer une procédure d'appel d'offres pour la commercialisation des droits radiophoniques relatifs aux compétitions qu'elle organise. Il s'agit de déterminer si la commercialisation de ces droits est conforme aux dispositions de la loi du 16 juillet 1984 relative à l'organisation des activités sportives qui prévoit la possibilité de percevoir des droits d'exploitation. Pour les requérants, ce texte ne s'applique qu'aux retransmissions télévisuelles, la loi se référant à la commercialisation « d'images ». Le juge relève cependant que le texte est ambigu puisqu'il se réfère également aux « services de communication audiovisuelle » ce qui peut donc également concerner les radios. Compte tenu de cette ambiguïté, l'illégalité susceptible d'entacher la décision contestée n'est pas manifeste.

891.- Référé liberté et procédure de QPC.- Enfin, dans une ordonnance Diakité du 16 juin 2010 (requête numéro 340250, 16 juin 2010 : AJDA 2010, p. 1355, chron. Liéber et Botteghi, note Le Bot ; Constitutions 2010, p.399, obs. Barthélemy et Boré ; JCP A 2010, act. 510 ; JCP 2010, comm. 739, note Cassia ; Procédures 2010, comm. 332, obs. Deygas ; RTDE 2010, p.975, chron. Ritleng, Kovar et Bouveresse), le juge du référé liberté du Conseil d'Etat a considéré qu'une question prioritaire de constitutionnalité peut être soulevée devant lui. Il peut, dans cette hypothèse, rejeter la requête pour défaut d'urgence, irrecevabilité ou incompétence de la juridiction administrative. S'il ne rejette pas les conclusions qui lui sont soumises pour l'un de ces motifs, il lui appartient de se prononcer sur la transmission de la QPC. Il peut aussi prendre immédiatement toutes les mesures provisoires ou conservatoires nécessaires. A ce stade, il ne s'agit toutefois pas de paralyser l'action du législateur, mais uniquement de vérifier si l'administration ne méconnaît pas la loi de façon grossière. Ce n'est qu'après la réponse du Conseil constitutionnel à la QPC qu'il appartiendra au juge des référés d'en tirer toutes les conséquences (CE Sect., 11 décembre 2015, requête numéro 395009, Domenjoud, préc.).

892.- Référé liberté et ordres juridiques internationaux.- Par ailleurs, il avait été jugé qu'eu égard à l'office du juge du référé liberté, un moyen tiré de l'incompatibilité de dispositions législatives avec les règles du droit de l'Union européenne n'est de nature à être retenu qu'en cas de méconnaissance manifeste des exigences qui découlent du droit de l'Union (CE, ord. réf., 16 juin 2010, requête numéro 340250, Diakité : préc.).

Dans une autre décision, très médiatique, le Conseil d'Etat avait également décidé d'ignorer l'interdiction de connaître en référé d'un moyen tiré de l'incompatibilité de la loi Leonetti avec les stipulations de la Convention européenne des droits de l'homme (CE Ass., 24 juin 2014, requête numéro 375081, Lambert et a., préc.- V. également CE Sect., 11 décembre 2015, requête numéro 395009, Domenjoud, préc.).

De même, le Conseil d'Etat avait précisé que « eu égard à l'office du juge des référés, un moyen tiré de la contrariété de la loi à des engagements internationaux n'est pas, en l'absence d'une décision juridictionnelle ayant statué en ce sens, rendue soit par le juge saisi au principal, soit par le juge compétent à titre préjudiciel, susceptible d'être pris en considération ». A contrario, si l'un de ces juges a conclu à l'illégalité des dispositions en cause, le juge du référé liberté est susceptible de retenir l'existence d'un doute sérieux quant à la légalité des actes administratifs dont la suspension est demandée (CE, 21 octobre 2005, requête numéro 285577, Association aides et a. : Rec. p. 438 ; AJDA 2006, p. 944, note Rihal).

Le principe retenu a donc longtemps été qu'un moyen tiré de la contrariété de la loi à des engagements internationaux n'était pas, en l'absence d'une décision juridictionnelle ayant statué en ce sens, rendue soit par le juge saisi au principal, soit par le juge compétent à titre préjudiciel, susceptible d'être pris en considération. Cette solution, qui n'est ni plus ni moins qu'une réminiscence de la théorie de la loi-écran, est d'abord apparue dans le contentieux du référé suspension (CE, 30 décembre 2002, requête numéro 240430, Ministre de l'Aménagement du territoire et de l'Environnement c/ Carminati : Rec. p. 510 ; AJDA 2003, p. 1065, obs. Le Bot) et avait ensuite été transposée dans le cadre du référé liberté (CE, ord. réf., 9 décembre 2005, requête numéro 287777, Allouache : Rec. p. 562 ; AJDA 2006, p. 1875, étude Girardot).

Cette solution, dont la rigueur avait déjà été atténuée par les arrêts Diakité, Lambert et Association aides susvisés, a été abandonnée à l'occasion de l'arrêt d'Assemblée Mme. Gonzalez-Gomez du 31 mai 2016 (requête numéro 396848 : Rec. p. 208, concl. Bretonneau ; AJDA 2016, p. 1398, chron. Dutheillet de Lamothe et Odinet ; D. 2016, p. 1472, note Fulchiron ; RFDA 2016, p. 740, concl. Bretonneau, note Delvolvé ; RTD civ. 2016, p. 578, obs. Deumier). Cet arrêt aligne le traitement du droit international ordinaire sur celui qui était déjà appliqué au droit de l'Union. Désormais, en effet, le juge du référé liberté « eu égard à son office, qui consiste à assurer la sauvegarde des libertés fondamentales » peut prendre en cas d'urgence « toutes les mesures qui sont de nature à remédier aux effets résultant d'une atteinte grave et manifestement illégale portée, par une autorité administrative, à une liberté fondamentale, y compris lorsque cette atteinte résulte de l'application de dispositions législatives qui sont manifestement incompatibles avec les engagements européens ou internationaux de la France, ou dont la mise en œuvre entraînerait des conséquences manifestement contraires aux exigences nées de ces engagements ».

L'arrêt Gonzalez-Gomez présente un autre intérêt en ouvrant au juge la possibilité d'opérer un contrôle de conventionnalité concret de la loi. Plus précisément, la démarche du juge se fait en deux étapes. Il opère d'abord un contrôle in abstracto en vérifiant si la règle nationale en elle-même porte ou non atteinte aux droits et libertés en cause et, le cas échéant, si cette atteinte est proportionnée à l'objectif légitime poursuivi par le législateur. Il contrôle ensuite in concreto la conformité de la règle dans son application au cas particulier. Ainsi, dans cette affaire, si la règle nationale est bien conforme à l'article 8 de la Convention européenne des droits de l'homme, son application dans un cas particulier peut causer une atteinte excessive aux droits et libertés de la personne ou des personnes concernées et dans ce cas le droit subjectif du requérant l'emporte sur la règle législative (en l'espèce celle qui interdit les inséminations post-mortem.- V. aussi CE, 28 décembre 2017, requête numéro 396571, Molenat).

III – Référé mesures utiles

893.- Textes.- L'article L. 521-3 du Code de justice administrative prévoit que « en cas d'urgence et sur simple requête qui sera recevable même en l'absence de décision administrative préalable, le juge des référés peut ordonner toutes autres mesures utiles sans faire obstacle à l'exécution d'aucune décision administrative ».

Cette procédure, qui avait été instituée par l'ordonnance du 31 juillet 1945 relative à l'organisation du Conseil d'Etat, a été reprise, dans ses grandes lignes, par la loi du 30 juin 2000. Sorte de « boîte à outils », elle permet au juge de prendre une grande variété de décisions, mais sa mise en œuvre est soumise au respect de conditions précises.

A – Mesures prononçables

894.- Variété des mesures prononçables.- Comme l'expose René Chapus, les mesures prononcées par le juge des référés dans le cadre de la procédure de référé mesures utiles « ont pour objet de prévenir la survenance ou l'aggravation d'une situation dommageable, la prolongation d'une situation illicite, ou d'assurer la protection des droits et intérêts d'une partie ou de sauvegarder l'intérêt général » (Droit du contentieux administratif, Montchrestien, ouv. précité, p.1404).

895.- Injonctions à l'encontre de personnes privées.- Elles consisteront, en général, en des injonctions prononcées à l'encontre de personnes privées, éventuellement assorties d'astreintes.

> Exemples :
> - CE Sect., 13 juillet 1956, requête numéro 37656, Office HLM de la Seine (Rec. p.343, concl. Chardeau ; AJDA 1956, II, p. 312, concl. Chardeau et p. 398, chron. Fournier et Braibant ; RDP 1957, p. 296, note Waline) : le juge ordonne à un entrepreneur de travaux publics de rapporter les matériels qu'il a retirés d'un chantier où il travaillait.

Fréquemment ces injonctions pourront être prononcées à l'encontre d'occupants sans titre du domaine public.

Exemple :
- TA Grenoble, ord. réf., 20 Mars 2006, requête numéro 0601123, Université Joseph Fourier, Université Pierre Mendès France, Université Stendhal (AJDA 2006, p. 629, obs. Brondel) : le juge enjoint aux personnes occupant les trois universités grenobloises « de mettre fin au blocage de l'accès à ces bâtiments et de libérer les lieux sans délai ». L'occupation « qui ne permet plus aux personnels enseignants et administratifs comme aux étudiants d'accéder aux locaux fait obstacle au fonctionnement régulier et continu du service public … elle met en cause la sécurité des bâtiments qui n'est plus assurée par des personnes qualifiées ».

896.-Variante en droit des étrangers.- Notons qu'il existe une variante du référé mesures utiles prévu par l'article L. 744-5 du Code de l'entrée et du séjour des étrangers et du droit d'asile qui prévoit que « lorsque, après une décision de rejet définitive (d'une demande d'asile), le délai de maintien dans un lieu d'hébergement (…) prend fin, l'autorité administrative compétente peut, après mise en demeure restée infructueuse, demander en justice qu'il soit enjoint à cet occupant sans titre d'évacuer ce lieu ». Le même article renvoie, quant aux règles d'instruction et de jugement, à la procédure du référé mesures utiles. Il prévoit en effet que « la demande est portée devant le président du tribunal administratif, qui statue sur le fondement de l'article L. 521-3 du Code de justice administrative et dont l'ordonnance est immédiatement exécutoire » (V. CE, 21 avril 2017, requête numéro 405164, Ministre de l'Intérieur c/ Gjeta : AJDA 2017, p.1338, concl. Domino.- CE, 21 avril 2017, requête numéro 406065, Ministre de l'Intérieur c/ Makiese).

897.- Injonctions à l'encontre de personnes publiques.- Plus rarement, les injonctions seront prononcées à l'encontre de personnes publiques.

Exemple :
- CE Sect., 6 février 2004, requête numéro 256719, Masier (Rec. p.45 ; RDP 2005, p.521, obs. Guettier ; RFDA 2004, p.1170, concl. Stahl ; Collectivités-Intercommunalité 2004, comm. 92, obs. Pelissier ; JCP A 2004, comm. 1180, obs. Noguellou ; Dr. adm. 2004, comm. 221) : le juge peut, sur le fondement de l'article L. 521-3 du Code de justice administrative, et alors que des travaux étaient en cours malgré un référé suspension, suivi de l'annulation du permis construire, enjoindre à l'administration de procéder à un procès-verbal, de prononcer l'interruption desdits travaux et de transmettre copie dudit procès-verbal au procureur de la République.
-CE, 5 mars 2018, requête numéro 414859, M. A...B... (AJDA 2018, p. 801, concl. Bretonneau) : les données archivées par un détenu sur ses comptes de messagerie électronique doivent être regardés comme des biens personnels. Eu égard à sa qualité de détenu, le requérant ne pouvait être autorisé à utiliser un ordinateur connecté à un réseau informatique relié avec l'extérieur du centre de détention afin d'accéder à ses comptes de messagerie électronique pour prévenir la destruction des données y figurant et en conserver l'usage. Dans ces conditions, les demandes formées par l'intéressé, qui présentent un caractère conservatoire et ne font obstacle à l'exécution d'aucune décision administrative, notamment de refus, sont, sous réserve de l'existence d'une situation d'urgence, de leur utilité pour la sauvegarde du droit mis en cause et de l'absence de

contestation sérieuse, au nombre de celles dont peut être saisi le juge des référés sur le fondement de l'article L. 521-3 du Code de justice administrative.
-CE, 23 septembre 2019, requête numéro 427923, garde des Sceaux : lorsque la loi attache un caractère suspensif à l'exercice d'un recours administratif ou contentieux, l'exécution de la décision qui fait l'objet de ce recours ne peut plus être poursuivie jusqu'à ce qu'il ait été statué sur ce recours. Si, malgré cela, l'administration poursuit l'exécution de la décision en dépit d'un recours, c'est alors sans faire obstacle à l'exécution de cette décision, en principe déjà paralysée, en vertu de la loi, par l'effet même du recours, que le juge des référés peut, sur le fondement de l'article L. 521-3 du Code de justice administrative, prescrire à l'administration, à titre provisoire dans l'attente d'une décision se prononçant sur le bien-fondé du recours, toutes mesures justifiées par l'urgence propres à faire cesser la méconnaissance du caractère suspensif du recours.

898.- Des mesures provisoires et conservatoires.- Il ne faut pas non plus perdre de vue que le juge du référé mesures utiles est aussi un juge du provisoire, comme le rappelle la lettre de l'article L. 511-1 du Code de justice administrative. Ainsi il ne peut ordonner que des mesures « de nature provisoire ou conservatoire » (CE, 29 avril 2002, requête numéro 240322, Capellari : Rec. tables, p. 876).

Exemple :
-CE Sect., 27 mars 2015, requête numéro 385332, Section française de l'Observatoire international des prisons : une demande tendant à ce qu'il soit enjoint à l'administration pénitentiaire de mettre en place, au sein d'un établissement soit, à titre principal, un comité consultatif des personnes détenues, soit, à titre subsidiaire, un cahier de doléances ou, à défaut, de prendre toutes autres mesures utiles d'organisation du service permettant une expression collective des détenus sur les problèmes de leur vie quotidienne ainsi que sur leurs conditions de détention ne peut qu'être rejetée, ces mesures, qui revêtent le caractère de mesures réglementaires, n'étant pas de celles qu'il appartient au juge des référés de l' article L. 521-3 du Code de justice administrative d'ordonner.

B – Conditions

899.- Enoncé des conditions.- Le juge des référés est susceptible de prononcer une mesure conservatoire lorsque trois conditions sont réunies : il faut qu'il y ait une situation d'urgence, que la mesure requise soit utile et qu'elle ne fasse pas échec à l'exécution d'une décision administrative.

1° Urgence

900.- Appréciation de l'urgence.- Il est nécessaire, tout d'abord, qu'il y ait urgence, c'est-à-dire que le comportement litigieux soit de nature à créer une situation dommageable ou une situation dangereuse difficilement réversible.

Le Conseil d'Etat a pu préciser que le juge du référé mesures utiles ne pouvait pas subordonner la reconnaissance de l'urgence au caractère irréversible de la situation invoquée par le demandeur (CE, 26 octobre 2005, requête numéro 279441, Société des crématoriums de France : Rec. p. 447).

La façon dont est appréhendée l'urgence dans le cadre de cette procédure s'apparente donc à la façon dont elle est appréhendée dans le cadre du référé suspension, de manière globale et concrète, ce qui donne nécessairement lieu - là encore - à une jurisprudence casuistique.

Exemples :
- CE Sect., 18 juillet 2006, requête numéro 283474, Elissondo Labat (Rec. p. 369 ; AJDA 2006, p. 1839, chron. Landais et Lenica ; RFDA 2007, p. 314, concl. Chauvaux) : en vue de « prévenir ou faire cesser un dommage dont l'imputabilité à des travaux publics ou à un ouvrage public ne se heurte à aucune contestation sérieuse », le juge des référés peut « enjoindre au responsable du dommage de prendre des mesures conservatoires destinées à faire échec ou mettre un terme aux dangers immédiats présentés par l'état de l'immeuble ».
- CE, 11 avril 2012, requête numéro 355356, Société Prathotels : la poursuite sur le domaine public de l'activité de la société requérante, en violation tant des dispositions régissant l'occupation du domaine public que des règles de police administrative en matière d'hygiène et de sécurité, circonstances ayant conduit à la fermeture de l'établissement, constituait un trouble manifeste à l'ordre public qu'il était urgent de faire cesser.
- CE, 28 février 2019, requête numéro 424005 : le juge des référés, peut pour prévenir ou faire cesser un dommage dont l'imputabilité à des travaux publics ou à un ouvrage public ne se heurte à aucune contestation sérieuse, enjoindre au responsable du dommage de prendre des mesures conservatoires destinées à faire échec ou mettre un terme à des dangers immédiats.

901.- Cas particulier de l'occupation non autorisée de la zone des cinquante pas géométriques.- Par exception aux règles de droit commun, l'article L. 521-3-1 du Code de justice administrative précise que la condition d'urgence n'est pas requise en cas de requête relative à une occupation non autorisée de la zone des cinquante pas géométriques, ce qui renvoie à la protection du domaine public maritime outre-mer. Toutefois, lorsque la demande tend à l'expulsion d'occupants sans titre d'une parcelle du domaine public provenant pour partie seulement de la zone des cinquante pas géométriques, la condition d'urgence demeure requise pour l'autre partie de la parcelle (CE, 3 décembre 2014, requête numéro 375364, Province sud de Nouvelle-Calédonie). Le même article précise qu'en cas d'évacuation forcée, l'autorité chargée de l'exécution de la décision du juge doit s'efforcer par tous moyens de proposer un relogement aux occupants sans titre en situation régulière sur le territoire national. Dès lors qu'une proposition adaptée de relogement a été faite, le juge peut ensuite ordonner la démolition de la construction illégale.

2° Utilité de la mesure requise

902.- Notion de mesure utile.- La mesure doit être « utile », ce qui implique principalement que le juge des référés n'a pas la possibilité de prendre une mesure que l'administration pourrait prendre elle-même, en vertu de la jurisprudence Préfet de l'Eure (CE, 30 mai 1913, requête numéro 47115 : S. 1915, III, p. 9, note Hauriou).

Exemple :
- CE, 15 novembre 2006, requête numéro 293370, Ministre des Transports, de l'Equipement, du Tourisme et de la Mer (Rec. p.464 ; Dr. adm. 2007, comm. 6) : le juge judiciaire est compétent pour connaître de la demande d'une commune visant à ce que soit ordonnée l'évacuation de « résidences mobiles » stationnées sur une propriété privée ou publique située sur son territoire dans l'hypothèse où ce stationnement méconnaîtrait un arrêté d'interdiction de stationnement, ou risquerait de porter atteinte à la salubrité, à la sécurité ou à la tranquillité publiques. Les juges estiment néanmoins que les textes en vigueur n'ont pas pour effet de priver un « propriétaire public, autre que la commune, ou un propriétaire privé de la faculté de faire valoir ses droits en cas d'occupation sans droit ni titre par des résidences mobiles d'un bien lui appartenant ». En cas d'occupation sans titre de terrains appartenant au domaine public de l'Etat, le juge administratif peut donc être saisi dans le cadre de la procédure de l'article L. 521-3 du Code de justice administrative.

L'utilité de la mesure sollicitée s'apprécie également eu égard à l'existence d'un recours au fond. Ainsi, un référé mesures utiles ne peut être utilisé pour obtenir la communication d'un document administratif dans le cas où un recours au fond a déjà été formé, le juge du fond pouvant ordonner cette communication en vertu des pouvoirs généraux d'instruction dont il dispose (CE, 20 février 2012, requête numéro 353134, Valery : Dr. adm. 2012, comm. 58, note Ferrari). Une solution comparable a été retenue dans une affaire où l'expertise sollicitée avait déjà été diligentée dans le cadre d'une procédure de règlement amiable (CE, 4 octobre 2010, requête numéro 332836, Jeljeli : Rec. tables, p. 896).

En revanche, l'existence d'une procédure spéciale d'expulsion des gens du voyage occupant irrégulièrement un terrain prévue par II de l'article 9 de la loi n° 2000-614 du 5 juillet 2000 relative à l'accueil et à l'habitat des gens du voyage, n'empêche pas le propriétaire de ce terrain, lorsque ce dernier appartient au domaine public, d'utiliser la procédure de référé mesures utiles (CE, 16 juillet 2020, requête numéro 437113, Département de l'Essonne : Dr. adm. 2020, comm. 49, note Eveillard).

Enfin, l'utilité de la mesure doit également s'apprécier au regard des autres procédures que le requérant aurait pu utiliser. En effet, le référé mesures utiles présente un caractère subsidiaire par rapport au référé suspension et au référé liberté (CE Sect., 27 mars 2015, requête numéro 385332, Section française de l'Observatoire international des prisons ; Rec. p. 132, concl. Crepey ; AJDA 2015, p. 979, chron. Lessi et Dutheillet de Lamothe ; Dr. adm. 2015, comm. 47, note Eveillard ; JCP A 2015, act. 321, obs. Langelier ; RFDA 2015, p. 491). Par conséquent, « le juge saisi sur ce fondement ne peut prescrire les mesures qui lui sont demandées lorsque leurs effets pourraient être obtenus par les procédures de référé régies par les articles L. 521-1 et L 521-2 » (CE Sect., 5 février 2016, requête numéro 393540, Benabdellah : AJDA 2016, p. 474, chron. Dutheillet de Lamothe et Odinet ; Dr. adm. 2016, comm. 29, note Eveillard ; JCP A 2016, act. 125, obs. Touzeil-Divina et 2205, note Barque). Ainsi, en principe, dans le cas où un administré se plaint de l'inaction de l'administration, il lui appartient au préalable de l'inviter à agir ce qui lui permet, en cas de décision de refus implicite ou expresse, de contester cette décision par la voie d'un référé suspension.

Exemple :
- CE, 23 octobre 2015, requête numéro 383938, Selarl Docteur Debray : eu égard à son objet et aux pouvoirs que le juge des référés tient des articles L. 521-1 et L. 521-2 du Code de justice administrative, une demande tendant à ce qu'il soit ordonné à l'autorité compétente d'édicter des mesures générales de réglementation d'un secteur et de contrôle de leur mise en œuvre, alors que de telles mesures peuvent être sollicitées de l'autorité administrative compétente et que, en cas de refus, celui-ci peut être contesté devant la juridiction administrative par la voie d'une requête en annulation assortie, le cas échéant, d'une demande de suspension, n'est pas au nombre des mesures qui peuvent être présentées au juge des référés sur le fondement de l'article L. 521-3 du Code de justice administrative.

3° Absence d'obstacle à l'exécution d'une décision administrative

903.- Une condition difficile à remplir lorsque c'est l'administration qui est en cause.- Cette condition limite fortement la possibilité pour le juge de prononcer des injonctions à l'encontre de l'administration.

Exemple :
- CE, 30 décembre 2002, requête numéro 248787, Commune de Pont-Audemer : en ordonnant à un maire d'interrompre les travaux de démolition entrepris par la commune sur un bien relevant de son domaine public, le juge des référés, saisi en application de l'article L. 521-3 du Code de justice administrative, fait obstacle à l'exécution d'une décision administrative révélée par l'engagement desdits travaux et excède ainsi les compétences qu'il tenait de cet article.

Elle s'applique y compris pour une décision refusant d'adopter les mesures ensuite demandées au juge, sauf en matière de travaux publics (CE Sect., 18 juillet 2006, requête numéro 283474, Elissondo Labat, préc.), ce qui s'expliquait par le fait que ce contentieux était dispensé de la règle de la décision préalable. Cette solution devrait toutefois être remise en cause dès lors que le décret n°2016-1480 du 2 novembre 2016, modifiant l'article R. 421-1 du Code de justice administrative ne soustrait plus le contentieux des travaux publics à cette règle.

Dans les autres contentieux, toutefois, cette condition continue à être écartée dans l'hypothèse où la saisine du juge des référés a pour objet de « prévenir un péril grave » (CE Sect., 5 février 2016, requête numéro 393540, Benabdellah, préc.).

Relevons également qu'une décision prise postérieurement à la saisine du juge n'a pas pour effet de rendre irrecevable la requête (CE, 28 novembre 2018, requête numéro 420343, Fock Sho Thien).

En dehors de ce cas particulier, la procédure de référé mesures utiles, lorsqu'elle est utilisée par un administré à l'encontre de l'administration est pratiquement limitée aux demandes de communication de documents détenus par elle.

Toutefois, les décisions qui accordent des autorisations et qui, ainsi, n'ont pas de caractère impératif, peuvent également donner lieu à une procédure de référé mesures utiles.

Exemple :
- CE, 16 janvier 1985, requête numéro 57106, Codorniu (Rec. tables, p.176 ; Dr. adm. 1985, comm. 205) : le juge peut prescrire la suspension de travaux autorisés par un permis de construire devenu définitif jusqu'à ce que soit tranchée la question de l'appartenance de la parcelle litigieuse au domaine public maritime.

Il en va de même lorsqu'il s'agit d'enjoindre à l'administration de ne pas exécuter une décision administrative lorsqu'elle celle-ci a fait l'objet d'un recours suspensif sur lequel il n'a pas été statué au fond (CE, 23 septembre 2019, requête numéro 427923, garde des Sceaux, préc.)

§II – Référés de droit commun non conditionnés par l'urgence

904. Procédures concernées.- Même si elles ne sont pas conditionnées par l'urgence, ces procédures de droit commun donneront également lieu à un jugement rapide par un juge unique qui statuera au terme d'une procédure allégée. On distingue à ce titre : le référé constat, le référé instruction et le référé provision.

I – Référé constat

905.- Définition.- Selon l'article R. 531-1 du Code de justice administrative « s'il n'est rien demandé de plus que la constatation de faits, le juge des référés peut, sur simple requête qui peut être présentée sans ministère d'avocat et même en l'absence d'une décision administrative préalable, désigner un expert pour constater sans délai les faits qui seraient susceptibles de donner lieu à un litige devant la juridiction ». Depuis l'entrée en vigueur du décret n°2013-730 du 13 août 2013 il peut désigner une personne figurant sur le tableau d'expert auprès de la cour administrative d'appel ou toute autre personne de son choix.

906.- Recevabilité.- La recevabilité du référé constat est conditionnée par l'utilité de la mesure sollicitée. Cette condition s'apprécie, comme c'est normal en référé, à la date à laquelle le juge statue. Le Conseil d'Etat a pu ainsi récemment préciser que « ne présente pas de caractère utile une mesure qui se rapporte à des faits révolus dont les conséquences ne peuvent plus être constatées à la date à laquelle il est statué sur la demande » (CE, 13 mars 2019, requête numéro 418101). De façon tout à fait dérogatoire, et puisqu'il s'agit uniquement de faire constater des faits par un expert, cette procédure n'est pas soumise au respect du principe du contradictoire. Le juge des référés a pour simple obligation d'aviser de l'ordonnance les défendeurs éventuels. Toutefois, rien n'empêche le juge des référés d'organiser la contradiction (CE, 9 janvier 1985, requête numéro 58067, Société manufacture du Val de Vienne : Rec. p. 8 ; AJDA 2005, p. 235, note Moreau ; JCP 1986, comm. 205489, note Gohin). L'ordonnance est susceptible d'appel devant la cour administrative d'appel dans la quinzaine de sa notification (CJA, art. R. 533-1).

II – Référé instruction

907.- Définition et conditions.- L'article R. 532-1 du Code de justice administrative prévoit que « le juge des référés peut, sur simple requête et même en l'absence de décision administrative préalable, prescrire toute mesure utile d'expertise ou d'instruction ». Ceci lui permettra notamment d'enjoindre à l'administration de communiquer les motifs d'une décision, comme cela avait déjà été admis par le Conseil d'Etat à l'occasion de l'arrêt d'Assemblée Barel et a. du 28 mai 1954 (préc.). En outre, ce pouvoir d'injonction peut également être mis en œuvre à l'égard de tiers et des administrations en vue qu'ils communiquent des pièces, documents ou informations nécessaires à la vérification des allégations des parties. Dans cette hypothèse, le juge devra soumettre le résultat de ses investigations à la contradiction des parties, dans la limite du respect des secrets protégés par la loi (CE Sect., 1er octobre 2014, requête numéro 349560, Erden : Rec. p. 288, concl. Hédéry ; AJDA 2014, p. 2185, note Lessi et Dutheillet de Lamothe ; Dr. adm. 2015, comm. 2, note Eveillard).

Le Conseil d'Etat a récemment précisé que la demande adressée au juge des référés d'ordonner une expertise sur le fondement de l'article R. 532-1 du code de justice administrative n'interrompt pas le délai de recours contentieux (CE, 28 septembre 2020, requête numéro 425630).

La mesure prononcée peut faire l'objet d'un appel dans un délai de 15 jours à l'issue duquel le président de la cour, ou le magistrat délégué par lui, pourra immédiatement suspendre provisoirement l'exécution de l'ordonnance si elle est « de nature à préjudicier gravement à un intérêt public ou aux droits de l'appelant » (CJA, art. R. 533-2).

La seule condition posée par le texte est que la mesure d'instruction soit utile au règlement du litige principal. Il résulte de la jurisprudence que « l'utilité d'une mesure d'instruction ou d'expertise ... doit être appréciée dans la perspective d'un litige principal, actuel ou éventuel, relevant lui-même de la compétence de la juridiction à laquelle ce juge appartient, et auquel cette mesure est susceptible de se rattacher » (CE, 30 décembre 2002, requête numéro 241793, Office public d'habitation de Nice et des Alpes-Maritimes : AJDA 2013, p. 960.- CE, 12 avril 2013, requête numéro 363282, SCI Châlet des Aulnes : Dr. adm. 2013, comm. 51, note Gillig).

Exemples :
- CAA Marseille, 21 octobre 2003, requête numéro 03MA00560, SA G. Vila et Cie : présente un caractère utile une mesure d'expertise visant à déterminer et évaluer les travaux de remise en état d'une grotte, à constater les désordres et dégradations et les disparitions de mobilier et à définir les mesures propres à y remédier ainsi que leur coût.
- CAA Bordeaux, 26 mars 2001, requête numéro 00BX01760, Lurton c. Commune de Haims : est inutile une demande d'expertise visant à établir un rapport entre des travaux d'entretien de fossés et l'inaccessibilité à des parcelles privées, ce lien étant évident et non contesté par la commune défenderesse.
- CE, 23 décembre 2016, requête numéro 401066, Davillé : est utile, dans un litige de responsabilité hospitalière, une mesure ordonnant une expertise judiciaire sur des faits qui ont donné lieu à une expertise amiable dès lors que celle-ci n'a pas présenté pas des garanties suffisantes d'objectivité.

Toutefois, même si cela n'est pas expressément visé par les textes, le juge n'a pas la possibilité de confier à un expert une mission comportant l'examen de questions de droit, celui-ci devant se borner à des constatations factuelles.

Exemple :
- CAA Paris, 27 novembre 2001, requête numéro 01PA02498, Port autonome de Paris : par l'ordonnance attaquée, le juge des référés avait donné pour mission à l'expert de fournir « les éléments susceptibles de caractériser les éventuelles fautes » du requérant. Même si cette mesure est utile au sens de l'article R. 532-1 du Code de justice administrative, elle implique qu'une appréciation soit portée par l'expert sur la qualification des faits constatés au cours de ses investigations, ce qui a pour effet de lui donner pour mission de trancher des questions de droit. L'ordonnance contestée est donc annulée.

III – Référé provision

908.- Définition et conditions.- L'article R. 541-1 du Code de justice administrative prévoit que « le juge des référés peut, même en l'absence d'une demande au fond, accorder une provision au créancier qui l'a saisi lorsque l'existence de l'obligation n'est pas sérieusement contestable. Il peut, même d'office, subordonner le versement de la provision à la constitution d'une garantie ».

Cette procédure est l'équivalent du référé provision judiciaire qui est visé par l'article 849 du Code de procédure civile. Elle permet au requérant d'obtenir une avance sur les sommes qui leur seront allouées, en attendant que le montant exact de leur créance soit déterminé.

Toutefois, en application de jurisprudence Préfet de l'Eure (préc.), cette procédure n'est en principe pas ouverte aux personnes publiques. Ainsi, est irrecevable une demande présentée par une personne publique qui aurait dû établir un état exécutoire susceptible de recouvrement forcé à l'encontre d'un usager avec qui elle n'était pas dans une situation contractuelle (CE, 3 février 2016, requête numéro

388643, Hôpital de Prades : JCPA 2016, comm. 2225, note Kerdéis-Cardinet ; RDSS 2016, p.332, note Decout-Paolini). En revanche, une personne publique peut saisir le juge du référé provision au titre d'une créance d'origine contractuelle (CE, 24 février 2016, requête numéro 395194, Département de l'Eure : JCPA 2016, comm. 2073, note Colmant).

Le décret n° 2000-1115 du 22 novembre 2000 ayant supprimé la condition tenant à l'exigence d'une « demande au fond », le succès du référé dépend désormais exclusivement de l'existence d'une obligation non sérieusement contestable.

L'ordonnance par laquelle le juge des référés accorde une provision constitue un titre exécutoire dont le recouvrement peut être poursuivi directement. De fait, si les décisions du juge des référés n'ont pas au principal l'autorité de la chose jugée, elles sont néanmoins exécutoires, conformément aux principes rappelés à l'article L. 11 du Code de justice administrative. En toute logique, un titre émis aux mêmes fins par l'ordonnateur de la collectivité n'a pas de portée juridique propre et ne peut recevoir aucune exécution en cas d'annulation de l'ordonnance du juge des référés (CE, 22 juillet 2020, requête numéro 426210, Société immobilière Massimi).

L'ordonnance peut faire l'objet d'un appel devant la cour administrative d'appel dans la quinzaine de sa notification (CJA, art. R. 541-3). C'est toutefois un recours en cassation qui doit être exercé dans les hypothèses où l'obligation dont le requérant se prévaut pour demander la provision se rattache à l'une des matières qui, au fond, sont jugées en premier et dernier ressort par le tribunal administratif (CE, 9 décembre 2015, requête numéro 391626, Commune du Cannet et a. : Procédures 2016, comm. 78, note Deygas).

§III – Référés spéciaux

909.- Multiplicité des référés spéciaux.- Il existe de nombreuses procédures d'urgence spécifiques qui se caractérisent, pour la plupart, par un allégement des conditions d'obtention d'une mesure d'urgence exigées dans le cadre des procédures de droit commun.

910.- Référé et déféré préfectoral.- En premier lieu, le préfet peut assortir ses déférés en annulation des actes des collectivités territoriales d'une demande de suspension. Contrairement à la procédure de référé suspension de droit commun, la condition d'urgence n'est pas exigée. L'article L. 554-1 du Code de justice administrative, qui renvoie à l'article L. 2131-6, al. 3 du Code général des collectivités territoriales, prévoit en effet qu'il « est fait droit à cette demande si l'un des moyens invoqués paraît, en l'état de l'instruction, propre à créer un doute sérieux quant à la légalité de l'acte attaqué ». Le juge des référés dispose d'un délai d'un mois pour statuer.

Par ailleurs, selon l'article L. 554-3 du Code de justice administrative, qui renvoie à l'article L. 2131-6, al. 5 du Code général des collectivités territoriales, « lorsque l'acte attaqué est de nature à compromettre l'exercice d'une liberté publique ou individuelle, le président du tribunal administratif ou le magistrat délégué à cet effet en prononce la suspension dans les quarante-huit heures ». La décision relative au sursis peut faire l'objet d'un appel devant le Conseil d'Etat dans la quinzaine de sa notification et dans ce cas, le juge des référés doit statuer dans un délai de 48 heures. Il s'agit donc ici d'une procédure qui est très proche de celle de référé liberté, mais qui ne peut viser qu'à obtenir la suspension d'un acte. Par ailleurs, cette procédure protège les « libertés publiques ou individuelles » alors que le référé liberté protège les « libertés fondamentales », ce qui est plus restrictif. Il existe également des procédures de suspension automatique en matière d'urbanisme, de marchés ou de délégations de service public (CJA, art. L. 554-2. - renvoyant à CGCT, art. L. 2131-6, al. 4), ainsi que pour les actes pris dans le cadre d'une expérimentation normative (CGCT, art. LO 1113-4).

911.- Référé précontractuel.- La procédure de référé précontractuel visée par les articles L. 551-1 et suivants du Code de justice administrative permet quant à elle de censurer la violation des règles de publicité et de mise en concurrence qui doivent être respectées préalablement à la conclusion de certains contrats administratifs notamment ceux « qui ont pour objet l'exécution de travaux, la livraison de fournitures, avec une contrepartie économique constituée par un prix ou un droit d'exploitation, la délégation d'un service public ou la sélection d'un actionnaire opérateur économique d'une société d'économie mixte à opération unique». Le juge pourra ordonner à l'auteur du manquement « de se conformer à ses obligations et suspendre l'exécution de toute décision qui se rapporte à la passation du contrat, sauf s'il estime, en considération de l'ensemble des intérêts susceptibles d'être lésés et notamment de l'intérêt public, que les conséquences négatives de ces mesures pourraient l'emporter sur leurs avantages » (CJA, art. L. 551-2). Il a également la possibilité d'annuler les décisions qui se rapportent à la passation du contrat et supprimer les clauses ou prescriptions destinées à figurer dans le contrat et qui méconnaissent lesdites obligations.

912.- Référé contractuel.- Il existe également une procédure de référé contractuel, visée par les articles L. 551-13 et suivants du Code de justice administrative, qui peut s'exercer après la conclusion du contrat par les personnes « qui ont un intérêt à conclure le contrat et qui sont susceptibles d'être lésées par des manquements aux obligations de publicité et de mise en concurrence auxquelles sont soumis ces contrats, ainsi que le représentant de l'Etat dans le cas des contrats passés par une collectivité territoriale ou un établissement public local » (CJA, art. L. 551-14). Le juge dispose d'une large gamme de pouvoirs qui vont de l'annulation du contrat - qu'il prononce obligatoirement dans certains cas notamment en l'absence de mesures de publicité (CJA, art. L. 551-18) - jusqu'à une simple pénalité financière (CJA, art. L. 551-19).

913.- Référé en matière d'aménagement.- Enfin, la suspension d'une décision d'aménagement soumise à une enquête publique préalable prise après des conclusions défavorables du commissaire enquêteur ou de la commission d'enquête est accordée si cette demande comporte un moyen propre à créer, en l'état de l'instruction, un doute sérieux quant à la légalité de celle-ci (CJA, art. L. 554-12 renvoyant au Code de l'environnement, art. L. 123-16). Le Conseil d'Etat a toutefois décidé que le juge des référés pouvait ne pas prononcer la suspension de la décision, alors même que toutes les conditions susvisées sont remplies, dès lors que cette suspension « porterait à l'intérêt général une atteinte d'une particulière gravité » (CE, 16 avril 2012, requête numéro 355792, Commune de Conflans-Sainte-Honorine : Dr. adm. 2012, comm. 59, note Melleray ; RGD mai 2012, note Cossalter). Le même article précise également que le juge des référés fait droit à toute demande de suspension d'une décision prise sans que l'enquête publique requise ait eu lieu ou en l'absence d'évaluation environnementale, d'étude d'impact ou des documents visés aux articles L. 122-1-1 et L. 122-8 du Code de l'environnement s'ils sont exigés.

914.- Autres procédures de référé.- Il existe enfin des référés spéciaux en matière fiscale (CJA, art. L. 552-1 et L. 552-3) et en matière de communications audiovisuelle et électronique (CJA, art. L. 553-1).

Pour aller plus loin :

-**Bailleul (D.)**, Les nouvelles méthodes du juge administratif : AJDA 2004, p. 1626.

-Blanco (F.), L'action de groupe en reconnaissance de responsabilité devant le juge administratif : AJDA 2016, p. 2256.

-**Broyelle (C.)**, De l'injonction légale à l'injonction prétorienne : le retour du juge administrateur : Droit adm. 2004, comm. 6.

-**Chifflot (N.)**, Accès collectif au juge administratif : l'action de groupe et l'action en reconnaissance de droits : Procédures 2017, étude 5.

-**Derosier (J.-P)**, La nouvelle réforme de la justice administrative. - Le décret du 13 août 2013 portant modification de la partie réglementaire du Code de justice administrative : JCPA 2013, comm. 2022.

-**Dubos (O.) et Melleray (F.)**, La modulation dans le temps des effets de l'annulation d'un acte administratif : Droit adm. 2004, étude n°15.

- **Frier (P.-L.)**, L'ordre de recettes, acte charnière : RFDA 1987, p.130 et p.315.

-**Ghevontian (R.)**, Un labyrinthe juridique : le contentieux des actes préparatoires en matière d'élections politiques : RFDA 1994, p.793.

-**Giraud (C.)**, Le pouvoir de réformation du juge administratif : RDP 2018, p. 1597.

-**Glenard (C.)**, Les critères d'identification d'une liberté fondamentale au sens de l'article L. 521-2 du Code de justice administrative : AJDA 2003, p.2008.

-**Hecquard-Theron (M.)**, De l'intérêt collectif : AJDA 1986, p. 65.

-**Janicot (L.)**, Réflexions sur une nouvelle voie entre l'annulation sèche et l'annulation différée : la définition de règles provisoires par le juge de l'excès de pouvoir : RFDA 2021, p. 41.

-**Laligant (M.)**, La notion d'intérêt pour agir et le juge administratif : RDP 1971, p. 43.

-**Lepetit-Collin (H.), Perrin (A.)**, La distinction des recours contentieux en matière administrative. Nouvelles perspectives : RFDA 2011, p. 813.

-**Lessi (J.), Dutheillet de Lamothe (O.)**, chron. sur CE Sect., 1er octobre 2014, Erden : AJDA 2014, p. 2185.

-**Mazi (I.-G.)**, L'effet dévolutif de l'appel et l'évocation dans la procédure administrative contentieuse : RDP 2018, p. 1061.

-**Melleray (F.)**, La distinction des contentieux est-elle un archaïsme ? : JCPA 2005, 1296.

-**Mamoudy (O.)**, L'action en reconnaissance de droits : AJDA 2016, p.2264.

-**Mignon (M.)**, Une évolution inachevée : la notion d'intérêt ouvrant le recours pour excès de pouvoir : D. 1953, chron. p. 121.

-**Nandan (V.)**, Quelques remarques sur l'utilité d'une modulation à l'envers : l'inexistence en question, Dr. Adm. 2010, étude 12.

-**Pacteau (B.)**, Du recours pour excès de pouvoir au recours de pleine juridiction ? : Rev. adm., numéro spécial 1999, p. 51.

-**Renaudie (O.)**, L'intérêt à agir : coll. Au cœur du débat, Berger-Levrault 2016 (dir.).

-**Tercinet (J.)**, Le retour de l'exception de recours parallèle : RFDA 1993, p.115.

-**Toutée (H.)**, L'intérêt pour agir des syndicats pour la défense des intérêts individuels de leurs membres : RFDA 1993, p. 250.

-**Truchet (D.)**, Office du juge et distinction des contentieux : renoncer aux branches : RFDA 2015, p. 657.

-**Vier (Ch.-L)**, Le rapporteur public et la simplification, paradoxes d'une réforme : AJDA 2011, p. 1189.

-**Waline (J.)**, Plein contentieux et excès de pouvoir : RDP 2015, p. 1551.

-**Waline (M.)**, Vers un reclassement des recours contentieux ? : RDP 1935, p. 305.

INDEX – TOME I

Les numéros renvoient aux pages

INDEX – TOME II

Les numéros renvoient aux pages

TABLE DES MATIERES – TOME I

TABLE DES MATIERES – TOME II

MIX
Papier | Fördert
gute Waldnutzung
FSC® C083411

Kolibri 360 GmbH
Ferdinand-Jühlke-Straße 7
99095 Erfurt, Deutschland
produktsicherheit@kolibri360.de

Druck:
CPI Druckdienstleistungen GmbH
im Auftrag der
Kolibri 360 GmbH
Ferdinand-Jühlke-Str. 7
99095 Erfurt